# LA FRANCE
# et les
# FRANÇAIS
# au temps des Précieuses

DES MÊMES AUTEURS

LA REBELLE DU GLANDIER *(Affaire Lafarge traitée à travers les documents de 1840).* Éditions René DESSAGNE (LIMOGES, 1978).


Sur simple envoi de votre carte nous vous tiendrons régulièrement au courant de nos publications.

Éditions Jean-Claude Lattès
B.P. 85 – 75006 Paris

SOPHIE ET DIDIER DECAUX

DE HENRI IV A LOUIS XIV

# La France
# et les
# Français
# au temps des Précieuses

JCLattès

*A Renaud Fayet d'Astier*

*... Je te fais un présent d'un tableau fantastique,*
*Où l'amour et le jeu par la main se tiendront,*
*L'oubliance, l'espoir, le désir frénétique,*
*Les serments parjurés, l'ardeur mélancolique,*
*Les femmes et les vents ensemble s'y verront.*

ESTIENNE DURAND
Poète de cour de Marie de Médicis.

# *AVANT-PROPOS*

Ce livre raconte l'histoire de la France et des Français, du règne de Henri IV à la prise du pouvoir par Louis XIV, en 1661.

Comme la vie, il est fait de rencontres, d'adieux, de drames, de rires, de larmes.

Les voici, ces Français, nos ancêtres, vivant avec leurs grandeurs et leurs misères. S'ils appellent un chat un chat et un cul un cul, ce n'est pas par grossièreté calculée, mais parce qu'à cette époque on parlait ainsi, dans la rue comme dans la chambre du roi.

C'est contre l'ennui et la grossièreté, qui régnaient à la cour de Henri IV et de Louis XIII, que des dames décidèrent de créer des salons, d'abord mondains, puis littéraires et mondains, où l'on pouvait se recevoir, se divertir, écouter les poètes, tout en faisant soi-même des vers. Les Précieuses naissaient. Mais leur but sera dépassé.

Ces salons que l'on appela ruelles, lieux fort courus et recherchés, seront sujet à un lent phénomène d'osmose, qui entraînera la vie mondaine et intellectuelle et apportera peu à peu à la cour ce raffinement de langage, de pensée et de sentiments, dont elle avait bien besoin, et qui finira par toucher toutes les couches de la société.

Les Français de ce temps, qu'ils soient de la cour, des ruelles, des boutiques, courent tout aussi bien entendre les bateleurs du Pont-Neuf, où Tabarin et Gaultier-Garguille font recette, qu'à la foire Saint-Germain. Ils vont voir entrer le cortège du roi qui se rend à Vincennes, ou ceux des princes étrangers, des ambassadeurs...

Tout est mis en chansons. On vit dans la rue : bien des choses se règlent en plein jour. Puis on rentre au logis manger de cette corneille aux choux, mets que l'on apprécie par-dessus tout, et aussi de cette neige des crèmes, dont les gens raffolent, et qui est dessert de fête, surtout quand on boit en même temps de ce vin de Champagne, qui est vin de roi.

Dans les nobles demeures, on écoute de la musique, des concerts de voix, la dernière œuvre de Corneille, une nouveauté de ce Molière qui semble vouloir amuser les gens.

Le soir venu, quand la lumière des bougies se fait incertaine, au coin du feu, tous disent et écoutent des histoires, se rappellent les siècles passés escortés de leurs rois.

Et voici que passent le magnifique Cinq-Mars, qui sera pendant quatre ans un favori fascinant ; Mlle de Gournay, avec ses livres et ses cornues ; Racan, dont les distractions et la prononciation impossible engendrent la moquerie ; le duc de Buckingham, qui aimera sans espoir la reine Anne ; la duchesse de Longueville, indolente précieuse, qui deviendra, lorsque l'heure de la Fronde sonnera, une intrépide guerrière ; messire Guy Patin, médecin parisien, bougon au long nez pointu et aux yeux perçants à qui rien n'échappe... La misère n'est, hélas ! pas absente. Une misère boueuse, poussiéreuse, atroce, sur laquelle se penchent M. Vincent de Paule et ceux qu'il galvanise dans sa grande action de charité qui touchera sans distinction les galériens, les vieillards, les malades, les enfants abandonnés au coin des rues, dans la nuit, le froid, l'indifférence.

Et, au-dessus des intrigues, du faste, du terrible, règne la puissance royale désormais absolue grâce à l'action impitoyable du cardinal de Richelieu, aidé par des bourreaux qui savent pendre, rouer, écarteler, décapiter, brûler, afin que le roi de France puisse gouverner son royaume en paix.

De Henri IV à Louis XIV, voici l'histoire grande, petite, tendre, triste, malicieuse et amoureuse des Précieuses et de leurs contemporains.

## *Chapitre premier*

Sous le règne du roi Louis XIII, dit le Juste, et de son premier ministre, le cardinal de Richelieu, la France est en plein renouveau. C'est une époque charnière où s'achève la féodalité et où les grands seigneurs insolents, superbes et belliqueux, aux énormes fortunes et aux immenses domaines, sont matés par la poigne de fer de Richelieu à la moindre rébellion. Le cardinal ne veut plus de royaume dans le royaume de Louis XIII. En France, il n'y a qu'un roi, et les autres, étant des sujets, doivent obéir. Quand les Français bronchent, quel que soit leur rang, Richelieu au nom du roi sévit, et sévit rudement. Aucune tête, aussi haute et couronnée soit-elle, n'est hors d'atteinte de sa justice foudroyante et hors d'appel. Des châteaux sont rasés par ordre du roi ; des forêts coupées à hauteur d'infamie... Combien de pendus se balancent aux potences, tandis que le bourreau et ses aides appliquent la question ordinaire et extraordinaire, pendent, rouent, écartèlent, brûlent, marquent les voleurs et coupent les lèvres des blasphémateurs. C'est le temps où, au long des routes, se rencontrent des êtres de cauchemars..., des êtres humains à qui il manque le nez, un bras, une jambe, une main..., tout cela va clopin-clopant, le long des chemins, ou va se tapir au coin de son feu dans sa chaumine... C'est aussi le temps des Divines, qui sont les premières Précieuses, et de leurs salons mondains et littéraires, où s'affine, non seulement la langue française, mais aussi les manières ; on y apprend le bel air des choses et les règles d'un nouveau savoir-vivre. C'est la France des contrastes et de l'ostentation, où la plus ébouriffante richesse côtoie tous les jours, et à chaque instant, la misère la plus nue, la plus désolante, la plus dégradante. La lèpre est là, présente, tenace, cachée ; accompagnée par la peste, plus ou moins en demi-sommeil, et qui peut éclater à tout instant, en épidémies déclenchant la panique ; car sous Louis XIII on meurt encore de la peste. Elle frappe aussi bien le pauvre de la rue que le seigneur le plus protégé, tandis que se forment les pèlerinages à saint Roch, le saint de la peste, toujours représenté avec son chien, afin de le supplier de protéger la ville et ses habitants du terrible fléau.

Mais, en ce début du mois de septembre 1938, toute idée sinistre est abolie. Le roi Louis XIII, la reine Anne d'Autriche et leurs familiers résident au château de Saint-Germain, résidence favorite du roi située non loin de Paris. La cour ayant suivi, seigneurs et dames logent dans la petite ville de leur mieux.

Un événement galvanise la France entière : la reine Anne va accoucher. Depuis le 15 août, le saint sacrement est exposé dans toutes les églises, chapelles et moutiers de France, bourdonnants de prières continuelles, pour que l'enfant attendu soit un dauphin. Les devins à la mode ont assuré que ce sera un dauphin, et que sa vie sera longue et superbe. Pour que cela soit, nuit et jour, la France prie avec ferveur. Les saintes Reliques et la ceinture de la Vierge, habituellement conservées à Notre-Dame du Puy-en-Velay, sont apportées dans la chambre de la reine. Le père général des capucins, escorté de vingt-quatre religieux de son ordre, est venu offrir à la reine Anne un vase et un chapelet en bois de saint François.

Dès le samedi matin 4 septembre, de lourdes voitures appelées « carroches » escaladent la colline. Suspendues par des sangles de cuir, tendues de velours à glands d'or et aux roues couleur vermillon – coureurs et cochers devant, laquais derrière – escortées de cavaliers aux vastes chapeaux à panaches, elles transportent les dames et les seigneurs les plus considérables de la cour qui se doivent d'assister à la naissance royale.

A la somptuosité de leurs trains, on reconnaît la princesse de Condé, la comtesse de Soissons, la duchesse de Vendôme, la connétable de Montmorency, la duchesse de Bouillon La Mark, éblouissantes de diamants et de bijoux. Elles portent de fabuleux colliers de perles en ras-de-cou, car telle est la mode. Leurs coiffures à franges et à bouffants étincellent d'aigrettes et de diamants ; au décolleté de leurs robes bouillonnent des dentelles de Venise ou de Valenciennes, aussi coûteuses que mousseuses, et, comme jamais une grande dame ne se déplace seule, elles sont accompagnées de leurs demoiselles pour tenir compagnie, qui sont filles nobles, ainsi que de leurs servantes, de leurs pages et des seigneurs et dames qui font leur entourage.

A Saint-Germain, la reine a choisi d'élire domicile au château neuf, plus agréable et plus gai que le château vieux. Elle a voulu être là, parmi les fleurs, pour mettre au monde cet enfant si désiré, et déjà tant aimé.

Les fenêtres des appartements de la reine s'ouvrent sur une terrasse magnifique, pleine de fleurs, d'où la vue s'étend jusque là-bas, vers Paris et Saint-Denis, après avoir survolé villages et forêts, qui vont bientôt se mordorer des couleurs de l'automne, dans toute cette vallée de la Seine qui roule en contrebas ses eaux tranquilles de cette fin d'été, miroitant au gré des jeux du soleil et des ombres. Souvent, les ponts de bois qui l'enjambent se rompent ; alors il faut prendre les bacs où embarquent chevaux, carrosses, bêtes et gens. Dans ces cas-là, le roi et sa cour n'y échappent pas... Lorsque ces bacs trop chargés, mal amenés ou victimes de trop forts courants sombrent, se sauve qui peut... C'est ce qui était arrivé un jour, au bac de Neuilly, au temps du roi Henri IV. Ce jour-là la reine Marie de Médicis, le roi Henri, qui dormait étendu de tout son long dans le carrosse, les seigneurs et les dames qui les accompagnaient, les chevaux, les carrosses versèrent dans l'eau au milieu des cris, des bruits de chaînes et des hennissements des chevaux fous de terreur, qui voyaient monter autour d'eux cette mort mouvante. Le courant était très fort...

– Sauvez la reine ! sauvez la reine ! criait le roi Henri, tandis que M. de L'Isle-Rouet le tirait hors de l'eau par les mains.

Tout le monde s'accrochait à ce qu'il pouvait. La reine prit ce qu'elle trouva sous la main – en l'occurrence, M. de La Chastaigneraie, qu'elle saisit solidement par un certain endroit. Cela fit beaucoup rire la cour, qui raffolait de vertes plaisanteries, pendant que le cardinal du Perron expliquait en riant :

– La reine ne risquait pas de se noyer, car cet engin-là ne va jamais au fond.

– Ah ! s'écriait le soir au Louvre la duchesse de Chevreuse, si la reine s'était noyée, j'aurai crié « la reine boit ! ».

Mais en ce 4 septembre 1638, dans la petite ville de Saint-Germain, les imprévoyants et les gens de peu ne trouvent déjà plus de logis. A travers le château, dans les jardins et les antichambres, une foule bigarrée, attentive, énorme, chuchotante et patiente attend. Grands seigneurs et belles dames passent dans un éblouissement de luxe inouï et un sillage de parfums, suivis par les gens de leur maison. Chacun s'empresse de leur laisser le passage. Nul voleur ne s'aventurerait à subtiliser un de ces diamants, une de ces pierres précieuses qui étincellent sur les mains et parent les habits d'étoffes soyeuses ; ni même une de ces perles qui semblent capter les reflets du ciel et qui leur permettraient de faire bombance le soir et les jours suivants, car tout larron bien informé sait que s'il est pris sur le fait il sera sur-le-champ roué de coups et pendu ; ou tout simplement roué par le bourreau et laissé brisé, pantelant et mourant sur la haute roue de la justice du roi, seul, face au ciel indifférent et aux corbeaux tournoyants qui n'attendront pas qu'il soit mort pour commencer à le dépecer. Ce sont des choses comme cela qui donnent à réfléchir...

Le château de Saint-Germain, rose et blanc comme un gâteau de fête, délicatement décoré de frises de briques roses, qui jouent avec la pierre dorée et les vases de pierre sculptée de la façade, scintille de tous ses vitraux. Des carrosses continuent à gravir à grands cris, grand bruit et grands claquements de fouet la rampe qui conduit à la ville. Les seigneurs retardataires, passés à mi-corps à l'extérieur de la portière de leurs carrosses, jurent et gesticulent, promettant des pistoles de récompense ou une volée de coups de bâton à leur cocher et à leurs laquais, selon qu'ils arriveront avant ou après l'événement.

Les gardes, aux couleurs de la maison royale, qui sont le rouge et le bleu, surveillent les entrées. C'est un va-et-vient continuel. Sur le pont levis passent à grands fracas les carrosses des grands de la cour.

Le lendemain, 5 septembre, onze heures du matin. A la cour, et dans la ville, chacun sait que la reine accouchera aujourd'hui, car depuis deux heures de la nuit Sa Majesté est en travail d'enfantement. Sur les quatre heures du matin, Mgr l'évêque de Lisieux a célébré la messe, dans la chambre de la reine. Tout frissonnant d'une fièvre tierce, le roi est venu la voir puis est reparti se coucher.

Bonnard, premier médecin du roi, et Honoré, chirurgien réputé pour les accouchements, attendent dans l'antichambre de la reine, prêts à intervenir si cela est nécessaire.

Riant et chuchotant, seigneurs et dames attendent. On est patient à la cour...

Il faut bien les regarder, ces grands seigneurs, car, s'ils sont vassaux du roi, ils sont aussi les derniers grands féodaux. N'étant pas encore des courtisans asservis, ils peuvent, s'ils le veulent, et à leurs plus grands périls, dire « non » au roi, soulever leurs provinces, lever des armées, s'enfermer dans leurs châteaux ou leurs forteresses, au risque de perdre leurs biens, tout autant que leurs têtes. Le roi et le cardinal de Richelieu le savent bien, aussi le bourreau est-il toujours prêt à châtier le rebelle, quel que soit son nom, son rang ou sa fortune. Mais ce que ces seigneurs susceptibles, indépendants et sourcilleux ignorent, c'est que l'enfant, dont la naissance est si impatiemment attendue dans toute la France, les réunira, ainsi que leurs descendants, d'une main de fer, gantée de velours somptueux, dans une immense cage dorée qui s'appellera Versailles et rognera impitoyablement les ailes de ces grands oiseaux orgueilleux aux plumages splendides, qui avaient becs et ongles trop acérés, qu'il sera le seul à récompenser, ou à pouvoir châtier.

Mais, pour l'instant, personne n'a de telles pensées... Tous ont la tête farcie de complots, cabales, préséances, jeux, intrigues et amours. Tous viennent assister à la naissance de cet enfant royal, que personne n'attendait plus après un mariage vieux de vingt-trois ans et de quinze ans de brouille à peu près permanente entre le roi et la reine... Et puis la reine n'a-t-elle pas trente-huit ans ?... N'est-ce pas inquiétant d'avoir un enfant si tardivement ?... Et si l'enfant allait naître anormal, difforme ou idiot ?... A cette pensée, chacun ferme les yeux, retient sa respiration et continue ses prières de plus belle. Il faut l'aide de Dieu ! Et la France entière l'implore pour qu'un dauphin naisse bien vivant, bien criant et bien constitué.

Il faut dire que la naissance d'une princesse décevrait.

## *Chapitre II*

Le château de Saint-Germain étage ses terrasses avec insouciance. Le roi Henri IV disait que le palais neuf était peu solide et, de fait, sa réputation était fort mauvaise. Mais, ayant été réparé, bien consolidé, repeint, redoré, et, nimbé du soleil riant de cette fin d'été, donnant sur cette terrasse pleine de fleurs sous laquelle se trouve la grotte de Mercure, il est l'image du bonheur de vivre et de la joie. Rien que d'heureux ne peut arriver en cet endroit gracieux. Cent toises (environ deux cents mètres) le séparent du château vieux, où la pâtisserie du roi et de la reine est restée, car la place manque au palais neuf. Les jardins en terrasses, agrémentés de parterres en broderies, de fleurs en buissons, de jets et de ronds d'eau, descendent joliment vers la Seine miroitante, toute verte sous la transparence des feuilles des arbres que traversent les rayons du soleil. Le logis du roi, à Saint-Germain renferme d'autres merveilles que terrasses, fleurs et jardins : ce sont les grottes aménagées sous les terrasses qui abritent des personnages animés par la force hydraulique. C'est une splendeur vers laquelle tout le monde court. C'est la féerie de Saint-Germain !

Dans la grotte des Orgues, une riante et gracieuse nymphe laisse courir ses doigts sur le clavier d'orgues, tandis que près de la fenêtre Mercure joue de la trompette. Le concert y est très agréable. Plus loin, un dragon bat des ailes et crache de gros bouillons d'eau par la gueule, des oisillons chantent des ramages en battant des ailes. Dans la grotte de Neptune s'élèvent deux tritons soufflant dans des conques, au son desquelles un roi à barbe fort longue et bleue arrive dans un char entouré d'algues et d'herbes marines. Dans sa main droite il tient un trident et dans la gauche les rênes des chevaux marins qui semblent galoper la bouche ouverte. Plus loin, des forgerons diaboliques, tout noirs de fumée, battent le fer sur une enclume à grands coups de marteaux... Tout s'anime, aux risques et périls des visiteurs ignorants et admiratifs, car soudain l'eau jaillit et les trempe de la tête aux pieds, pour la plus grande joie des avertis et des familiers de Saint-Germain, qui, eux, connaissent les enchantements et les traquenards des lieux.

Ensuite, dans la grotte d'Orphée, tout est charme et harmonie. Quand Orphée touche sa lyre, les oiseaux chantent et les bêtes au sol lèvent leurs têtes avec attention et ravissement. C'est la pression de l'eau venant de la fontaine de Mercure qui anime les personnages et les animaux des grottes.

Pour les rois de France, jusqu'à cette journée du 5 septembre 1638, Saint-Germain était un lieu de plaisir et de repos. Le roi Henri IV y venait toujours avec entrain et joie, et le 29 octobre 1601, à six heures du soir, le petit dauphin, devenu depuis le roi Louis XIII, y fut apporté. La nuit était tombée, et les feux allumés ronflaient dans les hautes cheminées. Combien de fois le roi Henri prit-il le chemin de Saint-Germain, pour se pencher sur le berceau de son fils premier-né qu'il adorait et qu'il aimait voir grandir et s'épanouir ? Le dauphin Louis y passa toute son enfance, élevé pêle-mêle avec ses frères et sœurs, légitimes ou non. Soigné par Héroard, seigneur de Vaugrigneuse, son médecin particulier, qui ne le quittait ni le jour ni la nuit, il habitait le château vieux, dorloté par sa gouvernante Mme de Montglat, qui lui faisait des confitures dans la chambre où Charles IX était né...

Mais qui se souvient encore de « Moucheu le Dauphin », de ce bel enfant aux cheveux bouclés, aux yeux noirs et aux joues rebondies qui courait en riant dans les couloirs du vieux château à la rencontre de son père, le roi Henri, qu'il pouvait attendre pendant des heures dans les jardins dominant la route, car le roi était pour son cœur d'enfant tout ce que la vie pouvait donner de meilleur ? A-t-on de même oublié l'enfant joyeux qui recevait de solides fessées de la gouvernante qu'il appelait dans son langage d'enfant « Mamanga », lorsqu'il se montrait trop « opiniâtre » ?

– Çà, troussez-moi ce cul ! clamait Mamanga hors d'elle en relevant ses dentelles.

– Je ne serai plus opiniâtre, assurait Moucheu le Dauphin en essayant de protéger son postérieur.

» J'ai été bien fouetté ! dira-t-il plus tard en soupirant.

Mais le dauphin était si bien chapitré par sa mère, la reine Marie de Médicis, qu'il en était arrivé à détester ses demi-frères et sœurs.

Lorsqu'il eut sept ans, Charlotte des Essarts, comtesse de Romorantin, donna un bâtard au roi. On annonce au dauphin la naissance de cette nouvelle petite sœur :

– Elle n'est pas ma sœur, répond-il en fixant son interlocuteur de ses yeux noirs.

– Mais, cependant, sa maman est très aimée du roi...

– C'est une putain, s'écrie le dauphin, qui avait son franc-parler, en tapant du pied, et je ne l'aime point !

Comme il avait de nombreux frères et sœurs, le petit dauphin en avait jusque par-dessus la tête, et quand on lui parlait de César de Vendôme, fils aîné de Gabrielle d'Estrées, duchesse de Beaufort, le dauphin répondait froidement :

– C'est une race de chiens !

– Et les petits Verneuil ?

(Ils étaient les enfants d'Henriette d'Entraigues, et autres demi-frères.)

Le dauphin répondait aussi, mais plus aimablement :

– Oh !... C'est une autre race de chiens...

Parfois, pendant les journées chaudes, les gouvernantes emmenaient les enfants voir le spectacle des grottes, mais le dauphin en concevait la plus grande frayeur et exigeait que l'on place la clef du souterrain sous son oreiller le soir, afin d'être sûr que tous ces abominables personnages et ces horribles bêtes ne s'en échappent pas pendant la nuit.

Au moment de la naissance de son premier enfant, le roi Louis XIII se souvient... Les fantômes joyeux du passé reviennent en foule... C'était le temps heureux... Quand il avait deux ans, le petit dauphin savait qu'il était fiancé à l'infante Anne d'Autriche.

– Où est le mignon de papa ? lui demandait-on.

Et le petit dauphin se montrait en se frappant l'estomac, et en riant aux éclats.

– Et le mignon de l'infante ? continuait-on.

– Il est là ! clamait le dauphin en ouvrant sa braguette.

Un soir, alors qu'il avait trois ans, une de ses demi-sœurs, la petite Catherine-Henriette, fille du roi Henri et de Gabrielle d'Estrées, assistait au coucher du dauphin :

– Monsieur, lui dit-elle en jouant, coucherais-je avec vous ?

– Oh ! oh ! répond le dauphin, mais vous n'êtes pas l'infante !

Mais les enfants Verneuil étaient plus doux, plus faciles à manier sans doute que les enfants Vendôme, et le dauphin avait une très grande amitié pour Gaston-Henri, futur duc de Verneuil, qu'il appelait « mon maître » et qui avait exactement le même âge que lui. A lui seul, il permettait de monter dans son chariot, ce qu'il fallait considérer comme un grand honneur. Le roi Louis se souvenait qu'il n'aimait pas aller à la messe : on faisait alors appel au maçon Bongars, dont la laideur le faisait frémir. C'était un très brave homme qui venait bien en aide à Mme de Montglat pour faire rentrer son élève récalcitrant dans le bon chemin :

– Je ne veux pas aller à la « mèche » ! annonçait le dauphin d'une petite voix nette.

– Très bien ! répliquait Mme de Montglat sans s'émouvoir, alors Bongars va venir.

Et pendant que le dauphin regardait Mamanga d'un œil de révolte pour voir ce qui allait se passer, Bongars arrivait, l'air plus horrible que jamais.

– Allez à la messe, ou je vous emporterai, grondait-il.

– Je ne serait plus opiniâtre, s'écriait le dauphin en prenant le chemin de la chapelle, tandis que Bongars, jouant son rôle jusqu'au bout, le regardait partir le sourcil froncé...

Oui, le roi Louis XIII se souvenait de tous ces menus détails, comme il se souvenait du premier pont construit sur la rivière ; il revoyait ces ponts si fragiles, qui se rompaient aussi bien en hiver qu'en été, et envoyaient par le fond, dans un fracas de poutres brisées et de gros bouillons d'eau, tout ce qui à ce moment-là passait sur eux... Et ces hivers si rudes, la glace de la Seine si épaisse qu'on la cassait et l'emportait pour en garnir les glacières du château...

Près de son feu, frissonnant de cette fièvre qui le brûle et qui revient régulièrement toutes les trois heures, appelée pour cela « fièvre tierce », le roi ferme un instant les yeux sur un souvenir... Un abominable souvenir, un drame qui le marqua à jamais. L'assassinat de son père le roi Henri IV, le 14 mai 1610. On cherchera désormais vainement l'enfant joyeux qui courait en riant à la rencontre de son père, qu'il aimait plus que personne au monde... On le cherchera, en effet, car le couteau de Ravaillac a non seulement tranché le fil de la vie du roi, mais aussi, à tout jamais, la spontanéité et la joie de vivre d'un enfant de neuf ans. On peut être un petit prince, un petit roi et être l'enfant le plus malheureux de tout un royaume. Par un bel après-midi du mois de mai tout embaumé du parfum des lis et des roses, le petit dauphin Louis était devenu brutalement l'orphelin le plus déchiré et le plus seul de France.

A neuf ans, il est non seulement roi de France, mais encore chef de famille, car, si, en tant que dauphin, il était à Paris depuis le 17 avril pour assister au couronnement de sa mère, la reine Marie de Médicis, il avait laissé sur les hauteurs de Saint-Germain tous ses frères et sœurs, légitimes ou non.

Il y avait Elisabeth, âgée de huit ans, qui deviendra reine d'Espagne ; Christine, quatre ans, future duchesse de Savoie ; Nicolas, duc d'Orléans, qui mourra à Saint-Germain l'an prochain. Il vient d'avoir trois ans. Gaston, duc d'Anjou, âgé de deux ans, sera promu duc d'Orléans à la mort de son frère Nicolas ; et Henriette-Marie, qui n'a même pas six mois, sera plus tard l'infortunée reine d'Angleterre. Voilà pour ses vrais frères et sœurs, ceux qui « sont sortis du ventre de maman ».

Les autres sont les indésirables, ceux que le dauphin aime peu ou même pas du tout. Ce sont les enfants du roi Henri et de Gabrielle d'Estrées, duchesse de Beaufort, qui comptent Catherine-Henriette et César, duc de Vendôme, qui a seize ans. Un de ses fils deviendra, au moment de la Fronde, le « Roi des Halles ». Alexandre, douze ans, deviendra futur chevalier de Vendôme, et grand prieur de Malte.

Ensuite viennent les enfants de Catherine-Henriette de Balzac d'Entraigues, duchesse de Verneuil : d'abord Gaston-Henri, neuf ans, le préféré du dauphin. C'est lui qui a l'honneur de monter dans le chariot, et Gabrielle-Angélique, huit ans, future duchesse d'Epernon. Antoine, trois ans, est le fils du roi Henri et de

Jacqueline de Bueil, comtesse de Moret. Jeanne-Baptiste, qui deviendra abbesse de Fontevrault, et Marie-Henriette, future abbesse de Chelles, sont les filles du roi et de Charlotte des Essarts, comtesse de Romorantin.

En tout treize frères et sœurs.

Une fois couronné, il ne les abandonna pas. Souvent, il prit le vieux chemin de Saint-Germain et alla voir ses anciens compagnons de jeux. Cela lui paraissait un geste digne du roi de France que d'accomplir ce devoir de chef de famille, en remplacement de son père, le roi Henri. Désormais, plus que le Louvre, le château de Saint-Germain sera sa résidence préférée, la maison de son enfance.

Le crime de Ravaillac créa une telle stupeur à Paris, aussi bien qu'à travers la France, que le pays tout entier porta le deuil du roi et beaucoup en moururent de chagrin.

Le curé de Saint-Germain écrivit dans son registre paroissial :

> Le 14 mai 1610, sur les quatre heures et demie de l'après-midi, fut frappé malheureusement Henri quatrième du nom, roi de France et de Navarre, étant dans son carrosse, d'un couteau par un misérable que l'on dit être d'Angoulême, ce qui fut fait en la rue de La Ferronnerie, à Paris, duquel coup, il mourut incontinent.

Le roi Louis se souvient comme tout alla à vau-l'eau après la mort de son père. Ducs et princes règnent sur des duchés et des principautés indépendants et ne craignent pas de déclarer la guerre au roi. Il sont tous bien pourvus d'alliances familiales et politiques. Leur sens de la famille est intense. Ils sont toujours prêts à introduire dans le royaume l'Espagnol, l'Anglais ou l'Allemand, pour soutenir leur cause contre celui à qui ils ont juré fidélité, le roi de France.

Un Montmorency, un Lesdiguière, un La Force se comportent en satrapes en leurs gouvernements. Ils bafouent les ordonnances royales, se révoltent à la moindre sommation un peu rude. Tout sentiment de fidélité et d'obéissance inconditionnelles à leur suzerain leur est étranger, ainsi que le sentiment patriotique, qui leur demeure inconnu. Pour eux, tout est question d'honneur personnel, de clan et de famille ; et par-dessus tout un immense orgueil susceptible et ombrageux, qui leur fait tirer l'épée à tout moment. Ils se comportent en serviteurs dévoués du royaume, tant que ce service accroît leur puissance et leur fortune ; mais s'ils ne trouvent plus à la source ces honneurs et ces profits qu'ils en attendent, alors ils se muent tout aussitôt en rebelles...

Pendant que le roi se souvient ainsi du passé, à Paris, dans les églises du faubourg Saint-Germain, dans celles des Récollets, seigneurs et dames, bourgeois, bourgeoises communiquent entre eux, tout en faisant leurs dévotions pour la naissance d'un dauphin.

A Saint-Germain, sur le pont-levis du vieux château, le va-et-vient continue. Pont-levis bien utile, et facile à relever dans ces temps de troubles, car les bandes de soldats espagnols errent dans la campagne, semant terreur et désespoir chez les paysans. Des hordes de loups, toujours affamés, hurlent dans la forêt avoisinante, où pillards, tire-laine et bandits de grands chemins foisonnent. En plus du pont-levis, le château est protégé par des fossés bien profonds. Oui, vraiment ! le château de Saint-Germain est une place forte et sûre.

Monsieur, duc d'Orléans et frère du roi, s'y est installé depuis quelques semaines, entouré de ses gentilshommes. S'il est une personne désireuse d'assister à cette naissance, c'est bien lui ! N'est-il pas en effet l'héritier présomptif de la couronne de France ?... Que son frère, le roi Louis XIII, vienne à mourir, c'est lui, Gaston d'Orléans, deuxième fils du roi Henri IV, qui ceindra la couronne de Saint Louis en la cathédrale de Reims, au milieu de toute la noblesse réunie... Alors, que personne ne s'avise d'apporter subrepticement, sous le manteau, un enfant qu'on ferait passer pour un dauphin ! Pour ne rien cacher, Monsieur se méfie infiniment du roi, son frère, et encore plus de la reine, cette rieuse et moqueuse Anne d'Autriche... Quoi qu'il en soit, cela est réciproque...

Les rues de la petite ville de Saint-Germain sont encombrées par une multitude de carrosses, chaises à porteurs, cavaliers, gens à pied, venus de Paris par le coche d'eau en une sorte de pèlerinage. Tous s'y côtoient : marchands ambulants, gardes, mousquetaires, gens en loques que l'on chasse. Princes et grands seigneurs de la cour, y ont leurs demeures.

Les plus grandes dames, les plus superbes seigneurs sont dans la chambre de la reine, debout. Ils attendent, s'empressent, rient et parlent à voix basse.

La reine, dans son lit, a les yeux brillants d'une joie profonde. Les sages-femmes et leurs aides s'affairent. Le ventre de la reine a des soubresauts. Ce sont les coups de pied donnés par celui ou celle qui va naître.

La reine Anne d'Autriche appuie sa jolie tête contre les oreillers de dentelles, brodés de fleurs et de lys, sommés de la couronne royale. Elle est épuisée de fatigue..., elle a l'impression que cela ne finira jamais..., que ces longues douleurs aiguës, longues et effilées comme la lame d'une épée, continueront toujours, sans jamais s'arrêter... Cependant, un immense espoir, une joie intense sont au fond de son cœur, aussi bien nichés que le petit être qui va naître, et qui est déjà voué à un grand destin. Elle espère de toutes ses forces et demande à Dieu qu'il lui donne un dauphin.

Il est onze heures quarante minutes. Les sages-femmes, en cette circonstance, ont le pas sur les princes, sur les princesses et sur tous ceux qui portent les plus grands noms de France.

– Monseigneur, ne vous penchez pas comme cela... Sa Majesté la reine manque d'air. Qu'on ouvre un peu les fenêtres... Veuillez faire moins de bruit...

Tout aussitôt s'installe un silence où l'on entend marcher les souris. Chacun s'écarte. L'instant est trop important. Le soleil joue sur les tapisseries tendues sur les murs. Les personnages semblent sourire. Chandeliers et objets d'or ou d'argent brillent, les tapis d'Orient flamboient de leurs magnifiques couleurs... La reine halète. C'est atroce, ce déchirement intérieur. Ses mains se crispent sur le chapelet en bois de saint François apporté par les frères cordeliers. Elle regarde, et cela la réconforte, un immense bouquet de roses pâles frangées d'aurore ; leur parfum est très délicat.

La reine est rouge. Ses cheveux dorés se défont en grandes boucles. Elle en a vraiment assez... Comme elle a mal !

Des mains précises lui donnent un peu d'eau fraîche à boire, dans un gobelet d'or. Soudain, la voix de la sage-femme se fait plus rapide, plus dure, plus précise. Les ordres partent courts, brefs. Des aides apportent des bassins, des bandes, des linges, des aiguières d'eau tiède...

– Allons, écartez-vous un peu, dit-elle à Monsieur, frère du roi, qui se tord le cou pour mieux voir. Mais enfin ! même une marchande d'oublies du Pont-Neuf est plus tranquille que la reine de France quand elle fait ses enfants !

Tous se taisent et lui obéissent. Ils savent qu'elle a raison. Elle est unique cette Péronne, qui sait si bien mettre les enfants au monde, même et surtout quand ils appartiennent à la famille royale.

– La mère, dit le duc d'Orléans, nous voulons voir...

Mais Péronne ne s'embarrasse pas :

– Veuillez faire prévenir Sa Majesté le roi de se hâter, car l'enfant va naître... Monseigneur, veuillez passer de l'autre côté.

Une rumeur court dans la chambre..., une porte bat..., les antichambres sont combles. Il est midi moins le quart... Soudain, deux cris : celui de la reine et celui de l'enfant qui hurle. Il est là, dans un rayon de soleil, tout rouge et ridé, et donne déjà des coups de pied. Le roi arrive. Princes, princesses, dames de la cour rient et sourient et font leurs révérences. Il y a si longtemps qu'on n'avait pas eu de naissance à la cour de France. Mme de Senecey, dame d'honneur de la reine, s'écrie toute joyeuse :

– Voyez, sire, c'est un dauphin !

La dame Péronne élève l'enfant au-dessus de sa tête, afin que tout le monde puisse le voir. Tout le monde a vu et s'écrie :

– C'est un dauphin..., c'est un dauphin !...

Le roi s'agenouille pour remercier Dieu, puis s'approche du lit de la reine. Pour une fois, malgré cette fièvre qui l'épuise, il semble heureux. Il se penche vers la reine, lui sourit et lui dit :

– Laissez-moi vous féliciter, madame, c'est vraiment un très bel enfant ; oui, vraiment ! un très beau dauphin, et laissez-moi vous en remercier aussi...

Puis il s'en va à travers la chambre, suivi de ses gentilshommes, auréolé d'une nuée de compliments. La reine, entourée de ses femmes qui prennent soin d'elle, est profondément heureuse. Un défilé de seigneurs et de dames se forme. Chacun vient apporter ses félicitations, dire sa joie et aussi faire sa révérence. Cet enfant, encore tout nu, qui crie de toute la force de ses poumons, est fils et petit-fils de rois. Il aurait pu être, il y a un instant encore, dans l'égalité de l'instant de la naissance, le fils d'un financier, et pourquoi pas d'un savetier, de n'importe quel boutiquier ou d'un crocheteur du port au Foin, à Paris ?... Mais il n'est pas cela. Il est né dans un château, gardé par les soldats du roi, son père, et au milieu d'une cour. Les mains qui se tendent vers lui, couvertes de diamants, ornées de bagues splendides, aux ongles carminés, lui passent des vêtements en fine toile brodée, en drap fin d'or et d'argent. Revêtu d'une longue robe de dentelle, il est couché sur un grand coussin recouvert de dentelle, où sont brodés les lys de France. L'ensemble est barré du grand cordon du Saint-Esprit, que tout fils de France se doit de porter dès sa naissance. Maintenant qu'il est pomponné et habillé, il peut être officiellement présenté aux seigneurs et aux dames de la cour du roi, son père. Personne au monde ne pourra jamais le confondre avec le fils d'un boutiquier. Tout est dans les apparences, et, dans cet ostentatoire XVIIe siècle, plus qu'en tout autre.

Il est reconnu, il est accepté ! Le nouveau-né est entouré de Monsieur, frère du roi Louis XIII, son oncle, qui vient de perdre par ses soins le titre d'héritier à la couronne, de la princesse de Condé, de la comtesse de Soissons, de la duchesse de Vendôme, de la connétable de Montmorency, de Mmes de Senecey et de La Flotte, dames d'honneur de la reine, et de quantité d'autres dames et seigneurs de la cour.

Mgr le dauphin est ondoyé sur-le-champ dans l'oratoire de la reine qui jouxte sa chambre, et le roi, se départissant de sa réserve habituelle, invite les seigneurs et les dames qui se trouvent dans les antichambres et les chambres voisines à venir saluer son fils, puis, à une heure, escorté de sa cour en liesse, il va entendre un *Te Deum* dans la chapelle du château vieux.

Un petit chien aux longues oreilles soyeuses, couleur de miel, traverse la terrasse, comme on peut traverser une vie... Il hume et regarde tout autour de lui, profitant de chaque instant, intensément. Les yeux bruns semblent candides, mais derrière cette apparente candeur, transparaît une malice joyeuse, pétulante et volontaire. Le monde lui appartient.

Soudain, il disparaît derrière une corbeille de fleurs mordorées, aux pétales torturés, qui semblent autant de lumières.

Il est le chien du roi, il suit son maître.

Indifférent pour le moment à tout cela, Mgr le dauphin est porté dans ses appartements tendus de damas blanc, entre deux haies de suisses qui font résonner leurs hallebardes sur le dallage des corridors, tandis que pour la première fois depuis longtemps, de porte en porte, son passage est annoncé : « Mgr le dauphin... Mgr le dauphin... » Des seigneurs saluent et tirent le pied ; les dames de la cour font la révérence devant cette petite idole que l'on porte avec les égards dus au saint sacrement, car il n'est pas un enfant ordinaire, mais le symbole de la royauté et de sa continuité divine.

Solennellement, il est remis entre les mains de la marquise douairière de Lansac. Elle referme ses bras sur lui, comme s'il s'agissait d'un trésor. Pour l'instant, le dauphin dort, ses deux poings minuscules bien serrés, signe d'une volonté qui se révélera un jour.

## *Chapitre III*

Tandis que la cloche de l'église du bourg de Saint-Germain résonne de carillons joyeux ; elle est la première de France à sonner en l'honneur de la naissance du dauphin, les émissaires aux couleurs royales, les courriers des ambassadeurs étrangers quittent le château où ils attendaient depuis plusieurs jours et partent ventre à terre dans toutes les directions, notamment vers Paris, qui se doit d'être la première ville informée, et vers Saint-Quentin où réside le cardinal de Richelieu, qui continue sa lutte contre les Espagnols. Devant la petite église paroissiale de Saint-Germain, charpentiers et valets du château dressent en toute hâte un obélisque encadré de quatre dauphins d'argent qui déversent dès le début de l'après-midi des flots de vin, pour la plus grande joie de la population. Tous se mettent à boire à la santé du nouveau-né, du roi, de la reine, de toute la famille royale et même du cardinal de Richelieu, signe que la joie populaire est proche du délire. Le royaume de France va se couvrir du réseau sonore des carillons compliqués de tous les clochers et beffrois et du grondement des canons tonnant du haut des murailles des villes et des forteresses. Sans attendre la nuit, des feux de joie sont allumés aux carrefours ; boutiques et échoppes ferment. C'est la fête.

Ce même jour, le curé de Saint-Germain écrit dans le grand livre de sa paroisse :

> Le 5ᵉ jour de septembre 1638 naquit dans le château neuf de Saint-Germain-en-Laye, Mgr le dauphin, fils premier né du très chrétien et très puissant monarque XIIIᵉ de ce nom, roi de France et de Navarre, et de très religieuse et très illustre princesse, Anne d'Autriche, sa très chaste et chère épouse ; et fut incontinent après et le même jour ondoyé par le révérend père en Dieu, Messire Dominique Séguier, évêque de Meaux et premier aumonier de Sa Majesté, avec les eaux baptismales de la paroisse de Saint-Germain-en-Laye, baillées et livrées par Messire Pierre Ganyé, prêtre et curé de ladite paroisse à onze heures et quart du matin.

Sans perdre de temps, le roi met ses secrétaires sur les dents, faisant écrire à ses bonnes villes des lettres comme celle-ci, adressée à Mgr l'évêque d'Alby et datée du 5 septembre 1638 :

« Chers et bien amez,

Nous avons toujours de grands sujets de louer Dieu et le remercier ainsi que nous avons été soigneux de faire des grâces qu'il nous a départies depuis notre avènement à cette couronne, entre lesquelles celle que nous recevons aujourd'hui en l'heureux accouchement de la reine notre chère et aimée compagne et épouse qui vient présentement de mettre au monde un fils, nous donne une joie si grande que nous ne la pouvons assez exprimer, et comme nous sommes très assurés que tous nos bons sujets prendront part au sentiment que nous avons d'un bien qui est avantageux pour notre personne et pour le bien général de notre royaume. Nous écrivons au sieur évêque d'Alby et autres de notre province du Languedoc, qu'ils aient à faire chanter un Te Deum et faire faire la procession générale à laquelle vous assisterez en corps, et faire aussi tirer le canon et faire les feux de joie, ainsi qu'il est accoutumé en semblables actions de réjouissances, donnant ordre qu'il soit mis des lumières aux fenêtres des maisons étant sur rue, le sont suivant ce qui vous sera ordonné tant par le gouverneur de ladite province que par le sieur évêque d'Alby auxquels vous vous conformerez, en nous assurant que vous ne manquerez pas d'y satisfaire, nous ne vous ferons cette-cy plus expresse. Donné à Saint-Germain-en-Laye le 5e jour de septembre 1638.

Signé : LOUIS
Contresigné : PHELYPPEAU.

Déjà, les messagers officiels et non officiels se ruent vers Paris au galop porter la nouvelle. Depuis le précédent hiver, le pont de Neuilly est rompu et l'on doit emprunter un bac pour traverser la Seine. Mais les signaux ont été convenus d'avance pour annoncer la naissance d'un dauphin ou d'une princesse. Si l'enfant est une fille, les messagers venant de Saint-Germain resteront immobiles de l'autre côté de l'eau, les bras croisés, l'air morne et le chapeau enfoncé sur la tête ; au contraire, si c'est un garçon, ils agiteront leurs chapeaux au-dessus de leurs têtes et montreront tous les signes de la joie.

Les Parisiens qui attendent depuis des jours sur l'autre rive voient soudain apparaître sur l'autre berge une bande d'énergumènes fort empanachés et excités, qui lancent en l'air leurs coiffes, tout en faisant caracoler leurs chevaux écumants, forcés par une course folle.

Enfin, les cavaliers se calment..., ils agitent leurs chapeaux au-dessus de leurs têtes. Ils crient, ils chantent, ils dansent... Ceux qui leur font face ont enfin compris : c'est un dauphin !... Tout le monde rit, bat des mains, s'embrasse, saute à cheval et prend ventre à terre la direction de Paris, semant sur son passage émotion et joie. Les marchands de boissons, saucisses et petits pâtés n'ont plus qu'à plier leurs éventaires en toute hâte, car l'intérêt a changé de centre ; on retourne à Paris, tandis que les bacs amènent à leur rythme lent cavaliers, chevaux et courriers, apportant à messieurs de l'Hôtel de Ville la nouvelle officielle ; cette nouvelle qui se répand comme une traînée de poudre. Tous les habitants du bord du chemin de Paris sont hors de chez eux. Les enfants crient : « Vive M. le Dauphin ! » dansent et font des rondes. A midi, Paris sait qu'un dauphin est né.

Déjà, les marchands de lanternes qu'on accroche aux fenêtres, parcourent les rues, vendent leurs marchandises légères et multicolores. Des bandes d'enfants les suivent, fascinés.

Les cloches de toutes les églises de Paris se mettent en branle ; carillonnant à tue-tête, elles sèment la joie dans les cœurs. Les canons de la Bastille tonnent. Par jeu, les Parisiens comptent. Le nombre des coups dépasse soixante. C'est bien un dauphin ! Dans les rues la joie est immense. Rarement un enfant a été accueilli avec autant d'enthousiasme. Chacun sort de chez soi, a besoin de parler, de serrer des mains, de dire sa joie... On voit même de vieux ennemis se réconcilier :

– Oublions nos rancunes, et allons boire un pichet de vin à la taverne voisine, en l'honneur de Mgr le dauphin.

Les ménagères font des gâteaux ; on pavoise les maisons avec des tapisseries splendides, des draps brodés, des tapis précieux ou simplement des fleurs, selon son importance et sa richesse. Les flacons de vin sortent des lourds bahuts et de derrière les fagots. On se rend visite, on trinque beaucoup à la santé de tous et de chacun. Des fontaines de vin coulent aux carrefours et à la porte de chaque seigneur soucieux de sa popularité. Les barriques sont en perce. On boit dans les tavernes, dans la rue, dans les maisons, à la santé du roi, de la reine et de Mgr le dauphin. On fait ripaille. On danse sur le Pont-Neuf. Dans les rues, les enfants font des rondes. Les artisans ont fermé leurs boutiques. Même pour les mendiants boueux et crouteux, c'est la fête. Dès la nuit tombante, monuments, fontaines, palais et hôtels seigneuriaux illuminent de leurs mille feux le ciel de Paris, tandis que guirlandes et banderoles flottent au vent léger et que les lanternes se balancent aux fenêtres.

A Saint-Germain, le vin aidant, la joie est devenue en folie. Beaucoup sont totalement ivres, ce qui ne les empêche pas de monter sur les toits, pour pisser sur la tête de ceux qui chantent et dansent dans les rues. Les dauphins d'argent de la pyramide continuent à déverser des flots de vin. L'ivresse continu de grandir. Certains vont dormir chez eux, s'ils peuvent parvenir jusque-là ; sinon, ils s'écroulent dans un coin ; d'autres, que le vin a rendus belliqueux commencent à se battre, créant ainsi des désordres à la suite desquels les gardes sont placés aux fontaines de vin, insensibles aux prières, aux menaces et aux pleurs des pochards assoiffés.

A Paris, l'atmosphère de fête continue. Jamais les mendiants n'ont fait d'aussi belles recettes. Paris va danser et s'amuser pendant trois jours.

Au Cours-la-Reine, aux Tuileries, à l'Arsenal, les promenades élégantes, lanternes, lampions, flambeaux et pots à feux font surgir de l'ombre des paysages féeriques, où beaucoup vont se promener à deux, prenant avec délices la nuit pour le jour. De la terrasse du château de Saint-Germain, on peut entendre, assourdies, les salves de joie tirées de Paris et apercevoir les lueurs des feux de joie qui brûlent sur les tours de Notre-Dame. Pendant ce temps, l'ambassadeur de Venise, Cantarini, écrit :

> ... La liesse du peuple dépasse toute mesure. On marche en ville au milieu des feux de joie ; en plusieurs maisons, surtout celles des grands, coulent des fontaines de vin, ce qui augmente l'allégresse des cœurs. On n'entend rien d'autres que paroles de jubilation et de contentement...

La nuit étant tombée, un grand feu d'artifice est tiré sur la Seine, tandis que sonnent encore les cloches de Notre Dame, la cloche de l'horloge du Palais, qui ne tinte que pour les événements royaux, et les cloches des autres églises.

Au son des roulements des tambours et des fanfares de trompettes, apparaît sur la Seine, en face du Louvre, et devant le Pont-Neuf, noir de monde, parmi les sifflements, les craquements et les pétarades, un rocher au sommet duquel naît le soleil ; allégorie à la naissance de l'enfant royal, veillé par la France et par la Prudence. Au bas de l'édifice, se tiennent debout, la Paix, l'Abondance, la Science et l'Harmonie, qui éclairent les visages apeurés et ravis des spectateurs. A la main gauche, la Prudence tient un serpent et, dans sa droite, un miroir et un roseau, d'où s'échappent ces mots : *Je vous éclaire, je vous conduis.*

La France, elle, porte couronne royale. En sa main droite, est une une branche de fleurs de lys, dont sa robe est toute semée. Les armes de Paris figurent sur les replis de son manteau et sa main gauche tient un sceptre.

Dans le cartouche de la grande figure représentant l'Abondance, on peut lire :

*Le bonheur qu'a causé la naissance royale*
*M'oblige de verser d'une main libérale*
*Tout ce que la terre a fait de florissant.*
*Je couvrirai de fruits les campagnes stériles,*
*Les pauvres de fleurs et remplirai les villes*
*Des trésors que produit ce grand astre récent.*

Lorsque les dernières fusées s'éteignirent, les Parisiens retournèrent, en riant, chantant et dansant au son des cloches toujours sonnantes, des tambours et des trompettes, vers les carrefours, où de grands feux brûlent avec de hautes flammes. Danses et rondes s'entrecroisent. La bonne humeur règne partout. Les tavernes ne ferment pas, et surtout, ne désemplissent pas. Des tables installées dans les rues sont entourées de convives hilares, qui mangent et boivent, entre deux toasts, entre deux chants. Personne ne songe à rentrer chez soi.

Les allées et venues entre Paris et Saint-Germain sont incessantes. Là-haut, des hauteurs qui dominent la Seine et d'où l'on découvre Paris au loin, le château neuf de Saint-Germain garde jalousement le bien le plus précieux des Français : Mgr le dauphin, bien bercé et nourri par Mlle de La Giraudière, qui a certainement toutes les qualités demandées d'une bonne nourrice, laquelle doit avoir « entre vingt-cinq et trente ans, être mère de plusieurs enfants, se montrer bien saine, bien carrée de poitrine et bien carrée d'épaules ; ayant de bonnes et vives couleurs ; ni trop grasse, ni trop maigre ; la chair non mollasse, mais ferme, et qu'elle ne soit pas rousse ; aussi, qu'elle ait le visage beau et qu'elle soit brune de teint, parce que le lait est meilleur que d'une blanche... Être de bonnes mœurs, sobre, gracieuse, sans se fâcher ni courroucer, car il n'y a rien qui corrompe le sang plus que tristesse et colère... Chaste, sans désirer la présence de son mari, prudente, sage et avisée, devinant ce que l'enfant demande »... En bref, on lui demande de réunir toutes les qualités.

Pour les inciter à téter, les nourrices chantaient parfois aux petits enfants :

*Qui est celui qui veut ici venir ?*
*Cache, Lisa, cache ton beau téton.*
*Ah ! le voilà qui te le veut ravir,*
*Cache, vois-tu celui, mauvais garçon,*
*Qui te venait ton petit téton prendre ?*
*Ah ! garçonneau, vous vouliez nous surprendre ?*
*Venez, mignon, venez tôt, hâtez-vous.*
*Ah ! le beau fils ! Ceci sera pour vous.*
*Venez premier que l'autre ne l'emporte.*
*Tu l'as gagné. Oh ! serre entre tes dents*
*Et à deux mains. Et lui fermons la porte,*
*Allez, mauvais, sortez d'ici dedans !*

Bien que l'enfant royal n'ait pas encore de dents, et n'ait besoin d'aucun encouragement pour se jeter goulûment sur le sein de ses nourrices, Paris, et bientôt la France entière, boivent toujours à la santé du roi, de la reine et de Mgr le dauphin. Trilogie idéale et divine. Mais ce n'est là qu'une image. La vérité est tout autre, car l'acrimonie et la suspicion règnent dans le ménage du roi. La reine s'ennuie à périr à la cour auprès de ce mari grognon, timide et compliqué, cet homme que rien n'amuse. Il est misogyne. Il craint les femmes, la sienne en particulier ; la blonde, rieuse et moqueuse Anne d'Autriche, si jolie qu'elle a fait perdre la tête à bien des seigneurs de la cour, et aussi à certain ambassadeur d'Angleterre, ce milord de Buckingham (Bouquinquan, comme on disait à la cour de France), dont le nom est encore dans toutes les mémoires.

Dans la soirée, à Saint-Germain, au-dessus d'un grand berceau garni de velours et de dentelles d'or, monté sur balancelle, installé dans la pièce la plus agréable et la plus ensoleillée du château, un visage long se penche, la mine chagrine. Un regard sombre, plein de rancune et de méfiance semble vouloir scruter cette si fragile existence, ce nouveau destin, enfermé dans son enveloppe de peau chiffonnée de nouveau-né. C'est un bel enfant qui a toujours faim, et qui asséche ses nourrices, les unes après les autres.

Le roi regarde son fils avec intensité ; il est animé de sentiments contradictoires. Il est incroyablement fier de ce merveilleux enfant gras et blanc qui ouvre sur le monde des yeux d'une couleur bleuâtre et qui semblent voir des choses que les êtres humains, passé les premières heures de leur vie, ne peuvent plus voir... Cet enfant qu'il serait si facile de faire disparaître si l'on n'y prenait garde et si une vigilance de chaque instant n'était exercée... Le roi porte en lui le sentiment étrange et lancinant de sa mort prochaine. Il ne la craint pourtant pas. Il est si fatigué que cet enfant lui casse les oreilles même lorsqu'il ne crie pas. Soudain, il se redresse. Non ! ce ne sera pas demain que le royaume de France tombera en quenouille, ou que son frère, Gaston, duc d'Orléans, ceindra la couronne de Saint Louis. « Finis les rêves et les cabales, mes beaux seigneurs ! C'est mon fils qui règnera après moi ! »

Mais quelqu'un, au milieu de cette joie générale, continue à froncer le sourcil en se demandant encore s'il n'a pas été dupé d'une façon ou d'une autre. C'est Monsieur, frère du roi ; il sait bien que la reine est entourée d'un cercle de fieffées coquines fort moqueuses, qui ne lui inspirent pas un délire de confiance. Monsieur est sûr, mais là à peu près certain, que le dauphin n'est pas le fils du roi, son frère et par un malin subterfuge qu'il n'est pas encore parvenu à découvrir, le voilà, pour l'instant, dépossédé de son titre d'héritier présomptif à la couronne. Et par qui ? par un enfant ; un très petit enfant braillard qui semble fort gourmand : il suffit de le voir téter avec une voracité, qui ne présage rien de bon. Non, vraiment, tout cela ne lui dit rien qui vaille. Et comment se fait-il que ce roi si maussade et si maladif ait pu engendrer un enfant aussi vigoureux ?

– Cela montre bien, marmonne Monsieur, qu'il y a de l'étrange là-dessous et que c'est à lui de le découvrir.

Les adversaires du régime font chorus avec le duc d'Orléans et font plus qu'insinuer, mais à voix basse, et derrière les portes, que le père du vigoureux poupon endormi dans son appartement du château de Saint-Germain pourrait bien être le beau duc de Beaufort, aux cheveux d'or et aux yeux bleus... On parle aussi du discret Mazarin, ou même du fastueux duc de Buckingham, pourtant mort depuis longtemps... et, tant qu'on y songe, pourquoi pas l'éminentissime, autrement dit le cardinal de Richelieu ? Non, impossible ! impensable ! la reine et le cardinal sont brouillés à mort.

Les plus folles suppositions circulent, sans qu'aucune s'avère une piste sérieuse.

Pour l'instant, l'unité du royaume semble sauvée, et Gaston d'Orléans en se retirant dans ses domaines sait qu'il a perdu a tout jamais son droit à la couronne de France, à ses grands regrets et mécontentements. A moins que...

A moins que le dauphin, nanti d'une apparente solide santé, ne disparaisse un jour. C'est si fragile, un petit enfant...

Mais le roi, qui suivait le cheminement de la pensée de son frère et qui connaissait la chronique des rois et les hasards des successions aidées par le poison, ordonna que le dauphin ne reste jamais seul, surtout lorsque le duc d'Orléans, son frère, viendrait lui rendre visite.

Les mois et les années suivants, chaque fois que le roi regardera son fils, il montrera une mine si chagrine et un front si sourcilleux que le dauphin, en voyant son père, pleurera et hurlera de frayeur. Tout spécialement lorsqu'il sera accompagné du superbe Cinq-Mars, ce qui donnera lieu à de terribles scènes entre le roi et la reine. Louis XIII, en rage, menacera d'enlever son fils à un si pernicieux entourage.

Le dauphin, malgré son très jeune âge, comprendra très vite ou on le lui fera comprendre, que s'il ne veut pas être séparé du monde qui l'entoure et qu'il aime : la reine sa mère, ses nourrices, ses gouvernantes, il doit faire bonne figure au roi, et aussi à son favori. A deux ans, le futur Louis XIV aura appris et compris cela, ou semblera l'avoir compris.

# *Chapitre IV*

Après avoir fêté fort joyeusement la naissance de leur dauphin, les Français, qu'ils soient parisiens ou gens des provinces, les feux de joie à peine éteints, retournent à leurs logis, à leurs occupations, à leurs plaisirs et à leurs travaux. Chacun reprend le courant de sa vie dont la quotidienne émaillée de processions, sons de cloches, cortèges du roi, des princes ou d'ambassadeurs étrangers, déployant tout le faste et la féerie que le peuple demande et qui l'aident à vivre en le faisant rêver.

Les écoliers retrouvent leurs écoles, messieurs du Parlement les salles majestueuses où ils siègent habituellement, les boutiquiers leurs boutiques, les malades leurs maux, les doctes médecins leurs malades et leurs bagarres avec ces barbiers-chirurgiens qui ont la prétention de faire les maîtres et de tenir école...

Les salons retrouvent leurs ronds, leurs familiers et leurs jeux d'esprit avec délices... Maris et amants retrouvent leurs femmes ou leurs maîtresses, et les aiment ou les battent à tour de bras, comme par le passé. Mais tous, au fond de leur cœur, ont joie et espérance : le roi a un fils, la France son dauphin. Allons, tout va pour le mieux dans le royaume de France.

Paris a retrouvé son calme. Paris !... une ville à murailles et à portes percluses, entourée de jardins maraîchers et de fossés puants..., une ville tissée de rues, ruelles et venelles à boue fétide qui ne sèche jamais, éclatante de ses nouveaux hôtels seigneuriaux qui s'élèvent, roses de leurs briques, blancs de leurs pierres lumineuses, dont certaines ont la couleur chaude du soleil couchant, et bleus de leurs hauts toits d'ardoises superbes que font construire les riches bourgeois, hommes de robe le plus souvent, et la haute, opulente et puissante noblesse...

Une ville vibrante de cris, du roulement des carrosses et des chariots qui éclaboussent tout sur leur passage, de hennissements, de vociférations, des mélopées mendiantes des malheureux qui traînent leur faim et leur misère par les rues, du meuglement et des bêlements des bœufs et des moutons que l'on abat en pleine chaussée, en guise d'abattoir, des artères qui retentissent des sons clairs de la pierre que l'on scie et que l'on sculpte.

Une ville haute en couleur, basse par la misère qu'elle renferme, effroyable par ses cours des miracles où se réfugient les gueux mais aussi rutilante sous les ors des cortèges royaux et seigneuriaux, pétaradante de tous ces feux d'artifice allumés pour plaire au peuple, en toutes occasions, ou éclairée lugubrement par les feux de la justice, où brûlent jusqu'à cendre les condamnés.

Telle est la grande ville du royaume de France, du royaume du roi Louis XIII... Tel est Paris.

Dom du Breuil, religieux de Saint-Germain-des-Prés, âgé de quatre-vingts ans en 1612, décrit les armes de la ville dans son *Théâtre des antiquités de Paris* :

*Le chef d'azur, de fleurs de lys semé,*
*Monstre Paris estre ville royale.*
*La nef d'argent sur un champ enflammé ;*
*Note qu'elle est des autres capitale.*
*Le Roy est chef, et elle est principale...*

Ses murs n'ont pas changé depuis le Moyen Age et montrent maints signes d'éboulement, ce qui n'empêche pas certains Parisiens, parmi les plus deshérités, d'y installer leurs taudis. Dans ces murailles, renforcées de tours, tourelles et herses, seize portes pouvant très bien fermer ouvrent la ville vers l'extérieur et y donnent accès, correspondant aux routes plus ou moins carrossables qui se perdent vers des horizons lointains ; des routes qui font rêver, au bout desquelles il y a d'autres villes, d'autres villages, bois et champs, d'autres pays à la langue et aux coutumes inconnues.

La surveillance des remparts et des portes est permanente. L'ouverture et la fermeture des portes obéissent à des horaires inexorables : le quartenier de service doit fermer la porte dont il est responsable à sept heures du soir, et il doit en garder les clefs ; il l'ouvrira le lendemain matin à cinq heures et toujours conservera les clefs. Pour la sécurité de la ville, le mot de passe du guet change chaque soir.

Sur la Seine, des bateaux transportent voyageurs et marchandises ou mènent les Parisiens d'une rive à l'autre. Les rues sont sillonnées par de pesants chariots, transportant des montagnes de pierres pour les constructions nouvelles si nombreuses. Ces pierres proviennent des carrières de Lourcine, des Cordeliers, des Chartreux, de Vauvert, qui produit la meilleure et la plus belle pierre, de celle dont on s'est servi pour la construction du palais du Luxembourg, résidence du duc d'Orléans, qui est au centre de toutes les intrigues et de tous les complots contre le roi, son frère.

Les pierres viennent encore d'Arcueil, de Bagneux et de Vaugirard. Parfois, des convois de pierres glissent lentement sur la Seine, venant des carrières de Saint-Cloud, de Meudon et de celles du bord de l'Oise. Mais la pierre est un luxe fort coûteux, réservé aux palais du roi et des princes, et aux églises. Quelques rares hôtels seigneuriaux en sont construits, dont ceux de Sully, de Lambert, et tant d'autres qui s'élèvent dans le Marais et dans l'île Saint-Louis, entre deux bras de Seine.

D'autres chariots apportent tous les matins victuailles, bois de chauffage et de charpente, barriques de vin, bétail pour les boucheries, pain de Gonesse, laitières accortes et peu farouches avec leurs grands pots de lait. Pour entrer dans Paris, il faut montrer un passeport, dire le motif de sa visite et sa durée éventuelle. Les marchands doivent acquitter des droits d'entrée aux octrois nichés dans les murailles épaisses et humides qui sentent le moisi, le vin, l'huile rance d'éclairage, le tabac grossier, et pire encore. Nul ne doit y échapper, même si beaucoup essaient.

Pour venir à Paris ou pour quitter la ville, si l'on ne possède pas carrosse et chevaux, il faut prendre ces grands chars publics que l'on appelle coches :

*... Où grands fusils sont attachés,*
*Etuis de chapeaux accrochés,*
*Panniers et mannes qui brandillent,*
*Câbles et cordes qui pendillent ;*
*Pour rire tu remarqueras*
*La diversité des visages,*
*La qualité des personnages*
*Qui là-dedans sont entassés,*
*Dont la moitié montre le nez*
*Par la fenêtre des portières,*
*Qui sont de cuir et de lanières,*
*Vois-tu déjà trois Allemands*
*Qui jargonnent entre leurs dents,*
*Un religieux et deux prêtres*
*Emmitouflés de bonnes guêtres,*
*De bons habits, de bons châpeaux,*
*De bonnes robes et manteaux ;*
*Quatre femmes, fines matoises,*
*Ou damoiselles ou bourgeoises,*
*Car on n'en peut rien deviner,*
*A cause qu'allant promener*
*Nous les voyons toujours masquées*
*Et de grands dominos flanquées...*
*Item voilà deux gros marchands,*
*Un gentilhomme de campagne*
*Habillé d'un bon drap d'Espagne...*
*Bon dieu quel bruit épouvantable*
*Ce monde fait sans être à table,*
*Dans cette grande chambre d'osier,*

*Qu'on voit par le milieu plier,*
*Et qui par les deux bouts se balance*
*Si fort qu'il semble qu'elle danse.*
*C'est presque un village roulant*
*Qui n'avance que d'un pas lent*
*Et qui trouve dedans les rues*
*Toujours quelques coquecigrues,*
*Des carrosses et des chariots*
*Qui l'arrêtent autant de fois,*
*Brisent essieu, disloquent roue,*
*Et couvrent les passants de boue...*

Ces grands coches, qui doivent couvrir des distances considérables et affronter la chaleur, le mauvais temps et les bandits de grand chemin, ont leurs points de départ fixes, d'une hostellerie ou d'une taverne, suivant leurs destinations :

Le lundi, le coche de Châteaudun part du « Lion ferré », rue Saint-Jacques.

Le mardi : le coche de Bayonne part du « Grand Cerf », rue Saint-Jacques ; le coche de Bordeaux part rue du Quai-des-Augustins près du pont Saint-Michel ; un autre coche pour Bordeaux part du « Lion d'Or », rue de la Huchette, tandis que le coche de Lyon quitte l'hostellerie « Aux quatre fils Aymon », et celui de Rennes part du « Lion ferré. »

Le mercredi : le coche d'Angers part du « Lion ferré », le coche de Dijon part des « Quatre fils Aymon », rue de la Caussonnerie, et le coche de Nancy se prend « A la croix de Lorraine », rue Saint-Denis.

Le jeudi, pour Nancy : départ de « La croix blanche », rue Saint-Denis ; pour Rennes du « Porcelet d'or », rue Saint-Martin ; pour Tours, rue du Quai-des-Augustins, proche du pont Saint-Michel.

Le vendredi : départ pour Amiens de « La Maque », rue de la Tissanderie ; pour Lyon des « Quatre fils Aymon » ; et pour Le Mans du « Lion ferré », rue Saint-Jacques.

Le samedi : le coche de Chartres se prend « Au lion ferré » et celui de Dijon « Aux quatre fils Aymon ».

Le dimanche : le coche d'Abbeville se prend à l'hostellerie « A la ville d'Abbeville », rue Jean-Pain-Mollet.

Et départ tous les jours pour Fontainebleau, quand le roi y est, de « La ville de Brissac », rue de Seine. Tous les jours aussi, pour Rouen, dont le coche part de l'« Image Notre-Dame », rue Saint-Denis, près de la porte du même nom ; un autre à destination de Rouen part au « Havre de Grâce », rue Montmartre ; et le coche de Traverse en France se prend « A la Ville de Brissac ».

Départs non fixés pour le coche d'Auvergne « Aux quatre fils

Aymon », et celui de Dourdan, au « Lion d'or », qui partent quand ils peuvent... Ces voitures pesantes sillonnent en tous sens la campagne aimable de l'Ile-de-France, les plaines fertiles cernées de coteaux couronnés de vignes, de bois et de moulins, parsemées çà et là de villages pleins de fleurs, débordants de salades, de légumes et de lait mousseux, que l'on garde dans de grands pots.

Paris entasse avec entêtement ses maisons trapues, ponctuées par les clochers de ses cent églises, tapies au milieu de ses murailles. Mais quand les voyageurs approchent des murs de la plus prestigieuse ville de France, sinon d'Europe, une envie irrésistible de faire demi-tour s'empare d'eux. Une odeur immonde, pestilentielle, sulfureuse et cadavérique les prend à la gorge et les fait pleurer. C'est qu'ils arrivent aux marécages et aux fossés pleins d'ordures, d'eau fétide, croupissante, couverte d'une lèpre de lentilles d'eau saturées de détritus, qui baignent ses murailles. L'air en est empoissonné. Paris ressemble à une belle fleur à l'horrible odeur, poussant sur du fumier.

– Mamanga, s'écrie un jour à sa gouvernante le petit dauphin Louis, futur Louis XIII, alors qu'il arrivait en carrosse des jardins embaumés de Saint-Germain. Mamanga, que je sens pas bon !

Et Mme de Montglat mit un mouchoir parfumé sous le nez de son élève, qui fronçait le sourcil, très mécontent, des larmes plein les yeux... Mais à cette puanteur ambiante on s'habitue très bien.

Cinq cent mille Parisiens vivent dans la ville de leur cœur, d'où ni le bruit, aussi bien diurne que nocturne, ni les incommodités ne les feraient déguerpir.

Ils logent dans seize mille huit cent dix-neuf maisons, hôtels particuliers, hôpitaux, collèges et académies. Voyageurs et étrangers s'entassent dans quatre-vingt-deux hôtelleries et trente-six garnis. Les hôteliers, cabaretiers et autres, louant chambres garnies, doivent, dès qu'il leur arrive des hôtes, prévenir leur capitaine des noms, surnoms, qualité, demeurances, et la cause de leur arrivée et de leur séjour, sous peine d'être taxés de deux cents livres parisis d'amende, sans préjudice des punitions corporelles qui pourraient leur être infligées.

A Paris, les maisons se louent presque toujours garnies, à la journée ou au mois, car les concierges ne peuvent en disposer autrement, craignant que leurs maîtres ne reviennent à la cour et aient besoin de leur logis. Dans les différents quartiers se retrouvent toutes les couches de la société. Le brassage social est très important.

Du temps du roi Henri IV, il y avait eu projet de créer un quartier ouvrier, sur l'emplacement de l'ancien palais des Tournelles, jadis rasé sur ordre de la reine Catherine de Médicis, après la mort de son époux, le roi Henri II. Devant cet emplacement désert qui allait bientôt prendre le nom de place Royale, François Miron, prévôt des marchands, avait protesté auprès du roi :

– C'est une malheureuse idée de bâtir des quartiers à l'usage exclusif d'artisans et d'ouvriers. Dans une capitale, où se trouve le souverain, il ne faut pas que les petits soient d'un côté, et les gros dodus de l'autre. C'est beaucoup plus surement mélangés : vos quartiers pôvres deviendraient des citadelles qui bloqueraient vos quartiers riches...

Aussi, le roi Henri, ayant écouté son ministre, la plus fabuleuse et inimaginable richesse, cotoie des ouvriers, des artisans, des boutiquiers ; ou l'indigence la plus nue, la plus complète.

Les maisons, hautes de trois ou quatre étages, ont des escaliers raides et sombres, et des logis où le soleil entre rarement. La mortalité infantile est énorme. Au rez de chaussée de ces maisons, des portes cochères et piétonnes, à marche de pierre. y donnent accès, tandis que des boutiques sombres, aux fenêtres arrondies à épais et petits carreaux verdâtres, sertis de plomb, ne reçoivent qu'un jour parcimonieux. Tout baigne dans une pénombre, où lutte la lumière incertaine d'une navette à huile, ou d'une chandelle de suif nauséabonde. La largeur des rues, va de un mètre cinquante à cinq mètres, de telle sorte, que tous les habitants vivent dans une promiscuité, où les grandes fenêtres éclairant les sombres chambres, font que personne n'ignore ce qui se dit, ce qui se passe et ce que l'on mange chez le voisin.

Chacun se loge où il peut, et, si de pauvres gens vont, malgré les ordonnances royales, installer leurs cahutes sur les remparts ou en bordures des fossés puants, d'autres n'hésitent pas à aller vivre sur les anciens charniers de Saint-Gervais et des Saints-Innocents.

La capitale est sillonnée par six cents rues dont les plus importantes sont, sur la rive droite : les rues Saint-Antoine, du Temple, Saint-Martin, Saint-Denis, Montmartre et Saint-Honoré. Sur la rive gauche, ce sont les rues Saint-Jacques, de la Harpe, Dauphine, de la Barillerie. Elles sont les plus spacieuses et conduisent aux portes de la ville. Autour d'elles, les coupant, s'entrecroisant, s'entrelaçant, des rues étroites, ruelles, venelles et culs-de-sac tortueux, humides et nauséabonds, à la boue fétide, gluante et collante, laissant sur les vêtements, bêtes et gens des taches brunes, difficiles à enlever ; ce qui fait dire à un dicton : *Boue de Paris et vérole de Rouen ne s'en vont qu'avec la pièce.*

Les maisons qui les bordent, plus ou moins de guingois, semblent s'épauler les unes les autres, comme des chouettes ivres. Certaines galeries privées enjambent les rues, pour relier une maison à une autre, de l'autre côté de la rue.

Ces maisons, bossues de leurs combles, et affublées de hautes cheminées ont une hauteur de dix-sept à vingt mètres, selon qu'elles sont construites en bois ou en pierre. En réalité, elles sont le plus souvent bâties en bois et torchis, qui est un mélange de paille et de terre grasse, recouvert par des carreaux de plâtre, imitant la pierre, qui n'entre pratiquement pas dans la construction de ces maisons ordinaire, édifiées plus souvent par des maçons que par des architectes. Elles sont chargées de tourelles, d'enseignes et de linge séchant aux fenêtres.

Dans les logis, où de nombreux enfants montrent leurs visages pâles, la chandelle de suif brûle dès la moitié du jour. Parfois, un bourgeois huppé, occupe une maison entière à lui seul, ou avec sa famille. Mais, le plus souvent, elles sont habitées par des familles ou des ménages d'artisans ou d'ouvriers. Les retraits, qui sont des cabinets d'aisance, sont installés du côté de la cour, distribués à chaque étage, dans les recoins de la cage d'escalier ou dans les cabinets en saillie. Evidemment, seuls les hôtels particuliers ont un maximum de commodités. Le marquis de Fontenay-Mareuil loue pour quatre ans, le 2 janvier 1629, une maison sise rue du Plâtre, moyennant six cents livres tournois par an.

Nicolas Moret, maître d'hôtel du roi, loue pour trois ans à Gaspard de Coligny, le 18 mars 1643, un hôtel rue de Bourbon, consistant en porte cochère, grande et petite cour, hangar, écurie, puits, cuisine, chambres, pour deux mille quatre cents livres par an. Mais ceci est pour les gens riches. Pour les moins fortunés, dont la vie est plus difficile, le confort est inexistant et l'entassement considérable. Dans les escaliers il n'y a pas de rampe, mais une grosse corde, fixée au mur par des anneaux de fer, aide efficacement à escalader les étages. On entre dans les appartements par des marches bizarres, qui les surélèvent, ou les abaissent brusquement. On risque de se rompre la tête à chaque instant ; des couloirs biscornus desservent des cabinets noirs appelés « bouges », où logent les domestiques et des pièces plus ou moins grandes, éclairées par une ou deux fenêtres, dont le sol est carrelé de terre cuite.

Dans les maisons riches, les vestibules et les salles d'apparat sont dallés de pierre, revêtement parfois rehaussé de carreaux de marbre noir. La cuisine est pavée de grès. Pour les chambres secondaires et les galetas, on utilise des carreaux de plâtre.

Mais, dans les hautes et étroites maisons, les petits-bourgeois vivent souvent dans une unique pièce, avec leur femme et leurs enfants. Cette pièce est à la fois cuisine, salle à manger, salle pour recevoir et chambre à coucher. D'abord, la cheminée, qui est toujours grande, sert pour la cuisine et pour se chauffer, avec sa crémaillère pour accrocher la marmite, des chenêts de fer ou de cuivre, selon la fortune du logis ; une broche, une lèchefrite, chaudrons et cuillers à pot ; un chandelier de potin, qui est un alliage de cuivre et d'étain, avec sa chandelle de suif puante dès qu'elle est allumée. Parfois, sur les murs, des panneaux de tapisserie, façon Rouen ou Beauvais. Des meubles en noyer, dont une grande table rectangulaire recouverte d'un tapis vert ou brun, escortée d'une douzaine d'escabeaux plus ou moins garnis de coussins. Un grand buffet pour serrer les assiettes en étain ordinaire, gobelets, flacons et pots, ou la vaisselle de faïence, ce qui est plus rare écuelles et tasses. Les couteaux sont peu nombreux, car la viande figure rarement sur la table des petites gens.

Plus loin, dans un coin de la pièce, se trouve le grand lit à piliers garni de pentes, rideaux et bonnes grâces de serge, à passements et franges de laine. Il est fourni d'un matelas de bourre, de draps et d'une ou de deux couvertures. Deux coffres l'accompagnent et servent à ranger les hardes de la famille : chemises de futaine pour homme, qui est tissu de fil et de coton, cinq ou six caleçons, une douzaine de chemises vulgaires, trois ou quatre coiffes de nuit et une douzaine ou deux de mouchoirs en fine toile de lin. Là se rangent aussi les belles nappes et serviettes brodées pour les fêtes, l'argenterie du ménage, comprenant cuillers, parfois une fourchette, ce qui est raffinement inoui, une gondole, qui est un petit vase à boire long et étroit, sans pied ni anse, et un clavier à ciseaux. Touailles et torchons y prennent également place.

Un grenier est aménagé dans un recoin sombre, où l'on entasse les objets de rebut et la provision de bois flotté.

Bien qu'ils soient d'une classe sociale plus élevée, ils peuvent être assimilés, de par leur situation matérielle, aux artisans auprès desquels ils habitent.

Le curé de Charonne-lez-Paris, village tout proche de Paris, est prêtre-chanoine en l'église collégiale Saint-Honoré. Sa bibliothèque compte trois cents volumes, ce qui montre bien qu'il est un homme instruit, à l'esprit curieux.

Pour sortir, il porte des habits de chanoine bordés de damas ou de velours tanné ; mais, quand il est chez lui, il revêt une robe de serge violette. Ses soutanes sont en taffetas, en serge, en moncayar ou en camelot ; ses pourpoints, chausses et manteaux sont ornés de galons en taffetas et en velours noir.

Pour dire messes et vêpres en l'église Saint-Honoré, il est nanti d'une belle chasuble de taffetas vert et rouge, un surplis, des rochets et des corporaux garnis de dentelles et de broderies.

Il vit avec son secrétaire et une servante dans un appartement composé de deux chambres et d'une cuisine. Comme il se doit, le prêtre occupe la chambre principale, qui a vue sur la rue. Le mobilier, de hêtre ou de noyer, de méchant aspect, se compose d'un lit à hauts piliers, à pentes et custodes de serge verte, ainsi que de treize sièges, escabeaux ou chaises à bras, avec coussins et housses, de deux tables sur châssis ou tréteaux, d'un buffet et d'une armoire, placés de chaque côté de la cheminée. Il n'a pas de carrosse, mais possède un beau cheval noir, en garde dans une écurie voisine.

Chacun dort là où il vit et mange. A la campagne, beaucoup feignent la pauvreté tout en possédant des greniers garnis de blé, des caves ou celliers remplis de futailles, au fond desquels le vin de leurs vignes vieillit doucement.

Au fond de la salle basse, près du lit, on trouve souvent un grand coffre bien ferré, à triple serrure, d'où l'on sort son or à la nuit tombée, à la lueur de la chandelle et la porte bien close, pour en établir le compte, mettre en sacs douillets et recompter encore les espèces de France, d'Espagne, de Hollande, d'Angleterre et d'Italie.

Quant aux grands bourgeois, magistrats ou conseillers d'État, ils se marient avec des filles ayant solides et belles dots bien payées par leur père.

L'un d'entre eux habite une maison proche de l'hôtel de Rambouillet, entre cour et jardin. Le corps de logis a deux étages. Au rez-de-chaussée se trouvent les écuries, la cuisine et la salle ; au premier étage, les chambres ; au second, le grenier avec galetas, bouges et garde-meuble.

Dès qu'elle en a la possibilité, cette race ambitieuse et entêtée achète des terres, dont ils prennent le nom afin de s'anoblir, dérisoirement peut-être, mais enfin cela fait illusion.

Désirant faire souche, ils ont de nombreux enfants ; et quand ils vont à leur maison de campagne, ils s'y rendent à cheval, bien armés pour les mauvaises rencontres.

Pour la ville, ils possèdent un carrosse cossu et confortable, couvert extérieurement de cuir et garni de serge, de velours ou de damas cramoisi. A l'intérieur de leur demeure, les murs sont tendus de tapisseries des Flandres ou de Beauvais qui représentent des scènes champêtres. Les pièces secondaires ont leurs murs simplement recouverts d'un badigeon. Les miroirs sont très rares, aussi en compte-t-on un par maison, et encore.

Des tapis de Turquie sont étalés sur le sol, au pied des lits et sous les tables.

Tables, chaises et lits sont en noyer. Les hauts lits à piliers, massifs et sans décoration, sont garnis de lourdes paillasses, de matelas, de couvertures en catalogne blanche, rouge ou verte. De leurs ciels tombent rideaux et bonnes grâces de serge grise, verte ou rouge, ornée de passements violets, de franges de soie, de damas, de satin et de velours brodé, de pesantes étoffes écarlates à crépines et boutons de soie. Les lits occupent le centre des pièces. Les chambres sont surchargées de meubles, de chaises à vertugadins et couvertes de velours et de tapisserie.

Dans les coffres sont rangées les robes de chambre en velours et en damas, des habits de gentilhomme en satin noir, des soutanes de magistrats en serge de Florence, satin ou damas, robes solennelles d'écarlate à passements de velours, chaperons fourrés : des habits, des manteaux, chapeaux de castor, des bottes en cuir de vache, des gamaches, qui sont des guêtres de grosse étoffe qu'on enfile par-dessus les bottes pour les protéger de la terre de la rue. Habits de satin, de taffetas, de ratine pour l'hiver, de drap d'Usseau, de camelot turquien ; noirs, blancs, rayés, gris de ramier ; découpés et tailladés à la mode ; tout chamarrés de passements. Manteaux en drap du Berry ou d'Espagne, de gros de Naples, de taffetas, ornés de boutons à queues et de galons de soie.

Pour sa femme, grande bourgeoise elle aussi, une robe de chambre en satin feuille-morte à boutons de soie et d'or, multitude de boîtes de poudres, de pâtes odorantes, de flacons d'eau de senteur, ainsi qu'un grand miroir de toilette.

Les robes sont de satin incarnat et aurore, parsemées de fleurs bordées d'un galon d'or, ou bien jaunes à bandes de couleur colombin. On les porte avec des bas de soie et des roses de rubans ou de pierres précieuses aux souliers. Robes de taffetas, tabis, velours, soie et serge de soie, blanches, bleu céleste, gris tanné. Les bijoux sont conservés dans des coffres, où brillent, reposant sur du velours, les enseignes de diamants, les boucles d'oreilles en forme de croissant, un magnifique collier de perles, des bracelets pour mettre aux deux bras, en or, perles et diamants. Elle est une femme comblée et, espérons-le, heureuse.

Toute maison bourgeoise ou seigneuriale bien tenue renferme des coffres débordant de linge de maison, à usage domestique, et une domesticité suffisante. En premier vient le maître d'hôtel, qui a la main sur tout. Il est responsable de la bonne marche du logis. Puis vient le valet particulier, souvent confident de son maître, et dont l'importance est grande. La femme de chambre privée garde les secrets de sa maîtresse, dont elle favorise les intrigues et les amours.

Ensuite, ce sont les gens de livrée, ainsi que les serviteurs qui logent dans les écuries, les galetas ou les greniers : femmes de chambre, valets, laquais, cochers et gens de cuisine. Ils perçoivent environ soixante livres par an, un salaire courant. Les laquais ont une réputation déplorable ; on les dit voleurs, insolents ; ils passent pour se battre comme chiens, toujours en quête d'un mauvais coup ; cependant, tous ont la plus haute idée de l'honneur de la maison à laquelle ils appartiennent, dont ils connaissent la puissance et sur laquelle ils savent pouvoir compter quand cela est nécessaire. Tous se retrouvent dans la spacieuse cuisine à la vaste cheminée à crémaillère et à tourne-broche à poids. Aux murs et sur les buffets, la batterie de cuivre ou d'airain montre des fonds brillants. Contre le mur, une fontaine simple contient de nombreux seaux d'eau.

Grande table, bancs, armoires et buffets en composent l'ameublement.

A la tête de tout ce monde, le maître d'hôtel est chargé des achats de toutes sortes. Il commande les réparations et tient les cordons de la bourse de son maître. Posséder un bon maître d'hôtel est le rêve que caresse tout seigneur soucieux de son patrimoine. Il en va de même pour les princes, dont souvent la domesticité compte plus de cent personnes. Dans les demeures riches il y a aussi les demoiselles de compagnie. Elles assistent la maîtresse de maison dans ses visites, où qu'elle aille. Des nourrices s'occupent des jeunes enfants, et des précepteurs éduquent les plus grands. Les repas se prennent dans la pièce la plus proche des cuisines ; c'est la salle dont les murs sont recouverts de tapisseries à personnages ou autres. Au milieu, une grande table à tirants. Contre les murs : un lit de repos, une douzaine de sièges, une cuvette d'airain ou d'argent avec sa fontaine ; un buffet, avec les flacons et les verres. Tous les meubles sont en noyer.

Pour les repas d'amis, on ouvre les armoires. La table est alors couverte de nappes blanches damassées, les buffets ont des dessus de dentelle, sur lesquels sont posés aiguières, flacons de vins et gobelets. Bientôt couleront les crus de Beaune et le clairet de Bezons.

Sur les grandes nappes, l'argenterie sortie des coffres est brillante et ordonnée : vases, plats d'argent, assiettes d'argent ou de vermeil doré. Quand les couverts manquent, chacun mange avec les doigts. C'est pratique courante, car les invitations sont hasardeuses et les convives souvent plus nombreux que prévus. Personne ne s'en étonne, car les fourchettes et les couteaux sont encore objets de luxe.

Les bourgeois s'invitent en voisins, le dimanche et les jours de fête. Chacun apporte son salmigondis et mange à l'aventure. Mais les portes des maisons se ferment de bonne heure, au signal du couvre-feu donné par :

*La cloche de Sorbonne*
*Qui toujours à neuf heures sonne...*

Les lumières s'éteignent alors. Seul dans les rues obscures, un bourgeois en retard muni d'une lanterne et d'un bâton ferré qu'il tient solidement rentre chez lui. En chemin, il rencontre des écoliers insouciants qui vagabondent avec des mendiants, et les sergents du prévôt faisant leur ronde...

Une comptine enfantine rythme bien la vie des Parisiens :

*Lever à six, dîner à dix*
*Souper à six, coucher à dix*
*Fait vivre l'homme dix fois dix.*

Mais pour des raffinés, attachés à une maison princière, la vie est tout autre. Lui est écuyer de la duchesse de Montpensier. Elle est suivante. Ils habitent chez leur maîtresse en l'hôtel de Guise. Ils y occupent une chambre avec garde-robe. L'hôtel de Guise est sis au Marais. Là, dans cette pièce élégante, tout est ménagé pour sourire, plaire et parader. Sur les murs, des tapisseries de Beauvais déploient la somptuosité de leurs ramages verts ; un grand tapis de pied en serge de Beauvais, couleur de pensée, ouate le bruit des pas. Il est enrichi de bandes en point de Hongrie rehaussé de soie. Un grand lit à piliers dorés est coiffé de grands « pennaches » de plumes légères ; les rideaux du lit sont assortis au tapis couleur de pensée, et le dossier tendu de taffetas montre un bénitier d'argent en son centre. Quatre chaires à bras, six escabeaux à tenailles sont parés des mêmes étoffes. Contre les murs, trois coffres bardés de ferrures et trois beaux cabinets d'Allemagne contiennent le linge, l'argenterie et les bijoux des époux. En deux encoignures, et se faisant face, une grande armoire à quatre guichets contient les titres et parchemins du ménage, les magnifiques épées, les poignards à garde et à poignées ciselées protégés par des fourreaux de velours ou de chagrin de teintes claires. Une toilette en velours vert passementé et frangé d'or est chargée d'un nécessaire de beauté ; un sac en velours, vert lui aussi, contient les vêtements de nuit soigneusement pliés et parfumés.

Devant la haute cheminée où ronflent en hiver de bons feux de bois et dans laquelle en été s'épanouissent des buissons de fleurs, une vaste table à pieds tords, recouverte d'un tapis de cuir, soutient deux lourds flambeaux d'argent et un reliquaire d'or, à fond d'émail gris-de-lin, entouré de diamants. Au-dessus de la cheminée, un bras d'argent est muni de bougies parfumées.

Un valet soigne le cheval dans les écuries de l'hôtel. Une servante est chargée de la bonne tenue du logis. Là, pas question d'enfants. Tout est pour la parade. Le couple est nourri aux tables des officiers de la duchesse.

Dans des coffres, la suivante possède une robe de chambre en moncayar, quatre robes, trois cotillons de taffetas en satin, serge de soie, unis ou à fleurs, noirs, rayés, rose sèche, incarnadin avec passements œil de perdrix..., chaperons, coiffes, bandeaux, fraises et manchettes, sans compter bas, souliers, caleçons, et le reste.

La garde-robe de son mari est bien plus importante et riche, car il possède sept manteaux, deux roupilles, onze pourpoints et hauts-de-chausses en peau de chamois, en gros de Naples, satin et taffetas. Sept chapeaux de castor gris ou noir ; cinq « pennaches » de plumes d'autruche de diverses formes et couleurs ; vingt-trois paires de bas de soie ; quarante-trois aiguillettes, cinq écharpes de taffetas, dix paires de roses de souliers, neuf paires de gants de cerf, sept ceintures de velours ou de maroquin, ou en étoffes les plus fines ; passements de dentelle, broderies, franges de soie d'or ou d'argent.

C'est lui qui accompagne la duchesse au manège, aux promenades équestres et à la chasse ; la suivante, elle, très discrète et attentive, suit sa maîtresse dans ses déplacements mondains, écoute ses confidences, et lui prodigue les menus soins dont elle peut avoir besoin.

Une autre Française de ce temps est Françoise de Longesac, marquise de Montglat. Elle a été la gouvernante de Louis XIII quand il était enfant. C'est une femme d'affaires opulente, puissante à la cour, mais insatiable d'un argent qu'elle prête à gros intérêts. Elle est terriblement liardeuse, chicaneuse et spéculatrice ; on la sait experte en toutes sortes d'actions, paperasses judiciaires et notariales. L'année de sa mort, en 1633, elle habite une petite maison derrière les galeries du Louvre, sans doute mise à sa disposition par Louis XIII. Une cour sépare le logis de la rue, où prennent jour, au rez-de-chaussée, une cuisine, un office et une écurie. Au premier, une chambre et une garde-robe, tandis qu'au deuxième étage se trouvent un garde-meuble, un galetas, deux cabinets et un grenier où elle loge sa suivante et sa chambrière.

Sa cuisinière couche dans la cuisine, son cocher à l'écurie, et Ferry Fochon, son maître d'hôtel, dans une chambre meublée par elle rue Saint-Thomas-du-Louvre.

La vieille marquise s'amuse parfois à recevoir. Pour l'occasion elle revêt une robe noire à fleurs, et quand le visiteur est considérable, elle s'habille d'un corps et d'une cotte de velours violet galonné d'or, parsemés de lys d'or.

Elle laisse la vaisselle d'étain pour la cuisine et se sert quotidiennement de sa vaisselle d'argent. Pour les jours de fête ou lorsqu'elle souhaite honorer ses invités, flambeaux, aiguières plats et assiettes de vermeil doré sont sortis des armoires. Quarante-huit couteaux gravés à ses armes font partie de son argenterie. Quand l'hiver arrive, elle se met douillettement auprès de son feu, ses épaules couvertes d'un épais capot, qui ressemble à un petit capuchon de satin noir, chamarré de broderies. Lorsqu'elle va faire des visites, elle monte dans son beau carrosse, tendu de velours cramoisi à broderies, attelé à deux chevaux bruns. La cuisine où vit sa cuisinière a un aspect sinistre. A peine est-elle meublée d'un lit, de six tables, de trois coffres, avec des ustensiles courants et deux poissonnières.

Au premier étage, la chambre où habite la maîtresse a ses murs recouverts de huit panneaux d'une tapisserie des Flandres. Entre deux panneaux sont étagés une croix de lapis, deux bénitiers d'argent, une plaque de jaspe, une autre de cristal encerclée d'or et de turquoises où sont gravées les images de la Vierge et de saint

Charles. Des tableaux représentent le roi Henri IV avec ses enfants en bas âge : le futur Louis XIII, Gaston d'Orléans, le petit prince Nicolas, mort à quatre ans, Mmes Élisabeth, Henriette-Marie et Christine, sœurs du roi, le duc de Savoie, la reine Louise, la douairière de Guise et la princesse de Conty.

Au-dessus de la cheminée, un bras d'argent surplombe des boîtes précieuses d'or et d'argent, garnies de brillants, quatre reliquaires resplendissant d'or, d'émaux, de diamants..., de curieuses coupes de cristal à godrons, élevées sur des pieds d'or, une noix d'Inde, taillée en aiguière et constellée d'argent et, au milieu, une lourde horloge de cuivre, en forme de navire.

Deux tables de noyer meublent la pièce, avec un lit de sangle à pavillon de serge tannée, une chaise percée tendue de serge rouge, des fauteuils et escabeaux recouverts de velours de différentes couleurs, de somptueux cabinets d'Allemagne, juchés sur des pieds de noyer, et un coffre enguirlandé de feuillage d'argent. Dans la garde-robe, dont les murs sont tendus d'une tapisserie d'Auvergne à verdure, trônent deux grandes armoires de chêne et deux chaises percées, drapées de velours violet et de serge bleue. Un écran tendu de damas cafard cache en partie la cheminée, et derrière une tenture se trouvent une baignoire d'argent, un pot de chambre en argent, des bassins à cracher, des bassins à se laver les pieds, une bassinoire. Le tout en argent massif.

Mais en vieillissant, Mamanga a préféré garder son confort et a écarté trop d'ostentation ; si elle couche sur un lit de sangle, c'est qu'elle le veut bien, car elle pourrait faire descendre de son garde-meuble son vaste lit à hauts piliers à tours de lit en taffetas rose sèche ou orange, en satin blanc, en damas tanné et autres étoffes à crépines et franges de soie d'or ou d'argent. Plutôt que de se servir de couvertures de laine, elle pourrait utiliser celles en serge de soie ou en taffetas piqué. Ses chaises percées auraient meilleur air si elle employait les autres draperies qui leur sont destinées, et dont une est couleur verdoison.

Neuf magnifiques tapis de Turquie restent roulés là-haut dans un coin du garde-meuble ; inemployés. Mme de Monglat entasse ! Dans les tiroirs de ses cabinets sont soigneusement rangés ses bijoux et ses bibelots précieux. Ses journées se passent ainsi dans la tranquillité, en lectures et prières. Le dimanche, un prêtre vient dire la messe dans son oratoire.

Ainsi va Mme de Montglat, à la fin de sa vie ; et ainsi vivent les Français dans la première partie de ce XVII$^{e}$ siècle, où ce qui manque le plus à Paris, c'est l'eau..., l'eau de tous les jours, pour boire, se laver et apprêter les repas. Aussi, dès le matin, les porteurs d'eau à bretelles ou à tonneaux vont-ils par les rues en criant : « A l'eau-au, à l'eau-au ! » On les appelle, ou on descend les seaux, certains ont leurs réseaux d'abonnés et vont porter dans des maisons attitrées, la quantité d'eau nécessaire pour la journée.

Ils doivent tirer cette eau, qu'ils vont vendre ensuite, dans un des cinq puisoirs fixés par le bureau de la ville, situés loin des hôpitaux et des bateaux à lessive auxquels la Seine sert d'égout.

On compte trente mille puits à Paris, dans les cours des maisons, creusés à quatre ou cinq mètres de profondeur sur la rive droite et à six ou dix mètres sur la rive gauche. Mais leur eau est tellement polluée qu'elle a un taux d'azote supérieur à celui du grand collecteur, et les Parisiens tremblent de fièvre, ce qui n'est pas étonnant.

Sur le Pont-Neuf, la pompe de la Samaritaine alimente le Louvre et les riverains, parmi lesquels beaucoup sont de grands seigneurs. Ils ont ainsi l'eau à domicile, car ils ont ont obtenu des messieurs de la Ville une concession d'eau, « un cours d'eau », lequel a été soudé, à cette fin, au gros tuyau public le plus proche de leur hôtel. Cette eau, si nécessaire à la vie de tous les jours, vient de Rungis, du Pré-Saint-Gervais, de Belleville. Elle alimente pauvrement les trente fontaines publiques de la capitale. Les autres habitants envoient leurs domestiques faire la queue à la fontaine la plus proche.

Pour la cuisine, cela va encore..., mais il faut aussi assurer le lavage de chaque jour : « calessons », chemises, parements de toile ou de dentelle, linge et robes des enfants en bas âge... et tous ces nids à poussière que sont les rideaux, baldaquins, pentes et bonnes grâces... Dans les grandes et riches demeures, tout cela est changé au moins deux fois l'an : au printemps, où l'on prend les tentures et draperies d'été, et à l'automne, au retour de la saison des châteaux. On sort les tapisseries chaudes et les velours, quand il fait bon revenir en ville, car les amis y sont aussi.

A cette saison, les grandes portes des somptueux hôtels princiers, seigneuriaux et des grands bourgeois s'ouvrent à nouveau. Les carrosses et les chaises à porteurs sont dépoussiérés. Les cuisines embaument de leurs mille fumets, tandis qu'à l'étage noble musiques, causeries, farces et chants reprennent.

Dans les maisons, l'eau est conservée dans des fontaines de faïence, d'étain, d'argent ou d'airain. Ce sont des récipients sur pieds ou accrochés au mur, munis d'un couvercle et d'un robinet qui peuvent contenir de quinze à trente seaux. Dans les maisons huppées, l'eau destinée à se laver les mains est délicatement parfumée à l'iris, à la rose ou au jasmin, tout comme les luxueuses bougies de cire blanche qui sont utilisées, de concert avec les feux de bois odorants, pour combattre les mauvaises odeurs.

Le peuple a l'eau qu'il peut. La ménagère va à la fontaine, ou à la rivière. L'été, la sécheresse aidant, les fontaines diminuent de moitié, quand elles ne s'assèchent pas complètement. Alors, chacun va vers cette Seine qui charrie nonchalamment une eau limoneuse et fétide, où l'on voit des chats crevés, flottant entre deux eaux, entourés de trognons de choux, de fruits pourris, et pire encore.

Par manque d'eau, les Parisiens se lavent peu. La serviette de toilette n'existe pas, mais certains possèdent une cuvette d'étain et un frottoir, sorte de gant de toilette, avec lequel on est censé se nettoyer.

Certains seigneurs et grandes dames ont une baignoire, ce qui est grand luxe. Ces baignoires ont un ciel en toile de lin ou autres légers tissus, à dentelle et à broderie. Les autres vont se baigner chez le barbier-étuviste, qui ne lave pas ses cuves après chaque client, ce qui fait que chacun patauge et se lave dans la même eau. C'est comme cela qu'ils contractent autant de maladies...

Pour lutter contre les odeurs de fauves qu'ils répandent, les sujets de Louis XIII, quand leurs moyens le leur permettent, font abondante consommation d'eau parfumée, d'essences de fleurs, de sachets de senteurs et de poudres odorantes.

## *Chapitre V*

Dans les logis d'artisans, de boutiquiers ou de petits-bourgeois, la cuisine est le centre de la vie de tous les jours. Là s'élaborent les solides plats, bien épicés, dont les sujets du roi Louis XIII raffolent.

C'est là que dorment parents et enfants, dans le grand lit à rideaux, où il fait bon et chaud l'hiver, alors que le frimas se colle aux carreaux et que tout est si froid avant que le feu soit allumé le matin. C'est là que l'on reçoit ses amis, que l'on travaille, que l'on fait ses enfants et qu'on les met au monde.

Quand l'hiver arrive, et que la nuit tombe, que ce soit dans la demeure du seigneur ou dans le logis de l'artisan, fenêtres et portes sont tenues bien closes. Des paravents coupent les vents qui se glissent sous les tentures. Les feux brûlent dans les hautes cheminées de pierre, multipliant les risques d'incendie.

Après le souper, avant d'aller se mettre au lit, les divers membres de la famille et les amis de passage s'approchent du feu, pour se chauffer, se souvenir, penser, ou tout simplement pour dire et entendre des histoires. C'est l'heure où la lumière des chandelles bouge, où l'ombre des meubles s'étale sur le sol carrelé de terre cuite, recouvert ou non de tapis précieux. L'enfant dort dans son berceau, le chien aussi, couché juste devant le feu pétillant.

Les domestiques, sans bruit, enlèvent les plats, rangent la salle... Une chambrière tire les rideaux du lit, passe sous les couvertures une bassinoire de cuivre ou d'argent brûlante... Les serviteurs sont fidèles à la famille qui les emploie. Il faut être bien misérable pour ne pas avoir au moins un valet. Les maisons riches en possèdent une multitude. Chacun sait qu'un domestique dépourvu de certificat est traité comme un gueux, et il ne lui reste plus qu'à aller se réfugier chez les mendiants et les malchanceux de la cour des Miracles.

Mais, pour l'instant, l'heure est à la paix. On raconte, en buvant du café ou du vin brûlé, que la petite maison du roi, à Versailles, a vingt-quatre mètres de longueur sur six mètres de profondeur, avec, en équerre, deux ailes délimitant la cour. Tout le monde parle et donne ses idées :

– Ce n'est pas bien grand, pour un roi, vingt-quatre mètres !

– C'est bien vrai ! même un seigneur n'en tirerait pas vanité.

– Mais vous savez bien que le roi n'aime guère la vie de la cour, et qu'il est bien aise d'avoir ce petit castel pour lui tout seul.

– Il n'y va jamais seul...

– Bien sûr, le roi n'est jamais seul... Pour lui c'est une halte de chasse ; il aime à y mener les seigneurs.

– Oui, les meilleurs seulement ; il y convie rarement les dames.

– Il ne les aime pas.

– Qu'est-ce que tu en sais ?

– Partout on le dit...

Et les ombres qui se découpent devant les flammes de la cheminée continuent à parler :

– Je suis passé tantôt place de Grève, j'ai vu un pendu.

– Il n'y a rien de nouveau à cela ; il y en a toujours un.

– Oui, peut-être, mais celui-là est particulier.

– Particulier en quoi ? Un pendu est un pendu... Ils tirent la langue et sont tout noirs. Quand on en a vu un, on en a vu dix.

– Je disais qu'il était particulier, car de son vivant il n'était pas ordinaire. Avez-vous entendu déjà parler d'un certain de Meuves ?

– C'est le pendu ?

– Oui.

– Et alors, qu'a-t-il donc de si particulier ?

– Il était ingénieur.

– Pourquoi, diable, est-on allé pendre un pauvre bougre d'ingénieur ?

– Parce qu'il était trop intelligent ; il avait trouvé un produit, une sorte de drogue, qui avait le pouvoir de rompre le fer.

– Vous n'allez pas nous dire que cet homme a été pendu pour cela ?

– Oui et non, mais un soir, comme il passait sous un pont avec un laquais, qui tenait un flambeau allumé, car il voulait essayer sa drogue sur la chaîne d'un bateau, voilà que le feu prend au pont, c'était le pont au Change, vous en souvenez-vous ? Toutes les maisons brûlèrent...

– Oui, oui ! très bien, cela a fait assez de tintamarre.

– Eh bien, on l'attrape, on le met en prison, en l'accusant d'avoir mis le feu au pont...

– Oh !... et l'y avait-il vraiment mis ?

– Sans doute pas, mais il n'y a pas que ça. De Meuves parle de sa drogue et de ses pouvoirs. On l'essaie sur les ferrures d'une armoire et, cinq minutes plus tard, la porte était par terre ; alors on prévient notre éminentissime, autrement dit le cardinal de Richelieu, et on lui explique les avantages de la découverte de de Meuves... Que croyez-vous qu'il fait ?

– Comment savoir, avec un tel homme ?

– Attention à ce que tu dis. Tu sais bien qu'il a des espions partout... Tiens, peut-être y en a-t-il un derrière la porte.

– Oh ! arrête, tu me fais peur ; et ensuite tu t'égares ! Raconte-nous la fin de ton histoire de pendu...

– Eh bien, voilà..., je vous le donne en cent...

– Tu batifoles. Au fait, au fait.

– Eh bien, le cardinal n'a pas voulu rencontrer le pauvre de Meuves, disant que, si une telle chose était connue, il n'y aurait plus de sûreté nulle part ; et c'est pour cela qu'il a été pendu haut et court..., pour plus de sûreté.

– D'où tiens-tu tous ces détails ?

– J'ai mes renseignements, je ne peux vous en divulguer les sources, car, si je le faisais, je ne saurais plus rien, et vous non plus.

– Connaissez-vous l'histoire de cette pauvre fille qui était partie mourir de chagrin au milieu d'un lac ?

– Non.

– Eh bien, un jour, il y a bien vingt ans de cela, un seigneur est fiancé par sa famille à une jeune fille qu'il n'avait jamais vue. Il va la voir et la trouve si laide qu'il épouse sa cadette.

– Voilà qui n'est pas galant.

– C'est ce qu'a dû penser la pauvre fiancée délaissée. Elle monte dans une barque et rame jusqu'au milieu d'un grand lac. Là, elle s'arrête, jette les rames à l'eau, puis se couche au fond du bateau, pour mourir.

– C'est d'un triste !

– Si tu crois que ton histoire de Meuves était plus gaie...

– Peut-être, mais elle est vraie.

– La mienne aussi, et encore tu n'as pas tout entendu... On la cherche partout..., on l'appelle..., elle ne répond pas et on ne la retrouve pas. Personne ne savait ce qu'elle était devenue. Le seigneur épouse la cadette ; elle meurt de chagrin de la disparition de sa sœur un an plus tard, en mettant au monde un garçon. Cet enfant devient huguenot, étudie la théologie à Saumur et décide de se faire eunuque. Il le dit, ses amis lui déconseillent de faire une telle chose, mais lui, toujours avec son idée en tête, vient à Paris et se fait hongrer...

– C'était un fou !

– Et il retourne après cela dans son pays. Il rencontre la fille de son propriétaire, qu'il avait déjà vue des centaines de fois avant son opération, et en tombe amoureux fou.

– Mes amis, nous aurons ce soir tout entendu !

– Il en tombe amoureux fou, disais-je. Il la demande en mariage et l'épouse.

– Non ! Mais je vous demande d'apprécier la logique éblouissante de ce drôle, qui se fait châtrer, et à la suite de cela épouse une fille... On lui avait mal fait son affaire ou quoi ?

– On la lui avait au contraire très bien faite. Au bout de quelque temps, il commence à la battre. Elle se plaint. Lui, fait rompre le mariage en exhibant ses pièces.

– Quel spectacle, mes amis, quel spectacle !

– Et il s'en va tout seul sans espoir, sans cervelle et sans ressources...

– Très belle, ton histoire, vraiment très belle ! Moi, je vais vous en raconter une autre, un peu moins horrible tout de même. Un jour, dans un village du Poitou, une femme tombe gravement malade et entre en léthargie. Tout le monde croyait qu'elle était morte ; alors, son mari et sa famille l'enveloppent dans un linge, selon la coutume des pauvres gens du pays, et la portent en terre. Chemin faisant, ils passent si près d'un buisson que, piquée par les épines, elle s'éveille en poussant un grand cri et en disant : « Eh ! mais vous me faites mal ! Cessez de me balancer de la sorte ! Les porteurs manquent la faire choir par terre de frayeur. Une morte qui parle, vous vous rendez compte !... Enfin, tout le monde se remet de ses émotions et, quatorze ans plus tard, elle meurt encore. Chacun la regarde sous le nez, pour être bien sûr que, cette fois, elle était bien morte. Apparemment, elle l'était. On la porte de nouveau en terre, et comme on approchait d'un buisson, son mari se met à crier deux ou trois fois de suite : « N'approchez pas des haies, n'approchez pas des haies... »

– Le mari en avait assez de sa femme, apparemment.

– Ha, ha ! il n'aurait pas voulu la voir revenir encore une fois.

– Aujourd'hui, on m'a communiqué un sonnet de l'abbé Du Lot sur M. de Harlay, archevêque de Rouen.

– Je ne connais pas ce Du Lot ? Qui est-ce ?

– Un coureur de filles, et un faiseur de bouts rimés.

– Ce que je peux vous dire, c'est que M. de Harlay est un grand galimatias, un abîme de science où l'on n'y voit goutte. Mais il est très bon homme.

– M. de Balzac estime qu'il ressemble à une bibliothèque renversée, et beaucoup plus en désordre que celle d'un homme qui déménage, et Mme des Loges, que c'est une bête qu'on a chargée de tout le bagage de l'Antiquité.

– Voulez-vous que je vous lise l'acrostiche de Du Lot ? Vous verrez, il est assez plaisant.

– Nous écoutons tous ! Chut ! que tout le monde se taise. Voilà, maintenant, vous pouvez commencer.

– Merci.

– Il n'y a pas de quoi.

– Commencez, je vous en prie. Trêve de politesse, il commence à se faire tard.

– Bon ! voilà :

*Franc de haine, d'amour, ris, pleurs, espoir et crainte.*
*Rentrons au cabinet et lisons saint Thomas.*
*Apporte-moi, laquais, de tout ce grand amas,*
*Nicolas de Lira, Pline et la Bible sainte.*
*Certes, le trait est bon, ma chandelle est éteinte.*
*Oh ! oh ! donner si peu, vraiment trompé tu m'as.*
*Ici du feu ! mes gens ! ma robe de damas !*
*Six heures ont sonné, disons prime en contrainte.*
*Dieu ! que j'ai mal au cœur ! qu'on m'apporte du vin !*
*Entre ce qu'aujourd'hui j'ai lu de plus divin.*
*Hilaire de Poitiers m'a ravi par sa plume.*
*Aristote est là faux. Voyez ce papillon.*
*Rouant à nos flambeaux comme c'est sa coutume !*
*Le trait est excellent ! avalons ce bouillon.*
*Apprête tes chevaux, cocher ! Le beau volume !*
*Irénée est charmant ; retournons à Gaillon. »*

– Monsieur Du Lot écrit fort bien, et avec esprit.
– C'est vrai ! et ce qu'il a écrit ressemble à un tableau.
– Qu'est donc Gaillon, dont il parle à la fin ?
– C'est la magnifique résidence des archevêques de Rouen, à huit lieues de la ville.
Le feu était devenu braise.
– Il est temps d'aller nous coucher, car la soirée est fort avancée et, demain matin, nous ne pourrons pas nous lever.
Et chacun va se coucher, bien au chaud dans les lits de plume, derrière les rideaux des lits bien tirés ; alors que dehors, dans la nuit et le froid, rôde la pègre.

## *Chapitre VI*

Heureusement, tout le monde n'habite pas des rues malodorantes sans soleil. Certains ont la chance de loger sur un pont. En effet, le pont Saint-Michel, le pont Notre-Dame, le pont Marie, le pont au Change sont pourvus de ravissantes maisons de bois bellement décorées, sculptées, à tourelles et clochetons, plaisantes à l'œil, où les reflets de la Seine font étinceler les vitres des fenêtres, fleuries de géraniums et de roses vives. Là, plus de rues fétides, boueuses et étroites ; les maisons dominent Paris, et le va-et-vient des bateaux sur le fleuve. Les fenêtres de ces maisons s'ouvrent comme autant de bouches affamées d'air pur. Vivre dans ces lieux est un enchantement et procure à chaque habitant la sensation de se trouver à la proue d'un navire cinglant vers le large, vers l'évasion, tandis que la moire des remous de l'eau qui court, joue sur les solives des logis et sur les tapisseries à personnages tendues sur les murs. Là, en fin d'après-midi, lorsque le feu est allumé dans la cheminée faisant miroiter doucement les précieuses reliures des livres soigneusement rangés sur leurs étagères de bois luisant, on se sent baigné d'une paix presque surnaturelle, où tout est parfait et donné à l'esprit. Mais il suffit de passer une porte, de suivre un couloir sombre, de monter ou de descendre une ou deux marches, pour que le charme se rompe et nous fasse revenir vers nos contemporains, nous forçant à reprendre contact avec la réalité.

Car le va-et-vient des Parisiens qui traversent la Seine est constant. Ce ne sont que cavaliers, charrettes et carrosses, marchands de mille choses et de mille riens, vendeurs de coco, d'orangeade..., valets, laquais, marauds, soldats en liberté errant de-ci de-là, à la recherche d'un cabaret, si ce n'est d'un mauvais coup.

Les boutiques règnent en maîtresses au rez-de-chaussée des maisons, avec leurs ouvertures en arcades cintrées. D'ailleurs, le roi aime qu'au bas des maisons et même des hôtels seigneuriaux soient installées des boutiques sur la rue, afin de créer l'animation digne d'une grande cité prospère. Boutiques de changeurs, ateliers d'artisans y ont leurs ouvertures vitrées de petits carreaux sertis de plomb. La porte y donnant accès se trouve souvent sur le côté, ou dans le couloir d'entrée de la maison dont ils dépendent. Beaucoup de boutiquiers, se trouvant à l'étroit dans leur boutique, installent tables et chaises à l'extérieur pour mieux y étaler leurs marchandises. D'immenses enseignes, fixées par des crochets dans les murs, se balancent et grincent au moindre vent, arborant des images de saints, de rois, de fleurs ou d'animaux. Elles sont un signe de reconnaissance, une publicité reliée au nom de la boutique, et aussi une adresse, mais toujours un signe de roture ; aussi n'existent-elles pas pour les boutiques incluses dans les murs d'un hôtel seigneurial ; celles-ci sont toujours désignées par le nom du propriétaire de la demeure.

Quand la maison n'a pas la chance d'être construite sur un pont, elle appartient à un réseau de rues étroites, sombres, sales et grouillantes. Derrière les maisons des cours sombres comme des puits se cachent entre les hauts murs, des courettes où le soleil ne s'aventure guère. Les colombages y règnent en maîtres, les escaliers sont en bois et les fenêtres s'ouvrent sans ordre, à l'aventure.

Si la cour est plus grande, très souvent, au fond sont construites les écuries et les chambres des domestiques. Parfois, si cela en vaut la peine, des appartements à louer y sont installés. Les galeries de bois couvertes ont la faveur du jour. Elles permettent de relier le premier étage du logis du fond de la cour à celui qui donne sur le rue. La galerie va de pair avec un escalier desservant les coins d'aisances, qui sont les cabinets de l'époque. Dans les demeures prospères, ces galeries de bois se transforment en ailes de pierre. La cour est alors un endroit agréable et bien agencé, dont le bâtiment du fond peut devenir alors logis principal, surtout si par bonheur un beau jardin est caché derrière.

Si la Seine est le principal ornement de la ville, les quais et bon nombre de ponts étant surchargés de maisons, les promeneurs, quand ils veulent voir le fleuve, doivent aller sur le Pont-Neuf, ou devant le Louvre, car la Seine y est splendide, et bordée de palais qui se mirent dans ses eaux. C'est l'Italie ! Jeux sur l'eau et feux d'artifice se font à cet endroit. C'est la partie découverte de Paris ; c'est l'endroit de la joie.

Quand, en 1610, le Paris de Henri IV retentissait de la scie des tailleurs de pierre, du chant des maçons, des marteaux des menuisiers, Paris pansait ses plaies dues à la guerre et s'agrandissait..., le Louvre s'embellissait et le Pont-Neuf s'achevait. Autour de la place Royale, des maisons ravissantes, blanches, roses et bleues s'élevaient tout autour d'une grande place dénudée, qui était cependant la plus élégante et la plus recherchée de Paris. Dans le même temps, trente-deux maisons étaient construites place Dauphine, par le soin des orfèvres et des membres du Parlement. Toutes sont pareilles, en brique, en pierre et toit d'ardoise. En 1601, en l'honneur de la naissance du dauphin, futur Louis XIII, son père, le roi Henri, décida que le nouveau pont devait mener tout droit au bourg Saint-Germain. La rue Dauphine fut percée en l'honneur du dauphin qui venait de naître. Cette rue traversait le collège des abbés de Saint-Denis et le jardin potager du couvent des Augustins. Mais les bons pères étaient fort mécontents ; ils le montraient et le disaient. Ils ne voulaient pas que l'on touche à leur domaine. Voyant cela, excédé, le roi Henri s'écria : « Ventre-saint-gris, mes pères, les maisons que vous bâtirez en bordure de la nouvelle rue vaudront mieux que le produit de vos choux. » Et cette rue devint la plus belle de la capitale, bien que les maisons aient été construites sans ordre ni méthode. A la suite de cela, la rue Christine fut ouverte, en l'honneur de la petite princesse Chrétienne, et la rue d'Anjou, à l'occasion de la naissance du troisième fils du roi Henri IV, qui sera bien connu sous le nom de Gaston, duc d'Orléans.

En hiver, quand tombe la nuit et que le gel fait craquer la boue durcie sous les pas, échoppes et portes cochères se ferment obligatoirement à huit heures. A la porte encadrée de flambeaux des somptueux hôtels de la noblesse et des grands bourgeois, éclatant de tous ses galons et de ses dorures, un suisse garde la demeure, de sa loge dans laquelle les mousquets et les hallebardes biens rangés au ratelier d'armes brillent à la lueur du feu et des chandelles. Les rues obscures sont plongées dans une nuit opaque percée de temps à autre par la clarté indécise de quelques rares lanternes ou pots à feu.

Soudain, la nuit noire étant un signal, des formes, des ombres inquiétantes aux mains crochues rasent les murs silencieusement. Aucun bruit, sinon comme un soupir ou un frôlement. Tout est sans couleur. De temps à autre, un sifflement étrange, auquel répond un autre sifflement... La peur monte... Alors, les suisses appellent les valets, ferment les portes et prenant les mousquets, se mettent aux aguets. Des mains sales..., des bras couverts de croûtes et de haillons sans forme ni couleur pèsent sur des portes, un vantail, une fenêtre mal fermée. On appelle « Au secours ! », « A moi ! », « Jésus ! on me vole tout ! », « Ah ! pauvre de moi ! au voleur ! à l'aide ! au meurtre ! » Ces êtres à faces blêmes, aux membres déjetés, aux moignons semblant se lever vers le ciel en une prière ricanante, ces hideurs inimaginables sont formés en bandes qui obéissent à leur chef..., tous habitants inquiétants de ces amas de cabanes de boue, où le soleil n'entre jamais et que l'on appelle cours des Miracles. Près de la porte Saint-Denis, rue Neuve-Saint-Sauveur, et au Marais, rue des Poulies, argotiers, qui sont de simples mendiants ; sabouleux, qui imitent les épileptiques, avec, pour baver, un morceau de savon dans la bouche ; convertis, qui affichent une sainte piété ; coquillards toujours affublés de leurs vêtements de pèlerins, revenant ou allant à un hypothétique pèlerinage à Saint-Jacques-de-Compostelle, le soir à la lueur des feux et des torches partagent leur butin avec leurs compagnes, qu'ils appellent « Marquises », après avoir respectueusement déposé au pied de leur roi, le Grand Cœsre, une bonne partie de leurs larcins.

Après quoi, buvant à pleins gosiers et chantant des chansons obscènes, la trogne rougeaude dégoulinante de la graisse des viandes rôties à grands feux, ils entament une nuit de beuverie, près des brasiers qui essaient de réchauffer des êtres d'où tout sang humain semble s'être enfui.

Un soir, la duchesse de Rohan, en carrosse et en grands atours, revient d'un bal. La nuit est fort avancée. Soudain, des ombres se jettent aux naseaux des chevaux, sautent sur le siège, font basculer le cocher de son siège, battent les laquais, rossent les porteurs de torches et se ruent à l'intérieur de la voiture. La duchesse se défend de son mieux et met la main à ses perles pour les protéger. Un des bandits, pour lui faire lâcher prise, lui met la main au cul. La duchesse, qui en avait vu d'autres, lui crie : « Ça, au moins, vous ne l'emporterez pas, mais, mes perles, vous les emporteriez. »

Entre-temps, laquais et cocher se remettent des coups reçus et commencent par rouer de coups les bandits ; et cela fait du bruit... Des fenêtres s'allument, où des visages apparaissent, des mousquets pointent... Le guet se montre aussi. Les gens du guet ne se hâtent jamais d'arriver sur les lieux des attaques, et préfèrent que tout soit fini d'abord, et ramasser éventuellement les corps ensuite. Mieux vaut donc prendre ses précautions soi-même quand on rentre trop tard le soir, ou rester chez soi si l'on est peureux.

Le jour se lève enfin sur un Paris encore tout somnolent des vapeurs de la nuit.

Dès l'aube, les artisans sont au travail. Porteurs d'eau et crocheteurs remplissent les rues. Les cloches des églises et des couvents sonnent. Bourgeoises et dames de la noblesse se rendent aux messes matinales, et les courtisans au Louvre, quand le roi s'y trouve. Les magistrats, hissés gravement sur leur mule, se dirigent vers le palais. Après la messe, les femmes élégantes rentrent en leur hôtel pour se consacrer à leur toilette jusqu'au dîner, pris vers midi. Toute dame de la cour tenant salon mondain, et parfois littéraire, se doit d'avoir sur sa table de toilette un grand et beau miroir, richement décoré, reflétant flacons et pots contenant de la poudre de Chypre ou de violette qui embaume pour parfumer les cheveux, de la gomme de jasmin, des pots d'onguent pour s'oindre le visage et lutter contre les dartres et les boutons, des fards, de la céruse pour se donner joli teint clair, de l'écarlate d'Espagne pour avoir jolie bonne mine et la boîte à mouches pour être plus séduisante et plus mystérieuse.

Dans les armoires, tiroirs et coffres, les chambrières ont soigneusement rangé les gants luxueux, brodés et frangés d'or, les écrans que l'on se met devant le visage pour se garantir de la chaleur du feu, et aussi les éventails parfumés. Mouchoirs de dentelle rebrodés d'or et d'argent, rubans, drageoirs d'or constellés de pierreries, petits miroirs précieux, boîtes à portraits, ceintures d'orfèvrerie pour mettre sur les robes, chaussures mignonnes à talons et à roses, en peau finement découpée et brodée ou en tissus délicatement décorés. Dans un autre tiroir des bas de soie, de cette jolie couleur rouge plus clair que l'incarnat et qu'on appelle incarnadin. Jupes et jupons colombin, qui est une couleur violet lavé, ou gris entre rouge et violet, cramoisi, de ce rouge qui ne bouge pas.

Dans des coffres, bien rangés à plat, des devants de robes, des corsages en tabis (qui est de la moire), en soie, en velours, en satin et en taffetas rouge clair, que l'on appelle nacarat, vert pâle que l'on nomme céladon, fiamette, qui est rouge vif, zinzolin qui n'est autre que rougeâtre et isabelle qui veut dire jaunâtre.

Les grandes robes noires, très à la mode, sont soigneusement serrées dans les garde-robes, ainsi que les grands cols et les poignets de dentelle dispendieuse.

Plus loin, les vastes manteaux et les mantelets d'hiver doublés de fourrure, des brassières de fil ou de soie somptueusement brodées pour recevoir au lit, des chemises délicates et des caleçons, pour porter sous les jupes..., ce qui fait dire à un petit pasquil :

*Porter des perles au col*
*De cinquante écus la pièce,*
*Et d'un visage assez mol*
*Faire la grande princesse,*
*Avoir des poinçons dorés*
*Attachés dedans la tresse,*
*Et près de Saint-Honoré,*
*Laisser piller sa chevance,*
*Ce n'est point suivre la mode,*
*C'est vivre à la négligence.*

*Porter des robes à fleurs,*
*Pleines de lys et de roses*
*Encore aux dames d'honneur*
*Où les beautés sont encloses,*
*Avoir un cotillon vert*
*Plein de mille et mille choses,*
*Par le derrière entr'ouvert*
*En signe de prévoyance,*
*Ce n'est plus suivre la mode*
*C'est vivre à la négligence*

*Avoir soubs le cotillon*
*Par une belle structure*
*Des chausses et calessons*
*Pour couvrir la géniture,*
*Porter un masque à son cult*

*Pour lui servir de parure*
*Comme à quelque grand consul*
*Ou quelque advocat de France,*
*Ce n'est plus suivre la mode,*
*C'est faire à la négligence.*

Dans un cabinet de laque précieuse aux multiples cachettes et ressorts sont conservés les coffrets à bijoux, avec carcans, qui sont des chaînes de pierreries, des bracelets en diamants et pierres précieuses, des enseignes scintillants, qui sont de grosses broches de diamants que l'on met au chapeau. Là, point de ces pierres du Temple, qui sont seulement des imitations de pierres précieuses, juste bonnes pour petites bourgeoises enfiévrées d'élévation sociale.

Après le dîner en début d'après-midi, commencent pour les riches habitants du Marais, de l'île Saint-Louis ou du quartier du Louvre, les obligations de la vie mondaine. Salons et ruelles reçoivent leurs familiers et leurs invités, au milieu des rires et des airs de luth et de théorbe.

Il fait beau et chaud. Le soleil essaie de traverser les frondaisons épaisses et joue à cache-cache avec les fleurs des parterres, faisant étinceler le jet d'eau, qui s'élance joyeusement vers les oiseaux et les papillons, tourbillonnant dans l'air embaumé... Un jeune enfant de pierre, dégoulinant d'eau, rit de toutes ses fossettes, semblant ivre de joie. Celles que l'on n'appelle pas encore Précieuses, et qui cependant le sont, sont installées dans des fauteuils, sur une grande terrasse ombreuse. Il y fait bon et frais. De petits pages, rieurs aux trousses rutilantes et aux souliers à rosettes, les cheveux soigneusement bouclés, portent des fruits et de hauts verres de cristal taillé couronnés d'or, dans lesquels les jus de fruits les plus délicats étincellent ; les sorbets les plus irisés apportent leurs notes fraîches. Deux jeunes garçons jouent du luth en sourdine. Ils chantent à mi-voix les chansons à la mode de Gabriel Bataille et de Pierre Guesdron :

*Ma bergère*
*Non légère*
*En amour*
*Me fait recevoir du bien tous les jours...*
*Je la meine*
*La pourmeine*
*Par les champs,*
*Où nous prenons ensemble de doux passe-temps.*

*Par la plaine*
*Sans grand-peine*
*Nous mettons*

*A mesme troupeau nos petits moutons,*
*Puis à l'aise*
*Je lui baise son beau sein,*
*Et sa bouche vermeille, son joli tétin.*

*Que si j'ose*
*Autre chose*
*Rechercher*
*Elle ne me veut laisser approcher.*
*Mais subite*
*Prend la fuite*
*Moy après*
*Je sais bien la poursuivre et la joindre de près.*

A la suite de la chanson gaie et mutine suit un air languissant pendant que les conversations continuent :

*Quel espoir de guarir*
*Puis-je avoir sans mourir*
*D'un amoureux martyre ?*
*Que je puis bien souffrir,*
*Mais que je n'ose dire ?*

*Quel moyen de céler,*
*Et mourir sans parler*
*D'un amoureux martyre ?*
*Que je puis bien souffrir,*
*Mais que je n'ose dire ?*

*Si la mort seulement*
*Peut guarir mon tourment,*
*Et l'amoureux martyre*
*Que je puis bien souffrir,*
*Mais je ne l'ose dire.*

C'était la chanson des amants platoniques des ruelles ; de ceux qui soupirent des jours et des mois pour l'objet de leur flamme sans pouvoir y toucher seulement.

Mais pendant que de hauts murs et des portes bien fermées protègent les heureux élus, au-dehors, dans la rue, la vie continue, bonne pour les uns, mauvaise pour les autres. En rang, les orphelins que l'on appelle aussi « Enfants rouges », car ils sont vêtus de cette couleur, symbole de la charité toujours vigilante qui les élève, regagnent leur orphelinat. Au long de leur chemin, ils peuvent rencontrer l'enterrement d'un seigneur, avec un corbillard (les croque-morts étant appelés corbeaux) suivi par cent pauvres tous vêtus de neuf en toile ou serge noire, et tous portant une torche allumée à la main. Pas une femme ne suit ; c'est affaire d'hommes. Après l'enterrement, on prépare un banquet où chaque pauvre aura sa pitance. L'approche de la mort apporte à chaque mourant toujours la même crainte, celle d'être enterré vivant. On craint comme peste les sommeils léthargiques... Mais quand un homme ou une femme se suicide, c'est un drame. La maison devient « la maison du suicidé », c'est-à-dire maudite et vraiment néfaste. Haïssant la vie et les humains et ayant désespéré de la divine providence, il part désespéré du pardon du chrétien. De lui-même, il s'est exclu de la communauté chrétienne. Il faut donc se prémunir contre lui, et lui faire quitter la maison en toute hâte, soit en le jetant par la fenêtre, soit en le faisant passer par-dessous le seuil de la demeure, la face contre terre, comme une bête.

Ainsi va la vie dans ces rues de Paris bruyantes et encombrées. Cinquante mille vagabonds y errent, tendant des mains sales et quémandeuses. Ce sont d'anciens soldats ou bourgeois ayant mal tourné, des domestiques ne voulant plus servir, des paysans chassés par la guerre et la misère, d'anciens laquais. En bref, de redoutables fripons et des mauvais sujets de toutes sortes.

# *Chapitre VII*

Dans ce grand Paris, grondant, aux multiples facettes, Théophraste Renaudot crée le premier bureau de placement et, pour les pauvres gens, le premier mont-de-piété.

Dans ce même temps, il publie le premier journal : *la Gazette de France,* sous la haute direction du cardinal de Richelieu, qui y publie des informations, des nouvelles de l'étranger, Louis XIII lui-même y écrit des articles, en majorité des observations militaires. *La Gazette* est fort lue... Il est bon d'être au courant.

Pendant que les maris lisent, leurs épouses travaillent et travaillent d'autant plus que, dans un foyer d'artisan ou de petit-bourgeois, elle font figure de première servante. Première levée et dernière couchée, son labeur n'arrête pas. Les *Remonstrances aux nouveaux mariés* décrivent très bien leur condition sociale.

> Quatre choses sont bonnes en un logis :
> Bonne cheminée, bonne gélinière, bon chat et bonne femme.
>
> Quatre choses doit faire un mari à sa femme :
> La tenir en crainte, la maintenir en santé de l'âme et du corps, lui porter amour, l'habiller honnêtement.
>
> Quatre choses doit faire la femme à son mari :
> L'aimer avec plaisir et patience, ne lui répondre point quand il est fâché, le tenir en bon régime de vivre, le tenir net.
>
> La femme doit avoir quatre qualité : honnête en son allure, soigneuse en son ménage, dévote à l'église, obéissante à son maître.

En moyenne, quatre ou cinq enfants naissent chez les artisans et les petits-bourgeois. Les familles riches en ont en plus grand nombre. La famille est une force.

Pour acheter les denrées nécessaires à la vie de la maison, la ménagère peut aller chez les boulangers, bouchers, charcutiers, épiciers, fruitiers, pâtissiers, marchands de vin, vinaigriers et brasseurs de son quartier ; ils sont en nombre suffisant, ouverts tout le temps, mais fort chers. Aussi, la bonne ménagère se lève-t-elle de bon matin et va faire ses emplettes aux grandes halles de la paroisse Saint-Eustache, qui sont ouvertes tous les jours, ou aux marchés de quartiers, qui se tiennent deux ou trois fois par semaine. Les plus importants sont le marché neuf, qui se tient dans l'île de la Cité, en bordure de Seine, près du pont Saint-Michel, et le marché du cimetière Saint-Jean. Les bourgeoises mieux nanties y vont, suivies de leurs servantes chargées de paniers.

Des cris, des appels, des roulades publicitaires sont lancées à pleines gorges par de solides et fortes commères, qui vantent leurs marchandises et abreuvent de basses injures les ménagères trop soucieuses de la bourse de leur ménage. Des marchandes de poissons s'empoignent avec des clientes, au verbe tout aussi ordurier que le leur. C'est une cacophonie assourdissante, sommée d'éclats de voix et d'injures si bien choisies et adaptées pour chaque cas, qu'elles font honneur à l'imagination de leurs auteurs.

Ni les grandes bourgeoises ni les dames de qualité ne s'aventurent en de tels lieux. Cette tâche revient au maître d'hôtel, qui s'en acquitte, escorté d'une servante.

Dans les maisons princières, importantes et riches, des accords s'établissent avec les fournisseurs. Par exemple, Pierre Guillaume et François Raffart promettent à Anne de Lorraine, procuratrice de Henri de Savoie, duc de Nemours, son mari, de livrer quotidiennement, « en son hôtel, rue Pavée, es mains de son maître d'hôtel, ou contrôleur, pendant trois ans, denrées, fourrages et grains qui leur seront commandés pour la nourriture de la famille Nemours, son train, ses chevaux, mules et mulets ».

Ces marchandises devront être « bonnes et loyales », sous peine de leur être refusées et d'être rachetées à leurs dépens à d'autres commerçants.

Chaque mois terminé, les deux marchands reçoivent en échange de ces livraisons journalières une somme globale de trois mille livres tournois, à laquelle on ajoute le montant de la subsistance des chevaux, mules et mulets, fixé à treize sols par jour et par bête. A la fin de chaque année, sont réglés les surplus éventuels de fournitures. Sur toutes les sommes versées, les pourvoyeurs font déduction de cinq sols par écu ; l'écu étant évalué à trois livres tournois.

En cas d'abandon du marché, la partie défaillante devra payer à l'autre une indemnité de trois mille livres. Tout cela est conclu par acte notarié. Mais il s'agit d'une table opulente, et le duc de Nemours dépense annuellement cinquante mille livres pour la nourriture de sa maison, écuries comprises.

En temps d'abondance, les prix des denrées sont à peu près les suivants :

| | |
|---|---|
| La livre de bœuf .......................... | 2 sols 6 deniers |
| de veau et mouton .................. | 3 sols 16 deniers |
| de porc frais ......................... | 3 sols |

Abats, issus des animaux :

| | |
|---|---|
| Ventre et langue de bœuf ................. | 12 et 8 sols |
| Tétine de vache .......................... | 4 sols |
| Ris de veau ............................... | 2 sols |

| | |
|---|---|
| Un jambon salé | 15 sols |
| 12 boudins | 12 sols |
| 12 saucisses | 12 sols |
| 12 andouilles | 24 sols |
| Plat de tripes | 6 sols |
| Un cochon de lait | 22 sols |
| Chevreau ou agneau | 28 sols |
| Chapon gras | 20 sols |
| Pigeon ou poulet | 4 sols |

Le gibier et la venaison sont plus chers :

| | |
|---|---|
| Perdreaux, perdrix, bécasses, lapins de garenne | 15 sols pièce |
| Marcassin | 40 sols |
| Paons, cygnes, faisans | 45 sols pièce |

Les poissons d'eau douce sont d'un prix plus élevé que les poissons de mer :

| | |
|---|---|
| Grands brochets, carpes saumons et truites | 7 et 8 livres |
| Turbots, dorades, bars, raies | 6 livres, 10, 45, 15 sols |
| Plie de la Loire | 10 sols |
| Maquereaux | 10 sols |
| Belle sole | 15 sols |
| Lamproie ou perche | 35 et 20 sols |
| Ombres et lavarets (poissons des lacs alpestres) | 8 sols pièce |
| La baleine | 8 sols la livre |
| La seiche | 6 sols pièce |
| La morue de Terre-Neuve | 12 sols la pièce |
| Huîtres en pierre | 3 livres le cent |
| Huîtres écaillées | 25 sols le cent |
| Langouste | 25 sols pièce |
| Ecrevisses, palourdes, moules, chevrettes, escargots, grenouilles | 24, 10, 4, 8, 6 et 8 sols le cent ou le plat |

Tout cela aboutit à une cuisine confortable, bourrative et plus abondante qu'exquise.

Du Lorens laisse aller sa plume sur le dos des amphytrions :

> On court à ta marmite bien garnie, plutôt qu'on ne t'admire ; on s'empiffre à tes dépens, sous ton toit, et l'on sort de table, potelé, rebondi et fessu...

Les robustes et joyeux biberons du cabaret du Bel Air, ou de La Pomme de Pin « dansent des dents et caquètent le vin ».

La capitale donne asile à maints docteurs en cuisine, qui, devant les fourneaux, écoutent avec ravissement : « La cadence des fri-fri des lèchefrites », le « glou-glou des marmites », le « frélé-frélé des fricassées » et cherchent formules et recettes de plats inédits. Il y a des maîtres en tout : en potage, ragoûts, pâtés en croûte, boudins, confitures, sauces, chocolat, etc., mais chacun garde jalousement le petit détail, la petite pointe de quelque chose qui fait la merveille.

Et à tout on rajoute parfums, essences et épices.

Les traiteurs et les cabaretiers sont nombreux, et la plupart du temps peu chers.

Les boulangers fabriquent cinq sortes de pain, dont les sujets du roi Louis XIII, font une grande consommation :

I° le pain mollet, qui est le plus délicat, fait avec de l'écume de bière ;
2° le pain bourgeois, ou pain de gonesse, qui sèche trop vite ;
3° le pain bis-blanc ;
4° Le pain rousset, beaucoup plus ordinaire ;
5° le pain de chien, le plus grossier.

Si le Français est mangeur de pain, il est également un mangeur de viande de bœuf. La viande de porc est pour les pauvres gens. Le dindon importé d'Amérique est un met rare et cher.

Sur le pont Notre-Dame est un restaurant fameux, à l'enseigne de « La Pomme de Pin » :

*Du vin, Jacques, mais sans gauchir,*
*Et de l'eau pour le rafraîchir ;*
*J'ai vu là-bas dessus la table*
*Un chapon assez raisonnable ;*
*S'il est bon, c'est ce que je veux,*
*Car nous ne sommes que nous deux.*
*Il est bien tendre assurément.*
*Est-il lardé tout fraîchement ?*
*Que je sente un peu son derrière.*
*Garçon, accorde à ma prière*
*D'y mettre du poivre et du sel...*
*Le vin est parfaitement bon,*
*Il faut la tranche du jambon,*
*Afin que nous fassions ripaille*
*Pendant qu'on cuit notre volaille.*
*Laisse ce pain, prend celui-là,*
*Je voudrais en avoir sans cesse,*
*On l'appelle pain de Gonesse,*
*Préférable à ces autres pains,*
*Que mangent ces friands humains ;*
*Ni le pain à la Montauronne,*
*Ni cet autre fait en couronne,*
*Ni même ce pain tortillé,*

*Non plus que celui de la reine,*
*Ne flattent notre goût qu'à peine,*
*Au prix de ce solide pain...*
*Donnons sur le chapon qui vient ;*
*A toi cette aile, et l'autre à moi...*

Mais quand on ne va ni au restaurant ni au cabaret, dans les maisons, les aliments, bien ou mal apprêtés, sont consommés au hasard, dans telle ou telle chambre, sur une table pliante, dans une antichambre.

Chez les grands, une salle préfigure la salle à manger.

Selon le sieur Crespin, dans son ouvrage *l'Œconomie, ou le vray advis pour se faire bien servir,* la table doit être carrée, ronde ou rectangulaire, et recouverte d'une magnifique nappe ouvrée ou damassée, plissée avec art, en long ou en large, sur laquelle objets d'argent ou de vermeil : vinaigriers, huiliers, salières, sucriers, porte-assiettes, flambeaux, sont placés. Sur les assiettes, les serviettes sont pliées d'une façon savante et amusante en figures géométriques, en forme d'animaux, ou de fruits, suivant la manière du sieur Hester, maître en pliage. Flacons de vin, aiguières et verres sont placés sur le buffet. Les sommeliers les empliront au fur et à mesure. La faïence est une fantaisie qui égaie une table et change des assiettes d'étain ou d'argent, mais ces services sont fragiles, et résistent mal à la turbulence des pages et à la brutalité des laquais.

Sur la table, par ordre d'arrivée apparaissent les potages, les fricassées, hâchis et salades, puis les viandes rôties et bouillies. A la suite, en entremets, un grand oiseau est porté, orné de ses plumes, bec et pattes dorés. Ensuite viennent les desserts, fruitages, laitages et douceurs.

Les plats sont déposés aux quatre coins de la table si elle est carrée, au milieu si elle est ronde, et en cercle ou en ligne droite si elle est rectangulaire. Ils sont apportés en procession, tandis que les charcuteries : jambons, andouilles et cervelas, s'étagent en pyramides dans de grands bassins. Chacun picore à sa fantaisie, et certains, remettent sans vergogne dans les plats, les rogatons dont ils ne veulent plus. Les potages à la viande ou aux poissons sont servis avec des légumes. Le paon, le cygne et le héron, à viandes dures, sont passés dans le domaine de la décoration, tandis qu'on mange avec délices pintades, dindes, poulets et surtout ces corneilles aux choux, dont les Français du XVII^e siècle raffolent.

Les viandes sont rôties ou nagent dans leurs jus, perdreaux et levraut, sont très appréciées. Les poissons d'eau douce ont toujours grand succès, ainsi que les saumons, les soles, les turbots, les harengs, qui sont appréciés par-dessus tout, et aussi les crevettes. On mange les escargots, frits, bouillis et en brochettes, ainsi que les grenouilles, couleuvres et hérissons. Les légumes ne sont jamais servis, sauf les trffes, les artichauts, les navets et les choux, qui sont paraît-il bons pour lutter contre la calvitie, donnent du lait aux nourrices, guérissent l'asthme, la rage, la goutte et la paralysie.

Ensuite arrivent les fromages puis les fruits : prunes, abricots, cerises, fraises, pommes, dont on parfume aussi les lingeries. Il ne faut jamais croquer la pomme le jour de Noël, à cause du malheur d'Adam et Ève. On déguste les merveilleux raisins de la rue Beautreillis. Les gâteaux sont innombrables ; tout le monde les aime. La neige des crèmes, qui sont des œufs à la neige, est dessert de fête. Le sucre est un si grand luxe qu'on en saupoudre même la viande ; mais les pauvres gens sucrent leurs desserts et leurs plats de miel.

Pendant le repas, et après, les convives boivent dru : vins de Picardie, de Bretagne, de Normandie et de Bourgogne. Les vins de Champagne et vins d'Ay sont vins de roi et vins de fête, tandis que la cervoise, change de nom et devient bière. En hiver, on brûle le vin en y trempant une barre de métal brûlant, lorsqu'il commence à bouillir. Cela réchauffe et rend joyeux. En fin de repas et de banquets, les toasts ou santés sont portés. Au fond d'un grand verre, une croûte de pain est mise qu'on appelle rôtie, toastée ou tostée (du verbe *torrere*). Le verre, rempli de vin, passe de main en main. Chacun boit une gorgée, jusqu'à celle du convive en l'honneur de qui on boit ; et c'est lui qui mange la tostée.

Le vin aidant, les chansons commencent, comme celle-ci, ou peut-être très différente, plus sentimentale ou plus friponne.

*Puisque nous sommes tous sevrés,*
*Buvons donc de ce bon pot ;*
*Et rinçant nos gosiers, avalons nos miettes,*
*Et vide le pot*
*Tire-larigot.*

Après le repas, les grâces sont rendues et les pipes s'allument ; l'herbe à Nicot est connue depuis longtemps, mais surtout comme remède. Olivier de Serres en dit : *La fumée du pétun mâle, dit aussi tabac, prisé par la bouche avec un cornet à ce approprié, est bonne pour le cerveau, la vue, l'ouïe et les dents.*

Les contemporains et sujets du roi Louis XIII sont très intéressés par tout ce qui touche à la beauté et à la santé des dents et du corps. De nombreux livres donnent des recettes, soi-disant infaillibles, pour conserver beauté, jeunesse et belles dents. En voici quelques unes :

*Pour embellir le visage et les autres parties du corps :* Il faut prendre six citrons hachés en pièces. Infusez-les dans une pinte de lait de vache, avec une once de sucre blanc et autant d'alun de roche. Faites distiller tout cela au bain-marie et, le soir, frottez-vous-en le visage.

Ou autrement : Prenez de la graine de persil et d'ortie, des amandes de noyaux de pêches ; faites-les bouillir ensemble, et lavez-vous le visage de cette eau.

*Pour décrasser le visage :* Prendre la moitié d'un jaune d'œuf et trois ou quatre gouttes de jus de citron, pour y dissoudre du baume, tel que l'on voudra. Étant bien dissous, mélanger dans de l'eau de fontaine et, en cas de rougeurs, dans de l'eau de nénuphar. Et de cette eau s'en frotter le visage.

*Pour colorer un teint pâle et livide :* Il faut frotter le visage avec une peau de mouton teinte en écarlate.

*Pour adoucir un teint rude :* Se laver de son urine, ou bien d'eau de roses mêlée avec du vin, où l'on fait bouillir des tranches de citron.

Ou bien : Prendre des os de mouton bouillis, pour en séparer la chair ; les concasser et les faire encore bouillir fort longtemps dans de l'eau nette. L'eau étant refroidie, amasser la graisse qui nage par-dessus et s'en frotter le soir.

*Contre le hâle du soleil :* Prendre de la fiente de pigeon brûlée et pulvérisée, puis incorporer cette poudre avec de l'huile d'amandes amères, et vous en frotter.

Ou alors : Prendre deux onces d'eau de roses, lait de femme une once, encens deux drachmes, et un blanc d'œuf. Bien battre le tout, et vous en frotter.

*Pour les crevasses du visage :* Faire un onguent avec de la graisse de poule, ou d'oie, ou de canard, que vous laverez en eau de roses et huile de myrtil, et y ajouterez un peu de camphre.

*Pour oter les tâches rousses :* Prenez de la semence de lin, fiente de pigeon et farine d'orge. Il faut les pulvériser, et puis détremper cette poudre avec du vinaigre et en frotter les tâches.

*Pour les boutons du visage :* Envelopper du salpêtre dans un linge bien délié, puis, l'ayant trempé en eau chaude, touchez-en les boutons.

*Pour les dartres et les fissures des mains et des lèvres :* Prendre des jaunes d'œufs fricassés, les envelopper dans une toile humectée d'huile d'amandes douces, pour en tirer l'huile au pressoir. Cette huile est aussi très bonne pour les brûlures.

*Pour nettoyer les dents :* Prendre de l'eau de soufre ou de l'huile de soufre, en laver les dents avec un linge ou un morceau d'écarlate, pour rendre les gencives plus rouges et, par conséquent, les dents paraîtront plus blanches.

Ou bien : Prendre de l'eau de vernis, elle nettoie et embellit fort.

Il y en a qui se servent de suie de cheminée ou de la poudre de pain brûlé.

*Quand les dents sont fort noires :* Prenez de l'esprit de vitriol, que vous mêlerez avec un peu d'eau commune.

*Pour affermir et conserver les gencives :* Prenez une drachme d'alun, deux de bol arménic orien1al, une demi-drachme de myrrhe. Réduisez le tout en poudre subtile, que vous mettrez dans une chopine de vin clairet. Remuez-les et vous en lavez tous les jours les dents et les gencives.

*Pour rendre l'haleine douce :* Vous mâcherez un peu de muscade ou cannelle, ou racine d'iris, ou d'angélique, ou racines impératoires : girofles, bois d'aloès, mastic, feuilles de menthe ou de mélisse, graines d'anis ou de fenouil, graines de paradis, galange, zédoaire.

*Remède contre la puanteur de la bouche :* Prendre une once de sauge, trois onces de fleurs de romarin ; cinq drachmes de clous de girofles ; une demi-drachme de noix de muscade ; un grain de musc, puis prendre autant de miel qui sera nécessaire, incorporer la composition susdite, de laquelle on usera quand on voudra, de la grosseur d'une fève ou d'une noisette, plus ou moins, à volonté.

*Pommade excellente pour les lèvres :* Prenez une once d'huile d'amandes douces, mettez-la sur le feu avec environ une drachme de suif de mouton fraîchement tué et de l'orcanette rapée pour lui donner couleur. Faites-les cuire quelque temps ensemble, laissez refroidir et servez-vous-en.

On peut, si l'on veut, au lieu d'amandes douces, prendre celle de jasmin, ou d'autre fleur.

Si l'on veut lui donner bonne odeur, il faut que l'huile d'amandes douces soit tirée sans feu.

*Pour les érésypèles du visage :* Prenez une drachme de sel de Saturne, trois onces de vin blanc de France, mêlez-les et faites un peu chauffer quand vous voudrez vous en servir.

*Eau excellente pour les yeux :* Prenez un demi-septier de vin blanc et autant de roses rouges. Mettez-les dans un verre avec de l'aloès hépatique, tutie et sucre fin, de chaque, quatre onces, mis en poudre séparément, puis bouchez.

*Pour empêcher que les cheveux ne blanchissent :* Prenez trois ou quatre fois l'année, pendant huit jours, tous les matins, du vin de sauge ou d'Anthos, trois onces, avec une once d'eau capillaire.

Ou bien : Prendre du sirop de fleurs de pêcher ou de nerprun.

*Pour noircir le poil blanc :* Prenez les remèdes ci-dessus, puis vous vous servirez des teintures suivantes : il faut prendre des noix de Galle, écorces de noix vertes, écorces et graines de grenade broyées et bouillies dans de gros vin avec un peu d'alun, et y mêler un peu d'huile de laurier. Pour en laver les cheveux, on se sert d'une éponge trempée dans ladite teinture, commençant tout près de la racine des cheveux.

*Pour faire savon qui embellit les mains :* Prenez une livre de savon vénitien, que vous râperez entièrement ; deux onces de sucre rouge, une demi-once de gomme dragami. Mettez-les en infusion en eau, puis les y laisser un jour de plus. Mettez tout cela en petit chaudron et les mêlez très bien d'un bâton, tant qu'elles deviennent comme colle. Lavez-vous-en après les mains, et vous en verrez le bel effet.

*Pâte pour les mains :* Prenez des pommes de courpendu dont vous oterez les peaux. Pilez-les ensuite dans un mortier de marbre, étant auparavant coupées en tranches. Mouillez-les avec eau de roses et vin blanc.

Ajoutez la mie d'un pain blanc et des amandes bien amollies, pelées et broyées avec du vin ; puis ajoutez un peu de savon blanc et cuisez le tout à feu lent, et vous en servez.

*Et pour se soigner chez soi, quand on a le poumon ou l'estomac « affaiblis ».*

*Pour la poitrine et le poumon affaibli :* Usez souvent de raisins de Damas, cuits dans du vin blanc, pendant l'espace d'un quart d'heure. On peut y ajouter un peu de sucre, si l'on veut, et dans peu de temps votre poitrine sera rétablie.

*Emplâtre pour les poumons et l'estomac, qui dure dix ans en sa bonté :* Prenez deux drachmes d'aloès ; rue un peu froissée : trois ou quatre poignées ; eau commune : sept ou huit cuillérées. Faites cuire le tout dans un pot de terre plombé, jusqu'à consomption, en sorte, cependant, qu'elle soit assez liquide pour en abreuver une serviette.

Après l'avoir passée, coulez-la à travers un linge et trempez dans ladite colature une serviette. Imbibez-la partout, puis pliez-la en quatre et laissez-la sécher à l'ombre.

Un pulmonique abandonné par les médecins a été guéri en trois mois, ayant porté une telle serviette en quatre doubles sur l'estomac, attachée par derrière. Le remède ne manque point, et l'on en voit l'allégement dans peu de temps.

L'estomac qui ne peut digérer est bientôt remis, en portant ladite serviette.

Si l'on sue, et que la serviette soit mouillée de la sueur, il faut la tirer, la sécher et la remettre.

Et, *pour se garantir de la peste,* maladie entre toutes qui fait frémir d'horreur, il faut manger un peu de rue avec du beurre sur du pain ; ou un peu de fromage fort, avec ladite rue, et boire après un bon verre de vin clairet. Et l'on s'acquitte de tels soins entre deux visites, entre deux chansons, et avant d'aller se promener.

# *Chapitre VIII*

Sur la Seine, entre le Louvre et la tour de Nesle, au point de la Samaritaine, est le Pont-Neuf.

En son centre, près de la grande statue du roi Henri IV, la place Dauphine étale ses maisons roses et blanches, construites par les orfèvres et certains messieurs du Parlement, et, comme tous les jours, il y a foule aujourd'hui sur ce pont, la merveille et le cœur de Paris. Quand le Pont-Neuf tremble sous les cris des Parisiens en colère, Paris s'émeut et tend ses chaînes.

Mais aujourd'hui tout va bien, et il fait beau. Dans la foule qui flane, regarde et rit, une jeune femme, tenant par la main un petit garçon en habit de drap bleu pâle et col brodé, s'arrête devant les tréteaux de Tabarin, qui est en scène et chargé d'organiser le banquet du sieur Piphagne qui va se marier. Piphagne est un vieux bonhomme : il est riche, mais bien avare, et il va épouser une jeune et fraîche fille ; alors, Tabarin, les yeux brillants de malice explique : « Le sieur Piphagne s'est mis en frais à cause des noces ; on lui a fait un nouveau brayer, qui est une culotte, il s'est frisé la moustache, mais je crois que l'horloge ne marquera pas, car la pointe de l'aiguille est bien usée, et les contre-poids sont bien bas... » Tabarin continue, pendant que les spectateurs rient à perdre haleine. « Qu'est-ce qu'il veut dire par là ? » demande un grand nigaud à col de dentelle à son père, tout aussi élégant que lui. Celui-ci le regarde méchamment et lui assène froidement : « Il veut dire qu'il a la queue basse et le reste à plat. » Dans l'assistance, il y a des gens de la rue, aux mains trop agiles, des pauvres hères, des artisans, des bourgeois, et même des seigneurs suivis d'un ou deux valets, chargés tout spécialement de veiller sur leurs dentelles et sur leurs bijoux. Tabarin, très à l'aise et ravi, compte sur ses doigts :

– Quoi que c'en soit, il m'a donné vingt-cinq écus pour aller aux provisions de gueule. Il faut donc que j'achète cinq écus de salade, cinq écus de sel, cinq écus de vinaigre, cinq écus de raves et cinq écus de clous de girofle. Est-ce que ça va comme ça, les amis, pour faire un banquet ?

– Non, non ! crie le public enchanté, non, ça ne va pas ; vous n'avez ni pain, ni vin, ni viande.

– Ah ! bon, réplique Tabarin, l'air faussement bonnasse, Ah ! bon, alors vous avez raison, il faut mieux faire mon calcul. J'achèterai donc cinq écus de pain, cinq écus de vin, cinq écus de salade – ça fait déjà quinze écus tout ça – et cinq écus de champignons et cinq écus de tripes...

– Ça ne va toujours pas ! crie la foule en délire.

– Vous avez raison, car je n'ai pas de moutarde. Mon calcul n'est pas juste. Recommençons tout. J'aurai pour cinq écus de pieds de pourceaux pour l'entrée de table, pour cinq écus de cerises, cinq écus de confitures pour le troisième service, cinq écus de jambon et cinq écus d'andouilles pour le dessert.

La foule rit et trépigne.

– Ce n'est donc pas ça ? hurle Tabarin, montrant sa trogne rouge épanouie ; vous ne voulez pas que je leur donne des andouilles au dessert ?

– Si, si, crie la foule ravie.

– Ah ! bon. Il faut donc que j'aille à la boucherie, mais je ne sais pas le chemin ; il faut que je le demande à Francisquine que voici...

Et Tabarin continue ses projets de banquet...

Pendant ce temps, sur le pont, le va-et-vient incessant des cavaliers, des carrosses et des charrois ajoute à la cacophonie ambiante. Les bouquinistes côtoient les barraques des arracheurs de dents qui opèrent avec musiciens et chanteurs ; marchands de pommades, sortes d'apothicaires ambulants ; vendeurs de tout et de rien. « Achetez, achetez mes fleurs cueillies ce matin », chantent les bouquetières ; « Oublies, oublies... Qui veut des oublies ? » crient des petits garçons à face de pleine lune ; dans leur petite boîte de bois, retenue à leur cou par un ruban ou un galon, quand ce n'est pas une ficelle, ils offrent des pâtisseries légères, rondes, minces et plates, enrobées de sucre ; certaines en rouleaux, d'autres en cornets. Les moulinets de papiers multicolores tournent gaiement, au gré de la brise au-dessus de leur tête.

– Que peut-on mettre dans les oublies en cornet ? demande le petit garçon habillé de bleu à sa mère.

– Eh bien, tu peux y mettre des fraises avec de la crème. Les seigneurs y mettent des crèmes glacées aux fruits, de toutes les couleurs.

– Ils en mangent en hiver, alors !

– Non, pas forcément, en été aussi. Ce doit être très agréable de manger des crèmes glacées quand il fait bien chaud, car ils possèdent dans leurs maisons des chambres de glace où leurs cuisiniers leur préparent des desserts glacés.

– C'est drôle que les seigneurs mangent des oublies... Est-ce que le roi en mange aussi ? et aussi Mgr le dauphin ?

– Certainement, mais les leurs doivent être meilleures que celles que nous mangeons ici. Il paraît que le roi et les seigneurs possèdent chez eux des boîtes en argent incrustées d'or, fermant à clef, sur lesquelles sont gravés leurs blasons. Ce sont leurs boîtes à oublies.

– A la maison, j'ai aussi une boîte pour garder les oublies, réplique l'enfant, mais elle est en fer, avec des moulins et des marins hollandais peints dessus. Elle vient de Hollande, c'est mon père qui me l'a apportée un jour. Moi, je la trouve jolie. Es-tu déjà allée dans la maison d'un seigneur ?

– Parfois, oui. C'est très beau, très grand, avec de beaux escaliers et des jardins pleins de fleurs.

– Ils en ont de la chance..., dit le gamin, les yeux pleins de rêve.

– Tout le monde a sa chance, en définitive, encore faut-il la reconnaître... Tu vois, si tu étais le fils d'un seigneur...

– J'aimerais bien l'être, dit l'enfant, et toi, tu serais une dame. Tiens, peut-être une marquise...

– Ça me ferait une belle jambe, réplique la jeune femme en riant, mais toi, si tu étais un petit seigneur, tu ne pourrais pas courir la prétentaine, comme nous le faisons ce matin ; tu ne pourrais pas aller jouer dans les rues en riant dans le soleil. Tu serais forcé de bien te tenir, de ne pas salir tes vêtements ni abîmer tes dentelles. En plus de cela, on te forcerait d'apprendre toutes sortes de choses qui ne t'intéresseraient pas ; peut-être du latin, de la grammaire ou, tiens, de l'arithmétique.

– Et si je ne voulais pas apprendre tout cela ?

– On te forcerait, ou sans cela, le fouet te serait donné.

– Veux-tu dire que je perdrais ma liberté ?

– Une sorte de liberté, oui, mais pas une liberté entière, car personne n'est vraiment libre ; cela n'existe pas.

– Tu sais, une chose m'étonne parfois, maintenant que je suis grand...

– Bon sang, mon garçon, mais quel âge as-tu donc... ? Voyons ! laisse-moi me souvenir...

La mère fait semblant de compter. L'enfant rit dans un rayon de soleil. Il est très beau. Ses cheveux, assez longs suivant la mode, ondulent et encadrent un visage très joli, où une fossette se montre au creux d'une joue, dès qu'il sourit. Il regarde sa mère avec une malice légèrement protectrice, comme il sied à un garçon.

– Eh bien, si je me souviens bien, et si mes calculs sont meilleurs que ceux de Tabarin, tu as huit ans. N'est-ce pas cela ? dit-elle en souriant.

– J'ai huit ans et six semaines, depuis hier, dit-il très fier.

– C'est ma foi vrai, et tu tiens très bien le compte de tes ans et de tes jours...

– C'est que c'est très important, tu comprends. J'ai dépassé l'âge des enfançons, en robe et en bonnet. Une vie immense s'ouvre devant moi.

– Voyez le beau parleur, lui répond sa mère en riant, mais je croyais que tu voulais me dire ce qui t'étonne...

– Ah ! oui. C'est ce pont sur lequel nous sommes...

– Qu'a-t-il d'extraordinaire, à part ses trottoirs, sa place et sa grandeur.

– Eh bien, tu vois, je trouve qu'il est le plus beau de Paris, peut-être même de tout le royaume, ou même du monde entier.

– Mais oui ! et c'est pour cela que tout le monde y vient. Tout le monde, du seigneur au mendiant. On vient même des provinces et de l'étranger, avant d'aller au Louvre, où loge notre roi, Mme la reine et Mgr le dauphin ; ou même à la Bastille.

– Ce qui m'étonne, continue l'enfant, c'est qu'il n'y ait pas de maisons construites dessus, car il est suffisamment solide, construit tout en pierre comme il est ; et il pourrait très bien supporter le poids de belles maisons, comme sur le pont Notre-Dame, ou le pont au Change. Moi, tu vois, j'aimerais habiter une belle maison, sur le Pont-Neuf, toute pleine de soleil et de fleurs.

– S'il n'y a pas de maisons, c'est pour que tout le monde puisse voir la Seine, les jeux sur l'eau, quand il y en a, et aussi les feux d'artifice. C'est un pont solide est moderne.

– Il durera peut-être mille ans...

– Pourquoi pas ? Les gens des siècles à venir, rêveront peut-être en contemplant la Seine, depuis les demi-lunes. Veux-tu une oublie ?

– Moi, je veux bien, mais sais-tu pourquoi, et qui l'a construit ?

– Ce que je sais, c'est que la première pierre a été posée par le roi Henri III, le 31 mai 1578. Le roi Henri IV l'a fait achever ; que Dieu l'aie en son paradis ! Les travaux ont été terminés en 1606. Vingt-huit ans ont été nécessaires à sa construction ; il est vrai qu'elle avait été interrorompue pendant onze ans, avec tous ces troubles et ces guerres, qui épuisaient le royaume.

– Henri IV était son fils...

– Le fils de qui ?

– Du roi Henri III.

– Non, son cousin.

– Pourquoi n'est-ce pas le fils de Henri III qui l'a fait achever, ce pont ?

– Parce qu'il n'avait pas de fils, ni de fille non plus d'ailleurs. Il est mort, jeune encore ; il avait trente-huit ans, assassiné par le moine Clément, de sombre mémoire.

– Alors, Henri IV est venu...

– Oui ! et, avec lui, c'est la dynastie des Bourbons qui est arrivée au trône. Henri III était un Valois. Tu vois, ce roi à cheval, en statue, devant toi, eh bien, c'est le roi Henri IV.

– C'est bien compliqué ! C'est donc Henri IV qui a terminé le pont, mais ce n'est plus lui qui est roi maintenant.

– Non, c'est son fils, le roi Louis XIII.

– Pourquoi ne s'appelle-t-il pas Henri, comme son père ?

– Parce que Louis est aussi prénom royal. Jadis, nous avons eu un roi qui s'appelait Louis IX ; il était bon et juste. Le dauphin Louis est devenu notre roi, parce que son père, le roi Henri est mort, et, chose étrange et douloureuse, c'est qu'il est mort assassiné, lui aussi, tout comme son cousin le roi Henri III ; mais lui était en carrosse dans Paris...

– Il a été tué aussi par le moine Clément ?

– Oh ! non, le moine maudit avait déjà payé son forfait, mais il a été assassiné par un mauvais sujet, venu d'Angoulême, qui s'appelait Ravaillac. C'était l'homme aux cheveux rouges et au pourpoint vert...

– Si je comprends bien, on nous assassine nos rois avec beaucoup de facilité.

– Nos rois ont toujours été d'un accès facile à leurs sujets. Comment savoir, quand un homme s'avance s'il a un coutelas bien caché et bien affûté dans sa manche et s'il a l'intention d'assassiner le roi ? Comment veux-tu raisonnablement qu'on l'imagine ? Tu sais, sans doute, qu'un homme attentant à la personne d'un roi est un régicide ?

– Qu'est-ce qui leur arrive, après, lorsqu'ils se retrouvent avec leur couteau rouge de sang à la main ?

– Alors, commencent pour eux des tourments permanents, immédiats, atroces et sans fin. Ils sont battus, traînés, enchaînés, emprisonnés, interrogés, torturés, mis dans la fosse la plus noire et la plus puante de la Bastille ou du Châtelet. A la suite de cela, ils sont détestés par tous les sujets du roi.

– Je suis un sujet du roi, moi ?

– Mais oui, tout enfant naissant en royaume de France est sujet du roi.

– Alors, après, raconte le régicide...

– Eh bien, il est jugé. Un régicide est toujours écartelé, puis brûlé, et ses cendres jetées au vent ; mais auparavant il est livré aux maîtres bourreaux qui s'entendent à faire éclater ses os et à disloquer ses membres. C'est pire que l'enfer pour ces misérables qui avaient certainement l'esprit détraqué pour accomplir un tel geste.

– Et après ?

– Tu comprends, il faut faire un exemple. C'est pourquoi le régicide est tiré à quatre chevaux... Il faut que ce soit spectaculaire.

– Raconte.

– Alors, voilà. Le jour de l'exécution, on traîne ce malheureux, qui n'a plus grand-chose d'humain, sur une claie, ou dans un tombereau, car, en général, après toutes les tortures qu'on lui a fait subir il ne peut plus marcher, ni même se tenir debout. Il est conduit, sous les huées de la foule, jusqu'à Notre-Dame. Là, sur le parvis, on lui fait encore abjurer ses crimes. Il est dressé comme un pantin disloqué, à la tête pendante, dans la grande chemise rouge des régicides, face au grand porche, pieds nus, et la corde au cou. Dans son poing droit est un gros cierge de pénitence allumé. Sa voix s'élève en un long sanglot de désespoir et de repentir. Une sorte de longue prière rauque, pour avoir trop crié... Mais il crie sa peur et aussi son désespoir. Il crie comme un animal pris au piège, qui sait qu'il va mourir. Les gens hurlent. Des femmes se trouvent mal. Toutes les échoppes sont fermées, sauf les taverniers, qui donnent à boire à des gens assoiffés, ou secoués par l'émotion ambiante. Cela sent la foire et la fin du monde, car c'est toujours un peu la fin du monde quand un être humain est mis à mort... et pourtant, il est impossible d'avoir pitié de ces êtres pitoyables.

Après avoir dit ses prières sur le parvis de Notre-Dame, après avoir demandé pardon à Dieu et à sa mère pour ce qu'il a fait, le misérable est jeté à nouveau sur la claie ou le tombereau qui l'a amené. Le sinistre cortège se dirige vers la Seine toute proche, passe devant l'Hôtel-Dieu, traverse le pont Notre-Dame où tout le monde est au fenêtres, et arrive enfin sur le lieu du supplice. La place de Grève est noire de monde. Aux maisons sont accrochées des grappes de curieux. Les fenêtres montrent mille visages. Les bancs installés sur les tréteaux du bourreau sont tous occupés. Il y a du monde aussi sous l'échafaud. Les dames, même les plus délicates, sont friandes de ce genre de distraction. Seigneurs et dames, déjà, portent à leur nez de petits flacons de parfums, constellés de diamants et de pierres précieuses. Le condamné dans toute sa misère, est hissé sur l'échafaud, aux quatre coins duquel des chevaux sont déjà montés par des cavaliers, le fouet à la main. A leurs harnais sont fixées des chaînes, qui se rejoignent vers l'homme qui est là, assis sur un tabouret de bois grossier. Dans sa main droite, enduite de poix et de soufre, le couteau avec lequel il a tué le roi est attaché solidement. Le bourreau et ses aides y mettent le feu. Un cri énorme, inhumain, monte avec la colonne de fumée qui s'élève de la main incandescente. L'homme hurle, jure, se tord, promet, supplie. Mais les chaînes qui le maintiennent l'empêchent de bouger. Pauvre être ! maudit soit le jour où il est né !

Mais le bourreau connaît son métier. Il est l'homme le plus craint, et aussi le plus méprisé de France. Personne n'oserait ou même ne voudrait lui tendre la main, ni même le toucher. Son métier fait de lui et de sa famille des parias.

Quand la main est totalement brûlée, on allonge rapidement le condamné et on l'attache aux chaînes reliées aux quatre chevaux, que l'on fouette ensemble, chacun tirant sur une jambe ou sur un bras, ce qui anime le corps d'horribles secousses. A ce stade-là, les bourreaux et ses aides vont faciliter la besogne avec hâches et couteaux. Sur un brasero, la poix et le soufre bouillonnent. Le condamné hurle. Depuis le matin, il n'a cessé de hurler, de supplier, de maudire... Rien ne le sauvera. La mort seule lui sera miséricordieuse et charitable. Pendant que le bourreau dénude les jointures des membres et verse dans les plaies la poix et le soufre brûlants, les chevaux tirent par à-coups formidables, et il se cabrent sous les coups de fouets. On entend des craquements atroces. Des spectateurs, malades de dégoût, se retirent pour aller vomir dans un coin. Les bourreaux continuent leur destruction avec indifférence. Sur les plaies béantes, pratiquées sur la poitrine et le reste du corps, ils continuent de verser la poix et le soufre brûlants. Cette horreur continue jusqu'à ce que les chevaux fous de terreur, emportent dans une course folle, un bras ou une jambe ensanglantés, arrachés et encore attachés aux chaînes. Dans des flots de sang, l'homme rend enfin le dernier soupir et termine ainsi sa pauvre existence. Sitôt après, ses restes sont jetés au feu, et les cendres en Seine. Mais certains ont attrapé des débris de son corps, malgré toutes les interdictions, les font cuire au cours d'une cuisine diabolique et vont les manger en buvant du vin de Suresnes, sous les fenêtres de la reine.

– C'est affreux, dit l'enfant, c'est barbare, ça fait froid.

– Allons, viens, remets-toi, et n'y pense plus... Nous allons acheter des cerises et des petits pâtés, puis nous irons nous installer dans une des demi-lunes. Tu pourras dormir un peu si tu le veux, sur le banc de pierre.

– Je voudrais un pantin rouge. Ça vaut bien ça, d'avoir écouté l'histoire du régicide.

– Tu l'auras, je te le promets.

Des montreurs de singes et d'ours accompagnent les tours de leur bêtes au son des cymbales et des tambourins. Plus loin, une petite fille maigre danse en souriant ; mais ses yeux sont tristes. Des marchands de beignets aux pommes ont mis leurs fritures en plein vent. Des faiseurs de tours de passe-passe se sont installés tout à côté. Tous gagne-petit.

L'enfant, Dieu merci pour lui, a déjà oublié les détails de la mort du régicide Ravaillac, et c'est tant mieux. Mais sa mère voulait qu'il soit au courant de tout ; des belles et des mauvaises choses, de tout ce qui se passe dans cette époque, la sienne. Époque rude et belle, pour celui qui sait vivre et sait s'en accommoder, sans sensiblerie ridicule et avec bon sens.

Main dans la main, ils repassent devant les tréteaux de Tabarin, qui a dû entre-temps régler définitivement la question du banquet de mariage du sieur Piphagne.

La pièce est à présent terminée et les spectateurs se sont renouvelés ; mais les rires continuent à fuser. Il est à présent question d'un voyage aux Indes, et le sieur Lucas appelle son serviteur Tabarin à tue-tête. Tabarin arrive :

– Paix là, notre âne dort, il n'a point encore mis son béguin pour soigner ses oreilles.

– Les ânes ne parlent que des ânes, et, moi, je veux te dire que j'ai résolu d'aller aux Indes pour trafiquer.

– Que faire aux Indes ? Faut-il sortir de la ville de Paris ?

– Oh ! la grosse bête ! Les Indes sont éloignées d'ici d'un grandissime espace : il faut traverser les mers et passer l'Océan.

– Vous embarquerez-vous à Montmartre ?

– Qu'est-ce d'avoir affaire à des esprits si grossiers ! N'est-ce point sur l'eau qu'on s'embarque pour naviguer sur la mer...

Non loin de là, Gaultier-Garguille s'égosille et demande à sa femme Perrine :

« Quoy, ma Perrine, mon trognon,
Gaultier-Garguille, ton mignon,
Fera-t-il point criquon-criquette ? »

La foule est ravie, et Garguille continue, suivi par la foule :

« Navet n'avait point de vin,
Navet n'avait point de vin,
Et son valet en avait.
Et pourquoi n'en avait Navet ?
Et pourquoi n'en avait Navet ?
Puisque son valet en avait ! »

Puis enchaîne :

« Mon père avait deux garçons,
Qui allaient à l'escole ;
Ils savaient quasi par cœur
Toutes leur patenôtre,
Le petit est mort, et le grand vit
Et le grand vit encore.
Si ma mère n'en est pas morte,
Je n'en mourrai pas aussi. »

La foule en délire, hilare, chante à tue-tête, en reprenant le refrain.

– Est-ce loin, les Indes, Maman ? Indes est un nom qui fait rêver.

– Oui, très loin, là-bas, vers l'Orient. C'est le pays des temples et des éléphants sacrés. C'est le pays où l'on trouve les épices et l'or. C'est un pays fabuleux où dans des mines on trouve des diamants plus gros que tu ne peux les imaginer.

– Cela donne envie d'y aller. Lucas vient de dire qu'il faut prendre des bateaux pour aller sur la mer.

– Lucas ne nous trompait pas en disant cela ; mais certains y vont aussi par voie de terre... Cela prend des mois et des mois, car il faut contourner toute la mer Méditerranée. Les marchands fort riches, quand ils ne veulent pas que leurs transports par bateaux puissent être assaillis par les barbaresques et autres pilleurs de mers, suivent ce long chemin, qui est vieux comme le monde et qu'on appelle la route de l'or, et aussi la route des épices et la route de la soie. ils traversent des déserts et de fabuleux pays, dont la Turquie et l'antique Grèce. Quand on a la chance d'avoir fait un tel voyage et d'en être revenu, on n'est plus jamais pareil à celui que l'on était en partant.

– Et pourquoi ?

– Parce que l'on a affronté tant de dangers... non seulement affronté, mais surmonté... On a vu tant de pays étranges, d'êtres bizarres, que tout ce qui concerne une sage petite vie de tous les jours paraît dérisoire.. C'est cela, la magie de l'Orient... Elle fait voir les gens et les choses, à travers un miroir de rêves. Mais c'est un voyage d'hommes ; les femmes n'y vont jamais, ou presque jamais.

– Bien sûr, car elles sont trop faibles. Nous, les hommes, nous sommes forts et ne craignons point le danger... Maman, je crois que je ne veux plus être garde du roi au Louvre. Quand je serai plus grand encore, je veux devenir voyageur et aller vers les pays d'Orient, parfois par la terre, parfois par bateau, selon mon plaisir. Peut-être deviendrai-je marin... Il va falloir que j'y réfléchisse.

– C'est cela ! Mais, pour le moment, est-ce que mon vaillant marin accepterait quelques oublies et un ou deux petits pâtés pour son déjeuner ?

– Allons-y, maman, allons-y.

Mais des cris, des craquements, des henissements attirent leur attention : Ayant pris trop vite un tournant un carrosse vient de verser. Aussitôt, tout l'auditoire de Tabarin se rue sur le lieu de l'accident ; les badauds du pont à leur suite.

Cela donne lieu à bien des bousculades ; des bourses sont coupées ; des cols et manchettes de dentelle précieuse, ils disparaissent comme par enchantement...

Dans un coin, une pauvre fille pleure. Elle est arrivée ce matin même de sa province, et une habitante de la cour des Miracles lui a dérobé, non seulement ses hardes, mais aussi les quelques pièces qu'elle tenait bien cachées dans sa pochette...

Imperturbablement, les colporteurs vendent leurs libelles, écrits souvent pendant la nuit, et dont les plus compromettants, bien cachés sous leurs aisselles, ne sont vendus qu'à des avertis ou à des habitués.

– Or çà ! sortez-nous de là ! crie un seigneur dessous ses rideaux.

Valets et cocher se relèvent comme ils peuvent. Un des plus jeunes a pu sauter de son marchepied et a tourneboulé comme un chat. C'est lui qui ouvre la portière.

Allons, aide-moi ! Donne-moi la main. Tire ! mais tire, mordious !

Une tête, le chapeau à plumes de travers, paraît à la portière. Chacun reconnaît le duc d'Epernon. Beaucoup, prudemment, s'inclinent. Il est redoutable. Son château de Beychevelle, près de Bordeaux, s'appelle ainsi, car tous les navires remontant l'estuaire vers Bordeaux doivent marquer arrêt, donc baisser la voile et payer péage.

On relève le seigneur, le carrosse est remis sur ses roues, les chevaux calmés. Soudain, un individu qui se tenait non loin de là, auprès d'un brasero de plombier sur lequel il faisait rougir un fer, se précipite vers le duc en brandissant sa barre de fer brûlante, s'arrête et demande fort aimablement :

– Voulez-vous que je vous mette ce fer chaud, dans le cul ?

Le duc d'Epernon a un haut-le-corps et s'écrie :

– Coquin ! qu'on le bastonne sur l'heure.

Alors, l'autre, fort étonné et très aimable rétorque :

– Mais je ne force personne ; je ne l'y mettrai pas s'il ne vous plaît.

Tout le monde rit, et le duc le premier. Le bonhomme du Pont-Neuf n'est pas bastonné, et le duc lance une pièce dans la main tendue, tandis que l'autre, tout jubilant retourne vers son réchaud.

## *Chapitre IX*

Le XVIIe siècle s'ouvre comme une promesse ; le début d'un immense et somptueux destin.

C'est une époque charnière, où le temps de la féodalité s'évanouit, non sans remous, pour faire place à une époque résolument moderne. La galanterie est devenue politesse, parée d'une grâce et d'un brio qui appartiennent à une élite qui la font reconnaître où qu'elle soit.

Les Françaises s'avancent auréolées d'un prestige que les étrangères leur envient. Leurs maris, leurs pères, leurs frères et leurs amants, n'ayant pu freiner cette évolution en favorisent l'émancipation.

Dans *l'Astrée,* roman très à la mode d'Honoré d'Urfé qu'on lit dans le monde cultivé, chacun peut découvrir une image qui est d'époque : *L'amant ne désire rien davantage que d'être aimé ; il faut qu'il se rende aimable et ce qui rend aimable est cela même qui rend honnête homme...*

La lecture de *l'Astrée* a joué un rôle prépondérant dans cette libération féminine.

Tout a commencé sous le règne de Henri IV. Les seigneurs et les dames qui ont connu la cour de Henri III ne s'habituent pas à la grossièreté bruyante et bon enfant qui règne dans l'entourage du roi Henri ; aussi, tout en continuant à fréquenter le Louvre, décident-ils de se rencontrer en ville, entre eux. Là, ils pourront vivre et parler selon leurs goûts.

Et, tout à coup, c'est une incroyable floraison de salons qui se veulent d'abord résolument mondains. Les grandes dames ouvrent leurs maisons. Les hautes portes des hôtels seigneuriaux et princiers laissent passer les lourds carrosses emblasonnés qui tournent dans les cours d'honneur aux pavés inégaux. La duchesse de Rohan, la princesse de Léon, la duchesse de Nevers, Mme de Villeroy, Mme de Cimiez, Mme de Guise, Mme de Brienne, Mlle de Senneterre, parmi bien d'autres, reçoivent leurs amis, à jours fixes, les après-midi. Toutes ces dames sont entourées de seigneurs de la cour. Des gens de lettres comme Desportes, des Yveteaux, Porchères, Coeffeteau et François Maynard se joignent à eux.

La conversation y est reine ; on y pratique l'art du bien-dire ; on y parle de galanterie, de littérature, de poésie et des romans à la mode. On aime le beau style, les métaphores, les antithèses et les allégories.

Bien que saint Thomas d'Aquin ait affirmé que *la femme est un être occasionnel et accidentel* et que Guez de Balzac ait écrit : *Je souffrirais plus facilement une femme qui a de la barbe qu'une femme qui fait la savante,* ces femmes du XVIIe siècle, solides gaillardes, qui n'hésitent pas à prendre la pique ou le pistolet pour défendre les fossés de leur château, insensiblement, et tout à fait à leur insu, se transforment en des sortes de sylphides raffinées, éprises de beautéet de délicatesse, tout en gardant leur spontanéité et leur verve intacte ; ce qui ne les empêche pas, si l'occasion de présente, de recouvrer un langage qu'un crocheteur du port au Foin ne renierait pas.

Leur raffinement, tout cérébral, va les mener à épurer l'amour, dont elle vont faire quelque chose de pratiquement inaccessible et éthéré. Leurs amants vont devenir leurs « mourants », qui se languiront des mois entiers, avant d'avoir le bonheur de leur baiser la main, ou d'obtenir un ruban...

De ces amoureuses lointaines, éprises de toute une littérature idéalisée, un poème chantait à la fin du XVIe siècle :

*Amour au même intant m'aiguillonne et m'arrête,*
*M'assure et me fait peur, m'ard et me va glaçant,*
*Me pourchasse et me fuit, me rend faible et puissant,*
*Me fait victorieux et marcher sur la tête.*

*Donc, si, quand un propos devant toi je commence,*
*Tu me vois en tremblant changer de contenance,*
*Demeurer sans esprit, pâle et tout hors de moi,*
*Ne t'en étonne pas, belle et cruelle dame,*
*C'est lorsque les éclairs de tes beaux yeux je vois,*
*Qui m'éblouissent de leur perçante flamme.*

Tandis que quelques années plus tard, face aux Précieuses d'après la Fronde, Claude Le Petit, dit « le poète crotté », ricanera méchamment du haut du Pont Neuf :

*Courtisanes d'honneur, putains spirituelles,*
*De qui, tous les péchés sont des péchés d'esprit,*
*Qui n'avez de plaisir qu'en couchant par écrit,*
*Et qui n'aimez les lits qu'à cause des ruelles.*

*Vous chez qui la nature a des fleurs éternelles,*
*Précieuses du temps, mes chères sœurs en Christ,*
*Puisque l'occasion si justement nous rit,*
*Venez dans ce bordel vous divertir, mes belles...*

Mais déjà les flammes du bûcher de la place de Grève, qui doit bientôt le consumer pour le punir de biens d'autres insolences, éclairent ces vers d'une manière diabolique...

C'est vrai ! la cour de Henri IV est bien la plus impolie du monde. Les anciens compagnons de bataille et de joyeusetés du Béarnais ont envahi le vieux Louvre. Bruyants, rudes, grossiers, sentant fort mauvais, et cela à l'imitation de leur maître.

– Sire, vous puez comme charogne, s'écrie un jour la belle Gabrielle d'Estrées à son royal amant.

– Hé, hé ! répond le Roi sans s'émouvoir, un gentilhomme se doit d'avoir le pied fin et l'aisselle surette.

Et le Louvre sent cela, et pire encore. Ce ne sont que jurons sonores, roulant sous les voûtes comme tonnerre ; filles d'honneur ou dames, poursuivies et culbutées tout au long des galeries, escaliers et corridors ; crachats superbement lancés par les fenêtres, dans les coins et dans les cheminées, dans lesquelles on pisse aussi. Les femmes sont traitées comme sur un champ de bataille, à l'assaut... Trève de mièvreries et de manières.

On sent l'ail, le vin, le cheval et le chien.

On rit à perdre haleine ; on est atroce.

C'est le règne du mâle.

Les seigneurs et les dames de la cour, qui ont connu les raffinements du Louvre, au temps des Valois, frémissent d'horreur et regrettent l'atmosphère subtilement élégante de la cour du trop délicat Henri III.

François Ier, qui fut l'un de nos plus fastueux rois, avait coutume de dire : « Une cour sans femmes est un printemps sans roses ».

Son petit-fils, le roi Henri III, aimait que le sol de sa chambre soit chaque jour jonché d'un épais tapis de roses, violettes, œillets et lys. L'encens fumait dans les cassolettes. Tandis que certains de ses gentilhommes, favoris du moment, à son coucher, lui recouvraient le visage d'une épaisse crème à la rose pour laquelle on mettait un masque de toile léger. Ses mains, lavées à la pâte d'amandes, étaient protégées par d'énormes gants douillettement molletonnés. Le lit du roi était abondamment bassiné de coriandre, de benjoin et de cannelle, afin de lutter contre les microbes et les maladies.

Beaucoup rêvaient et se souvenaient encore du jour où le duc de Joyeuse avait épousé la sœur de la reine Louise de Lorraine. C'était le 24 septembre 1581, en l'église Saint-Germain-l'Auxerrois. Le roi Henri III, étincelant de diamants, menait la mariée par la main. Sa Majesté, les mariés, toute la cour étaient ruisselants d'or, de pierreries, bruissants de soies et de brocarts ; étourdissants de parfums. Il y eut un festin magnifique, suivi d'un ballet où la mariée apparut en naïade, vêtue de toile d'argent... Personne n'avait vu une telle somptuosité. Bientôt, dans cette cour élégante, raffinée et aimable tout à la fois, un jeu allait faire fureur.

Un des familiers du roi Henri III, Souvré, entra un jour chez un menuisier, qui s'appelait Boquet. Cet homme, jadis avait sauvé le roi, dans une forêt de Pologne.

Ce menuisier avait créé un *jouet,* qui n'avait aucun succès. C'était une sorte de grosse bille trouée, retenue parune ficelle. Il fallait la lancer en l'air et savoir la ficher sur un pied de bois, tenu à la main. Henri III, par reconnaissance envers cet homme, lui en acheta, et mit à la mode « la bille à Boquet », qui devint le bilboquet. Et l'on pouvait voir, après le duel fameux où trois de ses mignons périrent, le roi Henri III, marchant à pas comptés dans les couloirs et les galeries du Louvre, faire sauter d'une main une boule d'ébène incrustée de nacre et d'or, au bout de son cordon de soie, pendant que de son autre main il égrenait un chapelet, dont chaque grain représentait une tête de mort, tandis qu'il murmurait :

« Que Dieu reçoive en son giron
Quélus, Livarot, Maugiron... »

C'était le nom de ses trois amis, morts dans ce duel aussi féroce que célèbre.

Oui ! tout cela s'était estompé dans la brume des temps, mais n'était pas oublié, et le roi Henri IV regardait de côté en fronçant le sourcil, cette société mondaine, parallèle à la vie de sa cour, qui réunissait la fine fleur de ses dames et de ses seigneurs, lesquels recherchaient la quintessence de la pensée et un nouvel art de vivre. Le roi et la reine Marie de Médicis finissaient par s'amuser de tout cela, surtout le roi, dont la curiosité était fort éveillée :

– Hé, hé !... que font-ils dans leurs salons ? demandait-il, ses yeux brillant de malice.

– Sire, ils parlent.

– Ils peuvent aussi parler chez moi, je ne le leur défends pas ; et quoi encore ?

– Sire, ils font des vers, les lisent et les écoutent.

– Hé, hé ! des vers... Hé ! il est vrai, dit le roi, il est vrai que nos sujets aiment, maintenant, s'exprimer en vers... C'est la mode !

– Oui, Sire, et ils parlent le beau langage, tel que les grammairiens l'ont codifié.

– Par la moustache et la barbe de mes ancêtres, qu'ont à faire ici ces coquins de grammairiens ? De quel droit se permettent-ils de dicter le langage aux gens ? s'écria le roi en roulant terriblement les r.

– Afin que toute personne bien née puisse parler et se faire entendre sans choquer. Il faut, ou du moins ils recherchent, que le langage devienne une musique pour l'oreille, que les manières soient un enchantement. Les jurons et les mots crus sont bannis sans pitié de toutes les ruelles.

– Que cela me semble ennuyeux et tiédasse... Tiens ! je n'irai jamais. Mais qu'y font-ils donc encore dans ces ruelles, comme tu les appelle ?

– Ce sont les dames, Sire, qui sont trop délicates et fatiguées...

– Fatiguées, dis-tu ? Allons donc ! Qu'on leur donne un bon

mari, bien vaillant pour leur changer les idées. A-t-on idée de telles choses ? Et comment se passent ces réunions, tu le sais, toi ?

– Elles se passent dans une grande chambre, belle et bien meublée...

– Je l'entends bien ainsi, dit le roi, mais encore ?

– La dame du logis est allongée sur un lit de parade...

– Allongée ? et pourquoi donc ? Elle est malade ?

– Non ! seulement fatiguée, et cela devient une mode.

– Et tous ces gens fatigués se couchent aussi ?

– Non, Sire. Ils sont assis sur des chaises de velours, ou de hauts tabourets.

– Et alors, dis, qu'est-ce qui se passe ?

– Ils parlent de langage, de littérature, de mode, de voyages et d'amour...

– D'amour ? Ils en parlent, dis-tu, ils en parlent et ne le font pas...

– Ils considèrent les femmes comme des déesses... et ils attendent...

– Mais, mordiou ! ils attendent quoi ?

– Le bon plaisir des dames.

– Mais il ne faut pas, il ne faut pas les laisser faire... Il faut les attraper au contraire, et bien les serrer, les réchauffer, les embrasser, les mignotter... Est-ce qu'ils les mignottent ?

– En paroles, oui, Sire, mais pas en actes ; à moins qu'elles ne soient consentantes, et elles le sont peu.

– Tu veux dire que les femmes ne veulent pas faire l'amour ?

– Si, Votre Majesté, mais pas tout de suite.

– Nous voilà bien perdus ! et mon royaume aussi ! Mes vaillants seigneurs se transforment en couillons, et leurs femmes en bonnes sœurs du fond des couvents. Tiens ! c'est triste à pleurer. J'ai peine à le croire. Qu'on m'apporte un verre de vin pour me remettre.

– Sire, ne voulez-vous pas que je dise à Votre Majesté les si beaux vers du poète Porchères sur les beaux yeux de Mme de Beaufort ?

– Écoute, si c'est moins triste que les harangues, dis-les. Moi, tu sais, les harangues m'ont donné les cheveux blancs.

– Puis-je vraiment les dire à Votre Majesté ?

– Va, va, je t'écoute, dit le roi, en buvant un verre de vin et jetant vers son interlocuteur un regard ironique.

– Sire, les voici ; ils sont fort beaux.

– Fort beaux, dis-tu... Voyons cela, va, va !

*Ce ne sont pas des yeux, ce sont plutôt des dieux ;*
*Ils ont dessus les rois la puissance absolue.*
*Dieux ? non, ce sont des cieux ; ils ont la couleur bleue*
*Et le mouvement prompt comme celui des cieux.*

*Cieux ? non, mais deux soleils clairement radieux,*
*Dont les rayons brillants nous offusquent la vue.*
*Soleils ? non, mais éclairs de puissance inconnue,*
*Des foudres de l'amour signes présagieux.*

*Car s'ils étaient des dieux, feraient-ils tant de mal ?*
*Si des cieux, ils avaient leur mouvement égal ;*
*Deux soleils, ne se peut ; le soleil est unique.*

*Eclairs ? non, car ceux-ci durent trop, et trop clairs.*
*Toutefois je les nomme, afin que je m'explique,*
*Des yeux, des dieux, des cieux, des soleils, des éclairs.*

– C'est vrai ! C'est beau, mais, vois-tu, moi, je préférerais avoir Mme de Beaufort dans mon lit, Ventre-Saint-Gris. Je trouve que tout cela manque un peu de mouvement... Allons, viens, allons voir les dames de la reine. Tiens, tu vois, je n'ai plus vingt ans... eh bien, je me sens tout jeune et gaillard. Allons donc voir une belle qui ne soit ni trop timide ni trop pucelle... Tu sais, juste ce qu'il faut de résistance... Il est agréable aussi qu'elle ait le commerce du monde. Allons, viens, allons voir les dames au cercle de la reine.

# *Chapitre X*

Sans que l'on s'en doute vraiment, le règne de la femme commence. Les salons, d'abord essentiellement mondains, deviennent littéraires. On y rencontre Malherbe et Guez de Balzac. Les hôtels de Clermont, de Ventadour et de Créqui sont aristocratiques.

L'hôtel de Condé, où trône la belle Charlotte de Montmorency, qui fut le dernier amour du Béarnais, maintenant devenue Mme la Princesse, réunit ce qu'il y a de plus honnête et de mieux dans Paris. Voiture, bien que fils d'un marchand de vin, grâce à son esprit rieur et à sa grande fortune y entre cependant.

La vicomtesse d'Auchy reçoit en son hôtel le mercredi. Malherbe, dont elle est la maîtresse, passe son temps à la battre comme plâtre : « Il l'aime à tour de bras », s'écrie la jolie marquise de Rambouillet, en riant. Mais le salon de Mme d'Auchy est fort pédant ; et les écrivains qu'elle reçoit ont souvent réputation médiocre. Dans son fabuleux hôtel du quai Malaquais, Marguerite de Valois, ancienne reine de Navarre, épouse répudiée du Béarnais, reçoit la société la plus huppée de Paris et sait réunir musiciens, philosophes et poètes gagés.

Tout près du palais du roi, rue Saint-Thomas-du-Louvre, l'hôtel de Rambouillet éclate de toute la fraîcheur de ses murs neufs. Il va devenir le plus illustre, et son éclat ne cessera de croître jusqu'en 1648, l'année de la Fronde ; bien qu'à ses débuts, il n'était ni le premier ni le plus considérable. Mais la marquise de Rambouillet est belle et gracieuse. Aimable, vraiment bénie des dieux. Elle sait choisir ses invités. L'ambiance qui règne dans sa maison est la plus gaie et la plus polie de Paris. Toute grossièreté est rigoureusement bannie. Celle que Malherbe immortalisera sous le nom d'« Arthénice » accueille avec la même affabilité ressortissants à la noblesse, poètes et écrivains de valeur, ou qu'elle juge tels.

Initialement, aucune de ces grandes dames ne songeait à ouvrir de salon pour faire concurrence à la cour. De par leur rang dans la société, elles y ont accès et la fréquentent assidûment. Mme de Rambouillet danse aux ballets royaux, va au cercle de la reine en grands atours. Elle a réputation d'amabilité et d'esprit, mais, si elle s'écarte du Louvre, c'est non seulement parce que la grossièreté y règne, mais aussi parce qu'elle s'y ennuie à périr.

Mme des Loges et la vicomtesse d'Auchy trouvent que l'on y fait trop peu de cas de leurs mérites et de leurs personnes.

Il est vrai que leurs fréquentes maternités les en éloignent. Mme d'Auchy mettra au monde trois enfants, Mme de Rambouillet sept, et Mme des Loges neuf.

Elles sont toutes les trois dissemblables ; il n'y a aucune amitié entre elles. Leurs salons seront donc, eux aussi, très différents et rivaux. Ces salons qui prennent pied dans Paris, mais aussi dans toute la France, sont nés de la paix revenue à l'intérieur du royaume à la fin des guerres de Religion ; et aussi de l'éclipse de la cour royale, de son manque d'attraits, de cet ennui grossier dont elle semble imprégnée.

Bien que la cour de Louis XIII grâce à la reine Anne, soit plus brillante que celle du roi Henri, son père, les dames bâillent, pensent à s'en aller et à se retrouver entre elles, dans leurs merveilleuses maisons, fleuries de lys et de roses.

Quand Mme de Rambouillet décide de ne plus venir à la cour, elle fait état de sa santé fragile, de son état de fatigue permanent..., de ses nombreuses grossesses.

Le roi Henri marmonne bien : « Mordious ! mais ces femelles ne tiennent pas debout ». La reine Marie de Médicis ferme les yeux et cela va tout seul.

Pour l'hôtel de Rambouillet et pour ses semblables, une tâche est à accomplir, et elle est de taille : restaurer les mœurs, les manières et réformer le langage. C'est tout un programme auquel la marquise de Rambouillet et ses pareilles se consacrent, de bonne humeur, et comme en jouant. Elles ne sont pas prudes, elles aiment les farces, les foires, rire et chanter, faire de la musique, dire ou écouter des vers. Les plaisanteries, même pas très raffinées, sont les bienvenues...

Toutes ces charmantes femmes, éprises d'indépendance et de belles manières, ne savent pas encore qu'un lent travail d'osmose va se faire. Le ton, le nouveau langage, en un mot le « bel air des choses », tout ce savoir-vivre, parviendra jusqu'à la cour, véhiculé par les seigneurs et les dames, qui, de par leur devoir, leur nom, leur titre, sont tenus à faire leur cour au roi.

Peu à peu, les manières et le langage de la cour se transformeront, pour aboutir à l'honnête homme et à la dame de qualité de la cour du jeune roi Louis XIV, dont le monde entier copiera et enviera le ton et les manières.

Mais pour l'instant, en ce début de XVIIe siècle, la majorité des femmes, même celles qui appartiennent aux plus grandes familles, sont d'une ignorance presque totale.

Quand Mlle de Mailly-Brezé épouse le duc d'Enghien, elle a treize ans et ne sait même pas lire. Il est vrai qu'elle est déséquilibrée : « Une personne bizarre », disent ses contemporains.

En revanche, une femme aussi cultivée que Mlle de Gournay est chose à peu près unique. Elle semble égarée dans son siècle, au milieu de l'indifférence générale pour les choses de l'esprit. Celle qui se nomme « la fille spirituelle de Montaigne » écrit en 1622 : *Egalité des hommes et des femmes* et *Grief des dames.* Elle est seule, mais courageuse, et lève l'étendard de la révolte. Elle écrit :

*Bienheureux es-tu, lecteur, si tu n'es point de ce sexe qu'on interdit de tous les biens, afin de lui constituer pour seule félicité, pour vertus souveraines... ignorer, faire le sot et servir.*

Les hommes de ce temps, fronçant le sourcil, secouant la tête, semblent dire :

– « Cela n'est pas sérieux qu'on lui donne un bon mari, elle trouvera tout aussitôt quelques occupations et cela passera. »

Mais cela ne passe pas, car tout à côté des opulents salons, pourvue d'un râtelier en dents de loup marin, Marie de Jars, demoiselle de Gournay, vieille fille de Picardie, tient bureau d'esprit dans son logis haut perché de la rue Saint-Honoré, en face de l'Oratoire.

Bureau d'esprit ou grenier ? peu importe ! certainement pauvre logis, mais dans lequel on pense. Les murs sont recouverts de haut en bas de livres. Dans une encoignure, trônent fourneaux et cornues, car la vieille demoiselle s'intéresse à l'alchimie, et s'est ruinée en recherchant la pierre philosphale. Elle est l'image désuète d'un siècle disparu et vit encore à la façon de son maître, Montaigne. Laide et sans grâce, bougonne, grognonne mais avec beaucoup d'esprit, elle vit là-haut, sous les toits, entre sa servante Jamyn, sa chatte et ses chats. Femme de lettres, et de petite noblesse, elle vit comme elle peut au fil de sa plume. Savante elle l'est, en grec et en latin, au point de relever les bévues de l'abbé de Marolles, qui pense en mourir de rage. Si elle est bonne femme, loyale et sincère, elle demeure une polémiste redoutée par ses adversaires.

Certains viennent la voir pour son savoir ; d'autres pour discuter philosophie, ou simplement pour faire moisson de moqueries afin d'en distraire leurs belles amies. Un jour qu'on lui demandait si la pédérastie n'était pas un crime, la voilà qui s'écrie :

– A Dieu ne plaise que je condamne ce que Socrate a pratiqué... Ce qui était assez gaillard pour une pucelle ! Mais, dans Paris, on se moque de la docte et scientifique demoiselle qui s'entend à la philosophie et ne se baigne qu'une fois l'an. Mais un jour, Boisrobert, qu'elle appelait « Bon abbé », la mena chez le cardinal de Richelieu, qui lui fit un compliment avec tous les vieux mots qu'il avait puisés dans son *Ombre,* ouvrage écrit par Mlle de Gournay, laquelle demoiselle répondit à son Eminence en ces termes :

– Vous riez de la pauvre vieille, monseigneur. Mais riez, riez, grand génie ! Riez ! il faut que tout le monde contribue à votre divertissement...

Le cardinal, surpris par tant de répartie, regarde avec plus d'attention cette vieille demoiselle, si digne dans ses vêtements surrannés :

– Veuillez me pardonner, mademoiselle. Je veux faire quelque chose pour vous.

Puis, se tournant vers Boisrobert, qui écoutait et regardait attentivement :

– Il faut faire quelque chose pour Mlle de Gournay. Je lui donne deux cents écus de pension.

– Mais elle a des domestiques, dit Boisrobert.

– Et quels ? demande le cardinal.

– Mlle Jamyn, réplique Boisrobert, bâtarde d'Amadis Jamyn, page de Ronsard.

– Je lui donne cinquante livres par an, dit le cardinal.

Boisrobert ne veut pas s'arrêter sur une si belle lancée :

– Il y a encore « ma mie Piaillon », ajoute Boisrobert. C'est sa chatte.

En veine de générosité, le cardinal répond :

– Je lui donne vingt livres de pension...

– Mais, monseigneur, s'écrie Boisrobert, se prenant au jeu, et vraiment intarissable pour sa vieille amie, « ma mie Piaillon » a chatonné...

– Eh bien, je donne une pistole pour chaque chaton.

Mlle de Gournay fait sa révérence et remercie.

Un autre jour, Racan, qu'elle ne connaissait pas et qu'elle avait l'habitude d'appeler « le singe de Malherbe », devait venir la voir à trois heures de l'après-midi, pour la remercier de son *Ombre*, l'ouvrage qu'elle lui avait envoyé ainsi qu'à Malherbe qu'elle hait à mort.

Ce même jour, un peu avant midi, Racan rencontre deux de ses amis, le chevalier de Bueil et Yvrande, et leur déclare qu'il va rendre visite à Mlle de Gournay sur les trois heures de l'après-midi. Racan à peine parti, voilà les deux amis qui complotent et décident de jouer un bon tour à cet étourdi de Racan. A une heure, le chevalier de Bueil est rue Saint-Honoré et va frapper à la porte de l'auteur de l'*Ombre*.

Pan ! pan ! Jamyn va ouvrir et prévient Mademoiselle qu'un gentilhomme la demande.

Mlle de Gournay, qui faisait des vers à sa table de travail, dit en se levant :

– Cette pensée était belle mais elle pourra revenir, et ce cavalier peut-être ne reviendrait pas.

Le jeune homme, fort gracieux et plaisant, se présente comme étant Racan. Elle, qui ne le connaît que de réputation, le croit. Elle lui fait mille grâces à l'ancienne manière et le remercie surtout de ce qu'étant jeune et bien fait il ne dédaigne pas de venir visiter une pauvre vieille.

Le chevalier, qui a de l'esprit, lui raconte des balivernes

charmantes. Ravie de le voir de si bonne humeur, Mlle de Gournay dit à Jamyn, voyant que sa chatte miaulait :

– Jamyn, faites sortir ma mie Piaillon, pour écouter M. de Racan.

Mais il ne tarde pas à partir...

Quelques instants plus tard Yvrande arrive, fort bien de sa personne lui aussi. Il trouve la porte ouverte, entre et dit.

– J'entre bien librement, mademoiselle, mais l'illustre demoiselle de Gournay ne doit pas être traitée comme le commun.

– Ce compliment me plaît, s'écrie la pucelle. Jamyn, mes tablettes que je le marque.

– Je viens vous remercier, mademoiselle, de l'honneur que vous m'avez fait en me donnant votre livre.

– Moi, monsieur ? Je ne vous l'ai jamais donné ! mais je devrais l'avoir fait. Jamyn, une *Ombre* pour ce gentilhomme.

– J'en ai une, répond suavement Yvrande, j'en ai une, mademoiselle, et, pour vous montrer cela, il y a telle et telle chose en tel chapitre, et je vous apporte, mademoiselle, quelques vers de ma façon...

– Voyons cela, dit Mlle de Gournay, en prenant les feuillets. Voilà qui est gentil, Jamyn. Jamyn en peut être, monsieur, elle est fille d'Amadis Jamyn, page de Ronsard. Cela est gentil. Ici vous malherbisez, ici vous colombisez, mais cela est gentil. Ne saurai-je pas votre nom ?

– Mademoiselle, je m'appelle Racan.

– Monsieur, vous vous moquez de moi...

– Moi, mademoiselle ? Me moquer de cette héroïne, de la fille d'alliance du grand Montaigne, de cette illustre fille de qui Lipse a dit : *« Videamus quid sit paritura ista virgo »*.

– Bien, bien ! celui qui vient de sortir a donc voulu se moquer de moi, ou peut-être vous-même vous en voulez-vous moquer, mais n'importe, la jeunesse peut rire de la vieillesse. Je suis toujours bien aise d'avoir vu deux gentilshommes si bien faits et si spirituels.

Et là-dessus, ils se séparent.

Un moment après, le vrai Racan, rouge et en sueur, arrive tout essouflé. Il est un peu asthmatique, et la demoiselle loge au troisième étage. De plus, le vrai Racan a davantage l'allure d'un fermier que celle d'un seigneur de la cour.

– Ah ! mademoiselle, s'écrie Racan en pénétrant dans le logis, en soufflant bien fort. Ah ! mademoiselle, esclusez-moi si je plends un siège.

Et Racan bégayait en disant tout cela et pouvait encore moins que d'habitude prononcer les c et les r.

– Oh ! la ridicule figure, Jamyn ! dit Mlle de Gournay avec dédain.

– Mademoiselle, continue Racan, tout essoufflé et souriant,

dans un qual d'heule je vous dilai poulquoi je suis venu idi ; quand j'aulai leplis mon haleine. Où diable vous êtes vous venue loger ! Ah ! qu'il y a haut ! mademoiselle ! Je vous lends glade de votle plésent, de votle *Omble,* que vous m'avez donnée. Je vous suis bien obligé...

La pucelle le regardait d'un air dédaigneux :

– Jamyn, désabusez ce pauvre gentilhomme. Je sais bien à qui j'ai donné mon *Ombre,* c'est à M. de Malherbe et à M. de Racan.

– Eh ! mademoiselle, c'est moi Latan...

– Je ne sais pas qui vous êtes, mais vous êtes le plus sot des trois. Merdieu ! je n'entends pas qu'on me raille.

Et la voilà en fureur.

– Mademoiselle, continue Racan, plenez le livle, et je vous dilai tous mes vels pal dœul...

– Veuillez sortir ! fulmine la demoiselle en colère. Jamyn, faites sortir ce personnage.

– Mais..., veut continuer Racan.

Mlle de Gournay ouvre la fenêtre et se met à crier :

– Au voleur ! au voleur ! Au feu ! A l'assassin !

Des gens montent en courant.

Racan éperdu se pend à la corde de la montée de l'escalier, se laisse couler en bas et s'enfuit en courant. Pendant ce temps, Bueil et Yvrande se tordent de rire, cachés dans un carrosse au coin de la rue, car ils ont assisté aux cris de la vieille fille et à la fuite de Racan, courant comme un voleur.

Le soir, Mlle de Gournay, pleine de son aventure, va se promener au Cours et raconte ses visites.

– Mais, lui dit-on, c'est le vrai Racan que vous avez jeté dans l'escalier.

– Allons donc ! s'écrie-t-elle, c'était un homme fort sot et de mine basse, qui ne savait même pas se présenter et qui parlait fort mal.

– C'est cela ! C'était bien Racan.

La voilà au désespoir. Dès le lendemain matin, de bonne heure, elle court au logis de Racan, frappe, se fait ouvrir. Racan est encore au lit. Il dort.

Elle entre dans sa chambre et tire le rideau du lit. Racan ouvre un œil, se réveille, l'aperçoit, pousse un cri, se jette en bas de son lit et va se réfugier en courant dans un cabinet où il s'enferme, et ne veut rien entendre. Mlle de Gournay, tire une chaise devant la porte du cabinet afin de s'asseoir, et elle dut discuter longtemps avant de convaincre Racan de sortir de là.

A la suite de cela, ils devinrent les meilleurs amis du monde.

Boisrobert, aussi bien à l'hôtel de Rambouillet que chez le cardinal de Richelieu, jouait cela admirablement et, selon lui, de son « ton de bête endormie », parodiait « les trois Racan ». Il les a joués devant Racan lui-même, qui en riait aux larmes en disant :

– Il dit vlay, il dit vlay.

Un matin, Racan va chez Mlle de Gournay, qui lui montre des épigrammes qu'elle avait composées pendant la nuit. Racan les lit et reste muet.

– Mais, enfin, qu'en pensez-vous ? lui demande-t-elle.

– Je suis bien désolé, mais il n'y a rien de bon dans cela lui répond aimablement Racan, et, en plus, elles n'ont pas de pointe. C'est tout à fait plat.

– Ce sont des épigrammes à la grecque, lui dit-t-elle.

– Alors, tout s'explique, sans doute. Venez çà et allons dîner chez M. de Lorme.

M. de Lorme, médecin des eaux de Bourbon, leur fit servir un potage tout fade et tout en eau.

– Voilà une méchante soupe, dit Mlle de Gournay à Racan en soupirant.

– Mademoiselle, répondit Racan, c'est une soupe à la grecque.

Ils se mirent à rire, et cela devint un mot à la mode. Quand, dans Paris, on voulait parler d'un mauvais cuisinier, on disait : « Il fait la soupe à la grecque. »

## *Chapitre XI*

Pendant ce temps, dans l'hôtel qu'elle a fait reconstruire d'après ses plans afin d'avoir une demeure commode et à son goût, Mme de Rambouillet reçoit ses familiers, qui sont aussi bien les plus grands noms de France que poètes et gens de lettres.

La grande porte cochère passée, on entre dans une vaste cour pavée. C'est la cour d'honneur. A gauche, dans la basse-cour sont les remises où dorment sous leurs housses un vaste carrosse de deuil garni de velours noir et un carrosse d'apparat, capitonné de velours cramoisi, paré de clous d'or et du double écu de ses armoiries. Tout près, une chaise à porteur avec ses bâtons. A côté, les écuries abritant les chevaux débordent de fourrage. Plus loin, la boulangerie, l'épicerie, et toutes les choses utiles à la vie de chaque jour, et, la merveille des merveilles pour cette époque, un filet d'eau venant du branchement sur le gros tuyau du Louvre coule dans une vasque de pierre. Tout autour, à l'étage, les logements de service.

Le fumier des écuries est enfourné dans les caves, en attendant d'être mis en fumure dans les jardins.

De toutes les parties de la cour d'honneur, on peut voir le jardin à la française, coupé par les lignes droites des parterres à broderies. Luxe inouï, un bassin rond, placé en son centre, laisse iriser son jet d'eau dans le soleil. Aucun bâtiment ne borne la vue. Une allée de sycomores cachera bientôt l'hôpital des Quinze-Vingts et son cimetière, symboles de l'infirmité et de la mort.

Dans les parterres, merveilleusement dessinés, vivent, dans leurs arabesques de buis, œillets, jasmin, tulipes, hyacinthes, lys, myrtes et roses, dont les fleurs vont tour à tour orner les grands vases des appartements.

Le corps du logis est en brique rehaussé d'embrasures, de chaînes, de corniches, de frises et de pilastres de pierre, comme les maisons de la place Royale.

A l'intérieur, les appartements sont harmonieux. On y monte par un escalier de pierre blanche à belle rampe, arrondi en portion de cercle.

Les meubles sont beaux ; les fenêtres sans appui s'ouvrent du sol au plafond, permettant de jouir sans obstacle du jardin, du soleil, des arbres et des fleurs.

La princesse de Condé, que l'on appelle « Mme la Princesse », et qui n'est autre que Charlotte de Montmorency, y vient avec sa fille, Anne-Geneviève, qui deviendra duchesse de Longueville. S'y rendent aussi les duchesses de Rohan, de Chevreuse, la marquise du Vigean avec ses deux filles ; les unes et les autres y retrouvent avec délices les enfants de Rambouillet, dont la plus célèbre, Julie d'Angennes, deviendra duchesse de Montausier.

Bassompierre, le maréchal de Schomberg, les princesses Marie et Anne de Gonzague (la princesse Marie deviendra reine de Pologne) sont du nombre des habitués, parmi beaucoup d'autres.

Mais Mme de Rambouillet ne se contente pas de recevoir les gens de la cour. Elle sait attirer chez elle les écrivains et les poètes, par sa bonté et sa générosité, et aussi par son amabilité et son art de recevoir, qui a un je ne sais quoi de terriblement attirant.

Malherbe, y vient en habitué, suivi de Racan, neveu du duc de Bellegarde qui a l'oreille du roi Henri... Racan, toujours bégayant et distrait... Le très galant Gombault, vêtu avec le plus grand soin, col et manchettes en dentelle de Venise... Voiture, dont l'esprit pétillant et la gentillesse lui valent d'être « l'âme du rond » ; Chapelain, teigneux et crasseux, toujours vêtu d'oripeaux étranges, qui déchaînent les fous rires, restera fidèle à la marquise, même lorsque l'hôtel sombrera dans l'oubli. S'y rendent aussi le poète précieux Malleville, le marquis de Montplaisir, Benserade, maître des stances galantes et des madrigaux, qui deviendra le poète de cour du jeune Louis XIV ; Hubert de Cerisy, qui sait si bien composer les métamorphoses, et combien d'autres...

La marquise est femme de goût, non une pédante. Son salon restera toujours un cercle mondain, sans jamais vouloir devenir un bureau d'esprit.

La principale occupation des maîtres de maison et de leurs invités est de divertir et de se divertir ; aussi Mme de Rambouillet se creuse-t-elle la tête et met-elle à contribution les gens de sa maison et ses invités.

Quand l'assitance est lasse de faire des vers, des jeux d'esprit, et de discuter philosophie, elle se rabat sur des jeux de détente surprenants. Un jour, Voiture s'amuse à dénouer des nœuds de ficelle inextricables ; une autre fois, il fait venir un charlatan, qui se vante de pouvoir disloquer les membres, et de les remettre. Malherbe, un jour se laisse convaincre, pour distraire la compagnie, de se faire démettre le coude. Le coude est démis, l'homme, après coup, ne sait plus le lui remettre en place. Et, pendant que Malherbe souffre et peste, l'assistance meurt de rire.

On se déguise. Voiture est devenu cardinal, et la belle Angélique Paulet se transforme en marchande de galettes.

On joue, on s'amuse à des riens, on imagine les royaumes chimériques des aventures courtoises et chevaleresques de Céladon ou du damoisel de La Mer. On danse des courantes, des entrées de ballet. On imagine des farces, on bouffonne. L'hôtel est plein de galopades, d'appels, de rires et de jeux. Voiture s'amuse à déguiser des hommes en Suédois. Ceux-ci s'avancent en baragouinant et apportent à Julie d'Angennes un portrait de Gustave-Adolphe avec cette lettre :

*« Mademoiselle, voici le Lion du Nord qui vient mettre à vos pieds les trophées d'Allemagne. »*

Mais Julie démasque la supercherie, en reconnaissant là la plume de Voiture. En réponse, elle fait basculer du haut d'une porte une aiguière pleine d'une eau bien froide sur le pauvre Voiture, qui craint tellement l'eau et le froid.

Un jour, Voiture remet à Mme de Rambouillet un sonnet qu'il venait de faire. Secrètement, Arthénice le fait imprimer et brocher dans un recueil de vers qu'elle laisse bien en évidence sur un meuble, ouvert à la page falsifiée, puis va se cacher avec ses amies dans une chambre voisine, dont elle laisse la porte entrouverte.

Voiture arrive, tout content, jette un coup d'œil sur la brochure, s'arrête, fronce le sourcil, lit, relit, et n'en croit pas ses yeux. Derrière les tapisseries, Mme de Rambouillet et ses invitées se pâment de rire. A la fin, Voiture découvre la plaisanterie. Pour se changer les idées, il va à la foire Saint-Germain d'où il ramène un montreur d'ours et l'introduit tout doucement dans la chambre bleue, derrière un paravent, de l'autre côté duquel, Mme de Rambouillet lit auprès du feu. Elle entend un bruit :

– Est-ce vous Voiture ?

– Hon, hon ! font les ours.

Étonnée, Arthénice lève la tête et voit, juste au-dessus d'elle, deux babines sanglantes et humides et quatre petits yeux cruels qui la dévisagent. Elle ne peut pas crier.

– Ciel ! mais qu'est-ce ? parvient-elle à articulier. Oh ! mais, c'est affreux !

Et Voiture apparaît, riant aux larmes en agitant ses manchettes. Il se jette à genoux pour lui baiser les mains :

– Recommencez encore à me jouer le tour que vous m'avez joué avec mon poème, et par tous les dieux de l'Olympe, belle marquise, la prochaine fois, je vous apporterai des crocodiles.

Mais Voiture amuse tout l'hôtel à contrefaire les distractions de Racan.

– Savez-vous, dit-il à la ronde, la dernière distraction de notre ami Racan ?

– Non, non, mais dites-la-nous bien vite, puisque vous la savez.

– Eh bien, il a mis ses bas à bottes sur la tête de la duchesse de Bellegarde, sa tante, et sur celle de Mme des Loges, pour les faire sécher...

– Impossible...

– Inouï !

– Ce doit être vrai, contez-nous cela bien vite.

– Eh bien, voilà. Après avoir couru dans Paris sous la pluie, Racan, une après-dînée, arrive à l'hôtel de Bellegarde, où il loge. Il entre dans la chambre de sa tante, croyant que c'était la sienne, et ne voit pas Mme de Bellegarde et Mme des Loges, assises, chacune au coin du feu, silencieuses, et curieuses de voir ce que ce maître distrait allait faire. Il se fait débotter et dit à son laquais : « Va nettoyer mes bottes, je ferai sécher ici mes bas. » Il s'assoit, enlève ses bas et, pieds nus, s'approche du feu, et bien proprement met un bas sur la tête de Mme de Bellegarde et l'autre sur la tête de Mme des Loges, les prenant pour des chenêts. Puis, approchant un fauteuil, il se dispose à se chauffer. Les deux dames, qui, depuis le début, se retenaient à grand-peine de rire, finissent par éclater de rire.

» Racan sursaute. Pour mieux se rendre compte de ce qui se passe, il va regarder les chenêts sous le nez ; il observe, il scrute, puis s'écrie :

» – Mais que faites-vous là, dans ma chambre, mesdames...

» – Retenez-le, s'écrie Mme des Loges, il va tomber dans le feu.

– Très bonne votre histoire, Voiture, mais connaissez-vous le voyage de Racan avec son cousin Bussy-Lameth ?

– Non ! Je vous en prie, racontez-la-nous.

– Un soir, il partageait la chambre de son cousin, alors qu'ils étaient tous deux en voyage. Au moment de se mettre au lit, Racan prend un petit livre, *la France mourante* – un pamphlet, écrit, dit-on, par Richelieu – et s'en va au privé avec le livre. Au lieu de jeter le papier dont il s'était servi, il jette son livre, et revient, tenant le papier sous le nez.

» – Qu'est cela ? demande Bussy écœuré.

» – C'est *la France mourante,* répond Racan d'un air inspiré.

» – Vraiment, regardez-y bien ; sentez-le un peu.

» – Ah ! je l'ai donc jeté dans le privé...

» Alors, il prend un pain de bougie, l'allume et le jette aussi.

» – Ah ! vraiment, dit-il, voilà le livre...

» On dit que Bussy renonça et préféra ne plus parler de son livre.

– Et vous rappelez-vous le jour où Malherbe, Yvrande et Racan avaient dormi dans la même chambre ?...

– Non, non, racontez-nous cela.

– Racan s'était levé le premier et avait pris les chausses d'Yvrande pour son caleçon. Quand Yvrande veut s'habiller, il ne trouve pas ses chausses. On les cherche partout. Enfin, en regardant de plus près, il lui semble que Racan est plus gros qu'à l'ordinaire.

» – Sur ma foi, s'écrie-t-il, ou votre cul est plus gros qu'hier, ou vous avez mis mes chausses sous les vôtres.

» – Mais non, mais non, répondait Racan.

» – Mais si, mais si, voyez mieux, je vous prie.

» Et Racan, en y regardant de plus près finit par les trouver. C'était l'époque où il faisait sa cour à Madeleine du Bois qui avait quinze ans. Elle était la fille du comte de Fontaines. Désireux de faire le beau galant, il voulait aller la voir à la campagne vêtu d'un habit vert céladon ; c'était la couleur à la mode.

– Mais c'est encore la couleur à la mode.

– Vous avez parfaitement raison. Donc, voilà Racan et son habit vert céladon. Son valet Nicolas, qui était plus grand maître que lui, lui dit :

» – Et s'il pleut, où sera l'habit céladon ?... Prenez donc votre habit de bure, et, au pied d'un arbre proche du château, vous vous changerez.

» – Bien, Nicolas, je ferai ce que tu veux, mon enfant.

» Ils partirent donc. Non loin du château, derrière un arbre, comme il relevait ses chausses, voilà la jeune Madeleine qui apparaît avec deux autres filles.

» – Ah ! Nicolas, je te l'avais bien dit, s'écrie Racan pris de panique.

» – Mordieu, répond Nicolas, dépêchez-vous seulement.

» Et comme les trois jeunes filles s'avançaient en riant :

» – Mademoiselle, s'écrie le bel amoureux, c'est Nicolas qui l'a voulu ; parle pour moi, Nicolas, je ne sais que lui dire...

– Et vous rappelez-vous de sa réception à l'Académie ?

– Racontez-nous cela.

– Eh bien, quand vint son tour de haranguer, il tira de sa poche un chiffon de papier qui était non seulement froissé mais encore tout déchiré, en disant :

» – Messieurs, je vous apportais ma harangue, mais ma grande levrette l'a toute mâchonnée. La voilà, tirez-en ce que vous pourrez, car je ne la sais pas par cœur, et je n'en ai pas de copie.

Mais Malherbe est également un habitué de l'hôtel de Rambouillet, où, dès le début, il tomba amoureux calciné de la marquise. Tout frémissant, il écrivait :

*Je veux mourir sien...*

Puis, quelque temps plus tard, déçu :

*J'eus honte de brûler pour une âme glacée*
*Et sans me travailler à lui faire pitié,*
*Restreignis mon amour aux termes d'amitié...*

Nul n'est plus homme de son temps que Malherbe ; une force l'emporte au-delà de lui-même. Il ne saurait être question pour lui de composer avec son humeur. Un jour, alors qu'un de ses sonnets était contesté, il s'écria :

– Eh bien, si ce n'est un sonnet, c'est donc une sonnette.

Lorsqu'il arriva de sa Provence, à Paris, il alla directement au roi Henri IV, pour lequel il venait de composer : *Prière pour le roi, allant en Limousin.*

Le roi, enchanté du poème et du poète, chargea le duc de Bellegarde, premier gentilhomme de la Chambre, d'entretenir le poète Malherbe à Paris. Bellegarde lui ouvrit les portes de son hôtel et lui donna, généreusement, en grand seigneur qu'il était, outre la table et le logis, mille livres d'appointements, un laquais et un cheval.

– Je les paie en gloire, disait superbement ce Malherbe, dont la modestie n'était pas précisément le fort.

*Tous vous savent louer, mais non également.*
*Les ouvrages communs durent quelques années...*
*Ce que Malherbe écrit dure éternellement.*

Son talent étant pour les rois, le roi Henri lui convenait parfaitement.

Toujours bougonnant, bien installé au coin du feu de l'hôtel de Bellegarde, il dit un soir au duc, qui lisait sans lunettes :

– Vous faites bien le galant. Lisez-vous encore à livre ouvert ?

– Certainement, oui, lui répond le duc.

– Ma foi, lui rétorque Malherbe, je vous envie plus cela que votre duché-pairie.

Un autre jour, il disait à Racan :

– C'est une folie de se vanter d'être d'une ancienne noblesse : plus elle est ancienne, plus elle est douteuse, car il ne faut qu'une femme lascive pour pervertir le sang de Charlemagne et de Saint Louis ; que celui qui pensait descendre d'un de ces personnages n'est peut-être venu que d'un valet de chambre ou d'un violon.

Le même Malherbe, voyant un matin passer l'enfant Louis XIII suivi de ses seigneurs, s'exclama :

– Voyez-vous cet enfant après qui tout le monde court ; si la reine, en le faisant, avait donné un coup de cul de travers, ce n'eût été qu'une ordure qui fût tombée dans les draps, et qui eût fait mal au cœur à la femme de chambre qui eût fait le lit.

Malherbe, avec son redoutable franc-parler, recevait un jour la visite d'un de ses neveux, qui était au collège depuis neuf ans.

– Expliquez-moi, mon neveu, ces vers d'Ovide.

Le garçon le regarde, complètement terrorisé, ne sachant que répondre.

– Eh bien ! que se passe-t-il, demande Malherbe conciliant.

– Je ne sais pas, mon oncle, mais je ne comprends pas très bien le sens de tout cela.

– Mon neveu, croyez-moi, s'exclame Malherbe, et soyez vaillant ; vous ne valez rien à autre chose.

Les répliques à l'emporte-pièce de Malherbe faisaient fureur. Un homme vient le trouver pour lui montrer un méchant poème où il y avait pour titre : *Poème au roi.*

– Il ne vous reste plus, déclare Malherbe, qu'à ajouter une phrase.

– Ah ! oui, et laquelle ? demande le pauvre poète plein de fol espoir.

– Pour se torcher le cul, monsieur, tonne Malherbe, tel Dieu le père.

– Avez-vous lu ma devise, là, au bas du manteau de la cheminée ? lui demande quelqu'un.

– Vous auriez dû la mettre un peu plus bas, dans le feu, répond le peu encourageant Malherbe.

Mais si les salons mondains et littéraires fleurissent avec grâce, aussi bien à Paris qu'en province, déjà, au XVI^e siècle existait rue Pavée un bureau d'esprit. C'était le salon de la famille de Jean Morel, précepteur d'un fils naturel du roi Henri II.

Antoinette de Luynes et son mari, Jean Morel, y accueillaient vers 1580, Joachim du Bellay, Buchanan, Erasme, Ronsard et bien d'autres. Les filles de la maison, Camille, Lucrèce et Diane, étaient désignées sous le nom des Trois Perles. Elles parlaient grec et latin et étaient adulées comme déesses, par les invités de leurs parents. Dans le salon des Morel, on entendait en toute première audition les œuvres de Rémi Belleau, d'Antoine de Baïf ; les cantiques chrétiens de Denisot. Et dans ce même temps, à l'hôtel de Retz, un autre bureau d'esprit était célèbre, où l'on pouvait rencontrer Ponthus de Tyard, Amadis Jamyn (dont la fille devait devenir la suivante de la demoiselle de Gournay) et du Bartas, qui venaient se repaître la vue des nymphes du salon vert, parmi lesquelles se trouvait parfois Hélène de Surgère.

Jean de Vivonne faisait partie des habitués de ce cabinet. Il communiqua son amour de la conversation et des lettres à sa fille, Catherine, qui devenue marquise de Rambouillet, saura réformer avec infiniment de grâce et d'esprit les manières et le langage de son temps et donnera le ton au bel air des choses.

# *Chapitre XII*

Dans cette société du XVII^e siècle, le lignage est primordial. Socialement, il faut monter. Les parents organisent les unions et associent les fortunes.

Sympathie, finesse et charme émanent de cette société parisienne. Tout gentilhomme bien né s'efforce de venir respirer l'air de la grande ville. Tout autour de Paris, les maisons des champs, réparties à travers l'Ile-de-France, ne sont rien d'autre que le cadre d'une existence parisienne, transportée à quelques lieues du cours et des Tuileries. Le centre vital, mondain et culturel se trouve à Paris, où le roi habite. La France est absorbée par la capitale. Une soixantaine de couvents y sont installés. Les coupoles jésuites envahissent le ciel. Depuis 1622, l'évêché de Paris est élevé au rang d'archevêché. Si Paris est la première ville d'Europe, l'Eglise de France est la première du monde.

Les Parisiens fortunés ont jusqu'à quinze enfants qu'ils mettent en nourrice chez eux, ou à la campagne. Quelle que soit leur classe sociale, dès l'âge le plus tendre, ils sont soumis à une discipline sévère, totale, et à une stricte obéissance. Ils mangent en bout de table, la tête nue, à la différence des adultes ; sans dire un mot. Ils ne s'assoient qu'après en avoir reçu l'ordre, doivent se lever de table avant l'apparition des derniers plats, prennent leur assiette, puis, s'étant inclinés très bas devant leurs parents, se retirent dans leur chambre.

– Les enfants du monde, qui ont des mères bien sages, ne parlent jamais devant elle que très bas et sont toujours dans la chambre de leur mère, disait Angélique Arnauld.

A partir de neuf ans, c'est l'école et c'est en même temps le bagne. Les écoliers se lèvent à quatre heures du matin et travaillent jusqu'à huit heures du soir. Peu ou pas de récréation. Les repas, fort maigres, comprennent la plupart du temps un demi-hareng ou un œuf, parfois un plat de légumes sans viande et, pour les grands, un peu de vin. Dans ces écoles, il fait froid et on a faim. Cela n'a pas changé depuis le temps où Montaigne écrivait :

> Vous n'y oyez que cris et d'enfants suppliciés et de maîtres enivrés de leur colère, les guidant d'une trogne effroyable, les mains armées de fouets... C'est un bel agencement, sans doute, que le grec et le latin, mais on l'achète trop cher.

Pour les enfants des riches et puissantes maisons, les rigueurs s'atténuent quelque peu. Le petit seigneur arrive escorté de son précepteur, et souvent d'un valet. Il porte col de dentelle, habits de velours et bottes molles, mais les études et les sanctions sont les mêmes pour tous.

Entrer dans un des collèges de l'Université est considéré avec révérence. C'est un honneur. Quand on n'a pas d'argent et que les enfants paraissent avoir quelques dons pour les études, ils se transforment en valets des riches écoliers. C'est dur, mais cela forme certainement son homme ; cependant, il faut avoir la fureur et la passion de vouloir apprendre à tout prix.

Pour les futurs courtisans, les cours de grammaire et d'art suffisent ; mais pour ceux qui suivent le régime normal, les cours sont divisés en trois parties : grammaire, art et philosophie.

L'étude de la philosophie dure deux ans.

Les jésuites ont réouvert leurs écoles. Là, le régime est infiniment plus agréable. Ces collèges, très riches, accueillent les rejetons des meilleures familles. Ils sont parvenus à faire de leur éducation, une véritable culture littéraire. Leur discipline est vigilante, mais entre maîtres et élèves règnent une estime réciproque et une sorte d'amitié. Aussi les élèves accourent-ils de plus en plus nombreux.

A quinze ans, le jeune gentilhomme quitte le collège et entre à l'Académie, qui va s'employer à le transformer en homme du monde.

Les vertus premières en sont : la vaillance, la religion, le sens de l'honneur, avoir l'esprit et le corps prompts, rompus aux exercices physiques et au métier des armes.

Là, à l'Académie, le jeune seigneur apprend l'équitation et l'escrime parfaitement, et aussi à courir la bague, la quintaine ; les lois du monde, ce qui se dit et ce qui ne se dit pas ; comment se tenir dans les salons, les ruelles, et aussi à la cour. Comment avoir bel air et bonnes manières. Il y apprend aussi à créer l'harmonie des vêtements, des dentelles, des bijoux et des plumes, et comment les porter bellement.

Lorsque le jeune seigneur sort de l'Académie, il est de bon ton qu'il devienne page du roi. Dans le luxe de la cour et le sillage de son maître, il chasse, danse à ses premiers bals, fait ses premières armes et conquêtes amoureuses. Il met enfin en pratique tout ce qu'il a appris à l'Académie. Il est fier, orgueilleux, arrogant, hautain, glorieux, féroce et d'une extrême susceptibilité pour ce qui touche à son honneur.

Mais pour que le règne de Louis XIII entre dans sa plénitude, il faut que le sang soit versé. Un assassinat abominable se prépare dans les couloirs du Louvre et dans la chambre du roi.

Bien que la reine de France soit Anne d'Autriche, c'est autour de la reine mère Marie de Médicis que la ronde des princes tourne, puissante et avide. Tout est motif à intérêts et à mésintelligence. Concino Concini et sa femme Leonora Galigaï tiennent la vieille reine sous leur coupe et obtiennent d'elle tout ce qu'ils demandent.

Mais il y a plus grave !

Depuis la mort du roi Henri, Concini agit comme s'il était le roi de France et joue les maires du palais, avec tous pouvoirs ; bravant l'opinion des princes, de la ville et de la cour. En plus de cela, la reine mère, Leonora et Concini, considèrent le jeune roi Louis XIII comme un imbécile et un idiot ; et ils le disent !

Mais qui est Leonora Galigaï ?

Elle est la fille de Jacques de Bastein et de Catherine Dosi. De cinq ans l'aînée de la reine Marie, elle est son amie d'enfance et d'adolescence, sa confidente de tous les jours, son âme damnée et sa conseillère de tous les instants... Aussi la reine l'avait-elle amenée dans ses bagages lors de son arrivée en France, et le roi Henri IV, pour plaire à sa jeune épouse, avait décidé ceci :

– Nous voulons qu'elle coiffe la reine et que nulle autre qu'elle ne lui touche la tête, notre intention est qu'elle soit la première dans sa chambre, nous la favoriserons et la comblerons de bienfaits, nous la ferons grande. Si la reine a à arranger les cheveux à la française, je veux encore que ce soit Leonora qui la coiffe, elle se le fera apprendre. En somme, nous voulons tout ce que veut la reine. Pour ce qui est de lui donner le titre de dame d'atours, outre que je l'ai donné à une autre, je ne puis le faire ; mais elle aura la réalité et les attributions de l'emploi...

Ainsi donc, comme dans le passé à Florence, Leonora est à côté de sa chère princesse à chaque instant de sa vie et a l'honneur suprême de pouvoir monter dans le carrosse de la reine.

Après les cérémonies du mariage, le roi, la reine et toute la cour quittent Lyon en longue caravane et prennent la direction de Paris. Mais le roi fait route de son côté, escorté de ses seigneurs familiers qui savent tout voir, tout entendre et ne rien dire ; il va rejoindre sa chère maîtresse, Henriette d'Entraigues, en batifolant tout le long du chemin et en courant les gentils cotillons rencontrés sur sa route.

Le 12 juillet 1601, Leonora Galigaï épouse le signor Concini à Saint-Germain-en-Laye. Pour fêter dignement cela, Marie de Médicis offre aux nouveaux mariés soixante-dix mille livres. En outre, le roi donne à Concini la charge de premier maître d'hôtel de la reine. Tout aussitôt Concini fait chasser de la cour tous les Italiens qui l'ont desservi jusqu'alors, et tout spécialement son vieil ennemi, l'ambassadeur Giovannini.

Leonora s'installe au Louvre dans un appartement de trois pièces, au-dessus de celui de la reine, logement auquel sa fonction de dame d'atours lui donne droit. Deux ans plus tard, naît le fils de Leonora et de Concini, auquel le prénom d'Henri est donné. A la suite de cela, Concini reçoit une pension de vingt-cinq mille livres ; l'année précédente, Henri IV avait gratifié le couple de mille écus. L'aisance et le bonheur de vivre semble s'installer dans le ménage Concini. Ce ne sont là que les prémices d'une prodigieuse fortune.

Pendant ce temps, le ménage de Henri IV vit dans les scènes et dans les drames. La maîtresse du roi, la marquise de Verneuil, « cette pimbêche et rusée femme », disait d'elle Sully, est d'une insolence extravagante envers la reine, la traitant de grosse banquière, et le dauphin de bâtard ; prétendant que le vrai dauphin, n'est autre que son propre fils. Un 23 octobre, le roi Henri écrit à sa chère Henriette : *... Soyez mardi à Marcoussis, et si vous pensiez que votre dîner fût à propos à Villeroy, je vous y ferais bonne chère et irais avec vous à Marcoussis ; et vous prêtant la moitié de mon carrosse, le vôtre serait déchargé et, en échange, au logis, vous me prêteriez la moitié de votre lit...*

Et « la putane », autrement dit la marquise de Verneuil, continue à empoisonner franchement l'existence de la reine. C'est au milieu des hurlements de rage, des cris et des trépignements que le petit dauphin vit, quand il quitte le paisible château de Saint-Germain pour venir au Louvre rendre visite au roi et à la reine.

Quoi qu'il en soit, l'incorrigible Béarnais court toujours derrière sa chère marquise et lui envoie, un jour d'automne, des lettres comme celle-ci : *Trouvez un moyen que je vous voie en particulier et que, pendant que les feuilles tombent, je vous les fasse voir à l'envers...*

En 1608, une petite fille, Marie, naît dans le ménage Concini, elle moura en 1616, quelques mois avant l'horrible sort qui va frapper ses parents. Marie de Médicis passe son temps à favoriser et à enrichir le ménage. « Le signor Conchine et la signora Conchina » sont devenus une puissance occulte, enfouie dans les murs du palais du Louvre.

Au fur et à mesure de sa fortune, l'appartement de trois pièces de Leonora s'orne de magnifiques tapisseries. Son lit à colonnes est décoré de broderies « à petits points d'or et de soie ». Les sièges sont recouverts de velours cramoisi avec des bandes de toile d'or. Sur le sol, de précieux tapis d'Orient, des cabinets d'ébène, des coussins de velours, des bibelots précieux. Ses coffres regorgent de robes, parures en satin cramoisi semé de perles et de diamants ; en soie brodée d'or et d'argent. Luxe prodigieux, et augmentant sans cesse. Elle vit pourtant retirée, et ne reçoit personne... Vie et fortune aussi occultes l'une que l'autre, toutes en mystères, en sous-entendus, en mines chafouines et en portes entrebâillées, aussitôt refermées, par une main baguée d'or et de diamants. Elle ne sait pas vivre à la mode de la cour de France.

Chaque matin, quand les quatre femmes de chambre ont achevé la toilette de la reine, Leonora s'avance alors. Elle coiffe et pare Sa Majesté, comme une grasse idole, rose et blanche, parfume la longue chevelure avec de l'huile de fleurs d'oranger d'Espagne, afin d'y arrêter la poudre. C'est elle qui choisit les parfums que la reine portera pendant la journée, ainsi que les robes et les bijoux. Elle s'occupe de la garde-robe, des fournisseurs, des couturiers et possède un carrosse garni de velours cramoisi brodé d'or.

En récompense des bons offices de Concini, qui se met perpétuellement entre la reine et « la putane » pour essayer de la faire entrer au Louvre sans heurts, le roi Henri lui accorde un nouvel honneur, celui de monter dans son carrosse. Cela veut dire, aux yeux de tous, que Concini est un familier du roi qui va dîner, avec la reine, à l'hôtel des Concini, rue de Tournon, où chacun peut admirer la splendide vaisselle d'or et d'argent, qui aurait comblé n'importe quel prince.

Leonora, bien nantie d'écus, a acheté l'hôtel de Picquigny pour la somme de quatorze mille écus qu'elle a fait abattre, et reconstruire par un architecte italien.

Elle achète aussi le château de Lésigny, en Brie, où elle dépense cent mille écus d'arrangements divers, mais n'ira presque jamais, car Leonora vit dans l'intimité de la reine et n'a pas un instant à elle. En dehors de son service du matin, elle passe de longues heures en tête à tête quotidiens avec sa souveraine, le soir après dîner. L'hiver au coin du feu, alors que le vent hurle dans les couloirs et sous les voûtes du Louvre, l'été, près de la haute fenêtre, d'où l'on voit la Seine ; d'autres fois, dans la chambre surchauffée de Leonora. Là, enfin, la reine Marie peut s'épancher et dire ses griefs contre « la putane ».

Si l'appartement de Leonora est confortable, celui de Marie de Médicis regorge de luxe. C'est une sorte de caverne aux trésors. Dans le grand cabinet, un tapis d'Orient recouvre le carrelage. Quatre grands chandeliers d'argent vermeil présentent leurs bougies parfumées, toujours renouvelées. Dans la vaste cheminée de marbre, les lourds chenêts sont d'argent massif. Douze fauteuils, douze chaises sont recouverts de velours cramoisi, à franges et galons d'or.

Sur les murs, des miroirs cloutés d'or.

La chambre de la reine est éclairée par quatre hautes fenêtres, qui donnent sur la Seine.

L'énorme lit à montants de bois sculpté et doré, enveloppé de courtines, dressé sur une estrade, sommé d'un dais, est garni de velours cramoisi rose en hiver, et d'une soierie de même couleur en été. Deux grands vases en argent massif ornent la balustrade qui l'entoure. Sur les murs, des toiles bordées d'or et des tableaux de famille. Des bahuts de Chine, aux multiples tiroirs d'ébène, incrustés de nacre translucide irisée comme un coucher de soleil sur la mer, contiennent les écrins de la reine et apportent un supplément de splendeur.

Partout, des bibelots, des vases d'argent et de cristal, des paniers de vermeil, des marbres, des statuettes, des coupes ajoutent leur note luxueuse. Un reliquaire frémit des mille reflets de ses neuf gros diamants.

C'est la reine Marie qui a décidé cette ravissante mode de robes de taffetas en soie ou en velours noir, aux devants de couleur brodés, à grand col et manchettes de dentelle somptueuse en point de Venise. Mode ruineuse, qui fait s'écrier un de ses sujets :

*La peste, la méchante, la chère marchandise !*
*En mettant ce rabat, je mis, c'est être fou !*
*Trente-deux bons arpents de vignoble à mon cou !*

Pour éviter à sa noblesse de se ruiner en dentelles précieuses et autres galons d'or, en 1634, Louis XIII fait promulguer un édit contre le luxe.

Tout aussitôt, les marchands mécontents s'écrient :

*Que fait-on publier ?*
*Que venons-nous d'entendre ?*
*Mettons bas la boutique, et de nos passements*
*Faisons des cordes pour nous pendre...*

Quand le roi Henri IV, à la cour, voit ses seigneurs dépenser des sommes folles pour paraître à un bal ou à un ballet, à leur avantage, il dit, pensivement :

– Ces gens portent sur leur dos leurs moulins et leurs bois de hautes futaies.

Mais la reine, qui est très riche, n'a pas de tels problèmes. Les princes et grands seigneurs de la cour non plus, car avoir quantité de collerettes, chemises en toile damassée d'or et de soie, rouge ou blanche..., des bas de soie incarnate, jaune, bleue, noire..., des jupons en satin blanc, doublés de taffetas de couleur, en satin rouge doublé de satin jaune, en brocatelle sur fond bleu, en satin noir à fleurettes d'or, tout cela est chose courante.

Les gants, achetés aux Trois Roses ou au Manteau d'Or, viennent de Blois et de Vendôme.

Les parfums sont nombreux et valent fort cher. La reine et sa chère Leonora aiment en composer dans le secret du Louvre.

Les cassettes précieuses de la reine, doublées de boîtes de velours et de coussins moelleux, contiennent : un collier de perles de 150 000 écus ; des torrents de perles ; un bracelet, parmi bien d'autres, orné d'un ovale de diamants, entouré de quatre pierres de même, qui coûte 360 000 livres...

Et des bagues, des sautoirs, des pendeloques, des croix, des chapelets, des bouquets de joyaux, montres et boîtes d'or, garnies de diamants et autres pierres précieuses.

La maison de la reine comprend quatre cent soixante personnes, quarante-cinq chevaux, quinze chevaux de selle et vingt-huit mulets.

Elle a un carrosse de gala tout couvert de velours tanné avec clinquants d'argent, et dont l'intérieur est de velours incarnat à broderies d'or ; un carrosse « riche », rouge et or. Un carrosse ordinaire et un bateau de plaisance sur lequel elle ne montera jamais. C'est une galère. Son oncle, le grand-duc de Toscane, lui a expédié gracieusement cinquante forçats turcs pour servir de rameurs. Mais au milieu de ces splendeurs qui sont pour une reine de ce temps monnaie courante, la reine mère a gardé un terrible accent italien.

« Missié de Richéliou... », disait-elle au cardinal de Richelieu, de telle sorte que Mme de Beautru, qui ne se résignait pas à s'entendre appeler « Madame de Beautrou » par la reine Marie de Médicis, changea de nom et se fit appeler Mme de Nogent, ce qui ne prêtait pas à une prononciation hasardeuse.

Henri IV mort, le couple Concini dilapide l'argent du royaume. Concino Concini achète pour cent dix mille écus le marquisat d'Ancre et il se fait céder par M. de Créqui le gouvernement de Péronne, Roye et Montdidier, moyennant quarante mille écus. Héroard dit que, le 23 septembre, il prêta serment de fidélité au roi, pour son gouvernement, « lui baisant la main, et à la reine aussi ».

La Régence puise à pleines mains dans les grands coffres de la Bastille, où Henri IV serrait l'argent de son royaume. Sully ne dit rien, sachant qu'il n'a plus ni pouvoir ni amis. Toute la cour, joyeusement, penche pour le pillage, et beaucoup bénéficient de la distribution. Entre le 14 mai et le 15 août, sept millions de livres ont été puisés, dont quarante mille livres ont servi à Concini pour payer ses acquisitions nobiliaires. Mais, au sacre de Louis XIII, le nouveau marquis d'Ancre se rend odieux à tous, cherchant querelles de préséance à des personnages tels que le duc d'Aiguillon ou le duc d'Epernon, ce qui est inconscience. La marquise Concino est au faîte de sa gloire et compte parmi les plus hautes dames de la cour qui suivent la reine et font, le dédain au cœur, des grâces à la favorite. Chez les nobles, le mécontentement est grand. La reine laisse faire aux Concini tout ce qu'ils veulent, de telle sorte que le signor Felipo Gondi disait :

– Ah ! pauvre reine ; elle peut bien dire qu'elle est seule et presque abandonnée, car le signor Concino, avec son assistance, lui fera désormais plus de tort qu'il ne lui apportera d'aide, pour s'être mis à dos, non seulement la jalousie, mais on peut dire la haine de tous les princes et grands d'ici.

Le 25 novembre, Andrea Cioli notait : *On remarque une extraordinaire mélancolie chez le seigneur Concino.*

Puisque à cette cour de France tout va à l'aventure, le 10 décembre 1610, le duc d'Epernon veut entrer en carrosse dans la cour du Louvre, privilège qui n'est accordé qu'aux princes et aux ambassadeurs. La garde du guichet s'y oppose. Sans dire un mot, le front sombre, le duc met pied à terre et entre dans le palais. Le lendemain, la même scène recommence. Le cocher essaie de pénétrer de force dans le Louvre. Les gardes s'interposent ; le cocher fouette ses chevaux pour les faire avancer. Les gardes abaissent leurs hallebardes, la pointe à la hauteur de la poitrine des chevaux. Le carrosse du duc d'Epernon doit rester dehors. Rouge de colère, et l'âme noire de rancune, le duc descend, injurie les soldats, et particulièrement leurs officiers. Il monte à l'appartement de la reine et lui narre l'incident. Le duc est rouge d'indignation et d'orgueil bafoué. Il dit à la reine que feu le roi l'autorisait à entrer en carrosse dans la cour, eu égard à ses rhumatismes, mais seulement la nuit.

– Monsieur le duc, lui dit la reine, désormais, vous pourrez entrer non seulement la nuit, mais encore pendant le jour, en carrosse dans la cour de ce palais.

Gonflé de vanité assouvie, le duc remercie la reine, et, à la désapprobation de tous, pénètre désormais tel un prince dans cette cour si convoitée. Mais voilà que, quelques jours plus tard, un écuyer du duc rencontre le sous-officier qui avait barré le chemin à son maître. Il lui cherche querelle et lui donne un grand coup d'épée sur la tête. Le soldat se jette sur l'écuyer pour se défendre. A ce moment, les laquais du duc se ruent avec entrain à la bagarre, tous munis de fort gros bâtons dont ils rossent le soldat du roi, le laissant sur le pavé à moitié mort. A cette nouvelle, la reine Marie de Médicis entre dans une terrible colère. Les seigneurs de la cour sont furieux de voir que la reine a non seulement permis au duc d'Epernon une entrée à laquelle il n'avait pas droit, mais lui a aussi présenté des excuses pour l'attitude de ce soldat qui n'avait, après tout, fait que son devoir, et aurait dû recevoir des éloges.

Voyant qu'à la cour on pouvait impunément braver la régente, et par conséquent le pouvoir royal, le prince de Condé, n'ayant pas obtenu les satisfactions qu'il avait demandées, part le 17 décembre après le déjeuner avec sa femme pour son domaine de Valéry, sans en dire un mot à la reine ; il lui fait toutefois savoir qu'il ne reviendra pas avant les fêtes de Noël. Voilà qui est fort insolent ! Non seulement insolent, mais encore inquiétant. La reine, soucieuse de voir M. le prince, gouverneur de la Normandie, se diriger vers ses forteresses et le Havre de Grâces, soi-disant pour les inspecter, le fait prévenir de ne fomenter aucun désordre dans sa province. C'est là une mise en garde qui est une menace à peine déguisée.

Et la reine disait en soupirant : « Chacun tire l'eau à son moulin ; tous cherchent non seulement à conserver l'autorité qu'ils avaient, mais à en acquérir encore davantage... » Puis, le 23 décembre au soir, le comte de Soissons, qui avait suivi le prince de Condé, rentre à Paris et va trouver la reine, afin de négocier au mieux le retour du prince. Il expose à la reine les griefs de Condé et lui déclare que la cause du départ de Condé était les faveurs prodiguées aux Guise, et le manque d'égards qu'on avait eu pour lui. Il rappela à la reine que le père du prince avait employé tout son avoir au service du roi Henri et qu'il n'avait laissé à son fils que trois ou quatre mille écus de rente et une créance de plus de huit cent mille livres sur la couronne. Mais M. le prince se contenterait seulement de quatre cent mille livres... et il ne serait pas étonnant que la reine prodigue quelques libéralités à l'égard de la maison de Condé, puisqu'elle n'est pas chiche pour tout le monde...

La moitié de ces quatre cent mille livres devraient être versées entre les mains du gouverneur du château Trompette, à Bordeaux, et le reste au gouvernement d'une autre place de Guyenne, ce qui permettrait à la reine de donner au prince au moins une de ces deux forteresses comme place de sûreté... C'était dicter sa conduite à la reine, et c'était fort dans le ton de la cour.

La reine répondit qu'elle souhaitait que le prince sorte au plus tôt du camp des mécontents, qu'elle paierait la somme indiquée mais, quant aux places de sûreté, il n'en était pas question, ni pour lui ni pour d'autres. La France entière n'était-elle pas place de sûreté pour les princes de sang royal ? Sans parler du palais du roi, dans lequel ils pouvaient être considérés comme les enfants de la maison ?

Mais, dans tous ces remous du Louvre, la pauvre Leonora Galigaï se sent chaque mois et chaque année de plus en plus malade, malgré toutes les satisfactions que la reine peut lui donner. Au début de 1617, Concino ne vient même plus la voir et, depuis plus de quatre ans, ne couche même plus avec elle. A longueur de jour et de nuit, elle se plaint de douleurs à la tête, à l'estomac et dans les jambes. Les crises nerveuses se succèdent, et elle est maintenant dans l'impossibilité d'assurer sa charge de dame d'atours.

Quand ses crises nerveuses cessent, elle reste de longues heures sans réaction, abattue, tandis que son esprit bat la campagne. Parfois, ses domestiques la retrouvent courbée en arc de cercle, à la renverse sur une chaise, incapable de parler. Un jour, elle est si malade que chacun au Louvre pense qu'elle va rendre le dernier soupir. Les capucins viennent alors la veiller dans sa chambre, pendant que les médecins, se concertant gravement, décident de lui donner deux nourrices à téter. Quoi qu'il en soit, elle va un peu mieux et s'installe à Chaillot dans une demeure de la reine, puis à Saint-Germain, et enfin dans ce beau château de Lésigny qu'elle a su si bien acheter et installer et dont elle profite si peu.

Puis Leonora se met en tête qu'elle est ensorcelée. Comme on lui a dit que les médecins juifs ont des secrets contre les sortilèges, elle en fait venir deux à Paris : François Alvarez et un certain Montalto. Leonora fait nommer le premier médecin de la reine, avec mission de la soigner... Mais elle s'imagine qu'il ne veut pas la soigner. Alors Concini fait à Alvarez une scène si horrible, le menaçant de le poignarder, que le malheureux tombe malade et doit se mettre au lit.

Alors, Philothée Montalto a le champ libre. Il est médecin, guérisseur et pratique la magie. La reine le nomme, avec permission du pape, médecin ordinaire, pour qu'il puisse se consacrer à Leonora. Il est juif portugais, et c'est l'époque où on publie à son de trompe des lettres patentes du roi « portant commandement à tous juifs de quitter le royaume ». Prendre à son service un de ces réprouvés revient à entrer à leur suite dans le monde maudit de la sorcellerie.

Avec bon sens, Montalto met Leonora à la diète et lui prescrit repos et isolement. Bientôt sa santé s'améliore. Mais Montalto meurt en 1616. Leonora fait dire des messes dans toutes les églises de Paris. Elle va en pèlerinage à Chartres, demander à Dieu cette santé qui la fuit toujours.

Privée de la présence de son cher Montalto, elle se rabat sur des religieux ambrosiens qu'elle fait venir de Nancy. Ces religieux sont de l'ordre des minimes dont les prières avaient, paraît-il, sauvé le cardinal de Lorraine. Concini les installe dans l'hôtel de la rue de Tournon.

Ils arrivent et exposent les reliques de saint Victor dans la chambre de Leonora, puis l'emmènent plusieurs fois, toutes portes fermées, à l'église Saint-Sulpice.

Le sacristain de Saint-Sulpice, intrigué et curieux, voulant voir ce qui se passe, se cache et aperçoît la marquise derrière le maître-hôtel, les cheveux pendants, agenouillée devant le saint sacrement, tandis que les religieux psalmodient, sans que le sacristain puisse entendre ce qu'ils disent. L'abbé de Marmoutiers, frère de Leonora, assistait parfois à ces cérémonies étranges. Mais l'église Saint-Sulpice ne suffit pas à Leonora, qui demande et obtient l'autorisation d'entrer aux Augustins, pendant les heures de fermeture, soit tôt le matin, soit pendant la nuit. Elle y emmène ses Ambrosiens.

Un Augustin, qui voulait lui aussi savoir ce qui se passait, grimpe les escaliers et va s'enfermer dans le clocher. Là, sans faire de bruit, il voit Leonora couchée sur des coussins, couverte d'étoles, poussant des hurlements de damnée, tandis que les Ambrosiens prient et chantent imperturbablement. C'est scènes de fous !

Puis, un jour, Andrea de Lizza arrive au Louvre. Il est joueur de guitare. Leonora en fait son aumônier, puis son factotum. Elle se laisse entièrement gouvernée par lui..., devient de plus en plus bizarre, prétend qu'elle est ensorcelée par ceux qui la regardent fixement. Elle fait des petites boulettes de cire qu'elle range soigneusement dans un coffret, et craignant d'être empoisonnée par lettre n'en lit plus aucune... Enfin, elle se fâche avec Andrea de Lizza et le chasse. Complètement à la dérive, elle attend...

Ainsi vit Leonora Galigaï, dans ce monde crédule du XVIIe siècle, qui est le sien, où la religion, toujours présente, arrive à rencontrer ou à côtoyer la magie, peuplée d'esprits de moines bourrus et de loups-garous, de forces occultes, bonnes ou mauvaises. Les honnêtes gens croient en Dieu et craignent le Diable. Ainsi vit la maréchale d'Ancre au Louvre. Arnaud d'Andilly écrit : *Il ne fut jamais une si impitoyable avarice, car elle ne dépensait pour toutes choses, généralement quelconques, que vingt-cinq mille écus par an. Elle n'avait que quatre ou cinq valets. Une bavolette accommodait son manger, qui n'était rien, comme un pigeon et un petit morceau de veau, et mangeait dans cinq ou six écuelles d'or, disant que cela réjouissait le cœur.*

Il est bien vrai qu'elle aime s'entourer de ces gros sacs d'écus bien pesants qu'elle compte et recompte sans cesse à la lueur de ses bougies, tandis que la lumière des flammes du haut feu brûlant dans la haute cheminée en tire des éclairs fugaces.

Leonora entasse dans ses coffres avec avidité tout ce qui vaut la peine d'être mis en coffre ; cela va des bijoux luxueux aux parures, à la vaisselle d'or et d'argent et aux merveilleux sacs d'écus, dont le son est des plus plaisants... Telle Danaé, elle se grise sous cette pluie d'or que déverse sans cesse sur elle Marie de Médicis..., et Leonora quémande toujours... et toujours la reine donne cependant que la cour gronde sourdement de colère et de désappointement.

A l'occasion du mariage du roi avec l'infante Anne d'Autriche, Leonora se fait faire dans le plus grand secret, par des femmes turques installées au Luxembourg, une robe splendide, telle que personne n'en a jamais vu...

*Et dit-on que c'est la chose au monde la plus belle,* écrit Malherbe, toujours très au fait des potins de la cour.

Mais bien qu'entouré de beaucoup de richesse et de grandeur, Concino Concini, maréchal d'Ancre, sent monter toujours plus haut une marée de haine impitoyable qui va bientôt le submerger.

Pendant que Mme Elisabeth, sœur du roi, devient reine

d'Espagne et que l'infante Anne d'Autriche monte sur le trône de France, la reine Marie de Médicis, par ces deux mariages qui la flattent et lui plaisent, avance en pleine gloire et allégresse. Ancre est à Amiens. Sa position territoriale le rend indépendant de la reine et du roi. Il a sa garde personnelle, composée de Suisses et d'Italiens, son escorte à titre de maréchal de France et sa garnison à Amiens. Grâce à l'appui de Leonora, sa femme, il est devenu le premier personnage du royaume.

Il traite par le mépris libelles et pasquins qui pleuvent sur lui, comme celui-ci, sur « les couleurs de Conchine » :

*Zinzolin, jaune et noir est la couleur funeste*
*D'un flasque Florentin du royaume de peste.*
*Le jaune est l'or du roy, volé en mille endroits ;*
*Le rouge zinzolin est le sang qui souspire,*
*Et le noir est le deuil qu'ont tous les bons Français*
*De voir par un faquin renverser notre empire.*

Outre sa garde personnelle et sa garnison à Amiens, Ancre dispose de trois mille hommes et de trois cents Wallons en garnison près de Corbie. De Liège, il a fait venir des mousquets, des corselets, des piques, de la poudre, des mèches, des affûts de canons et des grandes tentes de campagne. Il est maître de tout un grand arroi de guerre, sur lequel sa puissance politique s'appuie.

Les princes, outrés de la trop grande puissance du maréchal, demandent hautement à la reine de la lui ôter. De mauvaise grâce, Marie de Médicis s'exécute, car la paix intérieure du royaume en dépend ; mais ce qu'elle reprend d'une main, elle le donne de l'autre à Concini, la lieutenance du gouvernement de Normandie, qui lui appartient, avec les citadelles de Caen, de Pont-de-l'Arche et de Quillebœuf ; tandis qu'un ministère choisi par le ménage Concini s'installe au Louvre, sous l'égide de la reine mère. Les princes, excédés, sont décidés à se débarrasser de Concini.

Bassompierre raconte :

Il (Concini) fit en ce temps-là un tour bien hardi : le jour que M. le Prince faisait son festin au milord de Hay (ambassadeur d'Angleterre), que tous les grands de la cour y étaient conviés, il vint avec trente gentilshommes trouver M. le Prince dans la salle même où ils se trouvaient tous et, après lui avoir parlé assez longtemps, il prit congé de lui et s'en retourna à son logis, tous ces messieurs le morguant, et lui leur rendant la pareille. Ils mirent force propos en avant de le tuer, mais ce fut sans effet. Le lendemain, M. le Prince l'envoya quérir et lui dit qu'il avait eu beaucoup de peine de contenir ces princes et seigneurs, le jour précédent, qui le voulaient attaquer, et qu'ils l'avaient tous menacé de l'abandonner s'il ne quittait sa protection ; c'est pourquoi il lui déclarait qu'il ne pouvait plus maintenir et qu'il lui conseillait de se retirer en Normandie où il était lieutenant général ; ce qu'entendu par lui, il vint au Louvre prendre congé de la reine mère, puis du roi.

Mais Concini veut quitter la France avec Leonora. Ils sont désespérés de quitter la reine Marie, le Louvre, leur fortune et surtout de perdre leur influence..., mais ils savent que maintenant tout est perdu. Il leur faut partir ; aussi décident-ils de se retirer à Caen et, de là, regagner par mer l'Italie.

Le départ est prévu pour le lendemain matin. Leonora voyagera en litière, mais elle se trouva si malade qu'elle resta. Peut-être, au fond d'elle-même, espérait-elle que tout allait s'arranger. Alors Concini partit seul, dans la nuit du 15 août, pour son nouveau gouvernement.

Dans ce même temps, la marquise de La Force écrit à son mari : *Les reines sont en fort mauvaise intelligence. Le peuple de Paris est tellement mutiné et envenimé contre le maréchal et la maréchale d'Ancre, que cela passe jusqu'à la reine mère...*

Devant cette situation, Leonora demande à la reine de faire arrêter les princes qui grondent et menacent, et notamment Condé, Vendôme, Maine et Bouillon.

La reine hésite, puis décide de décapiter le parti des princes, en faisant arrêter en plein Louvre le prince de Condé.

La nouvelle de l'arrestation du prince se répand comme un ouragan. La princesse douairière, mère du prince de Condé, se jette dans son carrosse et, passée à mi-corps par la portière, ameute les gens en parcourant les rues criant : Aux armes ! on arrête vos princes ! » La colère populaire s'annonce lourde, puissante, terrible, contre le Maréchal d'Ancre ; colère savamment orchestrée par tous les émissaires des ennemis du maréchal, et ils sont nombreux... Les chaînes se tendent dans les rues ; les boutiques se ferment. La foule surexcitée se porte jusqu'à l'hôtel du maréchal, rue de Tournon. Des femmes déchaînées grimpent sur les toits, arrachent le plomb des toitures, avec lequel elles bombardent les gens qui sont dans la cour. Les appartements sont pillés, les lambris brisés. Pas un seul meuble ne reste debout dans la demeure. Symbole dérisoire, des centaines de masques de ballet et de comédie sont jetés par les fenêtres dans la rue... Le roi a envoyé M. de Créqui à la tête d'une compagnie de gardes-françaises pour chasser les pillards et occuper l'hôtel... Mais le mal est fait...

Pendant ce temps Leonora est au Louvre, dans sa chambre ; elle est couchée et ne veut voir personne. Montalto est mort... Il était le seul à pouvoir, sinon la guérir, du moins la soulager. C'est à ce moment-là qu'elle fait entrer Richelieu au gouvernement. Il a trente-deux ans et a déjà la charge d'aumônier de la jeune reine Anne d'Autriche. Les princes le regardent de travers et le prennent à partie :

– De quoi se mêle M. de Luçon ? Que ne va-t-il gouverner son diocèse ?...

Mais s'il est aumônier de la reine, Richelieu est aussi serviteur fidèle et dévoué des Concini...

C'est dans cette atmosphère de troubles et de haine qu'une petite fille de six ans meurt. Elle se nomme Marie, comme la reine mère, et elle est la fille de Leonora et de Concini. Concino gémit :

– Signor, yé souis perdu ; signor, yé souis ruiné ; signor, yé souis misérable.

Il sent son heure proche, l'heure où tout va s'écrouler : puissance, gloire et fortune. Tout le monde est contre lui, contre eux. Il est encore temps de disparaître. Mais Leonora est toujours confiante dans la protection de la reine qui ne s'est jusqu'à présent jamais démentie. Elle pense qu'en résistant à tout ce mouvement contraire ils parviendront à conjurer le mauvais sort et à recouvrer leur prédominance. Elle ne veut abandonner ni son pouvoir ni ses richesses.

# Chapitre XIII

De retour à Paris, pour faire peur au peuple de Paris qui pille ses maisons, Concino Concini, maréchal d'Ancre, fait dresser des potences en divers points de la ville, notamment sur le Pont-Neuf. Il fait arrêter des suspects, mais les gens de la rue sont plus que jamais déchaînés.

Pour le consoler, la reine mère lui donne tous ses droits seigneuriaux sur la baronnie de L'Aigle qui relève de son duché d'Alençon ; quant à Leonora, derrière ses rideaux et l'œil aux aguets, elle continue à entasser dérisoirement des sacs d'écus dans ses coffres... Mais les Concini, outre le peuple, ont aussi contre eux les princes qui appellent toute la noblesse, les parlements, les officiers et les bourgeois à se joindre à eux pour chasser les maudits étrangers. Le trouble est profond en France. Les princes se révoltent contre le roi. En fait, le royaume est gouverné par Concini et Leonora, bien qu'officiellement ce soit Marie de Médicis qui règne. Les troupes royales guerroient contre l'armée des princes.

Le frère de la maréchale, déjà cardinal, est nommé archevêque de Tours. La fortune semble continuer à sourire à Leonora et à sa famille, et cependant c'est la fin, car, dans l'ombre, un homme travaille à leur perte ; c'est Luynes. Luynes, l'homme du roi, celui par qui sa majesté voit tout.

Si la maréchale a poussé sa fortune grâce à Marie de Médicis, Luynes pense échafauder la sienne en profitant de sa grande influence sur le roi.

Un seul obstacle à cette élévation : le maréchal d'Ancre. A cette époque, Louis XIII a seize ans ; il n'aime pas Concini. Luynes le persuade que, pour lui, l'heure de régner est arrivée. Il lui faut s'affirmer, il doit couper les lisières qui le retiennent encore à l'enfance.

Cependant, et c'est là le nœud du drame, la reine Marie considère son fils aîné comme un sot à l'esprit faible. Elle a toujours fait en sorte que le jeune roi n'assiste à aucune séance du Conseil. Le duc de Rohan écrit :

*Le mépris de la reine mère envers son fils est trop apparent.*

Concini continue à traiter le roi en imbécile, et Leonora en idiot.

Luynes fait sortir de cette torpeur morbide et maussade ce jeune roi si peu aimé, tant dédaigné, et si méfiant. Il lui fait prendre conscience de son importance et de sa puissance. Son ambition est de prendre la place des favoris italiens. La maréchale ne lui a-t-elle pas jeté, un jour qu'il passait, en compagnie de quelques courtisans :

– Luynes, Luynes ! on te rognera les ailes... !

Un lourd malaise enveloppe le Louvre et pèse sur la cour. Richelieu offre sa démission à la reine mère, qui ne l'accepte pas, et l'oblige à rester.

C'est donc avec son seul ami, Charles d'Albert de Luynes, filleul et confident de Henri IV, que le jeune roi Louis XIII établit les plans de l'exécution de Concini.

A la cour, personne ne s'inquiète de leurs conciliabules. Luynes passe pour avoir peu d'intelligence, et le roi pour être idiot. Alors... que craindre ?

D'ailleurs, si l'antichambre du roi est toujours déserte, en revanche, celle du maréchal d'Ancre déborde de courtisans et de solliciteurs ; et cela indique tout.

Cet état d'esprit permet au roi et à Luynes de mettre au point leur complot sans être inquiétés par qui que ce soit. Le roi change, mais de cela personne ne se rend compte, ou ne prend garde. Sa résolution d'occuper sa place de roi est prise. Il faut donc que Concini, l'âme damnée de la reine sa mère, meure. Il mourra !

C'est Luynes qui recrute les alliés nécessaires au projet. Vitry, choisi, répond de ses gardes pour l'exécution ; ensuite, Déageant, ancien secrétaire ordinaire de Marie de Médicis, intelligent, vif et plein d'initiative, devenu le premier commis de Barbin, secrétaire d'État aux Finances. Il possède des renseignements précieux sur les faits et gestes du maréchal.

A ces deux hommes, Vitry et Déageant, viennent se joindre le baron de Modène, Louis Tronson, homme de loi au jugement sûr et M. de Marsillac.

Ce petit groupe fait partie du conseil secret du roi, qui se tient le soir dans ses appartements du Louvre, loin de toute oreille indiscrète. Louis XIII leur ouvre son cœur. Il y est question de la restauration de l'autorité royale et aussi de l'affirmation de la personne du roi.

En dépit des précautions prises, les espions rôdent, entre les portes, derrière les tapisseries, et Concini est mis au courant du complot. Il crie, ce qui est fait courant chez lui, hurle qu'il chassera Luynes, et ce médecin Héroard, qui est auprès du roi depuis sa naissance. Il pense même à détrôner le roi, pour mettre à sa place Gaston d'Orléans, fils chéri de Marie de Médicis. Le soir, dans le cabinet du roi, le conseil secret évoque ces menaces diverses. Le roi décide qu'il faut agir vite, très vite. Il faut arrêter le maréchal, et le déférer devant le Parlement. Mais Concini ne sort qu'entouré de sa garde en armes. Il est décidé que l'arrestation ne pourra se faire qu'à l'intérieur du Louvre, et par surprise.

Luynes refuse de se charger de la besogne. Nicolas de l'Hôpital, marquis de Vitry, capitaine des gardes du roi en quartier, est l'homme de la situation. Vitry est fort, *hardy, jusqu'à la témérité,* écrira un jour le cardinal de Retz, et de plus absolument sûr.

Les réunions nocturnes se poursuivent. A la lumière des bougies et du feu qui flambe haut dans la grande cheminée, tandis que tous les ors des lambris brillent et que les personnages des tapisseries semblent regarder et écouter avec attention le petit groupe chuchotant, le roi explique ce que l'on doit faire. Dehors, fondue dans la nuit, la Seine coule, indifférente. De temps à autre, un bateau passe, fantomatique, en laissant deviner le cours de l'eau sombre et moirée à la lueur de ses lanternes.

Vitry écoute attentivement et demande qu'on lui permette de s'adjoindre son frère du Hallier, qui est enseigne de la compagnie des hommes d'armes du roi, ainsi que son beau-frère, le baron de Persan, et Fouquerolles, tous hommes silencieux et déterminés. Il part à leur recherche et revient bientôt avec du Hallier et Fouquerolles.

Devant eux, il se fait confirmer l'ordre d'arrestation de Concini. Ses compagnons ont voulu l'entendre de la bouche du roi. La date est arrêtée au dimanche 23 avril.

Vitry s'avance vers le roi :

– Mais, Sire, s'il se défend, que veut Sa Majesté que je fasse ?

Le roi le regarde longuement, en silence ; Déageant dit très vite :

– Le roi entend qu'on le tue.

Le roi aquiesce d'un signe de tête. Vitry s'incline :

– Sire, j'exécuterai vos commandements.

Pour Vitry, la consigne est simple : il faut ramener le maréchal mort ou vif.

L'ambassadeur vénitien écrit : *Le maréchal fut tué par ordre du roi, qui ne pouvait plus tolérer l'insolence de cet individu. Le roi avait pris cette résolution, après avoir mûrement réfléchi pendant quatre jours.*

Mais voilà... quand tout fut bien arrêté, Luynes prit peur. Il savait qu'en cas d'échec il paierait de sa tête le complot. *Il branle dans le manche,* écrit Déageant.

Luynes sait que par ses espions la reine mère est au courant des réunions nocturnes tenues dans les appartements du roi, mais elle en ignore le sujet. Cependant, de sombres pressentiments envahissent la vieille reine. Dans la nuit du 19 au 20 avril, elle rêve qu'on la juge et qu'elle est condamnée à mort.

Mais le roi et ses familiers paraissent gais et naturels. Marie de Médicis veut oublier ses pressentiments ; elle hausse ses lourdes épaules : « Bêtises, tout cela... bêtises... ! » murmure-t-elle.

Richelieu, de son bureau du Louvre, a des soupçons... mais rien de précis. A tout hasard, il envoie son beau-frère, du Pont de

Courlay, dire à Luynes qu'il offre ses services au roi et qu'il est prêt à lui donner un fidèle avis de tout ce qu'il pourrait apprendre.

Mais si Louis XIII semble calme le jour, ses nuits sont peuplées d'angoisses silencieuses.

Jamais roi ne fut plus secret... Il avait appris à l'être.

Le 23 avril au matin, c'est un dimanche, le roi va jouer au billard.

Dans la cour du Louvre, Vitry a déjà dispersé quelques seigneurs qui sont des amis sûrs. La compagnie des gardes de service est réunie sous prétexte d'accompagner le roi. Mais ce jour-là le maréchal d'Ancre ne vient pas au Louvre. Tout est à recommencer, dans le secret et la crainte d'être découverts.

Les conjurés tiennent une nouvelle réunion l'après-midi même. Leur nombre s'est dangereusement accru. Il est décidé que l'action se déclenchera dès le lendemain matin, à l'entrée du maréchal dans le palais.

Le roi termine sa journée du dimanche très normalement. Il rend visite à sa mère, à la reine Anne, sa femme ; on le voit ensuite aux vêpres des Feuillants, puis il soupe à sept heures et se couche à dix.

Le lendemain, Héroard écrit dans son journal : *Levé, bon visage, guay. Vestu, prie Dieu à huit heures et demie.*

Puis le roi va déjeuner, il boit du vin clairet fort. Au même moment, un des conjurés prend sa garde rue d'Autriche, au coin de la rue de Bourbon, pour guetter l'arrivée du maréchal et donner l'alerte.

Par mesure de sécurité, le roi donne l'ordre au premier écuyer de faire atteler un carrosse à six chevaux « pour aller à la chasse ». Gentilshommes ordinaires et chevau-légers sont prêts pour escorter Sa Majesté. Dans la cour du palais, Vitry et dix-sept de ses amis, dont six gentilshommes ordinaires du roi, un exempt du roi, un exempt des gardes, Guichaumont ; le porte-arquebuse du roi, Galeteau, et dix gentilshommes domestiques. Tous sont à leurs postes, et se mêlent au va-et-vient d'une commission administrative qui se tient au Louvre.

Habituellement, le maréchal entre au Louvre par la porte de la rue d'Autriche, appelée la « grande porte Bourbon ». Elle ouvre sur un pont, suivi d'un pont-levis qui aboutit à une porte basse et étroite, flanquée de tours. Le plan est de guetter le maréchal et de l'attraper comme dans une souricière, entre les deux portes intérieures et extérieures, en le coupant de son escorte. Vitry renforce les postes de garde et ordonne au lieutenant de service de fermer la grande porte de Bourbon dès que le maréchal l'aura franchie.

Bien avant neuf heures, tout le monde est prêt, sur le qui-vive. Vitry se tient dans la salle des gardes, tantôt marchant à grands pas, l'air préoccupé, tantôt assis sur un coffre. Par la porte restée ouverte, il surveille l'entrée du guichet. L'attente est longue et éprouvante. Le carrosse du roi, tout attelé, attend toujours...

Vitry s'impatiente et pense sérieusement à aller avec son monde donner l'assaut à la maison du maréchal proche du Louvre. Soudain, on vient le prévenir que le maréchal d'Ancre sort de chez lui, escorté de soixante à quatre-vingts gentilshommes. Aussitôt, Vitry prend son manteau, son bâton, et gagne rapidement la porte Bourbon, après avoir fait un signe de connivence à ses amis postés dans la cour.

## *Chapitre XIV*

Le maréchal d'Ancre arrive, insouciant, un bouquet de roses à la main, lisant une lettre que vient de lui remettre un gentilhomme normand. Il porte encore le deuil de sa fille Marie. Il est vêtu d'un haut-de-chausses de velours gris, d'un pourpoint de toile noire brodée d'or, d'un manteau de velours noir garni de passementeries de Milan ; une grande fraise blanche arachnéenne et un feutre noir à plumes frémissantes complètent sa tenue. Comme il a plu pendant plusieurs jours et que la boue dans la rue est épaisse, comme tous ses gentilshommes il a chaussé des galoches armoriées.

Occupé à lire, il franchit la porte extérieure sans le moindre regard alentour. Aussitôt, le lieutenant de garde ferme la grande porte. Concini, toujours absorbé dans sa lecture, ne s'aperçoit de rien, mais les gentilshommes de sa suite qui sont restés à l'extérieur protestent et tapent contre la porte ; seuls les premiers ont pu passer.

Concini est piégé dans ce Louvre, où, depuis la mort du roi Henri, il a pratiquement régné et a fait la pluie et le beau temps. Vitry s'avance. Les compagnons du maréchal l'interpellent en plaisantant. Vitry demande :

– Mais où est le maréchal ?

– Le voilà, répond M. de Cauvigny.

En effet, Concini est juste derrière lui. Vitry fait brusquement demi-tour et, lui posant la main sur le bras, il lui déclare :

– De par le roi, je vous arrête.

– A me ? s'écrie alors le maréchal en colère.

Son visage tourne au rouge sombre, il recule de quelques pas et porte la main à son épée.

– Oui, à vous ! crie Vitry, en empoignant le maréchal.

Vitry n'est pas armé, mais des coups de feu retentissent, tirés par du Hallier, Persan, Guichaumont, Morsans et Dubuisson, qui ont vu le geste de défense de Concini.

Tous ont visé à la tête. Deux balles se perdent, la troisième pénètre entre les deux yeux, la quatrième dans la gorge, la cinquième sous l'œil. Sans un cri, le maréchal s'écroule dans un flot de sang.

Aussitôt c'est la ruée ; et c'est abominable.

– Tue ! Tue ! crient les participants en perçant le corps, encore palpitant et agité de soubresauts, de nombreux coups d'épée.

– Vive le roi ! crie Vitry, en agitant son chapeau et en donnant au corps du maréchal un coup de pied qui le fait rouler le long du mur.

Les conjurés se jettent sur le cadavre et le dépouillent. L'un prend son épée, Dubuisson lui enlève le diamant qu'il portait au doigt, et qui vaut bien six mille écus ; un autre lui arrache son écharpe et un autre encore le manteau..., mais personne ne ramasse le bouquet de fleurs, tombé des mains du malheureux Concini, et dont les roses se flétrissent déjà dans le sang. Chacun revient dans la cour du Louvre, tandis que les archers de la prévôté, qui gardent la porte, emportent le cadavre dans un petit local voisin qu'ils ferment à clef.

Pendant que le drame se déroulait, le roi attendait dans son appartement, entouré de Luynes, et de Déageant. Soudain, dans l'affolement général, quelqu'un entre en courant et crie :

– Le maréchal est manqué ; il monte le grand escalier, escorté de ses hommes d'armes.

Le roi se lève d'un bond. Dans ses yeux se lit une détermination impitoyable.

– Ça ! crie-t-il, Descluzeaux, ma grosse Vitry (c'est une carabine que Vitry lui a donnée), et il pense : s'ils l'ont manqué, moi, je ne le manquerai pas.

Descluzeaux se tient auprès du roi, la carabine à la main. Déageant dit au roi :

– A l'épée, sire, à l'épée !

Et c'est l'épée haute comme ses ancêtres sur les champs de bataille, que le roi se rue vers l'antichambre, décidé d'aller à Concini et à sa garde et à leur passer sur le ventre, quitte à y laisser la vie s'il le faut.

Mais cela n'est pas nécessaire, car en chemin il rencontre Ornano, le colonel des Corses.

– Sire, c'est fait ! lui dit-il en s'inclinant.

Alors le roi remet son épée au fourreau et se met à rire en regardant ceux qui l'entourent ; puis, s'élançant vers une fenêtre, il l'ouvre en grand et crie aux troupes dans la cour :

– Merci, grand merci à vous, à cette heure je suis roi !

De la cour monte une longue acclamation : « Vive le roi ! » Puis il va à une fenêtre donnant sur la cour des cuisines et crie :

– Aux armes, aux armes, compagnons !

Tout ce bruit a mis le palais sens dessus dessous. La première femme de chambre de Marie de Médicis, Catherine Forzoni, passe la tête à une fenêtre du rez-de-chaussée, où se trouve l'appartement de la reine mère, et demande à Vitry qui discute au milieu d'un groupe de personnes :

– Que se passe-t-il ?

– Le maréchal d'Ancre est tué, répond Vitry froidement.

– Mais c'est impossible, réplique-t-elle affolée. Mais par qui ?

– Par nous tous, et par ordre du roi, répond Vitry.

La femme de chambre court à la chambre de la reine mère qui est encore à sa toilette.

– Madame, Madame ! s'écrie-t-elle en plongeant dans ses jupes. Ah ! votre Majesté !...

– Qu'y a-t-il ? demande la reine sans se retourner.

– Ah ! Votre Majesté, le maréchal d'Ancre vient d'être tué.

– Tué !... le maréchal !...

La reine mère s'est levée et porte la main à sa gorge, le souffle coupé. Elle fait quelques pas... Elle ne peut prononcer un mot. Ses dames d'honneur et ses femmes de service l'entourent.

La reine marche comme un gros fauve silencieux, des larmes plein les yeux, les cheveux défaits. Une sorte de torpeur indifférente l'envahit..., une immense fatigue semble s'être glissée en elle, aussi lourde qu'une chape de plomb. Un gentilhomme, M. de La Place, entre. Il s'incline très bas.

– Votre Majesté sait-elle que le maréchal...

– Plus un mot de plus, monsieur, nous savons tout.

– Comment vais-je pouvoir annoncer cette affreuse nouvelle à la maréchale ?...

La reine mère, alors, devient furieuse. Elle craint pour elle, maintenant, et pour son avenir. Ce règlement de comptes fulgurant ne lui laisse rien augurer de bon. Elle raye de son souvenir sa fidèle et bien-aimée Leonora.

– J'ai bien autre chose à penser, crie-t-elle, et si on ne peut lui dire la nouvelle, eh bien, qu'on la lui chante. Qu'on ne me parle plus de ces gens-là ! Je le leur avais bien dit ! Il y avait longtemps qu'ils auraient dû repartir en Italie ! Je le leur avais bien dit !... J'ai bien assez à faire avec moi-même... Bressieux, demande-t-elle à son premier écuyer, allez demander au roi s'il peut me recevoir...

Bressieux s'en va et revient bientôt :

– Ce ne sera pas possible aujourd'hui, madame, le roi a trop à faire ; ce sera pour une autre fois...

Ce que M. de Bressieux tait à la vieille reine, pour ne pas l'accabler davantage, c'est que le roi son fils a demandé qu'on lui fît savoir qu'il prenait le gouvernement de l'État en main, et que désormais il entendait être le maître. De toute la journée, le roi refusa de rencontrer sa mère.

– Je reconnais bien la reine pour ma mère, disait-il, et elle ne m'a pas traité comme fils par ci-devant ; je la traiterai néanmoins toujours comme ma mère ; je ne peux encore la voir que je n'aie donné ordre à mes affaires.

Leonora n'apprend la nouvelle que lorsque les gardes du corps viennent l'arrêter. Elle ne pousse pas un cri, elle ne verse pas une larme, mais demande audience à la reine Marie de Médicis qui refuse de la voir. Ses bijoux sont retrouvés dans la paillasse où elle les avait cachés. Dans ce Louvre qu'elle connaît si bien, et où elle a régné en maîtresse, la voilà prisonnière dans une chambre haute, à la fenêtre à barreaux, sous bonne garde. Fontenay-Mareuil écrit dans ses mémoires :

> Je commencerai par elle, pour dire qu'elle avait été si impétueuse et outrageuse, que quand elle parlait du roi et de la reine sa mère elle n'en parlait que par injures et par mépris, appelant l'un idiot, l'autre balourde, et autres termes semblables. Elle ordonnait, commandait et faisait ce qu'il lui plaisait, gourmandant et injuriant les uns, chassant et éloignant les autres, et avec une telle hauteur que nul ne s'osait présenter devant elle pour aller la regarder entre les deux yeux ; la voilà maintenant, moquée et bafouée, et outragée de paroles, menée par des gardes dans une chambre grillée en haut du Louvre, où elle avait, quelques mois auparavant, fait mettre M. le prince de Condé.

Pendant ce temps, Louis XIII, la veille encore si solitaire, reçoit une foule de seigneurs venus le féliciter et l'assurer de leur fidélité. Le roi déclare qu'il destitue MM. Mangot, de Luçon et Barbin. Richelieu a le courage de venir au Louvre, malgré les conseils de prudence de beaucoup qui le pressent de partir au plus vite. Tout le monde se détourne sur son passage, signe d'une disgrâce certaine.

Dans un couloir, il rencontre le roi, qui, fort en colère, lui crie :

– Eh bien, Luçon, me voilà hors de votre tyrannie. Allez, allez, ôtez-vous d'ici ! Allez exhorter vos ouailles à observer les commandements de Dieu et les miens !

Évidemment, l'heure de la terrible disgrâce semble avoir sonné. Mais l'évêque de Luçon ne veut pas partir comme cela, en chien battu. Il parvient à prendre Luynes à part et lui rappelle ses déclarations de fidélité au roi.

Luynes tout-puissant à son tour, glisse quelques mots à l'oreille du roi. Prendre des mesures de rigueur contre Luçon soulèverait de grandes difficultés avec Rome.

Louis XIII se radoucit :

– Comme évêque et conseiller d'État, lui dit-il, vous pouvez rester, mais je rends à M. de Villeroy votre charge de secrétaire d'État ; portez-lui vos papiers dans le cabinet des livres où il tient conseil...

Dans la cour du palais et autour du Louvre il y a grand remue-ménage ; carrosses, laquais, cochers, hommes d'affaires et flaneurs, affluent. Inexplicablement, dans la ville, court le bruit de la mort du roi.

Déjà les boutiques se ferment, les chaînes se tendent. Des armoires et des coffres sortent mousquets, pistolets et hallebardes.

Ornano envoie ses archers à travers la ville, criant : « Vive le roi, vive le roi ! »

La grande salle du palais est pleine de gens de toutes conditions. On discute, on arrange les affaires, on prend des rendez-vous, on se presse autour des avocats, accotés à leurs piliers respectifs.

Tout à coup, c'est un éclatement de vociférations, de hurlements, de cris. Une troupe d'archers surgit au centre de la salle, bousculant le public et criant : « Vive le roi ! »

Aussitôt la panique règne. La foule se rue sur les portes pour fuir ; certains tombent et sont piétinés sans pitié. On croirait qu'un incendie dévorant poursuit les gens affolés.

Les portes sont bientôt obstruées. Certains restent coincés, étouffés ; d'autres grimpent sur cette montagne humaine, pour tomber d'un choc lourd, comme des paquets, sur le sol, pendant que les archers continuent de crier : « Vive le roi ! » Beaucoup croient entendre derrière eux, déjà, les portes et les verrous du Châtelet se fermer en grinçant, dans un bruit sinistre.

Enfin, on arrive à comprendre que le roi n'est pas mort, mais que Concini a été tué. Alors, sans transition, de la terreur la plus folle, on passe à la joie la plus délirante. On crie : « Loué soit Dieu ! » et « Vive le roi, voilà la paix faite ! » On enlève les morts, on emmène les blessés. Les autres rajustent leurs habits, s'époussettent, et se disposent à rentrer chez eux en disant :

– Enfin nous avons un roi.

Dans les rues, cela tient du délire. On s'embrasse, on rit. La foule en tumulte se porte au Louvre. Le roi, à sa fenêtre, est monté sur un billard afin que chacun puisse bien le voir. Il agite les bras, en criant :

– Maintenant je suis roi ! Oui, Dieu soit loué ! me voilà roi !

Une longue et sourde ovation monte vers ce jeune roi, symbole de tous les espoirs.

Des femmes lui montrent leurs enfants. Le roi rit et crie encore :

– Servez-moi bien, je vous serai bon roi.

Puis il monte à cheval et, escorté de plusieurs centaines de seigneurs, il parcourt les rues de sa capitale, sous les acclamations.

Après le souper, le souverain et son conseil secret (les chefs du complot) se retrouvent dans le cabinet du roi. L'heure des récompenses est venue et de procéder à la distribution des charges et biens du maréchal :

Vitry a son bâton de maréchal, la promesse de la baronnie de Lésigny, de l'hôtel de la rue de Tournon, des chevaux de l'écurie et de soixante mille ducats à prélever sur le compte de Concini ouvert chez le banquier Lumagne.

Du Hallier, frère de Vitry, reçoit la charge de capitaine des Gardes.

Persan, la charge de capitaine de la Bastille.

Déageant est nommé intendant des Finances du royaume et chargé de la maison du roi.

Tronson devient secrétaire du cabinet.

– Modène est le nouveau grand prévôt et Luynes demande la charge de premier gentilhomme, que détenait le maréchal d'Ancre.

Tout cela se passe au son des canons de la Bastille qui tonnent en l'honneur de celui qui est maintenant roi à part entière.

A trois heures du matin, le corps dénudé du maréchal d'Ancre est enveloppé à la hâte dans une nappe sale, liée d'un ruban rouge par les deux bouts. Dans l'église de Saint-Germain-l'Auxerrois, sous les orgues, une fosse est creusée. On y jette le corps comme si on voulait se débarrasser d'une malodorante chose. La terre à peine remise en place, on rajuste le dallage. Et voilà, c'en est fait du fastueux Concini. Malherbe, qui pourtant n'avait pas été hostile au maréchal du temps de sa splendeur, prend sa plume, mouche sa chandelle et écrit les vers suivants :

*PROPHÉTIE DU DIEU SEINE*

*Va-t-en à la malheure, excrément de la terre,*
*Monstre qui dans la paix fait les maux de la guerre,*
*Et dont l'orgueil n'a point de lois ;*
*En quelque haut dessein que ton esprit s'égare,*
*Tes jours sont à leur fin, ta chute se prépare,*
*Regarde-moi pour la dernière fois.*

Mais Concini est déjà mort et enterré.

Le lendemain matin, sur le coup de neuf heures, un groupe de curieux vient voir où est enterré le maréchal. La foule grossit. Bientôt des cris hostiles s'élèvent, échauffant les têtes folles :

– Non, non ! il faut l'ôter et le jeter à la voirie.

Pontchartrain écrit :

> Et ainsi, avec de semblables paroles s'émouvant les uns les autres, ils commencent avec de méchants bâtons à desceller la tombe sous laquelle était le corps ; les femmes y apportèrent des ciseaux et des couteaux, ensuite des hommes plus forts y mettent la main. En moins d'une demi-heure, voilà deux ou trois cents personnes rassemblées ; ils lèvent la tombe, ôtent le corps d'où il était, lui attachent des cordes au cou, commencent à le traîner hors de l'église et de là par les rues, avec des cris et des hurlements horribles, les uns disant qu'il fallait le jeter dans la rivière, d'autres qu'il fallait le mettre à un gibet... De

> cette sorte, ils se trouvent au bout du Pont-Neuf, où il y avait deux ou trois potences, que le maréchal avait fait dresser ; ils s'avisent de pendre ce corps par les pieds à une des potences, où il fut environ demi-heure et plus. Cependant le peuple croissait en nombre, et leur rage et fureur allait toujours en croissant sur le corps, et tenaient des paroles indignes, insolentes et outrageuses, même contre l'honneur de la reine mère. Ils ôtent le corps de cette potence, le traînent par toutes les rues de Paris et toutes les places publiques, le déchirent, le mettent en pièces. Cette grosse troupe, qui était de plus de cinq ou six cents personnes, se sépare ; chaque troupe emporte avec soi un quartier ou un morceau de ce corps, continuant à aller ainsi en tous les endroits, où la plupart font allumer du feu où l'on brûle avec ignominie les pièces du corps ; d'autres les veulent faire manger aux chiens, d'autres les attachent à des gibets, et ainsi chacun selon sa passion et furie ; et voilà comment se passa la journée parmi ce peuple, ce qui dura jusqu'à la nuit.

Depuis le Louvre, le roi entend ce qui se passe sur le Pont-Neuf et dit qu'il est bien marri « qu'on n'eût empêché ce désordre de bonne heure ».

Mais si certains se contentent de découper Concini en petits morceaux, pour assouvir leurs instincts sanguinaires, d'autres, beaucoup plus malins, recueillent les cendres des débris brûlés du maréchal « et les vendent le lendemain un quart d'écu l'once ».

L'évêque de Luçon, de passage ce jour-là sur le Pont-Neuf, voit son carrosse arrêté par une foule menaçante, mais le futur cardinal de Richelieu n'est jamais à court d'idées et de reparties, ce qui le sauve ; cependant, il a vu la mort de près, et s'en souviendra par la suite. Il s'écrie :

– Voilà de braves gens qui mourraient pour le service du roi. Crions tous ensemble : Vive le roi !

Et tout le Pont-Neuf, très surexcité, clame comme un seul homme :

– Vive le roi ! Vive le roi !

Plus tard, philosophiquement et mélancoliquement, Nicolas Pasquier écrira dans ses lettres :

> Considérez, je vous prie, comment celui qui estait le matin triomphant et eslevé de ce grand flot de bonnes fortunes, et qui estait soutenu du vent de tant de faveurs qu'il recevait sans aucune entrecesse, est tué, enterré, déterré, traîné, pendu, dépendu, fouetté, rependu, remembré, deschiré, essorillé, jeté à l'eau, rosty, brûlé et puis réduit en cendres qui sont jetées au vent.

Quelques temps après, le nonce Bentivoglio écrit à Rome :

> La première fois que j'ai vu le roi, ces temps passés, je le trouvai maigre et pâle, plus que de coutume, mais il faut peut-être en attribuer

la cause à l'inquiétude et aux pensées dont Sa Majesté avait dû ressentir les effets par suite des projets qu'elle avait eu dans l'esprit, et qu'elle a depuis fait exécuter. Aujourd'hui, au bois de Vincennes, j'ai trouvé Sa Majesté avec la meilleure mine et la santé parfaite ; le bon air y fait aussi pour beaucoup. Pour ce qui est de son application aux affaires, Sa Majesté chaque jour va au conseil, et, au dire de chacun, elle donne bon augure de capacité et de jugement. A mon audience, elle a fait preuve d'une grande attention ; ses réponses étaient brèves mais fort sensées. Entre autres qualités, elle en a deux qui sont excellentes pour gouverner, je veux dire la dissimulation et le silence.

Dix jours après l'assassinat, la reine mère part pour Blois. Son entrevue avec le roi son fils a été glaciale. A la fin, elle dit :

– Je m'en vais ; je vous en supplie d'une grâce qui est de me rendre Barbin, mon intendant.

Le roi ne répond pas. Sa mère le regarde avec des yeux pleins de larmes :

– Ne me refusez point cette seule prière... Peut-être est-ce la dernière que je vous ferais jamais.

Le roi la regarde froidement, toujours sans rien dire.

– Or, sus ! s'écrie-t-elle.

Elle embrasse le roi et fait une dernière tentative auprès de Luynes en faveur de Barbin auquel elle tient vraiment. Le roi, qui déjà s'éloigne, entouré de ses gentilshommes, coiffé de son feutre à plumes noires, appelle d'une voix impatiente :

– Luynes ! Luynes ! Luynes !

Luynes s'incline devant la reine mère et suit le roi.

Marie de Médicis, dans les bras de ses femmes, pleure à gros sanglots, puis elle se résigne à monter dans son carrosse de velours noir tiré par six chevaux bais, précédé par celui de son premier écuyer, M. de Bressieux, et suivi par un attelage de campagne vide, en cuir rouge de Russie. Derrière vient le carrosse de Mmes de France, filles de la reine, qui ont été autorisées à accompagner leur mère sur trois lieues ; puis celui de Mmes de Soissons, de Guise, de Longueville et de Guercheville. Dans le dernier, et le plus modeste de cette caravane royale, se trouve M. de Richelieu, évêque de Luçon, qui se promet bien de ramener la reine mère à la cour ; il est en compagnie de l'évêque de Chartres. Un grand nombre de gentilshommes et de gardes à cheval entourent les voitures. Dans les rues, au passage de l'attelage de la reine mère, on entend des cris hostiles, des propos outrageants et des quolibets. La reine est même huée.

Après ce départ, le roi, la reine Anne et la cour, désormais libres, prennent le chemin de Vincennes au milieu des acclamations.

# *Chapitre XV*

Six jours après le départ de la reine mère pour Blois s'ouvre le procès de Leonora Galigaï, maréchale d'Ancre. Dès le lendemain de son arrestation, elle avait quitté le Louvre pour ne plus jamais y revenir et avait été incarcérée à la Bastille. Richelieu écrit dans ses Mémoires : *« Enfin, son sexe et sa condition ne l'ayant pu garantir de la rage de ceux qui, pour s'approprier son bien, se voulaient défaire de sa personne, par arrêt du huit juillet, la maréchale d'Ancre fut condamnée à mort. Cela fit voir à tout le monde qu'ils n'avaient poursuivi cette pauvre affligée, que pour couvrir leur pauvreté de ses biens. »* L'allusion concernait clairement Luynes qui convoitait non seulement le pouvoir, mais aussi les biens des Concini.

L'arrêt de la cour fut ainsi conçu :

> Dit a été que ladite Cour a déclaré et déclare lesdits Conchiny et Galigay sa veuve criminels de lèse-majesté divine et humaine, et, pour réparation, a condamné et condamne la mémoire du dit Conchiny à perpétuité, et ladite Galigay à avoir la tête tranchée sur un échaufaut pour cet effet dressé en la place de Grève de cette ville de Paris, son corps et sa tête brûlés et réduits en cendres, leurs biens féodaux tenus et mouvants immédiatement de la couronne de France, admis et incorporés au domaine d'icelle, les autres biens, meubles et immeubles, étant en ce royaume, acquis et confisqués au roy, sur iceux préalablement pris la somme de quarante huit mille livres parisis d'amende, pour être employées à œuvres pies, pour des prisonniers de la Conciergerie et autres nécessités, selon la distribution qui en sera faite par la cour. Tous les autres biens tenus par lesdits Conchiny et acquis tant à Rome que Florence, que autres lieux hors du royaume, appartiennent au roy, comme provenus des deniers dudit seigneur roy et mal pris au fond de ses finances, et à cette fin le procureur général du roy fera les diligences nécessaires pour la restitution d'iceux ; a déclaré et déclare l'enfant né du mariage desdits Conchiny et Galigay, ignoble, et incapable de tenir État, offices et dignités de ce royaume, ordonne que la maison en laquelle demeurait ledit deffunt près du Louvre sera razée et démolie sous le bon plaisir du roy, et que les biens non mouvants de la couronne seront vendus et les deniers en provenant avec les autres ci-dessus déclarés appartenir au roy, mis en ses coffres pour être employés aux affaires dudit seigneur roy.

Au milieu de cette tourmente mortelle, que devenait le fils de Leonora et de Concini ? Il s'appelait Henri et avait treize ans.

L'adolescent avait passé la journée du 26 avril seul, terrorisé, abandonné de tous ses serviteurs au fond de la maison de son père proche du Louvre. Tout le jour, il était resté sans manger. Bien qu'innocent et victime, il devait être flétri publiquement afin que personne ne vienne revendiquer pour lui l'héritage de sa mère.

Le 8 juillet, en entendant la sentence, à genoux dans la chapelle de la Conciergerie, au milieu d'une foule grondante et hostile, Leonora poussa un cri strident :

– O me ! poveretta !

Pour reculer cette mort qui l'épouvante, elle ajoute :

– Attendez, je suis enceinte.

– Cela est impossible, réplique le président, car vous nous avez déclaré au cours du procès que vous n'avez pas couché avec votre mari depuis plusieurs mois.

Tout est fini. On lui lie les mains sur-le-champ. Elle sait ce que cela veut dire. Dans quelques instants, ce sera le départ vers Notre-Dame et la place de Grève. Cette affreuse place de Grève où la mort l'attend. Où sera-elle ce soir ? Deux docteurs en Sorbonne : Le Clerc et Jean Bernard l'assistent.

Elle prend un peu de pain et de vin, et reçoit l'absolution. Puis Leonora monte dans la charrette. La foule immense ondule comme la houle sous le vent. Le convoi met une heure pour aller de la Conciergerie à la place de Grève. La foule hurle de basses injures. Il lui faut mourir... Elle se sent insensible, terriblement détachée de tout, et même de son fils, Henri, qu'elle aime tant. A chacun sa destinée, et que Dieu vienne en aide ! Sans faiblesse, elle monte sur l'échafaud. La place et les fenêtres des maisons sont pleines de monde. Elle dit au bourreau.

– Homme, je te pardonne.

– Madame, lui répond le bourreau, je ne vous ai pas offensée.

Elle lui dit encore :

– Et ferez-vous bientôt ?

– Oui, oui, madame, recommandez bien votre âme à Dieu.

Un haut feu brûle en craquant près de l'échafaud. Il est huit heures du soir. A ce même moment, le roi et sa cour rentrent au Louvre.

Le bourreau coupe le col de la robe de Leonora... Pour elle qui a tant aimé les toilettes élégantes, les cols au point de Venise, les bijoux somptueux et les lourds sacs d'écus, cela n'a plus aucune importance. Soudain, de la foule, le *Salve Regina* s'élève. Le bourreau lui bande les yeux, lève sa hâche, et lui tranche la tête « d'un vent d'acier ». Tout aussitôt, il jette la tête et le corps enroulé dans la longue robe pendante dans le brasier, qui fume, craque de plus belle et grésille, en envoyant vers le ciel des myriades d'étincelles, tandis qu'une odeur atroce envahit l'atmosphère. Les spectateurs n'ont pas perdu leur temps en venant voir monter sur l'échafaud Leonora Galigaï, maréchale d'Ancre, qui a su mourir courageusement.

Richelieu écrivit :

> Elle se montra d'un courage aussi constant et ferme, comme si la mort lui eut été une récompense agréable et que la vie lui eut tenu lieu d'un supplice cruel. Le cœur le plus envenimé ne put se tenir de fondre en larmes, de sorte qu'il est vrai de dire qu'elle fut autant regrettée à sa mort qu'elle avait été enviée durant sa vie. La seule vérité m'oblige à faire la remarque, et non aucun désir de favoriser cette femme aussi malheureuse qu'innocente.

Cette nuit-là, au Louvre, Louis XIII ne dormit pas. La mort de Leonora l'obsédait comme une injustice, comme un remords... Si toutefois un roi est capable de remords...

Un mois plus tard, le 12 août, le roi fit don à Luynes, par lettres patentes, de tous les biens de la victime qui avaient été confisqués et attribués à la couronne. En premier temps, le Parlement refusa de signer ces lettres, mais le roi l'obligea à le faire. Le 14 octobre, Luynes est en possession de tous les biens de la maréchale. Mais, à son vif déplaisir, il ne put jamais récupérer les sommes importantes que Leonora avait transférées en Italie, en prévision de son départ.

Le petit Henri Concini trouva refuge à Florence et resta toujours fidèle à Marie de Médicis. Louis XIII lui faisait une rente de deux mille écus par an, ce qui ne lui fit guère oublier que le roi de France restait à ses yeux l'assassin de ses parents.

A la cour, Luynes se sent seul. Il a besoin d'appuis et d'alliés. Il fait libérer Condé. Le Louvre et Chantilly ruissellent de fêtes somptueuses. Mais le roi marmonne en regardant Luynes par en dessous :

– Jamais je ne vis un homme avoir tant de parents... Ils débarquent ici par bateaux, dit-il maussadement.

Mais, la bande chatoyante, luxueuse, orgueilleuse et insolente des grands tourne autour de Marie de Médicis. Ce sont les mécontents, parmi lesquels le duc de Vendôme, le grand prieur, son frère ; les ducs de Longueville, de la Trémoille, de Rohan, et combien d'autres.

Devant Montauban, Luynes meurt de la fièvre pourpre... Il meurt, lui qui avait, il y a si peu de temps encore, tant de puissance. Il meurt seul et abandonné. Fontaine-Mareuil commente l'événement : *Quand on porta son corps, pour être enterré, je crois, à son duché de Luynes, au lieu de prêtres qui priassent pour lui, j'y vis de ses valets jouer au piquet sur son cercueil, pendant qu'ils faisaient paître leurs chevaux.*

C'est pendant la nuit du 21 au 22 février 1619 que le duc

d'Epernon, plus rebelle et insolent au roi que jamais, fait évader la reine Marie de Médicis du château de Blois où le roi son fils l'a consignée depuis l'affaire Concini. Le duc a démontré à la reine mère que si elle veut la liberté et peut-être, par la suite, recouvrer le pouvoir, il faut fuir de façon à pouvoir dicter ses conditions au roi.

Fuir ? La reine mère ouvre de grands yeux, son cœur bat la chamade dans sa poitrine. Les lumières des chandelles et du feu de reculée jouent parmi ses perles et ses diamants, caressent le velours et la fourrure de sa robe et rosissent ses joues.

Fuir ! Le château est bien gardé ! Mais M. du Plessis, un des meilleurs lieutenants du duc d'Epernon, se fait persuasif, pressant...

– Madame, il est temps d'aller, la nuit s'avance. Au point du jour il faut être loin.

– Mais comment ? demande la reine à la fois troublée et en même temps déjà prise par le démon de l'aventure.

Du Plessis regarde cette grosse femme molle, couverte de dentelles et de bijoux... Elle est la reine, c'est-à-dire celle à qui tout est dû après Dieu et le roi. Il poursuit :

– Par la fenêtre, Votre Majesté, et par descente le long de la muraille. Mais ne craignez rien, madame, nous vous aiderons.

Et c'est ainsi, que rassemblant ses jupes et son courage, la reine enjambe une fenêtre dans la nuit noire et froide, descend une échelle, tout en serrant sur sa vaste et plantureuse poitrine la cassette contenant ses bijoux.

Soudain, ses pieds touchent terre ; une main la prend par le bras et l'entraîne. Elle court sur un remblai, descend un talus sur son derrière et atterrit dans un chemin, en compagnie de du Plessis et du comte de Braine.

Là, dans l'ombre, toutes torches éteintes, un carrosse attend. Les chevaux sont attelés, le cocher est sur le siège, les laquais aux aguets. Des cavaliers surgissent de l'ombre, en silence. En voyant la reine arriver, ils mettent pied à terre et balaient le sol des plumes de leurs chapeaux en saluant bas.

La reine se jette dans le carrosse. Elle pousse un cri :

– Ma cassette ! J'ai perdu ma cassette !...

Évidemment, il est hors de question de partir dans ces conditions. Du Plessis jure tout bas dans sa moustache et refait le chemin parcouru. A tâtons, il finit par retrouver le lourd coffret. Il revient, saute dans le carrosse, et fouette cocher. La lourde voiture prend au triple galop le chemin de Montrichard.

Pendant ce temps-là, au Louvre, le roi célèbre le mariage de sa sœur Christine avec le prince de Piémont pour lequel la reine mère n'a été ni consultée ni invitée.

A Paris, le Louvre, les maisons princières et seigneuriales sont en fête, et une grande chasse est prévue pour le 24 février, en forêt de Saint-Germain. Mais cette chasse n'aura pas lieu, car le matin de ce même jour, le roi reçoit deux lettres, parfaitement insolentes et cyniques. L'une émanant de la reine mère, l'autre du duc d'Epernon, qui s'étaient retrouvés entre-temps et riaient encore à gorge déployée, du bon tour joué au roi Louis. Là-dessus, toute la cour rentre à Paris. Ça bardait plutôt au logis du roi...

Aussitôt, tous les gouverneurs des villes sont alertés ; les membres du Parlement mandés au Louvre et informés. L'ambiance est si volcanique que l'ambassadeur d'Espagne annonce Paris au bord de la guerre civile.

La reine mère s'est barricadée dans Angoulême. Le roi veut courir sus à sa mère pour la mettre au pas..., mais son conseil lui prêche la patience. Epernon est proclamé coupable de lèse-majesté. En conséquence, ses charges et ses gouvernements lui sont confisqués, tandis que le père Joseph conseille au roi d'envoyer à Angoulême l'évêque de Luçon :

– Il est le seul, Sire, à faire entendre raison à Mme la Reine, votre mère, et surtout capable de l'arracher à l'influence néfaste du duc d'Epernon.

Le 8 mars, il fait froid. L'hiver borde encore les chemins et les routes de neige et de verglas. Cependant Luçon prend la route du Sud. Il se sent frissonnant et malade, mais il part. Le service du roi l'exige.

Le voyage dure vingt mortels jours, pendant lesquels il manque d'être enlisé, noyé, gelé, attaqué par des brigands et dévoré par les loups. A Limoges on le prend pour l'archevêque de Toulouse, fils du duc d'Epernon. Aussitôt, une chasse à l'homme commence, organisée par Schomberg, commandant de l'armée royale. Richelieu pense que mourir à trente-quatre ans, de cette façon stupide, est chose très regrettable. Heureusement, il est sauvé par le mauvais temps, et le 27 mars, il arrive enfin devant Angoulême, dont le gouverneur est le duc d'Epernon.

Juchée sur son piton, la ville étale sa force, sa puissance et sa splendeur. Elle est imprenable.

Plus rominagrobis que jamais, Richelieu se présente au logis de ce vieux renard d'Epernon, expert en fripouilleries diverses.

Epernon le conduit tout aussitôt chez la reine qui présidait un conseil. Luçon est considéré comme un personnage fort douteux à leur cause, et tout acquis au roi et à son clan. Autour de lui, Richelieu ne rencontre que des visages fermés et froids. Enfin, la reine lui accorde audience, laisse éclater son bonheur de le retrouver et lui demande conseil. L'évêque de Luçon lui fait comprendre qu'il faut laisser aux conjurés le soin d'agir ; et les tractations entre Paris et Angoulême commencent.

Déjà, l'armée royale, commandée par Schomberg approche dangereusement, avec pour but d'assiéger la ville à outrance. Finalement et sagement, les offres du roi sont acceptées par la reine mère, sur les conseils de Richelieu. Elle fait annoncer la paix et dans l'église du haut des remparts, qui dominent la campagne environnante, elle fait entonner un *Te Deum* en l'honneur de la réconciliation, tandis que le duc d'Epernon demeure muet de saisissement.

Pour le consoler et le récompenser de sa fidélité, la reine lui fait présent d'un diamant de trente-six mille écus.

En grand arroi, dans les premiers jours de septembre, elle arrive au château de Couzières, demeure du duc de Montbazon, beau-père de Luynes. Elle vient y rencontrer le roi, la reine Anne et la cour. Bien vite, la reine mère se rend compte qu'elle n'a plus le premier pas, et la reine Anne sait le lui faire sentir à chaque instant. La reine Marie se met à la détester, devenant ainsi la plus haineuse des belles-mères.

Quinze jours plus tard, elle prend le chemin d'Angers et va s'installer somptueusement au logis Barrault, où elle tient sa cour.

N'ayant pu obtenir de siéger au conseil, elle avait préféré ne pas faire son entrée à Paris.

Ses relations avec le Louvre sont hypocrites, pleines de chausse-trapes. Les messages mielleux cachent des menaces savamment ouatées, mais parfaitement réelles.

C'est dans cette atmosphère lourde et trouble que Richelieu se fait deux amis qui ne se démentiront jamais : d'abord La Valette, archevêque de Toulouse, pour lequel on l'avait pris à Limoges, fils cadet du duc d'Epernon, et Fancan, chanoine de Saint-Germain-l'Auxerrois, politique retors, intrigant à l'extrême. Ses champs de batailles préférés sont les pays torturés par toutes sortes de passions et de convulsions.

Armand du Plessis de Richelieu fait donner par le roi à la reine, sa mère, le gouvernement d'un certain nombre de villes : l'Anjou lui est accordé, avec les citadelles d'Angers, de Chinon et la garde des Ponts-de-Cé.

Le marquis de Richelieu, frère aîné de l'évêque de Luçon, est nommé gouverneur d'Angers. Peu après, il meurt dans un duel sans merci qui l'opposait à Thémines, le fils du maréchal. Richelieu, touché au cœur, s'écroule dans un flot de sang.

Celui qui va devenir le grand Richelieu est très frappé par cette mort. Sa douleur est immense et d'autant plus grande que l'épée de son frère va lui manquer pour atteindre son but. Cette mort va lui inspirer une haine profonde pour tout duel, comme pour tout duelliste.

## *Chapitre XVI*

Si le cardinal de Richelieu est craint de tous et si sa puissance est redoutable, son assurance n'en est pas moins étayée par les conseils et l'intelligence doublée d'intuition du père Joseph, qui sait œuvrer dans l'ombre.

Celui qu'on nomme le père Joseph est François Le Clerc du Tremblay, maître d'œuvre du fameux traité de Loudun, signé le 2 mai 1616, par lequel la couronne se réconciliait avec les grands seigneurs révoltés.

Cet important résultat lui valut de grands compliments de la part de Marie de Médicis. Il incita le prince de Condé à mettre fin à ses intrigues et, devant les ducs de Mayenne et de Longueville, il exalta la grandeur de la charité, de l'union et de l'obéissance. Ce fut pour lui un succès considérable.

C'est au cours d'un de ses voyages, à Luçon la « plus vilaine ville de France » qu'il fit la connaissance de l'évêque : Armand du Plessis de Richelieu. Le père Joseph était alors âgé de trente-neuf ans, et Richelieu en avait trente. De cette rencontre naquit la plus fantastique amitié qui puisse exister dans le monde. Le père Joseph est déjà un prodigieux médiateur, ayant fait ses classes dans les couloirs ouatés du Vatican, ce qui est une référence non négligeable. Il possède un grand sens de l'opportunité, mais par-dessus tout aime travailler aux grandes choses dans l'ombre. Le grand jour l'épouvante. Avec Richelieu, cet être tissé d'ambitions et qui aspire à quitter sa « prison glaciale », a enfin trouvé la moitié de lui-même. Au lieu de se combattre, ces deux êtres également doués d'une prodigieuse intelligence vont se compléter, appuyés par un goût du pouvoir absolu et une implacable volonté.

C'est le père Joseph qui a présenté Richelieu à Marie de Médicis sous les apparences les plus flatteuses. Il a su la persuader que Mgr l'évêque de Luçon, grâce à ses grandes qualités de travail, de prudence, d'esprit, de méthode ; par sa ténacité et sa piété, saura faire preuve d'un dévouement qui servira grandement la monarchie et le trône. Richelieu joue un personnage inoffensif et attrayant. Il se montre respectueux, brillant, ardent, mais simple. Faire sa cour aux favoris du moment, qui ne sont autres que les Concini, est tout à fait dans ses cordes. Tant pis pour le petit roi délaissé. Très vite, Richelieu est nommé aumônier de la jeune reine Anne d'Autriche ; puis conseiller d'État et secrétaire des commandements de la reine mère. Ensuite, secrétaire d'État à la Guerre et au conseil. C'est sa fidélité à la reine mère et l'affaire Concini qui lui ont fait reprendre le chemin de Luçon, où il restera sept mortelles années, et, c'est sur les conseils réitérés du père Joseph que le roi rappellera à contrecœur au Louvre cet Armand de Richelieu, dont l'énorme personnalité l'effraie. Quatre mois plus tard, Richelieu est Premier ministre. Il est froid, insensible à toutes les faiblesses humaines, et ne lâchera le gouvernail de la France qu'au moment de mourir.

Mais l'ingratitude n'est pas en lui ; il sait se souvenir des services rendus et a l'art de renvoyer le carrosse. De plus, il aime et admire le père Joseph. Sa présence et ses conseils lui sont précieux ; aussi lui écrit-il : *Hâtez votre voyage, à cause qu'il y a d'importantes affaires dedans et dehors, sur lesquelles il faut prendre résolution, et qui pressent. Avant de les résoudre, je veux vous les communiquer...* Et le père Joseph arrive et reste. Richelieu le reçoit partout et à toute heure du jour et de la nuit : dans sa ruelle, dans son bureau, dans le secret de son cabinet, au détour d'un couloir..., en public comme en privé. Le père Joseph est partout et à tous les instants.

Il écoute toujours avec la plus grande attention et la plus grande déférence, son visage de cire enfoui dans l'ombre de sa capuche ; puis, d'une voix douce, il donne l'avis pour lequel on l'a fait quérir, emportant presque toujours la décision.

Ainsi voit-on dans les couloirs et les galeries du Louvre et du palais Cardinal, la robe rouge du cardinal duc de Richelieu suivie par la robe grise, du père Joseph, les pieds nus dans des sandales, portant silice, et égrenant son rosaire dans ses grandes manches, tandis que du fond de sa capuche il laisse errer un regard perçant sur tout ce qu'il voit et sur tout ce qu'il devine. Il est effrayant !

La situation se présente comme ceci : le roi est gouverné par Richelieu, Richelieu par le père Joseph, donc la France est tout simplement gouvernée par le père Joseph, mais par personnes interposées. C'est un fait notoire en France, mais aussi à travers toute l'Europe, grâce aux ambassadeurs des différents pays qui tiennent leurs maîtres au courant de ce qui se passe au jour le jour, aussi bien à la cour que dans le ménage du roi. On sait qu'à côté de l'Éminence rouge, hautaine et inaccessible, règne une autre éminence, toujours cachée et cependant toujours présente, et terriblement efficace.

Quand le père Joseph meurt, le 18 décembre 1638, son corps est inhumé, sur ordre du roi, devant le grand autel du couvent de la rue Saint-Honoré.

Princes, princesses, évêques, archevêques, ambassadeurs, membres du Parlement, chevaliers de la Mission chrétienne, chanoines, gentilshommes, tous suivent le cercueil de bois blanc qui contient la dépouille du père Joseph, cet être étrange qui n'a jamais rien voulu pour lui-même, mais tout pour la plus grande gloire de la royauté.

Richelieu, au premier rang, à genoux et la tête dans ses mains, répète comme une litanie, ce qui est fait extraordinaire chez lui :

– J'ai perdu ma consolation, j'ai perdu ma consolation...

Parvenu au faîte de sa grandeur, de sa puissance, Richelieu se sait haï. Du fond de son cabinet ou de sa chambre au palais Cardinal, si proche du Louvre que cela ne vaut même pas la peine de prendre carrosse pour rendre visite au roi, il connaît tout, sait tout, est au courant des affaires de chacun et de tout ce qui se trame en France. Son réseau d'espions est immense et comprend aussi bien prêtres, que médecins, favoris, seigneurs, domestiques ou dames de la cour. Ce qui se dit dans le cabinet du roi, en ville, dans les salons, les ruelles, dans les rues ; ce qui se chante sur le Pont-Neuf, lui est fidèlement rapporté.

Il sait qu'il est, de façon permanente, sous la menace d'une disgrâce royale. Une foule de gens n'attendent qu'un signe du roi pour le dépecer, le renvoyer à Luçon, ou même le faire disparaître.

Alors, il joue la comédie. Il joue les mourants. Il possède une imbattable scène de larmes... Il sait attendrir, émouvoir la sympathie du roi... et Dieu sait pourtant que ce n'est pas facile...

– Passez le premier, lui dit un jour le roi, avec une lumière inquiétante dans les yeux, puisque l'on dit que vous êtes le vrai roi !

Richelieu accuse le coup, puis se précipite :

– Oui, sire, dit-il en saisissant un flambeau qui se trouvait sur un coffre, et en passant froidement devant le roi. Oui, sire, afin de vous éclairer.

Tout Richelieu est dans cette repartie.

Le cardinal n'ignore pas que son existence est suspendue au destin du roi ; le roi sait, de son côté, qu'il ne peut diriger son royaume que grâce à cette poigne de fer, qui ne se dément jamais ; à cet être rouge qui lui est entièrement dévoué. Leurs destins sont bel et bien liés. Richelieu a belle allure et mine de seigneur ; cela ne serait rien s'il n'était doué d'une intelligence rayonnante. Il intimide même les plus hardis. Il n'est que deux personnes à pouvoir le regarder dans les yeux sans frémir, c'est la demoiselle de Gournay et le joyeux abbé de Boisrobert ; les yeux du cardinal sont d'un bleu d'acier, ils brillent tels des diamants : ... froids et rapides, rien ne leur échappe.

Pour gouverner, le roi et Richelieu savent que le cœur n'est pas nécessaire, ils sont convaincus que seule la raison est indispensable. C'est pour cela que leur gouvernement sera déshumanisé à l'extrême.

Louis XIII a l'habitude de dire : « Un roi ne doit pas avoir les sentiments d'un particulier... »

Mais l'impopularité de Richelieu fait naître des pamphlets vendus dans les rues ou chantés sur le Pont-Neuf, tel celui-ci :

*C'est le ministre des Enfers,*
*C'est le démon de l'univers.*
*Le fer, le feu, la violence*
*Signalent partout sa clémence.*
*Les frères du roi mal traictés,*
*Les mareschaux décapités,*
*Quatre princesses exilées,*
*Trente personnes désolées,*
*Les magistrats emprisonnés,*
*Les grands seigneurs empoisonnés,*
*Les gardes des Sceaux dans les chaînes,*
*Les gentilshommes dans les gesnes,*
*Tant de généreux innocents*
*Dans la Bastille gémissants...*

Son favori, Chavigny, n'est pas mieux traité :

*Il tromperait son propre père,*
*Il trahirait sa propre mère,*
*Si le cours de ses passions*
*Rapportait à ses actions.*
*Il a tant appris d'un tel maistre*
*Le mestier de fourbe et de traître*
*Qu'il est le premier favori*
*De ce ministre au cul pourri.*

La majorité de ces pamphlets qui flottent dans l'air de Paris, sont lus avec délices. On les imprime sur des presses clandestines parisiennes, ou bien ils arrivent de Hollande, passant les frontières en contrebande, voyageant parfois dans les fonds des carrosses d'ambassadeurs ou de hauts et puissants personnages, équipages que nul gabelou ne s'aviserait de fouiller.

Pendant que les Parisiens dorment encore, le Louvre s'éveille, Richelieu, bien avant dans la nuit, reçoit encore ses émissaires, ou, dans son cabinet, travaille à la plus grande gloire du royaume de France.

## *Chapitre XVII*

En ce XVII^e siècle aristocratique, aventureux et batailleur, tout est voué à la passion, au jeu, à la haine, à l'amour fou et démesuré... et aussi à la mort.

Le monde brillant des seigneurs de la cour, ou des gens d'esprit, la foule, plus prosaïque, des gens de la rue, tous connaissent, à des degrés qui diffèrent, les fléaux que sont la peste, la famine, la guerre...

Les hivers sont rigoureux, énormes ; les feux de reculée ronflent dans les hautes cheminées, essayant de chauffer les maisons, tandis qu'au dehors on patine devant le Louvre et que les loups ravageraient toute la campagne si les seigneurs n'y veillaient et n'organisaient des battues, qui ont pour double avantage de rassurer voyageurs et paysans et de distraire les seigneurs, car en hiver ils ne vont pas à la guerre et sont toujours avides de mouvement, de danger, d'aventure et de gloire.

Et voici qu'au printemps 1636 arrive au Louvre un jeune homme, beau comme le jour. Il a seize ans, l'air et les manières d'un prince, ivre de force, de jeunesse et de joie de vivre. Il est plein de fougue, de malice et très avide de goûter à toutes les joies de l'existence.

C'est Richelieu qui l'introduisit à la cour. Son désir secret est d'en faire un de ses espions et de le tenir bien en main. Henri de Cinq-Mars ne le sait pas encore..., mais Richelieu ne donne rien pour rien.

Henri de Cinq-Mars ne perd pas son temps en songeries maussades et inutiles. Il possède la clef d'or pour ce monde tourbillonnant de ce XVII^e siècle, qui est d'être de bonne humeur, savoir rire, sourire, et distraire les dames. Si l'orthographe de Cinq-Mars est fantaisiste, il aime les images, les vers. Ses reparties sont amusantes, et son langage s'émaille d'expressions à la mode, comme : « pleurer comme un veau », « y aller cul par-dessus tête », « jeter de la poudre aux yeux », « péter dans la main », dans le sens de briser... Il est charmant, et a tout pour plaire. Il a été élève de l'Académie de M. de Benjamin, qui se charge de l'éducation des rejetons des nobles et puissantes familles. Là, Cinq-Mars a appris de lui tout ce qui concerne son rôle de gentilhomme à la cour ; et aussi les mathématiques, la géographie, l'art des fortifications, l'équitation, la musique et la danse... Il lit romans à la mode, fait des vers ; apprend à marcher, à se présenter galamment, et aussi les belles manières. Et à qui rendait-on compte des progrès de son attention et de sa conduite ? A l'homme le plus redouté de France, celui qui fait trembler les têtes les plus altières : le cardinal de Richelieu, Premier ministre du roi Louis XIII.

Lorsque Henri d'Effiat de Cinq-Mars arrive au Louvre, cela fait plus d'un an qu'il a quitté le château familial d'Auvergne, construit en grandes pierres de granit sombre. Richelieu, en ami de la famille, connait bien. Depuis son enfance, Henri est terrifié par la terrible robe rouge. Mais il est jeune et sa tête est légère. Au Louvre, il retrouve une jeunesse turbulente et batailleuse, des garçons joueurs, orgueilleux, débauchés, ivres d'eux-mêmes, qui s'efforcent par tous les moyens de faire état de leurs extravagances, pour effrayer le bourgeois. Il faut éblouir, il importe de paraître. Pour ce faire, l'argent est nécessaire, mais, grâce à Richelieu, Henri n'en manque pas ; aussi est-il reçu à bras ouverts, car il est plaisant, spirituel, courageux et fort aimable. Il entre dans le monde de la cour avec enthousiasme et ravissement, et parvient à distraire le roi. Au Louvre maintenant, on danse, on éclate de rire, on boit à des santés dans la chambre de Sa Majesté, avec la rôtie au fond du verre. Louis XIII lui-même arrive à rire... Il oublie qu'il s'ennuie habituellement. Cinq-Mars est devenu le plus choyé et le plus éblouissant des muguets de la cour...

Mais l'ennui arrive par se coller aux plus brillants destins. Henri commence à exécrer sa vie au Louvre. Il s'ennuie et bâille lorsqu'il est loin de sa chère princesse Marie de Gonzague, duchesse de Nevers, dont il en est follement amoureux. Il supporte mal sa sujétion. Son devoir de distraire le roi lui devient une lourde corvée. Un jour que Louis XIII, souffrant, garde le lit. Un gentilhomme de la cour demande à Cinq-Mars :

– Comment va Sa Majesté ?

Cinq-Mars regarde son interlocuteur, fait la lippe et laisse tomber dédaigneusement :

– Il traîne.

Évidemment, cela est rapporté au roi, qui s'écrie :

– Le méchant, il eut voulu que je fusse mort !

Arrive enfin, la belle saison, la saison des châteaux, le temps où l'on se reçoit. On fait de la musique, du théâtre. C'est l'époque où Mmes les Divines, qui ne sont autres que les premières Précieuses, vont joyeusement en carrosse rendre visite à leurs amis. Henri de Cinq-Mars prend part à ces festivités, car une réputation ne se fait pas qu'à la cour et doit être consacrée par l'Hôtel de Rambouillet, et les autres salons ; par la société précieuse et délicate qui se rassemble tout autour de la place Royale. Il va rendre visite aux ravissantes hôtesses du Marais, sous les plafonds somptueusement peints des merveilleuses demeures. Il assiste à des joutes littéraires et d'esprit ; il y rencontre des écrivains, des poètes, des grammairiens, comme Ménage, et des libre-penseurs, qu'on appelle libertins.

On lui parle de Théophile de Viau, mais en chuchotant, car son souvenir sent encore par trop le fagot... Théophile... dont la vie fut si courte et si malheureuse. Il fit, dans un de ses poèmes, la description du logis de son père, où il passa son enfance. Humble logis, tout nimbé de lumière dorée, si légère, qui est celle de Clairac sur le Lot :

*Un petit pavillon dont le vieux bâtiment*
*Fut maçonné de briques et de mauvais ciment*
*Montre assez qu'il n'est pas orgueilleux de nos titres ;*
*Ses chambres n'ont plancher, toit, ni portes ni vitres*
*Par où les vents d'hiver s'introduisant un peu*
*Ne puissent venir voir si nous avons du feu.*

Théophile de Viau, qui arriva à Paris, alors qu'il avait tout juste vingt-ans !... C'était en 1611, au temps où le roi Henri vivait encore. Dans un cabinet de l'hôtel de Rambouillet, Henri de Cinq-Mars feuillette un volume. Il regarde M. Vincent Voiture, assis à côté d'une table où se trouvent de nombreux livres.

– Où vivait-il ?

– Veuillez me pardonner, mais je ne vous suis point. De qui voulez-vous parler ?

– De Théophile de Viau.

– Chez le duc de Montmorency, dont il était le protégé. C'est d'ailleurs dans la maison du duc qu'il composa *Pyrame et Thisbé,* qui fut joué avec un grand succès au palais Cardinal, devant le roi, la reine et Mgr le Cardinal. Il écrivit aussi *Larissa.* Tenez, ce n'est qu'un petit conte, et voilà comment il se termine, par les conseils d'une vieille femme à des jeunes gens...

– Voyons cela, dit Henri de Cinq-Mars.

Voiture sourit et se met à lire :

*– Tant que la vie vous le permet, vivez doucement et tâchez de prolonger le fil léger de votre heureuse jeunesse, jusqu'à l'âge des cheveux blancs ; alors, en rappelant par un agréable souvenir les plaisirs passés, vous consolerez les loisirs ennuyeux d'une vieillesse morose.*

– Vieillir n'a pas l'air gai...

– Vieillir n'est jamais gai..., mais n'y pensez plus, vous avez tout le temps.

– Qu'y a-t-il encore dans ce livre ?

– C'est le *Parnasse satirique.* Ce sont des poèmes scandaleux, pour lesquels Viau a été déclaré criminel de lèse-majesté divine et condamné au feu par contumace.

– Ah ! c'est donc pour cela que vous disiez qu'il sentait le fagot ?

– Avouez qu'il y a de quoi, d'autant plus qu'il a été bel et bien brûlé en effigie en place de Grève et ses œuvres aussi ; c'était vers 1623. On a chuchoté que la reine Anne se les était procurés et qu'elle les avait lus...

– Ah ! mais voici de très jolis vers, qui n'ont rien de scandaleux.

– Oui, c'était pour un ballet à la cour. Il faisait parler le dieu Apollon. Les voici :

*C'est moi qui pénétrant la dureté des arbres*
*Arrache de leur cœur une savante voix,*
*Qui fait taire les vents, qui fait parler les marbres*
*Et qui trace au destin la conduite des rois.*

*C'est moi dont la chaleur donne la vie aux roses*
*Et fais ressusciter les fruits ensevelis.*
*Je donne la durée et la couleur aux choses*
*Et fais vivre l'éclat de la blancheur des lys.*

*Si peu que je m'absente, un manteau de ténèbres*
*Tient d'une froide horreur ciel et terre couverts ;*
*Les vergers les plus beaux sont des objets funèbres,*
*Et quand mon œil est clos, tout meurt en l'univers.*

– C'est très beau.

– Oui, mais il est aussi accusé de ne pas croire en la résurrection des morts, car dans *Pyrame,* il avait écrit :

*Quand bien vous en mourriez, on voit la destinée*
*Ramener votre vie en ramenant l'année :*
*Une fois tous les ans nous vous voyons mourir,*
*Une fois tous les ans nous vous voyons fleurir,*
*Mais mon Pyrame est mort sans espoir qu'il retourne*
*De ces pâles manoirs où son esprit séjourne...*

Alors le Parlement ordonna l'arrestation de Viau qui se cachait au château de Chantilly. Il est poursuivi et va se réfugier dans la maison de Sylvie, vous savez, cette chaumière que le duc de Montmorency avait fait construire dans le parc de son château. Vous savez sûrement que Sylvie n'était autre que Marie-Félicie des Ursins, duchesse de Montmorency, chantée par les poètes, et notamment par Théophile, qui était à demeure à Chantilly. Son *Parnasse satirique* ayant été jugé scandaleux par le roi la justice royale fut impitoyable, et le 19 août 1626, il fut brûlé en effigie avec ses ouvrages, dont *Pyrame.* Quelques jours plus tard, paraît un ouvrage furieux du père Garasse, qui était jésuite, *la Doctrine curieuse des beaux esprits de ce temps,* une violente diatribe contre les athées, et en particulier contre Théophile de Viau. Terrorisé, il quitte Chantilly, où il ne se sent plus en sécurité, et va se réfugier en Angleterre, poursuivi par les gens du roi. Le 27 septembre, il est arrêté au Catelet, près de la frontière, transféré à Paris sous bonne garde et enfermé dans la cellule de Ravaillac, où il resta deux ans.

– Pauvre Théophile ! Avez-vous quelques lignes de ce fameux Parnasse ?

– Oui. Il est interdit de le posséder, vous savez, et même de le lire.

– Bien sûr, mais comme la reine l'a lu, il faut bien que ses sujets sachent ce qu'elle y a trouvé.

– C'est assez atroce. Les voici. Savez-vous qu'il y avait bien cinquante mille athées à cette époque en France, et peut-être que maintenant il y en a tout autant ou peut-être davantage.

– Ce n'est certainement qu'une attitude, un jeu...

– Peut-être, mais un jeu que l'on paie de sa vie...

– Puis-je les lire ?

– Oui, mais n'en parlez pas.

– Bien sûr !

Et Henri de Cinq-Mars se mit à lire, en écarquillant les yeux, et parfois en riant :

*L'autre jour je vis dans un temple*
*Des beautés qui n'ont point d'exemple,*
*Où, malgré le respect du lieu,*
*Mon vit, levant sa rouge creste,*
*Jugea que vous étiez plus preste*
*A chevaucher qu'à prier Dieu.*
*Si nous eussions eu la lissance,*
*Comme au siècle de l'innocence,*
*Pour exécuter nos desseings,*
*Je veux que le diable me tue,*
*Si je ne vous eusse foutue*
*A la barbe de tous les saints.*

– C'est cela qui l'a fait condamner ?

– Oui, en partie, et bien d'autres encore... Alors, le pauvre Théophile, enfermé dans la cellule de Ravaillac, ce qui devait manquer de gaieté, écrivait encore des poèmes, à sa façon, et dans lesquels il se plaignait ; tenez, en voici un :

*Philis, tout est foutu ! Je meurs de la vérole.*
*Elle exerce sur moi ses dernières rigueurs.*
*Mon vit baisse la tête et n'a point de vigueur,*
*Un ulcère puant a gasté ma parole.*

*J'ay sué trente jours, j'ay vomy de la colle ;*
*Jamais de si grands maux n'eurent tant de longueur,*
*L'esprit le plus constant fut mort à ma langueur,*
*Et mon affliction n'a rien qui la console.*

*Mes amis plus secrets ne m'osent approcher,*
*Moy mesme en cet estat je ne m'ose toucher ;*
*Philis, le mal me vient de vous avoir foutue !*

*Mon Dieu, je me repens d'avoir si mal vescu,*
*Et si votre courroux à ce coup ne me tue,*
*Je fais vœu désormais de ne foutre qu'en cu.*

– A la Conciergerie, après son deuxième interrogatoire, Théophile, vraiment très abattu, continuait à écrire sur le même thème :

*Que mes jours ont un mauvais sort,*
*Que ma planète est mal logée,*
*Que ma fortune est enragée,*
*De me persécuter si fort.*

*L'on ne me voit point rire aux farces,*
*Je n'aime ni bal ni chansons ;*
*Foutre des culs et des garçons !*
*Maugrebieu des cons et des garces !*

*L'un me dit : « Ta femme chevauche » ;*
*Je viens de perdre mon argent ;*
*Je fais rencontre d'un sergent,*
*J'ai veu le croissant à gauche.*

*Je me fasche et me plains de tout,*
*Tout ce que je vois m'importune ;*
*Ventrebleu ! le destin me fout,*
*J'enrage contre la fortune !*

*Je pisse le verre et le feu,*
*Je ne crache que de la colle,*
*Je n'ay presque plus un cheveu,*
*Ha ! Ventrebleu ! j'ay la vérole ! ...*

*J'ay la gravelle dans les reins,*
*Je ne trouve plus que je foute,*
*Et la sainte ampoulle de Reims*
*Tarirait plutost que ma goutte...*

– Fermons bien vite ce petit livre et cachons-le dans cette encoignure, derrière le rideau...

– Mais quel est donc ce portrait, qui détient une telle force en lui...

– C'est Rabelais, mais je crains qu'on ne l'ait fait à plaisir, à peu près comme on croyait qu'il était.

– Quel gaillard, sacrebleu !

– Connaissez-vous son histoire, lorsqu'il était allé à Rome avec l'évêque de Paris ?

– Non.

– Eh bien, mon cher, il n'a pas voulu approcher le pape...

– Pourquoi ?

– Il a dit : « Puisqu'il a fait baiser ses pieds à mon maître, il me ferait baiser son cul ! »

– Ha, ha, ha !

– Et savez-vous ce que l'évêque de Paris et sa suite lui ont fait sur le chemin du retour ?

– Ils l'ont pendu ?...

– Non, cela se serait su ; non, mais pour s'amuser à ses dépens, ils sont partis dans la nuit en emportant tout son argent et le laissant seul à l'auberge. C'était à Nisse, de Provence, au bord de la Méditerranée ; c'est un pays où il fait très chaud. Donc, voilà Rabelais, se réveillant au matin et se rendant compte qu'il est non seulement seul, mais encore démuni d'argent. Aussitôt, il se met à penser et trouve une belle invention pour se faire conduire à Paris diligemment et sans bourse délier. Il va à la cheminée, prend de la cendre qu'il mêle à du plâtre, puis en fait un petit paquet. Il en mêle d'autre avec du charbon, et d'autre encore avec du sable et de la suie. Il fait en tout trois paquets, met une étiquette à chacun, les laisse sous le tapis de la table et s'en va à la messe. La servante qui vient pour ranger la chambre trouve les petits paquets et va les montrer à son maître. Sur les paquets, François Rabelais avait écrit : *Poudre pour empoisonner le roi, Poudre pour empoisonner la reine, Poudre pour empoisonner le dauphin,* et sur tous il avait écrit que ces poudres tueraient quiconque les sentirait. Nisse faisait partie du royaume. L'aubergiste avertit le magistrat, qui conclut d'envoyer cet homme au roi..., et où se trouvait le roi ?... à Paris ! Or c'était justement là où maître François voulait aller. On le prend et on le jette sans ménagement sur un cheval. Et Rabelais riait, et racontait tant de contes et de farces, et se moquait tellement de ses accompagnateurs, qu'ils ne savaient pas comment le traiter. Quelques jours plus tard, ils arrivent enfin à Paris et vont directement au Louvre. C'était précisément le jour où l'évêque de Paris venait rendre compte au roi de son ambassade à Rome. Soudain, dans la cour, ils entendent de grands cris : « Voilà maître François ! Voilà maître François. » L'évêque, intrigué, met la tête à la fenêtre et voit Rabelais, sur un cheval, ficelé comme un saucisson. On le mène comme cela devant le roi.

La cour en parla pendant des semaines, et Rabelais en rit pendant des mois.

Soudain, la porte s'ouvrit et un homme fort bien vêtu s'avança ; il avait l'air fort doux aimable et bénin.

– Qui est-ce ? demanda Henri de Cinq-Mars.

– Peu importe, il est sans intérêt, puisqu'il est toujours de l'avis du plus fort. Sache qu'il est capable des pires vilenies, mais il ne les fait que lorsqu'il est sûr de pouvoir les faire impunément.

– Pouah !

– Pouah ! peut-être, mais il est sûrement né d'une fausse couche, baptisé avec du faux sel, il ne passe que par des fausses portes et ne chante qu'en faux-bourdon.

– C'est une plaisanterie...

– Il est une plaisanterie, saumâtre.

– Et qui est ce gros garçon, plein de cheveux noirs, de moustaches, de rougeurs, de dentelle et de rubans, qui arrive en tenant Mme de Ribaudon par la main... Mais il louche fort, le malheureux !

– C'est du Parquet. Dès demain va courir sur lui une chanson sur le Pont-Neuf. Tous ces coquins de laquais vont la chanter. Tiens, un des miens m'a déjà apporté cette feuille... écoute :

*C'est M. du Parquet,*
*Cet homme si coquet.*
*Eh quoi ! ne connaissez-vous pas*
*Le brave du Parquet et ses louches appats ?*

» Attends, ne ris pas si fort ; écoute, ce n'est pas fini.

*Les dames dans les cours,*
*Pour lui font mille tours,*
*Et tous les princes de bon cœur*
*Lui vont criant : « Parquet, ton serviteur. »*

*Il est divertissant,*
*Lui seul plus de cinq cents ;*
*Sans ce garçon, le cabinet*
*Ni les ruelles n'ont rien de parfait...*

» Écoute, écoute, ce n'est pas fini, il y en a une autre qui se termine comme cela :

*Il n'est pas jusqu'au perroquet*
*Qui ne dise : « Bonjour, Parquet. »*

Les deux amis, écroulés de rire, se cachaient derrière les rideaux ;

– Allons, viens dans le cabinet des livres, nous y serons plus tranquilles.

A ce moment, des enfants passèrent en riant tout aussi somptueusement vêtus que des grandes personnes. Visiblement, ils cherchaient à attraper le cardinal de La Valette par sa robe couleur de flamme, lequel se glissa sous un haut lit pour se cacher. Les enfants le poursuivirent au milieu des éclats de rire.

Tout l'hôtel n'est que rires, chansons, airs de théorbes et de luths, partout règne le tourbillonnement de toute une compagnie qui cherche à se divertir... Ici, des vers délicatement dits et écoutés avec la plus grande attention, suivis de murmures flatteurs et d'applaudissements.

Vincent Voiture et Henri de Cinq-Mars passent derrière une tapisserie et pénètrent dans un vaste cabinet, où armoires et tables débordent de livres et de papiers soigneusement rangés.

– Mon Dieu ! Quelle bibliothèque... Que de livres !

– Oh ! tu sais, il y a bien plus important que cela. La bibliothèque de M. Guy Patin possède à elle seule neuf mille volumes, mais de mauvaises langues disent qu'il y a mis n'importe quoi...

– Tiens, quel est donc ce petit livre de papier gris, presque éteint.

– Tu as vraiment l'art de toucher du doigt le feu... C'est tout ce qui reste des œuvres d'Estienne Durand...

– Tu veux dire de celui qui...

– Oui, c'est bien cela. Il fait partie des poètes maudits... Pauvre Estienne Durand... Un tel talent anéanti par son insouciance, son manque de prudence et sa vanité. Le roi a eu parfois la main rude et a détruit tout ce que sa mère aimait ; or Durand était le poète préféré de la reine Marie de Médicis. Quoi qu'il en soit, il a été accusé et convaincu d'avoir ourdi un complot contre le roi avec les deux frères Sity, qui avaient été secrétaires de l'évêque de Tours, frère de feue la maréchale d'Ancre. Un libelle diffamatoire contre la personne du roi a été saisi...

– Pour Dieu, parle plus bas... Le cardinal a des oreilles partout...

– Tu sais, il avait vingt-huit ans... C'est triste, c'est affreux de mourir roué vif, et que l'on sait qu'à la suite de cela on doit être brûlé avec ses livres de poèmes, afin qu'il ne reste absolument rien de vous...

– Qu'avait-il écrit ?

– Un pamphlet contre le roi et les affaires du temps, qui s'intitulait : *la Riparographie.*

– L'as-tu ?

– Non, et je t'avoue ne l'avoir jamais lu ; il faut bien dire que moins on sait de choses sur cette affreuse affaire, mieux cela est. Les archers et les agents du roi ont fait bonne et diligente besogne. Enfin, il fut convaincu de crime de lèse-majesté et condamné à la roue et au feu, comme je te l'ai déjà dit. J'ai assisté au châtiment... Ciel ! c'était affreux ! Il était un si gai et si agréable compagnon...

– Remets-toi. Tiens, prends un verre de vin...

– Regarde, voici l'arrêt du Parlement, à la date du 19 juillet 1618.

Henri de Cinq-Mars s'asseoit et lit tout bas :

> Veu par le conseil, le procès criminel fait et parfait par les commissaires députés par le conseil à François et André Sity frères, natifs de Florence, et d'Estienne Durand, natif de la ville de Paris, prisonniers es prisons dudit conseil à la requeste du procureur général du Roy demandeur en crime de lèse majesté pour raison de livres et discours faits, composés et escrits contre l'honneur et l'authorité du Roy, par attaques, factions et menées contre son service, bien, repos de son Estat, tant dedans que dehors le royaume, lesdits livres et discours, mémoires et lettres missives desdits François et André Sity, tant en langue française qu'italienne et en chiffres, premier arrest de détention audit conseil du quatrième juillet 1618, autre arrest du dit conseil du sixième dudit mois, ouï lesdits François et André Sity et ledit Durand, sur la sellette pour ce mandés audit conseil, conclusions du procureur général du Roy.
>
> Dit a esté que le conseil a déclaré lesdits François Sity et Etienne Durand, avoir composés et escrits lesdits livres, discours et mémoires, et par eux avoir ledit André Sity fait des pratiques, menées et intelligences contre l'honneur et authorité du Roy... pour réparation desquels crimes le conseil a condamné et condamne lesdits François Sity et Durand à estre menés par l'exécuteur de la haute justice dedans un tombereau au-devant de la principale porte de l'église Nostre-Dame de cette ville de Paris, nuds, en chemise, la corde au col, tenant chacun en leurs mains une torche ardente du poids de deux livres... de là, estre menés et conduits en la place de Grève, et là estre rompus vifs et brisés sur un échafaud qui, pour ce faire, sera dressé au dit lieu, et mis sur une roue pour y demeurer tant que mort s'ensuive, et après estre leurs corps, ensemble lesdits livres et discours brûlés et leurs cendres jetées au vent ; et ledit André Sity a estre mené en un tombereau par ledit exécuteur de la haute justice en ladite place de Grève et estre pendu et estranglé à une potence qui, pour ce faire, sera dressée en ladite place, et auparavant ladite exécution, ledit conseil a ordonné que lesdits François et André Sity et Durand seront mis et appliqués à la question ordinaire et extraordinaire pour scavoir d'eux la vérité et leurs complices ; et a ledit conseil condamné lesdits Sity et Durand en trois cents livres pour les batiments de l'hopital Saint Louis de cette ville de Paris et en la somme de deux mille cinq cents livres applicables en œuvres pies ainsi que le conseil sera ordonné, et la somme de mille cinq cents livres applicables aux nécessités dudit conseil déclare le surplus des biens desdits Sity et Durand acquis et confisqués au Roy. A Paris le dix-neuvième jour de juillet 1618.

Un silence plane... Les deux hommes regardent par les hautes fenêtres les frondaisons vert sombre du jardin. Une image s'impose à leur esprit, nette, vibrante ; en flammes brûlantes...

La journée est avancée, nous sommes le 19 juillet 1618. Revêtu de la chemise infamante, Estienne Durand, est traîné la corde au cou dans un tombereau vers Notre-Dame. Ses ouvrages sont entassés auprès de lui. Il sait qu'avant la tombée de la nuit, lui-même et ses recueils de poèmes, et de prose seront réduits en fumée et en cendres. Il est ainsi conduit vers le lieu terrible de sa fin, cette place de Grève, où il est si fréquemment venu assister à des feux d'artifice, où il a vu passer le roi ou la reine ; cette place de Grève, contre laquelle l'eau de la Seine se glisse en frémissant... Il est devenu le plus misérable des hommes, car il se dirige vers un échafaud déjà gluant de son sang, et où les bourreaux l'attendent en fixant les lourdes chaînes avec lesquelles il sera attaché à la roue infâme jusqu'à sa mort...

Il se souvient du poème qu'il aime par-dessus tous les autres, résultat de ses méditations sur l'inconstance. Il a été durement maltraité pendant les séances de torture auxquelles il a été soumis, si bien qu'il ne peut ni marcher, ni se tenir debout. On le hisse sur la plate-forme. Dans son esprit, reviennent en adieu les stances qui chantent à son esprit :

*Esprit des beaux esprits vagabonde insconstance,*
*Qu'Eole Roy des vents avec l'onde conceut,*
*Pour estre de ce monde une seconde essence,*
*Reçoit ces vers sacrez à ta seule puissance*
*Aussi bien que mon âme autrefois te receut.*

*Déesse qui partout et nulle part demeure,*
*Qui préside à nos jours, et nous porte au tombeau,*
*Qui fait que le désir d'un instant naisse et meure,*
*Et qui fait que les cieux se tournent à toute heure,*
*Encore qu'il ne soit rien ny si grand, ny si beau.*

*Si la terre pesante en sa base est contrainte,*
*C'est par le mouvement des atosmes divers,*
*Sur le dos de Neptun ta puissance est dépeinte,*
*Et les saisons font voir que ta Majesté saincte*
*Est l'âme qui soustient le corps de l'Univers.*

*Nostre esprit n'est que vent et comme un vent volage,*
*Ce qu'il nomme constance est un branle rétif ;*
*Ce qu'il pense aujourd'hui demain n'est qu'un ombrage,*
*Le passé n'est plus rien, le futur un nuage,*
*Et ce qu'il tient présent, il le sent fugitif.*

*Je peindrais volontiers mes légères pensées,*
*Mais déjà le pensant, mon penser est changé,*
*Ce que je tiens m'eschappe, et les choses passées*
*Toujours par le présent se tiennent effacées,*
*Tant à ce changement mon esprit est rangé.*

Il est couché sur la roue...

*Aussi depuis qu'à moy ta grandeur est unie.*
*Des plus cruels desdains j'ai sceu me garantir.*
*J'ai gaussé les esprits, dont la folle manie*
*Esclave leur repos sous une tyrannie,*
*Et meurent à leur bien pour vivre au repentir.*

*Entre mille glaçons je scai feindre une flamme,*
*Entre mille plaisirs je fais le soucieux,*
*J'en porte une à ma bouche, une autre dedans l'âme,*
*Et tiendrais à péché, si la plus belle Dame,*
*Ne retenait le cœur plus longtemps que les yeux.*

*Doncques fille de l'air de cent plumes couvertes,*
*Qui de serf que j'étais m'a mis en liberté,*
*Je te fais un présent des restes de ma perte,*
*De mon amour changé, de sa flamme déserte,*
*Et du folastre object qui m'avait arresté.*

Il est enchaîné...

*Je te fais un présent d'un tableau fantastique,*
*Où l'amour et le jeu par la main se tiendront,*
*L'oubliance, l'espoir, le désir frénétique,*
*Les serments parjurés, l'humeur mélancolique,*
*Les femmes et les vents ensemble s'y verront.*

*Les sables de la mer, les orages, les nues,*
*Les feux qui font en l'air les tonnantes chaleurs,*
*Les flammes des esclairs plustost mortes que veues,*
*Les peintures du Ciel à nos yeux incognues,*
*A ce divin tableau serviront de couleurs...*

– Pourquoi t'arrêtes-tu de dire ces vers admirables ?
– Cela me fait trop de peine, parlons d'autre chose ; mais sais-tu que cette affaire a continué d'une étrange façon ?
– Comment cela ?
– Dans Paris, quelqu'un était très inquiet, et très tourmenté par cette arrestation et cette exécution ; c'était le peintre Quentin Varin, tu sais, le maître de Nicolas Poussin, à qui Claude Maugis, trésorier de la reine mère s'était adressé, à la fin de 1617 ou au

début de 1618, pour exécuter des tableaux qu'elle voulait faire placer dans le nouveau palais du Luxembourg. Quentin Varin avait été l'ami et le commensal du poète Etienne Durand.

» Quand il sut que Maugis le recherchait, Quentin Varin, pris de panique, quitta Paris en toute hâte. Nul ne put le retrouver ; de telle sorte que Claude Maugis dut s'adresser à un autre peintre qui n'est pas mal non plus. Rubens, tu connais sûrement. C'est à lui qu'il demanda de décorer le Luxembourg. Varin ne sut jamais qu'il avait été recherché seulement pour travailler.

– Tout cela est beau et triste. Ne restons pas là.

Pendant ce temps, la nuit était tombée. Des valets silencieux et actifs apportaient des chandelles. Des cavaliers, superbement vêtus, arrivaient à grand bruit dans la cour, précédés et suivis par des porteurs de torches et escortés par de grands lévriers blancs à taches noires.

Dans les rues, ce ne sont que cris, aboiements, hennissements et murmure ébloui de bonnes gens, qui se garent comme ils peuvent contre les murs des maisons, tout éclaboussés de boue. Mais cela ne fait rien. Ils veulent voir.

– Ce sont les Croates. Ce soir nous attentions le comte Zrinyi, vous savez, qui est roi de Croatie, là-bas, entre l'Autriche et la Grèce.

Le cortège croate continue à s'engouffrer dans le portail ouvert à double battant de l'hôtel de Rambouillet, sommé de deux gros pots à feu, qui font danser des jeux d'ombre et de lumière sur les maisons environnantes. Dans la cour, des cavaliers mettent pied à terre, devant le perron d'honneur. Les chiens qui ont escorté les cavaliers dans une course folle sont conduits par des valets vers le chenil, tandis que deux d'entre eux, au pelage blanc et noir, au front têtu et l'œil sombre, aux pattes longues et fines, suivent silencieusement leur maître, à l'intérieur de la demeure. Parfois un aboiement bref et sourd leur échappe. Ils sont beaux et hiératiques, comme chiens de pierre. Entre deux haies de valets tenant des lumières, le comte Zrinyi gravit le grand escalier. Escorté par les seigneurs de sa suite, il pénètre dans les appartements, où se trouve déjà une très nombreuse compagnie.

– Quelle carrure ! ce seigneur semble bâti pour tailler des montagnes.

– Il est vrai que le comte Zrinyi est d'une famille qui ne compte plus ses héros. A vienne, il est reçu en grande faveur par l'empereur Ferdinand. Il est le descendant d'une des plus grandes et des plus anciennes familles de ces confins qui jouxtent le pays des Turcs. Vous me disiez tout à l'heure qu'il semblait fait pour tailler des montagnes, et c'est un peu vrai, car ce grand seigneur a un je ne sais quoi de farouche et même sauvage. Sa puissance est extrême. C'est un féodal.

» On ne fait ni plus fier ni plus brave. Il est pur comme la lame brillante d'une bonne épée. Regardez-le bien, car, pour notre civilisation chrétienne, il est de ceux qui combattent bravement sans compter. La Croatie est à la frontière qui sépare notre monde chrétien de l'Empire ottoman. Depuis quatre cent ans cette famille combat les Turcs, pour que vive notre croyance en Dieu. Depuis quatre siècles, ils veillent et empêchent les Turcs d'entrer plus avant en territoire chrétien.

Quand ils meurent dans des batailles, et que leurs châteaux sont détruits, leurs fils reprennent l'épée et rebâtissent les châteaux de leurs pères. Nicolas Zrinyi s'est battu pour Vienne et en a défendu les remparts contre l'invasion turque en 1529... Pour eux, la vie est une bataille de chaque instant. Ils sont les défenseurs de la chrétienté.

– Celui qui vient ce soir semble peu fait pour hanter nos ruelles...

– Ne croyez pas cela ! Bien que leurs châteaux ressemblent à des forteresses prêtes à subir à chaque instant des assauts et que les villes qui dépendent de leur gouvernement soient pourvues de bons et hauts murs gardés sur pied de guerre nuit et jour, et de même qu'ils paraissent plus fait pour guerroyer que pour faire la cour, ces Zrinyi ont l'esprit fort délié. Leur culture est vaste et beaucoup plus italienne que sauvage, comme vous semblez le penser, et extrêmement raffinée. Certaines de leurs demeures dominent la mer baignée de soleil où les petites îles s'entrecroisent. Le comte Zrinyi parle hongrois, latin, français bien sûr, italien, allemand et polonais...

– Vous paraissez les aimer fort bien les connaître.

– Oui ! je ne le cache pas. Ils sont hauts et puissants princes. Une très grande partie de leur famille est alliée aux Rakoczi.

– Les rois de Hongrie !

– C'est cela, et aux Bathory aussi, qui sont princes de Transylvanie, aux Nadasdy et aux Frangipani, qui remontent à Grégoire le Grand. Savez-vous que le nom des Frangipani vient du fait qu'un de leurs ancètres distribua du pain aux pauvres, dans un temps de grande cherté ? D'où leurs armes, qui sont d'azur à deux mains d'argent tenant un pain coupé en deux moitiés. Au douzième siècle, le pape Alexandre III leur confia la défense de Rome contre l'empereur Barberousse. Une branche de cette famille s'établit en Hongrie au treizième siècle.

– Frangipani... ! Mais mes gants sont parfumés à la frangipane.

– Parfum créé par le maréchal de Frangipani. Il faut bien se dire que les importantes familles de Hongrie, et de Croatie sont les Zrinyi, les Frangipani, les Nadasti et les Rakoczi. Leurs lignées ont de bien sombres lueurs, comme la plupart des nôtres, d'ailleurs. Il y a peu d'années, c'était si je ne me trompe en 1610,

Elisabeth Bathory, épouse du comte Nadasdy, était belle, fière et orgueilleuse. Ayant aperçu une ride sur son visage, et ne voulant pas vieillir, elle fit assassiner quatre-vingts paysannes des alentours et remplir un baquet de leur sang, afin de s'y baigner et de leur prendre leur jeunesse.

– C'est affreux... !

– Oui, surtout si l'on imagine la scène... le château de Csejthe qui domine ces terres désolées razziées régulièrement par les Turcs... Les hauts flambeaux brûlant sur les murs et éclairant la chambre de la princesse, faisant mouvoir sur les tapisseries tendues sur les murs des ombres diaboliques, pendant qu'au dehors, le vent tournoie en hurlant autour de la forteresse – car Csejthe est une maison forte... Imaginons-la, se relevant de ce bain de sang, toute dégoulinante, et poisseuse de sang frais...

– C'est horrible, tout à fait.

– Et ce n'est pas tout ! Elle a été dénoncée, découverte et punie. Elle a mis quatre ans à mourir emmurée dans sa chambre du château de Csejthe, sans lumière et sans croix. On se souviendra longtemps, en haute Hongrie, du sombre château sur son piton dénudé, battu par les vents, encadré par les quatre potences noires, signe que là vivait encore une condamnée à mort. Elle est morte dans la nuit du 21 août 1614.

– Comment, pouvez-vous vous souvenir de tels détails...

– On se souvient parfois des cauchemars...

– Changeons de sujet... C'est à vous rendre malade.

Mais leur attention est bientôt captée par l'attitude hallucinée et insolite de Sapho de Chastagnier. Ils s'approchent d'elle et lui prennent les mains. Elles les regarde sans les voir, et se met à parler :

– Ecoutez, écoutez, dit-elle à mi-voix ; ô, écoutez, cela se presse sur mes lèvres.

Sapho de Chastagnier, dans sa robe de velours bleu brodée d'or, perles au col, dentelle et rubans, diamants dans ses cheveux bouclés, se tient très droite devant la haute cheminée et semble nimbée d'un halo surnaturel. Son ombre découpée par le grand feu erre par la salle. Ses yeux brillants semblent perdus dans les arabesques des poutres peintes et armoriées. Une jeune fille très blonde, très jolie, Marie de Rabutin-Chantal, la regarde pensivement, avec intensité.

Soudain, Sapho de Chastagnier récite d'une voix sourde, audible lentement pour les personnes qui l'entourent :

*– Comme ces oiseaux de mer qui meurent sur le rivage*
*Tandis que des nuages blancs passent au ras des vagues*
*Et vont voguer au loin comme des voiliers blancs ;*
*Colonne de merci ; temple de la détresse ;*

*Epaisseurs horrifiées où naissent les ivresses*
*Nocturnes, échevelées, comme sont les déesses*
*Au sortir d'une nuit où tremblèrent les étoiles.*
*La nuit s'est abattue comme un vol de gerfauts ;*
*Le cercueil de cyprès est entré dans le marbre ;*
*Le sourire s'est figé ; la douleur est inquiète ;*
*Jamais plus ils n'auront le bonheur d'exister,*
*D'avoir un chef sublime, un être que l'on aime.*
*Une mort, une main, un destin, l'âme sombre*
*Qui suivit pas à pas sa victime à la tombe.*
*Ame noire, insolite, errant par les couloirs.*
*Lieux où rien ne résonne et où rien ne transperce.*
*Les raisons de l'État ne sont jamais connues,*
*Et les salons dorés gardent bien leurs tempêtes.*

– Vous n'êtes vraiment pas gaie... Ne restez pas comme cela, ma toute belle, tenez ma main, asseyez-vous et prenez donc ce doigt de vin pour vous remettre.

– Çà ! donnez-nous donc de la musique, cria le marquis de Pisani, fils de la marquise de Rambouillet, aux joueurs de luths et de théorbes. Jouez-nous donc *Quand ma mie, si jolie* et chantez aussi, je vous prie.

Le brouhaha est général. Peu de personnes ont entendu le poème de l'au-delà, que Sapho de Chastagnier a capté en regardant le comte Zrinyi à l'exclusion de tout autre. Mais, Dieu merci, celui-ci, ne s'est aperçu de rien. Sapho... avec ses visions qui font rire, un rire auquel se mêle toutefois un petit frisson d'inquiétude.

Le comte Nicolas Zrinyi s'était approché, allant de l'un à l'autre. Il est un seigneur d'un abord fier, mais son amabilité et sa courtoisie sont extrêmes.

– Mais la Croatie, c'est le Moyen Age ! Cela semble si loin, au fond de ces montagnes et de ces forêts... Les confins, cela veut dire quelque chose...

– Vous pouvez aussi ajouter la Hongrie, car ces deux pays sont logés à la même enseigne, et sur pied de guerre constamment. Ce sont des peuples combattants et les gardiens des pays chrétiens.

– Et cependant, en le voyant ainsi, dans ce salon, magnifiquement vêtu, portant fourrures, dentelle, rubans et bijoux superbes, faisant la cour aux plus aimables femmes de France, qui pourrait penser un seul instant...

– Mais c'est cela la vie ! C'est notre vie..., voyons, vous le savez bien. Nous nous battons pour le roi, quand il demande notre participation à une guerre qu'il juge nécessaire, pour sa gloire et notre liberté, et nous savons vous aimer, vous toutes nos très belles...

– Mais cez Zrinyi, ces Frangipani, ces Rakoczy, et les autres...

– Ils obéissent d'abord aux situations qui s'imposent à eux. Ils doivent faire face. Ce sont de grands seigneurs, ayant comme tels leurs armées, leurs vassaux et leurs sujets. Ils se battent quand ils le jugent bon et quand ils le jugent nécessaire. Quand il faut le faire.

– Ils ne pourraient pas vivre en France, car notre terrible cardinal leur aurait déjà fait couper cent fois la tête, puisqu'ils ne pourraient pas vivre là où on leur dicterait leur conduite.

– C'est ce qui va leur arriver... dans un quart de siècle... Oui, environ vingt ou trente ans...

– Que nous racontez-vous là, Sapho ?

Mme de Chastagnier paraissait perdue dans ses pensées, puis :

– Dans ce temps, on leur coupera la tête. Les Zrinyi auront disparu... Leur palais de Zagreb sera vide !...

– Impossible, ils sont nombreux et ont de la descendance...

– Ne me croyez pas si cela ne vous plaît, mais je vois trois têtes coupées le même jour. Je vois aussi un jeune seigneur – c'est un prince – qui mourra de désespoir... Sa femme, après sa mort, s'enfermera avec ses deux enfants dans une forteresse. Oh ! laissez-moi voir !... La forteresse s'appelle Munkaks. Cette jeune femme, aux yeux pleins de larmes et de feu tiendra en échec pendant trois ans les troupes de l'empereur d'Autriche... Je vois des larmes et des prisons... et du sang... C'est un drame antique, complet, historique, tel que Rome a pu en connaître... Je vois un jeune garçon qui s'en va seul, au loin, puis disparaît... Il sera si seul..., si perdu... Ensuite, tout devient sombre..., comme l'ombre immense d'un aigle noir volant sous le soleil...

– C'est d'un triste !

Le comte Zrinyi s'approchait :

– Par Dieu, mesdames ! pourquoi paraissez-vous si mélancoliques.

Sa voix était mélodieuse, bien timbrée, et son accent parfait, bien que roulant terriblement les r.

– Nous ne sommes point tristes, monseigneur, nous nous racontions seulement des histoires.

– Puis-je les entendre ?

Mme de Rambouillet s'approchait :

– Donnez-moi la main, comte, et conduisez-moi à la cheminée. Parlez-moi de la Croatie et des Turcs, et des îles de soleil qui bordent la côte de votre pays.

– Sapho est vraiment assommante avec ses visions !... Croyez-vous qu'elle voie quelque chose ? demandait Boisrobert à Voiture.

– Pour Zrinyi, je souhaite qu'elle se trompe, mais si elle voit vraiment dans le temps au-delà de ce que nous pouvons voir, pourquoi vouloir l'empêcher de nous raconter ses visions ? Et qui pourrait le faire, d'ailleurs ? car elle a, ne l'oubliez pas, une volonté digne d'un soldat croate. Etes-vous parvenu à lui faire entendre raison dans ces moments-là ? Moi, non !

– Elle m'a raconté un jour une histoire incroyable.

– Quoi donc ?

– Eh bien, elle a lu dans les astres et a eu des visions dans une flaque d'eau sous la lune.

– Et alors ?

– Eh bien, j'ai vu aussi...

– Mais quoi donc ? Pourquoi parler avec tant de réticences, avec cet air embarrassé qui n'est pas le vôtre ?

– Ne vous moquez pas, mais j'ai vu de grosses fourmis avec des yeux lumineux qui parcouraient les rues...

– Des fourmis..., vraiment ? Il faut vous faire saigner.

– Non, non ! Des fourmis, vous dis-je, et Dieu me pardonne..., mais...

– Mais ?

– Mais elles avaient des roues.

– Non, ne me dites plus rien, vous vous moquez.

– Non, non ! et j'ai vu aussi autre chose.

– Quoi donc ?

– Il y avait du monde dedans...

– Dans quoi ?

– Dans les fourmis...

– Holà ! quelqu'un !... qu'on aille sur l'heure chercher le barbier pour une saignée...

– Mais je n'ai pas tout dit.

– Vraiment, vous me gâtez ! Qu'y avait-il encore ?

– Eh bien, les Tuileries n'étaient plus là...

– Allons, allons, ne pensez plus. Vous avez l'œil fixe !

– Je vous assure que les fourmis de toutes les couleurs couraient dans les rues... Ciel ! mais qu'avez-vous ? Vous paraissez tout pâle.

– Ces histoires de fourmis me tourneboulent. Mais, mon amie très chère, qu'écrivez-vous là ?

Assise à une table, plus jolie que jamais, Marie de Rabutin-Chantal dessinait des signes cabalistiques sur une feuille de papier.

– Ce que vous dites.

– Vous faites des barres et des ballons. C'est jeu d'enfant.

– Au palais, les avocats s'en servent, et savez-vous que le scribe de Cicéron employait cette manière d'écrire. Cela s'appelle la sténographie.

– Relisez-moi ce que vous venez d'écrire.

– Vous faites des barres et des ballons, c'est jeu d'enfant...

– C'est parfaitement vrai ; mais comment faites-vous ?

– Il faut apprendre tout un alphabet et des assemblages de lettres.

– Cela ressemble à un élément de fabrique.

– Allons voir Sapho de Chastagnier ; allons la voir demain dans sa maison, elle regardera dans sa boule de cristal... L'autre jour, nous étions à Versailles, et là elle a eu une vision étrange, et si précise qu'elle pouvait compter les fenêtres de l'immense palais, qu'elle voyait à la place du maigre petit château de notre roi.

– Quel immense palais ?

– Eh bien, elle a vu un immense palais de briques et de pierre sommé de multiples cheminées et de pots à feu décorant des toits d'or.

– Immense, comment immense ?

– Tel que vous ne pouvez vous l'imaginer.

– Bah ! entre nous, billevesées de femme.

– Non, non, dès demain allons à Versailles, peut-être aura-t-elle des visions des années à venir.

– C'est cela, partons pour Versailles dès demain, et de là nous irons à Saint-Germain.

## *Chapitre XVIII*

Le lendemain, tous montèrent joyeusement en carrosse, passèrent le bac à Neuilly et prirent la route de Versailles. Dans les lourdes voitures les cavaliers étant aux portières, ce n'était que chansons, airs de luths et rires. Deux heures plus tard, ils étaient arrivés au bourg de Versailles. Sur une petite éminence, près d'un vaste étang où s'ébattaient des canards sauvages, et sur lequel couraient des moustiques à longues pattes et sautaient des grenouilles, était un petit château, rose de ses briques, blanc de ses pièrres et bleu de son toit d'ardoise. C'était un petit château tout simple.

– Il n'a pas trop bon air... Aucun gentilhomme ne pourrait s'énorgueillir d'une telle demeure.

– Mes amis..., mes amis..., ne dites pas cela.

Mme de Chastagnier paraissait toute pâle. Ses yeux bleus semblaient emplis d'une lumière étrange.

– Chut ! ne disons plus rien... La voilà qui recommence.

– Non, ne dites pas cela, car... O mon Dieu ! le magnifique palais que voilà. Il est immense. Que de monde ! Une nuée de carrosses, et de l'or partout, des flambeaux..., des chasses...

– Ce vilain petit château disparaîtra donc ?

– Non ! attendez, laissez-moi voir, mieux que cela... Je vois une cour de marbre rose... C'est le petit château que vous voyez là. Il est au cœur du palais. Une sorte de tabernacle. C'est la chambre du roi, qui est plus qu'un roi, il est une idole, un dieu... devant lequel tout plie. C'est un soleil qui apporte la vie ou qui apporte la mort. Il est tout ! Certains se ruineront à son approche ; d'autres y gagneront une immense fortune, mais ils seront toujours dépendants..., toujours ! Tenez, vous voyez, comme des esclaves...

– Billevesées, que tout cela. Comment voulez-vous qu'un tel palais enchanteur sorte un jour de ces marais et de ces étangs puants ?

Mais Mme de Chastaignier n'entendait rien de tout cela. Elle continuait d'une voix sourde :

– Des jardins somptueux s'étendent à leur place. Des fontaines et des jets d'eau partout, des escaliers superbes qui auront peut-être plus de mille marches et qui sembleront monter vers le ciel au milieu de seigneurs et de dames courbés en révérences.

– Et que voyez-vous encore, ma charmante ?

– Je vois un règne qui sera le plus long, le plus grand et le plus brillant. Ambassadeurs importants, princes glorieux y viendront. Un jour arrivera où une femme inconnue deviendra presque reine. Mais ce sera au temps où le château de neige et d'or entrera dans un brouillard étrange, fait de soleil et d'ombres inattendus, de deuils et de pleurs... Seul, un petit enfant, frêle et menacé, survivra à cette hécatombe. Mon Dieu !... je vois la France presque ruinée... Le château restera seul, abandonné pendant des années. Puis cet enfant devenu un adolescent, un nouveau règne, éclatant, reviendra à Versailles. Ce sera le renouveau royal. Fêtes et danses reprendront ; mariages et naissances pendant de nombreuses et longues années. Puis... Oh ! tenez-moi la main, c'est effroyable !

– Qu'avez-vous ? Enfin, sortez de votre rêverie.

– Laissez-là, elle ne peut pas vous entendre ; elle a laissé notre temps pour entrer dans le futur.

– Que pouvons-nous faire ?

– Rien ! Attendre. Cela ne devrait pas être long.

– Je vois, dit Mme de Chastagnier en fermant les yeux, je vois des émotions populaires.

– Alors, cela ne sera donc pas sérieux. Nous savons mater cela ; tenez, en faisant des promesses intenables. Venez, ma très belle, et allons prendre un petit réconfort, si nous trouvons une auberge dans cette bourgade perdue.

– Laissez-là, vous dis-je, elle ne vous entend point.

Mme de Chastagnier continuait :

– Une foule de gens, débraillés, se ruent vers le château..., des femmes surtout. Ils s'accrochent aux grilles, renversent les gardes..., le sang coule. Oh !... ils chantent une chanson, qui répète toujours : « Ça ira, ça ira ! » Un carrosse est dans la cour de marbre rose, y montent deux enfants blonds, très jeunes, une dame et un seigneur. Ils sont étrangement vêtus. Le signe de la mort est sur eux... La foule les entraîne... La foule les entraîne... Elle entoure le carrosse en vociférant et en chantant toujours cette étrange chanson, qui semble un signe de ralliement. Oh ! mais c'est le roi, la reine et les enfants royaux que l'on emmène ainsi. M'entendez-vous ?... C'est le roi et la reine !... Ils vont vers la prison et la mort. L'enfant ne deviendra jamais roi. Il sera perdu, plus perdu que s'il était mort. Jamais plus ce palais ne deviendra résidence royale. Il n'y aura plus jamais de roi à Versailles...

Soudain Mme de Chastagnier sembla s'éveiller :

– Mais rassurons-nous, cela n'arrivera pas avant des siècles au moins, si toutefois cela arrive. Ce n'est sans doute qu'un rêve, ou bien plutôt un cauchemar.

– Nous voilà donc sans inquiétudes ! Venez, amie très chère, et donnez-moi la main. Cet endroit pour l'instant est sinistre et semble nous impressionner tous. Il est juste bon pour la chasse de notre roi. Allons, venez, allons à Saint-Germain, ce n'est pas loin d'ici. Remontons en carrosse.

Riant et bavardant, ces Précieux et Précieuses ne se doutent pas que leurs descendants ou peut-être eux-mêmes, quelques années plus tard, la joie dans le cœur, le sourire aux lèvres et la vanité comblée, emprunteront la même route de Saint-Germain en des cortèges de luxe inouï.

Soudain, Mme de Chastagnier, dont le carrosse est en tête, ordonne au cocher d'arrêter.

– Pourquoi nous arrêtons-nous ici ? Sapho, qu'avez-vous encore vu ?

– Vous voulez dire ses hallucinations, grogna un mécontent. A ce train-là, à quelle heure allons-nous rentrer à Paris ?

Mais Sapho, ayant relevé ses jupes de soie et de velours brodé, suit un talus herbeux, qui domine une combe, d'où une brume légère de marais s'élève.

– Encore de mauvais terrains et des marais, soupire un seigneur. Cela est toujours très bon pour la chasse du roi, et c'est plein de serpents, de canards et de grenouilles.

– Suivons-la gaiement, répond Voiture. Nous n'allons pas gâter notre promenade en faisant les mauvais esprits.

Les yeux de Sapho semblent remplis de rires.

– Que voyez-vous ici, dans cet endroit sauvage et plein de marécages, tout juste bon pour attraper les fièvres ? Qu'y voyez-vous donc, ma charmante ?

Mme de Chastagnier répond en riant :

– C'est un joli petit château... C'est le château du soleil, ou plutôt une maison carrée, ayant un dôme. Sur ses murs courent des enfants et des guirlandes de fleurs... Douze petites maisons, cachées dans la verdure et les fleurs l'accompagnent, de part et d'autre d'un grand miroir d'eau. Ce sont les maisons du zodiaque... Et encore des jardins et des fontaines d'or et des cascades. Des poissons nagent dans des bassins d'or ; des bateaux à rubans et banderoles voguent sur une grande pièce d'eau. Je vois des jeux, j'entends des rires... Des chevaux de pierre superbes se mirent dans l'eau d'un abreuvoir... Et au-dessus de tout cela, toujours le même soleil, qui donne et qui dévore tout. Le roi, ses seigneurs et ses dames y viendront longtemps la joie dans le cœur, en attendant qu'un jour vienne le temps des larmes. Mais, ô mon Dieu, je ne le vois plus !... Il ne reste qu'un tracé de pierres blanches, des traces de bassins, des fantômes de statues et des étangs dévorés par les roseaux... C'était seulement un rêve !

– Manant, comment s'appelle ce village ? demande un des seigneurs à un paysan sec et noueux, qui passe, une faux sur l'épaule.

– Marly, monseigneur, répond le paysan en saluant bas.

– Voici pour toi.

Et le seigneur lance au paysan deux pièces d'or.

– Merci, monseigneur, dit le paysan, en saluant encore plus bas.

Et il repart, tenant sa faux, symbole inconscient du temps qui passe.

– Ne restons pas ici. Allons, remontons en carrosse. Cet endroit est sinistre. Allons-nous-en. Si nous vous écoutions, Sapho, vous nous feriez croire que notre roi ne bâtira ses châteaux qu'au milieu des marécages. Venez, venez ! Vos visions nous donnent des frissons.

– Mais j'ai vraiment vu tout cela, vous savez...

– Nous n'en doutons pas, mais venez vous reposer. Nous n'irons pas à Saint-Germain ce soir. Retournons à Paris.

## *Chapitre XIX*

Le printemps a fait éclore toutes les fleurs des parterres... Les fontaines élèvent leurs jets d'eau, dans un éclaboussement irisé... Des jardiniers taillent en portes et formes diverses des murailles de verdure épaisse, coupent et arrangent les fleurs, ratissent les allées, arrosent les pelouses. Des statues parachèvent la grâce parfaite de l'ensemble. Un seigneur et sa dame se promènent sur une grande terrasse fleurie, dominant la Seine ; pas le moindre brin d'herbe ne vient en déparer la perfection. Soudain, un serviteur sort de la maison, en se hâtant.

– Monsieur ! monsieur ! crie-t-il, votre frère vient d'arriver et reste pour le dîner.

– Vous ne savez guère vivre, lui répond son maître.

– Et où voudriez-vous que j'ai appris, monsieur, puisque je ne suis jamais sorti de céans ?

– Ditez-lui que je suis parti.

– Mais, voyons, il vous faut le recevoir. Nous ne pouvons le laisser aller ainsi ! s'écrie sa femme.

– J'y renonce. Je ne me sens pas d'humeur à le voir. Voilà, le soleil était beau et les fleurs ravissantes, et maintenant il fait gris et il va pleuvoir.

– Fariboles que tout cela. Il fait très beau, et vous le savez bien.

– Dans mon âme, madame, dans mon cœur. Aujourd'hui, je ne veux voir personne.

– Fort bien, même pas votre frère !

– Surtout pas lui. D'abord, il me vole mes livres chaque fois qu'il vient. Qu'on le pende, ce sera un bon débarras.

– Allez, dit Mme de Chastagnier au valet, et dites à ce visiteur que je vais le recevoir et qu'il restera dîner avec moi.

– Je vous le défends bien ! C'est un sacripant.

– Sacripant ou pas, je dois le recevoir.

– Et où irais-je pendant ce temps, je vous prie ?

– Mais où vous voulez... Quelle idée vraiment, d'être sauvage à ce point !

– Je ne veux pas lui donner à dîner, parce que cela coûte cher ! Je ne veux pas qu'il s'installe à ma table et boive mon vin.

– Voilà une belle trouvaille, et de beaux sentiments. Jésus ! que d'histoires pour un repas ! Alors que vous recevez ici mille visites, sans broncher.

– Justement ! je bronche.

– Je dois aussi dire, dit le valet impassible, et qui en avait entendu d'autres, qu'il est accompagné d'un jeune seigneur.

– Vraiment ! Et quel air a-t-il ?

– Un peu gêné dans ses mouvements à ce qu'il paraît, madame.

– C'est son fils ! Ça y est, il nous infiltre son fils ! Bientôt, ce sera toute sa famille que nous aurons à nourrir. Toute sa maison : les nièces, sa femme, qui est toute jaune et pointue, les tantes et les cousines. Pour commencer, il nous fait le coup du fils...

– Fi donc ! monsieur, vous faites le vilain, et la voix du sang ne vous étouffe guère.

– Madame, vous devriez m'obéir, ce me semble.

– Ah ! vraiment, et pourquoi donc, je vous prie ?

– Voyez l'impertinente ! Mais parce que je suis votre mari !

– Voilà une belle raison, et qui n'en est pas une... C'est à faire rire un éléphant ! Sachez, monsieur, que j'ai l'humeur indépendante, et je ne vous permets pas de me dicter ma conduite. Ni moi la vôtre, d'ailleurs.

– Madame, vous me gâtez ! Je me sens tout pourri par vos attentions. Souffrez que je m'en aille. Je dînerai tantôt à La Pomme de Pin ; ensuite, j'irai chez Arthénice.

– Très bien, faites à votre guise. J'irai vous y rejoindre. Voulez-vous baiser ma main ?

– Oui, bien que vous ne le méritiez guère. A tout à l'heure, madame. Holà ! quelqu'un !... qu'on apprête mon carrosse sur l'heure.

Et il s'en alla, suivi d'un valet.

Mme de Chastagnier revint lentement vers le château. Tout était redevenu calme. Pas un bruit, si ce n'était le froissement des jets d'eau tombant dans les bassins de pierre et le bruit léger du vent dans les arbres. On aurait pu chanter, comme le poète Claude Malleville :

*Le silence régnait sur la terre et sur l'onde ;*
*L'air devenait serein, et l'Olympe vermeil,*
*Et l'amoureux Zéphyre affranchi du sommeil*
*Ressuscitait les fleurs d'une haleine féconde.*

*L'Aurore déployait l'or de sa tresse blonde*
*Et semait de rubis le chemin du soleil ;*
*Enfin ce Dieu venait au plus grand appareil*
*Qu'il soit jamais venu pour éclairer le monde.*

*Quand la jeune Phylis au visage riant,*
*Sortant de son palais plus clair que l'Orient,*
*Fit voir une lumière et plus vive et plus belle.*

*Sacré flambeau du jour, n'en soyez pas jaloux !*
*Vous parûtes alors aussi peu devant elle*
*Que les feux de la nuit avaient fait devant vous.*

Mme de Chastagnier est précieuse.

Précieuse... Quel joli mot !... quel joli nom ! Cela veut dire délicat, fragile, aérien, doux, duveteux et embaumé comme une fleur.

Une Précieuse..., c'est quelqu'un qui ne ressemble à personne qui recherche le mieux, le plus beau ; toujours le plus quelque chose. Il faut qu'elle soit jolie et qu'elle ait beaucoup d'esprit, ou, si elle est laide, qu'elle ait encore plus d'esprit, pour effacer ce travers...

Il faut avoir une maison dans Paris, car Paris, en langage précieux est Athènes ; et une maison à la campagne.

Mme de Chastagnier, en robe de soie noire et devant à fleurs, col et manches de sa robe ornés de dentelles, collier de perles au cou, bagues aux doigts, coiffure à frange et à bouffants, gants parfumés, souliers à rosettes et bas incarnats, se dirige vers sa demeure, suivie de ses demoiselles et protégée par un parasol à franges d'or, que porte à bout de bras un négrillon.

Un jour, l'abbé Cotin avait malicieusement écrit un *Rondeau sur la jupe d'une dame :*

*Votre devant couvert de passements*
*De soie et d'or nous montre clairement*
*Que vous aimez et la pompe et la gloire.*
*Il est, ma foi, plus beau que n'est la foire.*
*Le fond est blanc, bordé mignardement*
*De filets noirs, épars confusément,*
*Parmi des nœuds d'un incarnat charmant.*
*Voilà comme est, si j'ai bonne mémoire,*
*Votre devant.*

*J'aimerais mieux y toucher seulement,*
*Que d'avoir place aux feux du firmament,*
*Je vous le dis sans vous en faire accroire ;*
*Je penserais gagner une victoire*
*Si je pouvais posséder un instant*
*Votre devant.*

Toutes les hautes fenêtres à petits carreaux de verre de France sertis de plomb étaient ouvertes sur ce paysage de rêve. Le rose aux joues et le sourire aux lévres, Sapho de Chastagnier entra dans sa maison.

Dès le seuil, elle aspira une longue bouffée de cette odeur de meubles bien cirés et d'âtres refroidis. Elle aime cette odeur. C'est une odeur d'opulence et de bonheur paisible, qui fait partie d'elle-même.

Elle ouvre la porte d'un vaste salon, au fond duquel se trouve une grande cheminée à peinture. Deux hommes sont assis dans ces fauteuils raides, à la mode, bien garnis de coussins moelleux. Deux hommes, deux cavaliers, qui sentent encore leur Moyen Age. Ils ne sont point gens de cour, cela se voit au premier coup d'œil.

Par la fenêtre, on peut voir la statue blanche d'une Sibylle dont le visage tourné vers le ciel semble prononcer un oracle. Elle est vêtue d'un ample manteau, dont les plis de pierre tombent gracieusement autour d'elle. Ses pieds nus sont chaussés de sandales à la romaine. Derrière elle, se découpant sur le vert sombre des ifs, quatre colonnes de pierres cannelées et à tiges feuillagées, surmontées de chapiteaux corinthiens.

Ils ne sont point gens de ruelles, non plus, cela se voit à leur mine. Mais Sapho est une personne exquise, qui sait recevoir les visiteurs, en l'occurrence le frère et le neveu de son mari.

Elle a le sens de l'inattendu, de la trouvaille, voire de la création.

Les deux voyageurs se lèvent et sourient gauchement. Mais ils savent friser leurs moustaches, mordious ! et sont gentilshommes campagnards. Bagarreurs, batailleurs, gros mangeurs sentant l'ail et bons buveurs, ils ont reçu une éducation à l'ancienne. Fort gaillards et susceptibles, si susceptibles, que leur épée n'est jamais profondément enfoncée dans son fourreau. Mais, bien que venant de la campagne, ils ne sont point sots.

– Nous voyons bien que nous vous dérangeons, ma sœur, dit le plus âgé en se levant de son siège et en balayant le tapis épais de son feutre. Mon frère est parti. Je l'ai entendu qui commandait son carrosse. C'est un sacripant, et cela vous dispensera de nous faire un aimable mensonge.

– Savez-vous bien que vous employez le même langage que mon cher époux, votre frère ? Ah ! vous êtes bien de la même famille ! Non, vous ne me dérangez pas, au contraire. Vous déjeunez avec moi, car je suis libre jusqu'à deux heures après le dîner.

– Mille grâces, madame, dit le gentilhomme. D'ailleurs, je n'ai guère besoin de lui, mais de conseils. Je suis sûr que vous allez pouvoir me guider.

– Si je le puis, ce sera avec le plus grand plaisir, dit-elle aimablement en s'installant dans un fauteuil, près d'une fenêtre ouverte sur les jardins. Sa robe s'étala autour d'elle, comme une couronne de fleurs.

– Je n'en attendais pas moins de vous, madame ma sœur. Vous voyez ce garçon ? C'est mon fils aîné Philippe. Il est d'âge d'aller dans le monde. Je voudrais qu'il sorte de notre province et qu'il vienne à Paris tenter sa chance, apprendre les belles manières et acquérir le bel air, la bonne façon de se conduire, ce qu'il faut dire..., enfin, apprendre le tric-trac de monde. Jusqu'à présent, il a mené une vie de sauvage, bien plus à l'aise avec nos paysans qu'avec les dames.

– Quel âge avez-vous, Philippe ? demanda Mme de Chastagnier en souriant.

Ses yeux brillaient de malice. Elle était délicieuse.

– Quinze ans, madame, répondit Philippe en se levant et en saluant. Si son ton était un peu lourd, il devait pouvoir s'améliorer avec une bonne éducation et un affinement des manières. Il était de bonne race et avait bonne allure.

– Je crois avoir votre affaire, mon frère, et sans attendre nous irons tantôt. Il n'y a qu'une personne qui puisse vous être utile, c'est M. de Benjamin, habitué non seulement de la cour, mais aussi de ces salons en ville, qu'on appelle ruelles. Il instruit ceux qui veulent entrer dans le beau monde. Sa maison est un séminaire d'honnêtes gens. Les fils des plus grandes familles passent par ses mains. Mais auparavant dînons rapidement et, ensuite, vous viendrez avec moi, car je dois aller à Paris aujourd'hui.

En disant cela, Mme de Chastagnier se leva et se dirigea vers une antichambre où une fontaine d'argent contenant une eau parfumée de pétales de roses, attendait les invités avant de passer à table.

Un valet présenta des serviettes fleurant la rose. Sapho se rinça délicatement les doigts, tandis que son beau-frère et son neveu hésitaient.

Ils n'ont pas l'habitude de tout ce luxe. Ces précieux tapis d'Orient, sur lesquels Sapho marche avec insouciance, les impressionnent. Ces lambris dorés, ces poutres à fresques, tout les éblouit, les rend encore plus gauches et les comble d'aise à la fois.

– Faites comme vous avez l'habitude, dit aimablement la blonde Sapho, et si vous ne désirez pas vous laver les mains, eh bien, passons à table comme cela.

– Mais si, ma sœur, nous aurons bientôt fait.

Après avoir rendu les serviettes froissées au valet, ils suivent la maîtresse de maison jusqu'à un couvert mis sur une nappe blanche brodée, où les plis du repassage sont très fortement marqués. Mme de Chastagnier est une raffinée. Sur la table sont disposés des petites fourchettes d'or à deux dents et des couteaux de vermeil à manche d'ivoire incrusté d'or. Au centre de la table, une coupe de fruits contient des pêches, des abricots et des grappes de raisin, dont les grains dorés gardent les reflets du soleil.

Dans des plats de vermeil, des ragoûts sont tenus au chaud,

sur des chauffoirs. Du pain coupé en petits morceaux forme une pyramide. Des volailles aux pattes dorées reposent sur des lits de rissoles et de salade cuite.

Verres et flacons de vins sont soigneusement rangés sur le dressoir, auprès des hautes aiguières où sont gravées les armoiries de la famille.

Sitôt le dîner achevé, ils montent en carrosse. Le marchepied à peine relevé, les voilà partis au galop de quatre chevaux frais et fougueux. Sapho de Chastagnier se laisse aller au balancement de son carrosse, dont la caisse peinte de couleurs vives, aux portières armoriées, est bien suspendue par de fortes courroies de cuir. Le vent léger entre à sa guise dans le véhicule, baignant doucement son visage et soulevant légèrement les dentelles de sa robe. Son beau-frère est assis auprès d'elle, son neveu en face. Le soleil tamisé filtre à travers le feuillage des arbres bordant la route, faisant naître et disparaître des taches de lumières sur les chevaux aux flancs luisants. Deux laquais sont accrochés à la caisse. Ils voyagent dans une lumière verte, presque irréelle.

Sapho, son minuscule chien ébouriffé sur ses genoux, sourit à ses compagnons de route. Sur ses doigts, elle enroule une oreille soyeuse du petit chien qui dort.

– Vous souvenez-vous du roi Henri, ma sœur ?

– Pas très bien, je vous l'avoue, car j'étais encore une enfant à l'époque, mais je me souviens fort bien de son enterrement. J'ai assisté au défilé d'une fenêtre de la rue Saint-Antoine. C'était long et triste. Savez-vous que notre roi, lorsqu'il n'était que le petit dauphin Louis, a été pris de grandes frayeurs après l'assassinat de son père ? Il appelait son père mort. Il était si jeune, neuf ans... Le dauphin habitait ordinairement au château de Saint-Germain, avec ses frères et sœurs, mais il était venu à Paris assister au couronnement de la reine, sa mère. La nuit, quand il se réveillait en sursaut, tout en sueur, il criait en pensant à Ravaillac : « Ah ! si j'y eusse été avec mon épée, je l'eusse tué. Je ne veux pas être roi, je préférerai que mon frère Orléans le devienne ! J'ai peur d'être tué ! » continuait-il en tremblant. Vous savez, mon frère, combien le dauphin aimait son père...

Soudain, une odeur pestilentielle arriva jusqu'à eux.

– Ah ! nous y voici ! dit Sapho de Chastagnier en riant et en mettant un mouchoir parfumé sous son nez. Quelle odeur ! je ne m'y ferai jamais. Ce sont les fossés qui sentent mauvais.

Le carrosse franchit l'enceinte sans encombre Paris déployait ses rues, les murs des maisons étaient crottés de boue séchée jusqu'à mi-hauteur ; les ponts enjambaient la Seine, toute grouillante de bateaux, de lavoirs et de baigneurs. Ils franchirent le Pont-Neuf. Le jacquemart de la Samaritaine sonnait trois heures de relevée. Des femmes sans âge, des enfants couverts de croûtes dans les bras, enveloppés de langes immondes, mendiaient. Le pont, comme à l'accoutumée, fourmillait de monde. Un dicton disait que sur le Pont-Neuf, à toute heure, on y peut rencontrer un tire-laine, un seigneur, un libraire, un carrosse et des putains ; ambiance bien restituée dans un petit pasquil anonyme du temps :

*Tous fénéans inccognus,*
*Qui ne vont point à la guerre.*
*Tous coquins nouveaux venus,*
*Tous gueux qui n'ont rien à faire,*
*Tous goujas entretenus*
*Qui ne sortent de leur terre,*
*Tous les filous du Pont-Neuf*
*Qu'on attache à la potence.*
*Ce n'est plus vivre à la mode,*
*C'est faire à la négligence.*

*Tous coquins dessus le pont*
*Qui sont trafiqueurs d'escailles,*
*Qui toujours s'accosteront*
*De trois ou quatre racailles.*
*Toutes servantes qui vont*
*Et sans denier et sans maille*
*Au marché pour du poisson*
*Marchander en conséquence.*
*Ce n'est plus vivre à la mode,*
*C'est suivre la négligence.*

L'hôtel de Rambouillet est à deux pas du pont, dans la rue Saint-Thomas-du-Louvre, toute proche du palais du roi.

Dans sa chambre bleue, Mme de Rambouillet reçoit ses amis. Cette chambre, toute tendue de brocatelle bleue, et dont l'ameublement est garni de velours bleu rehaussé d'or et d'argent, est célèbre dans toute la ville. Le bleu a conquis les esprits. Les cuirs gaufrés et dorés, ainsi que la couleur rouge, sont tombés en disgrâce. Chaque femme à la mode possède son salon ou son cabinet.

Marion de Lorme, célèbre courtisane, a son salon jaune, d'autres s'accommodent d'une moquette, qui est une petite chambre dont les murs sont recouverts d'un épais tissu de laine coloré. D'ordinaire, le lambris sont dorés, et les plafonds peints. L'ensemble en est très élégant.

Au rez-de-chaussée de l'hôtel, l'appartement du marquis, frais pour l'été, est précédé d'une grande salle où l'on sert les repas. Au-dessus, l'appartement de la marquise étale le luxe de ses cabinets de laque rivalisant de toute la richesse de leurs inscrustations de nacre et de la somptuosité de leurs décorations intérieures.

Être admis dans la chambre bleue confère un brevet de belles manières et de bel air. La maîtresse des lieux n'a jamais imaginé un seul instant d'y introduire des gens du commun ; des bourgeois par exemple. Toutefois, elle a tort, car ils auraient pu lui apporter, eux aussi, cette qualité de l'esprit dont elle est si friande. Mais elle redoute par-dessus tout la vulgarité. Et cependant elle y accueille Voiture ! Oui, mais Vincent Voiture est tout esprit.

Dans la chambre bleue, le plafond et les parois sont recouverts d'une peinture azuréenne. Des corniches descendent des panneaux de tapisserie en brocatelle à fond or et bleu, parsemés de ramages incarnats et blancs, qui alternent avec des tableaux de paysages, des sujets mythologiques ou religieux. Plus loin, une Vénus, un Adonis, une Joconde mystérieuse, une Vierge portant le divin Enfant, des cabinets émaillés, marquetés, des coffrets ciselés, une horloge de cuivre doré, qui marque et sonne les heures joyeuses ou tristes de la maison. Entre de grands bouquets de fleurs coupées, des tables incrustées de métaux précieux offrent aux regards des statuettes d'argent ou de bronze, des coffrets et des livres recouverts de maroquin. Arthénice vit avec bonheur dans la maison qu'elle a su créer. Elle est la femme éminemment supérieure, auprès de laquelle quelques-un des contemporains viennent faire leur apprentissage d'hommes et de femmes de goût et d'esprit.

Tout au long de ces grandes pièces si difficiles à chauffer, elle sait utiliser commodément des paravents, les disposer pour en faire des coins chauds, afin d'y passer douillettement l'hiver près des hautes cheminées, coupant les vents coulis qui passent sous les portes malgré les tapis et les tentures, tout en se garantissant par des écrans de la trop grande chaleur du feu. Elle a l'art de créer ces coins intimes, propices aux conversations, aux chuchotements, aux confidences.

C'est sans doute dans un coin semblable, confortable et précieux, que Julie d'Angennes, la fille de la maison, vint s'asseoir un jour aux pieds de sa mère, en disant, du haut de ses six ans :

– Or çà, madame la Marquise, ma chère maman, parlons, je vous prie, des affaires de l'État, maintenant que je suis en âge de comprendre...

Un de ces endroits, loin de tout bruit, où la marquise, souvent lasse, prenait quelques gouttes d'eau des Carmes sur un fragment de sucre, pour se fortifier le cœur.

Des bougies parfumées garnissent de lourds chandeliers d'argent. Dans les maisons moins importantes, l'huile des lampes est parfumée au benjoin, et le suif des chandelles avec un mélange de camphre et d'encens, car l'hygiène ne suit pas la somptuosité des atours. Aussi des parfums brûlent-ils dans les cassolettes. Vincent Voiture déclare sans ambages, en pensant à certaines coquettes sales :

*Vous qui tenez incessamment*
*Cent amants dedans votre manche,*
*Tenez-les au moins proprement*
*Et faites qu'elle soit plus blanche.*

Sur les carreaux de briques vernies, les tapis d'Orient déploient leur magnificence. Fleurs de palme à tiers boutons ; fleurs de lys qui évoquent la phrase sacrée : *Considère les lys des champs et vois comme ils croissent.*

Fleurs, fruits, étoiles, rameaux de grenadiers s'entrelacent en une symphonie noble, absolue, symbolisant la richesse et la fécondité. Dans les mariages orientaux, l'usage veut qu'on répande des grenades sur le sol de la demeure où les nouveaux mariés vont entrer et qu'on en offre aux hôtes. Si le vert, couleur du manteau de Mahomet, n'est employé que pour les tapis de prières, en revanche le rouge est un abondant symbole de joie, de richesse et de bonheur.

Comme les turqueries sont à la mode, les grands bourgeois prennent grand soin de leurs beaux tapis aux couleurs vives et à grand médaillon central qui viennent en grande partie de Smyrne, où se trouvent groupés les fameux ateliers de tissage de Ghiordez, Oushak, Koulah et Bergame. Ils sont le symbole de l'opulence, un élément indispensable et essentiel de décoration, et le signe tangible de la richesse.

Allongée sur un lit de parade, à pentes et courtepointes de satin de Bruges broché d'or, passementé d'argent et surmonté d'un pavillon de gaze brodée, Arthénice, marquise de Rambouillet, reçoit ses amis. Ils s'installent à ses côtés, sur des chaises à vertugadins et des tabourets recouverts de housses de velours frangé d'or.

Dans une encoignure, repose un énorme chandelier d'argent à quinze branches garni de bougies de cire blanche ; une corbeille de bronze et de hauts vases de cristal étalent la splendeur de leurs bouquets composés qui viennent garnir l'âtre de la cheminée en été. Dans toute la pièce flottent les odeurs des cassolettes odorantes et le parfum des fleurs, qui finissent de s'épanouir, auxquels se mêlent les senteur délicates de cire et de lavande. Allongée sur son lit, Arthénice apparaît comme une déesse lointaine..., une image de rêve, elle qui adore les enchantements ! Dames et seigneurs, parés et fanfreluchés à l'extrême, sont assis en demi-cercle autour du lit. Des adolescents, juchés sur les hauts tabourets, écoutent et regardent. Il fait beau. Les hautes fenêtres ouvrent sur une rangée d'ormes, sous lesquels l'herbe fraîchement coupée embaume l'air de son odeur fraîche et pénétrante. Les dames, couvertes de bijoux, colliers de grosses perles irisées autour du cou, bracelets de diamants, de perles, d'émaux et de camées sertis de pierres précieuses, ajoutent leur frémissement et leur éclat.

Parmi cette compagnie raffinée, on remarque des évêques imposants et des cardinaux superbes. Angélique Paulet porte fièrement une tête rousse bouclée et jette autour d'elle des regards vifs et malicieux. Dans le brouhaha des conversations, voici la belle et radieuse duchesse de Rohan, l'impérieuse Mme de Combalet, la suave marquise de Liancourt, la charmante Mlle d'Attichy, la ravissante Mme Aubry, la duchesse de La Trémouille et la marquise de Clermont, toutes deux insignifiantes, les disgracieuses princesse de Conti et comtesse de Moret et la très laide maréchale de Saint-Luc. La princesse de Condé arbore, à son ordinaire, un visage de madone. Elle est accompagnée de sa ravissante fille, Anne-Geneviève. Le marquis de Pisani, fils de M. et Mme de Rambouillet, fait son apparition, suivi de son précepteur. Il est bossu, car sa nourrice l'a laissé tomber dans un escalier alors qu'il n'était qu'un très jeune enfant. Il est ignorant parce qu'il n'a jamais voulu apprendre à lire, de peur qu'on ne le mette dans un couvent, ce qui est habituellement le sort des cadets et des enfants disgraciés, dont on a un peu honte. La marquise a de tout temps eu horreur des allures, des gestes et des propos grossiers. Elle écarte de son entourage ceux qui manquent d'accortise et de civilité ; c'est ce qui est arrivé au très érudit chanoine Pierre Costar, être sans finesse et sans mœurs, et aussi au pauvre Gilles Ménage, qu'elle surprit un jour se lessivant les dents dans un coin de la chambre Bleue, avec un mouchoir sale.

Tallemant des Réaux, qui est homme accoutumé au savoir-vivre et au monde et qu'incommodent les grossières manières de ses contemporains, dit en soupirant :

*Elle est un peu trop délicate. Le mot teigneux, dans une satire ou dans une épigramme, lui donne une vilaine idée ; on n'oserait devant elle prononcer le mot cul* (alors couramment employé dans la conversation et dans la poésie), *cela va dans l'excès. Son mari et elle vivent un peu trop en cérémonie...*

Mais si le langage s'épure, en se renouvelant, on ne parle pas Phœbus* à l'hôtel de Rambouillet, car Arthénice aime la simplicité, qui est toujours élégante. Pas un vocable du jargon précieux n'a cours à l'hôtel de Rambouillet, ni sous la plume de son hôtesse.

Précieuse, elle l'est, dans la recherche d'un raffinement simple et de bon goût. Le langage dit précieux est tourné en dérision par Voiture, et la compagnie de la rue Saint-Thomas-du-Louvre en rit à perdre haleine. Le salon d'Arthénice marque profondément son empreinte dans le domaine social. Dans ce creuset du bel air, les

* Parler Phœbus veut dire que l'on emploie un langage précieux, incompréhensible.

jeunes gens reçoivent inconsciemment les règles de la bienséance. De là, ils se rendent à la cour, par la ville porteur de cette distinction courtoise, cette amabilité, cette considération pour les autres, quand ils la méritent et aussi cette bonté profonde, qui donne ce « je ne sais quoi », qui fait dire : « Oh ! il est un habitué de l'hôtel de Rambouillet et de la chambre Bleue. »

Les assemblées rue Saint-Thomas-du-Louvre sont grosses, vivantes, sans turbulence. Arthénice est adulée. Mais avec son amabilité naturelle, elle guide la conversation. Chacun apporte des nouvelles. C'est mieux que *le Mercure français,* ou *La Gazette* de Renaudot, souvent mal informée et toujours tendancieuse. Le marquis de Rambouillet fronde l'administration du cardinal de Richelieu, car il n'a plus d'ambassade et laisse entendre qu'il remplacerait avantageusement Son Eminence.

Parmi les habitués de la chambre Bleue, Jean Chapelain, fils de Sébastien Chapelain, l'un des notaires de la famille de Rambouillet, est d'une prodigieuse érudition et d'une avarice sordide. Il cache soigneusement sa richesse, qui est réelle, en vivant de rien, vêtu de hardes de crocheteur, essayant de grappiller, partout et toujours, bénéfices et pensions.

C'est à l'hôtel de Rambouillet que l'on joue pour la première fois *Virginie,* tragi-comédie de Mairet, qui soulève l'enthousiasme d'Arthénice et des ses amis.

Devant ce succès, la marquise demande aux auteurs de venir lire aux gens de goût qui l'entourent leurs œuvres nouvelles. Et c'est un défilé qui commence. Desmarets de Saint-Sorlin vient déclamer les vers de sa comédie : *les Visionnaires ;* puis de sa tragédie : *Scipion l'Africain ;* tandis que Mairet revient avec sa tragi-comédie : *Athénaïs.*

Après son triomphe du *Cid,* Corneille, admis à l'hôtel de Rambouillet, vient y lire toutes ses œuvres. Mais un jour il présente *Polyeucte,* qui est accueilli par un silence glacial. Mme de Rambouillet et ses amis n'ont ni compris ni aimé l'œuvre, où la religion est étroitement mêlée à l'amour. Mais leur politesse leur interdit de bafouer ouvertement et l'œuvre et l'auteur.

Les lettres de Guez de Balzac, les dissertations morales et politiques, font les délices de l'hôtel ; la métaphysique y entre avec le *Discours de la méthode* de Descartes.

Bossuet, qui a seize ans, y vient un soir, présenté par Cospeau,.. Sur la fin de la soirée, il improvisa un sermon tellement superbe, qu'il fit dire à Voiture :

– Je n'ai jamais entendu prêcher ni si tôt ni si tard.

Rien ne peut rendre exactement le ton et le tour des conversations tenues dans la chambre Bleue d'Arthénice, avec son allure, à la fois libre et réservée, ses délicatesses, son imprévu, sa fantaisie, son piquant, et parfois son ironie mordante.

Fléchier dira, bien des années plus tard, devant le cercueil de Julie d'Angennes, devenue duchesse de Montausier :

« Souvenez-vous de ces cabinets que l'on regarde encore avec tant de vénération, où l'esprit se purifiait... Cour choisie, nombreuse sans confusion, modeste sans contrainte, savante sans orgueil, polie sans affectation... »

Oui, c'était bien cela, l'hôtel de Rambouillet. C'était cela aussi, lorsque les hautes portes s'ouvraient pour laisser passer Pisani, partant rejoindre le prince de Condé à la guerre. Pisani, si bossu, si contrefait, à cheval... C'était une terrible figure que le marquis de Pisani à ce moment-là, et qui faisait dire :

– Voici le chameau du bagage de M. le Prince.

Mais c'était aussi cela : un jour un familier de l'hôtel demande à un domestique de Mme de Rambouillet :

– Qui est avec Madame ?

– C'est un verrier.

– Un verrier ?... Mais les verriers ne sortent pas la nuit !...

– Oh ! c'est un verrier comme M. de Neufgermain.

– Oh ! Oh ! Et comment s'appelle ce verrier ?

– M. Segrais, monsieur, qui fait de bien beaux vers.

## *Chapitre XX*

Comme l'hôtel de Rambouillet est vibrant, vivant et accueillant, les auteurs de profession, en se mêlant aux gens du monde, en adoptent peu à peu le ton, tout en faisant leur éducation.

Bien que le cercle soit fort choisi et restreint, l'air qui vient de l'extérieur pénètre et vivifie. Les gens d'épée y viennent entre deux campagnes ; ainsi, le Grand Condé, le marquis de Roquelaure, le comte de Guiche et Arnaud de Corbeville.

Malherbe y paraît. Brusque et d'humeur agressive, il ouvre le règne de la grammaire, règne qui, en France, s'avèrera plus tyrannique et plus long qu'en aucun autre pays. Personne, pas même le roi, n'a le droit d'y rien changer. Malherbe écarte tous les éléments étrangers : gascons, normands, provençaux ou autres. Il s'est donné pour mission de « dégasconner » la cour. Il faut bannir les termes techniques, les termes sales, les évocations réalistes, qui laissent de mauvaises images, comme : un ventre crie, prendre le rhume, se guérir par jus et par racines, cadavre, poitrine, pis, estomac, ne lui semblent pas bons.

Il y a des mots nobles et des mots bas, et il est bon de faire la différence. Malherbe déclare bien haut que ses maîtres en matière de langage sont les crocheteurs du port au Foin et n'admet pas qu'on écrive un mot que ceux-ci ne puissent comprendre ou connaître, sans toutefois accepter leur langage en bloc, dans toute sa crudité. Il faut choisir avec beaucoup de réserve. On cesse d'employer le « a » possessif, pour le remplacer par le « de ». C'est ainsi qu'on ne doit plus dire : « La fille à Galafron », mais « La fille de Galafron », sous peine d'incongruité. Pour Malherbe il n'y a pas de synonymes, il faut écrire clair et juste. Quand on lui disait que quelqu'un avait les fièvres, il demandait :

– Combien en a-t-il, de fièvres ?

Il soumet la langue à un pouvoir absolu, qui est le sien. En triant le lexique, il élimine bien des mots nécessaires, supprime le pluriel des mots en euil... La langue devient maigre et pauvre.

Berthelot, Claude Garnier, Théophile de Viau, Hardy et bien d'autres refusent de se soumettre et entrent en guerre. Mais c'est une femme qui se dresse en face du terrible Malherbe et discute en détail ses prescriptions et ses arrêts. Son nom ? Mlle de Gournay. Elle se constitue le défenseur des hommes du XVIe siècle, de leur style, de leur langue, face à ceux qui prétendent les « déterrer du monument ». Dans les petits traités qu'elle a réunis dans son *Ombre du langage français,* elle s'indigne de les voir *s'occuper à recribler la langue,* lui *tronquer la robbe à demy,* en ne lui laissant d'autre ornement *que les bijoux d'une épousée de village.*

Au reste, sur quoi s'appuient les nouveaux docteurs ? Que vaut la cour et son dogme ? Est-ce fonder un ouvrage que de s'appuyer sur le dialecte et l'opinion de trois douzaines d'aigrettes et d'autant de bien coiffées qui vont au Louvre ? Le langage des courtisans change comme les plumes qu'ils portent sur la tête. Ce sont *les nobles cousins de l'arc en ciel.* Encore sont-ils en contradiction les uns avec les autres. Auxquels donner dès lors *chaire de régence ?* Le vrai usage, c'est l'usage public, contrôlé par celui du Parlement, *assisté de bons livres escrits depuis soixante sans.*

Tout ce que Malherbe établit, Mlle de Gournay l'ébranle ; tout ce qu'il aime et recommande, elle le méprise et le déconseille, apportant dans ses critiques logique, clairvoyance et raison. Elle est poursuivie par les quolibets de ses contemporains. Comment avoir raison, quand on est vieille fille, laide et pauvre ? On la trouve ridicule, avec son vieux chat et sa servante Jamyn, bâtarde du page de Ronsard. Mais Mlle de Gournay n'en a cure. Elle fait rire les beaux esprits, dont Boisrobert et Richelieu. Dans les pamphlets, elle tient le rôle de personnages grotesques, ressuscités d'un siècle évanoui. Mlle de Gournay se démène en tous sens. En vain. Elle est sans importance, donc sans influence.

Par contre, l'importance de Malherbe va croissant. Son enseignement se répand et agit sur les esprits. Il est à la mode et devient le pédagogue de la cour et des salons. Les libraires écartent peu à peu les vers à la vieille mode. Mlle de Gournay est balayée. Les livres de Malherbe occupent toute la place. Les poètes du jour l'imitent et le pillent. Il est consulté de toutes parts. Gens de cour, écrivains et théoriciens collaborent à la nouvelle langue qui s'élabore. Dans les salons, on continue l'œuvre de Malherbe ; tout un travail grammatical s'accomplit. La cour et la ville, les hommes et les femmes, les écrivains et les gentilshommes, Richelieu et Faret, tous s'y mettent. On se passionne pour les mots, pour les tours de phrase. L'hôtel de Rambouillet donne l'exemple, et au milieu des fêtes, des jeux et des futilités mondaines se glissent des discussions sur le langage. De nombreux mots, dits archaïques, doivent disparaître.

Dans son logis sous les toits, la « vieille Sibylle » de Gournay, remanie son *Ombre,* pour en faire un gros recueil intitulé *les Advis ou les Presens.* Elle trouve un allié inattendu dans la personne d'un homme âgé, qui ne craint point la controverse. Son nom ? François de Lamothe Le Vayer, qui vient de faire éditer ses *Considérations sur l'éloquence française de ce temps,* et d'être reçu à l'Académie française.

Vaugelas, habitué de l'hôtel de Rambouillet avant de devenir l'un des premiers membres de l'Académie, vénère les dames, écoute plus qu'il ne parle, observe, s'enquiert toujours et poursuit en silence cette éducation grammaticale qu'il a commencée sous Malherbe. Ses *Remarques sur la langue française* sont toute son œuvre ; il y traite de la prononciation, de l'orthographe, du lexique et des formes de la syntaxe et du style. En voici le frontispice :

> Il n'y a jamais eu de langue où l'on ait escrit plus purement et plus nettement qu'en la nostre, qui soit plus ennemie des équivoques et de toute sorte d'obscurité ; plus grave et plus douce tout ensemble, plus propre pour toutes sortes de stiles, plus chaste en ses locutions, plus judicieuse en ses figures, qui aime plus l'élégance et l'ornement, mais qui craigne plus l'affectation... Elle scait tempérer ses hardiesses avec la pudeur et la retenue qu'il faut avoir, pour ne pas donner dans les figures monstrueuses où donnent aujourd'hui nos voisins. Il n'y en a point qui observe plus le nombre et la cadence, dans ses périodes, en quoy consiste la vétriable marque de la perfection des langues.

Vaugelas consacre sa vie à cette langue française qu'il aime tant. Les hommes et les femmes qui composent la cour, ainsi que plusieurs personnes de la ville, sont le véritable « magasin de la langue » ; les uns et les autres contribuent pour la plus grande part à former l'usage. Il n'y a pas à délibérer si on parlera plutôt comme à la cour, ou plutôt comme à la ville. Même quand il s'agit de mots spéciaux, qui semblent être la propriété du peuple, il les faut recevoir sous la forme que la cour a donnée : tous les gens de mer disent « naviguer », la cour et les bons auteurs « naviger » ; c'est de cette dernière façon qu'il le faut dire. De même les gens qui travaillent l'ébène emploient le mot sous les deux genres. La cour le décrète féminin : c'est à cela qu'il faudra se tenir.

Depuis dix ou douze ans, on ne prononce plus « o », comme s'il était suivi d'un « u ». On dit : chose, arroser, portrait, et non chouse pourtrait et arrouser.

En 1659, le père Chifflet, de la Compagnie de Jésus, donnera, d'après Vaugelas, son *Essay d'une parfaite grammaire.*

A partir de la publication des *Remarques,* la grammaire de la langue française change complètement. La matière en est profondément modifiée. Les *Remarques* deviennent le bréviaire. Corneille leur obéit et remanie certains de ses vers devenus incorrects. Des libertins, comme Saint-Evremond, rangent Vaugelas parmi ceux qui ont porté notre langue à sa perfection. Racine partant pour Uzès en emporte un exemplaire, craignant, en Provence, y désapprendre son beau français. Boileau en appelle à la sagesse de Vaugelas.

C'est à Vaugelas, toujours besogneux, que le cardinal de Richelieu fait servir une pension de deux mille livres, pour aider l'Académie française à venir à bout de son dictionnaire. Mais le sort veille, et Vaugelas, poursuivi par ses créanciers, voit un beau matin les huissiers venir tout saisir chez lui, y compris ses cahiers de notes pour le dictionnaire. L'Académie française devra faire appel aux tribunaux pour les récupérer.

Et pendant ce temps, la chambre Bleue continue à être le sanctuaire du bon goût. Son règne s'étendra sur plus de quarante ans, mais elle brillera de son plus bel éclat de 1630 à 1648, année de la Fronde. La conversation y est devenue un art. S'y forme un code de bienséance et de savoir-vivre, avec pour toute règle la politesse du langage alliée à la délicatesse des sentiments.

Parmi les habitués, l'abbé de Boisrobert, beaucoup plus Boisrobert qu'abbé, fait joyeuse figure. Né protestant, il a abjuré en 1621, pour entrer dans les ordres. Il devient abbé à Rouen, où il a de noirs démêlés avec le chapitre.

A la fin, il s'en échappe et arrive à Paris où il court les salons, sans la moindre trace d'une quelconque tonsure. Boisrobert, qui se moque de tout et de tout le monde, a au Louvre un ennemi farouche en la personne de l'huissier de la porte de la reine. « Il est méchant, gras et bête », affirme Boisrobert, tout en faisant sa cour à Ninon de Lenclos, qu'il appelle « Ma Divine », et à qui il écrit des lettres, dans le ton de celle-ci : *Ma Divine, j'entre au noviciat des jésuites. Je ne sais que ce moyen pour faire taire la calomnie. Je veux y demeurer trois semaines au bout desquelles je sortirai sans qu'on le sache, et on m'y croira encore. Mais ces bougres-là vont me donner de la viande lardée de lard rance. Je ne saurai m'y résoudre...*

Puis, le lendemain : *J'y ai pensé. C'est assez de trois jours ; cela fera le même effet.*

Le lendemain encore : *Ma Divine, j'ai trouvé plus à propos d'aller aux jésuites ; je les ai rassemblés, je leur ai fait mon apologie, nous sommes le mieux du monde ensemble. Je leur plais fort et, en sortant, un petit frère m'a tiré par ma robe et m'a dit : « Monsieur, venez nous voir quelquefois ; il n'y a rien qui réjouisse tant les pères que vous. »*

Courant tavernes et salons, jouant au de jeu et faisant retentir les lambris de ses jurons qui associent souvent le nom de Dieu, toujours en train, pétillant de verve et de malice, il accable de ses plaisanteries le père Annat, confesseur du jeune roi Louis XIV, qui l'exècre, et ne sait quoi imaginer pour lui nuire. Quand d'aventure Boisrobert dit la messe, la jolie Mme Cornuel s'écrie :

– Voilà toute ma religion évanouie !

Un jour, se sentant bien malade, Boisrobert se met au lit, appelle ses médecins, et pense mourir. La reine Anne d'Autriche lui envoie des prêtres, et, du fond de ses oreillers, le malade joint les mains, lève les yeux au ciel et murmure : « Oui, mon Dieu ! Oui, mon Dieu ! Je vous demande pardon de toutes mes fautes, et j'avoue que je suis un grand pécheur. Mais vous savez, mon bon Dieu, que l'abbé de Villarceaux est encore plus méchant que moi ?... »

Mais il recouvre la santé, son entrain et retourne à l'hôtel de Rambouillet avec délices. Il rend visite à Ninon de Lenclos ; revoit le cardinal de Richelieu, toujours malade, ou souffrant de quelques migraines, et auquel les médecins disent :

– Voilà, monseigneur, vous vous soignerez avec tout cela ; mais veuillez y rajouter une ou deux drachmes de Boisrobert.

Au cours de ses visites, il rencontre aussi la malicieuse Mme Cornuel, qui a coutume de dire en riant :

– Les cornes, c'est comme les dents, elles font du mal à percer puis on en rit.

Mme Cornuel, de son nom Anne-Marie Bigot, est la fille d'un intendant de la maison de Guise, qui avait amassé du bien et l'avait fait élever très soigneusement. Mais, quand son père mourut, Anne-Marie qui se retrouvait presque pauvre fut bien contente d'épouser le richissime Guillaume Cornuel, adjudicataire des Cinq Grandes Fermes, qui l'avait remarquée à l'enterrement de sa femme et en était tombé amoureux fou.

Chez Guillaume Cornuel vivaient Marie Legendre, fille de la précédente Mme Cornuel, que tout le monde appelait Marion Cornuel, et Marguerite, dite Margot, fille de Guillaume. Toutes deux fort gaies et spirituelles, et à peine moins âgées que la nouvelle épouse de leur père.

Aussitôt, Mme Cornuel et ses belles-filles s'entendirent comme larrons en foire. Toutes trois étaient jolies, coquettes, spirituelles et fort moqueuses. Leur salon devint le rendez-vous de la cour et de la ville... Mais la préférée était la malicieuse Mme Cornuel, que La Ménardière décrit ainsi, dans une épître de Mlle de Vandy :

*Chez Cornuel la dame accorte et fine,*
*Où gens fascheux passent par l'étamine,*
*Tant et si bien qu'après que criblés sont,*
*Se trouve en eux cervelle, s'ils en ont.*
*Si pas n'en ont, on leur fait bien comprendre*
*Que fats céans onc ne se doivent rendre,*
*Et six yeux fins, par s'entreregarder,*
*Semblent leur dire : Allez vous poignarder.*

Toutes les trois n'épargnent personne, et on le leur rend bien. Ainsi, le penchant de Marion pour M. de Rouville est fort critiqué par les bonnes langues charitables. On chante par les salons :

*Il court un bruit par la ville*
*Que Marion Cornuel*

*Voudrait faire un beau duel,*
*Avec monsieur de Rouville*

Ce n'est pas très méchant... et Marion va toujours son train, aimant M. de Rouville, et raillant gaiement les uns et les autres. Un jour, ce fut le tour du maréchal de Gassion, qui était convié à un somptueux festin. En voyant les apprêts, la décoration et la magnificence de la salle et de la table, il s'écrie :

– Ah ! Ah ! pour moi, bon pain, bon vin, bon fourrage, cela me suffit !

Mais on lui pardonne cela, car sa réputation de bravoure et son honnêteté le font voir d'un bon œil par les dames.

Mais on parle de mariage, et Gassion s'écrie de sa grosse voix, en retroussant sa moustache :

– Mordious ! Femmes et vaches, ce m'est tout un !

Le comble est atteint, et la rieuse Marion qui se trouve près de lui le regarde en riant et lui assène :

– Mordious ! Bœuf ou Gassion, ce m'est tout un !

Et les caquets attribuent un bon ami à Mme Cornuel ; c'est le beau et séduisant M. de Genlis ; mais on parle aussi de M. de Sourdis, ce qui a pour effet d'enrager Mme de Sourdis, pour laquelle ce n'est pourtant pas une révélation, car le marquis de Sourdis court comme chat de gouttière salons, cabinets et ruelles à la recherche de proies palpitantes et facilement consentantes. Ses attraits sont si puissants qu'il parvient à compromettre la dévote Mme d'Aumont, que l'on chantonne tout aussitôt, évidemment :

*La d'Aumont, cette dévote,*
*C'est laissé trousser la cotte*
*Par le marquis de Sourdis,*
*Qui n'est rien qu'un étourdi.*
*La d'Aumont, qui est bien fine,*
*Fait l'amour à la « sourdine »,*
*Et croit qu'un péché caché*
*Est à moitié pardonné...*

Mais si Mme Cornuel fleurette avec le marquis de Sourdis, lui, parmi toutes ses fredaines, est parvenu à faire un enfant à la suivante de Mme Cornuel.

Le premier choc de surprise passé, Mme Cornuel garde sa suivante, la fait soigner et élève l'enfant :

– Il a été fait à mon service, dit-elle simplement.

Mais elle se venge de cet impudent Sourdis en ne l'appelant plus que « Cupidon ». Et comme tout le monde sait que le fameux Cupidon use souvent de ces bains intérieurs que l'on appelle clystères, Mme Cornuel dit partout :

– Ce Cupidon, il n'a dans son carquois qu'une seringue pour toute flèche.

Et puis, encore, elle se tue à rire de Sourdis et de son grand train de maison qui le ruine. Quand il part pour son gouvernement d'Orléans, il voyage avec laquais, carrosses et mulets, chargés jusques aux yeux d'une multitude de malles et coffres de toutes sortes, souvent vides.

– Voilà Job et ses chameaux ! s'écrie-t-elle en éclatant de rire.

Mais Mlle de Scudéry commettra un jour l'imprudence de décrire Mme Cornuel sous le nom de Zénocrite, dans son *Grand Cyrus*, où elle dira : *Cette Zénocrite, qui n'épargne ni ses amis ni ses ennemis.*

– Vraiment ? répondra la fameuse Zénocrite mécontente. J'admire les voies de la Providence ; elle se reconnaît bien à ce que Dieu fait suer de l'encre à cette pauvre Sapho, afin qu'elle puisse barbouiller tant de papier...

De tout cela, Vincent Voiture ne fait qu'en rire. Fils d'un des marchands de vin privilégiés de la cour, il a dans sa fleur l'esprit mondain de sa génération.

C'est M. de Chaudebonne, le meilleur ami de Mme de Rambouillet, qui l'introduisit dans le grand monde. Il l'introduisit chez Monsieur, frère du roi, autrement dit Gaston, duc d'Orléans, car il était chevalier d'honneur de la duchesse d'Orléans et premier maréchal des logis aux suisses de la Garde. Chaudebonne, qui avait fait partie de la cohorte des libertins, s'était converti et faisait maintenant le dévot. Le baron de Blot écrivit une chanson sur la fameuse conversion de Chaudebonne, dans laquelle il disait :

*Que jamais plus on ne me parle*
*Du bordel ny du cabaret ;*
*Adieu, maistre Guy, maistre Charles,*
*Adieu, Nanon, adieu, Babet,*
*Et quoyque tard je m'en avise,*
*Je prétens qu'on me canonise.*

*Ah ! que je vas bien contrefaire*
*Le visage d'un innocent !*
*Je ne veux plus songer à plaire*
*Qu'au révérend père Vincent,*
*Et je ne pers pas espérance*
*D'estre au conseil de conscience.*

*Que Gauffre s'aille faire pendre,*
*Le Normant et d'Orlanne aussy :*
*Les exemples que je veux prendre*
*Ont à la Cour mieux réussy ;*
*Pour que ma conduite soit bonne,*
*Je veux imiter Chaudebonne.*

Un jour, Voiture écrivit à Mme de Rambouillet au sujet de Chaudebonne : *Outre qu'il s'est mis en fantaisie de laisser croistre une barbe qui lui vient déjà jusques à la ceinture, il a pris un ton de voix beaucoup plus sévère que jamais, et qui tient du son du cor d'Astolfe. A moins que de traiter de l'âme ou du souverain bien, on ne luy scaurait plus bien faire ouvrir la bouche.*

Un soir de l'année 1625, plus parfumé que jamais, en justaucorps de brocart, brillant de galands, mousseux de dentelle et de plumes arachnéennes, rubans et rosettes, étincelant de diamants et de pierres précieuses, Chaudebonne vient chercher en son logis un inconnu nommé Vincent Voiture, pour le conduire à l'hôtel de Rambouillet, où il désire le présenter, pensant qu'il pourrait amuser les maîtres de maison.

– Hâtez-vous, s'écrie-t-il, ce soir il y a fête chez Arthénice. On y reçoit milord de Buckingham... Je vous emmène.

Voiture, plein d'enthousiasme et d'émotion, harcèle ses valets et se fait apprêter au mieux, il bouscule son monde, choisit ses bagues, ses diamants, met ses parfums, ses dentelles les plus mousseuses, ses plus beaux rubans... Ils montent en carrosse, arrivent rue Saint-Thomas-du-Louvre. Il y a foule dans la rue. Un défilé ininterrompu de carrosses, de chaises à porteurs, de cavaliers, de porteurs de torches, de valets, de pages et de laquais. Une foule compacte de curieux forme une haie qui brille de mille regards. Des mendiants, maigres et aux yeux trop brillants, traînent leurs guenilles en tendant la main. L'hôtel de Rambouillet dans la nuit, est éblouissant de pots à feux, torches, lanternes, flambeaux et chandelles. La cour est jonchée de verdure et de fleurs fraîchement coupées, Des valets en grande livrée s'affairent. Un tapis somptueux arrive jusqu'au bas des marches de l'escalier d'honneur. Ce ne sont qu'appels, hennissements, fracas des roues des carrosses sur le pavés, jurons des passants éclaboussés. Les rues avoisinantes sont absorbées par l'ombre. Toutes les fenêtres des maisons sont pleines de gens qui regardent avec avidité. Derrière eux, les appartements éclairés par des chandelles sont décorés de tentures. Les jardins de l'hôtel, éclairés par des chandelles et pots à feux, apportent lumières et ombres mouvantes aux fleurs, aux arbres et aux parterres. Les statues de pierre blanche ont des visages qui bougent, des sourires qui naissent et qui s'effacent. La foule attend, patiente et attentive. Elle sait qu'elle va voir des merveilles et qu'elle ne s'est pas déplacée pour rien. C'est plus beau que la foire ; et tout aussi brillant qu'une procession du saint sacrement.

Le marquis et la marquise de Rambouillet, en grands atours, et entourés de leurs invités, attendent milord de Buckingham, ambassadeur du roi d'Angleterre, qui a manifesté le plaisir qu'il aurait à entendre la voix sublime d'Angélique Paulet. C'est l'époque où le fol et romantique ambassadeur de Charles Ier éblouit Paris, et l'émeut par son faste.

Quand George Villiers, duc de Buckingham, arriva en France, son but était le Louvre, et sa mission la négociation du mariage du roi d'Angleterre, son maître, avec la princesse Henriette, sœur du roi Louis XIII. Il a un peu plus de trente ans et il est le favori du roi Charles Ier d'Angleterre.

Beau, riche, élégant à l'extrême ; de cette élégance que les Anglais savent avoir ; l'esprit vif, courageux et fidèle, il pourrait être le héros d'un roman, le héros joliment fou et splendide... Somptueux *Bouquinquant,* comme l'on dit à la cour de France, tandis que le roi Louis XIII, jaloux et morose, le suit d'un regard noir et fort en dessous.

Ses chevaux, ses carrosses, ses diamants, ses vêtements, sa suite, tout son train est merveilleux, jusque dans le moindre détail. Les bonnes gens le regardent passer, ébahis et contents ; de leur côté, les seigneurs jettent un regard furtif à leurs bijoux et à leur ajustement, en essayant d'établir une comparaison flatteuse. La cour du roi de France fait des complexes d'infériorité. Buckingham, lui, s'avance, sûr de lui, s'incline, parle avec une grâce infinie qui fait briller les yeux des dames et froncer les sourcils de leurs maris.

Dans un rêve, Buckingham danse et laisse échapper de la splendeur de ses vêtements, des perles mal cousues... Les courtisans se baissent pour les ramasser, et les rendre. Mais Buckingham, le magnifique, juché sur son nuage de gloire et de richesse, dit simplement :

– Oh ! je vous en prie, laissez cela, voulez-vous !...

Tout cela fait une énorme impression et éblouit la jeune reine elle-même ; de telle sorte qu'il se crée entre la reine Anne et le beau Buckingham une sorte d'entente aimable d'amour purement platonique, tout spécifiquement précieux. D'ami, il devient confident. Mais la reine reste la reine de France, même si à certains moments ils arrivent à rester en tête à tête. La princesse de Conti dit en parlant de la reine Anne :

– Ah ! de la ceinture en bas, je peux répondre au roi de sa vertu, mais de la ceinture en haut, je ne saurais m'y risquer ; car les larmes du duc ont sans doute dû atteindre son cœur...

Quand le duc fait son entrée à l'hôtel de Rambouillet, il est une apparition ruisselante de soie, d'or, de pierreries et de diamants. Le marquis de Rambouillet va à sa rencontre, jusqu'au bas du perron, et revient, tenant par la main la radieuse duchesse de Chevreuse, chez laquelle milord de Buckingham a son logis. Immédiatement derrière eux, le duc de Buckingham et le duc de Chevreuse suivent, accompagnés de gentilshommes.

Buckingham est brun, avec des yeux noirs, et un visage pointu, souriant et fort hautain. Son habit de satin blanc est resplendissant de pierreries.

Mme de Chevreuse, la gorge fort ressortie, est éblouissante de gloire et de beauté. Ses cheveux fauves étincellent de diamants et ses yeux d'outre mer brillent de tout leur éclat.

Les dames jettent au duc des regards passionnés ou languissants, à demi cachées, cependant que leurs maris le suivent d'un lourd regard d'envie, de méfiance et de jalousie.

– Semez graine de coquette, grogne un mari, et vous récolterez des cocus.

Mais le duc passe... Il tient à la main son chapeau empanaché de plumes de héron légères, retenues par une enseigne de diamants, qui est une grosse broche. De gros bijoux brillent à ses oreilles et à ses doigts. Chaînes d'or, colliers de perles, rubans des ordres, s'entrecroisent sur sa poitrine. Comme il est beau ! Il est divin !... Il est le rêve de chaque femme et le tourment de tous les maris jaloux.

La belle Lionne, Angélique Paulet, ardente rousse aux yeux verts, ne reste pas insensible à cette beauté dédaigneuse. Elle est de nature enthousiaste et aime les hommes comme on aime les fleurs, légèrement, agréablement, en fermant les yeux. Mais pour l'instant elle fait la dévote. Elle est entrée à l'hôtel de Rambouillet comme on entre au couvent ; mais auparavant ses amants furent innombrables ; parmi eux, le duc de Guise, le duc de Chevreuse, le duc de Termes, le duc de Bellegarde... et tant d'autres, aussi bien de la cour que de la ville. Dans les ballets du roi Henri IV, elle dansa en habits mythologiques, à moitié nue... Tout cela est loin... Elle ne put jamais se marier, car ses amants passaient leur temps à rosser ses fiancés et les fiancés partaient.

Cependant, dans toute sa gloire, dans toute sa parade, Buckingham n'est qu'un amant transi, un mourant de ruelles ; et il en a bien la mine. Quand la princesse Henriette, sœur du roi Louis XIII quitte le Louvre pour monter sur le trône d'Angleterre, Anne d'Autriche et la cour l'accompagnent une partie du chemin. La reine Anne s'arrête à Amiens, tandis que le cortège continue son chemin vers les rivages du nord. Mais voilà qu'avant d'arriver à Montreuil-sur-Mer, le duc de Buckingham tourne bride, et prend la direction d'Amiens... Il bouscule tout le monde, se précipite chez la reine qui est déjà couchée, entourée encore par ses dames d'atours. Buckingham entre comme un coup de vent, toutes plumes et dentelles en bataille ; tous diamants étincelants, mais moins éclatants encore que ses yeux.

– Ah ! madame ! Ah ! madame ! s'écrie-t-il, en mettant un genou à terre, les plumes de son chapeau traînant sur le sol...

Et le voilà qui perd la tête, embrasse le lit, les draps, les chaussures de la reine... Il dit des mots sans suite, où il n'est question que de son amour. La comtesse de Lannoi, indignée, s'écrie :

– Pas des manières en France ! Tenez-vous !

– Je ne comprends pas, je suis étranger, repond le duc, en couvant la reine des yeux.

La reine Anne reprend ses esprits. Elle est bien jolie, assise dans son lit. Elle s'adresse au duc, doucement mais fermement :

– Relevez-vous, Monsieur, et sortez sur l'heure.

Le duc se lève, et se courbe en révérences. Son regard implore. Les dames de la reine semblent faire partie des personnages des tapisseries de haute lisse qui couvrent les murs de la chambre. Mais si le regard du duc implore, les yeux de la reine Anne sont ceux d'une reine à qui chacun doit obéissance et respect. Le duc de Buckingham y lit un adieu, peut-être un regret, mais surtout une décision irrévocable.

Trois ans plus tard, le duc de Buckingham meurt à Londres, poignardé dans sa chambre par Felton. Dans un cabinet voisin, des dizaines de bougies brûlent devant un grand tableau représentant la reine Anne d'Autriche. Mourant, il parvient à se traîner devant le portrait qui lui sourit, et il rend le dernier soupir en lui tendant une main désormais inutile.

## *Chapitre XXI*

Un jour, la jolie Mme Aubry, accompagnée de sa fille Renée-Julia, amène à l'hôtel de Rambouillet deux frères aussi dissemblables qu'il est possible d'imaginer. L'aîné s'appelle Hector, marquis de Montauzier, et son cadet, Charles, marquis de Salles.

Hector de Montauzier, est gai, amusant, remuant, élégant et affable. Il porte perruque, car il est devenu chauve très jeune. Il est un des premiers à Paris à avoir inauguré cette pratique. Son cadet, Charles, marquis de Salles, est l'opposé d'Hector : toujours morose, colère, lourd, pessimiste, il arbore perpétuellement un visage sévère et chagrin et des attitudes étudiées. Segrais écrit : *C'est un vrai fagot d'orties.* « Il est détestable », soupirent ses contemporains. Et cependant il est sincère, droit et homme de devoir. Mais au premier abord son être rebute.

Pour l'heure, il fleure le pédant. Il aime les ouvrages et les conversations sérieuses et austères. Il est ennuyeux comme la pluie. Tout le monde préfère son frère, ce qui n'améliore pas son humeur. Julie d'Angennes, Anne de Bourbon, reconnaissant en lui le descendant des paladins, en tombent amoureuses. Il est vrai que le marquis de Montauzier ne rêve que de batailles, de prouesses, de triomphe et de gloire ; mais son cœur est léger. Il tombe dans les bras de Mme Aubry et oublie tout aussitôt les petites princesses de l'hôtel de Rambouillet.

Sous le choc, Julie d'Angennes bannit à jamais tout sentiment tendre de son cœur, tandis qu'Anne de Bourbon pense qu'il faut posséder plusieurs galants à la fois. Mais la guerre appelle les jeunes seigneurs. Montauzier et Salles partent pour l'Italie et se couvrent de gloire tous les deux devant Casal.

Pendant ce temps, la marquise de Sablé est la maîtresse en titre du duc de Montmorency. Elle est terriblement cabaleuse et fort jalouse. Un jour, elle reproche au duc d'avoir dansé à un bal au Louvre, avec les plus belles dames de la cour.

– Eh ! Que vouliez-vous que je fisse, s'écrie le duc excédé.

– Que vous ne dansassiez qu'avec les laides, monsieur !

Et là-dessus, elle part en chaise faire faire son horoscope et, comme il lui faut donner son âge, elle ne résiste pas au plaisir d'escamoter six ans.

Mlle de Chalais lui dit :

– Madame, on ne saurait faire ce que vous voulez, si vous ne dites votre âge au juste.

– Il se moque, il se moque, ce monsieur l'astrologue, s'écrie la marquise. S'il n'est pas content comme cela, tenez, donnez-lui encore six mois.

Et elle alla se reposer, en disant :

– Personne ne craint plus la mort que moi, peut-être est-ce parce que personne n'a jamais si bien conçu que moi ce que c'est que le néant... Dieu ! qu'il fait froid, ici ; les vents coulis passent par la cheminée et le dessous des portes..., le rhume se gaigne..., vous nazillez, dit-elle à Montmorency, vous allez bientôt être enrhumé.

Elle se sauve et rentre chez elle, où le duc de Nemours la vient voir. C'était l'époque où Mlle d'Orléans avait la rougeole.

– Avez-vous eu la légéreté de passer chez Mademoiselle avant de venir céans ? demande-t-elle au duc, dès qu'elle l'aperçoit.

– Oui, bien sûr ! dit Nemours, en rajustant ses dentelles.

– Et je gage, que vous êtes monté en haut ?

– Bien sûr, je voulais parler à quelqu'un, mais une de ses femmes est venue au-devant de moi..., répond Nemours avec malice.

– Oh ! mon Dieu ! Sortez ! Sortez tout de suite... ! Ne restez plus un instant ! Qu'on raccompagne Mgr le prince de Nemours jusqu'à son carrosse, ordonne-t-elle à ses gens. Allons, plus vite !...

Là-dessus, Mme de Longueville arrive. La maison était pleine de fumée d'herbes odoriférantes, qui se veulent désinfectantes, et Mme de Sablé était au milieu.

– Que se passe-t-il ? s'écrie la duchesse de Longueville qui connaît très bien tous les travers de Mme de Sablé.

– C'est Nemours, qui se promène partout, en portant la rougeole et peut-être la peste...

La peste ! Voilà le grand mot, la grande peur, horrible, noire, visqueuse, abominable. La peste qui peut à elle seule ravager la moitié d'une ville, un jour, vient frapper de sa main noire à la porte de l'hôtel de Rambouillet, rue Saint-Thomas-du-Louvre. Le doigt noir pointe vers un enfant de huit ans, qui rit dans le soleil, en mangeant une tartine de confiture.

# *Chapitre XXII*

La vie s'écoulait douce et joyeuse à l'hôtel de Rambouillet, toute faite de discussions, de promenades et de fêtes, quand, soudain, en quelques heures, tout vira au noir. Ce qui était espoir, était devenu désespoir.

Le temps s'était arrêté. Tout avait sombré dans l'indifférence...

C'est dans les grandes épreuves, lorsqu'on est au pied du mur, avec derrière soi un gouffre sans fond, un vide noir, gigantesque et désespéré, que notre vraie personnalité se révèle.

En la dolente et moqueuse Mme de Rambouillet, on va découvrir, lors de l'accès de peste qui va foudroyer son plus jeune fils, une femme fière, dévouée jusqu'à l'abnégation, bravant le danger, dans un don de soi total. Et quelle n'est pas notre surprise de constater que la brillante Angélique Paulet et la très précieuse Julie d'Angennes auront exactement la même attitude. Être délicate et précieuse n'exclut pas les qualités humaines les plus éclatantes. Merveilleuses femmes de ce XVII^e^ siècle, dur, contrasté, où l'or, le sang et la mort se mêlent chaque jour.

Le vidame du Mans a huit ans. Hier soir encore, les escaliers retentissaient de ses galopades. Escorté de ses chiens, il courait, jouait, riait, ses boucles au vent, et allait même se baigner en cachette dans le rond d'eau... jusqu'au moment où sa gouvernante venant de visiter un pestiféré rentra à l'hôtel...

Le petit garçon, qui l'aime beaucoup, court vers elle et se blottit dans ses bras...

Au cours de la nuit, le mal se déclare, horrible, impitoyable. Le petit garçon et sa gouvernante délirent. En pleine nuit, les médecins sont appelés.

C'est la peste ! La terreur s'empare de tous.

Mme de Sablé, qui a si peur de la mort, quitte Paris sur-le-champ et s'enfuit la première.

Dans la maison si gaie la veille, un silence ouaté s'installe. Silencieusement, les grandes portes se ferment. Une épaisse couche de paille jonche la cour et les pavés de la rue. Les salons sont déserts. Seuls restent : Voiture, gorgé de teinture d'or pour se protéger de la contagion ; le marquis de Salles, revenu d'Italie et qui deviendra plus tard marquis de Montauzier, à la mort de son frère aîné ; Mme de Rambouillet, sa fille Julie et Angélique Paulet. Tous ont la gorge et le cœur serrés en soignant cet enfant tant aimé, qui ne reconnaît plus personne. Le chagrin les submerge quand ils se rendent compte que tout espoir est vain, mais ils luttent pour sauver cet enfant que tout l'hôtel adore. Trois jours de maladie. Au fil des heures, l'enfant naguère si beau, devient hideux et méconnaissable.

Mme de Rambouillet, Julie et Angélique, les yeux pleins de larmes, recrues de fatigue, savent qu'il va mourir, et que rien ne pourra le sauver.

L'enfant meurt... et la gouvernante aussi.

Maîtres et serviteurs revêtent les habits de deuil. Le carrosse de velours noir est sorti de sa housse. Des larmes amères coulent sur les visages, et chacun, levant les yeux vers le ciel indifférent, pense que cela est inhumain et injuste. Il était si beau, alors que son frère Pisani est si contrefait... Hors d'ici une telle pensée.

On enterre l'enfant, défiguré par l'horrible maladie. Dans l'église de Rambouillet, la statue du frêle petit garçon va bientôt venir rejoindre celle de ses ancêtres, agenouillés sur leurs tombeaux de marbre. On revient à Paris pour pleurer, toutes portes closes. Pendant leur absence, un service de désinfection est venu nettoyer et désinfecter les pièces contaminées. Fenêtres et portes sont fermées hermétiquement avec du papier huilé et gommé et ne seront ouvertes que dans six semaines.

Malgré tout, la vie reprend, péniblement. Mme de Rambouillet, broyée de chagrin, reste dans une demi-pénombre, indifférente à tout, pendant que les visites de condoléances commencent et qu'il faut bien recevoir. Le marquis de Salles, plus sombre que jamais, toujours là, observe à la dérobée Julie d'Angennes, toute pâle dans des vêtements noirs. Il l'aime à la folie, et elle le fera attendre quinze ans, sans qu'il ne se décourage jamais...

Pendant ce temps, Voiture fait écrire à Mme de Sablé, partie dans ses terres, et qui a dû brûler la lettre bien vite :

*Sachez donc que moi qui vous écris, j'ai été trois jours durant en une maison où deux personnes mouraient de la peste. Jamais vous ne fîtes mieux que de sortir de Paris, puisque c'était le temps où les honnêtes gens devaient être affligés. Mme de Rambouillet a perdu son petit-fils qui est mort de la peste en trois jours, et elle n'a pas voulu sortir de sa maison tant qu'il a été en vie...*

Malgré le malheur, lentement, la vie reprend le dessus dans l'hôtel endeuillé.

La vie continue pour ces Français du XVII^e siècle qui souffrent de différents maux, dont les plus importants sont :

*Le feu Saint-Antoine, ou mal des Ardents, qui est un ergotisme gangréneux.*

*Le mal Saint-Jean, ou mal Saint-Lou, qui est l'épilepsie.*

*Le mal Saint-Acaire, ou mal Saint-Mathurin, qui est la folie.*

*Le mal Saint-Fiacre. Ce sont les hémorroïdes et fissures de l'anus.*

*Le mal Saint-Genou, ou mal Saint-Maur, qui est la goutte.*

*Le mal Saint-Roch, ou Saint-Sébastien, qui est la peste.*

Le plus terrifiant de tous est la peste, ou mort noire. Ce terrible fléau, qui fait se signer les bonnes gens, existe en France, et même à Paris, à l'état endémique. La peste se déplace d'une rue ou d'un quartier à l'autre, jusqu'à cinq ou six ans de suite, puis disparaît pendant quelques années, pour ensuite reparaître. En France, de 1536 à 1670, on dénombra douze poussées, soit une tous les onze ans.

Ambroise Paré, le chirurgien de Charles IX, disait : « Peste est une maladie venant de l'ire de Dieu, tempestative, hastive, monstrueuse et épouvantable, contagieuse, terrible peste sauvage, farouche et cruelle, ennemie mortelle de la vie des hommes et de plusieurs bestes, plantes et arbres. »

Dans toute ville, tout village, existe une église ou une chapelle dédiée à saint Roch, le saint de la peste. Sur les images naïves, il est toujours représenté escorté de son chien qui, selon la légende, lui apportait tous les jours un pain, pendant qu'il demeurait dans son ermitage. Chacun sait que saint Roch implore l'intercession de la Vierge auprès de Son Fils, pour obtenir la guérison des pestiférés, ou pour épargner une ville ou un village de la peste environnante.

Dès que la peste est là, une peur affreuse s'empare des populations ; peur de soi et des autres. Chapelles et églises dédiées à saint Roch débordent de monde. Des processions envahissent les rues et les chemins. C'est une vision redoutable que de voir tous ces gens tendus vers un seul but : des raisons d'espérer dans ce monde et dans l'autre. La peste étant l'œuvre de Satan, il faut donc la combattre par la ferveur de la foi, afin que le règne de Dieu arrive.

Quand l'épidémie éclate, les portes de la ville se ferment et les cloches des églises, sur les clochers desquelles flottent des oriflammes noires, sonnent à intervalles réguliers, accablant la cité du même son lent, triste, sans fin. Les ombres qui parcourent les rues sont étranges, diaboliques, à faire mourir de peur. Aux carrefours bien gardés de hauts feux, brûlent des herbes odoriférantes afin de purifier l'air. Les maisons sont barricadées. Certaines portes condamnées par une barre blanche, signalent qu'un décès s'est produit dans cette maison qui doit être fermée pour la désinfection pendant six semaines ; ailleurs, une barre verte indique qu'un malade a vécu là, mais qu'il n'y est pas mort ; la consignation est alors de trois semaines. Partout la vie se terre et ralentit son cours.

Le fléau n'empêche pourtant pas ceux qui sont en bonne santé de faire ripaille, de danser, de vivre et de boire, sans beaucoup se soucier de leurs amis, voisins ou parents malades, morts ou mourants. De hautes charrettes peintes en noir, à blason rouge, parcourent les rues. Un homme agitant une clochette, au son grave et cassé, va la précédant. Un cheval, noir aussi, la traîne. C'est la charrette des morts...

« Sortez vos morts ; sortez vos morts... » psalmodie l'homme vêtu de toile gommée. Certaines silhouettes fantomatiques, pressant une grande croix de bois blanc sur leur poitrine et leur visage, se dirigent en titubant vers le cimetière le plus proche. Mieux vaut mourir dehors qu'à l'intérieur d'une maison abandonnée, dont personne ne s'approchera ; maison maudite, où règne la terrible présence.

Une femme s'écroule, un enfant dans les bras. Elle est mourante, mais encore consciente. Elle tend vers les passants, qui ne la regardent même pas, son petit enfant... Personne ne s'arrête... Elle est marquée, c'est-à-dire maudite, et son enfant aussi. Il ne leur reste qu'à mourir. Une main compatissante s'abaisse vers elle, gantée de maroquin du Levant. La forme qui se penche aurait pu la faire mourir de frayeur, si la malheureuse avait été plus consciente, car, la robe de maroquin est surmontée d'un vaste chapeau et d'un masque muni d'une sorte de long bec rempli d'aromates désinfectants. C'est l'habit de ceux qui soignent les pestiférés, et qui s'occupent des cadavres. Les plaintes monotones des moribonds s'élèvent dans la nuit. Une main diaphane s'agrippe à une porte. Un être pratiquement mort regarde par une fenêtre semblant vouloir emporter avec lui une dernière image de la vie. Il est trop tard pour lui...

Quand la mort a frappé, les désinfecteurs sillonnent les rues, toujours précédé de flambeaux de cire blanche, afin de brûler les miasmes au contact de la flamme.

Au milieu de chaque chambre à désinfecter, ils disposent une botte de foin de trois ou quatre livres, qu'ils arrosent d'encens, de styrax, de vinaigre, de feuilles de laurier, de graines de cyprès et de genièvre, en quantité considérable, et y mettent le feu.

Chez les personnes riches, on se sert d'un mélange de camphre, poix, résine, romarin et laurier, sel gris, que l'on couvre d'une poignée de foin et qu'on arrose d'une pinte de vinaigre et d'eau-de-vie, auquel on met le feu.

Ensuite, les planchers sont lavés au vinaigre, les murs badigeonnés à la chaux, le mobilier et le linge lavés et désinfectés, et les pièces de monnaies passées dans le vinaigre bouillant.

Pour le linge, on se sert de soufre et d'alun.

*Les principales causes de la peste sont d'avoir bu des eaux mauvaises et putrides, comme celles qui sont boueuses et marécageuses, dans lesquelles se dégorgent les égouts puants et corrompus, sans qu'ils aient du courant ou dans lesquels on aura jeté des ordures, lavé le linge et jeté les excréments des pestiférés, comme est l'égout de l'Hôtel-Dieu à Paris... Après telle manière de vivre, survient ordinairement la peste,* écrit Ambroise Paré.

Pour soigner les pesteux, il est recommandé :

– d'appliquer des pigeons ouverts, saignants et chauds, sur la poitrine des malades, pour soutenir le cœur défaillant ;

– d'avoir un vieux bouc chez soi, qui sente bien mauvais. Son odeur chassera les miasmes ;

– d'avoir des brassards d'écrevisses putréfiées, afin que le mauvais air ne s'attache pas aux vêtements.

Les médecins et chirurgiens, qui soignent les pestiférés, ne peuvent donner leurs soins aux personnes saines et doivent être vêtus d'une robe de drap rouge, afin d'être reconnus de loin, et tenir à la main un bâton, rouge ou noir, suivant les villes. Ils doivent loger dans une maison spéciale, aux frais de la ville, et marquée d'un emblème extérieur. Tout ce dont ils ont besoin leur est porté.

Les sages-femmes des pestiférés s'appellent les « sages-femmes rouges », parce que vêtues d'écarlate comme les médecins.

Certains pestiférés sont jetés à la rue encore vivants, afin qu'ils ne meurent pas dans les maisons qui seraient alors consignées pendant six semaines. Des mesures très sévères sont prises contre cela.

Les médecins vont voir leurs malades, toujours précédés d'un flambeau de poix et de fleur de soufre, un linge imbibé de vinaigre appliqué sous le nez.

Tout habitant non encore contaminé, doit :

– Mâcher du bon tabac, en corde, bien mûr.

– Porter sur soi, sur sa chemise, une peau de cygne.

– Porter des pentacules, qui sont de grandes médailles de pâte magnétique, enfermée entre deux cristaux entourés d'un cercle d'or ou d'argent percé à jour, pour les personnes de qualité ; ou entre deux morceaux de drap, en forme de scapulaire, pour les personnes peu fortunées. Ces pentacules se portent entre les habits et la chemise, du côté du cœur.

– Les périaptes sont des nouets, ou sachets, ou médailles, percés à jour, remplis de poudres, animaux ou pâtes magnétiques, pour porter au col, suspendues par un ruban.

– Les amulettes, faites de poudre de crapauds, qui causent une émanation contraire à la contagion. On les met entre deux linges fort déliés ou deux morceaux de taffetas, pour les appliquer sur les bras, en forme de bracelets.

La racine de zédoaire, préserve de la peste. Il est recommandé aussi d'avoir dans la bouche un *masticatoire,* fait d'un mélange d'écorces de citron, d'orange sèche, de cannelle et de clous de girofle. En temps de peste, pour prévenir la maladie, il ne faut pas se mettre en colère ; éviter l'intempérance et l'embrassement des femmes. Se vêtir de bon burat d'Auvergne et de gros camelot d'Escot, avec collet en maroquin de senteur.

Il est conseillé de parfumer ses habits avec laurier, romarin, serpolet, marjolaine, sauge, fenouil, baies de genévrier, myrrhe ou encens,

– de désinfecter la chambre avec des fumigations de bon foin sec,

– de ne pas sortir de bonne heure sans avoir bu et déjeuné,

– et de se boucher les oreilles d'un peu de coton qui sente le musc.

– Tenir dans la bouche un clou de girofle ou de la racine d'angélique.

– Munir ses mains d'une éponge imbibée de bon vinaigre rosat, qu'il faut flairer souventes fois.

– Porter sur son estomac une « avelane » remplie d'argent vif et un petit bourset d'arsenic.

– Prendre deux fois par semaine, une pilule composée d'aloès, de myrrhe et de safran.

Dès que la peste est annoncée, les villes saines gardent leurs portes closes et font doublement garder leurs murailles. Tous les étrangers qui se présentent sont tenus à distance, interrogés avant d'entrer, et, s'ils viennent « de pays où l'on meurt », écartés sans rémission. Si l'étranger persiste, entre dans la ville, et qu'il se trouve avoir été en contact avec la terrible maladie, il est arquebusé sans attendre.

Partout où sévit la peste est instituée une magistrature spéciale temporaire, à qui pleins pouvoirs sont accordés.

Les prévôts de la santé, vêtus de la casaque noire marquée de la croix blanche, ont des attributions de police. Ils font respecter les ordonnances de prophylaxie, s'assurent qu'aucun cas de peste ne reste secret et distribuent amendes et châtiments aux contrevenants. Personne ne doit s'approcher des petites maisons de bois où sont réunis les pesteux, sous peine de n'en pouvoir sortir. Quand elles sont pleines, les malades sont envoyés dans les hôpitaux.

Si l'on voit beaucoup d'actes d'égoïsme, les gestes de dévouement n'en sont pas moins innombrables...

Des notaires, en robes noires et leurs sacs sous le bras, suivis de leurs commis, vont de fenêtre en fenêtre de pestiférés, établissant des testaments.

Les charrettes noires, conduites par les frères de la Charité, vêtus de la tête aux pieds de chaperons et toques de toile gommée, gantés de même, entassent les morts du jour ou de la nuit et se dirigent vers les cimetières. L'inhumation achevée avec les grandes pinces à cadavres, leurs habits sont passés aux flammes du feu allumé tout exprès dans une cuisine de cimetière, car il est le grand purificateur. Toutes les personnes approchant les pestiférés doivent passer leurs vêtements spéciaux au feu ainsi que leurs mains, et même leurs visages. Rien n'étant plus vital que de faire enterrer les cadavres, MM. les échevins, exhortent les personnes zélées d'avoir la bonté de se présenter et de monter à cheval, pour contribuer à l'enlèvement et à l'enterrement des morts.

Les vagabonds doivent s'éloigner, sous peine du fouet, de la marque et du bannissement :

> Ordre est donné à tous vagabonds, gens sans maîtres et sans aveux, et à tout pauvre valide qui n'est pas de Paris, d'en sortir sous vingt-quatre heures et de se retirer chacun aux lieux de leur naissance, à peine d'être pendus ou étranglés, sans forme ni figure de procès.
>
> Ceux qui effacent les marques désignant au public les maisons contaminées, seront arquebusés.

Ainsi va la vie dans les villes en temps de peste.

Mais si la peste sème la terreur, la lèpre est sujet d'épouvante.

## *Chapitre XXIII*

2.400 ans avant J.-C., un cri de malédiction est proféré : « Qu'il se cache et vive à l'écart sur une litière de fumier, avec les chiens galeux et les animaux immondes, celui dont le corps se couvre de pustules semblables aux bulles d'air infect qui s'élèvent des marécages et crèvent à la surface. Car il outrage la lumière. Qu'on le chasse des villages à coups de pierres et qu'on le couvre d'ordures, lui, vivante ordure ! Que les fleuves divins vomissent son cadavre. »

La lèpre ! La lèpre contagieuse, transmissible par les vêtements, les meubles et les poussières d'habitation.

Les Grecs et les Romains la connurent. Elle aurait été importée en Italie par les soldats de Pompée, à leur retour de Syrie. Certains affirment que la lèpre aurait suivi les Sarrasins en Espagne ; d'autres que les Lombards et les Germains l'auraient introduite. Quoi qu'il en soit, il est certain que la lèpre a été apportée par les invasions qu'elles soient Sarrasines, Lombardes ou Germaniques.

La lèpre étant maladie contagieuse, les malades sont rassemblés dans des grandes maisons éloignées de toute agglomération, appelées léproseries, placées sous la protection des saints Lazare, Marthe, Madeleine, Julien l'Hospitalier et Thomas. Certains voient dans cette terrible maladie un symbole sacré et mystérieux, et dans les lépreux des représentants du Christ chargés des péchés des hommes. Princes et rois devaient jadis leur donner des soins et panser leurs ulcères.

Dans les temps anciens, quand un seigneur devenait lépreux, faveur lui était accordée de rester en sa chambre, à la condition expresse de n'en pas sortir... Mais défense est faite à tout lépreux d'entrer dans un moulin. Ils doivent attendre à la porte où le meunier les reçoit. Défense d'aller aux fontaines, et surtout d'y boire. Défense aussi d'entrer dans une église ; ils doivent entendre la messe du porche, ou d'une petite porte, sur le côté, dite porte des cagous, qui leur est spécialement réservée. L'eau bénite leur est présentée au bout d'un bâton, le pain béni leur est jeté, mais leur obole acceptée.

Il leur est défendu de danser, de jouer avec des personnes saines, de faire du labourage et d'avoir des bestiaux.

Par contre, ils peuvent devenir maçons et travailler à la construction des châteaux et des églises. C'est eux qui ont édifié le château de Pau et qui sont chargés de son entretien. A eux toutes les basses besognes : la fabrication des cercueils, des potences, les inhumations, le dépeçage des bêtes mortes, le filage des cordes... Aussi, à travers le temps, léproseries, corderies, madeleines ou maladreries ont-elles toujours voulu dire la même chose, le cimetière des pourris, endroit où se réfugiaient ceux qui étaient reconnus lépreux. Pendant longtemps les cordiers ont passé pour des lépreux confirmés, ou en puissance. Près de Paris, la Saulsaye était léproserie pour personnes de sang royal.

Lèpre et syphilis vont de pair. Depuis les croisades, les chevaliers de saint Lazare se consacraient aux lépreux. Comme la maladie était réputée incurable, on ne la soignait guère, car il ne fallait pas aller à l'encontre de la volonté de Dieu. Mais cependant on employait la peau et la chair de serpent, l'ellébore, les bains sulfureux, des fumigations de plantes, des saignées, purges et lavements purgatifs, esternutoires, masticatoires pour purger le chef, ventouses, cautères, bains quotidiens de plantes émollientes...

Toutes les maladreries possèdent des piscines, et Ambroise Paré, au XVI^e^ siècle, conseille la castration. Mais cependant les lépreux ont la permission d'exiger le devoir conjugal de l'époux resté sain. Le mari doit suivre sa femme, et la femme son mari, sinon, ils doivent vivre dans une continence absolue.

Quand l'argent manque, le lépreux est reconduit à son lieu de naissance, afin d'être pris en charge par la paroisse de sa ville ou de son village. Sa maison et tout ce qui lui a appartenu est brûlé, et sa famille frappée de déchéance. Est exclu du droit de bourgeoisie, tout individu dont la famille compte un lépreux.

Quand un lépreux est pauvre, il va s'installer misérablement dans une de ces cahutes nichées non loin des murailles d'un château, ou d'une abbaye, toujours séparées du village le plus proche par une rivière ou un bouquet d'arbres. Ils sont appelés du nom maudit de cagots, cacous ou cagous. Revêtus de grands manteaux, gris comme leur robe, coiffés du chapeau écarlate, besace au flanc et cliquette à la main, dont ils font entendre le son grinçant, ils sortent surtout la nuit, afin que tout passant puisse fuir ces êtres d'épouvante...

Parias entre les parias, leur sort s'adoucit s'ils ont de la fortune, ce qui leur permet d'entrer en léproserie.

C'est la rumeur publique qui apprend aux magistrats les cas de lèpre. Les malades sont examinés par les médecins. Quand la maladie est confirmée, l'hôtel de ville prononce la séquestration, tandis que le curé l'annonce le dimanche suivant au prône. Ainsi tout le monde est au courant, et la date de « mise hors du siècle » est fixée. C'est une triste cérémonie. Au jour dit, le curé envoie au malade, après les avoirs bénis, les vêtements et le chapeau rouge qu'il va désormais devoir porter, et aussi les gants, la cliquette, la ceinture, le couteau et la besace. Dans les villages, tout le monde est dehors. Dans les villes, parents, amis et voisins, formant une sorte de procession mènent le malade jusqu'à l'église. L'appareil est d'épouvante, car en entrant sous le porche le malade voit déjà le brancard de corde qui le portera au cimetière. Au-dessus de l'abside est déployé le drap mortuaire. Le malheureux lépreux va assister à la répétition de son propre enterrement. Le curé célèbre alors la messe du Saint-Esprit, et, l'office terminé, l'infortuné est conduit jusqu'au cimetière, ou, par trois fois, le prêtre lui met de la terre sur la tête, en lui disant :

– Mon ami, tu es mort au monde.

Puis, toujours de son pas lent, la procession se remet en marche jusqu'à la maladrerie, à la porte de laquelle se trouvent le procureur syndic de la ville et le recteur.

Une voix grave demande :

– Quelles sont vos intentions en vous présentant ainsi ? et que voulez-vous ?

– Je suis reconnu ladre et, comme habitant de la ville, je demande d'entrer dans cette maladrerie, pour y jouir des droits y attachés et obéir à sa discipline.

Le chapelain aussitôt s'approche. Le lépreux, la main sur les saints canons, prête publiquement serment d'obéir aux maîtres de la maladrerie, de porter insignes et habits qui le fassent reconnaître, afin que les ignorants ne conversent avec lui ; de ne laver ses pieds, ses mains, ni ses robes ou vêtements aux puits et fontaines communes, si ce n'est en eau, qui, par autrui en sera tirée...

Et, c'est l'instant pathétique des adieux à sa famille et à ses amis... Il entre en léproserie comme on entre en religion. Seule une vie intérieure intense lui permettra de supporter la solitude et les maux physiques, qui ne l'épargneront pas jusqu'à son dernier jour. Dans les léproseries, les malades sont libres d'aller et venir à leur gré. Quand ils ont la permission de sortir, ils doivent revêtir la terrible tenue, promettre de ne pas s'arrêter en route. Ils ne peuvent passer une nuit à l'extérieur de la maladrerie que pour assister un parent ou un ami à l'article de la mort. Dans la maladrerie, chaque lépreux possède sa maison, dans laquelle il peut éventuellement mener une vie de famille et se faire soigner par ses serviteurs. Tout est question d'argent, comme partout.

Certaines léproseries, comme certains couvents, sont opulentes, richement dotées ; d'autres perçoivent des rentes et font cultiver leurs terres. Tout ce que les lépreux y laissent en mourant leur est acquis.

Pour y être admis, il faut posséder au moins un lit étoffé de draps et de couvertures, un oreiller, un godet d'argent ou un hanap, des écuelles, des pots de cuivre et d'étain et du linge.

A défaut de serviteurs, les soins sont donnés par des frères et des sœurs convers, fort bien nourris et vêtus.

Mais cela n'est pas toujours aussi sombre... Parfois, certains malades guérissent, et les erreurs de diagnostic ne sont pas rares. Si tel est le cas, la guérison est annoncée publiquement au cours du prône, afin que l'ex-lépreux retrouve sa vie d'autrefois.

Mais les tourments, maux et craintes des hommes et des femmes de ce XVII^e^ siècle ne se bornent pas là. Dans ce monde incertain, parfois tremblant d'angoisse et frémissant de peur, la sorcellerie s'épanouit, née de la crainte, de la haine des hommes, en temps de famine ou de guerre ; en temps de misère.

Un fait est avéré, aucune personne heureuse ne devient jamais sorcière. Toutes invasions, jacqueries, razzias s'accompagnent d'une vague de sortilèges et de procès intentés, en particulier à des bergers que l'on appelle « petits sorciers ». Quand le temps sinistre de la disette arrive, la sorcellerie règne en maître. Elle est la vulgarisation de la magie, science secrète, qui tend à commander et asservir un certain nombre de forces. Au fond de chaque ville, de chaque village, parfois dans une hutte, dans une grotte isolée au fond des forêts, c'est là que l'imagination paysanne travaille. La tête sur le billot, ils affirment voir, à la tombée de la nuit ou à nuit close, des démons se transformer en flambeaux ardents qui flottent sur les eaux, pour attirer les marins sur les rochers et les noyer. Quand l'Océan furieux vient se fracasser sur les rochers noirs dans une envolée d'écume, les prêtres en surplis s'approchent autant qu'ils le peuvent et viennent exorciser l'Océan qu'animent les démons. La Vierge et saint Nicolas le calment, tandis que dans les maisons, à la naissance d'un enfant, les sages-femmes sorcières s'emparent du nouveau-né sous prétexte de le réchauffer devant le feu, et, quand personne ne les observe, l'élèvent entre leurs mains et l'offrent à Satan, en le présentant au-dessus des flammes.

Dès la tombée du jour, chacun se claquemure chez soi toutes portes et fenêtres closes. Au même moment, des enfants morts-nés sont portés sur les lieux des sabbats. Aussi, dans les villes, et les milieux riches, on se marie la nuit afin que les sorciers, occupés à leurs sabbats, n'aient ni le temps ni le goût à nouer l'aiguillette, ce qui consiste à jeter un sort au mari afin de le rendre impuissant.

A travers la campagne, des sorciers guident les loups et les enferment dans des repères connus d'eux seuls. Ils font faire perte et dommages.

Les procès pour sorcellerie se multiplient, toujours impitoyables et terribles. Est jugée la sage-femme sorcière qui finit par avouer, sous la torture, avoir tué plus de quarante enfants à leur sortie du sein, en leur enfonçant une aiguille sur le haut de la tête, dans le cerveau, et qui reconnaît avoir préparé des onguents avec la chair d'enfants morts. Elle est condamnée au feu. Claudine

Triboulet est condamnée à la même peine, pour avoir acheté un ciel de lit à une certaine Lucie Coussin, et l'avoir payée avec une bourse garnie de poussière... Un autre jour, Claudine apporte un pain à Lucie à l'heure du repas. Lucie l'ouvre aussitôt : une grosse araignée s'en échappe. Elle court chez le curé qui bénit le pain, et aussitôt l'araignée disparaît. Tout cela est action du diable ! Enfin, le jour de la Saint-Laurent, Lucie mange une poire que Claudine lui a donnée. L'instant d'après, voilà que le « gousier la brûle »... Claudine est une sorcière.

Mais avoir l'aiguillette nouée tourmentait énormément les Français du XVII^e siècle. Aussi, pour conjurer le mauvais sort, il fallait soit pisser par le trou de la serrure de l'église ou l'on s'était marié, ou bien percer un tonneau de vin blanc dont on n'a encore rien tiré et faire passer le premier jet qui en sort dans la bague qui a été donnée à l'épouse le jour du mariage.

A Châteauroux, un homme, membre de l'officialité, avait trouvé un système qui, à l'usage, s'avéra très efficace. Quand des nouveaux mariés lui venaient dire qu'ils étaient maléficiés, il les conduisait dans son grenier, les attachait face à face, séparés par un poteau, et les fouettait à tour de bras sans s'inquiéter de leurs cris et de leurs supplications. Quand ils étaient bien battus, bien moulus et épuisés d'avoir crié, il les déliait et les laissait en tête à tête, bien enfermés à double tour, nantis d'un pain de deux sous et d'une bouteille de bon vin... Le résultat était, paraît-il, assuré.

Mais sorcières et sorciers de tout poil et de toutes grandeurs continuent de jouer des tours à leurs voisins.

Pour couper l'appétit, sous l'assiette de la personne qu'ils veulent maléficier, ils mettent une aiguille qui a servi à coudre le linceul d'un mort... Ils trempent des balais dans l'eau pour faire pleuvoir au moment des récoltes et causer dommage à leur prochain... Pour empêcher les gens de dormir, ils cachent dans leurs lits des yeux d'hirondelles (un œil suffit pour un lit). Ils brisent les coques des œufs mollets après en avoir mangé l'intérieur, afin que leurs ennemis soient aussi brisés...

Leur joie et leur but est de troubler et de terrifier les bonnes gens, afin de leur faire perdre l'esprit. Les calamités, les maladies, la mort, ne doivent pas être naturelles... Alors, citadins, villageois offrent des cierges aux saints pour qu'ils leur fassent du bien, et un autre au diable, pour qu'il ne leur fasse pas de mal. Il y a des fontaines aux eaux miroitantes dédiées à saint Mauvais, où certains vont nuitamment, pour demander en cachette la mort d'un ennemi, d'un rival en amour ou d'un parent à succession. Mais, non loin de là, il y a presque toujours une chapelle dédiée à saint Bon...

Quand le printemps revient, aussi bien dans les villes que dans les campagnes, la tradition veut qu'on allume des feux de joie, comme ceux de la Saint-Jean. En temps de paix, même de paix très peu sûre, les paysans parcourent la campagne, la torche à la main, pour conjurer les mauvais esprits et les mauvais sorts ; car les feux de la Saint-Jean et leurs rites apportent bienfaits et protection... Les herbes cueillies pendant la nuit du 23 au 24 juin prémunissent bêtes et gens contre tous accidents.

On dit bien que les flammes du feu de la Saint-Jean réchauffent les âmes des trépassés ; mais il faut sauter les feux, faire la ronde, chanter des chansons et ramener un brandon encore tout rougeoyant chez soi pour avoir bonheur et santé tout au long de l'année et ne pas craindre les sorciers.

Un avis apposé sur un confessionnal, et rédigé en breton, datant du début du XVII^e^ siècle, disait :

> Quiconque rassemble lors de la nuit de la Saint-Jean des herbes en disant des oraisons ou conjurations de quelque sorte que ce soit, pèche mortellement... Invoquer et nommer le diable, pour deviner ou pour quelque autre chose, est péché mortel... Avoir familiarité avec l'Ennemi, ou faire un accord avec lui, ou un pacte quelconque, est péché mortel... Croire dans les rêves, en mettant foi en eux, avec des oraisons, pour savoir des choses à venir, ou cachées, est péché mortel... Observer les divinations que l'on fait avec « art » et intelligence bonne de l'ennemi, par le chant ou le vol des oiseaux, ou la marche des animaux, comme faisaient les anciens, est péché mortel... Ensorceler ou conjurer une chose quelconque pour deviner ou soigner des maladies, guérir avec de l'osier des membres cassés ou déplacés, est péché mortel... Quiconque noue l'aiguillette pour mettre mal la malice de son époux, outre qu'il pèche mortellement, ne peut être absous s'il ne dénoue d'abord. Faire quelque chose avec des versets de psaumes pour trouver des choses perdues, ou pour tromper femmes et filles, ou obtenir leur amour et les épouser, pèche mortellement.

Mais à cette ambiance lourde, inquiétante, qu'inspire la seule pensée de maléfices, viennent s'ajouter souvent l'inquiétude de la guerre et la présence permanente des loups qui courent en bandes affamées pendant l'hiver, qui les trouve particulièrement sanguinaires et cruels. Leur apparition est signe de disette prochaine. Intelligents, silencieux, observateurs, les loups apportent les frissons de la peur. Mystérieux, errants, ils sont toujours craints. Le paysan sait que les loups habitent la forêt prochaine. Le cri : « Au loup ! ... au loup ! » est le signe d'un grand danger, que le péril est là, proche, immédiat, effrayant. Chaque année, des battues sont organisées, et tous doivent y prendre part, sous peine d'une amende, fixée à cinq sous pour un noble et un prêtre, à un sou pour le paysan, ou bien un mouton, celui qu'aurait pu lui emporter le loup... Ce n'est que dans les cas de grandes disettes que les loups se hasardent dans les villes, en toute dernière limite. Il faut qu'à l'extérieur il n'y ait plus rien à manger, même plus un chien. Alors les loups entrent dans les villes, se tapissent dans l'ombre des portes, guettant de leurs yeux rouges au coin des rues, et, se pourléchant à l'avance, ils attaquent dans la rue bêtes et gens, en leur sautant à la gorge... Certains disent même qu'ils savent dévorer leurs victimes sans déchirer leurs vêtements...

De terribles histoires courent sur eux. On dit qu'ils attaquent de préférence les femmes enceintes, dont ils dévorent d'abord l'enfant ; on dit aussi qu'ils ne dédaignent pas les enfants en train de jouer...

Les histoires des hommes-loups rendent les gens encore plus peureux et les font se pelotonner l'hiver au coin de leur feu, toutes portes et fenêtres fermées dès que la nuit tombe, frissonnant de peur au moindre frôlement extérieur, au moindre soufflement sous la porte. Les plus anciens racontent d'épouvantables histoires de cadavres et de fantômes, comme celle-ci : Un homme qui avait fort mauvais caractère un jour fut tué. On l'enterre, mais il sort de sa tombe et se met à terroriser la population de son village. Publiquement on exhume son corps. Un boucher lui ouvre la poitrine et lui arrache le cœur que l'on brûle solennellement dans un grand feu allumé à cet effet. Mais il continue à revenir et à affoler tout le monde. On le déterre encore et on découvre avec horreur son cadavre tout hurlant et se débattant. On le maîtrise, on l'attache solidement sur une charrette et on finit par le faire brûler...

Le calme revient enfin au pays.

Ainsi vont les Français du XVII^e siècle, avec leurs maladies, leurs craintes et leurs phantasmes...

Dans les villes, les veilleurs de nuit font leurs rondes, la lanterne à la main, leur clochette, escortés de leur chien... Ils vont ainsi, suivis par leur ombre immense et mouvante, criant à intervalles réguliers :

*Réveillez-vous, gens qui dormez ;*
*Priez Dieu pour les trépassés.*

Tandis qu'à Londres les Anglais qui connaissent les mêmes problèmes que les Français entendent leurs veilleurs crier dans l'ombre de la nuit :

*Hommes et enfants, filles et femmes,*
*Point n'est trop tard pour amender votre vie.*
*Fermez à clef vos portes ; restez au chaud couchés ;*
*C'est grande perte que celle d'un pucelage.*
*A minuit festoyer, c'est beaucoup gaspiller.*
*Les désordres des domestiques font la ruine des maîtres.*
*Quand vous entendez cette cloche sonner*
*Croyez que c'est votre ultime glas.*

## *Chapitre XXIV*

Rien n'est plus joli au monde, en ce mois d'octobre 1632, qu'Anne-Geneviève de Bourbon, fille de Charlotte de Montmorency, et de M. le Prince ; rien, en vérité, ni personne.

Treize ans, des yeux bleus splendides, changeants comme la mer, des cheveux blonds à ondes claires, une bonne santé, de belles dents, une belle taille et, par-dessus tout cela, un teint clair et lumineux, des joues d'un rose délicat et une indolence gracieuse. Elle est une des enfants les plus adulées de tous les salons précieux de Paris, et surtout de l'hôtel de Rambouillet, où, très jeune, elle accompagnait déjà sa mère. Dans la chambre Bleue, Anne-Geneviève est considérée à l'égal d'une déesse. Julie d'Angennes, qui a maintenant vingt-cinq ans, aussi brune qu'Anne-Geneviève est blonde, lui donne des leçons de danse. Tous les poètes chantent les louanges de cette petite fille, à qui cela paraît naturel ; aussi naturel que d'aller de fêtes en fêtes, de bals en promenades, et de là faire retraite, avec sa mère Mme la Princesse, au Carmel de la rue Saint-Jacques.

Là, la mère et la fille sont l'image vivante de ces femmes de la grande noblesse de France, qui sait allier, avec beaucoup d'aisance, une grande dévotion à un orgueil et une ambition immenses. A la fin de ces pieuses retraites, Anne-Geneviève, la tête encore grisée de prières, de chants religieux et du rire des nonnes, retrouve le monde de la cour et celui des salons, toujours avec le même bonheur.

Si elle affecte la nonchalance et l'indolence, cela ne l'empêche pas d'être fort cultivée. Elle maîtrise le latin, l'italien, l'histoire, la littérature et la grammaire. Sarrazin et Godeau ont figuré parmi ses maîtres. Un soir, Antoine Godeau écrivait de Grasse, dont il est l'évêque et où il se morfond beaucoup, à M. Ménage, grammairien fort apprécié, avec cette aisance aimable si particulière aux habitués de l'hôtel de Rambouillet, où il était connu sous le nom de « Nain de Julie » :

> Monsieur. Vous avez toute la mine de ne vous souvenir guère de vos amis absents, et je pense qu'étant de ce nombre il est fort à propos que je vous mette en mémoire ma petite personne, car je ne veux pas que vous me mettiez au nombre de vos péchés oubliés ; je serais embarrassé dans une trop grande confusion où, pour mieux parler, je serais trop oublié.

Songez donc quelquefois qu'à deux cents lieues de Paris il y a un chartreux mitré qui vous estime et qui vous aime, et à qui vous avez promis de l'amitié.

Plaignez-le un peu d'être dans un pays où il nc pcut entendre une parole de littérature, si l'écho ne lui répète ce qu'il marmotte tout seul.

Faites-lui part de vos méditations sérieuses, galantes, plaisantes. Envoyez-lui vos bouts rimés qui valent mieux que ce qui court de la veine des autres.

Enfin, ne vous souvenez ni de la croix ni de le mitre, mais seulement du Nain de Julie, qui sera un géant quand il faudra vous servir.

Donc, Anne-Geneviève est grande et belle et aime à la folie son oncle Henri, duc de Montmorency, et frère de sa mère ; châtelain entre autres du fastueux Chantilly, et aussi de Pézenas, où il tient habituellement sa cour. Il louche fort, mais avec infiniment de grâce, sinon d'esprit, disent ses contemporains, car, s'il ne dit pas de sottises, il a l'esprit court. Alors, lorsqu'il s'embrouille dans ses récits et qu'il ne parvient pas au bout, tout le monde se met à rire, avec une bienveillance amusée. Que ne pardonnerait-on au possesseur de Chantilly, où des fêtes superbes sont fréquemment données ?

Il danse bien. Il se tient encore mieux à cheval. Très riche, très brave, très charitable, de nombreux hommes d'esprit sont à ses gages, dont Théophile de Viau, qui l'entretiennent de ce qu'il faut savoir et lui disent quel jugement il faut avoir sur les choses qui courent et qui sont à la mode.

Un jour, dans un salon où se trouvait M. de Candale, tout le monde fait fête au duc de Montmorency, bien qu'il n'ait fait rien d'autre que de remuer les bras.

– Jésus ! s'écrie M. de Candale, que cet homme a de la chance d'avoir des bras !

Mais derrière ses yeux qui sont de travers, il nourrit une passion qu'il veut secrète, mais qui est connue de tout le monde. Il adore en cachette la reine Anne d'Autriche, dont il conserve jalousement le portrait au centre d'un bracelet de diamants qu'il porte continuellement.

Il est le chef et le représentant d'une maison dont l'importance en fait encore le symbole de la féodalité. Il est non seulement duc, mais encore pair, maréchal et amiral de France, gouverneur du Languedoc et, ce qui ne gâte rien, il est brave et couvert de gloire. Seigneur altier, sauvage, portant haut la tête, il est mécontent du gouvernement de son cousin, le roi de France, et du cardinal de Richelieu. Aussi est-il de tous les complots et prête-t-il une oreille favorable aux propositions du dangereux Gaston d'Orléans, frère du roi, qui, de Lorraine où il est réfugié, lui propose tout simplement d'envahir la France, à la tête d'une armée étrangère.

Marie-Félicité des Ursins, duchesse de Montmorency, « Silvie », comme l'appellent les poètes de la maison, qui chantent ses louanges à longueur d'année, agite déjà le drapeau de la révolte et incite son mari à la rébellion.

Malgré tous les conseils de prudence de Richelieu, qui est informé de tout ce qui se dit et se trame dans le royaume, Montmorency prend place aux côtés du duc d'Orléans dans l'armée des rebelles. Mais, pendant qu'il soulève sa province et fortifie ses châteaux contre le roi, Gaston voit les rangs de ses partisans fondre comme neige au soleil. Certaines insinuations de Richelieu ont fait réfléchir les têtes folles, de telle sorte que Montmorency se retrouve seul avec son armée sur pied de guerre. Sans marquer de recul, car il est homme à conduire ses actions jusqu'au bout, il lance ses hommes contre les troupes royales qui déferlent sur son gouvernement. Le choc est effroyable, et, à Castelnaudary, Montmorency blessé est fait prisonnier. Le roi et Richelieu quittent aussitôt Paris et prennent la route de Toulouse.

Sur-le-champ, son beau-frère Condé l'abandonne, car le cardinal, qui ne laisse rien au hasard, lui a offert une bonne partie des biens de Montmorency, qui vont être confisqués.

La princesse de Condé, sœur de Montmorency, n'ayant pas été mise au fait des turpitudes de son mari, fait atteler son carrosse et prend au grand galop la route de Toulouse, afin d'apporter aide et soutien à son frère. Mais, de par le roi, ordre lui est donné de ne pas franchir les portes de la ville. Benoîtement, Richelieu va la voir à Cluzel et lui promet d'intercéder pour son frère auprès du roi. Hélas ! tout cela n'était que belles promesses et hypocrisie. La princesse de Condé, qui a malgré tout confiance en la parole du cardinal, reprend la route de Paris. Elle pense que la haute naissance de son frère, son titre, son rang le mettent hors de toute atteinte sérieuse. C'était mal connaître Richelieu et le roi, qui avaient en main des documents faisant apparaître Montmorency comme un traître qui voulait chasser le roi de son trône, pour mettre le duc d'Orléans à sa place.

Jusqu'au dernier moment, la princesse crut que son frère serait gracié par le roi. C'était grande inconscience, car, après une rébellion aussi éclatante, un châtiment terrible était inévitable. Et le châtiment fut terrible ! On lui rapporta la phrase du roi : « On ne doit pas être fâché de voir mourir un homme qui l'a si bien mérité. On doit seulement le plaindre de ce qu'il est tombé par sa faute dans un si grand malheur. »

On trouva sur le duc le fameux bracelet de diamants avec le portrait de la reine Anne en son milieu. Cela fit froncer davantage les sourcils du roi et le détermina plus que jamais à faire exécuter Montmorency.

Au moment d'être décapité sur la place du Capitole, à

Toulouse, le duc envoya à sa femme sa moustache et sa cadenette – cette longue boucle que les hommes élégants portaient sur l'oreille – accompagnées d'une lettre d'adieu... La duchesse Silvie se retira dans un couvent pour pleurer son mari et prier pour son âme. Elle n'en sortit plus, sachant que pour elle le temps du monde était terminé.

Louis XIII, l'âme sombre, revint vers Paris, Montmorency avait été pour lui un compagnon d'enfance. Il se souvenait l'avoir vu pour la première fois sur les hauteurs de Saint-Germain, au temps joyeux de son enfance. Onze ans plus tard, au moment de mourir, le même roi dira : « Les rois sont bien malheureux. »

A la suite de cette exécution, la rancune des grands envers Richelieu fut immense. Le roi lui-même sera l'objet du ressentiment de plusieurs, dont la marquise de Rambouillet, qui ne peut plus le souffrir.

– Pour l'aversion que ma mère a envers le roi, disait Julie d'Angennes, je crains qu'elle ne se damne.

L'affaire eut un retentissement énorme, non seulement en France, mais aussi en Europe. Le menu peuple du Languedoc était au désespoir de la disparition du bon duc, car il leur était généreux et bienveillant.

Au nom du roi, et sur les ordres de Richelieu, le château de Pézenas fut rasé. Le cardinal ne voulait pas garder en Languedoc un nid de fanatiques, fidèles au souvenir de Montmorency.

C'est alors que dans le royaume un grand mouvement se dessine. Les grands vassaux commencent à comprendre qu'on ne se ligue pas contre le roi sans encourir de grands dommages. De leur côté les rois d'Europe, tenus au jour le jour au courant par leurs ambassadeurs, se disent que le temps de la monarchie absolue est sonné en France.

Anne-Geneviève, abîmée dans les larmes, veut entrer au Carmel. Elle est touchée en son cœur, et dans son orgueil de caste. Mais, M. le Prince, son père, qui bientôt va prendre possession de Chantilly, lui interdit de rester au couvent. Elle est bien trop jolie et bien trop intelligente pour cela, et aussi d'un bien trop haut rang. Elle est sourtout un pion très important sur l'échiquier paternel. Anne-Geneviève doit faire un mariage flatteur pour la famille et apporter une alliance financière et familiale.

Mais si sa fille est très belle, Mme la Princesse, bien qu'approchant de la quarantaine, ne manque pas de charmes, si l'on en croit les vers de Voiture :

*En grâces, en beauté, en attraits,*
*Nul n'égalera jamais*
*Landerirette*

*La divine Montmorency*
*Landeriri.*

Et le temps passe. Le 18 février 1639, huit cents cierges de cire blanche éclairent la grande galerie du château de Chantilly, pour la représentation du ballet de la Merlaison, dont le roi est non seulement le compositeur, mais encore le parolier et le metteur en scène. Une foule superbe est présente, étincelante de diamants, de bijoux, de chaînes d'or, de vêtements de toile d'or et d'argent, brodés et surbrodés de perles, de galons et de joyaux. Seigneurs et dames sont magnifiques, comme le veut la cour de France. Des géants, des nains, des êtres bizarres, des personnages mythologiques, des fées, des bouffons, des enchanteurs, participent au spectacle. Louis XIII danse le ballet du roi ; la reine Anne, celui de la reine. Anne de Bourbon, qui se trouve près de la reine, danse magnifiquement. Elle est applaudie, louée, encensée. Elle respire un tel air d'adulation que toute idée de Carmel est complètement évanouie.

Dès ce moment, elle dépasse toutes les femmes de la cour en beauté, en intelligence, en esprit et en grâce. Adieu les idées de couvent. Anne de Bourbon prend un envol que rien n'arrêtera. Elle a seize ans. Elle revient à l'hôtel de Rambouillet, qui brûle de tous les feux de la gloire et de la délicatesse et qui, entre-temps, est devenu un foyer d'opposition à Richelieu. Certains des amis de Mme de Rambouillet ne cachent pas leur hostilité pour la longue silhouette rouge. Le duc d'Enghien, frère d'Anne-Geneviève, sort de l'académie de M. de Benjamin. Celui qui deviendra célèbre et portera le nom fameux de Grand Condé, est entièrement soumis à la volonté de son père. Il est présenté à la cour. Il a dix-huit ans. De ravissantes jeunes filles, amies de sa sœur, tournent autour de lui. Il admire Julie d'Angennes, mais réserve son amour à Marthe du Vigean dont Voiture dira :

*Vigean est un soleil naissant*
*Un bouton s'épanouissant*
*Où Vénus qui, sortant de l'onde,*
*Brûle le monde.*
*Sans savoir ce que c'est qu'amour,*
*Ses beaux yeux le mettent au jour*
*Et partout elle le fait naître*
*Sans le connaître.*

Mais Enghien doit s'arracher à ses amours et partir pour la Bourgogne, où il doit suppléer son père comme gouverneur.

Au mois d'août suivant, il part à la guerre. C'est le baptême du feu devant Arras assiégé. Il fait partie d'un corps de volontaires commandé par Henri de Cinq-Mars, grand écuyer et favori du roi. Toute la jeunesse dorée de France est là. Parmi eux, les ducs d'Elbeuf, de Beaufort, de Mercœur, et le duc de Nemours.

Mais M. le Prince pense à marier sa fille, et, le 2 juin 1642, cette ravissante fille « belle comme un ange », sera unie à un veuf, petit, chétif et chauve, de quarante-sept ans, qui ne l'aimera jamais ; et à qui elle le rendra bien.

Ce mari est Henri II d'Orléans, duc de Longueville. Il est fort grand seigneur, très fin diplomate, doté d'une faconde superbe. Mais au moment de son mariage avec Anne-Geneviève, il est encore l'amant de l'énorme duchesse de Montbazon, qu'il ne quittera pas, malgré des fiançailles somptueuses, et des noces splendides. La rivalité de la maîtresse et de la femme légitime va mettre le feu aux poudres, causer des duels meurtriers, diviser toute la cour et créer d'irréconciliables inimitiés.

# Chapitre XXV

Dix ans avant ces événements, la vicomtesse d'Auchy, dont la ruelle était restée assez obscure, avait fondé une nouvelle académie, où elle essayait d'attirer gens de plume et de distinction. Malherbe en était tombé amoureux fou, car il aimait les cheveux frisés et l'opulente poitrine de cette dame qui tressautait à chacun de ses pas et à tous ses rires. Mais Malherbe ne voyant que son amour, l'appela Calixte, et écrivait :

*... Amour est dans ses yeux, et y trempe ses dards...*

Ce à quoi, Mme de Rambouillet, qui n'aimait pas Mme d'Auchy outre mesure, s'écriait :

– Mais, bien sûr ! M. de Malherbe a raison, car les yeux de Mme d'Auchy pleurent presque toujours, et l'amour peut trouver de quoi tremper ses dards à son aise.

Mais Malherbe, imperturbable, continuait de plus belle à célébrer *les attraits* de l'objet de sa passion :

*Il n'est rien de si beau comme Calixte est belle,*
*C'est une œuvre où Nature a mis tous ses efforts ;*
*Et notre âge est ingrat qui voit tant de trésors*
*S'il n'élève à sa gloire une marque éternelle.*

*La clarté de son teint n'est pas chose mortelle,*
*Le baume est dans sa bouche et les roses des bois ;*
*Sa parole et sa voix ressuscitent les morts*
*Et l'art n'égale point sa douceur naturelle...*

*En ce nombre infini de grâces et d'appas,*
*Qu'en dis-tu ma raison ? Crois-tu qu'il soit possible*
*D'avoir du jugement et ne l'adorer pas ?*

Les soupirs amoureux et l'enthousiasme de Malherbe réjouissaient et faisaient rire, à la cour et à la ville. Pendant ce temps, Berthelot, un des disciples de Régnier, trempait sa plume dans le vitriol et s'acharnait sur la pauvre vicomtesse :

*De toutes les laideurs, Francine est la plus laide,*
*C'est une œuvre où Nature a fait tous ses efforts,*
*Et tant de saletés habitent sur son corps,*
*Que d'un retrait rempli de parfums il excède.*

*La clarté de son teint du sublime procède ;*
*Il la garde dedans et la porte dehors ;*
*Sa voix d'une grenouille imite les accords*
*Et l'art ne put jamais donner aucun remède...*

*Mes yeux en la voyant font un mauvais repas.*
*Qu'en dis-tu, ma raison ? Crois-tu qu'il soit possible*
*D'avoir du jugement et ne l'abhorrer pas ?*

Malherbe, fou de rage, fait bastonner Berthelot par ses laquais. Rompu de coups, celui-ci se cramponne à sa plume et outrage Mme d'Auchy avec une insolence redoublée. Mais les mois passent, et Malherbe se montre défaillant au déduit. Il écrit la lettre suivante à l'objet de sa flamme ;

Fasse ses vendanges qui voudra ; les miennes sont faites, et si bien faites que le grappage même n'y est pas demeuré. Les déplaisirs que j'en ai sont infinis, mais le plus cuisant de tous, c'est, madame, celui de ne pouvoir vous témoigner que je suis avec un cœur aussi vert que le reste est sec, votre très humble et très affectionné serviteur.

Dès cet instant, entre eux c'est la brouille : Malherbe, très vilainement, passe du dithyrambe à la satire et n'épargne pas son ancienne passion. Ainsi vont les choses.

Mais, faisant front, Mme d'Auchy se dévoue corps et âme à sa nouvelle académie, qu'elle loge chez elle, à l'hôtel d'Auchy, rue des Vieux-Augustins.

Un document nous apprend que, sous la présidence de la fondatrice, des femmes « de beaucoup d'âge et de peu de sens » sont réunies en une sorte de cour, reçoivent des orateurs et prétendent juger publiquement les écrits qu'ils viennent y déclamer.

La première séance a lieu le 19 janvier 1638. Tallemant de Réaux et Nicolas Habert s'y rendent en témoins.

Le spectacle est saisissant : Mme d'Auchy, qui n'y voit goutte, avance à tâtons sur une estrade, toute fanée, toute ridée et blanche, mais encore volontaire et intrépide. Elle trône, entourée de plusieurs dames-juges, dont Mme de Sainctot, ancienne maîtresse de Voiture, qui manifeste des signes évidents d'égarement. Le premier auteur qui se présente devant ce tribunal féminin est Blaise François de Pagan, comte de Merville. Il porte un bandeau car il est borgne de l'œil gauche, perdu au siège de Montauban. Il raconte sa vie : Il est César ! Il est beau, il est grand, il est superbe, il y voit clair. Il est invincible ! Pendant plus d'une heure, il s'égale aux plus grands héros de l'Antiquité et des temps modernes. Jurés et spectateurs meurent d'ennui et s'endorment. Les mardis suivants, il y a de moins en moins de monde. Voiture s'y égare un jour, et, pour ne plus avoir à revenir, il dit à Mme d'Auchy, qui larmoie énormément et postillonne de même, que ses chevaux boiteux refusent de le conduire.

Mais Mme d'Auchy est un redoutable bas-bleu que rien n'arrête. Dans son académie, tout le monde parle à en perdre l'haleine, et sur tous les sujets : philosophie, belles lettres, théologie, histoire, et autres. Un jour de mardi gras, un inconnu arrive et commence sa harangue dès l'escalier ; il s'assoit au salon, sans cesser de parler et sans se laisser interrompre, dissertant sur les diverses manières de cracher :

– Elles sont au nombre de cinquante-deux et voilà la première, dit-il posément en crachant sur les tapis. Je vais maintenant vous montrer toutes les autres...

La maîtresse de maison et ses invités assistent impuissants à l'installation crachotante de l'embarrassant personnage.

« C'est infâme », songe Mme d'Auchy, tout en feignant de rire. Un autre mardi, Jean-François de Gondy, archevêque de Paris, s'y hasarde imprudemment et assiste à une violente querelle entre deux professeurs qui enseignent en langue vulgaire (c'est-à-dire en français). De bonnes âmes glissent doucement à l'oreille de Monseigneur que ces deux contradicteurs professent des idées révolutionnaires ; quelques jours plus tard, Mme d'Auchy voit son académie interdite.

Pendant que l'académie d'Auchy va de tribulations en tribulations, les familiers de l'hôtel de Rambouillet s'adonnent aux promenades. Mlle de Marolles, cousine de Mme de Rambouillet, est de l'une d'elles. Au détour d'un virage, son carrosse verse et la jette toute troussée sur l'herbe, offrant aux regards de chacun son derrière car elle ne portait pas de « calessons ». Mlle de Marolles est outrée, mais Mme de Rambouillet demande à Voiture de commémorer l'événement en vers. Voiture prend alors sa plume, et voici ce qu'il écrit :

*Philis, je suis dessous vos lois,*
*Et sans remède cette fois,*
*Mon âme est votre prisonnière ;*
*Mais sans justice et sans raison,*
*Vous m'avez pris par le derrière,*
*N'est-ce pas une trahison.*

*Je m'étais gardé de vos yeux*
*Et ce visage gracieux*
*Qui peut faire pâlir le nôtre,*
*Contre moi n'ayant pas d'appâts,*
*Vous m'en avez fait voir un autre*
*De quoi je ne me gardais pas...*

Mlle de Marolles, qui s'appelle aussi Madeleine de Lenoncourt, est très mortifiée, mais avec l'automne, les guerriers reviennent des champs de bataille. Entre autres, Pisani, le comte de Guiche, les Arnaud... Voiture les retrouve toujours avec un immense plaisir. Ils forment un groupe d'amis très folâtres, redoutables par leurs plaisanteries, et s'appellent « le corps ». Chapelain les redoute, Montauzier les exècre et Mme de Rambouillet les protège, car ils la font rire.

Quand le corps est à l'hôtel de Rambouillet, c'est un tintamarre de chaque instant. Ce Béarnais de Guiche, hâbleur, coquet, et libertin, appartient à la famille de Grammont. Brave, fier et beau, il lance les modes, porte des éperons à la Guiche, des garnitures à la Candale. Il est mauvais joueur, bon buveur et fort coléreux à ses heures. Sa tête brune, bouclée et malicieuse apporte à l'hôtel de Rambouillet facéties, contes, plaisanteries et boutades. Il gasconne, raconte des billevesées et les splendeurs de ses terres béarnaises où, dit-il, il possède un moulin à raser ses paysans. On veut bien le croire, et tout le monde rit. Mme de Rambouillet un jour lui dit doucement :

– Savez-vous que Voiture est marié ?

– Par Dieu, madame, mais je n'en savais rien. Je croyais qu'il n'était point fait pour le mariage... Voyez-vous, il y a des choses, comme cela, qui surprennent...

Voiture arrive, Mme de Rambouillet l'aperçoit et s'esquive d'un air distrait, une lueur amusée au fond des yeux.

– Hé ! s'écrie le comte de Guiche, à l'instant notre chère marquise me parlait de vous et savez-vous ce qu'elle me disait ?

– Évidemment non.

– Que vous étiez marié !... Quelle surprise ! L'êtes-vous vraiment ?

Voiture le regarde d'un air stupéfait et lui répond :

– Mais non, voyons ! Me marier ?... Jamais ! Quelle idée !

Guiche, étonné, en reste là, car, après tout, il lui importe peu que Voiture soit ou non marié et il pense à autre chose.

Mais Mme de Rambouillet gronde Voiture, en lui disant :

– Que vous avez eu tort de le tirer d'erreur ! Nous aurions pu en faire un beau divertissement.

Voiture la regarde en souriant. Il aime infiniment Mme de Rambouillet, pour sa gaieté, son courage et aussi sa générosité. En elle rien de mesquin ni de sordide. Il lui dit :

– Cela se peut retrouver... Je vais m'y employer dès à présent.

– Pourquoi n'iriez-vous pas lui raconter que vous n'êtes point marié, pendant la nuit, alors qu'il sera bien endormi ? Jésus ! voir la tête qu'il fera pour cela devrait nous faire mourir de joie.

– Votre idée est des plus excellentes, et je crois que je vais l'employer au mieux.

Et quelques nuits plus tard, Voiture se fait conduire en carrosse au logis de Guiche, sur les deux heures du matin.

Il frappe... Il refrappe... Un suisse tout ensommeillé vient voir qui s'annonce ainsi à cette heure.

– Je viens voir ton maître, crie Voiture. Fais ouvrir.

– Mais M. le comte dort, proteste le suisse, qui se réveille peu à peu. Ce n'est pas une heure pour rendre visite et M. le comte ne vous attend pas.

– M. le comte de Guiche m'a demandé un renseignement qui ne saurait souffrir de retard. Ouvre, et fais-moi conduire à ton maître, car sans cela il sera fort mécontent, et il t'en cuira.

Le suisse finit par ouvrir. Voiture entre, réveille la maisonnée et bouscule les valets qui essaient de s'interposer entre lui et le repos de leur maître.

– Or çà, marauds ! leur dit aimablement Voiture, laissez-moi passage, car c'est affaire d'importance. Éclairez-moi.

Les valets, à moitié endormis, le guident jusqu'à la chambre où le comte de Guiche dort à poings fermés derrière ses rideaux de brocart. Des tapis moelleux amortissent le bruit de ses pas. Voiture tire tout grand les rideaux du lit, secoue Guiche et lui fourre la lumière sous le nez.

Celui-ci marmonne en fronçant les sourcils :

– Mais qu'y a-t-il donc ? Est-ce le feu ?

– Point du tout, dit Voiture en souriant aimablement et en le réveillant encore davantage mais vous m'avez fait l'honneur, il y a quelque temps, de me demander si j'étais marié. Je viens vous dire que je le suis.

– Peste ! s'écrie de Guiche, en s'asseyant dans son lit et écumant de rage ; quelle méchanceté de m'empêcher de dormir !

– Monsieur, continue Voiture de plus en plus suave, je ne pouvais pas, à moins que d'être un ingrat, être plus longtemps marié sans vous le venir dire, après la bonté que vous avez eue de vous informer de mes petites affaires.

Mais Guiche ne peut garder rancune à Voiture, qui passe son temps à s'amuser et à distraire l'hôtel de Rambouillet.

Le lendemain, Guiche le retrouve au cours. Voiture est avec le marquis de Pisani et les deux Arnaud, qui semblent fort rêveurs, contrairement à leur habitude, et ne frétillent pas à la portière des carrosses. Ils jouent à deviner, selon leur mine, la profession des gens qui se promènent en passant devant eux.

Un homme passe gravement, à pas comptés, paraissant avoir pleinement conscience de son importance. Il est vêtu de taffetas sombre et porte des bas noirs.

– C'est un secrétaire du roi, disent les Arnaud.

– Non ! dit Pisani, c'est un magistrat.

– Vous n'y êtes pas, dit Guiche, c'est un bourgeois.

– Je gage cinquante pistoles, s'écrie Voiture, que c'est un conseiller à la cour des Aides.

– Pari tenu, s'écrient les amis, Voiture, allez le lui demander.

Bravement, Voiture, ayant ajusté ses dentelles, la main sur la garde de son épée, y va et gratifie l'inconnu d'un large coup de chapeau.

– Monsieur, dit-il en saluant, mes amis et moi gageons que vous êtes conseiller à la cour des Aides.

L'inconnu le regarde froidement de ses petits yeux noirs et brillants, qui ressemblent à des boutons de deuil.

– Gagez toujours que vous êtes un sot, et vous ne perdrez jamais, repond-il d'une voix aigre en s'en allant, laissant Voiture, en rubans et dentelles, abasourdi...

Soudain, Voiture en rage, tire son épée et se jette à la poursuite de cet insolent, pour le couper en deux. Ses amis se ruent sur lui, pour l'en empêcher. L'homme en noir s'en va d'un pas raide, parfaitement dédaigneux. C'est plus que Voiture n'en peut supporter.

– Laissez-moi, crie Voiture en se débattant, laissez-moi l'étriper et le faire sécher au soleil...

– Restez tranquille, voyons, lui disent-ils. Là ! calmez-vous, cela ne vaut pas la peine de tacher d'un sang indigne votre belle épée. Allons, venez, nous avons bien autre chose à faire que de battre et étriper un bourgeois.

Tous ensemble, ils vont au cabaret boire quelques pichets pour se remettre, sauf Voiture, si honteux d'avoir un père marchand de vin qu'il n'en boit jamais. Il en a horreur et en déteste et le goût et l'odeur.

A l'hôtel de Rambouillet, l'hiver se passe en bals, mascarades, causeries, car, pendant la mauvaise saison, les jeunes seigneurs ne partent pas pour la guerre. Il faut penser aux routes embourbées et défoncées par le mauvais temps, aux inondations et au manque d'herbages pour les chevaux. C'est principalement pour ces considérations pratiques que le roi ne va pas à la guerre en hiver.

En 1636, quand Mgr le duc d'Orléans part pour Corbie, il demande à Voiture de l'accompagner à la guerre. Mais Voiture traîne et discute de telle façon qu'il parvient à dégoûter le frère du roi de l'emmener avec lui. Il est vrai que le précieux Voiture goûte peu l'atmosphère des camps, et l'odeur de la poudre l'écœure. Être cajolé à l'hôtel de Rambouillet est bien plus fait pour lui plaire. Mais bientôt il boude, car un autre personnage capte maintenant l'attention de Mme de Rambouillet et de ses amis. Cet extravagant personnage s'appelle Georges de Scudéry. Lui n'est pas parti pour la guerre et vient de faire éditer une œuvre, *le Vassal généreux*. Voiture est mélancoliquement jaloux, et, quand il est dans cet état, il est pesant à tout le monde. Avec l'été, Mme de Rambouillet et ses amis partent goûter à la campagne. On va à Rueil voir

Mme de Combalet, que Voiture aime à la folie, et qu'il espère un jour voir répondre à son amour. Aussi chante-t-il dans ses vers :

*Pour vos beaux yeux et votre beau visage,*
*Et la douceur de ce divin langage,*
*Dont vous tenez tout esprit enchanté,*
*Cloris, on doit souffrir votre fierté*
*Et près de vous avoir moins de courage...*

On part pour Pomponne où habitent Antoine Arnaud, abbé de Chaumes, et Robert Arnaud, sieur d'Andilly. Tout l'hôtel de Rambouillet, en carrosses, quitte Paris gaiement. Arrivés en vue de Pomponne, trois d'entre eux se déguisent en maréchaux des logis, et Godeau, qui n'a pas encore rejoint son évêché, revêt une armure de chevalier et arrive au château, au grand galop. Il demande hautement le maître du logis. M. d'Andilly, fort mécontent d'avoir à loger des soldats, demande à parler à leurs officiers. Soudain, une sonnerie de trompettes éclate. Godeau arrive à toutes brides, se précipite sur M. d'Andilly, lui rompt une lance de paille sur l'estomac et lui jette un cartel au visage. Le bonhomme est tout étourdi, et les carrosses de Mme de Rambouillet et de ses amis surgissent, aux portières desquels se montrent des têtes rieuses. Tout le monde descend de voiture, pendant qu'Andilly, se remettant de ses émotions parmi les rires, invite toute la compagnie à une collation improvisée de confitures et de gâteaux.

Un autre jour, c'est Mme du Vigean qui offre une collation dans son domaine de La Barre à Mme la Princesse et sa fille Anne-Geneviève de Bourbon. Mme de Rambouillet, Julie d'Angennes, Angélique Paulet, Voiture, Chaudebonne, Mme Aubry et sa fille y sont conviés. Les carrosses déposent à La Barre la troupe enivrée de soleil et de chansons. Des salles jonchées de roses et de fleurs d'oranger les accueillent.

En attendant l'heure de la collation, on parcourt des prairies couvertes de fleurs, les parterres, les orangeries embaumées ; on passe près de buissons de seringa qui parfument autour d'eux les allées ombreuses soigneusement entretenues, où des taches claires jouent dans la lumière verte des rayons du soleil passant à travers les feuilles des arbres.

Arrivés au bout d'une grande allée d'ormes, on découvre, rangés autour d'une cascade féerique, vingt-quatre luths et violons, jouant des courantes parmi les fleurs. Les invités, charmés, avancent dans ce domaine enchanté et finissent par découvrir dans une grotte peinte et dorée une Diane portant arc et flèches suivie d'une jolie nymphe, qui ne sont autres qu'Anne-Geneviève de Bourbon et la petite Aubry. C'est un enchantement ! Les deux petites filles sont applaudies, embrassées et cajolées par tous. Elles descendent de leurs rocailles et forment avec les invités une farandole aussi joyeuse qu'effrénée, tout au long des allées, parmi les fleurs, sous les ombrages où perce le soleil. On danse, on cabriole, on se culbute dans l'herbe fraîche qui sent bon. Comme Paris et ses rues fétides semblent loin par ce magnifique après-midi d'été ! Tout le monde rit, est heureux de vivre. La collation est servie dans une belle salle jonchée de fleurs, dont les fenêtres s'ouvrent sur les jardins pleins de verdures fleuries. A la nuit venue, un feu d'artifice est tiré au son des luths et des violons qui charmeront encore les invités jusqu'à leurs voitures. Les petites filles, étourdies de soleil, tombent de sommeil.

Sur la route du retour, la caravane de carrosses traverse l'Ormessonnois, les plaines d'Epinay et Saint-Denis. Les conversations vont leur train ; l'endurance de ces mondains est incroyable. Voiture, au milieu des rires, récite très sérieusement des confiteors à une dame fort sourde, qui prend cela pour des compliments, et n'arrête pas de le remercier pour la plus grande joie de leurs compagnons de voyage. Voiture, enchaîne imperturbablement en racontant d'un air aimable à la même dame ses infortunes conjugales et les diverses aventures sentimentales de son mari, ainsi que le nom de chacune de ses maîtresses dont il change aussi souvent que de collerette. La dame se répand en remerciements et en révérences. La compagnie est hilare... Mais des éclairs zèbrent le ciel. Un orage s'avance, énorme, menaçant. On cherche refuge ; Voiture et Julie d'Angennes feignant la plus grande frayeur, supplient le ciel d'arrêter ces éclairs et promettent que si la tempête s'arrête le cardinal de La Valette ira pendant deux mois toutes les semaines à confesse, et qu'il jeunera trois jours entiers...

Enfin, la pluie cesse. Les lourds carrosses reprennent la route de Paris, qui n'est plus très loin maintenant. Pendant ce même temps, un jeune homme de vingt-huit ans qui court Paris, ses salons et ses ruelles se fait soigner d'une maladie de garçon, au sortir d'un bal. Mais le traitement prescrit le paralyse et lui donne une fièvre énorme qui le rend malade comme le diable, et douloureux de tous ses membres. Enfin, un jour, se sentant un peu mieux, il se lève et, s'appuyant sur un bâton, se dispose à aller entendre la messe à Saint-Jean-de-Grève, sa paroisse.

En chemin, il rencontre un jeune médecin de connaissance. C'était peut-être La Meynardière, médecin chez Mme de Sablé, lequel lui promet alors une merveilleuse médecine qui doit le guérir en un clin d'œil. Mais la merveilleuse médecine lui brûle les nerfs, en les lui recroquevillant de façon si violente que jamais homme n'a été plus estropié ni plus contrefait que M. Scarron. Car le jeune homme qui dansait et courait les filles si joyeusement était devenu le pauvre Scarron, dont l'existence devint dès lors un martyre.

Pendant que Scarron écrit et souffre, à l'hôtel de Rambouillet on joue aux énigmes et aux métamorphoses.

Si Voiture a lancé les rondeaux, Cotin met à la mode les énigmes comme celle-ci :

*Souvent on me ravit mais toujours je demeure*
*Sans passer par les mains de celui qui me prend.*
*Je suis le plus petit mais je suis le plus grand.*
*Et l'on ne peut me voir qu'aussitôt je ne meure.*

(Cela voulait dire le cœur.)

Tout le monde raffole des pseudonymes ; si Mme de Rambouillet est Arthénice, Léonide est la belle Angélique Paulet, et Icas, Pierre Isaac Arnaud.

On joue au jeu du cœur volé. Voiture, la main sur le cœur, dit :

– J'ai perdu mon cœur.

A quoi on répond :

– Cherchons-le partout.

– Est-il sous votre fauteuil ?

– Ou sous la table, par-dessous le tapis ?

– Caché derrière les tentures ?

– Peut-être derrière la porte ?

– Non ! non ! Nous ne le trouvons nulle part.

– Mais si nous ne le trouvons pas, où peut-il être ?

– Quelqu'un l'a pris !

– Est-ce vous, madame, qui avez pris le cœur de M. de Voiture ? Mon Dieu ! mais vous rougissez... En voilà bien la preuve !...

– Quoi ! madame, vous avez pris le cœur d'un homme, comme cela, sans crier gare !...

– Et après ce larcin, vous allez joindre l'homicide, car aucun homme ne peut vivre sans son cœur...

Mais Précieux et Précieuses ne jouent pas qu'à des petits jeux ; les mots apportent leur fascination. Des mots et des expressions nouvelles naissent. « Châtier son style » est une de leurs trouvailles.

Balzac trouve « féliciter ». Mme de Rambouillet « débrutaliser ». Mlle de Scudéry « anonyme ». « Bravoure » est une création de M. de La Calprenède. Sommaize trouve : « encendrer », « encapuciné », « incuit »...

Les métaphores sont très à la mode. Si les oreilles sont « les portes de l'entendement », le nez est « la porte du cerveau » ; les pieds « les chers souffrants ». La nuit est « la mère du silence », tandis que la guerre est « la mère du désordre ». Les peintres sont « les poètes muets », le sergent « le mauvais ange des criminels », le chapeau « l'affronteur du temps », le chapelet « la chaîne spirituelle », le fauteuil « le trône de la ruelle », l'eau « l'aliment céleste », une belle fille « l'aliment d'amour ». Un laquais est devenu « un nécessaire » et un verre d'eau « un bain intérieur » ; le tout agrémenté de billets doux, de souris amers, de lèvres bien ourlées, de cheveux bien plantés ou d'un blond hardi qui n'est autre que roux.

Et tout cela est bien nécessaire pour faire figure dans le monde et faire montre d'un tour admirable dans l'esprit. Mais il est regrettable de s'affubler du masque de la générosité et de manifester de la sécheresse dans la conversation. Si le vermillon de la honte rosit vos joues, n'en ayez pas plus pour cela « l'âme paralytique » ou « raide aux soucis ». Maynard invente les expressions : « travestir sa pensée », « pousser les beaux sentiments », et Somaize inaugure « avoir les gouttes à l'esprit » et « châtier sa poésie ».

Dans les pires des cas, les chenêts sont devenus « les bras de Vulcain », un « dédale » n'est autre qu'un vulgaire peigne. « Avoir l'esprit enfoncé dans la matière tandis que le troisième élément tombe » peut se traduire par avoir l'âme matérielle pendant que la pluie tombe à torrent.

Les yeux sont les « hôtelleries de la beauté » et l'on peut marquer de noir une journée dans « le témoin du temps », qui est l'Histoire. Pendant que le père Le Moyne écrit que *les stances sont les chevalets de l'esprit et les roues des oreilles,* que Somaize *mitonne les plaisirs,* Balzac s'exprime ainsi : *Les parfums que je brusle m'empêchent de trouver à dire la saison des fleurs ; et un grand feu, qui est de la couleur de celles qui sont les plus belles, et que j'appelle le soleil de la nuit et des mauvais jours, veille toujours dans ma chambre.*

Quand « ardent » est employé pour chandelle, c'est là pur argot, et Sorel assure que les périphrases des élégants ressemblent aux quolibets populaires.

Le poète Maynard, président à Aurillac, qui vint à Paris avant 1646, écrivait, après que ses amis, dans la conversation, lui eurent dit à tous moments : « Ce mot-là, n'est plus d'usage » :

*En cheveux blancs, il me faut donc aller,*
*Comme un enfant tous les jours à l'école ?*
*Que je suis fou d'apprendre à bien parler*
*Lorsque la mort vient m'ôter la parole.*

Mme de Rambouillet s'amuse de tout cela. Les habitués de sa chambre Bleue font une guerre à outrance à tout ce galimatias, dans lequel il n'est pas facile de se retrouver. Mais un jour, de la chambre Bleue, Voiture et les invités de Mme de Rambouillet passent par une haute porte de tapisserie dans la loge de Zyrphée reine d'Argennes, qui, dans l'Amadis des Gaules, retient par ses enchantements Liswar de Grèce, et son amante, la princesse Gradafilée. Cette chambre, grande et belle, avait été construite sur les ordres de Mme de Rambouillet, dans le plus grand secret.

Voiture entre toujours avec le même émerveillement dans cette merveilleuse pièce, dont il découvre les splendeurs.

Un magnifique lustre de cristal descend du plafond. Les murs sont recouverts de tapisserie incarnate et verte, passementée d'argent et retenue par des cordons de soie.

Lit, chaises et tabourets sont recouverts de satin incarnat, brodé d'émeraude, d'or et de lamé d'argent.

Neuf grands vases vénitiens débordent de roses pourpres. Bijoux et objets précieux châtoient sur des piédestaux et des étagères d'ébène. Voiture est transporté d'aise. Fi ! des poissons de sa sœur Barbe ! D'ailleurs, ont-ils jamais existé ?

Voiture ne veut plus penser à son encombrante famille, en ayant chassé de son esprit tout souvenir.

Deux petits barils de la Chine en porphyre vert, décorés de dragons dorés, voisinent avec deux branches de corail qui se dessinent comme deux fleurs vénéneuses, énigmatiques.

Comme toujours, il tombe en extase devant l'énorme salière d'argent, en forme de temple, toute ciselée et ajourée. Dans la partie basse du bibelot, un dieu Neptune et son char est suivi de son cortège marin.

Chapelain est auprès de lui. Voiture se moque de son accoutrement de tire-laine ; un crocheteur ne serait pas pire.

Pierre de Boissat arrive, et ce hâbleur effréné le présente à l'un de ses collègues de l'Académie, Claude de l'Estoile – un fol qui se place fort au-dessus de Malherbe.

Un grand escogriffe maigre et noir, à la voix aussi sonore qu'une corne de brume et au visage pointu, relève insolemment une grande rapière et une imposante moustache. Ce fanfaron s'appelle Georges de Scudéry. Il ne parle que de batailles, remportées par lui tout seul. Georges de Scudéry, l'homme qui pourfend ses mille ennemis de sa grande épée.

Sa sœur, Madeleine, noire et laide, mais point sotte, est fort embarrassée de ce frère tonitruant qui n'a aucune idée de la force de sa voix. Mme de Rambouillet réprime une folle envie de rire, mais elle demeure toujours bienveillante. Elle sait qu'il ne faut jamais retirer l'espoir du cœur d'un homme ou d'une femme s'ils en valent la peine... Mais, il faut bien le dire, Arthénice reçoit tous ces gens pour se distraire. Ils sont parfois des sortes de pantins dont on se gausse, toutes portes fermées. Depuis la mort de son plus jeune fils, le vidame du Mans, elle ne sort plus guère avant que le soleil ne soit couché, soigneusement encapuchonnée, de peur de voir réapparaître ces sortes de plaques rouges qui la défigurent. L'ardeur du feu la fait fuir aussi.

A contrecœur, Voiture doit quitter les délices de cet hôtel de Rambouillet qu'il aime et partir pour l'Espagne, où l'envoie le duc d'Orléans, afin de négocier une alliance entre les deux royaumes.

## *Chapitre XXVI*

Dans son appartement où il vit en compagnie d'un corbeau qu'il aime et qui l'amuse et de grands chiens fauves, Voiture prépare son départ. Il regarde ces animaux qui partagent son logis, qui l'attendent et l'accueillent toujours avec la même tendresse.

Là, enfin, un peu de simplicité, car il est bon, de temps à autre, de pouvoir dégrafer son pourpoint et de chausser ses pantoufles. Il passe de longues heures devant son miroir, à réparer les dégâts de ses veilles ; puis il va se montrer au Louvre, au cours, au palais. En songeant à sa maîtresse du moment, il écrit :

*En cas d'amour, il ne faut jamais être*
*Faible ni lent, mais faut toujours paraître*
*Prompt, vigoureux, soumis entièrement,*
*Pleurer, gémir, servir fidèlement,*
*Donner beaucoup, et de peu se repaître...*

*Chatouillez-moi le cœur, ma mie, dites, faites-le... Soyez jalouse... Calcinez-vous. Succombez sous le chagrin de me voir partir bientôt pour la campagne.*

*Mais si vous partez, ah ! ma mie, je me sens tiré à quatre chevaux et déchiré en pièces ; roué de coups ; les yeux morts face à un ciel livide où tournoient les corbeaux prêts à me dépecer tout vif le cœur. Mes yeux ne connaissent plus ni les couleurs ni la lumière...*

Faisant partie de la suite de M. de Fargis, Voiture arrive en Espagne, où le paysage le déconcerte.

A Madrid, le Manzanares l'hallucine, car il est pratiquement à sec. C'est un fleuve de grosses pierres blanches ; Voiture le trouve « métaphysique » ; quand un filet d'eau le parcourt, c'est comme « le pissat d'un graveleux, tout mélangé de sable ». L'air est torride, brûlé par le gallego, qui souffle par rafales en propageant les épidémies.

Madrid pue encore plus que Paris. Les rues sont des latrines. De toutes les ouvertures des maisons, les ordures pleuvent, ainsi que l'eau sale, torrents annoncés des fenêtres par de stridents : « *Agua va !* » Pour se protéger de ces embûches, chapeaux et manteaux sont indispensables.

Voiture juge que le seigneur espagnol abrite autant de poux que les gens qui traînent dans la rue. L'hidalgo n'a qu'un souci en tête : avoir l'air noble. A cheval, couvert de sa cape, vêtu souvent de haillons aux couleurs criardes, il étale une morgue insolente, s'estimant d'aussi bonne maison que le roi lui-même.

Plus fainéant est impossible à trouver. Le soleil, une poignée d'olives, une rasade de ce vin poisseux conservé dans de vieilles peaux de bouc suffisent à sa vie matérielle. Mais pour sa vie normale, la vie de l'esprit, il pérore ; il lui faut des émotions fortes. Les journées tâchées de sang des taureaux tués en corrida sont journées fastes et attendues ; il exalte la gloire du toréro. Il est « hombre » ! Mais dans tout cela Voiture reste, au propre et au figuré, carrément sur sa faim. Habitué aux raffinements de l'hôtel de Rambouillet, il regrette son appartement confortable ; la maison du duc d'Orléans, dont il fait partie... Tout cela lui semble à des années-lumière. Il n'a jamais aimé le vin, mais le vin espagnol lui est tout particulièrement une abomination.

Dans cette Espagne aride, l'eau est précieuse et se vend au prix de l'or.

Voiture maigrit et s'étiole. Il lui est impossible de vivre dans cette Espagne, où tout est sous le signe de la sécheresse. A son goût, toute nourriture est atroce. Il n'y a pas de volailles, pas de gibier. Un œuf coûte plus cher qu'un chapon, et les fruits fourmillent de vers.

Mais, soudain, c'est l'illumination : Voiture découvre le caractère volcanique des femmes espagnoles, toujours soigneusement tenues sous clefs par leur père, leurs frères ou leur mari. Il est follement intéressé. Il veut toucher... Il touche ! C'est superbe ! Il est conquis ! Il aime l'Espagne entière et les Espagnols. Voiture aime Madrid, qui n'est plus pour lui une ville sale, mais seulement délectable. Il a utilement découvert que, si les femmes de ce pays vont si souvent à l'église, c'est pour y rencontrer leurs galants. Voiture, donc, fait le dévot et fréquente les églises, toutes les églises de Madrid, et à tous les offices. Il rencontre le duc d'Olivares, qui prend soin de lui. Voiture se promène sur le Prado, en équipage splendide, avec ce qu'il faut de cochers et de laquais, le tout appartenant au duc, ce qui lui permet de faire bonne figure auprès des dames de la cour d'Espagne.

Le duc d'Olivares est conquis par l'élégance des vers de Voiture, ce qui explique les équipages, le grand train, les dames de la cour et tout...

La maison du ministre lui est ouverte à toute heure. Il y est accueilli et dorloté. Sous un abord bourru, Olivares se révèle charmant, généreux et attentionné. Ce sont ses chagrins de famille et les soucis du gouvernement qui ont contribué à lui donner une apparence rogue et désespérante. Mais Voiture a plus d'un tour dans son sac pour amadouer les gens. Dans la maison amie, il se repose de la débauche, en pensant aux nuits qu'il passe à courir les « Morénistes », belles brunes ayant *la forme du corps fort agréable et la peau extrêmement douce ; souples, éveillées et plaisantes ; fort aisées à apprivoiser et naturellement amie des hommes.*

Voiture, avec insouciance mène une vie de satrape. Il s'enivre du parfum des orangers en fleur, et d'amour ; trouvant une sérieuse différence avec les prudes femmes de l'hôtel de Rambouillet qui parlent beaucoup de l'amour, sans jamais le faire. Mais pendant ce temps, l'hôtel de Rambouillet attend l'ingrat avec impatience. Mme la Princesse fait des neuvaines pour son retour prochain. Chacun pense à celui qui court les brunes Espagnoles. Voiture écrit et promet des cadeaux à tous ses amis de Paris. Il s'engage à rapporter au cardinal de La Valette une demi-douzaine d'Espagnoles, ou quelques jolies Sarrasines. A Mme Aubry, qui aime toujours Hector de Montauzier, un lot de poux castillans, orgueilleux comme leurs maîtres, et qui s'entendront à merveille avec ceux que l'on trouve certains jours sur elle, malgré son exacte propreté. A Mlle Paulet, enfin, un galant chevaleresque, bienheureux de la servir et qui lui ressemble comme un frère.

Mais Voiture ne se décide pas à rentrer ! Il quitte cependant Madrid, mais pas pour rentrer à Paris ; il se dirige d'abord vers l'Afrique, escorté de trois domestiques.

Les chemins sont rocailleux, durs et désertiques ; les auberges rares et insuffisantes. A ses amis de Paris, Voiture écrit : *... L'Andalousie me réconcilie avec le reste de l'Espagne. Il n'y fait jamais froid, et les cannes à sucre y poussent. Des aloès, des bois d'oliviers veloutent d'un vert sombre les collines, au bas desquelles serpente la ligne jaunâtre du Guadalquivir...*

Voiture traverse le fleuve aux eaux limoneuses, sur un bac, s'arrête au bord de la mer aux plages de sable gris, traverse le village de Jaen et va s'installer à Grenade, où il est reçu dans les nobles maisons. Le spectacle de la rue le fascine. A toutes les fenêtres, parmi les fleurs, les visages charmants sourient. Des filles splendides se promènent, provoquantes et répondant aux œillades. Voiture vit dans un paradis et cajole d'accortes jouvencelles. Il adore Grenade qu'il trouve la ville la plus émouvante et la plus belle d'Espagne, où les fleurs distillent un parfum continuel. Mais il quitte tout cela, s'embarque pour l'Afrique et arrive à Ceuta.

Les lettres du duc d'Olivares lui ouvrent les portes des maisons cubiques et blanches. Mais les belles Marocaines sont voilées, le corps enveloppé dans le haïque blanc, ne dévoilant que d'admirables yeux noirs et ardents.

Voiture écrit à Angélique Paulet, pour les faveurs de qui il continue à soupirer :

> ... la mer qui est entre vous et moi ne peut rien éteindre de la passion que j'ai pour vous... Ne vous étonnez pas de m'ouïr dire des

galanteries si ouvertement : l'air de ce pays m'a déjà donné je ne sais quoi de félon, qui fait que je vous crains moins... Il ne vous doit pourtant pas déplaire que l'on vous parle d'amour de si loin... Il manque à vos aventures d'avoir un amant au-delà de l'Océan, et, comme vous en avez dans toutes les conditions, il faut que vous en ayez dans toutes les parties du monde. Je gravais hier nos chiffres sur une montagne qui n'est guère plus basse que les étoiles, de laquelle on découvre sept royaumes ; et j'envoie des cartels aux Mores du Maroc et de Fez, où je m'offre à soutenir que l'Afrique n'a jamais rien produit de plus rare ni de plus cruel que vous...

Voiture poursuit sa lettre à celle qu'il nomme « la lionne » en lui disant qu'il se rend au désert pour visiter ses parents, les grands fauves :

A ce que j'entends, ce sont gens peu accostables. J'aurai de la peine à les trouver. On m'a dit qu'ils doivent être au fond de la Libye, et que les lions de cette côte sont moins nobles et moins grands. On en vend ici des jeunes qui sont extrêmement gentils. J'ai résolu de vous en envoyer une demi-douzaine, au lieu de gants d'Espagne, car je sais que vous les estimerez davantage et ils sont à meilleur marché. Tout de bon, on en donne ici pour trois écus qui sont les plus jolis du monde : en se jouant, ils emportent un bras ou une main à une personne, et après vous je n'ai jamais rien vu de plus agréable...

Puis, quittant l'Afrique, Voiture passe au Portugal, et de là il va à Londres, où il ne reste pas, car il trouve la ville glaciale, et son éternel rhume l'a repris. Il s'embarque alors pour Dunkerque, et de là part pour Bruxelles, où Monsieur, frère du roi, le reçoit avec bienveillance. On le fête ; il aime... Enfin, il rentre en France et va rejoindre Gaston d'Orléans qui s'est installé à Blois. Voiture est frémissant de joie, il fait hâter ses gens. Allons, vite, plus vite ! Des valets chargent les coffres derrière le carrosse qui va le transporter. Épée au côté, vêtu d'un pourpoint et d'un haut-de-chausses sombres, cravaté de dentelle de Raguze, la jambe tendue dans un bas de soie couleur isabelle, M. Vincent Voiture s'installe sur les coussins confortables de son carrosse. Il est parti ! A grand bruit, le lourd véhicule chemine le long des routes et des chemins pierreux et poussiéreux, si la pluie ne les a transformés en frondrières. Son œil suit distraitement les variantes des paysages où les villages se cachent au milieu des lilas.

– Allons, marauds, un peu plus vite ! crie Voiture, en tapant du plat de la main sur la caisse du carrosse. Plus vite ! vous dis-je.

Les auberges lui offrent leurs menus simples, souvent malpropres, et parfois bien préparés. Mais il regarde tout cela dédaigneusement. Il n'a guère l'allure d'un fils de marchand de vin, fut-il opulent, et tient plutôt d'un prince par ses manières délicates :

– Tout le monde n'a pas la chance d'être orphelin..., murmure-t-il en soupirant.

– Si Voiture était de notre monde, disait de lui le prince de Condé, il serait insupportable.

Mais Voiture est un Précieux, de cette préciosité qui rend incomparable aux autres.

Cependant, en arrivant à Paris, il ne sait pas très bien où aller, car il n'a pas encore de logis. Il est obligé de descendre chez sa sœur Barbe, épouse d'un opulent marchand de poisson, dont l'enseigne arbore un lion d'argent.

Barbe, en voyant son frère Vincent, lui saute au cou. Voiture subit et souffre en faisant bouffer ses dentelles. Il fait le petit nez pour ne pas sentir les poissons qui l'entourent dans leurs caques et leurs paniers. Mais Barbe est bonne fille, et accueille ce frère bizarre, si parfumé et séduisant, comme le Messie. C'est Dieu en personne qui a frappé à sa porte. Les petits plats ont été mis dans les grands ; rien n'est trop beau pour Vincent, et toute la famille réunie mange, boit et chante avec entrain.

Après le repas, les tables de jeu se dressent, on joue à l'hombre. Dans le feu du jeu, Voiture oublie l'homme du monde qu'il est devenu et s'enflamme dans des discussions interminables. Mais, quelques heures plus tard, rentré dans sa chambre, il pense qu'il ne faut pas que sa famille abuse de sa gentillesse. Aussi, dès le lendemain de cette galimafrée, Vincent Voiture, splendidement vêtu de velours gaufré et moucheté, ayant dentelles et rubans en nombre suffisant, avance un pied prudent, soigneusement gainé de soie, hors de la maison. Il est pratiquement porté par ses valets jusqu'à son carrosse. Il court ; il fuit la redoutable et visqueuse puanteur des rues et de la boutique aux poissons. Il oublie sa sœur et sa famille et prend le chemin de son bien-aimé hôtel de Rambouillet, lieu idéal, où lui, Voiture, peut enfin laisser s'épanouir toute sa délicatesse dans l'ambiance de suprême élégance et de distinction qu'il adore et qu'il a faite sienne. Hors de cela, il lui semble qu'il serait incapable de vivre, et il a certainement raison.

Il est bon d'affirmer la hiérarchie des valeurs.

Voici l'hôtel de Rambouillet. Enfin ! il est de nouveau dans le saint des saints. Ici, plus de poissons offensant l'odorat et la vue, mais des tapis d'Orient, des parfums exquis, des tapisseries à personnages, des murs tendus de brocatelle tissée de fils d'or. Les domestiques passent silencieux et souriants. Toutes les fenêtres sont ouvertes sur un jardin de rêve. Oui, les poissons de sa sœur et les entrepôts de vin de son père sont loin ; il ne veut plus s'en souvenir, ni même en entendre parler.

On annonce son arrivée. Voiture revit. Le marquis et la marquise de Rambouillet le reçoivent avec joie. Il est l'âme des réunions, l'esprit aussi vif qu'un farfadet... Julie d'Angennes

« la princesse Julie » ou la « divine Julie », est là ; et aussi Angélique Paulet, aux cheveux couleur de flamme et aux yeux verts : « la lionne ». Anne de Bourbon est toujours ravissante. Il salue Mme de Combalet, véritable tartuffe en jupons, la baronne du Vigean, sur laquelle on raconte tant de choses scandaleuses, et la marquise de Clermont.

On ne peut imaginer assemblée plus brillante. Les dames, souvent très jolies, fardées, frisées et parfumées. Leurs robes sont de soie, de satin, de tabis léger, toutes fleuries de roses et d'iris, exquises et brodées. Elles portent des bas assortis au devant des robes. Toutes, en plus de bien d'autres bijoux, portent un merveilleux rang de grosses perles irisées au cou. Plus elles sont grosses, mieux cela est. Il faut être riche, mais surtout le paraître. Il n'y a aucun complexe à avoir à cela. Le luxe le plus insolent n'est jamais mal venu. Il faut avoir le plus bel hôtel, les plus belles livrées, les meilleurs serviteurs...

Mais, malgré toute la joie que l'hôtel de Rambouillet manifeste à son retour, il semble à Voiture que le cercle de Mme de Rambouillet est froid et morose. Est-ce que son apparence ne serait pas parfaitement à la mode ?... Un coup d'œil à son image que reflète un de ces hauts miroirs sans tain qui vous donnent mauvaise mine, le rassure aussitôt... Alors ?... Lui tient-on rigueur de sa trop longue absence ? de ses lettres impertinemment trop tendres ? A-t-il offensé, sans le vouloir, la divine Arthénice, maîtresse du logis ? Voiture, discrètement perplexe, se perd en conjectures... Hélas ! il ne s'agit pas de cela, mais de la mort de Hector de Montausier, frère du marquis de Salles, qui était si gai et si charmant, et à la mort duquel personne ne se résout à croire. On dit qu'au combat de Bormio en Valteline il fit des merveilles..., mais qu'à la fin du combat il reçut une pierre qui lui cassa la tête. Il refusa d'être trépané, disant :

– Non ! laissez-moi tranquille ! je ne le souffrirai pas. Il y a assez de fous au monde sans moi.

Julie d'Angennes, ravissante parmi ses soies, ses rubans et ses dentelles, parle :

– Un jour, ma mère regardait les lignes de la vie de ce pauvre M. de Montausier et elle y rencontra des signes bizarres. Mon Dieu, s'écria-t-elle, je ne sais d'où cela me vient, mais le cœur me dit que vous tuerez une femme ! et, en effet, la prédiction se réalisa, car, las de son autorité, il abandonna Mme Aubry, qui, de désespoir s'alita et mourut de chagrin.

Les visiteurs continuent d'arriver, parmi lesquels la trépidante princesse de Guéméné, d'humeur toujours gaillarde, suivie de son cortège habituel d'adorateurs mourants : les trois Habert, l'académicien Louis, sieur de Montmor ; Germain, abbé de Cerisy et Philippe, commissaire de l'artillerie.

M. de Rambouillet annonce qu'il vend sa charge de grand maître de la garde-robe du roi qui ne lui causait que des désagréments. Tallemant raconte qu'il s'amusait à servir de ses mains le roi au lieu de laisser faire le premier valet et de rester ainsi, dans tout l'honneur de sa charge, de telle sorte que le roi – qui n'avait pas toujours toute la considération nécessaire – lui donnait parfois ses mains au lieu de ses pieds, et, une fois, au lieu de lui tendre la tête, lui avait tendu le cul...

C'est à ce moment-là que Pierre Souscarrière, marquis de Montbrun, fils de la pâtissière du coin de la rue de l'Arbre-sec et légitimé par le duc de Bellegarde – lequel avait d'ailleurs reçu cinquante mille écus à cet effet – ramène de Londres une chaise à porteurs couverte qui suscite aussitôt un engouement extraordinaire. Chaque femme élégante, chaque bourgeois huppé veut avoir sa chaise, et, portée par deux hommes, est suffisamment confortable et spacieuse, pour que l'on puisse s'y tenir debout.

Un jour, le marquis de Montbrun, qui a entre autres titres celui de chevalier de Bellegarde, finit pas se rendre à l'évidence que sa femme le trompe ignominieusement avec le marquis de Villandry. Bien que l'infidélité conjugale soit considérée comme chose courante, le chevalier de Bellegarde est peu enclin à souffrir cela. Aussi commence-t-il par entrer dans une belle fureur, et va giffler Villandry pendant la messe, dans la chapelle des Minimes de la place Royale qui est la chapelle à la mode. C'est un beau scandale car il y a foule. Bellegarde, non content de giffler l'amant de sa femme, tire son épée et veut le couper en deux... Tous deux sortent comme des forcenés, suivis de leurs amis qui arrangent un duel. A quatre heures du matin, à la lueur des torches, pour l'occasion il y a foule aux fenêtres. Ils se battent à cheval, l'épée à la main. Leurs chevaux tombent sous les coups. Bellegarde finit par désarmer Villandry et lui laisse la vie sauve ; aussitôt les chansonniers se ruent pour l'événement qui leur inspire ceci :

*Belle Montbrun, de grâce, dites-nous*
*Si votre amant ne vaut pas votre époux ?*
*L'un vous chérit, l'autre donne des coups,*
*Sans vous presser,*
*Je dis avecque vous*
*Qu'un amant est plus doux !*
*Si les cocus ressemblaient à Montbrun,*
*Dans peu de temps, on n'en verrait pas un,*
*Car Villandry, dans l'accommodement,*
*Lui a promis,*
*Devant tous ses amis,*
*De n'être plus galant.*

## *Chapitre XXVII*

Quand les Français du XVII^e siècle ne sont pas à la guerre, ne dansent pas, ne se battent pas, ils lisent ! Ils lisent à perdre haleine, avec frénésie. Les héros des romans à la mode ne sont plus des personnages inventés mais des personnes vivantes, auxquelles on se réfère...

Ils lisent *Diane,* de Georges de Montmayor ; *Galatée,* de Cervantès ; *Lazarille de Tormes,* de Mendoza ; *Don Quichotte,* de Cervantès ; *Palombe ou la femme honorable,* de Pierre Camus, évêque de Belley ; *les Aventures du baron de Faeneste,* de Charles Sorel ; les cinq volumes de *Polexandre,* de Gomberville ; *l'Histoire comique de Francion,* de Charles Sorel ; les dix volumes de *Cassandre* et les douze volumes de *Cléopâtre,* de La Calprenède, choisis entre tous les autres romans.

Mais la lecture préférée est celle de *l'Astrée,* de messire Honoré d'Urfé, comte de Châteauneuf, baron de Châteaumorand, chevalier de l'ordre de Savoie. Aucun livre n'eut un succès semblable... Tout au long des pages, les Français rêvent et partent à la suite des bergers dans la jolie vallée du Lignon, où les joyeux bergers de l'Astrée mènent une existence idyllique, au milieu de leurs moutons parfumés... Céladon, le héros du roman, règle sa conduite sur les douze tables de l'amour, qui imposent à l'amant parfait de n'aimer qu'un seul objet, de lui complaire en toutes choses, de consacrer sa vie à le servir, à le défendre ; de faire passer son bonheur avant tout et surtout avant le contentement qu'il pourrait en tirer... Céladon, éthéré et aérien, essaie de se noyer à la suite d'un dépit amoureux. Il fuit sa bergère. Il la retrouve et souffre de sa vue autant que de son absence. Mais l'épousera-t-il ?

Oui, mais le plus tard possible, car auparavant il va lui falloir souffrir.

Il se jette à l'eau, d'où il est repêché par les nymphes d'Isoure. Il se sauve, vagabonde au milieu des bois, se déguise en femme, puis il retrouve Astrée. Ils sont captifs... Ils sont délivrés.

Céladon n'est ni viril ni chevaleresque. Il ressemble bien peu et même en rien à Amadis, mais il annonce les premiers romantiques. Ce sont les martyrs de l'amour.

Pour Urfé, L'amour est un acte libre, avec la possibilité de choisir et de vouloir. C'est un amour spirituel, pur et magnifié, la source de nos plus grands bonheurs, comme de nos plus grandes peines, parce qu'il est notre raison de vivre.

A la cour, où ne règne que l'ambition et l'intrigue, l'envie, l'artifice et la médisance, l'Astrée éclate comme une bouffée de fraîcheur. Dames et seigneurs de la cour partent en carrosse en des sortes de pèlerinages dans la gentille vallée du Lignon, au grand ébahissement des bonnes gens du coin, qui, eux, n'ont pas lu l'Astrée et n'en ont pas besoin.

Le premier arbre d'amour est le « vieux saule, mi-mangé de vieillesse », au creux duquel Astrée et Céladon cachaient leurs lettres d'amour.

L'Astrée est devenu une sorte d'encyclopédie amoureuse, sur laquelle on calque sa conduite. On joue à se poser des questions sur tel ou tel épisode du roman. Si vous ne trouvez pas, vous êtes puni d'un gage et devez offrir à chaque dame une paire de gants d'Espagne parfumés. Les Français puisent dans l'Astrée des délicatesses de cœur, de conduite et de langage. Les seigneurs font des efforts pour plaire et deviennent des gentilshommes, avec toute l'amabilité et la générosité des manières et de l'esprit.

Corneille écrivit :

*... Je ne sais quoi qu'on ne peut exprimer*
*Nous surprend, nous emporte et nous force d'aimer...*

L'Astrée, c'est le printemps éternel, le temps des amours difficiles et des échanges de rubans. L'Astrée est le rêve le plus bénéfique de tout ce XVIIe siècle, qui a rendu les gens meilleurs et polis, comme on le sera plus tard à la cour de Louis XIV.

Dans La Silvanire, Mairet fait chanter ces vers :

*... O fortuné Lignon ! O terre bienheureuse*
*En ta simplicité,*
*Où l'amour serait mort si la mort amoureuse*
*Ne l'eût ressuscité !*
*Soit célèbre à jamais cette belle journée*
*Où l'amour et la mort*
*D'ennemis qu'ils étaient en faveur d'Hyménée*
*Se sont trouvés d'accord.*

Et Aglante, toujours dans la même *Silvanire,* s'écrie, en la voyant arriver amoureuse, dédaigneuse, comme pouvaient le faire les amoureux transis des ruelles :

AGLANTE
Dieux ! la voici qui vient belle comme le jour,
Et qui mène avec soi le dédain et l'amour ;
Vois-tu comme la grâce avec elle chemine ?
Eh bien, Hylas ?

HYLAS
Je meure ! elle a très bonne mine,
Et sa rigueur à part rien ne peut l'égaler.
AGLANTE
C'est peu que de la voir, il faut l'ouïr parler ;
Car si l'œil qui la voit la prend pour un miracle,
L'oreille qui l'entend la prend pour un oracle...
HYLAS *(à Silvanire)*
Adieu, jeune orgueilleuse, adieu, malavisée,
Méprisant tout le monde, et de tous méprisée ;
Quand l'âge effacera tous ces traits délicats,
Et ternira ce teint dont l'œil fait tant de cas,
Alors dans ton miroir, ou dans quelque fontaine,
Voyant de tes beautés la ruine certaine,
Tu casseras la glace, ou tu troubleras l'eau,
Et maudiras le peintre à cause du tableau.

Quant à Pierre Camus, évêque de Belley, il a écrit une cinquantaine de romans, tous débordant de bonne humeur, de scènes d'amour fort risquées, au milieu de meurtres, d'empoisonnements, de viols ou d'enlèvements. Au fil des pages, des citations de Virgile, des lambeaux des saintes Écritures, le tout entortillé de plaisanteries et de calembours ; mais, toujours, toujours, les méchants sont punis, et les justes triomphent.

*Palombe ou la femme honorable* a un succès immense. Belles dames et seigneurs lisent avec délices : Spiridion, Cléoreste et Alexis, et sont ravis de faire leur salut si agréablement.

Avec ses *Aventures du baron de Faeneste,* d'Aubigné représente un de ces hobereaux venus de Gascogne, gueux comme rat, mais fort vaniteux, ambitieux, bavard et poltron, qui cherche, sans y parvenir, à copier les airs du grand monde et à se pousser à la cour.

Charles Sorel, malveillant et fort pédant, doué d'un esprit satirique et frondeur, entasse volume sur volume : histoire, médecine, science, morale et religion.

Son *Histoire comique de Francion* amuse tout Paris, car il fait découvrir les subtiles finesses et les trompeuses inventions dont sont capables les hommes et les femmes de toutes conditions. Son héros est un fils de famille qui court les aventures. Il est vaniteux, cynique, et pour parvenir à ce qu'il considère comme sa réussite emploie tous les moyens, et pour tenter d'y parvenir épouse une riche romaine.

Rien ne le rebute ; il fréquente les aventuriers, les grands seigneurs débauchés, des courtisanes, des charlatans, des tire-laine, des vagabonds, des paysans, des avocats, des juges, des cuistres de collège. Tout cela vit, parle, remue, dans un beau désordre. De nombreux portraits sont ébauchés, dont un, peint et achevé avec amour, est celui du pédant Hortensius, du collège de Lisieux, auquel Sorel n'a pu résister de donner quelques traits de ressemblance avec Guez de Balzac...

On s'amuse follement de Francion, mais on admire toujours l'Astrée.

Avec le *Polexandre* de Gomberville, ruisseaux et brebis ont disparu. En revanche il y a des courses en mer, agrémentées de tempêtes. Le héros, Polexandre (en réalité Louis XIII, car il ne faut pas oublier que le livre de Gomberville est un roman d'aventures à clefs), court le monde entier pour punir ceux qui osent, sans permission, soupirer après la belle Alcidiane. A la suite de ces héros, les lecteurs partent pour le Maroc, pour les îles Canaries. De là, ils vont au Sénégal, au Bénin, au Tombut (Tombouctou), au Mexique, aux Antilles et au Danemark. Il y a des pages consacrées à l'histoire des Incas, où l'on retrouve tout ce que l'on sait sur l'empire de Montézuma et sur les coutumes mexicaines. Les contrées traversées et les mœurs de leurs habitants sont peintes exactement.

Tout cela apporte l'évasion, à une époque où tout le monde ne voyage pas.

Puis, en 1641, Georges de Scudéry, fait paraître : *Ibrahim ou l'illustre Bassa.* Ce sont les aventures du grand vizir Ibrahim Pacha et d'Isabelle de Monaco... Intrigue peu cohérente qui fait pourtant les délices des sujets de Louis XIII. Le livre est fort prisé à l'hôtel de Rambouillet.

Mais on commence à chuchoter que l'auteur n'en serait pas Georges de Scudéry, mais sa sœur Magdeleine.

La Calprenède, avec *Cassandre,* nous fait assister à huit ou dix combats à pied, à cheval, en batailles ou en combats singuliers. On s'y assène de formidables coups d'épée ; un homme terrasse à lui seul un lion et lui arrache la langue. Morts violentes, suicides suivis de résurrections sont choses courantes au même titre que les évanouissements, les enlèvements et les manifestations de reconnaissance. L'amour court tout au long des pages. Les héros sont beaux, tendres et fidèles envers les héroïnes, qui sont des plus touchantes. Les Français sortent de ces lectures épuisés, dépaysés et ravis.

Mais à l'hôtel de Rambouillet, à côté de *l'Astrée,* on connaît très bien les romans du siècle passé et la généalogie des Amadis. On est encore imprégné par le souvenir des enchanteurs de la cour de Trébizonde, et un billet, signé « Don Guilon le Pensif, sire de l'île Invisible », n'étonne personne au milieu de l'aristocratique assemblée. Tout cela fait partie d'un art de dire délicatement des futilités, art où Voiture est passé maître. Il reste le modèle avoué – mais inimitable – de tous ceux qui veulent étudier le « bel air » des choses et donner un tour galant à leur pensée. Son œuvre est œuvre éclose dans un salon, et faite pour un cercle restreint. Elle est très française, en dépit d'une sérénade écrite en espagnol et de quelques traits empruntés au monde de l'Arioste.

Mais de cette littérature Anne Baudesson, veuve de Jean Pilou, procureur au Châtelet, et son fils Robert se soucient peu. Certains disent que cette dame facilite les amours des jeunes femmes, et qu'elle est une célèbre accoucheuse qui aide à faire passer leur fruit à celles qui ne souhaitent pas le garder. Tout du moins, c'est ce que l'on dit, mais que ne dit-on pas ?

Quoi qu'il en soit, elle est très appréciée de nombreuses personnes de la bonne société et cherche toujours à faire la morale gaiement. Dans *l'Enfer burlesque,* elle est ainsi décrite :

*Toutes les guenons sont si laides*
*Que ce sont d'amour les remèdes.*
*Qui voudrait, le plus débauché,*
*Avoir avec elles couché ?*
*Ces gaupes, ces sales furies,*
*Ces vieilles chiennes, ces voiries,*
*Ces laides masques, ces lidrous*
*Sont autant de dames Pilou.*

Un jour, Mme de Chaulnes mère, lui ayant dit quelque chose qui ne lui plaisait pas, Mme Pilou se lève et lui réplique froidement :

– Si vous ne me traitez pas comme vous devez, je ne mettrai plus le pied céans. Je n'ai que faire de vous ni de personne. Robert Pilou et moi avons plus de bien qu'il ne nous en faut. A cause que vous êtes duchesse et que je ne suis que femme et fille de procureur, vous pensez me maltraiter ! Adieu, madame ! J'ai ma maison dans la rue Saint-Antoine, qui ne doit rien à personne.

Mais la duchesse de Chaulnes, qui ne manquait ni de bonté ni de justice, lui envoie dès le lendemain une lettre dans laquelle elle lui demande pardon. Pardon qui lui est accordé de bonne grâce. Et Mme Pilou, dans sa maison de la rue Saint-Antoine, vit tranquillement avec son fils Robert, qui a bien cinquante ans, et qu'elle traite comme un enfant.

Celui-ci, fort pieux, passe toutes ses matinées à l'église. Sa mére lui dit :

– ... Doucement, maître Robert, est-ce que tu veux aller par-delà Paradis ?

Bien qu'elle soit âgée, elle danse encore avec entrain, le branle de la torche, par lequel on commence le bal. En riant, elle a coutume de dire :

– Je suis le guéridon de la compagnie.

Quand Madeleine de Scudéry la met dans sa *Clélie,* sous le nom d'Arricidie, Mme Pilou va la trouver :

– Mademoiselle, lui dit-elle, d'un haillon, vous avez fait une toile d'or.

Madeleine de Scudéry lui répondit :

– Madame, mon frère a trouvé que votre caractère...

– Voire, votre frère ! lui rétorqua Mme Pilou, je ne connais point votre frère, c'est à vous que j'en ai l'obligation...

Et un jour elle alla à Meudon, chez Mme de Guénégaud, qui avait un bras démis, pour avoir versé en carrosse. Au cours de sa visite, elle rencontre M. Servien, ministre d'État, et surintendant des Finances, conjointement à M. Fouquet. Il lui fait des offres de service. Elle lui répond :

– Je vous remercie, gardez cela pour d'autres ; Robert Pilou et moi avons du bien plus qu'il ne nous en faut ; faites-moi toujours votre visage de Meudon quand vous me verrez. Ne tressaillez point, car je n'ai rien à vous demander. Il n'y a peut-être que moi en France qui ose vous parler comme ça.

Mais si elle n'aime ni lire ni entendre lire, elle est fort à la mode, et quand elle est malade toute la cour la vient voir et la reine envoie prendre de ses nouvelles.

Malgré le faible engagement de Mme Pilou pour la littérature, la vie intellectuelle est intense et le poète Guillaume Colletet, dans un assemblée de jolies demoiselles chez Conrart, pose une devinette ainsi tournée :

– Quand nous nous réveillons la nuit, Claudine et moi, que pensez-vous que nous fassions ?

Des têtes se baissent, des sourires furtifs, on s'évente légèrement plus vite ...

– Eh bien ! nous lisons *l'Astrée.*

A son étonnement, tout le monde se met à rire. Un autre jour il mène son fils Jean dans le monde et lui dit :

– Jean Colletet, saluez ces dames.

Jean s'exécute et salue chaque dame, puis, s'approchant de son père, il lui dit :

– Mon père, j'ai fait !

Tout le monde se cacha plus ou moins pour rire, et on enchaîna pour lui parler de son poème favori *la Belle Tulipe panachée de mon jardin.*

Si les Français aiment lire poèmes et romans, ils adorent assister aux cortèges royaux et princiers et aux entrées des ambassadeurs. Le 9 mai 1641, jour de l'Ascension, le roi Louis XIII sort du Louvre. Il est huit heures et demie du matin. Précédé des cent Suisses en grande tenue, il va inaugurer, rue Saint-Antoine, l'église des Grands Jésuites qui prendra aussi le nom d'église Saint-Louis, et qui est fondation royale.

Tout au long du chemin que suit le cortège royal, comme pour toute entrée ou sortie du roi, de princes ou d'ambassadeurs, les

Parisiens s'entassent, formant une haie d'honneur, enthousiaste et multicolore, escortée de marchands de choses bonnes à boire ou à manger qui font d'excellentes affaires. Les fenêtres des maisons ont mille visages.

Souriant et saluant à droite et à gauche de la tête et de la main, le roi et sa suite arrivent devant l'église. Il est neuf heures. Les cloches de la nouvelle église sonnent à grands carillons.

Les badauds ne sont pas venus pour rien, car la famille royale est au complet. Les dames et les seigneurs de la cour sont superbes et portent suffisamment de diamants et de pierreries pour faire rêver les Parisiens.

Soudain, cent trompettes d'argent laissent éclater leur fanfare. Le roi passe le porche de l'église précédé du clergé, et suivi de tout son monde. Il entre dans la nef qu'illuminent des centaines de cierges de cire blanche, fixés à la balustrade de fer doré qui fait le tour de l'église. Les chœurs entonnent des chants et motets à la gloire de Dieu. Encens, parfums et fleurs mêlent leurs odeurs.

Le roi, précédé par le haut clergé et suivi des princes et princesses de sa maison, des seigneurs et dames de sa cour, avance sur l'épais tapis de haute laine qui mène à l'autel. La reine, blonde et rose, est un rayonnement à elle toute seule.

La lumière des cierges fait miroiter les marbres et les dorures, avive l'éclat des toiles nouvellement peintes. C'est un palais digne de Dieu qui accueille un roi.

A l'autel, entouré de nombreux évêques et prêtres, le cardinal de Richelieu, dans toute sa gloire menaçante, officie, revêtu d'une chasuble de satin rouge, chargé de fleurons de cuir brusqué, garnie de dentelle d'or.

Aux premières mesures d'orgue, les chanteurs de la chambre du roi entonnent à pleine voix motets et glorias. Autour du roi, de la reine et de la famille royale, les chevaliers de l'Ordre arborent leurs manteaux de velours somptueux, leur plaque de diamants, et leurs épées brillantes. Les ambassadeurs étrangers, en grand arroi, représentent leurs souverains, parés de bijoux splendides et de somptueux panaches. La cérémonie dure toute la matinée et reprend l'après-midi, après un déjeuner pantagruélique. A cinq heures tapant, cent jésuites en surplis, un cierge allumé à la main, vont à l'église Saint-Paul, et en rapportent le saint sacrement. Les reliques de saint Louis et de saint Ignace, protégées par un dais de toile d'or, sont portées par les plus grands seigneurs de la cour. Désormais, l'église des grands jésuites est église à la mode pour les Parisiens, même s'ils n'habitent pas le Marais. Les plus grands seigneurs et les plus grandes dames de la cour vont la fréquenter assidûment. Elle sera l'église la plus riche de Paris.

A travers les rues boueuses ou poussiéreuses, suivant les saisons, des jardins s'épanouissent, le plus souvent clos de murs, et où les gens de la rue ne peuvent pénétrer. Ce sont des jardins privés appartenant aux hôtels seigneuriaux, ou aux couvents où abondent charmilles, statues, jets d'eaux, haies de philiréa bien taillées et murs à fresques représentant de plaisants paysages et des perspectives lointaines...

Dans les jardins de l'hôtel de Rambouillet, des allées entourent des parterres à broderies où fleurissent les jacinthes, menthes, œillets, lis, narcisses, roses. Au milieu, un rond d'eau... Des sycomores en jalonnent la longueur. A toutes ces fleurs s'ajoutent les colchiques, violettes, primevères, muguet, crocus, jonquilles, qui forment des anneaux de fées, au printemps au pied des arbres. Tout au fond des jardins se trouvent des cabinets de verdure, des salles basses, peintes à fresques, où seuls, les maîtres de la maison vont manger en été, quand il fait très chaud, et dont ils gardent la clef.

Mais certains jardins parisiens sont ouverts au public : le jardin des Simples (qui est le jardin des Plantes), le jardin du Luxembourg, le Pré-au-Clerc, qui est à la Sorbonne, et où certains vont se battre en duel ; les allées de la reine Marguerite, le cours la Reine, le jardin des Tuileries et la promenade de l'Arsenal, la plus élégante de Paris.

C'est le temps où Montmartre est coiffé de nombreux moulins à vent et de ses deux églises. Tout au bord de la Seine, l'hôtel de Liancourt étale ses magnifiques jardins aux parterres de broderie, cernés de grands arbres, et où, contre certains murs, sont des espèces d'arbres fruitiers, coupés court, qui donnent des fruits toute l'année.

Mais le cours la Reine fait fureur, tandis que les Tuileries sont école d'amour. Les carrosses passent et repassent, se croisent, les dames se montrent, des cavaliers empanachés caracolent aux portières. Les dames n'ôtent leurs masques qu'à la tombée du jour. Mais quand l'hiver est là, avec son cortège de glaces et de frimas, la mode veut que l'on se promène aux abords de la place Royale. Là, les groupes se forment, les causeries commencent, les langues se délient. Jeunes muguets, petits abbés, beaux esprits, papillonnent et virevoltent, colportent les scandales et l'histoire du jour. La chanson satirique est reine. C'est le journal du temps. Seigneurs et dames de la cour doivent bien prendre garde à ce qu'ils disent et à ce qu'ils font s'ils ne veulent pas entendre bourdonner leurs noms et leurs histoires conjugales dans de malicieux vaudevilles qui n'épargnent personne.

Comme à toutes les époques, la médisance est la règle. Toutefois, une certaine tolérance reste de mise.

Les dames n'échappent pas à la satire, et les vaudevillistes s'acharnent sur la marquise de Grimault avec entrain, car elle est marquise de fraîche date, ce qui prête à rire, est sotte et se pique pourtant de bel esprit. Alors, voici ce qu'on peut entendre sur le Pont-Neuf :

*Sept jours de la semaine*
*On voit cette Grimault,*
*Dans le cours de la Reine,*
*Chacun criant tout haut :*
*Puante,*
*Suante,*
*Gluante,*
*Vrai remède d'amour.*
*Ah ! qu'elle est insolente*
*De venir tous les jours*
*Nous infecter au cours...*

En revanche, les mêmes vaudevillistes sont beaucoup plus galants pour la ravissante Mme d'Oradour, sœur de Mme d'Orchères, qui vient « faire son persil au cours » :

*Sept jours de la semaine,*
*On voit la d'Oradour,*
*Dans le cours de la Reine,*
*Faire les mille tours,*
*Poudrée,*
*Frisée,*
*Parée,*
*Donnant échec et mat*
*A trois de l'Assemblée,*
*A Pons, à Montignac,*
*Et au beau Canillac.*

Il faut préciser que Pons est Isaac Pons, marquis de La Case ; que Montignac est le frère de Mlle de Hautefort, et que Canillac est Gaston de Montboissier de La Roche-Canillac, qui épousera la veuve de Turcan et passera le restant de sa vie à la battre comme plâtre.

Quand les Parisiens sont las de se promener, de danser, ou de colporter des médisances, ils vont passer quelques heures dans les tavernes. Certains y dînent, d'autres y soupent.

La Coiffier a une salle obscure, fort courue des élégants de Paris, sise rue du Pas-de-la-Mule, à l'enseigne de « La Fosse aux lions ». Voiture y vient avec ses amis, qu'il invite ainsi :

*Chez la Coiffier, une demi-douzaine*
*Des nourrissons, des enfants de Silène* [1]
*Se trouveront, ce soir assurément.*
*N'y manquez pas, diable emporte qui ment !*

1. Silène était un dieu phrygien, père des satyres, nourricier de Bacchus.

*L'affaire est faite, et la chose certaine,*

*Vous y verrez une table bien pleine :*
*Tous les poissons jusques à la baleine*
*Iront ce soir, voguant terriblement*
*Chez la Coiffier.*

*Nous chanterons jusques à perdre haleine*
*Nous y dirons mille bons mots sans peine*
*Car là Phébus est dans son élément,*
*Et si ces vers ne coulent doucement,*
*Nous en ferons une meilleure veine*
*Chez la Coiffier*

Les invités affluent, les esprits étincellent, et les chants se changent en vociférations dès que les joyeux biberons se rendent compte que Voiture se contente de regarder boire les autres.

Sur-le-champ, le baron de Blot, compagnon de toutes les sorties nocturnes et équipées diverses de Gaston d'Orléans, compose les vers suivants :

*Pour bien goûter tous les délices,*
*Il faut Saint-Phal, Blot et Romains,*
*Passer la nuit entre deux cuisses*
*Et tout le jour entre deux vins.*
*Quoi ! Voiture, tu dégénères !*
*Sors d'ici, maugredieu de toi !*
*Tu ne vaudras jamais ton père,*
*Tu ne vends du vin ni n'en bois...*

Le temps de reprendre ses esprits, Voiture riposte :

*Un buveur d'eau, pour aux dames complaire,*
*Suivant l'amour dont le seul feu l'éclaire,*
*Se voit toujours sobre, courtois et doux*
*Et ne sauriez si tôt boire six coups*
*Qu'encore plus il ne le puisse faire.*

*Vénus, d'amour la gracieuse mère,*
*Naquit de l'eau sur les bords de Cythère ;*
*Aussi, son fils favorise sur terre*
*Un buveur d'eau.*

*Il entend mieux ses lois et son mystère ;*
*Il sait jouir, et, discret, sait se taire,*
*A le rein ferme et ferme les genoux*
*Et trente-six ivrognes comme vous*
*Ne valent pas, en l'amoureuse affaire,*
*Un buveur d'eau.*

Le lendemain de cette mémorable soirée chez la Coiffier, Voiture rend visite à Mme des Loges, pour laquelle il brûle d'une passion qu'il veut secrète et qui fait pourtant des gorges chaudes. Il voudrait être plus qu'un visiteur, mais il prend un air si emprunté et si transi d'amour que Mme des Loges s'écrie en riant :

– Je vous trouve bien malade ; vous avez la mine d'un mourant. Souffrez que je fasse votre portrait.

A ces mots, elle se met à écrire les vers suivants :

*PORTRAIT DU PITOYABLE VOITURE*

*Je voudrais bien rimer en ture*
*Pour décrire monsieur Voiture.*
*Il est d'une belle structure*
*Quoique de petite stature.*
*Son corps est droit et sans voûture,*
*Son poil est de bonne fourrure,*
*Son œil est de grande ouverture*
*La dent a quelque pourriture.*
*Il est de bien faible nature,*
*Il prend fort peu de nourriture :*
*Le sucre et lait sont sa pâture*
*Avec un peu de confiture,*
*Et les jours maigres le friture.*
*Il a besoin de couverture,*
*Aussi est-il bien en vêture*
*Et ses habits sont sans rupture.*
*Il ne porte pas de ceinture,*
*Car lorsqu'il sent une couture*
*Son petit corps est en torture.*

Mme des Loges s'amuse, mais Voiture est dépité ; non seulement dépité, mais aussi déçu et fâché. La plaisanterie en « ture » ne lui plaît point. Mais il fait cependant bonne figure, et Mme des Loges ne saura pas qu'elle a blessé la vanité de son soupirant.

Pour parachever ses tourments, Voiture apprend qu'une de ses sœurs s'est mêlée d'avoir un amant. Une sorte de coquin, qui fait des vers de surcroît. Le père de Voiture vient voir son fils et lui montre les vers qui sont de ce gredin d'amant.

*Enfants de Bacchus et d'Amour,*
*Baisons la nuit, buvons le jour,*
*Reprenons des vigueurs nouvelles.*
*Je brûle d'un amour divin,*
*J'aime une fille des plus belles,*
*Et la fille d'un marchand de vin.*

*Son visage est rempli d'appâts,*
*Son père fournit aux repas*
*Les douceurs les plus naturelles.*
*Ah ! que mon amour est divin,*
*J'aime une fille des plus belles*
*Et fille d'un marchand de vin.*

*Ceux qui pour toute volupté*
*Ne recherchent que la beauté*
*Cessent bientôt d'être fidèles,*
*Mais mon amour sera sans fin*
*Car ma maîtresse est des plus belles*
*Et fille d'un marchand de vin.*

De cette nouvelle, Voiture s'amuse et s'irrite en même temps. Il conseille à son père de ne pas ébruiter l'affaire, . Il ne faut pas que leurs ennemis leur nuisent. Le vieux marchand de vin promet de faire silence, bien à contrecœur, et pour se consoler de tous ces soucis, Voiture va retrouver celle qu'il aime en silence : Arthénice, marquise de Rambouillet.

# Chapitre XXVIII

Les châteaux du val de Loire surgissent de la pierre et s'épanouissent comme fleurs au soleil. Le comte de Cheverny s'est installé dans sa nouvelle résidence, éblouissante de ses pierres blanches. Un vaste escalier somptueusement sculpté mène vers les étages. Cela appelle des fêtes grandioses et aussi la joie de vivre. Les salles ont des solives décorées d'arabesques, des panneaux peints de fleurs, de devises et de personnages mythologiques. Les cheminées sont encadrées de Termes. Mercure et Vénus y jouent. Les grandes peintures sont de Jean Mesnier. Sur les murs, des tapisseries racontent l'histoire d'Ulysse, d'après des cartons de Simon Vouet.

Les châteaux ont abandonné leur existence première et sont résolument devenus des séjours d'agrément. Les appartements ont de hautes fenêtres ; les jardins dessinés étalent la splendeur de leurs parterres à broderies avec des jets d'eau, des grottes, des niches et des théâtres de verdure sur lesquels, aux beaux jours, on donne la comédie.

Depuis 1601, la famille de Vendôme habite le somptueux et fascinant Chenonceaux, où le souvenir de la douce Louise de Vaudémont reste encore très fortement attaché, car c'est dans cette demeure qu'elle se réfugia après la mort de son époux, le roi Henri III. Douloureusement frappée, elle hantait les galeries, regardant à travers ses larmes depuis les fenêtres qu'elle avait fait draper de noir, les ondes du Cher, changer avec les couleurs du ciel.

Mais, la vie continue. Personne, même les rois ne sont indispensables.

A Paris, les heureux mortels vivent dans des demeures de rêve. Deux carrosses, au moins, par opulent logis, afin de pouvoir en prêter aux belles personnes qui n'en auraient pas.

Prenons une demeure du Marais, entre sa cour d'honneur et ses jardins. La maison est merveilleuse de grâce et de proportions, au milieu de ses parterres de broderie que fait scintiller un jet d'eau par cette matinée d'été. Le gravier des allées est soigneusement ratissé, balayé, dépourvu du moindre brin d'herbe qui viendrait en détruire l'harmonie. Les ifs, plantés en haies hautes et épaisses, sont trouées de portes arrondies et profondes, sentant bon l'ombre verte. Les fusains sont taillés en cônes et figures légères, arachnéennes, par une foule de jardiniers dont les vêtements colorés apportent le dernier raffinement à ce séjour paradisiaque. Les fleurs s'épanouissent dans des massifs superbes, étalant leur symphonie sur des fonds de buis odorant, de corbeille d'argent et autres plantes de fond, qui font ressortir leur beauté.

Au bout de l'allée, trois marches incitent à pénétrer à l'intérieur de cette maison où l'on ne peut vivre qu'heureux. Des servantes en tabliers brodés, collerette de dentelle et croix d'or au cou, entrent et sortent très affairées. En bas des marches, un chariot d'enfant, peint de fleurs et de petits personnages rieurs et à parasol semble attendre. La double porte vitrée est ouverte, donnant accès au salon d'entrée et au luxe de la demeure. Des boiseries sur les murs, des tableaux, des tentures. Un buisson des plus belles fleurs envahit l'âtre de la cheminée. Des tapis d'Orient jouent avec les damiers noir et blanc du carrelage. Les sièges sont recouverts de velours. Sur une table, une grande coupe d'argent contient une pyramide de fleurs et de fruits et capte les rayons de soleil ; de lourds chandeliers d'argent, à bougies de cire blanche, des boîtes de vermeil et d'argent. Sur les dalles de pierre blanche et de marbre noir, une jonchée d'herbes odorantes, seringa et jasmin, donnent l'impression d'entrer dans une caverne fraîche et embaumée, demeure d'un génie généreux et bienveillant.

Une petite fille aux cheveux bouclés, à frange courte, vêtue d'une robe de velours bleu sombre, parée de dentelle, se tient debout dans un recoin de l'escalier. Soudain, une porte bat, et deux grands chiens blancs à taches noires dévalent l'escalier en aboyant, suivis à grand fracas par deux garçons d'une dizaine d'années, aux yeux rieurs, vêtus de costumes de satin gris et de soie, souliers à rosette, jarretières d'or et large col de dentelle, identique à celle qu'ils portent à leurs poignets. La petite fille se rencogne un peu plus dans l'ombre de l'escalier pour ne pas être vue par les deux garçons qui passent leur temps à lui faire des misères. Elle sourit. Elle est délicieuse. Elle a l'air sérieuse et sage. Deux fossettes creusent son visage rebondi.

Des airs de luths semblent naître de la pierre, timidement au début, puis avec assurance : les maîtres de céans sont attendus d'un instant à l'autre.

A chaque marche de l'escalier d'honneur, un jeune arbre dans un pot d'argent monte une garde végétale, tout couvert de rubans, de fruits confits et de dragées. Des rideaux à galons d'or ornent chaque fenêtre, ouvertes ce jour-là sur le jardin. Soudain, un concert de hennissements et d'aboiements réveille la cour d'honneur. Deux valets, en livrée jonquille et bleu de ciel, ouvrent la grande porte vitrée du perron, à double battant. Dans la cour un carrosse tiré par quatre chevaux tourne à grand fracas.

Serviteurs, et demoiselles de compagnie, parées, parfumées et fort bien coiffées, descendent en toute hâte.

En un instant, tout le logis est dehors. Comme toujours, la rue est noire de badauds. Le carrosse lourd et armorié, aux grandes roues couleur vermillon, recouvert de drap bleu et jaune, s'arrête en tanguant de toutes ses sangles de cuir.

– Arrivez ici, vous autres ! crie le maître d'hôtel soucieux de réunir son monde, venez tous !

Chacun se précipite. Le marchepied est abaissé. Deux petits chiens dorés en descendent d'un bond en jappant et vont incontinent renifler chaque pavé de la cour.

Le maître d'hôtel s'avance le premier, l'épée au côté, et le chapeau à la main. La petite fille est à moitié cachée derrière le rideau d'une fenêtre. Elle voit et entend tout ce qui se fait et se dit dans la cour. Sur le perron d'honneur, quatre joueurs de viole font une haie aimable, offrant leurs airs préférés aux maîtres de maison. Un pied chaussé de peau fine à rosette et bas de soie incarnat paraît en premier, puis le bas d'une robe de soie à bouquets de fleurs et nœuds de rubans... Enfin, une très jolie jeune femme fait son apparition, souriante et blonde, comme le veut le mode de ce temps. Elle est naturellement blonde, sans aucun artifice. Le maître d'hôtel offre sa main gantée pour l'aider à descendre. En riant et en saluant ceux qui se trouvent dans la cour pour l'accueillir, la jeune femme, qui n'est autre que Sapho, marquise de Chastagnier, descend de carrosse, suivie d'une jeune nourrice rebondie qui tient dans ses bras un petit enfant vêtu d'une grande robe, d'un tablier de dentelle et coiffé d'un bonnet brodé, auquel est attaché par une broche d'or une plume légère et neigeuse. A sa chaîne d'or pend un hochet de perles. De son côté, le marquis de Chastagnier descend de cheval. Le teint haut en couleur, l'air jovial et autoritaire, il est vêtu d'un habit de daim gris. La plume de son chapeau d'un blanc de neige est aussi légère que l'air. Deux pages l'accompagnent. L'un d'eux donne aux palefreniers le cheval à bouchonner et à panser.

– Çà ! donnez-nous des nouvelles de céans, s'enquiert la marquise en souriant, tout le monde se porte bien ? La maison est-elle suffisamment belle pour me recevoir ?

Elle regarde avec intérêt autour d'elle. Soudain, elle découvre la fenêtre où se cache la petite fille à la robe de velours.

– Qui est-elle ? demande la marquise, en souriant à l'enfant, comme pour l'encourager.

– C'est Elisabeth, madame la marquise, répond une des demoiselles de compagnie.

– Mais encore ?... Je ne vois toujours pas bien...

– C'est le salisson que vous avez eu la bonté de remarquer un jour à la cuisine. Vous avez dit que vous souhaitiez qu'on la sorte de cette condition...

– C'est ma foi vrai ! Mais qu'elle vienne donc...

– Elle est fort timide... Allons, viens, Elisabeth.

La petite fille s'avance, très émue, mais toute souriante, le mouchoir à la main. En arrivant devant Mme de Chastagnier, elle sourit joliment, fait sa révérence et dit simplement, en tendant un petit bouquet de roses :

– Pour vous, madame la marquise, et en vous remerciant beaucoup.

– Mais cette enfant est à croquer, et pas si timide que cela, s'écrie la marquise. Elle fera une suivante très agréable pour Christine.

Christine de Lalinde, fille de Mme de Chastagnier, n'est encore qu'une grosse poupée d'un an.

– Mlle de Lalinde est fort jolie, madame, et je la promènerai très bien.

– Cette enfant est parfaite ! Qu'elle vienne après déjeuner, lorsque nos amis seront là. Quel âge a-t-elle ?

– Huit ans, madame la marquise.

– C'est le bon âge pour apprendre comme il faut les habitudes du monde, conclut la marquise en poursuivant son chemin, suivie de ses demoiselles, de ses chambrières, de son chapelain et de la nourrice portant l'enfant.

Elisabeth resta seule dans un rayon de soleil qui dessinait des images sur les dalles de pierre blanche et de marbre noir, les branches vertes et les fleurs de seringa jetées à la volée.

– Vous avez très bien fait de faire jeter du seringa au sol, dit la marquise à son maître d'hôtel, tout en gravissant lentement l'escalier, j'en aime le parfum.

Le maître d'hôtel s'inclina, ravi de l'appréciation de sa maîtresse.

Dans toute maison convenablement tenue, c'est le maître d'hôtel qui porte la responsabilité de la bonne marche du logis. Il choisit les domestiques, de la chambrière au dernier valet. Dès son entrée en fonction dans une riche demeure, que ce soit celle d'un seigneur ou d'un riche bourgeois, tout nouveau maître d'hôtel doit faire une visite générale et exacte de l'office et de la cuisine, l'inventaire détaillé de la vaisselle d'argent, en pièces et en poids, celui du linge et des ustensiles, des provisions de bouche et aîtres. C'est lui qui donne les ordres nécessaires, tant au chef d'office qu'à l'escuyer de cuisine, et va lui-même acheter les viandes et choses nécessaires. Quand l'heure du repas arrive, il prend une serviette blanche, qu'il plie en long et l'ajuste sur son épaule. Elle est la marque de son pouvoir et de son office. C'est une charge considérable, qui ne déroge pas à la noblesse, car elle est plutôt d'honneur que de service. Le maître d'hôtel peut servir l'épée au côté, le manteau sur les épaules et le chapeau sur la tête, mais toujours avec la serviette.

Le premier service ayant été dressé il marche gravement devant les valets en une sorte de procession, et le fait porter avec ordre par les personnes qui sont destinées à cet emploi.

En entrant dans la salle de repas, il ôte son chapeau, pour le remettre tout aussitôt sur la tête, et couvre la table de plats et d'assiettes en commençant par le haut bout et poursuivant jusqu'au bas.

Maintenant, dans les maisons, il est d'usage que les lits se cachent au fond d'alcôves. Les salles de réception sont plus nombreuses, il en faut au moins trois. Dans les maisons des grands seigneurs : une première pour recevoir les personnes de qualité, une autre pour y retirer les serviteurs et enfin la troisième, grande et ample, utilisée pour les festins, les bals et les ballets. Les salles à manger, inconnues jusque-là, font leur apparition. Il est souhaitable qu'elles ne soient pas trop éloignées des cuisines. En outre, suivant les saisons, on prend les repas dans les salles à manger d'hiver, ou d'été.

Les Parisiens déménageant souvent, pour la commodité, le mobilier est démontable. Les tables sont à tréteaux pliables, les chaises sont à tenailles ou brisées ; les lits démontables peuvent se ranger dans des malles de cuir, d'étoffe ou à l'intérieur de bahuts. Certaines chaises percées peuvent même se plier en trois ! C'est encore le maître d'hôtel qui est chargé de veiller au bon fonctionnement de tout cela. Il surveille servantes, serviteurs, suivantes et à l'œil sur les resserres. Il commande et vérifie les redevances des multiples domaines : la farine des meuniers, le vin des vignobles, les confitures... C'est à lui qu'incombe de veiller sur la santé des chevaux, de les faire soigner, ou changer, en commande la vente ou l'achat. Il est responsable de tout, les maîtres de maison ne disposant ni du goût ni du temps pour s'occuper de cela. Les dames de la cour ont bien assez à se consacrer à leur toilette et à leur apparence, qui se doivent d'être les plus fastueuses possibles. Aller faire sa cour au roi et à la reine laisse peu de temps pour diriger un train de maison considérable. Courir salons et ruelles afin de lire ou d'entendre lire sonnets et madrigaux, en faisant assaut d'esprit font que jours, nuits, mois et années, ne sont jamais assez longs.

Elisabeth a tout à apprendre. Elle sait déjà qu'il ne faut jamais cracher à terre, ni se mettre les doigts dans le nez en public ; ni se gratter, ni se ronger les ongles, ni salir sa robe, son col et son tablier. Ne pas se laisser aller derrière les portes, ni dans les parterres de fleurs, mais par contre utiliser ces endroits, les retraits, réservés à cet usage.

Il va lui falloir apprendre à se tenir en représentation, tout le temps être jolie, bien coiffée, bien mise, et aussi être disponible et agréable... Sans cela, il se pourrait que Mme la marquise se désintéresse d'elle et la fasse retourner à la cuisine où elle espère bien ne plus remettre les pieds. Si elle est agréable et adroite, si elle sait se montrer à la hauteur de ce que l'on attend d'elle, alors elle accompagnera la maîtresse de céans dans tous ses déplacements, et, peut-être, avec beaucoup de chance, finira-t-on un jour par l'appeler « damoiselle ».

Elisabeth ferme les yeux de bonheur. Elle tourne sur elle-même dans le soleil. Elle est l'image de la beauté et de la perfection. Ses cheveux blonds brillent, ses lèvres roses, entrouvertes, laissent voir de petites dents, un peu écartées, que l'on appelle les dents du bonheur... Son teint est « de lys et de roses ». Sa robe la fait gracieuse, bien qu'un peu chaude et lourde pour la saison. Mais tout cela importe peu, et elle soupire d'aise et de contentement.

– Ne reste pas là comme une cruche, sans savoir quoi faire de toi-même, lui dit une servante, en passant rapidement près d'elle.

– Je dois être auprès de Mme la marquise, répond Elisabeth.

– Alors, vas-y. Chacun à sa place. Tu n'as que faire ici.

– Je dois attendre... Que veux-tu donc que je fasse ?

– Couds et brode ton trousseau, que tu seras bien contente de trouver quand tu te marieras.

Elisabeth fait la moue et fronce son joli nez :

– Je n'aime ni coudre ni broder.

– Alors, pense à la philosophie, ou autres choses de l'esprit, dont on se repaît dans cette maison...

– Il me faudra, vois-tu, bien écouter, afin de comprendre et de pouvoir répondre. Moi, tu vois, j'aimerais aller me promener avec un beau seigneur à l'air brave qui porterait des bottes à éperons dorés, une belle moustache, aurait la jambe ornée de dentelle et un long panache...

– Voyez-vous l'insolente qui fait déjà la damoiselle.

– Peut-être, mais je ne t'ai pas encore tout dit : j'aimerais qu'il fleure bon le musc...

– Oui, oui, je vois bien cela, petite fille, et pour faire les vaillants, ils ont de grands panaches, comme dit Du Laurens. Va, tu as tout à apprendre, et crois bien que beaucoup de ceux qui ont des bottes n'ont pas de cheval ; et d'autres qui ont l'air braves ne sont jamais allés à la guerre.

– Tout n'est-il donc qu'apparences ? demande Elisabeth, les yeux tout tristes.

– Non, non ! ne t'inquiète pas comme cela ; mais des galants de fausse apparence, tu en rencontreras tout au long de la route de ta vie. Tu rencontreras aussi, du moins je te le souhaite, ceux qui paraissent vraiment ce qu'ils sont. Ce sont les plus rares.

Le maître d'hôtel, Lalande, arrivait :

– Mme la marquise attend la petite fille dans ses appartements, dit-il, en faisant signe à Elisabeth de le suivre.

Ils gravissent ensemble le grand escalier. Les petits arbres aux feuilles luisantes jalonnent les degrés, étalant leur féerie. Les longs rubans qui les décorent alternent avec des fruits de sucreries et de pâtes de fruits. Elisabeth observe la démarche du maître d'hôtel. Il pose le pied en plein sur la marche, la pointe légèrement tournée vers l'extérieur. Elle se dit qu'elle aussi posera son pied de cette façon, quand elle montera seule un grand escalier.

– Aimerais-tu une pâte de fruit ? lui demande le maître d'hôtel, en s'arrêtant devant un des arbres.

– Oui, répond sans ambages Elisabeth.

– Eh bien, prends !

Elisabeth, les yeux pétillants, décroche avec assurance une sucrerie en forme d'amande.

Arrivés au premier étage, ils tournent à gauche. Une haute porte à double battant s'ouvre, et le maître d'hôtel Lalande fait passer la petite fille devant lui.

– As-tu fini de manger ton bonbon ?

– Oui, monsieur Lalande.

D'un rapide coup d'œil, il s'assure qu'Elisabeth est sous son meilleur jour, bien coiffée et habillée. Il gratte à une haute porte et l'ouvre. Elisabeth s'avance alors dans la grande chambre, éclairée par trois grandes fenêtres qui donnent sur les frondaisons du jardin embaumé. Mme de Chastagnier est allongée sur une chaise de repos. Auprès d'elle, sur une petite table d'argent, de jolies étoffes claires offrent au regard leurs couleurs chatoyantes. Un homme, habillé à la dernière mode, se tient debout. Sa moustache est affriolante, et son justaucorps brodé est surbrodé de fils d'or et d'argent.

– Voici la petite fille dont je vous ai parlé, dit la marquise à son tailleur qui n'est autre que ce gentilhomme si bien mis. Elisabeth fait une révérence, en rougissant de plaisir.

– Il lui faudrait deux jolies robes claires à fleurs, quatre petits tabliers brodés et une cape de tissu, à capuchon. Enfant, y aurait-il quelque chose qui te ferait plaisir ?

– Oh ! oui, madame, répond Elisabeth, qui, décidément, n'était pas timide. Oh ! oui, j'aimerais, plus que tout au monde, avoir un collier de perles...

La marquise se met à rire, et, se tournant vers son maître d'hôtel :

– Lalande, demande-t-elle avez-vous dans vos coffres, un petit collier pouvant convenir à cette enfant ?

– Certainement, madame, nous avons cela dans les bijoux courants et mineurs, très bons pour cette enfant.

Et c'est ainsi que, collier de perles au cou, Elisabeth entra dans ce monde dont elle avait tout à apprendre, et qui la fascinait.

## Chapitre XXIX

Boisrobert, à qui on vient de voler le carrosse pendant qu'il se trouvait à la comédie, déclare à qui veut l'entendre, qu'il déteste Paris. Aussi, quand il revient de province, ou lors qu'il quitte la demeure de Balzac, éclate-t-il en lamentations qui fendent l'âme :

*Adieu, jardins de musc et d'ambre !*
*Je m'en vais encore à la cour*
*Faire le badin tout le jour*
*Sur le coffre d'une antichambre...*

Mais très bientôt, il oublie ses amis de la campagne et aussi Balzac, et se love avec délices dans la vie parisienne. Il fait sa cour au cardinal de Richelieu, dont il est un des familiers les plus appréciés en faisant oublier au grand homme un peu du poids de sa gloire. Il passe ses nuits à jouer au tric-trac, ce jeu de hasard et de calcul, où il lui arrive de perdre jusqu'à mille écus... Mais sa grande tâche est auprès du cardinal de Richelieu, qui est la terreur de beaucoup, sinon de tous !

Il s'ingénie à le distraire, lui apporte des idées nouvelles des plaisanteries pour le faire rire... Un jour, Boisrobert, toujours à l'affût de nouvelles, apprend que des hommes graves se réunissent tantôt chez l'un, tantôt chez l'autre, afin de parler, et de discuter littérature, poésie, philosophie au rhétorique, ou simplement pour se rencontrer agréablement. Sans plus attendre, il va trouver Richelieu et lui fait miroiter le parti qu'il pourrait tirer de cette société, en lui donnant une existence officielle.

Mais le groupe d'amis, qui se nomment Valentin Conrart, Malleville, Chapelain, Sérizay, Louis Giry, Philippe Habert et Ogier de Gombault ; le plus âgé d'entre eux, car il a cinquante trois ans, et que l'on le surnomme le beau ténébreux ; ne souhaitent pas du tout que son Eminence s'occupe d'eux.

Mais ce grand sentimental qu'est Ogier de Gombault, à son ordinaire rêve. Comme cela se fait souvent à cette époque, il a un cheval et un laquais entretenus par le marquis d'Uxelles, pour le remercier de lui avoir rimé des billets à Chloris. Ce grand seigneur aide l'aimable Gombault – fort pauvre au demeurant, mais toujours très soigneux de sa personne – à entrer dans le monde et à y faire figure. Il est remarqué par la reine Marie de Médicis au sacre du roi Louis XIII. Sa majesté demanda que Gombault lui soit présenté. Vêtu de ses meilleurs habits il se présente au Louvre où il entre sans encombre. Un huissier lui ouvre la porte de la chambre de la reine mère qui baigne dans une sorte de demi-pénombre...

Il y pénètre et aperçoit Marie de Médicis, étendue sur son lit dans une attitude pleine d'abandon. Ogier, éperdu, n'en croit pas ses yeux. Le cœur battant, il s'avance en saluant bas. Le bruit de ses pas est étouffé par les épais tapis. Soudain, la reine se redresse sur son lit et s'écrie :

– Ah ! mais où allez-vous ?...

Nul ne sait ce que Gombault répondit, mais il transposa ses émotions dans un sonnet précieusement tourné, qui se termine ainsi :

*... Souvent je doute encore, et de sens dépourvu,*
*Dans la difficulté de me croire moi-même,*
*Je pense avoir rêvé ce que mes yeux ont vu...*

Et depuis ce jour-là, Gombault rêve !

Il était tombé amoureux de la plantureuse Marie de Médicis... Tout Paris, au courant, prétendait qu'il devait cette bonne fortune à sa ressemblance avec un Florentin, dont la reine s'était énamourée jadis, en Italie, et dont elle avait gardé en silence le souvenir tout au fond de son cœur...

Là-dessus, Gombault écrivit un livre : *l'Endymion*, qui fit grand tapage. Beaucoup dirent que la lune n'était autre que la reine mère ; et, dans une de ses comédies, Duvivier fait dire à un capitan gascon, passant en revue les déesses, et parlant de Phoebé :

*... Mais elle loge un peu bien haut,*
*Et puis je la laisse à Gombault.*

Mais cela fait déjà partie du vieux temps. Pour l'instant, Boisrobert poursuit son idée et veut soumettre le groupe d'amis à la volonté de Richelieu. Malleville et Serizay affirment qu'il faut refuser tout net. Il est vrai que Malleville est intendant du duc de La Rochefoucauld, et Serizay secrétaire du maréchal de Bassompierre, c'est dire qu'ils ne sont pas dans les bonnes grâces de Richelieu. A l'inverse Chapelain, qui, lui, est largement pensionné par le cardinal, affirme avec ardeur le contraire et parvient à leur faire entendre que dans les périodes d'autorité il est bon de ménager le pouvoir et d'être du bon côté. Finalement, la prudence l'emporte. Les amis de Valentin Conrart, qui sont aussi les habitués de l'hôtel de Rambouillet, décident donc, raconte Pellisson : « Que M. de Boisrobert serait prié de remercier très humblement M. le Cardinal de l'honneur qu'il leur faisait, et de l'assurer qu'encore qu'ils n'eussent jamais eu une si haute pensée et qu'ils fussent fort surpris du dessein de Son Eminence ils étaient tous résolus à suivre ses volontés. »

Ce qui n'empêcha pas l'Académie de continuer son existence vagabonde, allant de la maison de Conrart à celle de Desmarets, rue Clocheperce ; puis à celle de Chapelain, rue des Cinq-diamants ; ensuite chez Montmort, rue Sainte-Avoie, d'où l'on retourna chez Chapelain...

Six mois plus tard, ils revinrent chez Conrart, pour se rendre ensuite chez l'abbé de Cerisy, commensal de l'hôtel Séguier, rue de Grenelle-Saint-Honoré. Enfin, Boisrobert prêta son appartement de l'hôtel Mellusine, que l'on abandonna en 1643 pour réintégrer la demeure du chancelier.

La première séance officielle eut lieu le 13 mars 1634, et le 20 du même mois le nom définitif est choisi. Ce sera l'Académie française.

Les premiers académiciens sont : MM. de Boisrobert, Chapelain, Serizay, Monet, Gombault, Habert, Bardin, Giry, Faret, Desmarets, Malleville, Du Ryer, Cerisy, Colletet et Gomberville. M. Valentin Conrart en est le secrétaire perpétuel. M. de Serizay le directeur. M. Desmarets le chancelier.

Les Académiciens décident que les actes de leur compagnie seront scellés de cire bleue, peut-être en souvenir d'une certaine chambre bleue où les beaux esprits de leur temps aimaient venir chanter leurs vers...

Lors de cette réunion, qui a lieu au logis de Desmarets en l'hôtel Pellevé, situé à l'angle de la rue du Roi-de-Sicile et de la rue Tison, il est décidé que sur le sceau de l'Académie figurera le cardinal de Richelieu, avec cette devise : *Armand Cardinal de Richelieu protecteur de l'Académie française établie en 1635,* et sur le contre-sceau : *A l'immortalité.* Les lettres patentes sont signées par le roi en 1635, et par le Parlement en 1637.

Selon les statuts, l'Académie doit : travailler à donner des règles certaines à notre langue et à la rendre pure, éloquente et capable de traiter les arts et les sciences.

Il sera composé un dictionnaire, une grammaire, une rhétorique et une poétique, sur les observations de l'Académie.

En anticipant, nous devons dire que le premier dictionnaire ne verra pas le jour avant l'année 1694, et cette lenteur fera écrire à Boisrobert :

*... L'Académie est comme un vrai chapitre,*
*Chacun à part promet d'y faire bien,*
*Mais tous ensemble ils ne tiennent plus rien,*
*Mais tous ensemble ils ne font rien qui vaille.*
*Depuis six ans dessus l'F on travaille,*
*Et le destin m'aurait bien obligé*
*S'il m'avait dit : « Tu vivras jusqu'au G. »*

Mais si l'Académie vagabonde, Gaston, duc d'Orléans et frère du roi, s'est installé dans son palais du Luxembourg. Le fils préféré de Marie de Médicis y mène une vie de satrape, tout en lorgnant d'un air rêveur dans la direction de ce Louvre où vit le roi son frère. Il est désœuvré et adore faire des farces, surtout quand elles sont de très mauvais goût.

– J'ai gardé l'esprit un peu page, a-t-il coutume de dire.

– Un jour, entrant dans une antichambre, il voit un de ses familiers couché sur une banquette, profondément endormi, la bouche ouverte. Il s'approche de lui et lui fait un gros pet dedans. Le page, tout endormi encore, se redresse en criant :

– Bougre ! je te chierais dans la gueule.

Gaston demande :

– Que dit-il ?

On se fait un vrai plaisir de lui répéter :

– Il dit, monseigneur, qu'il chiera dans la bouche de votre Altesse Royale.

Mais à part ces travers, il est le meilleur prince du monde.

Bon prince, s'ennuyant si fort que pour donner un sens à sa vie, il sort la nuit en catimini, escorté de quelques familiers, parmi les plus proches, tel le baron de Blot, complice de toutes ses équipées. Aussi, la nuit venue, alors que les chandelles sont éteintes dans sa maison et que chacun le croit couché, ils sortent par une petite porte secrète et s'évanouissent dans l'obscurité habillés en mauvais garçons. Ils errent par les rues sombres, les mains dans les poches, le chapeau en gloriot, et sifflant, à leur ordinaire. Ils ont vraiment mauvaise mine. Ils courent au Pont-Neuf, bousculent les bourgeois et leur font peur. Leur grand plaisir est de couper les bourses et de poursuivre les filles, après boire dans les tavernes et les cabarets... Là, Gaston d'Orléans peut se laisser aller à toutes ses fantaisies, car s'il a mille qualités de l'esprit, il n'en a pas une du cœur, ni du caractère... Dans la rue, plus filou et tire-laine ne se peut rencontrer..., un vrai polisson de la nuit. Sur le Pont-Neuf les chanteurs en plein vent hurlent à plein gosier :

*Gaston qui savez mieux que nous*
*Tous les secrets de la taverne,*
*De celui-ci souvenez-vous,*
*Ou bien je crains qu'on ne vous berne.*
*Ma foi, ne faites pas le veau,*
*Frappez si fort qu'on vous entende,*
*Puisqu'au seul tac tac du couteau*
*On a tout ce que l'on demande.*

Mais un jour, sa vauriennerie est ébranlée, si l'on en croit une lettre qu'il adresse à son âme damnée, César de Chauvigny, baron de Blot ;

A nostre féal Blot. Nostre féal, j'ai creu, comme homme pieux que je suis devenu depuis peu, estre obligé de vous escrire ces lignes, pour vous exhorter à la conversion, par l'exemple de Praslin, lequel ayant toujours mal vécu s'est converty par un accident bien estrange. C'est qu'estant couché dans un meschant lit près de Guise, la nuit il luy apparut un homme qui luy tira son rideau, auquel Praslin lui demanda qui il estait. Il luy respondit : Je suis Charles Gobelin. Eh bien, Charles Gobelin soit, laisse moy dormir, dit Fraslin. L'autre luy dit : Prie Dieu. Praslin luy dit : Veux-tu que je prie Dieu pour toy ? L'autre luy répondit : Non, car je suis damné. Praslin luy dit : J'en suis bien aise.

L'autre lui dit : Tu l'es aussy. Et Praslin luy demanda si l'on bruslait en enfer. L'autre luy dit que non et que l'on estait privé seulement de la veue de Dieu. Sur quoy Praslin luy dit que s'il n'y avait que cela il s'y accoutumerait bien. Cependant l'esprit se mit sous sa couverture et commença à souffler contre Praslin et Praslin contre luy, puis luy tira sa couverture, sur quoy Praslin appela ses valets, lesquels venant au secours, un fust tiré par l'esprit par les jambes à la vache morte dans la cour. Ensuite de quoy l'esprit battit les palefreniers et parut en figure si hideuse que deux chevaux s'en débattirent tant qu'ils en sont morts. Le lendemain, Praslin envoya quérir le curé du village, qui luy dit que depuis trois mois il s'estait pendu un nommé Charles Gobelin dans cette maison, et que, depuis, il revenait des rabatteurs. Sur quoy Praslin alla à Nostre Dame de Liesse. Et s'est entièrement converty. Je vous convie à en faire de mesme. Faictes mes baisemains aux dames.

GASTON.

Un jour que Blot, au lit, était bien malade, quelqu'un demande au duc d'Orléans :

– Vous avez pensé perdre un de vos bons serviteurs.

– Oui ! répond le prince, un beau foutu serviteur.

Cela fut soigneusement rapporté à Blot, qui, guéri, écrivit :

*Si Monsieur ne veut plus me voir,*
*Si ma présence l'importune,*
*Je n'en suis pas au désespoir,*
*Je n'y fais pas si grand fortune ;*
*Ah ! le voilà. Ah ! le voici*
*Celui qui n'en prend nul souci.*

*Je ne suis pas hardi menteur,*
*Je ne suis ni fourbe ni traître,*
*S'il perd un fichu serviteur,*
*Je perds aussi un fichu maître ;*
*Ah ! le voilà. Ah ! le voici*
*Celui qui n'en prend nul souci.*

Évidemment, ils se raccommodèrent, et Blot continua à être le confident de Monsieur, frère du roi.

Mais au Louvre, aussi bien qu'au château de Saint-Germain, résidence de prédilection du roi Louis XIII, la cour est ennuyeuse et ennuyée, mais cependant brillante.

Le cardinal de La Valette, fils cadet du duc d'Epernon, au cercle de la reine, voit une énorme dame assise auprès de Sa Majesté. Il demande à Mlle Cornélia Grotius, fille de l'ambassadeur de Suède :

– Qui est cet ours assis auprès de Sa Majesté ?

– C'est ma mère, Monsieur...

Et sur le Pont-Neuf, on chantait :

*Cardinal de La Valette*
*Vous avez la tête faite*
*Et les épaules et le cou*
*Comme Mme Pilou.*

Mme Pilou, qui n'en a cure, a une grosse voix, de la moustache et ressemble à un des Suisses.

Mais la cour du Louvre n'en est pas moins peuplée de créatures de rêve, splendidement parées, hardies, spirituelles, resplendissantes. Elles entourent la reine Anne d'Autriche et regardent en soupirant ce roi maussade, que rien ne semble pouvoir distraire, hormis aller à la chasse, faire des confitures et des filets, tout en semblant porter le poids du monde sur ses épaules.

Pudibond, il l'est, et à Lyon, choqué par le décolleté d'une dame, il s'approche et crache dedans :

– Oh ! c'est crachat de roi...

– Crachat quand même. Il n'est qu'un homme !

– Homme ? Non, madame ! Roi seulement !

Mais rien n'effarouche les dames de la cour. Elles ne redoutent ni les mots, ni le froid, ni le chaud, ni le viol. Elles savent manier les armes, et éventuellement faire le coup de feu. La régence d'Anne d'Autriche va perpétuer cette race, mais elles ont appris à dissimuler leur force et leurs appétits sous des apparences de délicatesse précieuse et de vertu

La mode impérative, est aussi instable que le temps au mois d'avril. Les galants, muguets et plumets, la créent suivant leur humeur et au gré de leurs fantasmes. Marchands d'étoffes, tailleurs et coiffeurs les suivent de près. Un habit à peine porté devient soudainement une immonde loque, à ne pas montrer, sous peine d'infamie doublée de balourdise.

Le petit manteau « à la clystérique » succède au long manteau frangé d'or. Un trimestre suffit à tout chambarder.

Pour les gants, c'est une folie : velours incarnat ou satin vert, allongés et prolongés de franges d'or... Gants parfumés, en peaux, à crispins, brodés, rebrodés, armoriés, à la frangipane, à la Philis, à la commodité...

Les habits des seigneurs sont de soie, de tabis, de satin, de velours, garnis de broderies d'or et d'argent..., de couleur vert de mer, mousse de forêt, vert céladon, lamé d'argent, parsemés de fleurs d'or ; capes doublées d'or ; escarpins brodés d'or et d'argent, de perles et de diamants... Les femmes sont éblouissantes : robes d'or, d'argent, de dentelle d'or, de satin vert couvert de broderies, d'or pleines d'yeux de queues de paons..., manches de toiles d'argent à gros bouillons ; colliers de perles de grand prix au cou. Parfums d'iris, musc et ambre. Le téton est bondissant, avantageux et fort tentant, relevé par des engins.

Dans les cheveux soigneusement coiffés et frisés éclatent les mille feux des émeraudes, des saphirs, des rubis et des diamants... Les chapeaux sont hauts, pointus, ornés de larges panaches. Les costumes, tant pour les hommes que pour les femmes, sont lourds et incommodes. Que de jupes, de dentelles, de broderies et de pierreries ! Mais personne ne s'aviserait de murmurer contre cette mode toute-puissante, qui situe parfaitement le rang des individus et leur fortune. S'ils poudrent leurs cheveux à la poudre d'iris, se maquillent le visage pour se donner bonne mine et emploient tout un assortiment d'eaux, de crèmes et d'huiles odoriférantes, ils prennent grand souci de leurs dents, souvent fort mauvaises et pleines de caries, avec tous ces bonbons et ces plats sucrés dont ils raffolent.

Pour garder ou rendre les dents plus blanches, les recettes sont diverses, et il faut y croire, et se soumettre aux directives d'un manuel du temps où l'on peut lire :

> Pour nettoyer et blanchir les dents :
>
> Prendre des racines sèches de guimauve trempées un jour entier en eau. Étant encore moites, les envelopper dans du papier et les mettre cuire dans la cendre chaude. Étant cuite, les faire sécher et s'en frotter.
>
> Ou bien prendre du tartre de fort bon vin, pulvérisé. Ou bien prendre eau de soufre, en laver les dents avec un linge, ou un morceau d'écarlate.
>
> Pour empêcher la pourriture des dents : prendre tous les matins un grain de sel dans la bouche et, l'ayant laissé fondre, frottez les dents avec la langue.
>
> Et pour rester jeune et belle, voici une eau très bonne pour faire ressembler le visage comme à l'âge de vingt ans : Prendre dix pieds de veaux et les mettre cuire dans dix-huit litres d'eau de rivière tant qu'elle soit réduite de moitié ; puis y ajoutez une livre de riz et laisser cuire avec de la mie de pain blanc, détrempée dans du lait, deux livres de beurre frais et la glaire de dix œufs frais avec leurs écailles et peaux.

Faire distiller toutes ces choses, et en l'eau ainsi distillée mettre un peu de camphre et d'alun. Ce secret est très bon.

Mais, ce soir, personne ne pense à avoir mal aux dents, ou à quoi que ce soit, car il y a bal au Louvre.

Dans un luxe inouï, les pages, toques en tête, vêtus d'habits soyeux aux couleurs de leurs maîtres, les suivent fidèlement, portant manteau ou quelques menus objets. Ils apprennent le monde.

Mme de Montbazon, une des plus belles femmes de la cour de France, fait une entrée fracassante. Elle ne marche pas, elle glisse... ! Ce n'est pas une femme, c'est une déesse. Galante, pleine de morgue, un jargon éhonté, elle est belle à faire frémir. Elle avance en pleine féerie, suivie de ses mourants, de ses demoiselles et de ses pages. Étoile étincelante au milieu d'une constellation éblouissante, elle va faire sa révérence à la reine et aux princesses. Elle est une comédienne merveilleuse, habituée depuis l'enfance à tenir le centre et le devant de la scène du monde. Elle aime les plaisirs et l'argent.

Certaines mauvaises langues affirment qu'au son des écus elle lève sa chemise, et que le comte de Soissons et le duc de Beaufort auraient payé ses faveurs cent mille livres.

– Il est l'amant de mon âme, disait-elle en regardant le séduisant duc de Beaufort, tandis que les Précieuses de l'hôtel de Rambouillet soupiraient en pensant à elle, et disaient :

– Elle a trop de sang dans les veines.

Mais Mme de Montbazon, saluant à droite et à gauche, continue d'avancer. Elle va vers la reine et fait sa grande révérence de cour. Mme de Chevreuse, en toute sa splendeur, l'a vue arriver elle aussi. Une telle beauté est dangereuse, tous les regards sont fixés sur elle...

Tapisseries et tapis précieux chatoient de tous leurs rouges, leurs verts et leurs ors. D'immenses bouquets, des corbeilles d'argent contenant des fruits, des drageoirs de vermeil, des vases, sont disposés sur tables et commodes. Des lustres, à mille bougies, pendent du plafond à caissons. Impressionnants, ils dégagent une chaleur énorme. Luths, violes et théorbes jouent. Seigneurs et dames arrivent, semblables à de grands oiseaux aux plumages somptueux. Il n'est pas donné à chacun de savoir porter avec aisance un habit de cour. La façon de traverser une grande salle permet immédiatement de juger celui ou celle qui arrive.

Ce qui fait la différence entre une noble famille et une famille d'origine bourgeoise, c'est que sa solidarité envers tous ses membres est invincible, et la dévotion à son chef absolue. Les autres ne peuvent pas comprendre celà. Mais tous ces seigneurs entretiennent entre eux des relations de grands fauves, sous le signe omniprésent de la cruauté.

La reine sourit à Mme de Montbazon :

– Comment allez-vous, madame ? demande la reine, devant Mme de Montbazon, abîmée dans une révérence pleine de grâce.

– Fort bien, madame. Je remercie Votre Majesté, répond-elle en se redressant.

– Pourquoi avez-vous ce visage défait ? Vous sentez-vous souffrante ? Qu'en dites-vous, madame ? demande la reine à la duchesse de Chevreuse, qui venait de s'avancer et qui hoche la tête.

– Mme de Montbazon semble très pâle ce soir, dit-elle. Peut-être a-t-elle la fièvre ?

– Madame, s'écrie Mme de Montbazon, je ne suis pas malade !

– Alors, je ne sais pas pourquoi vous paraissez l'être. Voyez, votre teint paraît aussi vert que l'herbe en été. Oui, et vos yeux semblent fiévreux...

Mme de Montbazon semble tout à coup incertaine, contre toute vraisemblance, un malaise semble s'insinuer en elle... Il faut qu'elle sorte.

– Que Votre Majesté m'excuse... Je ne me sens peut-être pas très bien ce soir...

– Allez, madame, et soignez-vous bien.

Mme de Montbazon refait sa révérence et quitte la grande salle, sans avoir l'idée de jeter un coup d'œil dans un de ces grands miroirs sans tain, qui de toute façon vous donnent mauvaise mine car elle pourrait peut-être y deviner qu'elle a fort bonne mine et que la malicieuse reine Anne et la duchesse de Chevreuse lui ont mis des idées de maladie dans la tête.

La reine et Mme de Chevreuse sourient et se regardent d'un air entendu, en faisant bouffer leurs dentelles et briller leurs bijoux à la lumière changeante des bougies. Allons ! cette dangereuse rivale est éliminée... La reine et Mme de Chevreuse peuvent être en toute sécurité les plus belles ce soir au bal du roi.

## *Chapitre XXX*

La reine Anne, entourée de ses dames, est tranquillement assise dans un fauteuil à coussins, recevant révérences et compliments avec la même grâce aimable. Sa robe est étincelante de joyaux. Elle laisse errer ses magnifiques yeux bleus sur les personnages, qui sont venus pour le bal et qui composent la cour de France.

Seigneurs et dames défilent dans des atours encore plus somptueux que d'habitude. Soudain, un remous se fait. Place est faite à Mme la duchesse de Vendôme, mère du duc de Beaufort, qui avance dans un nuage de révérences et de pieds tirés. Ses contemporains disent qu'elle est la femme la plus grossière et la plus impolie de France. Peut-être, mais certainement la plus riche et la meilleure.

Des dames chuchotent en l'apercevant :

– Cette bonne idiote de Vendôme arrive..., il va pleuvoir de l'ennui ! Quand elle parle, elle met ses pieds dans tous les plats... Allons la saluer et retirons-nous plus loin.

Si la duchesse de Vendôme a un langage digne des halles, elle arbore une allure et un port de tête dignes d'une grande princesse, et manifeste en outre un sens aigu de sa grandeur.

La ravissante reine Anne l'accueille en riant :

– Nous sommes bien aise, ma sœur, de vous voir céans. Avez-vous encore arraché au péché maintes pucelles en grand danger ?

– Bien sûr, Votre Majesté ! s'écrie d'une grosse voix Mme de Vendôme, et je vais même les chercher dans les lieux d'honneur...

– Les lieux d'honneur ?

– Ce sont les bordels, madame !

La reine rit, et les seigneurs et les dames se cachent derrière leurs dentelles pour l'imiter.

– Mais, ma sœur, ces lieux d'honneur, comme vous les appelez, ne sont guère des endroits pour d'honnêtes femmes, et... ne craignez-vous point pour votre vertu ?

– Qu'ils y viennent, tiens ! s'écrie Mme de Vendôme, en faisant des moulinets avec ses bras, tandis que l'assistance s'effondre de rire, recherchant avec empressement sous les tabourets des objets qu'ils disent avoir laissés tomber.

Il faut préciser que la duchesse de Vendôme, opulente châtelaine de Chenonceaux, est la bonté même. Elle veut qu'autour d'elle tout le monde soit heureux ; et quand elle joue aux cartes, elle ouvre sa bourse, y puise, en disant :

– Tenez..., jouez, jouez !

Elle veut non seulement que tout le monde autour d'elle soit heureux mais aussi que tout le monde gagne. Elle est l'amie fidèle et généreuse de M. François de Sales, dont les sermons font courir les foules ; elle fonde des couvents et héberge même des ordres religieux.

Son mari, César de Bourbon-Vendôme, est fils naturel du roi Henri IV et de Gabrielle d'Estrées ; l'ancien compagnon d'enfance, non accepté du roi Louis XIII, son demi-frère, lorsqu'ils étaient enfants là-haut, sur les hauteurs de Saint-Germain. Beau, grand, fort, César de Bourbon est un seigneur superbe, avec une chevelure d'or, naturellement bouclée. Il est bon, doux, aimable ; mais comme rien en ce monde n'est parfait, certains de ses contemporains appellent sa demeure l'hôtel de Sodome, et disent :

– C'est un vilain homme, honteux de ses goûts, lâche de sa conduite soit à la guerre, soit à la cour.

– Je suis bien poltron, disait le prince Henri de Condé, mais ce bougre de Vendôme l'est encore plus que moi.

Il faut préciser que César de Vendôme, après la mort du roi Henri son père, a connu l'exil ; toujours en fuite, poursuivi par la haine tenace de la reine Marie de Médicis et celle du jeune roi Louis XIII, qui fit enlever les enfants Vendôme : Louis, Elisabeth et François, qui avait cinq ans ; arrêter leur père et leur oncle, Alexandre de Vendôme, grand prieur de Malte qu'il fit emprisonner au donjon de Vincennes, après leur avoir confisqué les biens dont le roi Henri les avait dotés : le gouvernement de Bretagne et l'amirauté de France.

César et Alexandre de Vendôme, entre les murs suintant le salpêtre du donjon de Vincennes, font l'objet d'une surveillance de tous les instants. Ils peuvent entendre la messe, mais le prêtre doit lire l'évangile à haute voix, afin d'assurer les gardiens qu'il ne leur délivre aucun message. Au moment de la communion, les gardes observent leurs mains, de peur que le prêtre ne leur glisse un billet sous l'hostie. Les trois enfants, Louis, Elisabeth et François, sont mis sous la tutelle de leur oncle, le roi Louis XIII, qui accuse César d'avoir voulu les soustraire à l'autorité royale. Pleins de rancœur, ils grandissent dans l'ombre, à l'écart de la vie de la cour.

Quand François a quatorze ans, il part avec son frère Louis rejoindre le roi aux armées... Les deux frères dansent aux fastueux ballets de la cour, dont le roi compose lui-même la musique, créant avec tout autant de bonheur décors et costumes. Pendant la guerre de Trente Ans, la victoire d'Avein, à laquelle participent les deux frères, livre entre les mains des troupes royales françaises, armes, bagages, drapeaux et prisonniers. A dix-sept ans, François de Vendôme devient duc de Beaufort. Il s'est si magnifiquement conduit sur les champs de bataille que le roi prend en amitié ce bel adolescent, son neveu, lui donne sa confiance et le fait assister à tous les conseils de guerre.

En 1637, alors que François de Vendôme vient d'avoir vingt et un ans, le roi lui accorde la pension de prince du sang, c'est-à-dire les quinze mille livres de rente qu'il avait jadis supprimées à son père.

Bel, audacieux et courageux Beaufort !... vaniteux et glorieux ! et qui aime la reine Anne à la folie !...

Dans cette nuit de grand bal au Louvre, le spectacle est féerique. Dames et seigneurs passent dans des éclairs de diamants brillant de mille feux, à la lumière changeante des centaines de bougies de cire blanche... Habits de satin couleur vert de la mer, à broderies d'or..., capes scintillantes, aux capots (qui sont de petits capuchons) semés de pierreries..., pages vêtus de velours et de soie, chamarrés d'or..., pages nu-tête, le bonnet à la main, vêtus de velours cramoisi, couverts de broderies d'or et d'argent, suivis de vingt laquais, portant des livrées identiques. Le duc de Beaufort arrive, accompagné de ses gentilshommes. Son habit est de toile d'argent en broderie d'or et d'argent, à cape noire. Ses chausses et son collet sont brodés en feuilles de persil. Une chaîne d'or et une autre de perles forment ensemble un feuillage composé de grenades et de feuilles de persil. Le pourpoint et la doublure de sa cape sont de lamé argent parsemé de fleurs d'or et d'argent. Ses bas de soie sont blancs ; ses mules de velours noir sont couvertes de broderies d'or et d'argent, avec l'escarpin blanc orné de diamants en forme de roses...

Soudain, les tambours battent, des hallebardes frappent le sol. Une voix s'élève, grave, impérieuse, qui fait arrêter tout bruit et toute conversation :

– Sa Majesté le roi...

Louis XIII fait son entrée. Il porte sur son habit le ruban bleu de l'ordre du Saint-Esprit, dont la plaque d'or et de diamants étincelle. Il est suivi de ses gentilshommes.

Comme des fleurs courbées sous le vent, les têtes s'inclinent. Les plumes des chapeaux balaient le sol. Les dames plongent dans des révérences, exercice qui demande un bon entraînement et une longue habitude. Le roi traverse la foule des seigneurs, qui forment une haie d'honneur inclinée, qui se redresse après son passage. Il mène la reine Anne par la main, radieuse et souriante ; elle est certainement la plus belle femme de la cour. Derrière le roi et la reine marche le cardinal de Richelieu, dont le regard aigu scrute chaque visage ; il en impose et intimide même les plus effrontés de la cour. Derrière lui, la traîne de sa terrible robe rouge glisse sur les parquets de bois précieux, sur les dallages de marbre, se faufile sur les tapis de haute laine et de Turquie...

Quel charme ensorcelant émane de l'Éminentissime, redoutée

et redoutable !... Il sait tout sur chacun des seigneurs et chacune des dames... Leurs secrets, leur courrier n'ont aucun mystère pour lui. Son cabinet et ses espions interceptent tout, lisent tout et lui font part des états d'âme, des alliances et des complots, même à l'état embryonnaire. Il connaît le caractère de chacun, sa force et ses faiblesses, sa vénalité et ses ambitions. Et il sait s'en servir. Il peut édifier la fortune de certains comme causer leur ruine, les plonger dans la misère, l'oubli, sans aucun remords.

La cour de Louis XIII est un tissu d'intrigues, truffé de chausse-trapes, où tout mur, toute porte, toute tapisserie ont des oreilles...

Mais le vrai roi de France, qui règne par personne interposée c'est lui, Armand du Plessis de Richelieu, issu d'une honorable maison du Poitou, vouée par tradition aux armes. Initialement, il était destiné à devenir un seigneur de haute mine, insolent et frondeur ; mais des intérêts familiaux l'ont contraint, à vingt et un ans, à entrer dans les ordres. A contrecœur, il devint évêque de Luçon qu'il disait être « l'évêché le plus crotté de France ».

Tout cela appartient au passé. La gloire est venue et lui a ouvert à double battant les grandes portes du palais du roi au Louvre.

Richelieu a vraiment belle prestance, une mine et un maintien de seigneur. Bien des dames le suivent du regard, avec une lumière au fond des yeux, une sorte d'attendrissement vite réprimé, où se mêle la crainte. Lui, captant un coup d'œil, y répond parfois, par un léger salut, un geste de la main, ou d'un sourire vite effacé. Armand du Plessis, galant homme, aime les femmes à qui il fait peur... Mais il est un prêtre digne, sans douceur, peu enclin aux défaillances. Il est un homme d'envergure, dont la brillante thèse en théologie a autrefois ébloui la Sorbonne et décidé, alors qu'il était très jeune encore, de son élévation. Et pourtant ! au milieu de cette puissance absolue, pétrie d'or et de gloire, Richelieu est un homme seul et malade. Qui pourrait croire un seul instant, en le voyant ainsi passer, alors que les seigneurs lui font la révérence et courbent la tête pour baiser l'anneau, qui pourrait croire qu'il souffre atrocement de l'estomac, qu'il vient de pleurer, peut-être, dans une de ses crises de dépression, caché dans le secret de son appartement, qu'il a mal à la tête ou qu'il va entrer dans une de ses colères, fameuses et effrayantes, qui font trembler ses familiers, tapir ses serviteurs, fermer les portes des prisons sur des condamnés, fixer la corde aux gibets et affûter la hache des bourreaux ?... Telles vont la puissance et la gloire.

Des valets présentent des plateaux d'or et d'argent chargés de boissons, irisées de confitures multicolores et de pâtisseries. D'opulents buffets offrent leurs bassins de vermeil débordant de gâteaux, de petits pâtés, de fruits, de dragées et de bonbons. Des sorbets s'épanouissent dans de hauts gobelets, accompagnés de cuillères de vermeil ciselé. Sur des braseros d'argent, des viandes sont tenues au chaud.

Partout, une profusion de fleurs. Dans des cassolettes d'argent brûlent des parfums. Pliants, chaises et banquettes sont garnis de coussins de velours à glands d'or. Il y a de l'or, partout. Les hautes fenêtres, aux rideaux de brocart, sont encadrées de tapisseries à fleurs, à paysages et à personnages. De hauts miroirs sans tain, ou glaces de Venise, reflètent à l'infini, dans un halo doré, la fête et ses personnages.

Par les fenêtres se devine le miroitement sombre de la Seine, au clair de lune, et le passage en ombres mouvantes, piquetées des lumières des bateaux passant devant le Louvre illuminé. Au-dehors, les Parisiens curieux espèrent apercevoir les formes fugaces de ces élus du siècle, de ces gens dits nobles qui ont la fortune, sinon la beauté, la bonté, l'esprit ou l'intelligence ; mais, cependant, certains d'entre eux, particulièrement bénis des dieux, rassemblent toutes ces vertus.

Le roi a ouvert le bal, au son des luths et des violes. Les danses déroulent leurs figures lentes et compliquées, que tous connaissent et qui ne peuvent s'inventer. Les yeux brillent. Des mains baguées se tendent vers d'autres mains tout aussi parfumées et tout aussi couvertes d'or et de pierres précieuses. Les diamants et les joyaux brillent et frissonnent à la lumière des bougies, de tous leurs feux bleus, jaunes, rouges, orange, jouant sur les dentelles, la peau nacrée des bras et des poitrines, sur la soie, le velours, les galons, les rubans et les broderies des vêtements, sur les cheveux bouclés et aux lobes des oreilles ; elles s'irisent autour du cou et aux décolletés. L'étude de la chromatique, ou science des couleurs, fait fureur et évite, en principe, les fautes de goût, en permettant l'harmonie des teintes.

Seigneurs et dames, et gens de leurs maisons qui les accompagnent, rivalisent de faste, de luxe et d'apparat.

Le duc de Chevreuse, ne vient-il pas de commander quinze carrosses, afin de choisir le meilleur, le plus somptueux et le plus confortable ? Cinq-Mars, grand-maître de la garde-robe, engloutit des sommes fabuleuses en habits, plumes, diamants, dentelles et fourrures... On dit que son carrosse est plus beau que celui de la reine et que Sa Majesté en a fait une scène au roi...

Mais parmi tous ces brillants seigneurs à l'air désinvolte et insouciant beaucoup dévorent leurs revenus, leurs fortunes et même leurs domaines en toilettes de cour et de ballets. Pour vivre à la cour, leurs dépenses sont inouïes. Il faut paraître. Beaucoup souffrent du manque d'argent et vendent ce qui leur reste de terres, moulins et fermes, pour aller au Louvre, faire leur cour au roi et à la reine, danser aux ballets royaux la mine insouciante, et faire honneur au roi, à sa famille et à soi-même... Alors, dans les pires des cas, quand ils ont vendu leurs derniers bijoux, ils louent d'autres parures à ces marchands qui suivent la cour ; le temps d'une assemblée, d'une parade, d'un bal. Le temps d'un rêve.

Mais ils ont leur existence empoisonnée par des créanciers furieux. L'argent est le souci de tous les jours et le tourment de toutes les nuits. C'est la plaie ouverte au fond de leur cœur. Mais, à la fin, ils ne veulent plus y penser, et vont au cercle de la reine, souriants, bouclés, parfumés et emperlés, leurs oreilles tintant encore des cris, des menaces de procédures, ou de menaces d'affront dans les rues de leurs créanciers fous de rage. Ils leur faut donc trouver de l'argent, par n'importe quel moyen, afin de se débarrasser de cette glue importune. Quand sa maison manque d'argent, le prince de Marsillac, futur duc de La Rochefoucault, n'hésite pas à se transformer en un grisâtre et mystérieux M. Graf, qui se livre à des commerces bizarres, dont l'un consiste à échanger les vins de ses vignobles contre des chiens et des chevaux anglais. Le maréchal de Bassompierre éteint ses dettes grâce à sa chance au jeu.

Le marquis de Rambouillet, toujours besogneux, vend ses charges à la cour. La duchesse de Villars met en gages ses pierreries, tandis que d'autres aliènent pour plusieurs années les fermages de leurs terres. D'Esternod met ces paroles dans la bouche d'un créancier mal content :

*Mais un lion plutôt leur sortirait du cu,*
*Que de leur vaine bourse un misérable écu...*

Quoi qu'il en soit, les seigneurs de la cour s'avancent, apparemment insouciants et certainement superbes, menant les dames par la main, frisant leur moustache, parlant haut, riant bien fort et, comme le dit si bien le sieur Gauvray :

*Piaffer au bal, gausser, dire sornettes,*
*Être toujours botté ; en casaque, en roupille,*
*Battre du pied la terre en roussin qu'on étrille,*
*Marcher en Don Rodrigue, et, sous gorge rouler*
*Quelques airs de Guesdron, mentir, dissimuler...*

Alors, pour oublier les maux d'argent, seigneurs et dames de la cour imaginent des mariages avantageux pour leurs fils, avec des filles de parlementaires aux bourses bien remplies, ce qui leur épargnerait mille tourments, et la vente de leurs biens.

Mais des marchands astucieux continuent à suivre la cour et fournissent à certains seigneurs peu fortunés, mais voulant faire belle figure, des étoffes nouvelles, des chapeaux, des bas de soie, dentelles, souliers toujours frais, contre quatre écus par mois, et la reprise de leurs hardes usagées. Ces pauvres glorieux vivent quand il sont hors de la cour fort chichement, mangeant plus souvent qu'à leur tour un quignon de pain avec quelques noix et une pomme, ce qui ne les empêche pas, parfois, pour donner le change, de se hasarder au cabaret de la Boisselière, où ils avalent avec des mines dégoûtées, des mets délicieux, à une pistole par tête.

Mais ils sont connus et reconnus, nargués par les moqueurs, méprisés par les bourgeois et haïs par le peuple, ce dont ils n'ont cure. Ils affichent une apparente insouciance, un luxe ruineux et vont faire les frisés à la cour du Louvre, le ventre creux et grondant... Alors, parfois, la colère du roi et la vigilance du cardinal de Richelieu font des ravages parmi ces têtes folles, creusets bouillonnants de complots, qui s'agglutinent autour de la reine, mécontente elle-même de la prépondérance prise sur le roi par ce cardinal exécré et par ce méprisable Cinq-Mars.

## *Chapitre XXXI*

Qu'il y ait eu bal ou non, au Louvre, la nuit est courte.

Dès quatre heures du matin, alors que le palais du roi dessine ses tours massives sur le ciel encore sombre, les archers de la prévôté ouvrent les lourds battants de la porte Bourbon, qui s'escamotent dans l'ombre de la muraille. Vêtus de bleu, hallebarde au poing, ils traversent le pont-levis et vont en cadence prendre leur faction à la poterne aménagée dans le mur extérieur, sur la ruelle du Coq, sale et fétide, aux pavés glissants, gluants et raboteux. Cette voie longe et dessert le palais du roi, le couvent des pères de l'Oratoire, quelques maisons, une boutique à l'enseigne du « Nom de Jésus », appartenant à maître Olivier, marchand de vin, et les hôtels de Longueville et de Bourbon.

Pendant que les archers s'installent dans leurs postes, des gardes-françaises, en habit bleu à parements rouges, et une compagnie de gardes suisses, en casaque rouge, parements bleus et culottes blanches, défilent et s'engouffrent dans le Louvre, où ils vont faire la relève.

Officiers et serviteurs du roi et de la reine, valets de chambre et de garde-robe, secrétaires, porte-manteaux, barbiers, écuyers d'écuries, cuisiniers, laquais, pages, cochers, coureurs, gens de métiers, marchands suivant la cour, aides, galopins, lingères, lavandières..., tout un monde affairé de plusieurs centaines de personnes passe le poste de garde, mélant leurs livrées. Ils franchissent le pont-levis et vont dans les lieux de leur service. Pendant la nuit, au Louvre, seuls sont restés quelques officiers, dames et domestiques, attachés directement aux personnes royales, et six cents soldats veillant sur leur sécurité.

Dans le logis du roi, la journée commence à cinq heures ; aux flambeaux en hiver. Tout le monde s'active, car il n'y a pas de temps à perdre. On nettoie la cour intérieure, toute dégoûtante de boue, d'urine humaine et de crottin. D'autres mettent en état les galeries et les appartements royaux. Le monumental escalier Henri II, sculpté de grappes de raisin, conduit à la grande salle, dont la haute porte est précédée de quatre gigantesques colonnes de marbre rose veiné de blanc. L'immense salle dont les fenêtres donnent sur la Seine a ses murs couverts de tableaux et de portraits. Du plafond pendent vingt lustres de cristal, entre lesquels de grandes peintures représentent Dieu, les anges, la course des planètes et les signes du zodiaque. Un couloir mène à la chambre du roi, dont le plafond montre en son centre, le blason royal aux trois lys d'or. Les murs sont recouverts de tapisseries rehaussées d'or.

Sur une estrade, munie de son balustre, le lit à hauts piliers, du ciel duquel descendent des pentes et bonnes grâces de satin à broderies que l'on retrouve également sur les chaises et les fauteuils. Trois hautes fenêtres éclairent la pièce.

La maison du roi comprend mille trois cents personnes, depuis les hauts dignitaires jusqu'aux nains et aux fous qui amusent Sa Majesté. Sa garde se compose de neuf mille huit cent cinquante soldats, dont les services alternent de jour et de nuit.

Mais ce roi hypernerveux qui bégaie, à l'humeur inquiète et chagrine, est aussi un sportif qui a besoin de grand air et de mouvement. Il quitte toujours avec plaisir son palais de Paris, joue avec emportement au volant, à la « balle forcée », au palemail, en compagnie de quelques seigneurs de son entourage immédiat. Il est un merveilleux cavalier, élève du fameux écuyer Pluvinel. Marcheur endurci, il est homme de grand air. Il peut parcourir sans fatigue plusieurs lieues, en restant indifférent aux intempéries, bravant la chaleur aussi bien que le froid, la neige et le vent. La chasse est pour lui une nécessité à laquelle il s'adonne avec une passion joyeuse. Luynes, pour lui en avoir dévoilé les secrets, y a fait sa fortune.

De retour de la frontière espagnole où il était allé quérir, avec toute la cour, l'infante Anne d'Autriche, à peine l'a-t-il saluée qu'il se lance à la poursuite de bêtes à plume et à poil, au lieu de rester à dorloter et mignoter sa reine. Pour le roi Louis XIII, la chasse est une obsession ; une journée passée sans giboyer est une journée perdue.

Mais les seigneurs et les dames aiment peu ce souverain, qui ne pense qu'à s'absenter de sa cour. Les huguenots languedociens n'ont que mépris pour ce roi, toujours par champs et forêts, qu'ils nomment avec dédain « *lou cassaire* », (ce qui veut dire « le chasseur »). Mais Louis XIII est aussi indifférent aux blâmes qu'aux flatteries et continue de plus belle à galoper dans les forêts. Il possède de nombreuses meutes de chiens courants, de petits chiens, de lévriers, pour toutes les chasses, et une fauconnerie à Bourg-la-Reine. Il déteste la chasse de parade. Ce qui le satisfait, c'est la vraie chasse, entre hommes, où l'on n'a que faire des femmes. Qu'il traque cerf, chevreuil, loup, sanglier, bicorne, renard, blaireau, qu'il sacrifie aux rites de la volerie, avec faucons et émerillons, il n'est suivi que peu de monde. Point de femmes dans la compagnie, tout juste trois ou quatre serviteurs ; plus rarement des gentilshommes.

Ah ! c'est bien à la chasse que l'on juge un homme ! et Louis XIII est bien le fils du Béarnais, avec tout ce qu'il avait de simple et de passionné, mais sans tenir de lui la familiarité et l'élan vers les autres qui caractérisaient Henri IV. Louis XIII a toujours été victime d'une timidité qui l'a paralysé. Mais si le petit dauphin de neuf ans n'avait pas vu, porté au Louvre, le corps sans vie de son père, quelques heures après l'avoir quitté plein d'entrain, si le roi Henri avait vécu, peut-être que Louis XIII aurait eu moins de fantasmes dans sa tête.

Quand le roi est au Louvre, il tourne en rond, se sent claustré, bâille, s'ennuie à périr et ennuie les autres.

– Venez, dit-il un jour de pluie à un de ses seigneurs, en se dirigeant vers une des fenêtres qui donnent sur la Seine, sillonnée par une foule de bateaux, venez ! et ennuyons-nous ensemble.

Il est le plus mauvais joueur du royaume, car il n'aime pas perdre. Il n'a que peu de goût pour les jeux de l'esprit, car sa culture a été laissée en friche ; il ne sait que quelques mots de latin, et écrit d'une grosse écriture, à l'orthographe incertaine. Il ne lit jamais et ne prend un livre que s'il est illustré d'estampes représentant des oiseaux ou des animaux, des scènes de chasse ou de guerre, ou des monuments antiques.

Alors, il passe son temps à taquiner ses chiens, à soigner ses oiseaux, à habiller son singe. Il s'occupe de ses collections d'armes, qui sont superbes ; comme plus tard, un de ses descendants, il possède une forge, des fours, des établis... Il sait limer et tourner le fer, fondre de petits canons et réparer les armes, dont il connaît à merveille le fonctionnement. François Pommerol, arquebusier de Monsieur, lui transmet en quatrains les secrets de son art, ne jugeant nul autre, dans tout le royaume, assez savant pour les recueillir.

Il rase aussi bien que barbier, et, un jour, tous ses officiers y passent et se retrouvent avec une barbiche au menton. On en fit une chanson :

*Hélas ! ma pauvre barbe,*
*Qu'est-ce qui t'a faite ainsi ?*
*C'est le grand roi Louis*
*Treizième de ce nom,*
*Qui toute a ébarbé sa maison.*

Quand il ne répare pas d'arme, ne chasse pas et ne rase pas, il fait du jardinage dans sa terre de Versailles, et, le temps venu, récolte et vend des boisseaux de pois verts, que ce brigand et parfait courtisan de Montauron lui achète à haut prix.

Quand il a épuisé tous ces plaisirs, alors Louis XIII se transforme en cocher et conduit des carrosses. Il sait changer une roue, seller, desseller et panser les chevaux. Il fait aussi des confitures, du lait d'amandes, des beignets, des tartes aux pommes.

En fait, tous les métiers lui conviendraient, sauf celui de roi. Il ne tient pas son personnage, et la cour murmure.

Malgré les absences du roi, la cour existe cependant, composée d'une infinité de princes, seigneurs de haute volée, ducs, grands officiers de la couronne, dames et demoiselles de qualité. Cette cour ne bouge pas du palais, si ce n'est aux heures des repas, ne sachant que faire, oisive, monotone et murmurante. Seule la reine essaie d'animer tout cela. Ses cercles sont très courus.

Bruscambille, comédien de l'hôtel de Bourgogne, trace, pour son auditoire populaire et pour sa plus grande joie, le portrait de ces « caméléons humant le vent et tondeurs de nappes » que l'on appelle courtisans. « Ce sont, s'écrie-t-il, des gens qui se tuent à ne rien faire » ; ils se trouvent tout le jour, et toute la nuit, « sur le bout du pied, ainsi que des grues » dans l'antichambre de Sa Majesté, ou bien, comme cette posture leur vaut « plus de cors aux piés que de carolus dans la bourse », ils cherchent pour soulager leur fatigue l'appui d'un buffet. D'ordinaire ils babillent sans cesse, entretenant la compagnie de balivernes. Le poète Régnier mord à belles dents dans ses contemporains et décrit ainsi le courtisan :

*... Ce jeune frisé, relevé de moustaches,*
*De galoches, de bottes et d'un ample pennache...*
*Qui vous prend par la main après mainte grimace,*
*Changeant sur l'un des pieds à toute heure de place*
*Et dansant, tout ainsi qu'un barbe encastelé,*
*Qui parle en remâchant un propos avalé,*
*Disant cent et cent fois : « Il en faudrait mourir »...*

*Sa barbe pinceoter, cageoler la science,*
*Relever ses cheveux, dire : « En ma conscience »,*
*Faire la belle main, mordre un bout de ses gants,*
*Rire hors de propos, montrer ses belles dents,*
*Se carrer sur un pied, faire arser son épée,*
*Et s'adoucir les yeux ainsi qu'une poupée.*

Le même Régnier n'entend pas épargner autrement l'hypocrisie :

*Cette vieille chouette à pas lents et posés,*
*La parole modeste et les yeux composés,*
*Entra par révérence, et resserrant la bouche,*
*Timide en son aspect, semble sainte Nitouche. [...]*

*Puis :*

*Sans art elle s'habille, et simple en contenance,*
*Son teint mortifié prêche la pénitence...*
*Loin du monde, elle fait sa demeure et son gîte.*

*Son œil, tout pénitent, ne pleure qu'eau bénite.*
*Enfin c'est un exemple, en ce siècle tortu,*
*D'amour, de charité, d'honneur et de vertu.*
*Pour béate partout, le peuple la renomme*
*Et la gazette même a déjà dit à Rome,*
*La voyant aimer Dieu et la chair maîtriser,*
*Qu'on n'attend que sa mort pour la canoniser.*

Régnier, en vrai satirique, est ravi d'être craint comme peste par ses contemporains :

*Je les fais enrager, si je ne les corrige*
*Ce m'est un passe-temps (ne pouvant empêcher*
*Qu'ils fassent ce qu'ils font) que je les puis fâcher :*
*Qu'on ne demande point où je prends le salaire*
*De ce labeur ingrat ; ce n'est qu'à leur déplaire,*
*J'en suis fort bien payé lorsqu'aux dépens d'un sot*
*En faisant son portrait il me vient un bon mot.*

Mais, au cœur de cette cour, très proche de la reine Anne, Mme de Motteville, sa femme de chambre, observe et écrit ce qu'elle voit :

... La cour était pleine de belles personnes : Mme de Montbazon était une de celles qui faisaient le plus de bruit. Elle avait l'extrême beauté avec l'envie de plaire. Elle était grande, et dans toute sa personne on voyait un air libre, de la gaieté et de la hauteur... Elle avait de belles dents, et sa gorge était faite comme celles que les plus habiles sculpteurs nous veulent représenter des anciennes beautés romaines ou grecques. Elle prétendait à l'admiration universelle, et les hommes lui rendaient ce tribut toujours vain...

Pour Mme de Motteville, la reine de France est admirable :

Je puis dire néanmoins qu'elle a été aimée et que malgré le respect que Sa Majesté inspire, sa beauté n'a pas manqué de toucher les gens qui ont fait paraître leur passion. Le duc de Montmorency, père de Mme la Princesse, recommandable pour sa valeur, sa bonne mine et sa magnificence, a été mis de ce nombre...

Le duc de Bellegarde, poursuit-elle, quoique vieux, fut aussi un de ceux qui aimèrent cette princesse. Celui-là avait été le favori de deux rois ; la renommée en faisait tant de bruit, que la reine ne refusa pas d'en recevoir l'encens dont la fumée ne pouvait noircir sa réputation, et souffrit qu'il en usât avec elle à la mode du siècle qui avait été le règne de la galanterie et celui des dames.

Comme un film vibrant et coloré, la vie de la cour défile devant les yeux de Mme de Motteville, et, soudain, elle a une pensée émue pour l'un des grands maîtres de la garde-robe, Henri de Talleyrand, marquis de Chalais, qui mourut sur l'échafaud, le 18 août 1626, à Nantes, pour avoir comploté la mort de Richelieu, celle du roi et le remariage de la reine Anne avec le duc d'Orléans. Mme de Motteville se souvient très bien de tout cela.

Quand Chalais monta les marches de l'échafaud, toute la cour était là. La place était noire de monde ; des grappes humaines étaient accrochées aux fenêtres des maisons. Mais les amis du condamné enlèvent le bourreau. Qu'importe ! la justice du roi doit s'accomplir. On désigne un condamné qui croupit dans la prison de Nantes, et on lui promet la grâce, en échange de son office de bourreau pour décapiter Chalais. Le pauvre Chalais est exécuté en trente et un coups de hache maladroitement maniée, pendant que sa mère priait dans l'église la plus proche : « Combien je suis heureuse de la consolation qu'il me donne de mourir en Dieu », déclara-t-elle à son confesseur. A la suite de ce complot, la duchesse de Chevreuse, confidente de la reine Anne, est exilée en Touraine, et la reine traduite devant la reine mère Marie de Médicis et Richelieu. Mme de Motteville se souvient de tout cela comme si c'était hier. L'infante, devenue reine de France, avait su faire face à ses accusateurs. Elle commença par les traiter de haut et vida son cœur de toutes les rancœurs et de toutes les amertumes entassées depuis son mariage. Elle dit tout, sans honte, dans la force de son innocence. Elle leur jette à la tête tous les affronts qu'elle dut essuyer. Le roi trouva bien là ce qu'il méritait ; et s'il se demandait ce que la reine, sa femme, pensait de lui et de la famille royale, il en eut un aperçu des plus précis. Mais le roi, la reine et la famille royale sont des êtres à part, menant une existence d'idoles encensées.

Pendant que certains vont au cercle de la reine et dansent au Louvre, dans les rues errent des êtres maigres, hâves, aux vêtements troués et rapiécés, et au ventre plus plat que leur bourse, menant existence de gueux... On pourrait s'y tromper, mais ce ne sont pas des gueux, mais des écrivains qui cachent leurs loques sous un long manteau : leur seul vêtement convenable, et vrai cache-misère.

La mode est-elle aux bottes blanches ? Qu'à cela ne tienne, ils en auront aussi : il leur suffit de blanchir leurs vieilles bottes éculées avec de la craie mouillée, en épaisse couche qui blanchit en séchant. La mode est-elle aux cheveux poudrés ? Ils poudrent leurs cheveux gras, non avec de la poudre de violette, qui coûte trop cher, mais avec de la farine de meunier... et tout est comme cela. Peu d'entre eux échappent à ce misérable état. Guillaume Colletet, Porchères, Malherbe, quand il ne fut plus appointé par le duc de Bellegarde, usèrent de tous ces subterfuges. Chapelain, lui-même fort sale et rapiécé écrivait : *Ce pauvre Gombault reste à sa pauvreté ; il ne sait plus où donner de la tête, qui est une chose déplorable...*

M. le prince de Guéméné, dans toute son opulence, voit un homme entrer tous les matins dans la chambre de sa femme, avec un haut-de-chausses tout déchiré.

– Que vient donc faire cet homme chez vous ? demande-t-il à la princesse.

– Il me montre l'hébreu ; son nom est M. des Vallées.

– Eh bien, madame ! s'écrie le prince, il vous montrera bientôt son derrière.

Il faut bien le dire, le roi et les grands, financiers ou riches bourgeois, n'accordent que peu d'intérêt aux arts et aux lettres, et à ceux qui les font. Jacques du Lorens, écrit que versifier est devenu pour tout inconscient :

*... un exercice fatal*
*Pour envoyer en poste*
*Un homme à l'hôpital.*

Les intellectuels du temps, mourant de faim et traînant leurs loques, affirment que les gens de cour sont ignorants à faire peur et se font gloire de l'être.

Jean Auvray, en pensant au gens de lettres, écrit mélancoliquement :

*A quoi sert à ces pauvres niquedouilles*
*De lire incessamment*
*Et de perdre inutilement*
*Tant de temps, d'huile et de bougie,*
*Puisque sur le Louvre est écrit*
*Qu'une drachme d'effronterie*
*Vaut mieux que cent livres d'esprit.*

Les statistiques s'en donnent à cœur joie et affirment qu'au Louvre des ânes sont revêtus de satin et des ganaches gorgées d'or. Ils parlent des bouffons qui paradent dans cette demeure, où des estropiés de l'esprit accordent plus facilement leurs pistoles et leur protection aux flatteurs qu'à ceux qui se donnent la peine de leur dédicacer leurs ouvrages. Mais les poètes crottés sont légions. Pour eux, point de dentelles ni de cheveux enduits de poudres odorantes, pas de pourpoint joli ni de chausses de soie claire..., mais l'air soucieux, maigre et las. Ils logent dans des galetas immondes sous les toits, étouffants en été, glacés en hiver. Le poète Maillet en est une illustration. Il promène ses guenilles dignes d'une cour des Miracles, et, le matin et le soir, comme les habitants de ces lieux, il va tendre la main sous le porche des Augustins. Charles Sorel les a bien décrits ces crève-la-faim, ces traîne-patins, avec leurs poésies et leurs phrases constellées de mots d'or et d'étoiles brillantes. Voici comme il les voit, dans *Francion* et dans *Polyandre* :

Musidore est maigre et pâle, des yeux trop enfoncés et comme égarés. Des haillons, astucieusement superposés, couvrent sa nudité, et un vaste manteau recouvre toute cette misère et le sauve de la chienlit des laquais, plus insolents et cruels que chiens de la rue. Porte-t-il une épée ?... Certes, mais quelle épée ! Elle pend au bout de ses jarretières et frappe, au rythme de sa marche, ses bas pleins de trous, qui tombent dans ses bottes...

Des bottes ?... trouées, percées, renforcées de carton.

Son petit laquais, Cascaret, en loques lui aussi, fait maigre chaire, comme son maître.

Dans son logis, un grenier à un sol, son mobilier est à l'avenant. Une escabelle à trois pieds, un coffre de bois qui sert de table, de buffet et de siège, un lit dévoré par les rats, et c'est tout.

Musigène est aussi maigre que Musidore : toujours famélique et le ventre creux, il a le regard égaré et les joues pâles et creuses. Comme il est coquet, malgré son dénuement, il poudre ses longs cheveux avec de la farine de meunier, à défaut de poudre de civette. Nul ne sait où il loge, mais il y a à parier que c'est dans un galetas, sous les toits.

Si Musidore se transforme éventuellement en crocheteur, pour gagner quelques sols et s'acheter du pain, Musigène préfère tomber d'inanition plutôt que de porter la main à de basses besognes. Il a, hélas pour lui ! des goûts raffinés et de la distinction ; il hante les nobles compagnies et s'habille dans les friperies où des juifs vendent à bas prix les hardes des pendus, des roués et des morts ; et aussi les vêtements volés. Il veut ménager ses sols mais souhaite paraître. Son pourpoint est de satin noir, éraillé ; son col de dentelle est rompu en mille endroits et ressemble à tout, sauf à de la dentelle ; son pourpoint est luisant de graisse, si luisant que l'on pourrait s'y mirer comme dans un miroir ; ses chausses sont d'un velours aussi galeux que chat de gouttière ; ses bottes, jadis blanches, sont blanchies à la craie, mais la boue de Paris leur est cruelle, et son linge est blanchi de même. Recouvrant toutes ces hardes, il y a, Dieu merci, l'indispensable manteau cache-misère. Mais on peut être gueux comme rat et cependant savoir porter avec superbe ces loques misérables ; être satisfait et sûr de soi ou tout au moins le paraître.

Mais, un matin, un confrère tout aussi misérable vient visiter Musidore en son logis, dès potron-minet, comme cela se faisait à l'époque, il le trouve couché dans son lit tout rapiécé, un vieux caleçon reprisé sur la tête, et déjà besognant à quelque poème. Son imagination l'ayant coupé de tout ce qui l'entoure, pour recevoir son visiteur, il reprend pied sur terre et veut se lever :

– Holà ! crie-t-il à son loqueteux petit valet Cascaret, bâille-moi mon pourpoint de l'Héliotope, mon haut-de-chausses du Grand Olympe, mon manteau des Lauriers du Triomphe.

Le visiteur ne s'étonne pas, car il sait que Musidore donne à ses vêtements le nom du livre qui, lui ayant fait gagner quelque argent, lui a permis de les acheter. D'un ton de grand seigneur blasé et négligent, il lance :

– Il n'y a pas dans Paris trois hommes qui se puissent vanter de savoir, mieux que moi, juger un vers.

Heureusement, poètes et écrivains vivent dans leurs rêves et leur imagination. La réalité est trop dure, trop injuste ; aussi gardent-ils, au fond de leur cœur, la certitude qu'un jour leur mérite et leur talent seront reconnus, et qu'enfin ils rouleront carrosse, ou tout au moins auront un beau cheval, et qu'ils pourront s'attabler à de mirifiques tables, où, dans des bassins d'argent, charcuteries et viandes rôties dégoulinantes de jus succulents s'amoncelleront en des pyramides de rêves, tandis que les vins iriseront leur robe de rubis bruni, aux clartés d'un feu brûlant haut dans une vaste cheminée... Alors, la panse rebondie, repus et content, il s'appuiera au dossier rembourré et recouvert de tapisserie de son fauteuil, cependant que des laquais galonnés et respectueux, Cascaret en tête, lui verseront encore de pleins verres de vin, pour l'aider à digérer, et qu'il allumera à la chandelle une pipe pleine d'un tabac odorant et généreux. La vie sera belle alors...

Sans ces rêves et ces illusions, il leur serait quasiment impossible de vivre et de supporter l'existence misérable qui est la leur depuis qu'ils se sont mis à écrire des vers, comme des nigauds.

Et Musigène, en qui les sujets du roi Louis XIII ont voulu voir Chapelain, tout rapiécé et blanchi à la farine de moulin et à la craie, va dans le monde, et notamment à l'hôtel de Rambouillet, car son esprit lui ouvre les portes des nobles demeures. Pour un instant, il oublie d'être prudent, parle, s'agite, tape du pied, lance les bras en l'air et fait voler un nuage de farine et de craie, qui fait éternuer et les dames le chassent de leurs maisons.

Mais tous ne sont pas miséreux, ou ne le restent pas. Honoré du Bueil, marquis de Racan, possède terres, fermes et château, car il a hérité de sa tante, la duchesse de Bellegarde... Mais, auparavant, il a traversé de durs moments. Un jour, le malicieux Boisrobert l'avait trouvé affairé à écrire une chanson pour un petit commis qui avait de l'argent et lui avait promis de lui prêter deux cents livres. Conrart voulait le sortir du cabaret borgne où il logeait, et qui était indigne de sa condition de gentilhomme, mais Racan ne voulut rien entendre et répondit à l'obligeant Valentin Conrart : « J'y suis bien, je dîne pour tant et, le soir, on me trempe un potage pour rien. »

Ainsi vont les poètes et les romanistes, en ce XVIIe siècle. Maigres et affamés, on les trouve sur le Pont-Neuf à l'heure où la cloche des Augustins sonne les vêpres, se curant les dents d'un air satisfait, en contemplant le roi Henri IV, juché sur son cheval de bronze, l'estomac vide et le ventre creux, mais voulant donner le change aux moqueurs et donner à penser qu'ils viennent de faire un bon et succulent repas. Leur cure-dents inutile dans la bouche, ils imaginent des scènes où de joyeux biberons s'empiffrent chez la Coiffier, à « La Pomme de pin », ou chez Cormier... Famines orgueilleuses, pauvretés hautaines et solitaires, que seul le refuge dans les rêves rend tolérables. Cela ne les empêche pas d'écrire. Ils écrivent à perdre haleine, car pour eux c'est la vie. Alors, dans le quartier de la place Maubert et de la Cité, tous ces faméliques se retrouvent chez les libraires, où l'on discute de poèmes et de style. On y feuillette les livres nouveaux, on y attend ou on quémande quelques commandes de prose.

Les libraires-imprimeurs étalent leur opulence sur la montagne Sainte-Geneviève, rue Saint-Jacques, au Puits-Certain, et dans les ruelles avoisinantes ; dans la Cité, rue de la Barillerie ; tout au long des salles, galeries et perron du palais de justice et de la Sainte-Chapelle. Les plus célèbres se nomment Sébastien Cramoisy, Denis Thierry, Toussaint du Bray, Olivier de Varennes, Augustin Courbe, Antoine de Sommaville, Toussaint Quinet.

Ce sont ces riches et puissants personnages qui choisissent et impriment les ouvrages en vers ou en prose des poètes et romanistes. Dans l'ensemble, ils donnent peu d'argent à ceux qui ont imaginé et écrit et qui besognent souvent à la feuille, comme des forçats. Les contrats entre écrivains et libraires commencent à naître et passent devant notaire. Georges de Scudéry est l'un des premiers à signer un tel papier. Mais les honoraires sont faibles, et payés une fois pour toutes.

Alors, poètes et auteurs se lancent dans des dédicaces laudatives aux riches et puissants princes et seigneurs. Ils en attendent plus que quelques écus, car ils espèrent pouvoir pénétrer dans les grands salons littéraires aristocratiques que leur naissance roturière leur interdisait jusque-là. Paraître dans la chambre Bleue de l'hôtel de Rambouillet, en tant que bel esprit ! quel rêve insensé et étourdissant ! Mais bien peu échappent au style flagorneur qui ne leur ouvrira pourtant pas les hautes portes armoriées, car il faut dire que le roi et les grands de la cour redoutent comme peste un homme affublé du titre de poète. « La vision d'un pauvre homme chargé de son paquet ne leur est guère moins effroyable que celle d'un créancier », s'écrie Scarron, dans son *Epitre dédicatoire à dame Guillemette, petite levrette de ma sœur.*

Quant à Sallard, il écrit : *Sitôt que l'on donne le titre de poète à un homme, et qu'il n'a point d'autre profession, on le fuit ainsi qu'une femme débauchée, ou les mauvaises compagnies.* Pour se débarrasser de ces importuns écrivailleurs et besogneux flagorneurs, certains leur disent : « Apollon vous assiste », et ne leur donnent rien. D'autres les reconduisent jusqu'à la porte, pour être sûrs qu'ils sont bien sortis ; et le pauvre louangeur regagne son galetas, plus triste et plus déconfit qu'avant d'avoir fait recouvrir son livre de velin, ou de maroquin du levant ; plus pauvre des quelques sols dépensés, qui lui manqueront cruellement pour manger à sa faim les jours suivants... Mauvaise et triste affaire... ! Pauvres poètes de la lune !

Au dire de Vauquelin des Yveteaux, précepteur de Louis XIII, Malherbe « demandait l'aumône, le sonnet à la main » ; et le 28 février 1624, il écrivait à un de ses cousins : *Je vous envoie copie d'un sonnet que je donnai au roi, il y a cinq ou six jours... L'effet qu'il a eu, ça été cinq cents écus que le roi m'a donné par acquit patent..*

Il est bien certain que Louis XIII n'admet dans son entourage aucun homme de plume. Malherbe a été écarté de la cour. Le roi ne souhaite pas connaître Corneille, dont la réputation d'avarice est bien établie..., et il attache à sa personne le sieur Bordier, qu'il charge de la poésie officielle, le plus exécrable rimeur et gribouilleur de tous les temps, tandis que Eudes de Mezeray, venu présenter au Louvre son *Histoire de France*, quitte le logis du roi sans avoir reçu le moindre sol.

Mais si le roi est peu intéressé par les auteurs de livres et poèmes, il s'occupe avec intérêt des libraires. Le 11 mai 1612, un décret royal défend d'imprimer aucun livre sans permission royale. Cinq ans plus tard, un autre décret contraint les libraires à déposer gratuitement à la Bibliothèque royale deux exemplaires de chaque livre imprimé. En 1640, cinq écrivains sont pensionnés. Ce sont : Boisrobert et Vaugelas, pour deux mille livres ; Bordier, mille huit cents livres ; Gombauld, mille deux cents livres ; Renaudot, le gazetier, reçoit huit cents livres.

Et encore ! ces fortunés parmi les infortunés ne touchent-ils leur annuité qu'après d'humiliantes implorations auprès des surintendants des Finances, tout particulièrement Claude Bullion, qui méprisent et détestent cette gent tracassière, écrivassière et quémandeuse, et prennent plaisir à leur faire tirer la langue, le ventre creux. D'après Tallemant des Réaux, après la mort de Richelieu, ce sera pire encore, car le roi en profitera pour supprimer toutes les pensions des gens de lettres, en disant :

– Nous n'avons plus affaire à cela.

Il faut dire que parmi la jeunesse de la cour l'ignorance est de bon ton ; aussi bon et indispensable que tel tour de plumes neigeuses à son chapeau, ou qu'un manteau, galonné comme il faut, et bien porté. Les plaisirs se passent de toute littérature... La Rochefoucauld, le père des *Maximes*, était d'une ignorance affligeante et parfaitement insouciante lorsqu'il parut au Louvre pour la première fois. Ce n'est que plus tard qu'il décida de cultiver son esprit laissé en friche et tira la substance de ses maximes des lectures, de ses observations et de son expérience désenchantée de la vie. Mais à côté de cette noblesse glorieusement ignorante, composée surtout de jeunes damoiseaux beaucoup plus aptes à faire tinter leurs éperons, à parler haut et à faire mousser leurs dentelles, existe une vieille noblesse, échappée ou issue de la cour de Henri III, ou de Henri IV, qui est fort sensible à l'attrait des belles lettres. Le duc de Bellegarde, familier du roi Henri IV, loge dans son hôtel son neveu Racan, page du roi Henri, qui écrit infiniment mieux qu'il ne parle, et Malherbe, nanti d'un redoutable caractère. Le comte de Cramail, la princesse de Conty, Guillaume de Bautru, le comte de Serrant, parmi bien d'autres, écrivent. Robert Angot de l'Esperonnière campe un curieux portrait d'un de ces ridicules faux savants, qui hantent la cour et les salons. De grands et généreux mécènes apportent aide et réconfort aux auteurs. Le duc de Montmorency a protégé, hébergé et sauvé du gibet ce fou libertin de Théophile. Le comte de Belin protège Rotrou, Mairet, Scarron et le théâtre du Marais.

Le maréchal de Bassompierre est le plus généreux et le plus accueillant de tous. Sous l'homme de cour, futile et élégant, se cache un érudit, expert en langues anciennes. Ce qui ne l'empêche pas de parler couramment quatre langues modernes, d'écrire ses Mémoires, d'attaquer des dissertations historiques ou militaires, et de là passer à un madrigal, pour plaire aux dames. Sa bibliothèque, composée de deux mille volumes, est des plus rares et contient, dans leurs éditions originales, les œuvres maîtresses de toutes les littératures, de tous les arts, de toutes les sciences. Des manuscrits du Moyen Age, bellement enluminés, voisinent avec de précieux incunables. Poésies et romans de toutes les époques y tiennent belle place. Dans sa demeure, il accueille avec affabilité et faconde poètes et romanistes, leur ouvre une bourse généreuse, sans grimace ni regret. Du délicieux Malleville, il a fait son secrétaire. Chez lui, les auteurs se sentent moins seuls, ont moins froid et sont un peu chez eux. Mais Richelieu, aussi, œuvre à rehausser le niveau intellectuel de la cour. Celui que ses contemporains appellent l'« Eminentissime » est un dévoreur de livres. Sa tête est farcie de connaissances les plus diverses, grâce à une intelligence aiguë et une mémoire prodigieuse, qui assimile à merveille. Il est un des auteurs les plus féconds de son époque et n'hésite pas à publier des pamphlets. Devenu Premier ministre, il rassemble autour de lui polémistes et théologiens, qui travaillent sous son contrôle et qu'il rétribue. Cette équipe est composée de Fancan, Mathieu de Morgues, Jérémie Ferrier, Jean Sirmond, Balzac, Hay du Chastelet, Scipion Dupleix. Il préside à la création de *la Gazette* du protégé du père Joseph : Théophraste Renaudot. *La Gazette* est hebdomadaire et alimentée de nouvelles et rubriques rédigées par Richelieu ou par ses collaborateurs. Il est le lointain et puissant confrère du maigre rimailleur, qui traîne ses grègues sur le Pont-Neuf. Il a abordé la littérature par deux huitains goguenards, adressés, l'un au malicieux Boisrobert, qu'il essaie de transformer en souffre-douleur, et l'autre à Neufgermain, authentique poète crotté, dont on se demande quel joyeux plaisant a pu l'introduire jusqu'à lui, si ce n'est Boisrobert ; Boisrobert au cœur d'or, qui ne peut rencontrer une infortune sans y porter remède. Devenu secrétaire du cardinal pour la littérature, il s'empresse de porter, dès qu'il en reçoit l'autorisation, un peu d'espoir dans le cœur de cent auteurs affamés, habitués à ne rien recueillir de leurs œuvres, sinon le mépris et l'incompréhension de leurs contemporains. Grâce à lui, l'Eminentissime se promène dans les allées ombreuses de Paris ou de Rueil, escorté d'auteurs reconnaissants, chantant ses louanges, tel Apollon entouré de porteurs de lyres. Il converse avec eux, accepte leurs présents de rimes et de prose. Les gratifications pleuvent sur eux, comme manne sur les Hébreux dans le désert, et Boisrobert est surnommé « l'ardent solliciteur des Muses incommodées ». Grâce à Richelieu, la littérature commence à être honorée, et aussi grâce à son conseiller Boisrobert. L'Académie française est leur œuvre, et leur est chère. Mais le roi se méfie de cette nouvelle institution, ramassis de raisonneurs, clabodeurs intellectuels et ferment d'indépendance.

Le Parlement, lui, considère cette compagnie comme un tas de valets de plume au service d'un tyran et refuse d'enregistrer ses lettres patentes. Les gens de cour en rient et haussent les épaules.

Les bourgeois la prennent pour une troupe de maltotiers véreux, bons à rien, à la quête de lauriers aussi inutiles que leurs vides palabres dans lesquelles ils s'écoutent parler, en disant n'importe quoi.

Sans Boisrobert, tout irait à vau-l'eau. Heureusement, il veille et, enfin, les académiciens sont quarante, souvent choisis n'importe comment, aux dépens de certains qui mériteraient davantage cette élévation dans l'ordre social, à défaut d'autres gains.

Les moqueurs appellent ces quarante : « Les enfants de la pitié de Boisrobert ». Mais ils continuent à être écartés du Louvre, ne sont jamais invités aux cérémonies officielles et restent abandonnés à leur pauvreté solitaire et pathétique. De toute façon, la fondation de l'Académie est un des actes les plus notables du règne de Louis XIII ; en tout cas le plus durable.

Mais l'hôtel de Rambouillet a aussi puissamment contribué à relever la situation sociale et matérielle des hommes de plume. Arthénice, avec sa délicatesse habituelle, cache soigneusement l'aide qu'elle apporte aux auteurs. Et cependant c'est grâce à elle que beaucoup d'entre eux reçoivent des pensions et que Georges de Scudéry obtient le gouvernement nourricier de Notre-Dame-de-la-Garde. Elle héberge et comble de donations l'évêque Philippe Cospeau, l'un des « Saints domestiques de l'hôtel », bien incapable d'assurer sa subsistance par ses propres moyens. Quant la Fronde arrivera, l'hôtel de Rambouillet fermera ses portes, mais tous ceux qui doivent leur existence à la généreuse marquise seront désormais sûrs de pouvoir tenir avec honneur une place dans la société et dans toute assemblée, où la sottise et la morgue ne gouvernent pas en maîtresses. Certains d'entre eux s'installeront en officiers et familiers dans le palais de Gaston d'Orléans, qui se montrera généreux envers eux. D'autres poètes iront dans des maisons dont les maîtres ont été rompus aux exercices intellectuels par l'hôtel de Rambouillet. Jean-François Sarrazin restera aux côtés de la duchesse blonde aux yeux bleus, à l'hôtel de Longueville, et Charles Cotin dirigera à l'hôtel de La Moussaye les jeux littéraires d'une joyeuse assemblée. Les gens de guerre aussi sont pris au piège, et le duc d'Enghien lit les tragédies de Corneille et honore de son amitié leur auteur. Devant Nordlingen assiégé par lui, il cherche dans *Cassandre*, roman épique de La Calprenède, des exemples d'héroïsme capables d'exalter ses propres vertus guerrières. L'hôtel de Rambouillet, surtout, et les hôtels des Loges, d'Auchy, et combien d'autres n'auraient-ils réussi qu'à réhabiliter dans l'esprit des gens les auteurs et la littérature imaginative, qu'ils auraient par cela seulement justifié amplement leur existence. Et pendant ce temps, Scarron souffrant mille morts, perclus de douleurs et n'ayant pas encore eu sa pension payée, écrit à la reine :

*Reine, dont la compassion*
*Me rend depuis trois ans mes malheurs supportables,*
*Faites-moi mettre aux incurables*
*Ou faites-moi bientôt payer ma pension.*

*Pour servir Votre Majesté*
*Je fais ce que je puis pour être bien malade,*
*Je mangerai poivre et salade*
*Si vous trouvez encor que j'ai trop de santé.*

*Je ne regarde plus qu'en bas,*
*Je suis torticolis, j'ai la tête penchante,*
*Ma mine devient si plaisante,*
*Que quand on en rirait je ne m'en plaindrais pas.*

*Vous-même me voyant ainsi*
*Encore que vous ayez pitié de mon martyre,*
*Vous ririez et, vous voyant rire,*
*Je vous honore trop pour ne pas rire aussi.*

*Mais je vous ferai trop horreur,*
*En offrant à vos yeux mon étrange figure ;*
*Si vous la voyiez, je m'assure,*
*Que vous m'estimeriez un malade d'honneur.*

*On m'entend jour et nuit crier,*
*Comme si je souffrais en mon corps l'estrapade ;*
*Enfin je suis si bien malade*
*Que j'ai peur qu'on me dise : On ne vous peut payer.*

## *Chapitre XXXII*

Mais la détresse matérielle et financière des écrivains n'est rien en regard de la misère physique et morale des vrais gueux.

Comme la mer forme une écume qu'elle rejette, toute civilisation fait naître et expulse les mal-partis, les malchanceux tous les pauvres hères indésirables, les hideux malades de malnutrition, les mutilés des guerres et autres infirmes.

Au coin des rues, sur le Pont-Neuf, rôdent des mendiants difformes qui font peur. Des enfants frileux, les membres brisés, le visage couvert de croûtes, sont tenus et surveillés par des mégères qui ne prennent soin d'eux que parce qu'ils représentent un apport d'argent. Il faut inciter la pitié, tendre une petite main sale et quémandeuse, encore toute mouillée de larmes, avec au fond des yeux une peur atroce, abominable. Il leur faut rapporter de l'argent, sinon, le soir venu, quand ils rentreront comme des ombres dans leurs tanières informes, on leur tordra un peu plus les bras et les jambes et on les effraiera davantage, jusqu'au jour où, à demi fous de terreur, n'ayant presque plus rien d'humain, ils n'auront que haine au fond de leur cœur pour la terre entière.

Dans ce XVIIe siècle, où la violence du Moyen Age n'est pas encore éteinte, les extrêmes se côtoient et se heurtent.

Si les Divines, que l'on appellera bientôt Précieuses, vivent dans des maisons de rêve, toutes ouatées de tapis d'Orient et parfumées de roses, de lys et de seringa, là, tout près, au-delà du mur de leurs jardins, juste en tournant le coin de la rue, où la nuit clignote, dans une niche de pierre, la flamme d'une lampe à huile, éclairant l'image de la Vierge, la misère, dans toute sa hideur, saute à la gorge, s'étale dans la rue, envahissante ; elle se prélasse, visqueuse, sur un tas d'immondices, sans aucune pudeur. C'est ce que l'on trouve, tout à côté de ce luxe, de ce raffinement, de ces rires et de ces jeux. Dans cette France de vingt millions d'habitants, royaume de Louis XIII, la misère et la famine pour les plus basses classes sont à l'état endémiques. Guerres, famines et épidémies en réduisent cycliquement le chiffre à douze ou quinze millions. Des familles comptent vingt enfants ; oui, sans doute, mais que la mort ravage et réduit à moitié, si ce n'est davantage. La famine due aux guerres et aux intempéries déclenche – et cela depuis l'an mille – un mal foudroyant, pire que la peste si cela se peut concevoir, et capable de ravager une ville ou une région. A Paris, en 1418, cinquante mille personnes en moururent, dans des tourments sans nom. Ce mal est connu sous les noms de feu sacré, feu ardent, feu Saint-Antoine, ou sous celui de peste de feu. Ambroise Paré décrivait ainsi ce mal :

> Gangrène est une disposition qui tend à la modification de la partie blessée, qui n'est encore morte ne privée du tout de sentiment, mais elle se meurt peu à peu, en sorte que si bien tost on n'y donne ordre, elle se mortifère du tout voire jusques aux os : qui alors est appelée des grecs sphacelos, ou nécrosis, des latins syderatio, et Esthimenos selon les modernes, et des vulgaires feu Sainct Anthoine, ou Sainct Marcel.

En 1630, la gangrène des Solognots attire l'attention du monde médical, qui parvient à mettre en accusation le pain fait avec du seigle corrompu. Ils se rendent compte que ceux qui mangent de ce pain perdent par gangrène un doigt, une main, parfois le nez. Dans ces cas, cela n'occasionne ni fièvre, ni inflammation, ni douleur considérable. Les parties gangrénées tombent d'elles-mêmes, sans douleur, et sans qu'il soit besoin de les séparer.

Ce blé corrompu, appelé « bled cornu » en Gâtinais, et « ergot » en Sologne, et ce pain, pétri de farine de seigle corrompu, sans goût particulier, tarit la sécrétion lactée des nourrices et provoque des fièvres malignes, avec ensommeillement et délire. Une de ces années de disette, féconde en ergot, un homme, venant à passer devant une ferme, voit le paysan en train de cribler du seigle ergoté et lui demande la permission, car lui et sa famille meurent de faim, d'en recueillir les criblures pour en faire du pain. Le fermier lui dit :

– Ne mangez pas cela, car vous savez que l'ergot donne la terrible maladie des Ardents.

– Nous avons trop faim, et cela ne nous fera peut-être rien.

Le fermier laisse faire et laisse partir l'homme, qui, rentré chez lui, se met à en faire du pain pour sa famille. Ils en mangent tous, et tous sont atteints par la terrible maladie. L'homme, la femme et cinq de leurs enfants moururent ; deux enfants se sauvèrent mais l'un d'eux devint sourd et privé d'une jambe, qui se sépara du reste de son corps, sans aucun effort. Ni les chiens ni les volailles n'avaient voulu manger de ce pain.

Le mal débute toujours par de la mélancolie et de l'hébétement, le teint du malade est livide. Il se plaint de douleurs dans le dos, les jambes, et aussi de crampes. Puis les membres douloureux deviennent pesants et comme engourdis. Dans ceux que la gangrène menace, des douleurs vives, en coup de poignard, apparaissent. Le sang que l'on retire par saignée est noirâtre, visqueux, sec, couenneux et d'une épaisseur extrême. Une rougeur érysipélateuse des membres atteints tourne bientôt au violet, c'est ce que l'on appelle dans les campagnes le feu Saint-Antoine, ou mal des Ardents. Le malade est pâle, il a froid et ne se remue qu'avec peine. Puis, en phase finale, la douleur s'estompe, et un froid glacial l'envahit. La douleur progresse et monte dans les membres. Ce qu'elle laisse derrière elle est livide et paraît avoir été trempé dans de l'eau glacée, puis devient noir et d'un aspect boucané. Le membre devenu noir n'est pas fétide, mais comme desséché. Finalement, il se sépare du corps et tombe, sec comme une feuille d'automne. Dans les pires cas, la douleur gagne le tronc. Alors le malade met trois semaines à mourir. Le traitement comprend des médications externes, telles que l'eau-de-vie camphrée, l'eau de fleurs de sureau, des cataplasmes de plantes amères et aromatiques ; un onguent fait avec trois livres de thérébentine lavée dans de l'eau de rose, une demi-livre de cire jaune et deux onces de santal rouge ; un escharrotique, qui est un mélange d'alun, de vitriol et de sel ; des vésicatoires, des saignées et de la thériaque. Ce feu Saint-Antoine a été considéré pendant longtemps comme maladie infectieuse et assujetti aux mêmes règlements que la peste, la lèpre, et les fièvres aiguës.

En temps de guerre, de troubles, de peste et autres maladies, les miséreux sillonnent les routes à la recherche d'un refuge et d'un peu à manger, fuyant la guerre et son atroce réalité. Ces pauvres gens haillonneux se dirigent tels des papillons vers les villes aux portes et aux murailles bien gardées. En premier lieu, vers Paris. Tout, plutôt que l'incertitude des grands espaces, des champs et des bois, où les ruines de leurs maisons fument encore. C'est la quête du pain de chaque jour ; c'est le droit à la vie, alors que l'on tremble de peur et de froid et souvent de maladie... A Paris, ils s'infiltrent. Quarante mille mendiants errent par les rues, rasent les murs, s'évanouissent dans les ruelles sombres. Un contemporain réaliste nous en a laissé une description hagarde :

> Des bandes de mendiants par les places et les carrefours de la ville ça et là, couchés à la renverse dans les fumiers, litières et ordures comme scarabées, s'écrient et se lamentent misérablement. Les femmes grosses, à découvert, avortent et y accouchent au fort et rigueur de l'hiver et des grandes chaleurs. Leurs avortons, récemment nés, y gisent sans berceau, bandes, enveloppes, sans lait ni nourrice... D'autres vont, de lieu en lieu, de porte en porte, devant et dedans les églises... Ladres, pleins de plaies, difformes et horribles de visage à voir, tout os et tout peau, à qui comme écorchés l'on voit à découvert les veines et les nerfs... D'autres sont valides, gras et polyphèmes, refaits, mais vrais pécores, qui, par une mendicité affectée, mous de paresse, avec mains, bras, pieds, yeux et gestes empruntés, importunent, menacent et maudissent...

Mais pour les bourgeois de Paris, sévères, riches, laborieux, la pauvreté est vice ; et si par hasard, alors qu'ils sont bien chaudement blottis le soir au coin de leur feu, ils se souviennent en un éclair de ces faces blêmes et de ces bras décharnés, ils en bannissent par un effort de volonté méprisante le lancinant souvenir, pensant que cela n'est peut-être qu'un châtiment, pour une mauvaise vie antérieure, qui doit être supporté avec patience par ceux qui en sont frappés. Quand ces malheureux ne gisent pas dans les rues, leur lieu de réunion est un de ces antres d'horreur, appelés cour des Miracles, sorte de vastes culs-de-sac, puants, stagnants et boueux, où des maisons bancales à demi enterrées abritent dans une sordide promiscuité des dizaines de misérables, pétris de haine, de rancune, de perversité et de mal. Enfants naturels et enfants volés ou trouvés y grandissent comme ils peuvent, misérablement. Dans ce monde de boue ne vivent que hors la loi. Quand les sergents du roi s'y aventurent, ils en ressortent couverts d'injures et de coups, sans avoir pu accomplir la mission dont ils étaient chargés. Dans ces lieux maudits, aucun espoir ne se lève, pour aucun de ses habitants ; aucune fleur, aucun arbre n'y pousse. Dieu en est banni, mais cependant une statue de Dieu le Père, sans doute volée à quelque église, est placée dans une niche, à l'abri des intempéries. Là, une chandelle brûle nuit et jour. Les gueux y viennent faire leurs dévotions et lui adresser quelque prière à leur façon. C'est leur Dieu à eux, le Dieu des réprouvés, et non celui des bourgeois et de la cour. Dans ces lieux infâmes, filles et femmes se prostituent pour un liard, un double, et même pour rien. Les femmes grosses y sont très prisées, car elles excitent la pitié et reçoivent mieux les aumônes.

Les filles publiques, nommées pierreuses, caillettes, coureuses, sont lâchées dans la ville, sans statut spécial ; la loi ne les reconnaît que pour les punir. Jolies peut-être, elles s'appellent Marie l'Amour, Jeanne la Crottée, l'Espinette, la Gantière, la Hautemorte ; toutes compagnes de filous, juives ou bohémiennes ; pauvres filles venues de la campagne, et qui se sont perdues dans la ville... Des filles sont vendues par leurs parents à quelques débauchés qui les jettent dehors dès qu'ils en ont assez. La foire des filles existe, et l'on peut en acheter une, de quatorze à quinze ans, pour cent cinquante pistoles, mais il faut qu'elle soit jolie. Des femmes mariées font aussi ce commerce, pour améliorer leur ordinaire, afin de pouvoir acheter le col de dentelle, la robe ou les colifichets qu'elles convoitent. Rien ne les distingue des bourgeoises, ce qui fait que beaucoup de dames respectables se voient abordées dans la rue, comme si elles étaient des putains. Le jour venu, ces misérables lieux se vident. Il faut être malade à ne pouvoir bouger pour y rester. Les autres partent de bon matin à l'assaut des rues, des maisons et des Parisiens. Tous fripons, coupe-bourses, argotiers (qui sont des prêtres défroqués ou d'anciens écoliers), narquois (gens de petite flambe), orphelins qui mendient en tremblotant, la peau bleuie par le froid, marcandiers (criant qu'ils sont de bons marchands, ruinés par la guerre ou par le feu), les réfodés (qui gueusent avec femme et enfants), les malingreux (au ventre dur et aux membres couverts d'ulcères), les piètres (marchant avec des potences), les courtaux de boutanche (qui ne gueusent que l'hiver), les polissons (qui vont par bandes de quatre, vêtus d'un pourpoint sans chemise, un chapeau sans fond, un bissac et la bouteille au côté). Les francs-mitoux, un mouchoir sale autour du cou, font les malades, appuyés sur un petit bâton. Capons, callots, hubins, coquillards, sabouleux bavant, du savon plein la bouche, contrefont la maladie de Saint-Guy. Tous comédiens, jouant parfaitement leur rôle, arnaquant pauvres filles et bourgeois confiants. Pierreuses, caillettes ou coureuses trottent à travers la ville, vers leurs lieux de prédilection, la butte Saint-Roch et la butte des Moulins, pleines de marchés et couvertes de taudis, de jardinets et de boutiques louches. Quelques bordels clandestins subsistent encore, sous le couvert de commerces honorables. La police du roi fait la chasse aux gargotiers et oblige les aubergistes à tenir registre de leurs clients. Les filles ramassées au cours d'une rafle ou surprises en flagrant délit de commerce galant sont amenées devant les commissaires au Châtelet, qui peuvent les emprisonner sans jugement et les envoyer au loin, après les avoir bien fait fouetter, pour devenir les compagnes de ceux qui défrichent les terres lointaines qu'on nommera plus tard les colonies. Pour essayer d'apporter un peu d'ordre à tout cela, le Parlement de Paris oblige les chapitres des églises et les couvents à apporter leur contribution à l'entretien des pauvres, sous menace de saisie de leurs biens. Au XVIe siècle, le roi François Ier avait ordonné la levée d'un impôt de douze mille livres sur les habitants de Paris, pour subvenir au soulagement des pauvres. Cette mesure durera jusqu'à la Révolution de 1789.

Des bourgeois de Paris, constitués en « bureau des pauvres » ou « bourse des pauvres », veillent à l'entrée des fonds recueillis et à leur répartition. Les indigents valides sont contraints à travailler à l'entretien des fortifications, voiries et autres travaux dans les ateliers de charité. Pour leur travail, ils reçoivent un salaire. Le droit des pauvres est réservé à l'assistance à domicile des malades, vieillards, infirmes et veuves. Des commissaires de quartiers à la bienfaisance doivent régulièrement leur rendre visite, pour chasser et mettre hors de l'aumône ceux qui sont guéris ou hors de leur temps. Ceux qui sont inscrits à l'aumône doivent porter une croix de toile rouge et jaune sur l'épaule droite. De nombreux bureaux de bienfaisance fonctionnent, grâce à des dons privés. Ce sont les « Charités des pauvres honteux », pour ceux quine veulent pas aller s'inscrire à la charité publique et qui, surtout, ne veulent pas porter la marque qu'ils jugent infamante sur leurs vêtements.

En 1611, le conseil du roi décide d'enfermer les mendiants dans une sorte d'hôpital, et Mgr de Bellièvre, président en la cour du Parlement, fait publier par affiches et son de trompe, aux carrefours, sur le Pont-Neuf et sur les marchés, que :

> Tous les vagabonds, fainéants, caymans et caymandes, valides et invalides, étrangers ou forains qui ne sont pas natifs de la prévôté et de la vicomté de Paris devront en sortir sous huitaine ; autrement, et à faute de le faire, ledit temps passé, il serait procédé contre eux selon la rigueur des arrêts de la cour. Quant à ceux qui en sont natifs, qu'ils se disposent à entrer aux hôpitaux et maisons destinés pour les pauvres enfermés, et qu'ils se trouvent le mardi suivant à la place de la foire Saint-Germain, à huit heures du matin, pour y être conduits.

Les conditions d'hébergement sont précisées :

> D'autant qu'ils couchaient sur la paille contre la terre, on leur baillerait des châlits dans lesquels il y aurait des paillasses pleines de paille, avec les chevets, des draps et bonnes couvertures ; on les entretiendrait d'habits de bure, de sabots, bonnets, linge, chauffage, et toutes autres choses nécessaires à la vie et à l'entretien des hommes. Ils auraient par jour chacun deux pains de douze onces de bon blé de froment, demi-livre de chair crue qu'on leur ferait cuire et du potage ; les jours maigres, chacun des œufs et du potage aux choux, aux herbes ou aux poireaux selon la saison ; en carème un gros hareng ou deux petits, avec du potage ou des pois cuits, avec une livre de beurre pour chaque boisseau ; bref on les ôterait de toute nécessité...

Mais leur emploi du temps était aussi organisé :

> Seront tenus de se lever, depuis le 1er octobre jusqu'au 1er mars à six heures du matin, et depuis le 1er mars au 1er octobre à cinq heures du matin, pour commencer la besogne demi-heure après être levés, et travailler sans discontinuer jusqu'à sept heures du soir ; plus tôt ou plus tard, s'il est ordonné par les maîtres et les gouverneurs, selon la nécessité des ouvrages auxquels lesdits pauvres seront employés. Et incontinent qu'ils seront levés ils entendront la messe qui se chantera précisément en tout temps à six heures et demie au plus tard et, icelle dite, se rangeront au travail. Aux quatre bonnes fêtes de l'année et autres solennelles, iront à confesse et recevront leur Créateur...
>
> Les hommes seront employés et travailleront à moudre la farine aux moulins qui seront dressés, brasser de la bière, scier des aix, à battre du ciment et autres ouvrages pénibles...
>
> Les filles et petits enfants au-dessus de huit ans travailleront à filer, faire bas d'estame, boutons et autres ouvrages, avec les dés, le pouce, l'aiguille et le fil de toutes sortes, sans outil, ni boisson.
>
> Les hommes, les femmes, les enfants, tant mâles que femelles, fourniront à celui qui sera préposé par lesdits maîtres et gouverneurs la besogne qui leur sera donnée chaque jour. Autrement leur sera

diminuée pour la première fois la moitié de leur pitance, et pour la seconde seront chassés honteusement de la maison et conduits aux prisons du grand et petit Châtelet...

Dès que les mendiants prirent connaissance de ces projets les concernant, sabouleux, coquillards, argotiers, coupe-bourses de toutes espèces et pauvres hères de tous poils quittèrent aussitôt Paris, en une fuite éperdue. Ce travail forcé, derrière lequel se profilaient les masses sinistres du petit et du grand Châtelet leur donnait des ailes.

Paris en un clin d'œil devint propre et libéré de tous ces insidieux et insistants mendiants. C'est vers ce temps qu'arriva un petit homme au mince visage et aux yeux perçants, qui se pencha sur le sort de ces déshérités. Il s'appelait M. Vincent de Paule.

Les charités s'ouvrirent d'abord dans la paroisse Saint-Sauveur, puis dans celle de Saint-Nicolas-du-Chardonnet, et ensuite à Saint-Eustache, Saint-Benoît, Saint-Merry et Saint-Sulpice. La présidente Goussault alerta M. Vincent de la misérable condition des malades de l'Hôtel-Dieu, où l'on soignait enfants et vieillards atteints de toutes les maladies, à huit et douze par lit, et où l'argent manquait. A peine étaient-ils guéris, ou considérés comme tels, qu'on les jetait dehors, même en hiver, sans qu'ils sachent où aller. Traînant le long des murs de l'hôpital, cherchant par quel moyen ils pourraient s'infiltrer encore dans le vieil hôpital, où on a au moins un lit, où il fait chaud et où il y a à manger. Mais on les empêche d'entrer ; les portes du parvis Notre-Dame, ainsi que les portes du bord de l'eau, où les religieuses lavent le linge des malades, sont gardées par les gens du roi. Alors, chacun à sa peine, ils restent dans le gel et le froid de la boue de la rue, à Paris.

## *Chapitre XXXIII*

Pendant que les uns s'amusent, se pavanent, dansent, se battent ou s'aiment et que d'autres vivent dans l'horreur une vie infâme, des enfants sont abandonnés dans la boue, la neige de l'hiver, dans les rues de la ville indifférente, au coin d'un mur, au seuil d'une église, au pied d'une image pieuse. Des carrosses passent à deux doigts de ces petits êtres, faisant gicler de leurs roues vermillonnées un peu plus de froid, de peur et de boue.

Soudain, une ombre à longue pèlerine paraît, errant par les rues, enjambant les ruisseaux fangeux, insoucieux du vent, du froid et de la crotte qui tache le bas de son manteau.

Quand il neige, la même forme sombre est sous la neige ; quand il pleut elle est sous la pluie. Cette forme sombre, attentive et songeuse, possède un visage à front têtu, à long nez et aux yeux très vifs, débordants de bonté, mais une bonté pleine d'entrain et de gaieté, une bonté chaude et claire, qui réchauffe le cœur et vous fait sentir moins misérable. Son nom ? M. Vincent de Paule.

Que cherche-t-il ?... Ces enfants laissés dans le noir de la nuit ; ces enfants nés du hasard, qui ont froid, qui ont peur et dont personne ne veut... ; ces créatures de Dieu que M. Vincent veut arracher à l'ombre, au froid et à une mort certaine.

Il se baisse, prend dans ses bras ces pauvres petits malheureux et les emmène jalousement, bien serrés sous sa grande mante, vers une grande chambre, où de simples filles les attendent, où un bon feu brûle et où des biberons d'étain, remplis de lait mousseux et tiède, sont prêts à réconforter les nouveaux pensionnaires, après qu'ils ont été réchauffés, frictionnés avec un peu de vin et emmaillotés dans des lainages, peut-être vieux et raccommodés, mais propres et tiédis devant le feu. Toutes les nuits, M. Vincent de Paule fait du bon travail, et pas un malandrin ne s'aventurerait à l'attaquer. D'ailleurs, pour lui voler quoi ?... Son vieux manteau de laine noire ?... MM. les bandits et coupe-bourses respectent cette vaste pèlerine et l'aura que dégage le personnage, toute faite de lumière, de bonté et de franc-parler ; de quoi en imposer aux âmes les plus noires. Avec M. Vincent, fini machinations et manigances hypocrites, mensonges et faux-semblants. Il aide les humbles, ceux à qui jamais rien n'est dû et qui ne recevront jamais rien. Quand il arrive à la cour, avec ses gros souliers, sa ceinture effilochée et sa soutane verte d'usure, il va vers la reine Anne. Il s'incline, bas, très bas, devant cette reine radieuse, si jolie et moqueuse. Quand ils se connaîtront mieux, la reine lui dira un jour :

– Monsieur de Paule, comme vous voilà fait, avec cette soutane qui s'effiloche de partout !

Mais M. Vincent répond fièrement :

– Il n'y a ni trous ni taches, madame ; seulement pas assez d'argent pour tous les pauvres...

Car M. Vincent aime dame Pauvreté comme une maîtresse. Mais la reine connaît l'âme généreuse de son interlocuteur, son abnégation, le don total qu'il fait de sa personne.

– Nous savons que la misère de notre peuple, due à la guerre, est grande, dit la reine gravement.

– Plus grande que cela, encore, madame. Dans les campagnes et aussi dans les villes... Même ici dans Paris, il y a de nombreux misérables... Ils sont terribles les pauvres, madame ; ils sont exigeants !...

Sa Majesté la reine regarde avec intensité l'homme solide et râblé, debout en face d'elle.

– Nous vous apporterons toute l'aide nécessaire, dit la reine après un silence de pensée et d'observation. Asseyez-vous, je vous prie. Qu'on apporte un siège pour M. de Paule.

M. Vincent, comme bientôt on va l'appeler, s'assied très simplement, les mains sur ses cuisses, comme un paysan devant son feu. Il est cependant dans le centre de la puissance et de la richesse, car ce Louvre, palais des rois, regorge de marbres, de dorures, de tables d'argent, d'objets d'or et précieux, de tapis, de velours, de glands d'or et d'argent... Mais il reste indifférent à tout cela, car en lui brûle un immense feu, ou plutôt un immense brasier de don de soi, de pitié, d'amour et de secours qu'il faut apporter aux pauvres, à ces petits enfants mourant de froid et de faim, et surtout de tant d'indifférence et d'égoïsme. Il a pourtant l'habitude du monde. Il a connu la cour de la reine Margot... Son âme est restée droite. Il aime les hommes malgré leurs défauts et leurs misères et peut-être à cause de cela. Il ne peut entendre parler d'une détresse humaine sans qu'aussitôt il ne fasse l'impossible pour apporter aide et soulagement. Dans les plus déshérités des êtres, il respecte la dignité humaine car dans les pauvres il voit Dieu.

– Nous vous aiderons, monsieur de Paule, et beaucoup des dames de la cour pourront vous aider dans votre œuvre, vous apporter argent et objets nécessaires. Nous vous aiderons aussi, tout personnellement...

Le prêtre regarde cette reine, la femme la plus puissante de France, et ses petits yeux intelligents et pénétrants semblent vouloir scruter le moindre recoin de cette âme, comme il le ferait de celle du pauvre hère rencontré dans la rue...

– Dieu ne vous demande rien qui soit contraire à la raison...

– Je m'en doute, dit la reine. Madame, dit-elle en s'adressant à une de ses dames de parage, qu'on m'apporte ma cassette.

– Ce qu'il faut, madame, c'est fonder une mission, composée de femmes dévouées, qui ne soient pas toutes dames de la cour, car elles ne sont point faites pour les basses besognes, mais de filles des champs et des campagnes. Oui, je vois cela ! et elles doivent être solides et habituées au travail !...

Et de cette conviction naquirent les dames de charité. Mme de Gondi et Mme d'Aiguillon furent parmi les premières des femmes du monde, chargées du soin des charités. M. Vincent attendait aussi d'elles qu'elles aillent visiter « nos seigneurs les pauvres », leur porter nourriture et vêtements, les secourir matériellement et moralement. Bien sûr, la charité suscita une mode, mais beaucoup de dames y donnèrent le meilleur d'elles-mêmes. La riche présidente Goussault, supérieure de la Compagnie des Dames, faisait la charité si gaiement avec ses gardes-malades que cela n'en était plus... Mlle Polaillon, que M. Vincent, pour la taquiner, appelait Mlle Poulaillon, dont le grand nez et les yeux vifs allaient se montrer dans les quartiers les plus déshérités... La délicieuse Mme de Villeneuve, qui, avec ses filles de la Croix, enseignait avec passion les petites filles pauvres ; Mme de Miramion, ravissante veuve de seize ans, qui, délaissant la cour, prit en main les hôpitaux... Que de grands noms autour des lits de l'Hôtel-Dieu et de la Salpêtrière, où gémissaient les malades !... Mme de Maupéou, la duchesse de Montmorency, la duchesse de Nemours, Mme de Beauharnais, Mme de Hautefort, la princesse Marie de Gonzague, future reine de Pologne... et la reine Anne en personne...

De Paris, la Compagnie des Dames rayonne à travers le royaume. Partout, il se fait beaucoup de bien. Parmi les dames de charité, Louise de Marillac trouve la réponse à ses questions sur l'existence humaine.

Mais, comme l'avait prévu Vincent de Paul, les grandes dames, bien que généreuses et pleines de bonne volonté, n'ont pas toujours le temps de préparer la nourriture des pauvres et de s'occuper d'eux. Alors, M. Vincent fonde les Filles de la Charité, humbles, dévouées, sobres. *Leur parler est tout simple et tout véritable,* écrit-il. *La plupart se contentent de pain. Les filles des champs ont une très grande pureté.*

Louise de Marillac réunit chez elle, dans son logement du quartier Saint-Victor, proche de Saint-Nicolas-du-Chardonnet, quatre humbles filles, des paysannes, décidées à se faire servantes chez les pauvres. C'est la première réunion de l'institut des Filles de la Charité. Les vocations se multiplient, et l'institut va s'installer à la Chapelle, dans un local plus grand. Ces filles sont vêtues de robes grises. Tout aussitôt, elles sont appelées « les sœurs grises », ou « les sœurs au bouillon ». Elles sont coiffées d'un toquois de toile blanche, qui leur enserre la tête et cache leurs cheveux. Elles portent le costume des paysannes des alentours de Paris. Elles s'appellent : Madeleine Rapporteblé, Marie Vigneron, Jeanne Gresier, Mathurine Guérin, Julie Hore-Loret, Toussainte David et Françoise Fauchon...

Marguerite Naseau est une petite vachère de Suresnes, qui apprit toute seule sa « Croix de Dieu », nom qu'on donne à l'alphabet dans les campagnes. Petite fille, quand elle ne savait pas lire, elle demandait aux passants de lui montrer les lettres. Puis elle partit et alla de village en village enseigner ce qu'elle savait aux enfants les plus pauvres. C'est à Villepreux qu'elle rencontre M. Vincent, qui prêchait une mission. Elle va le trouver et entre chez les Filles de la Charité, qui non seulement font l'école aux petites filles, mais encore vont dans les hôpitaux, s'occupent des forçats, accourent sur les champs de bataille quand la reine demande des secours pour les soldats blessés... Les Filles de la Charité de M. Vincent de Paule sont partout, la main tendue, non pour recevoir, mais pour donner et porter secours, attentives et efficaces, toujours et partout. Et M. Vincent organise de main de maître la charité en France. Il fonde une confrérie de charité pour les hommes, et aussi la Compagnie du Saint-Sacrement, qui aura une importance énorme. Dans les hôpitaux, les sœurs grises et les femmes du monde de la cour prennent un soin actif des malades. Dès 1638, Louise de Marillac s'occupe de l'Œuvre des Enfants trouvés. C'est l'œuvre la plus célèbre et qui touche le plus le cœur.

Dans ce temps de misère féroce, des quantités de mères abandonnent leurs enfants. Chaque année, tout au long des rues, on en ramasse des milliers. Combien déjà sont morts ! avant l'arrivée de M. Vincent ; étaient vendus pour quelques sols à des *mendiants,* qui leur brisaient les bras et les jambes ou les empêchaient de grandir. Il faut qu'un enfant pleure, pour mendier et rapporter de l'argent le soir... Il faut qu'il fasse pitié.

M. Vincent continue à faire appel à ses amis de la cour, à la reine d'abord, puis aux dames. L'Œuvre des Enfants trouvés est installée au château de Bicêtre, puis au faubourg Saint-Denis. Bien plus tard, Louis XIV fera construire l'hôpital des Enfants trouvés...

M. Vincent s'occupe aussi du sort des prisonniers ; il s'intéresse à eux. Pour lui seul, peut-être, les forçats sont aussi des hommes. A la prison Saint-Roch, ils pourrissent vivants... Y sont enfermés pêle-mêle bandits, voleurs, malheureux emprisonnés pour dettes, fils de famille ayant fait quelques frasques... Il leur rend visite, les console et les apaise. Une sorte de bête à face humaine pleure en l'écoutant. M. Vincent va voir le roi, les ministres. Il s'indigne. Remue les consciences, réclame que ces malheureux soient mieux traités, qu'ils puissent recevoir les secours de la religion. De haute lutte, il finit par obtenir gain de cause. Pour les adolescents, il ouvre à Saint-Lazare une maison de correction. Le sort des galériens, pire que celui des prisonniers, le préoccupe. Il pense aux hommes qui sont enchaînés comme chiens à leurs bancs de rames, au fond des galères, torse nu, pour mieux sentir les nerfs de bœuf des fouets des gardes-chiourme, lorsque les comites jugent qu'ils tirent trop lentement sur les mancherons. M. Vincent est tellement convaincant que l'évêque oratorien Jean-Baptiste Gault, M. de Marseille et le chevalier Gaspard de Simiane s'émeuvent de leur état. Quand la chaîne part pour Marseille, M. Vincent va la voir. Il parle aux galériens, les réconforte ; il a les mots qui les touchent. Il leur envoie des missionnaires pour leur porter la parole de Dieu. Et que voit-on ? Des hommes se confessent, des Turcs demandent le baptême, des hérétiques abjurent leurs erreurs... Mais M. Vincent sait qu'en Barbarie il y a des esclaves chrétiens enlevés par des corsaires. Les autorités musulmanes ne veulent que des prêtres esclaves... Alors, M. Vincent fait nommer des missionnaires consuls par le roi, tel Jean Le Vacher, qui est aussi vicaire apostolique de Tunis. Celui-ci ose ouvrir des chapelles chez les musulmans, avant de terminer sa vie en martyr, attaché devant la gueule d'un canon, à Alger. Pendant ce temps, la Compagnie du Saint-Sacrement œuvre en secret. Son puritanisme est extrême ; son but est de lutter contre les abus et les vices. Elle s'entoure d'un profond secret. Les plus grands noms de France en font partie, tels Gaston de Renty, Henri de Levis, Jean de Bernières-Louvigny, Christian et Guillaume Lefèvre d'Ormesson, le duc de Nemours, le duc de La Meilleraye, le comte de Noailles, le marquis de Sanilhac-Fénelon, Bossuet et Vincent de Paule, parmi bien d'autres. C'est un véritable engouement. Les membres de la Compagnie s'occupent du magasin général où sont entreposés les objets pour les pauvres. Les messieurs de la Compagnie sont puissants et possèdent un réseau d'espions très sûrs, qui savent, détectent, observent et rapportent tout. La Compagnie du Saint-Sacrement n'ignore rien des méfaits des prêtres de mauvaise vie ; ils suivent les marchands d'amulettes autour de Saint-Sulpice, ont les noms des bouchers qui vendent de la viande le vendredi, des maraîchers qui étalent leurs marchandises jusque sur le parvis de Notre-Dame, des trafiquants de tout poil et louches personnages qui vont attendre les filles débarquant de leurs villages à l'arrivée des coches, pour leur offrir des situations peut-être lucratives, mais non avouables... Tous ces gens ne tardent pas à savoir qui leur a jeté aux trousses les sergents et mis les sorciers sur les bûchers...

## *Chapitre XXXIV*

Cette première moitié du XVII$^{e}$ siècle est l'époque où, Brouage est le second port de France, et Marseille le premier. Sur les routes du royaume, des chaînes de forçats s'étirent vers la Méditerranée ensoleillée, où attendent les galères aux couleurs rutilantes, aux banderoles claquantes et aux bancs de rame de bois grossier. Voir partir ou entrer une galère dans le port est un enchantement et un spectacle que personne ne veut manquer.

Les voyages vers la Barbarie ou vers l'Orient mystérieux font frémir, rêver et tourner toutes les têtes.

Mais les navires partant de Brouage sont tout autres. Ce sont des navires sérieux, trapus, aux voiles solides, pouvant affronter les pires tempêtes de cet océan Atlantique.

De Brouage, Champlain part pour le Canada, qui s'appelle encore la Nouvelle-France. En 1603, il explore les rives du Saint-Laurent, revient en France et, à quarante ans, se marie à Paris avec Hélène Boullé, qui en a douze et qu'il emmène dix ans plus tard au Canada.

Mais Champlain est plus canadien que mari, et Hélène déteste jouer la femme des bois dans ce nouveau pays, où les attaques des Indiens sont permanentes, et combien sanguinaires. Quatre ans sont à peine passés qu'elle rentre en France et va se réfugier chez les Ursulines.

Bien que le prince de Condé soit nommé lieutenant général de la Nouvelle-France, avec Champlain pour lieutenant, il faudra attendre 1617 pour que la première famille française émigre au Québec : c'est Louis Hébert, sa femme et ses enfants. Huit ans plus tard, des jésuites s'y installent, mais les grands continuent à dédaigner les récits et les découvertes de Champlain et ne risquent pas leur argent dans de telles entreprises. Seul Richelieu y est attentif et aide ce coureur de pays nouveaux. Du fond de son cabinet, éclairé par les conseils précieux de père Joseph, le cardinal n'a jamais cessé de suivre les pérégrinations des uns et des autres.

Un des plus grands marins du temps, le chevalier de Rasilly, disait à l'Eminentissime :

– Quiconque est maître de la mer a un grand pouvoir sur la terre. Voyez le roi d'Espagne. Depuis qu'il a conquis la mer, il a tant de royaumes que jamais le soleil ne se couche sur ses terres...

Le cardinal reste silencieux, fronce le sourcil et tape impatiemment du pied, car, comme beaucoup, il a en mémoire les richesses inouïes apportées par les galions espagnols – ce qui n'a pas empêché ces insouciants Espagnols de se retrouver accablés de dettes.

A la suite des Espagnols, les Hollandais, puis les Anglais se ruent sur les mers, à la recherche du pactole. Mais si le père Joseph est hanté par des idées de croisades, c'est un domaine où le cardinal ne le suit pas. Non, ce n'est pas de croisades dont le royaume a besoin, mais plutôt de ces biens matériels qui profitent tant aux autres pays. Pourquoi les mondes nouveaux et leurs richesses resteraient-ils fermés à la France ? Il faut veiller à cela, envoyer des hommes et des femmes... Mais, dans l'affaire, Dieu ne doit pas être oublié. Tout navire appareillant vers ces contrées lointaines aura aussi pour passagers ces hommes merveilleux, au courage inouï, à l'âme d'or et au regard de feu, dont la double tâche sera de soutenir la flamme de ceux qui partent s'installer au loin, fonder familles et comptoirs et évangéliser ces sauvages à moitié nus qui ne connaissent pas Dieu. La fille aînée de l'Eglise ne peut faire moins.

Pour le domaine de la mer, le cardinal s'est entouré de gens remarquables, tant par leur compétence que par leur courage. En font partie Champlain et ses compagnons, les deux frères Rasilly. Il va de soi que ces hommes ne sont pas totalement indifférents à l'éclat de l'or et à son pouvoir immense, mais ils partent aussi pour la plus grande gloire de Dieu, à qui tout honneur et tout hommage sont dus, pour la grandeur du royaume de France et pour l'intérêt passionnant que représentent toutes ces populations inconnues à christianiser, à éduquer, et à faire entrer dans la grande famille de la chrétienté. Pour eux, combien mourrait et dans quelles tortures.

Quelques années auparavant, Champlain, jeune alors, disait au roi Henri IV :

– Les véritables richesses coloniales, sire, sont la culture du sol et la sympathie des indigènes, et non les mines d'or et une odieuse fiscalité.

La compagnie des « Cent associés » se forme et distribue d'immenses territoires à quelques hommes, qui en deviendront les seigneurs. Devant La Rochelle, une déclaration est signée par le cardinal de Richelieu, par le maréchal d'Effiat – qui n'est autre que le père de Cinq-Mars – le vice-amiral de Rasilly, frère du chevalier, par Champlain et par bien d'autres. Tous approuvent les nouveaux statuts de l'association, qui se charge de coloniser la Nouvelle-France. L'article 6 stipule : *Les descendants des Français qui s'habitueraient audit pays, ensemble les sauvages qui seraient amenés à la connaissance de la foi, et en feront profession, seront censés et réputés naturels Français.*

Alors, des Français, en majorité issus du peuple, n'hésitent pas à abandonner familles, maisons, habitudes, coin de feu douillet et molle couche, pour s'élancer sur cette mer ondulante, capable des pires tempêtes, qui cache au loin derrière des vagues gigantesques ces pays à la faune, à la flore et aux mœurs inconnues. Ils savent qu'ils risquent leur vie, mais ils savent aussi qu'elle ne vaut vraiment la peine d'être vécue que lorsque qu'elle comporte un facteur danger. Aussi, tous les ans, des Français partent pour le Québec. En 1634, un apothicaire, Robert Giffard, s'embarque escorté de six familles. A chacune d'elles est distribuée une lieue de terre, à prendre le long de la côte du Saint-Laurent, sur une lieue et demie de profondeur (une lieue : quatre kilomètres quatre cent quarante-quatre mètres). Des vieilles et des jeunes filles, des veuves de modeste condition les rejoignent, pour fonder des familles en épousant des soldats ou des colons célibataires.

Mais les Indiens se rebellent, attaquent et pillent. Des navires pirates à la solde de l'Angleterre assaillent Québec. Champlain est fait prisonnier, emmené prisonnier en Angleterre. Quatre ans plus tard, il est libéré, et dans Québec en fête, il fait une entrée triomphale. Deux jésuites l'accompagnent : le père Jean de Brébeuf, qui sera l'auteur du premier cathéchisme en langue huronne, et le père Ennemond de Massé.

En 1639, alors que le petit dauphin a un an, Mme de La Peltrie vient voir la reine Anne. Elle vient d'offrir la moitié de son bien pour fonder un monastère d'ursulines à Québec, et s'en va prendre la mer escortée de trois religieuses femmes intrépides et ô combien désintéressées. Le 2 février 1642, lors de la fête de la Purification célébrée à Notre-Dame de Paris, Mr Olier, fondateur de la compagrie de Saint-Sulpice, et M. de La Dauversière, sont les parrains d'une ville qu'ils nomment Ville-Marie, et qui deviendra plus tard Montréal. Le cardinal de Richelieu a encore neuf mois à vivre. Il est malade, ce qui n'est pas nouveau, car il l'a toujours été mais a toujours eu la force de le cacher. Il lui faut encore lutter, pour la gloire de Dieu et du royaume ; pour cette monarchie qu'il a voulue plus grande, plus forte, en abattant ces nobles orgueilleux dont la puissance en menaçait l'intégralité et le rayonnement. Son cœur saigne, car il vient d'apprendre que son protégé Cinq-Mars, qui, sans lui, n'aurait rien été, complote contre lui et contre le roi. C'est impardonnable ! Cela lui coûte, mais il doit sévir. Malgré la maladie, la lucidité du cardinal n'est pas atteinte. Ainsi il écrit dans son testament politique :

> Les Français sont capables de tout, pourvu que ceux qui les gouvernent soient capables de leur bien enseigner ce qu'il faut qu'ils pratiquent. Leur courage qui les porte à chercher la guerre aux quatre coins du monde vérifie cette proposition. S'ils vivent dans ce royaume sans discipline, ce n'est pas tant leur faute que celle de ceux qui les commandent, qui se contentent d'ordinaire de faire des ordonnances

et n'ont pas le soin de les voir observer. C'est chose certaine que l'opinion qui s'est répandue par tout le monde que les Français sont incapables de règle et de discipline n'a aucun autre fondement que l'incapacité des chefs, qui ne savent pas choisir les moyens nécessaires aux fins qu'ils préparent.

# *Chapitre XXXV*

Le temps a passé. Cela fait deux ans qu'Henri de Cinq-Mars est le favori du roi Louis XIII.

Six mois avant la naissance du dauphin, c'est-à-dire au début de l'année 1638, le jour de ses dix-huit ans, il est nommé par le roi grand maître de la garde-robe, une charge de cour considérable et fort enviée. Il devient ainsi le personnage le plus puissant du royaume, après le roi et le cardinal de Richelieu.

Mais celui que l'on appelle aussi « Monsieur le Grand », traîne sa mélancolie. Son manque de liberté lui pèse chaque jour davantage, et s'il redoute le cardinal, le roi l'ennuie. Il aime la ravissante Marion de l'Orme et la fière princesse Marie de Gonzague.

Son train de favori est somptueux. Il traite magnifiquement le roi lui-même et les grands seigneurs de la cour. Il est flatté à outrance ; flatté et...ennuyé.

Quand il accompagne Louis XIII au château de Saint-Germain, qu'il déteste, le roi promène sa morosité à travers ses jardins, ou entraîne ses familiers dans des chasses au renard, s'il ne lance pas ses éperviers sur les merles... Aussi, le soir venu Henri de Cinq-Mars saute sur son cheval et galope à Paris rejoindre ses amis.

A l'hôtel de Rambouillet, Arthénice (c'est l'anagramme de son prénom) le reçoit toujours avec joie ; Marion de l'Orme et Marie de Gonzague aussi. A l'aube blanchissante, il regagne Saint-Germain pour le lever du roi.

Mais Marie de Gonzague occupe ses pensées. Il l'aime à la folie. Un jour, il va trouver le cardinal dans son cabinet et lui fait part de son projet d'épouser la princesse, lui assurant que sa mère considère ce mariage avec plaisir.

Mais le cardinal voit avec mécontentement depuis quelque temps, son protégé Cinq-Mars, prendre beaucoup d'importance et échapper à son contrôle.

Le cardinal se lève, furieux. Il déploie son ombre rouge, haute et menaçante. Ses yeux flamboient. Il toise l'insolent et prétentieux Cinq-Mars de haut en bas et entre dans une de ses célèbres colères, déversant le sarcasme et l'insulte :

– Pour qui vous prenez-vous ? dit-il d'une voix sifflante, plus froide qu'un glaçon. Pensez à ce que vous êtes, c'est-à-dire rien ! Sans moi vous n'êtes rien, et vous le savez, même si vous l'avez oublié ! Votre mère est une folle d'avoir pu un instant envisager semblable alliance, et si la princesse Marie pense à ce mariage, elle est encore plus folle que votre mère !

Henri regarde d'un air hébété le cardinal qui ne l'a pas habitué à de telles sorties. Ils est humilié, anéanti et a grand-peine à contenir ses larmes.

Sous l'œil courroucé du cardinal, il sort en titubant. Sans voir qui que ce soit autour de lui, il va comme un aveugle jusqu'à son carrosse, dans lequel il se jette, les yeux hors de la tête, et, au même instant, tous les boutons de son pourpoint sautent et s'éparpillent en roulant comme des prunelles sur le tapis du carrosse. Henri n'en a cure, le monde qui l'entoure a perdu ses couleurs et la tête dans ses bras, loin des curieux, il pleure.

Mais cela n'empêche pas la vie de la cour de continuer. La signature du contrat de mariage de Mlle de Brézé, nièce du cardinal de Richelieu, réunit toute la noblesse. La mariée a douze ans, fille d'une folle, demi-folle elle-même, elle épouse le duc d'Enghien, fils du prince de Condé. Cette prodigieuse mésalliance passionne la cour, tout en l'horrifiant. Mais personne ne bouge. Richelieu, qui fait bien les choses, donne dans son beau palais neuf un fastueux ballet, suivi d'un bal qui se prolonge jusqu'à l'aube.

Cependant, la cour est le théâtre d'incessantes intrigues. Révoltes et trahisons germent dans les têtes folles des grands.

Au printemps de 1641, le duc de Bouillon déclare la guerre au roi, et, de son côté, le comte de Soissons, proclame son intention d'aller à Paris, à la tête de sept mille impériaux, afin de renverser ce tyran qu'est Louis XIII. Monsieur, frère du roi, fait partie du complot, et attend l'instant de se dévoiler ; seule le reine est au courant.

Le but de cette conspiration est de remplacer le cardinal par le comte de Soissons, de mettre le roi en tutelle, de rendre le pouvoir aux grands et de renverser les alliances.

Cinq-Mars n'ignore rien de la conjuration dont il approuve les desseins. Il en connaît tous les détails. Son ami François de Thou aussi, mais n'en dira rien, ce qu'il paiera chèrement.

Brusquement, tout s'effondre pour les comploteurs. Le comte de Soissons meurt sur le champ de bataille de La Marfée. Comme par enchantement, les conjurés se volatilisent ; il est bon de se tenir à distance de toutes représailles possibles du cardinal. Fontrailles dit à Cinq-Mars :

– Il y a du danger pour vous. Quittez la cour et mettez-vous à l'abri.

Gaston d'Orléans va se cacher dans les montagnes d'Auvergne, changeant souvent de lieu, pour éviter d'être arrêté. Mais bientôt le frère du roi, selon son habitude, abandonnera ses compagnons et recouvrera par la suite ses droits et apanages.

Les amis de Cinq-Mars continuent de le prévenir qu'un danger très sérieux le menace. La princesse Marie de Gonzague elle-même lui écrit :

*Ici, votre affaire est sue comme on sait que la Seine coule sous le Pont-Neuf...*

Mais Cinq-Mars, jeune, imprudent, sûr de lui et de sa puissance, n'écoute aucun conseil de prudence et suit le roi en Roussillon. Pendant ce temps, des espions apportent à Richelieu le fameux traité avec l'Espagne, démontrant d'une façon fort claire que le roi d'Espagne devait fournir à Monsieur, frère du roi, douze mille hommes de pied, cinq mille chevaux, de l'artillerie et des munitions. Monsieur devait recevoir en plus douze mille écus de pension par mois.

Bien que malade, Richelieu n'hésite pas un instant, et part rejoindre le roi, apportant avec lui la preuve écrasante de la conspiration. Il était si souffrant que, nous dit Montglas : « l'on trouva une invention d'une machine dans laquelle il était couché tout de son long, et il y était porté par douze hommes ; il y avait aussi un pont sur des chariots qu'on appliquait si adroitement aux lieux où il logeait qu'on le montait dans sa chambre sans passer par aucun degré ».

Le roi accueillit avec septicisme les révélations que Son Éminence lui fit. Cependant, ayant pris connaissances des preuves, après bien des hésitations, avec bien des regrets, il donna ordre de fermer les portes de Narbonne et d'arrêter Monsieur le Grand.

Cinq-Mars, fait prisonnier, est conduit à Montpellier, où il est enfermé dans la forteresse.

A cette nouvelle, la princesse Marie de Gonzague est prise d'une grande frayeur, car, si elle n'a pas participé au complot, elle en a connu l'existence ; et Cinq-Mars était son grand ami. Elle quitte aussitôt Paris en toute hâte, cherchant refuge. Elle va d'abord à Creil, chez la comtesse de Soissons, puis à Nevers, dont elle est gouverneur. Pendant ce temps, le cardinal, toujours menaçant, remonte le Rhône, dans une vaste péniche chamarrée qui traîne derrière elle, en laisse, celle où de Thou est gardé prisonnier, entouré de gardes. De son côté, Cinq-Mars est acheminé vers Lyon, en carrosse. Jusqu'au dernier moment, il a cru que le cardinal, si près de la mort, lui ferait obtenir la grâce du roi. C'était mal connaître le cardinal écarlate, car jamais il ne fut plus acharné à faire tomber cette tête sur laquelle il avait fondé tant d'espoirs, réduits maintenant à néant.

Le 12 septembre 1642, à sept heures du matin, le tribunal entre dans la chambre du Présidial de Lyon, présidé par le chancelier Séguier, venu tout exprès de la capitale.

A ce même moment, le cardinal de Richelieu quitte Lyon dans sa litière rouge. Sa haine et sa vengeance sont presque assouvies : Cinq-Mars, qu'il a connu tout enfant, et qui l'a tellement déçu, va bientôt perdre la tête ; cette tête si belle, que le roi, un jour, avait remarquée.

A huit heures du matin, le chevalier du guet va quérir Monsieur le Grand, au château de Pierre Encise. Cinq-Mars est pâle et défait. En chemin, à la portière de son carrosse, il salue cependant la foule qui s'est amassée pour le voir passer. Arrivé à Lyon, il entre entouré de gardes dans la vaste salle du Présidial. Il s'assied sur la sellette. L'ambiance est sombre, déprimante, écrasante, sinistre, mais l'inconscient Cinq-Mars ne s'en rend même pas compte. Il est sûr de son acquittement. Il se lève pour parler familièrement à l'oreille du chancelier Séguier, qu'il connaît bien, et qui le remet brutalement à sa place. Mais Cinq-Mars a encore confiance. On ne descend jamais des hauteurs sans étonnement.

Les juges arrivent en grand arroi dans leurs amples robes. Cinq-Mars et son ami de Thou écoutent la sentence à genoux. Les mots de conspiration et entreprises heurtent leurs oreilles :

– Ces mots ne sont pas pour nous ! s'écrie de Thou.

Cinq-Mars est condamné a avoir le cou tranché, après avoir subi la question ordinaire et extraordinaire. De Thou, qui était seulement au courant du complot, est simplement condamné à mort, sans torture préalable.

Cinq-Mars est désespéré d'avoir causé la perte de son ami, mais si cette douleur lui permet d'accueillir la mort comme une délivrance, et aussi un rachat, il est en proie à une terreur affreuse pour son corps et pour son âme, car les condamnés ne sont pas autorisés à se confesser avant de subir la torture.

On lui fait descendre des escaliers gluants, suivre des couloirs humides, traverser des geôles infâmes, où croupissent des prisonniers. Il découvre tout un monde insoupçonné de râles, de gémissements, de bras maigres, de rats qui s'enfuient à leur approche, de paille à odeur de pourriture et de clapotis d'eaux croupies.

– Ah ! mon Dieu, fait-il, où me menez vous ? Ah ! qu'il sent mauvais ici !

La chambre de la gène est un réduit éclairé par trois chandelles. L'appareil de torture est effrayant à voir et se veut tel. Des poulies, des barres, des pinces, un feu dans une grossière cheminée, un brasero incandescent, une odeur de chairs brûlées ; un spectacle effroyable de misère et d'abjection. Henri, en chemise et chausses, est au bord de l'évanouissement. Aucun son ne parvient jusqu'à eux. Aucun cri ne peut franchir les murailles épaisses et ces portes solides. Les juges sont assis sur de hautes chaises. Devant eux, une vaste table. Leurs visages sont sévères, terribles. Nul merci ne peut venir d'un tel endroit, où tout est conçu pour briser, broyer et arracher.

Henri, plus mort que vif, est attaché au banc de la question.

On l'interroge sur la conspiration qu'il a tramée contre la vie du cardinal. Henry répond :

– Le projet d'assassinat dont vous m'accusez est une chimère à laquelle je n'ai jamais pensé.

Son dos, ses joues ruissellent de transpiration ; il se sent aussi léger que s'il était mort. Il sait qu'il est au bout de sa vie. Elle s'arrête là, mais il ne veut pas y croire. Il est jeune ! Il est beau ! Il veut vivre ! Le roi ne peut pas l'abandonner ; il va envoyer sa grâce, il faut qu'il l'envoie... Non, tout cela n'est qu'un affreux cauchemar.

Devant ses yeux injectés de sang le visage de Marie de Gonzague passe rapidement. Son sourire est triste ; deux larmes semblent rouler sur ses joues...

– Marie ! murmure Cinq-Mars, Non ! crie-t-il. Non !

Il ne veut pas de torture ; il ne doit pas y avoir de torture. Il veut s'arracher à cette boue puante, à cette glue horrible, qui se colle à lui et veut l'engloutir... Il faut retourner vers le soleil des jardins, les jets d'eau et les fleurs qui s'abandonnent aux caresses du vent léger... où sont les musiciens, dans les buissons de fleurs ? Où sont les nymphes des grottes de Rambouillet ?

Le juge Laubardemont tonne :

– Vous n'aurez pas le pardon de vos péchés si vous ne déclarez pas le nom de vos complices. Prenez garde de ne point perdre votre salut, pour acquérir de la réputation dans le monde après votre mort.

– Que m'importe, après ma mort, dit Henri, qui garde encore son esprit d'indépendance et de repartie.

Mais la reine, Tréville est ses compagnons courent grand danger. Pour sortir de ce trou infâme, Henri, affolé par les tenailles qui rougissent sur le feu, les cordes et les chaînes qui se balancent au-dessus de sa tête, la mine froide, déterminée et impersonnelle des bourreaux qui sont là pour faire avouer, et non pour faire du sentiment, est bien prêt à dire n'importe quoi. Cependant, d'une voix qu'il veut forte et assurée, il dit :

– J'ai déclaré tout ce que je savais, et tous les tourments du monde ne m'en feront pas dire davantage.

Les bourreaux font un mouvement menaçant. Henri est mort de peur, car la torture, ce n'est pas affronter la mort, c'est affronter l'ignominie ; mais ordre est donné de le délier et de le libérer.

Il est ramené à la salle d'audience ; il est indifférent à tout.

Pendant une heure, il se confesse au père Malavalette, qui vient d'obtenir pour lui de ne pas monter les mains liées sur l'échafaud.

– Voyez-vous, mon père, dit Henri, hormis vous, personne n'est avec moi. Il y a peu de temps j'avais une cour... Ne trouvez-vous pas cela étonnant ?

– Telle a toujours été l'humeur du monde, réplique le père.

Ayez les honneurs et la fortune, vous aurez foule. Perdez tout, et vous vous trouvez seul. Seul avec vous-même. N'en soyez pas étonné.

Pendant les derniers moments qui lui restent à vivre, Henri écrit une longue lettre au roi, qui sera interceptée, et une lettre à sa mère, lui demandant de prier pour son âme et de veiller à ce que ses créanciers soient payés.

Richelieu s'opposera à ce que les cent mille écus, valeur de sa charge de grand écuyer, soient employés à désintéresser les créanciers d'Henri de Cinq-Mars. Ce sera Louis XIII qui paiera sur sa cassette les trente ou quarante mille écus de dettes, de celui qui avait été son « cher ami ».

Au moment où Cinq-Mars et de Thou se préparent à mourir, plusieurs compagnies, rassemblant plusieurs centaines hommes, forment sur la place des Terreaux un carré de soixante ou quatre-vingts pas de côté, au milieu duquel se dresse un échafaud de sept pieds de hauteur et d'environ neuf pieds carrés. Une petite échelle de huit échelons y est appliquée.

Déjà, la foule complexe et bigarrée, de toutes conditions et de tous âges, envahit la place derrière les soldats. Des curieux sont aux fenêtres et sur les toits. Ils attendent de voir tomber la tête d'un personnage quasi fabuleux : le favori d'un roi.

Pour cette ultime sortie, Henri de Cinq-Mars porte un habit de drap brun, couvert de dentelle d'or, des chausses de soie verte, liées par un ruban blanc. Il est coiffé d'un chapeau noir à la mode, dont l'aile est relevée « à la catalane ».

Vers cinq heures du soir, les officiers chargés de le conduire jusqu'à l'échafaud viennent le chercher.

– Ne restons pas ici, dit Cinq-Mars, allons, ce sera bientôt fait.

Accompagné par son confesseur, il traverse la salle d'audience. Il marche d'un pas ferme.

De Thou est vêtu d'un habit de deuil et d'un manteau court.

François de Thou et Henri de Cinq-Mars descendent le grand escalier. Monsieur le Grand marche le premier, en tenant la main du père Malavalette. Cinq-Mars salue les gens qui sont massés sur les marches, avec infiniment de grâce. Certains pleurent, en voyant tant de jeunesse et de beauté aller à la mort avec cette dignité presque insouciante.

Au bas des marches, une foule énorme, morne, attend patiemment. Les deux condamnés montent dans un carrosse. Henri passe la tête à la portière, en criant :

– Priez pour moi, bonnes gens. Priez pour moi ! Priez pour notre salut !

A cela, la foule répond en pleurant et en gémissant. Des mains se tendent, pleines de pitié, d'amitié et de désespoir. Le carrosse avance avec une redoutable lenteur. Le chemin est long, interminable. De Thou regarde autour de lui, d'un air égaré, tout en récitant sans arrêt les litanies des saints.

Henri de Cinq-Mars continue de recommander son âme à Dieu sous les pleurs et les gémissements du peuple. Des jeunes filles poussent des cris déchirants. Le père Malavalette en a les larmes aux yeux, mais Henri de Cinq-Mars lui dit :

– Ne vous attristez pas, mon père. Nous avons besoin de votre résolution pour fortifier la nôtre.

Derrière le carrosse, le bourreau suit à pied, la hâche sur l'épaule. C'est un portefaix assez âgé, qui a déjà torturé, mais jamais exécuté de condamnés. La justice du roi n'a pas trouvé mieux.

A la fin, l'échafaud apparut :

– L'affreuse vue..., dit Cinq-Mars tout bas.

– Monsieur, c'est ici que nous devons aller en paradis, s'écrie François de Thou, en proie à une grande agitation.

Le carrosse s'arrête. Un immense silence plane sur la place.

– Faisons voir que nous savons mourir, s'écrie de Thou.

Cinq-Mars, le premier, descend de la lourde voiture, la tête levée, le visage gai.

Les trompettes trois fois sonnèrent. De nouveau l'arrêt est lu. Les tambours commencent à battre lugubrement. La mort est là, présente. Entre chaque roulement de tambour, l'épais silence recouvre la place comme un voile noir. La foule, immobile retient son souffle. Bien des yeux sont remplis de larmes, mais d'autres ne montrent qu'une immense et vilaine curiosité, doublée de l'assouvissement d'une cruauté latente, enfouie au fond des êtres.

Bravement, Henri commence à monter la petite échelle de bois grossier. Au second échelon, l'archer Lenfray lui enlève son chapeau, en lui disant :

– Monsieur, il faut montrer de la modestie.

Henri se retourne avec sa fougue habituelle :

– Laissez mon chapeau !

– Laissez aller, dit le prévôt à l'archer, et ne vous mêlez pas de cela.

Il prend le chapeau et le rend à Henri, qui poursuit son ascension, avec le courage qu'il devait montrer sur les champs de bataille. Arrivé en haut, la main sur le côté, à la façon des plumets de la cour, il fait une grande révérence, qu'il répète trois fois, en faisant le tour de l'échafaud. Aux sanglots qui montent de la foule, il répond :

– Qu'est-ce donc, messieurs ? Seriez-vous plus sensibles à mon malheur que moi-même ?

Puis il se jette dans les bras de son confesseur, s'agenouille, et le père Malavalette lui donne l'absolution.

De sa poche, Henri sort une boîte, ornée de diamants, et la remet au père Malavalette, en disant :

– Prenez-la, mon père, elle contient le portrait d'une dame que j'ai beaucoup aimée. Brûlez ce portrait et employez le reste en aumône.

Il arrache les ciseaux des mains du bourreau, coupe une partie de ses boucles et dit :

– Brûlez ces cheveux avec le portrait, je vous en prie.

Puis, reprenant la boîte aux diamants, il l'ouvre, embrasse avec passion le portrait de la princesse Marie de Gonzague, y met les boucles et rend le tout au père Malavalette :

– Je vous en prie, mon père, dit Henri, coupez-moi les cheveux. Je ne veux pas que cet homme me touche. Ah ! mon Dieu ! soupire-t-il, pendant que le père lui coupe les cheveux, qu'est-ce donc que ce monde !

Après s'être abîmé en prières, il se tourne soudain vers le bourreau et lui crie :

– Que fais-tu là ? Qu'attends-tu ? Fais ton devoir !

L'homme sort la hache d'un sac.

– Mon Dieu ! Allons, il faut mourir, soupire Cinq-Mars en allongeant son cou sur le billot. Mon Dieu ! continue-t-il, ayez pitié de moi.

Et il met ses deux bras autour de cet affreux morceau de bois, qu'il serre de toutes ses forces. Le bourreau lève sa hâche, qui retombe lourdement dans un éclair. Henri lâche un cri, un affreux craquement se fait entendre puis le corps retombe comme un pauvre pantin frappé à mort. Mais le plus horrible n'est pas encore arrivé. Le bourreau voyant que la tête de Cinq-Mars n'est pas complètement détachée du tronc, la prend par les cheveux et scie avec un couperet les morceaux d'os, de cartilages et les lambeaux de peau qui la adhéraient encore, sous les cris d'horreur de la foule qui frémit d'indignation. Tous montrent le poing au bourreau.

– Vous en répondrez devant Dieu ! lui lança le père Malavalette hors de lui.

Le spectacle est atroce. La tête du malheureux Henri roule sur l'échafaud et tombe dans le vide. La foule délire, c'est l'hystérie la plus complète. Les gens hurlent, cherchent à s'enfuir en tous sens dans un désordre effrayant. Quant au corps d'Henri, resté sur l'échafaud, il est toujours accroché au billot, qu'il continue à serrer tragiquement dans ses bras. Le bourreau a le plus grand mal à le détacher, pendant que la foule gronde. Enfin, son corps et sa tête rassemblés sont recouverts d'un linceul.

Maintenant, c'est au tour de François de Thou de mourir. Il a tout vu. Il monte la petite échelle, recommande son âme à Dieu et, comme Henri de Cinq-Mars, pose sa tête sur le billot. Le bourreau se reprend à trois fois pour le décapiter. Les Lyonnais, furieux, montent sur l'échafaud pour étriper le bourreau. Les hommes d'armes viennent à son secours. Une bousculade s'ensuit, des hurlements retentissent. Les deux corps sont mis dans le carrosse qui les a amenés courageux et résignés. Le bourreau y porte les têtes. Les yeux sont encore ouverts et semblent regarder avec une curiosité étonnée.

Le même jour, le cardinal de Richelieu, de plus en plus malade, reprend le chemin de Paris. Le majestueux cortège remonte le Rhône. Son Éminence est allongée sur un lit de taffetas pourpre, sous un pavillon tendu de velours cramoisi, frangé d'or. Il souffre de multiples maux qui lui font endurer le martyre : rétention d'urine, abcès, constipation, hémorroïdes. Très bientôt, la gangrène va se déclarer et lui rongera l'anus.

Il trouve cependant la force d'écrire : *Perpignan est aux mains du roi, M. le Grand et M. de Thou en l'autre monde. Ce sont deux effets de la bonté de Dieu, pour l'État et pour le roi, qu'on peut dire égaux.*

Deux mois auparavant, la cour avait appris que la reine Marie de Médicis était morte à Cologne. A ce sujet, Richelieu écrivit : *J'ai de la joie d'avoir appris par des lettres, qu'elle pardonna de bon cœur à tous ceux qu'elle tenait ses ennemis...*

Mais à Paris on apprend la mort du favori du roi. L'hôtel de Rambouillet pleure la mort du gentil Cinq-Mars. Louis XIII et le cardinal y sont plus que jamais honnis. Marie de Gonzague pleure son ami ; mais elle est dévorée d'inquiétude pour les lettres qu'elle lui a si imprudemment écrites. Julie d'Angennes, fille de Mme de Rambouillet, et la duchesse d'Aiguillon, nièce de l'Éminentissime, s'emploient à les retrouver.

Deux mois et dix-sept jours plus tard, le 2 décembre 1642, Louis XIII va rendre une dernière visite au cardinal de Richelieu qui se meurt. Il reste deux heures à son chevet. Le cardinal lui dit :

– Sire, c'est le dernier adieu. En prenant congé de Votre Majesté, j'ai la consolation de laisser votre royaume dans le plus haut degré de gloire et de réputation où il ait jamais été, et tous vos ennemis abattus ou humiliés...

Mais la mort surgit trop tôt pour que Richelieu ait eu le temps de parachever son œuvre. Il recommande au roi les trois dépositaires de sa pensée : Chavigny, de Noyers et Mazarin. S'il lègue ses biens à ses parents, il laisse au roi son palais, ses meubles et ses bijoux. Louis XIII affecte tendresse et sollicitude. Ainsi, lorsqu'un valet apporte au malade deux jaunes d'œufs, le roi se précipite pour les lui faire prendre lui-même. Mais bientôt il quitte la chambre où agonise celui qui a rétabli l'ordre en France et maté la noblesse.

En prenant congé, le roi traverse les galeries de l'admirable demeure, où les trésors s'entassent. On ne trouve que le plus beau, le plus grand ou le plus rare. Rien n'est ici médiocre ou ordinaire, car l'homme ne l'est pas.

Soudain, en regardant les tableaux, le roi se met à rire, de sa manière froide, presque rentrée. De mauvaises langues prétendirent que c'était dû à son avarice et à la satisfaction d'acquérir sans frais tant de merveilles... A moins que cet homme triste, qui riait si peu, ait été la proie d'une joie plus terrible, plus féroce, celle de voir le bourreau de Cinq-Mars succomber moins de trois mois après sa victime. Pendant la nuit, le cardinal reçoit l'extrême-onction, devant une nombreuse assistance. Il meurt le 4 décembre, dans une odeur abominable de pourriture, sur laquelle on fit des vers :

*... Pour modérer un peu l'odeur puantissime*
*Qui sort du cul pourri de l'Éminentissime...*

En apprenant la nouvelle, le pape Urbain VIII s'écria :

– S'il y a un Dieu, le cardinal de Richelieu aura beaucoup de comptes à rendre ; s'il n'y en a pas, il a vécu une belle existence.

Dès le mois de janvier, tout danger étant écarté, Mgr. le duc d'Orléans revient à la cour et recouvre la plénitude de ses droits. *Il paraissait aussi gai,* écrira sa fille, la Grande Mademoiselle, *que si MM. de Cinq-Mars et de Thou ne fussent pas demeurés par les chemins...*

A sa suite arrivèrent tous les exilés, sauf Châteauneuf, Mme de Chevreuse et Mme de Hautefort.

Si Richelieu était mort un peu plus tôt, Cinq-Mars aurait sans doute reconquis la faveur du roi, et Louis XIII aurait vécu plus longtemps. Mais si la conjuration avait réussi ?... Louis XIII devait rendre grâce à la vigilance de son ancien ministre.

Mais le roi reste hanté par la mort de Monsieur le Grand. Ce souvenir le mine et accélère les progrès de la tuberculose pneumo-intestinale dont il souffre depuis vingt ans.

Parmi beaucoup de revenants, voici qu'arrivent le prince de Marcillac et son père, le duc de La Rochefoucauld. Ils reviennent de leurs terres de Verteuil, où le cardinal les avaient exilés, et où ils se sont fort ennuyés. Ils avaient pour voisin Guez de Balzac, un des plus terribles pédants de l'époque, qui, pour les tirer de leur ennui, les avait plongés dans des traductions latines auxquelles ils ne comprenaient goutte et leur avait proposé de méditer les œuvres de Descartes et de Peiresc, qui les avaient fait bâiller d'ennui, à une époque où les ruelles discutaient ces œuvres avec passion. Balzac se moqua de leur ignorance crasse, et les La Rochefoucauld en profitèrent pour aller s'occuper de leurs affaires, car s'ils étaient très riches en terres et domaines, ils manquaient parfois d'argent en bonnes pièces d'or. La mort du cardinal les inonde de joie. Ils se rendent au Louvre, où la reine leur fait bonne figure, fréquentent les hôtels de Condé et de Rambouillet où les seigneurs de la cabale des importants se réunissent, et où ils font moissons d'amitiés.

Les prisons ouvrent leurs portes. Les ennemis de Richelieu,

sont mis en liberté. Ces ennemis qui sont ceux du du royaume...

Pendant ce temps, en Angleterre, la révolution gronde. Le roi Charles I$^{er}$ est emprisonné. C'est aussi le début d'un grand et fructueux commerce colonial, car les Anglais voient loin et grand. Ils sont gens têtus, astucieux, pratiques. Ils ne recherchent pas essentiellement les métaux précieux, mais les colonies pouvant fournir des matières premières, nécessaires à l'industrie anglaise, ou pouvant être exportées en Europe.

A l'encontre des Français, les Anglais de ce temps ne connaissent pas la dérogeance, qui est le mépris de la noblesse pour les activités commerciales ou industrielles. En Angleterre, propriétaires fonciers, commerçants et entrepreneurs ont une mentalité d'hommes d'affaires, cherchant à améliorer leur production et à faire des bénéfices. De plus, ils s'expatrient plus facilement que les Français. Quel que soit leur rang, le commerce leur apparaît chose bonne et noble. Nul gentilhomme ne se sent déchu en prenant part au négoce.

# *Chapitre XXXVI*

« Le château neuf de Saint-Germain, est distant du château vieux d'environ deux cents toises, en sorte d'avant-cour verte, avec une chaussée de pavés, qui y conduit.

La principale porte, du côté du vieux château, ornée d'un très beau portail, soutenu par douze grosses colonnes de pierres rondes ciselées et taillées, avec un compartiment de broderies ; avec, dessous, un vestibule, et une terrasse dessus, entourée d'une balustre de pierre avec pilastres, de distance en distance, gravés en relief des armes de France, et de la devise du roi, qui est une épée couronnée et l'inscription : *« Duo protegit unum »*.

De cette porte, on pénètre dans la cour, au bout de laquelle est l'entrée de la grande salle qui sépare deux appartements, qui sont ceux du Roi et de la Reine, et sert aussi de passage à aller dehors sur les terrasses.

Le premier appartement, à droite en entrant, était celui de Marie de Médicis, composé de plusieurs pièces de plain-pied richement ornées, peintes et plafonnées très proprement d'ornements de sculptures ; au bout desquelles, il y a une belle galerie, qui sert comme de cabinet à cet appartement, de la longueur de la face du batiment, et aussi de sa largeur ; qui est aussi dorée, peinte et plafonnée d'ornements très fins, avec de grands tableaux entre les croisées, qui représentent plusieurs villes et paysages au naturel. Cet appartement est toujours celui des Reines....

L'autre grand appartement est à gauche de la grande salle. Il est pour roi. Il est composé de la même quantité de pièces que celui de la Reine, avec une même galerie ornée et peinte, à l'exception des tableaux qui sont l'histoire de Diane chasseresse.

Tous les autres appartements du château sont au-dessus, assez commodes, pour la plupart lambrissés, les autres sont dans les basses-cours, où sont les offices, cuisines et autres logements du commun ; où il y a deux grandes volières pour toutes sortes d'oiseaux rares : poules huppées, cannes musquées, paons, faisans, et autres sortes. Puis des aigles, des pélicans, autruches, perroquets et autres espèces plus rares, qui étaient peu connues.

Des animaux étaient en grand nombre, enfermés dans des lieux particuliers, que l'on faisait voir comme une chose très rare, par curiosité. »

C'est ainsi que raconte le château de Saint-Germain, au temps du roi Louis XIII, Antoine, garçon ordinaire de la chambre du Roi, qui continue :

> En sortant de la grande salle, sur le devant de la belle vue, on se trouve sur une grande terrasse, revêtue de pierre ciselée, avec des compartiments de briques ; aux deux bouts de laquelle il y avait deux galeries, avec arcades et portiques ; au-dessus, des terrasses garnies de balustres de pierre ornées de sculptures, qui servaient pour se promener à couvert. Deux gros pavillons carrés, un servant de chapelle et l'autre de logement, sont bâtis de pierre et de brique ; très bien ornés d'architectures et couverts d'ardoises en écailles.
>
> On descend de cette première terrasse par deux rampes, qui tournent en fer à cheval et aboutissent sur deux petits jardins, plantés de buis en broderie, et, dans leur milieu, deux bassins entourés d'un cordon de pierre. Sur un piédestal, entouré de figures de satyres de bronze qui crachent de l'eau, une très belle figure d'ange, de grandeur naturelle, porte couronne royale, dont il sort de grands jets d'eau, qui en tombant forment quatre nappes d'eau sur une grande pierre taillée en quatre coquilles égales, enrichies de sculptures et d'ornements. Entre les deux rampes, un grand bassin, au milieu duquel, sur un piédestal est un mercure de bronze vert, de grandeur naturelle, qui passe pour une très belle pièce, et qui avait été faite à Florence... Au-dessous de la seconde terrasse, d'où l'on descend par une continuité de rampes de pavés, qui sont très douces, où l'on peut monter à cheval, on se trouvait sur une autre pareille, sous laquelle il y a trois des plus belles grottes qui soient dans l'univers, séparées par une même galerie voûtée et ornée de tables, bassins, figures de marbre et jaspe de toutes les couleurs...
>
> En bas de la façade du château, il y a deux jardins plantés de buis en broderies, avec quatre compartiments égaux, très singuliers par leur beau dessin, où sont représentés en leur milieu les chiffres du roi Louis XIII, de la reine Anne, avec quatre dauphins très bien figurés. Ce jardin est orné d'arbrisseaux, avec des fleurs de toutes saisons, accompagné de deux bosquets, un de chaque côté, pour se promener à l'ombre dans les chaleurs de l'été.
>
> En bas de ce premier jardin, il y en a un autre, qui est très grand et spacieux, qui s'étend jusqu'à la rivière de Seine qui le borde, qui est un grand verger d'arbres fruitiers entouré de murs, où il y a des espaliers d'arbres de toutes espèces de bons fruits.
>
> Ce jardin est séparé par une très haute terrasse dans le milieu, sous laquelle il y a une voûte qui sert de passage pour aller à couvert dans la prairie et au village de Carrière quand les eaux ont débordé.
>
> De plain-pied avec le château neuf, il y a des deux côtés deux jardins dont on a accès par les deux bouts de la galerie. Celui de droite a de jolis parterres, des fleurs de toutes saisons, des portiques de chèvrefeuille avec des contre-allées de cyprès. Il est le jardin préféré de la reine Anne ; tandis que celui de gauche est planté d'un parterre avec une espèce de pré ou gazon, entouré d'arbrisseaux verts. Il était planté anciennement comme un fruitier, avec des allées de mûriers blancs, dont les feuilles servent à nourrir les vers à soie, que le roi

Henri IV avait fait planter exprès, aimant à nourrir lui-même ces petits animaux.

Antoine, garçon ordinaire de la chambre du roi, continue et raconte la maladie du roi :

Le 21 février, le roi tomba malade en son château neuf de Saint-Germain, où il faisait sa demeure tous les étés. Il eut un flux comme hépatique, avec une sorte de fièvre lente qui ne le quitta point jusqu'à sa mort et qui d'abord ne paraissait pas dangereuse ni mortelle, selon les médecins, qui ont accoutumé à flatter toujours les grands. La maladie dura deux mois et vingt-huit jours.

Le 22 février, il eut un flux de ventre, et souffrait d'hémorroïdes. Il ne sortit point et ne voulut voir personne à son lever, ni de la matinée ; que son domestique. Après déjeuner, il voulut bien recevoir des visites dans sa galerie, où il y avait de la musique, qui fit le divertissement jusqu'au souper, qui se fit en particulier, ainsi que le coucher, où il n'y avait que les officiers de garde...

Le 2 mars, le roi se sentit mieux et alla se promener dans ses jardins et dans ses grottes, où il fit jouer toutes les eaux, qui étaient d'une beauté achevée. Tout alla cahin-caha jusqu'au vendredi 8. Il était tourmenté en plus par une sorte d'asthme, qui l'obligeait à passer une partie de la nuit assis sur sa chaise.

Le 9, il eut une colique qui le tourmenta toute la journée, avec les hémorroïdes, de telle sorte qu'il ne savait que faire de lui. Il était d'un chagrin mortel et ne voulait voir personne d'extraordinaire. Il était si faible qu'il ne pouvait presque plus se tenir debout. Ensuite il y eut des hauts et des bas. Il avait un dégoût croissant pour la nourriture, et ne prenait que des potages nourrissants et des panades ; et, bientôt, rien que de voir un bouillon, cela lui soulevait le cœur.

Il ne prenait pas de vin, les médecins le lui avaient défendu.

Tantôt couché, assis, parfois debout, aidé, il passait ainsi ses jours dans un marasme accablant. Toutes les nuits avaient leurs douleurs nouvelles. Il avait des coliques néphrétiques et des hémorroïdes sur lesquelles on faisait couler du lait chaud, pour adoucir les douleurs.

Le mardi 25 mars, jour de la fête de la Sainte Vierge, Sa Majesté se porta assez bien. Elle se leva en public, et entendit la messe dans sa chambre avec beaucoup de dévotion. Il envoya le sieur Bontemps demander à la reine de venir dîner avec lui. La reine vint aussitôt, et ils dînèrent ensemble, et ils eurent plusieurs petites conférences. L'après-midi, le roi alla se promener dans sa galerie, où il fit porter sa grande chaise pour s'y reposer, et fit venir sa musique, qui chanta plusieurs petits airs de dévotion jusqu'au souper qui se fit en public, ainsi que le coucher, où il fut fait la lecture, comme à l'accoutumée.

Le 26 mars, il se sentit plus mal.

Le 27 mars, le roi dit en s'éveillant :

– Je me sens bien affaibli, je m'aperçois que mes forces diminuent de jour en jour ; j'ai demandé à Dieu, cette nuit, que si c'était sa volonté de me retirer de ce monde, qu'il me fît la grâce d'abréger la longueur de ma maladie.

Puis il s'adressa à M. Bonnard, son premier médecin, lui disant :

– Monsieur, vous savez bien qu'il y a déjà quelque temps que je n'avais pas bonne opinion de cette maladie, vous ayant prié et même pressé de m'en dire votre sentiment, ce que vous n'avez pas voulu faire, m'ayant toujours assuré de l'espérance de guérison.

– Il est vrai, sire, que je n'ai pas osé dire mon sentiment à Votre Majesté de peur de la fâcher et de lui causer de l'émotion...

– Je vois bien qu'il faut mourir, dit le roi.

Le mercredi 2 avril, le roi sembla se porter mieux, ayant eu une très bonne nuit. Les médecins lui donnèrent une tisane de rhubarbe, ce qui lui fit évacuer bien des humeurs, et lui donna de l'appétit à dîner dans son lit.

L'après-midi, il se leva, mais il était fort débile et las d'être couché. Il fit porter son fauteuil à la fenêtre, qu'il fit ouvrir pour avoir de l'air et mieux voir la plus belle vue du monde. Il faisait très beau.

En tendant le cou, il aperçut au loin les clochers de Saint-Denis. Il se tourna vers ses officiers et leur dit :

– Mes amis, voilà ma dernière demeure.

En même temps, soupirs et larmes s'élevaient de l'assemblée. Puis il demanda à se coucher et ordonna au sieur Lucas de lire dans la vie des saints. Cela dura deux heures, jusqu'au souper où il ne prit qu'une panade et quelques pommes cuites. Puis il s'endormit, et ne restèrent que les officiers de garde.

Le 3 avril, le roi voulut rester seul pendant la matinée. Dans le château, il y avait une foule énorme. On ne pouvait pas passer dans la salle des gardes et dans les antichambres. Tous les matins, les courtisans venaient faire leur cour, et attendre... L'après-midi, la reine et MM. les enfants arrivèrent et restèrent jusqu'au souper. Puis tout le monde se retira. Les autres jours, le roi paraissait aller mieux. Il était même fort gai et dînait en public.

Le 5 avril, après le dîner, c'était musique et chant.

Les sieurs Camefort, Ferdinand et Demert jouèrent un théorbe et chantèrent des airs de dévotion composés sur les paraphrases des Psaumes de David du sieur Godeau. Le roi voulut aussi chanter une des basses, avec le maréchal de Chombert qui chantait fort bien. Le concert réjouit toute la cour qui s'y était rendue. La reine, avertie par M. de Souvray que lui avait envoyé Antoine, arriva aussitôt, heureuse et surprise. Tout l'appartement du roi retentissait de joie, et tout le monde disait :

– Votre Majesté va maintenant guérir, avec la belle saison du printemps qui est très doux et va achever la guérison de Votre Majesté.

Le roi disait :

– Messieurs, je suis fort résigné à la volonté du Seigneur et, s'il me fait la grâce de me redonner la santé, je travaillerai de tout mon pouvoir à donner la paix à tout mon royaume et à soulager mes peuples.

Le roi recommençait à mener une vie quasi normale. Comme il ne pouvait monter à cheval, il allait en carrosse prendre l'air dans la forêt ou dans le parc après dîner...

Mais le dimanche 13 avril, en se couchant, il ressentit un petit frisson. Le lundi 14, en s'éveillant il dit qu'il avait été incommodé de vapeurs et de chaleurs à la tête pendant la nuit, qui l'avaient empêché de dormir et l'avaient obligé de changer de place dans son lit sans arrêt.

Le mardi 15, il resta dans une espèce de langueur. Les médecins le purgèrent pendant deux jours, pour lui enlever la bile qui apparaissait sur son visage et dans ses yeux, et lui ordonnèrent de prendre du petit-lait tous les matins pendant quelques jours...

La journée du 21 avril se passa fort mal, et le 22 on appliqua la décision de la consultation des médecins.

A huit heures du matin, on le saigna, mais cette saignée réussit fort mal, lui ayant desséché la poitrine et lui ayant donné une toux continuelle qui lui donna une fluxion de poitrine.

On apporta le saint sacrement au roi, qui le reçut très dévotement, en présence de la reine. Il ne voulut voir personne d'extraordinaire cette matinée, et fit faire la lecture par le sieur Lucas, dans les méditations de la mort.

Ce même jour, Sa Majesté souhaita faire baptiser Mgr le dauphin qui avait quatre ans et huit mois.

Il envoya chercher la reine, M. le cardinal Mazarin et Mme Charlotte de Montmorency, princesse de Condé, pour le tenir sur les fonts baptismaux...

*La Gazette* du 24 avril décrit cette cérémonie :

Sur les quatre ou cinq heures de l'après-midi, la reine, accompagnée de la princesse de Condé, de la comtesse de Soissons, de la duchesse de Longueville et autres dames et princes de la cour, passa par la porte qui va de son appartement, dans la chapelle du vieux château... Il y avait du monde dans la tribune, le jubé, le chœur, la nef.

Le dauphin marchait devant Sa Majesté, la dame de Lansac, sa gouvernante, derrière lui.

Il était vêtu, par-dessus son habit habituel d'une robe de taffetas d'argent. A leur arrivée, la musique du roi, qui était au jubé, chanta un motet. La reine se mit à genoux sur son prie-Dieu garni de drap et carreau de velours cramoisi à franges d'or. Le dauphin aussi se mit à genoux. Il avait à sa droite sa mère, la reine, et à sa gauche la princesse de Condé.

L'évêque de Meaux, premier aumônier du roi, vêtu de ses habits et de ses ornements sacerdotaux, accompagné de quatre des aumôniers de Sa Majesté, en présence des évêques de Beauvais, de Viviers, de Riez, de Saint-Paul, de Constance et du Puy, tous en rochet de dentelle et camail, de plusieurs abbés et de tous les abbés de la chapelle, sortit de la sacristie et, après avoir adoré le saint sacrement exposé dans une splendeur inouïe sur le maître-autel, paré et brillant de plusieurs gros luminaires de cire blanche, il s'approcha du prie-Dieu de la reine, qui lui présenta Mgr le dauphin, qui fut élevé par sa gouvernante, sur l'appui du prie-Dieu...

Antoine continue :

Après la cérémonie, M. le cardinal Mazarin fit récit au roi de ce qui s'était passé, et de la sagesse de Mgr le dauphin, qui arrivait avec Mme de Lansac.

Le roi lui fit plusieurs questions et, entre autres, lui demanda :

– Mon fils, comment avez-vous nom à présent ?

– Louis XIV, mon papa ! répondit le petit dauphin.

– Pas encore, mon fils, mais ce sera peut-être bientôt, si c'est la volonté de Dieu.

Le roi paraissait mieux, même gai et vermeil. Très content que cette cérémonie soit faite.

Désirant rester seul, il envoya chercher la reine, qui s'en était allée dans ses appartements. Il lui dit que si Dieu décidait de disposer de lui, il désirait la déclarer reine régente.

Et voilà la reine qui tombe en pâmoison sur le lit du roi. On dut l'en arracher de force et la ramener dans son appartement.

Après le dîner, il envoya Tortillière chercher M. de La Vrillière, qui arriva aussitôt avec M. le chancelier et plusieurs autres ministres et secrétaires d'État et quantité de princes et de princesses et gens de qualité, qui y abondèrent de tous côtés. Sa Majesté fit ouvrir les rideaux de son lit et dit à haute voix :

– C'est en cette occasion que je veux que vous soyez témoins de mon intention pour donner à mon royaume la tranquillité et le repos après mon décès, s'il plaît à Dieu de disposer de moi, n'ayant pu jusqu'à présent lui donner la paix générale.

M. de La Vrillière fit la lecture de la déclaration, hautement, afin que tout le monde sut sa dernière volonté : la reine serait régente pendant la minorité de son fils ; Monsieur serait lieutenant général du roi mineur, sous l'autorité de la reine régente et de son conseil, qui serait composé de M. le prince de Condé, du cardinal Mazarin, du chancelier, du sieur Claude Bouteiller et Chavigny son fils, secrétaire d'État. Monsieur en serait le chef et, en son absence, M. le Prince de Condé.

Après la lecture, le roi, épuisé, ordonna qu'on le laisse seul avec son confesseur.

Tout le monde sortit dans l'antichambre, en si grande foule que l'on ne savait s'y remuer, chacun étant sur la nouvelle que le roi se mourait.

Puis le roi fit appeler M. de La Vrillière, M. le Chancelier, M. de Chavigny et leur ordonna de faire passer incessamment et vérifier sa déclaration au Parlement, ce qui fut exécuté le jour même. La reine demeura fort tard auprès du roi, qui permit à Monsieur, son frère, de faire revenir Mme la duchesse d'Orléans qui était à Bruxelles.

Les autres jours, le roi se trouva fort mal. Il était toujours assoupi sans pouvoir dormir, toujours secoué d'une toux sèche que rien ne pouvait calmer, et d'une grande faiblesse...

Le 4 mai, le roi dit au sieur Bonnard, son premier médecin :

– Je me sens bien mal disposé ce matin, je ne crois pas avoir bonne issue de cette maladie...

– Ah ! sire, il ne faut pas que Votre Majesté aie cette opinion, ce ne sera rien s'il plaît à Dieu en qui il faut avoir confiance, et aux remèdes que nous vous donnons.

Pendant la nuit il demandait l'heure à tout moment, et s'il n'était pas encore jour... Il fit même tirer les rideaux de son lit par le sieur Bontemps, et ouvrir les fenêtres par Antoine, plusieurs fois, étant ennuyé que le jour ne vînt pas, pour se lever et prendre l'air.

Il faisait extrêmement chaud dans sa chambre, toujours pleine de monde pendant le jour, ce qui l'échauffait.

Le roi était mal dans son lit, en transpiration. Il était squelettique. Il demanda à M. de Souvray de redoubler les officiers de sa chambre, parce que, depuis sa maladie, ils ne pouvaient plus résister à la fatigue des veilles continuelles, afin qu'ils puissent se remplacer les uns les autres.

Il fit coucher dans son antichambre deux valets de chambre, un tapissier, un barbier, un porte-chaise, avec les garçons de la chambre, qui avaient tous besoin de repos, étant jour et nuit sur pied.

Le 7 mai, le roi avait mal partout. Les médecins firent une autre consultation.

On décida qu'il fallait lui donner l'extrême-onction.

La reine ne quittait pas le chevet de son mari, pleurant, éperdue de douleur. Elle ordonna qu'on lui apporte un petit lit dans un cabinet, près de la chambre du roi. Elle était à bout de fatigues.

Le vendredi 8 mai, le père Dinet trouva le roi un peu mieux, c'est-à-dire un peu moins mal. Il lui dit qu'il devrait recevoir le saint sacrement.

Le roi reçut cette nouvelle avec joie et sans émotion. Tout le monde sortit de la chambre. Le père Dinet confessa le roi.

La reine arriva avec MM. les enfants. La nouvelle se répandit dans le royaume. Le peuple arrivait à Saint-Germain de toutes parts. On ne pouvait plus passer, même dans les cours.

Mme de Vendôme tenait Mgr le duc d'Anjou, qui se mit à réclamer une de ses femmes de chambre. On le renvoya dans la galerie par Antoine, avec Mme de La Falaise, sa gouvernante, car il faisait vraiment trop de bruit et était trop fatigant pour le roi.

Mgr l'évêque de Meaux alla à la paroisse chercher le saint sacrement, avec tout le concours du clergé, la reine et les enfants, avec les princes et princesses et toute la cour.

Sa Majesté reçut le saint sacrement en toute dévotion.

Le 9 mai, qui était un samedi, le roi est pris d'un grand assoupissement, qui dura jusqu'à onze heures du soir. Chacun faisait du bruit, dans le but de l'éveiller. On lui tâtait le pouls, qui était très faible et intermittent.

Chacun voulait l'éveiller, mais personne n'osait, même la reine.

Le père Dinet s'avança et dit fort haut, par trois fois :

– Sire, Votre Majesté m'entend-elle ? Qu'elle se réveille s'il lui plaît. Il y a bien du temps qu'elle n'a pas pris d'aliments, et les médecins ont peur que cela ne vous affaiblisse trop.

A ces mots, le roi se réveilla en sursaut et dit :

– Je vous entends bien, mon père, et ne trouve pas mauvais que vous m'ayez éveillé, mais ceux qui vous l'ont fait faire n'ont pas eu raison de m'avoir fait éveiller. (Il haussa sa voix.) Ils savent bien qu'il y a du temps que je ne repose pas la nuit, et, à présent que j'étais en repos et que je sommeillais fort bien, ils m'ont tourmenté et rompu mon sommeil.

Puis il s'adressa au sieur Bonnard, son premier médecin :

– C'est par votre ignorance, l'état où je suis à présent, de m'avoir accablé de remèdes, qui m'ont ruiné le corps, tant en santé qu'en maladie. J'avoue que j'ai le malheur des grands de m'être fié à la conduite et à l'ignorance de ces médecins, et au hasard de leurs remèdes qui m'ont conduit en l'état où je suis, quoique je les ai accablés de mes bienfaits...

Le roi, le visage enflammé, les yeux étincelants, avait dit tout cela avec chaleur, n'ayant pas la parole fort libre naturellement, et l'ayant encore beaucoup affaiblie de sa maladie.

Le père Dinet lui dit :

– Ah ! sire, il faut pardonner pour l'amour de Jésus-Christ, qui a pardonné à ses ennemis...

– Je lui pardonne, mon père, mais il fallait que je décharge mon cœur, afin qu'il y prenne garde à l'avenir.

Puis le roi dit encore d'autres choses fâcheuses contre le sieur Bonnard.

Le 11 mai, le roi se trouva plus mal, ayant des inquiétudes continuelles et de grandes faiblesses. Il ne voulait plus prendre d'aliments, qu'il avait en horreur. A ce moment, les médecins désespérèrent de le sauver et décidèrent qu'il fallait faire donner l'extrême-onction au roi.

La foule à Saint-Germain était énorme ; on disait que le roi était mort déjà...

La reine, que Dubois, valet de chambre, avait avertie, se précipita dans l'appartement du roi, en passant par la salle des gardes. MM. les enfants, suivis de leurs gouvernantes, étaient portés par les huissiers de la chambre sur les bras, à cause de la grande presse, pour éviter d'être blessés. On les fit entrer dans le cabinet. Mais la reine était restée dans la presse, seule, n'ayant voulu attendre personne. Elle criait :

– Messieurs, faites-moi place, s'il vous plaît !

A cette parole, M. le duc d'Uzès, son chevalier d'honneur, la joignit et la fit passer avec bien de la peine.

Le roi reçut le sacrement de l'extrême-onction avec grande dévotion, répondant aux prières, et découvrant les endroits de son corps où il fallait poser les saintes huiles.

M. de Ventadour, chanoine de Notre-Dame de Paris, eut une conférence secrète avec le roi, et se retira les larmes aux yeux.

Le 12 mai, le roi était plus faible, avec une grosse fièvre. Tout son corps était décharné et douloureux. Il ne voulait pas qu'on le touche. Il fit chercher la reine, qui était à la messe, et les enfants, qu'il voulait bénir une dernière fois. Tous pleuraient.

Puis le roi demanda au père Dinet où était le sieur Bonnard.

Le sieur Bonnard répondit :

– Sire, je suis présent, mais je n'ose paraître devant Votre Majesté de peur de lui déplaire.

– Monsieur, je vous pardonne de bon cœur, et suis fâché de vous avoir donné quelque chagrin...

Le roi, qui se réveillait d'un somme, dit à M. le Prince :

– Je viens de rêver que M. le duc d'Enghien, votre fils, en était venu aux mains avec les ennemis, que le combat avait été bien rude et opiniâtre et que la victoire avait été longtemps balancée, cependant elle nous est demeurée avec le champ de bataille...

C'était la victoire de Rocroi, qui devait avoir lieu le 19 mai et que le roi avait vue en rêve, par anticipation.

Sur le soir, le roi s'assoupit, et les médecins le trouvèrent glacé, d'un froid comme celui de la mort.

Ils ne connaissaient plus rien à la maladie du roi. Le 14 mai, sur les six heures du matin, Sa Majesté appela le sieur Courat, l'un de ses médecins, lui disant :

– Monsieur, tirez-moi le bras que j'ai hors du lit.

Il était très inquiet. Il demanda à Bontemps :

– Quelle heure est-il ? et quel jour du mois ?

– Sire, répondit Bontemps, il est sept heures, jeudi quatorzième du mois de mai, fête de l'Ascension.

– Messieurs, demanda le roi aux médecins, croyez-vous que je puisse aller jusqu'à demain, car je serais bien aise d'y aller, si c'était la volonté de Dieu, car le vendredi m'a bien souvent été heureux y ayant gagné plusieurs victoires ?

– Cela n'est pas certain, sire, répondirent-ils.

Ils l'examinèrent de tous côtés et le trouvèrent en très méchant état.

Le roi demanda qu'on ouvrit les rideaux de son lit et les fenêtres de sa chambre pour avoir un peu d'air.

Aussitôt, on s'aperçut que sa vue paraissait égarée, qui fit croire qu'il défaillait.

A sa demande, la messe fut dite, où il y eut très peu de monde, car trop matinale.

Il était très faible, avec des évanouissements.

Le roi voyant le sieur Bonnard à proximité lui dit :

– C'est à présent qu'il ne me faut plus rien déguiser. Dites-moi votre sentiment sur mon état.

Le médecin, lui ayant taté le pouls, lui dit :

– Je crois, sire, que ce sera bientôt que Dieu délivrera Votre Majesté des peines de ce monde.

Le roi leva les yeux au ciel et dit :

– Mon Dieu, recevez-moi à miséricorde... et, joignant les mains, il pria Dieu avec une ferveur digne d'exemple, puis il dit d'une voix forte :

– Seigneur, que votre volonté soit faite.

Puis il se tourna vers MM. les évêques de Meaux, de Lisieux, le père de Ventadour et le père Dinet, et autres ecclésiastiques qui étaient présents, et leur dit :

– Messieurs, je vous prie de ne point m'abandonner dans cette occasion où il va de mon salut et de m'entretenir sur les jugements de Dieu, qui sont terribles pour les pécheurs.

Puis il dit adieu à ses officiers, à la reine, qui faisait pitié.

Elle se jeta sur le lit du roi, l'embrassant, les larmes aux yeux, si tendrement que l'on fut obligé de l'arracher de force.

M. de Foucray l'emmena dans son appartement. Elle poussait des cris que l'on entendait de tous côtés.

Le roi dit adieu à ses enfants, aux princes, aux ministres et à tous ceux qui l'avaient si fidèlement entouré pendant toute sa maladie... La chambre du roi était si pleine de monde que l'on y étouffait de chaleur, de telle façon que le roi était obligé de dire :

– Messieurs, donnez-moi un peu d'air..., en faisant signe de la main, car, si son esprit était resté vif, il n'en n'était pas de même de la parole.

Il était assis dans son lit, appuyé aux oreillers, tous les rideaux ouverts. L'heure de l'agonie arriva. On s'aperçut que sa bouche et ses lèvres palissaient ; ses yeux se brouillaient, son teint blanchissait. Le père Dinet dit :

– Sire, ayez de l'espérance en la miséricorde de Dieu. Il vous l'accordera.

Le roi se réveilla un peu et lui dit tout bas :

– Mon père, il me vient des pensées dans l'esprit, qui me font peine à combattre.

– Ah ! sire, répondit le père Dinet, Votre Majesté est dans le fort du combat. Il faut résister pour gagner la victoire qui vous attend dans le ciel... Vous nous voyez, et tous vos peuples, qui prient Dieu pour vous aider dans vos besoins.

Le roi voulut parler, mais il ne put. Il regarda le père Dinet et mit le doigt sur sa bouche.

La reine s'écria :

– Messieurs, je suis perdue... Adieu, mon cher mari !...

Et elle criait, et elle pleurait... Les officiers du roi pleuraient aussi. M. le Prince emmena la reine dans son appartement, mais elle était perdue de douleur et ne voulait écouter aucune parole de consolation. Le roi était toujours en agonie, assis dans son lit, et soutenu par ses garçons de chambre, laquelle était si pleine de monde, qu'il n'y avait pas moyen de s'entendre, à cause des cris et des soupirs qu'on y faisait. Un officier s'évanouit de fatigue et de chagrin. Il resta sans connaissance plus d'une demi-heure, jusqu'à ce qu'on lui jette de l'eau bénite au visage.

Le père Dinet, MM. de Meaux et de Lisieux criaient aux oreilles du roi :

– Ayez confiance en Jésus et Marie. Vous combattez pour le ciel.

A ces paroles, le roi s'éveilla, puis se rassoupit.

Le roi se refroidissait, ses membres perdaient leur chaleur naturelle que l'on réchauffait à tout instant avec des linges chauds.

La respiration avait cessé.

Il eut plusieurs hoquets, puis poussa un grand soupir.

Il avait rendu l'âme.

Il mourut donc le 14 mai, à deux heures trois quarts de

l'après-midi. C'était un jeudi, et fête de l'Ascension; âgé de quarante-deux ans et ayant régné trente-trois années.

Il était mort le même jour que le roi Henri son père.

Aussitôt que le roi fut décédé, toutes les portes furent ouvertes.

M. de Meaux lui jeta de l'eau bénite et lui ferma la bouche et les yeux, qui étaient demeurés ouverts et tournés vers le ciel. Chacun fit des prières pour lui, et un très grand nombre vinrent jeter de l'eau bénite sur son corps.

En un moment, toutes les cours et appartements se trouvèrent remplis de toutes sortes de peuple, que l'on pouvait à peine arriver à la chambre. On ne pouvait pas s'entendre non plus, tellement le murmure était grand et aussi les cris et les lamentations qui retentissaient de tous côtés. Toutes les cloches sonnaient le glas, lugubrement.

Tout était chaos et confusion.

Sur les quatre heures, M. de Foucray, premier gentilhomme de la chambre, commanda à l'huissier de faire sortir tout le monde de la chambre hors les officiers, pour changer le corps du roi et le mettre plus proprement, ainsi qu'il l'avait recommandé avant de mourir, ce qui fut fait promptement par les valets de chambre.

Les tapissiers tendaient l'appartement de deuil.

On mit le cadavre du roi assis dans son lit, accoté aux coussins, le visage découvert, les bras croisés sur l'estomac, et tenant à la main un crucifix de cuivre doré sur de l'ébène noire, que Mlle Fillandre, une des femmes de chambre de la reine, lui avait offert.

Ce jour, toute la cour alla coucher à Paris, ne restant que les personnes qui étaient nécessaires, comme les aumôniers, chapelains pour psalmodier et rester auprès du corps du roi, avec des religieux de plusieurs ordres, qui récitaient des prières jour et nuit.

Le reste de ce jour se passa en confusion et en lamentations.

Le lendemain, vendredi 15 mai, sur les neuf heures du matin, l'ouverture du corps du roi fut faite par le sieur Grou, chirurgien ordinaire de Sa Majesté, en présence de M. de Nemours, des maréchaux de Vitry et de Souvray et de plusieurs médecins et chirurgiens de la cour, avec quelques officiers de la chambre.

L'ouverture étant faite, on mit le cœur dans un bassin, sur une table de billard, qui était proche. Il était fort gros et beau.

On trouva que les boyaux étaient tous percés, et un petit apostume dans le haut mésentaire; les intestins ulcérés et à demi pourris; les reins gangrenés, y ayant même des petits vers; moitié du foie pâle; la rate assez belle. Les poumons attachés aux côtes, un peu ulcérés et desséchés. Un amas de méchantes humeurs dans l'estomac, qui enfermait un gros vers et plusieurs autres petits.

Le rapport étant fait, on embauma le corps de Sa Majesté, que l'on mit dans un cercueil de plomb, qui fut porté à Saint-Denis.

Les cérémonies des obsèques se firent sans beaucoup de pompe, comme il l'avait ordonné.

Ainsi était parti ce roi, qui, selon Antoine, était :

d'une taille médiocre, bien proportionnée. Le corps assez menu, fort maigre, le teint brun; les yeux, ainsi que le poil de la barbe et les cheveux, noirs ; les dents doubles ; le nez long et effilé ; la bouche et les lèvres belles et vermeilles ; les mains et les doigts fort bien faits ; la peau des plus blanches.

Son esprit était vif, son humeur prompte.

Son parler était d'une si grande vivacité que le plus souvent l'on avait de la peine à l'entendre, à cause qu'il avait la langue si longue et si épaisse, quand elle était sortie de sa bouche, qu'il avait de la peine à la retirer, ce qui le faisait quelquefois rougir, surtout devant les étrangers.

Il avait beaucoup d'imagination, de mémoire et de jugement, et néanmoins il se défiait de lui-même et préférait les sentiments des autres aux siens.

Il était adroit à tous les exercices du corps, prudent, vaillant, pieux, chaste, sobre, secret, dissimulé quand il le fallait, et si juste, qu'il s'en est acquis le nom. Bon avec ses domestiques, les récompensant dans la bonne humeur, chacun selon son mérite.

Il était brave et dévot. Il récitait chaque jour son office, et le vendredi l'office des morts tout du long.

Il connaissait la musique, la mécanique ; forgeait et tournait au tour, dessinait, peignait des paysages et portraits, même aux pastels... Faisait des filets à prendre le gibier et à pêcher. Chassait à toutes sortes de chasses, même au préjudice de sa santé.

La volerie était pour lui un immense plaisir. Il aimait le jardinage ; les bâtiments.

Je prie le Seigneur de le recevoir dans son saint paradis et de faire régner le roi son fils en paix, ayant été bien aise, pour la consolation de ses bons sujets, d'avoir fait ce présent manuscrit de ce qui s'est passé à la maladie et mort de ce bon roi, avec le plus de fidélité que j'ai pu, ayant été témoin des faits qui y sont rapportés. Je prie le lecteur d'excuser si les choses n'ont pas été écrites d'un style plus élégant, n'étant pas de mon métier d'écrire.

Ce que j'en ai fait a été seulement pour conserver la manière de cette mort dans le cœur de ceux qui liront le présent manuscrit.

# *Chapitre XXXVII*

Le roi Louis XIII vient de mourir. Les Français vivent au son lent des notes graves du glas.

Autour du petit roi et de la reine régente s'empressent les princes. La cour est partagée entre la peine et la joie.

Autour de l'enfant roi, la reine Anne et le cardinal Mazarin montent bonne garde.

Des cavaliers aux couleurs royales emportent au triple galop vers Paris une lettre adressée à MM. les prévôts des marchands et échevins de la ville, à laquelle un billet est joint annonçant l'arrivée du roi au Roule pour le lendemain, vers trois heures de l'après-midi.

La reine, qui n'a confiance en personne à la cour et qui craint l'avidité des princes, confie le petit roi au duc de Beaufort dont le langage s'apparente à celui d'un crocheteur du port au Foin.

L'enfant roi a des cheveux blonds tout bouclés, des yeux bleus et un joli visage rond. Son frère Philippe, duc d'Anjou, ressemble au roi Henri, son grand-père. Il rit tout le temps et est aussi bavard que son frère aîné est silencieux et observateur ; lui qui deviendra le monarque le plus psychologue de son temps.

En quittant la chapelle, la reine, le petit roi, les principaux personnages de la cour regagnent leurs appartements du château vieux. La fin de la journée se déroule dans la gêne générale, causée par les jalousies, les calculs des princes et des grands. Les clans s'affrontent. Les Vendôme contre les Condé, les Orléans contre tous les autres. Au centre du conflit, la reine louvoie et ne fait déjà rien sans le conseil du cardinal Mazarin. Le lendemain, Anne d'Autriche, le roi son fils, le jeune duc d'Anjou, le duc d'Orléans et le prince Louis de Condé quittent Saint-Germain vers midi pour aller à Paris.

Voici ce que l'on peut lire à ce sujet dans les registres paroissiaux de l'église de Saint-Germain-en-Laye :

> Le quinzième jour de mai mille six cent quarante-trois, le roi partit de son château vieil de Saint-Germain-en-Laye, dans lequel il avait fait son continuel séjour depuis sa naissance, assisté de la reine régente sa mère, et de la plupart de tous les susdits princes, seigneurs et officiers, conduit à bel ordre par ses gendarmes, chevau-légers, mousquetaires à cheval des deux régiments de la garde, tant français que suisses, pour aller faire son entrée en la ville de Paris, capitale

de son royaume, se faire reconnaître par icelle, et en icelle par tous les États de France, pour légitime souverain.

Au-devant de Sa Majesté sortirent de ladite ville pour la recevoir tous les chefs principaux, échevins et officiers de la ville, avec une multitude innombrable de peuple, qui le reçurent avec de grands cris et des acclamations de joie et liesse, lui rendant les hommages et soumissions par eux dus et présentant les clefs de la ville avec les cérémonies accoutumées.

Le duc de Vendome et le marquis de Souvré restèrent à Saint-Germain et de tous les gens de qualité qui lui avaient fait la cour la veille, personne ne demeura, écrit Mme de Motteville dans ses mémoires.

Pendant que les fêtes d'entrée se donnent à Paris, le corps du défunt roi reste seul, abandonné, dans son château déserté. Le peuple court le voir, plus par curiosité que poussé par la tendresse.

Le 18 mai 1643, l'enfant Louis XIV tient son premier lit de justice au Parlement. Vêtu de blanc, il est assis tout en haut d'un amas de coussins de velours bleu, brodés aux lys de France.

De sa petite voix douce, déjà empreinte de noblesse, il dit quelques paroles bien apprises. L'arrêt est rendu. Le roi donne à la reine sa mère administration libre, absolue et entière des affaires du royaume pendant sa minorité, avec pouvoir de choisir les personnes pour délibérer en conseil, sans qu'elle soit tenue de suivre la pluralité des lois.

Le soir même, la régente nomme Premier ministre le cardinal Mazarin, ancienne ombre de Richelieu.

La noblesse est frappée d'une stupeur incrédule... Quelle n'avait pas été leur délivrance lorsque Richelieu mourut ! Mais quelle colère de se retrouver sous le gouvernement d'un Mazarin qui possède, dès à présent, tous les leviers de commande du royaume ! Ce gredin de Sicile, par son obséquiosité, ses artifices et sa cupidité, n'inspire que mépris.

Retz dira de lui : « Il s'est fait de la honte de tout ce que l'autre s'était fait de l'honneur... Quand ceux qui commandent ont perdu la honte, ceux qui obéissent perdent le respect... »

Une vague de colère déferle alors sur la France.

Le 19 mai, au moment où la terrible bataille de Rocroi s'achève à la gloire des armées du duc d'Enghien, le corps de Louis XIII est transporté à Saint-Denis. Le rêve du roi mourant s'est réalisé ; le duc d'Enghien est resté maître du champ de bataille. Il a vingt-deux ans. Il est laid, violent, orgueilleux et stratège génial.

En l'honneur de cette victoire, pour remercier Dieu, un *Te Deum* est célébré à Notre-Dame, en présence du roi, de la reine sa mère et de toute la cour. Les drapeaux pris à l'ennemi sont apportés en grande pompe. La noblesse vient les admirer, tandis que le peuple boit et danse autour des feux de joie.

C'est l'époque où le prince de Marcillac tombe amoureux fou de l'indolente, blonde et ravissante duchesse de Longueville, sœur du vainqueur de Rocroi.

La France entre dans la régence d'Anne d'Autriche. Une Espagnole ! Beaucoup se rappellent Marie de Médicis après l'assassinat du roi Henri IV et les abus de sa régence.

Déjà, reviennent à grands fracas les exilés, éloignés de France ou de Paris par Richelieu et le roi Louis XIII.

A peine arrivés, les victimes de Richelieu et de Louis XIII réclament, exigent faveurs, places, emplois et privilèges dus à leur rang. Avec une régente, on se permet des choses que l'on n'aurait jamais hasardées avec un roi, ou un Premier ministre puissant et déterminé pour lequel aucune tête, aussi haute qu'elle fût, n'était intouchable. La cour est plus que jamais une jungle...

Mais que trouvent en face d'eux, ces seigneurs violents, belliqueux et arrogants ; que trouvent-ils en face de leurs réclamations et de leurs exigences ?

Ils trouvent la figure douce et souriante du cardinal de Mazarin, premier ministre, et conseiller de la Reine Anne... Un Italien à l'accent impossible, doux et chantant, et aux manières calines et doucereuses. Aussitôt, la cour se déchaîne contre lui. Sa présence hérisse la cour et la ville. L'été de cette même année 1643, la séduisante et terrible duchesse de Chevreuse, toujours en quête d'émotions fortes, complote pour faire assassiner Mazarin. Celle qui traitait le roi Louis XIII d'idiot, traite maintenant le nouveau ministre de diable ; et un bruit chemine, passe sous les portes et par les fenêtres, pour enfin prendre une belle ampleur. On chuchote, on fait plus que chuchoter, on parle, on raconte que la régente et le cardinal de Mazarin sont au mieux ensemble ; qu'il y a eu un mariage secret... et que le roi et son frère sont les enfants du Mazarin.

Des complots se forment. Des batailles de dames éclatent entre les familles de Condé et de Rohan, à laquelle appartient la duchesse de Chevreuse, ancienne confidente d'Anne d'Autriche.

C'est devenu un tel scandale que La Porte, valet de chambre du roi, M. Vincent de Paul, l'évêque de Lisieux, l'évêque de Limoges se trouvent dans l'obligation, avec beaucoup de ménagement, d'apprendre à la reine, ce que tout le monde dit d'elle et de Son Éminence... Ils lui disent qu'elle doit penser à elle et à sa réputation..., que le monde est facilement scandalisé de la savoir seule avec Son Éminence, au fond d'une enfilade de pièces, hors de portée de voix et des oreilles des gens de la cour.

La réaction de la reine est vive. Sur-le-champ, Beaufort est arrêté et mis en prison au château de Vincennes, Mme de Chevreuse et Marie de Hautefort exilées. C'est un coup de foudre qui stupéfie et donne à penser...

Puis, l'automne venant, la reine et le roi quittent le vieux

Louvre si sombre et vont s'installer dans le palais tout neuf, entouré de jardins où murmurent les jets d'eau. C'est le palais qu'avait fait construire le cardinal de Richelieu en face du Louvre, et qu'il a légué au roi Louis XIII en mourant.

C'était le legs d'un mourant à un moribond.

Tout aussitôt, le Palais-Cardinal prend le nom de Palais-Royal. A la grande fureur des grands, Mazarin va s'y installer aussi. Au milieu de cette cour pleine de remous et soumise aux passions qui engendrent les complots, Louis XIV grandit, souvent abandonné à lui-même en dehors des cérémonies officielles, où lui et son frère apparaissent éblouissants de velours, satins, plumes, rubans et bijoux. Très jeune, Louis possède le beau langage, qui est la marque de ce temps. La majorité des seigneurs et dames de la cour reçoivent le beau monde et fréquenent assidûment ruelles et salons précieux, L'hôtel de Rambouillet, est au faîte de sa gloire et de sa renommée.

Le langage châtié et précieux allant de pair avec les belles manières, le petit roi apprend déjà inconsciemment la façon d'être et le ton qui seront ceux de sa cour, à Saint-Germain et à Versailles, quelques années plus tard. Mais pour l'instant il a de la piété, de la gravité et de la politesse. Il ne parle jamais de son père... On ne lui en parle jamais non plus.

Comme dans le vieux Louvre, les murs du Palais-Royal sont truffés d'espions à la solde du cardinal Mazarin. Le roi en est entouré.

Le maréchal de Villeroy devient gouverneur de Sa Majesté.

Le duc de Saint-Simon, écrira de lui, plus tard, dans ses mémoires : *...Il était disposé de toujours tenir le pot de chambre aux ministres tant qu'ils l'étaient, et, quand le pied venait à leur glisser, de le leur renverser sur la tête...*

Mais au Palais-Royal, la vie va son train.

La reine se lève entre dix et onze heures. A ce moment, les officiers entrent, et le roi et Monsieur son frère viennent lui dire bonjour. Le roi Louis lui offre la chemise, puis la reine dit sa seconde prière, la première ayant été dite à son réveil.

Le premier déjeuner est servi, composé de bouillon, de côtelettes, saucisses et pain bouilli. La reine a toujours bon appétit et mange avec plaisir, puis, suivie de ses dames, elle entend la messe, se fait habiller et coiffer. Sa chambre est maintenant pleine de monde. Ses vêtements, toujours très soignés, sont d'une élégance austère. Après le déjeuner, elle reste dans son oratoire pendant une heure environ, qu'elle consacre à la prière, puis elle sort avec ses dames en carrosse, va voir les églises, visite des couvents, les carmélites de Pontoise, qu'elle aime tout particulièrement, les bâtiments nouveaux et les quartiers neufs de la capitale.

Sa cour est nombreuse et choisie. Gaston d'Orléans, le prince de Condé, Mazarin viennent le matin lui rendre leurs devoirs, à la suite de quoi la reine se retire dans son particulier, souvent avec Orléans et Mazarin, tandis que les grands seigneurs restent dans le grand cabinet.

Du temps du roi Louis XIII, les privilégiés qui restaient dans le cercle intime de la reine étaient le commandeur de Jars, Beringhen, le capitaine des gardes de la reine, Guitaut, Comminges, neveu de Guitaut, et son lieutenant.

Jars était follement gai et d'une verve intarissable. Il était imprévisible, courageux, et avait été enfermé pendant un an à la Bastille, en contrepartie de quelques insolences.

A Troyes, un jour de Toussaint, alors qu'il assistait à la messe, il voit arriver Laffemas, bourreau du cardinal, qui s'approchait de la sainte table, et communiait. Aussitôt Jars lui court dessus, lui saute à la gorge et crie :

– Dites donc la vérité, maintenant que vous avez Dieu sur les lèvres ; dites à tous que je suis innocent, si vous en êtes capable.

On se jette sur lui. Il est repris, mis hors d'état de nuire et condamné à mort.

Il sait faire front et s'apprête à mourir honorablement, tout en se gaussant de ses juges et de ses ennemis.

Le jour de son exécution arrive. Il lui faut donc mourir...

Il monte les marches de bois de l'échafaud. Ses bottes résonnent. Un prêtre est là, qui lui parle de Dieu et de sa miséricorde ; il lui montre un crucifix, que Jars embrasse dévotement, puis il s'agenouille, se recommande une dernière fois à Dieu, couche sa tête sur le billot de bois grossier, en fermant les yeux, ayant déjà abandonné tout intérêt pour les choses de la terre. Il attend ! Il attend... et rien ne vient !

Étonné, il ouvre les yeux, dresse la tête et voit, devant lui, à la place des jambes du bourreau, un visage, un vrai visage, avec deux yeux, un nez, une bouche, qui lui annonce sa grâce, accordée par le cardinal...

Cette exécution n'était qu'une fausse exécution, une sorte de mascarade, imaginée par cet infâme Richelieu !

Hébété, il se laisse délier, et part pour l'Italie, dans une demi-conscience.

Mme de Motteville écrit : *J'ai ouï dire à d'autres qu'à lui, qu'après avoir reçu sa grâce il fut longtemps sans pouvoir parler, et privé de sentiment, tant la nature a de peine à souffrir sa destruction...*

Beringhen était de bon conseil ; Guitaut amusant, célèbre par ses colères, dont il jouait savamment, et qui lui permettaient de dire tout ce qu'il avait sur le cœur... Comminges était charmant, loyal et fort instruit.

La reine se plaisait infiniment à Paris, entourée de ses familiers, mais sa suite, grognonne, devait cependant la suivre de temps à autre à Fontainebleau, qu'elle affectionnait. On entendait parler alors que de « beaux déserts » et d'« affreuses solitudes », émaillés de soupris à dégoûter la reine d'y remettre jamais les pieds.

Elle aimait aller aussi à Rueil. La demeure de la duchesse d'Aiguillon, était inondée de joie de vivre.

Un jour, alors qu'elle se promenait sous les ombrages du parc, la reine Anne y rencontra Voiture, ami très cher de la marquise de Rambouillet, qui ne put s'empêcher de mettre en vers l'impression qu'il avait reçue en la voyant :

*Je pensais que la destinée,*
*Après tant d'injustes malheurs,*
*Vous a justement couronnée*
*De gloire, d'éclat et d'honneur,*
*Mais que vous étiez plus heureuse*
*Lorsqu'on vous voyait autrefois,*
*Je ne veux pas dire amoureuse,*
*La rime le veut toutefois.*
*Je pensais que ce pauvre amour*
*Qui vous prêta jadis ses armes*
*Est banni loin de votre cour,*
*Lui, son arc, ses traits et ses charmes.*
*Je pensais – nous autres poètes,*
*Nous pensons extravagamment –*
*Ce que, dans l'état où vous êtes,*
*Vous feriez, si dans ce moment,*
*Vous avisiez, en cette place,*
*Venir le duc de Buckingham*
*Et lequel serait en disgrâce*
*De lui ou du père Vincent...*

La reine aime Vincent Voiture, dont elle apprécie les poèmes, et particulièrement celui-ci. Elle ne lui en veut pas de lui rappeler un amour éphémère, où elle ne fit que rêver... Tout cela est loin et fait partie du passé... et tout ce qui est passé a cessé d'avoir de l'importance.

Alors, elle quitte Rueil, pour la plus grande joie des seigneurs et des dames de son entourage, et retourne vers Paris, où en cette année 1643 existent trois théâtres : l'hôtel de Bourgogne, le Marais et les Italiens.

Pendant que les bourgeois travaillent, besognent et gagnent beaucoup d'argent, leurs femmes se parent aussi bien que des duchesses, hantent les ruelles, fleurettent, font l'amour platoniquement et s'efforcent de parler un langage choisi, auquel leurs maris ne comprennent goutte.

A la fin, elles rentrent au logis, la tête farcie d'idées et de chimères, pour trouver un mari grognon et affamé, qui les regarde de travers, évaluant d'un coup d'œil, à combien de pistoles et d'écus peuvent bien s'élever ces bijoux, les velours et les dentelles dont elles se parent journellement.

Quand ils ne se promènent pas, ou ne font pas la conversation, les Parisiens raffolent de théâtre, qui ouvrent leurs portes dès l'après-midi. C'est un mélange de farces et de chansons grossières, dont les gens de la rue sont très friands... Mais le répertoire change, se transforme, se renouvelle, devient plus fastueux dans sa présentation, ses décors et ses costumes. Le populaire y va moins volontiers ; alors y apparaissent des hommes et des femmes, qui viennent là dépenser quelque argent, rêver et oublier la monotonie et les incommodités de la vie quotidienne.

Le 30 juin de cette même année, sept acteurs inconnus se réunissent rue de la Perle, à Paris. Ils signent le contrat de la troupe qu'ils forment, et qui prend le nom d'« Illustre Théâtre ».

L'ancienne maîtresse du comte de Modène, Madeleine Béjart, en est l'actrice principale. Une petite fille est auprès d'elle ; c'est la fille qu'elle a eu du comte ; elle s'appelle Armande. Un apprenti comédien, Jean-Baptiste Poquelin, est là aussi ; il sort tout droit du collège de Clermont et des leçons de Fiorelli Scaramouche. Un contrat lie les nouveaux comédiens et leur attribue à chacun les parts des bénéfices, quand il y en aura. Madeleine pourra, seule, choisir les robes qui lui plairont.

Mais qui sont ces comédiens, si inconnus encore ; dont Paris ne murmure pas encore les noms ? Il y a d'abord, en plus de Poquelin, un libraire du faubourg Saint-Jacques ; Nicolas Bonenfant, ancien clerc de procureur ; Georges Pinel, dit La Couture, ancien précepteur de Poquelin, maître ès langues et professeur de philosophie. Madeleine Malingre et Catherine des Urlis sont des comédiennes de profession.

Pour bien installer la nouvelle troupe, Jean-Baptiste loue le jeu de Paume du sieur Metayer, proche de la tour de Nesle.

Le quartier est populaire, fréquenté par les étudiants. Le jeu de Paume est livré aux mains des charpentiers, des menuisiers et des tapissiers... Le devant du théâtre est pavé, pour permettre aux carrosses d'y arriver plus commodément et que les délicats, muguets et autres élégants plumets de la cour ne risquent pas de se crotter au contact de la boue de la rue.

Jean-Baptiste Poquelin et Madeleine Béjart bercent des rêves dorés et espèrent bien attirer la société la plus huppée de la capitale. Enfin, le jour de la Saint-Sylvestre, l'Illustre Théâtre ouvre ses portes. On y joue une tragédie : *la Mort de Sénèque*, de François-Tristan l'Hermite ; puis l'*Artaxersès*, de Magnan. Jean-Baptiste change alors de nom et prend celui de Molière.

Mais les affaires vont mal, les dettes s'accumulent. C'est un vrai désastre. L'Illustre Théâtre déménage et va s'installer au jeu de Paume de la Croix-Noire, dans le quartier Saint-Paul.

C'est la faillite ! Molière est mis en prison où il ne reste que quelques jours, et, en 1645, les hardes, les travestis et les costumes de la troupe sont vendus aux enchères.

Alors, dans de lourds chariots, l'Illustre Théâtre quitte Paris en cahotant et prend la route du Sud. Molière et ses comédiens vont jouer dans les villes de province.

Pendant ce temps, dans ce Paris que Scarron décrit ainsi :

*Un amas confus de maisons,*
*Des crottes dans toutes les rues ;*
*Ponts, églises, palais, prisons,*
*Boutiques bien ou mal pourvues ;*
*Force gens noirs... blancs, roux, grisons...*
*Maint poudré qui n'a pas d'argent ;*
*Maint homme qui craint le sergent,*
*Maint fanfaron qui toujours tremble.*
*Pages, laquais, voleurs de nuit,*
*Carrosses, chevaux et grand bruit.*
*C'est là Paris. Que vous en semble ?*

Dans ce Paris sale et bruyant habite Mlle de Rohan, une des héritières les plus en vue. Elle loge chez sa tante Anne de Rohan, vieille fille sans malice, qui fait du latin et des vers médiocres.

Dans la demeure de sa tante, Mlle de Rohan est traitée en reine.

– Voilà la reine Gloriette, dit en ricanant cette bonne langue de Mme Cornuel, qui s'amuse de tout, et passe son temps à étudier ses contemporains, et à rire de leur travers.

Mais le chevalier de Chabot, qui, lui, n'a pas une grande fortune, est tombé amoureux de la jeune Mlle de Rohan et passe son temps à cabaler pour venir lui faire sa cour.

Si Arthénice a sa chambre Bleue, Ninon de Lenclos sa chambre Jaune, Mlle de Rohan elle, a sa moquette, cabinet tendu de bas en haut d'une sorte de tapis de feutre. C'est la coqueluche du jour. Toute femme élégante et bien dans le monde veut avoir sa moquette, douillette et feutrée. C'est là que les mourants viennent jeter leurs flammes, en regardant leurs belles entre deux miroirs d'un air détaché et en leur parlant d'amour, avant cette carte du Tendre, que Mlle de Scudéry établira quinze ans plus tard.

On y peut rencontrer cette gaie étourdie de Gilonne d'Harcourt, que l'on appelle « la reine Gillette », et qui deviendra Mme de Fiesque. Elle possède aussi sa moquette, tout comme Mme de Piennes. Les jeunes gens de la cour y viennent régulièrement, et parfois du matin jusqu'au soir. Mme de Frontenac et Mlle d'Outrelaise en sont les habituées. Elles sont non seulement précieuses, mais aussi les arbitres du goût et de la mode.

Au milieu de ses amis, Mlle de Rohan est grisée d'encens. Elle aime Chabot, mais hésite toujours à se marier, et cela dure des mois et des mois. Elle a maintenant vingt-neuf ans, ce qui est un âge avancé pour l'époque. Elle est une sorte de vieille fille indécise.

Mais Chabot veut parvenir à son but coûte que coûte et se met à exciter la jalousie de l'héritière des Rohan, en faisant la cour ostensiblement à Mme de Coislin, dont le mari, colonel aux Suisses, vient d'être tué. Il fréquente son hôtel assidûment. On parle même mariage ; de telle sorte que le chancelier Séguier, père de Mme de Coislin, voit cette intrigue d'un très mauvais œil. Alors Chabot fait volte-face et, malgré les cris de désespoir et les soupirs de Mme de Coislin, il revient vers Mlle de Rohan qui accepte enfin de l'épouser, mais à certaines conditions : d'abord, elle veut rester Rohan, duchesse, et conserver le précieux tabouret à la cour qu'à déjà sa mère. Et Chabot, qui n'est ni Rohan ni duc, va le devenir. Pour cela, Gaston d'Orléans, le duc d'Enghien, et même la reine, travaillent dans le plus grand secret à l'érection d'une nouvelle duché-pairie, au nom de Rohan-Chabot. Mais il ne faut pas que Mme de Rohan mère soit mise au courant. Le secret est bien gardé, et le mariage est célébré à la sauvette, chez leur cousin Sully.

La tante, Mlle Anne de Rohan, n'a rien vu, rien entendu, rien compris. Elle cherchait sa nièce pour partir avec elle en Bretagne, et ô stupeur ! elle la retrouve mariée avec le petit Chabot !...

La cour est enchantée de voir « abattre la fierté de cette héritière », mais Mme de Rohan mère est outrée de cette mésalliance. Elle pense en étouffer de rage. Marguerite de Béthune, duchesse de Rohan, dont l'hôtel fourmille de soupirants et d'adorateurs, se demande comment contrer une telle insubordination. Elle trouve ! C'est Tancrède qu'elle présente comme son fils. Voilà le vrai duc et, par conséquent, l'héritier des Rohan !

Mme de Rohan fait un procès retentissant à sa fille, mais Tancrède, mal venu sous une étoile néfaste, meurt fort jeune pendant la Fronde... Hasard ou règlement de comptes commode ?

Quoi qu'il en soit, Chabot reste l'authentique duc de Rohan et, pendant la seconde Fronde, il prendra solennellement place au Parlement. Désormais, sur les fières armoiries des Rohan, où figurent les blasons de la plupart des maisons souveraines d'Europe, il viendra ajouter à son tour ses armes, composées de trois chabots, qui sont des petits poissons.

## *Chapitre XXXVIII*

Mais les débats des grands sont détails qui intéressent peu les gens de la terre.

A cette époque, la France est essentiellement paysanne, du riche laboureur, possédant charrues et chevaux de trait, aux pauvres manouvriers n'ayant pour tout bien que leurs bras, qui doivent être vaillants au moment des moissons, s'ils ne veulent pas mourir de faim.

Si le laboureur habite une maison de brique et d'ardoise, à toit à deux versants à un étage, et à combles éclairés de lucarnes, le pauvre paysan loge en chaumière, ressemblant à des cabanes, composées d'une seule pièce, à cheminée de pierre grossière. Le sol est en terre et les murs en pisé. Pour toute ouverture, une porte et une fenêtre sans carreaux. Le toit est de chaume, souvent mélangé de bruyère, étendu et lié sur de simples perches. Depuis la plus haute antiquité, après la moisson, le chaume est arraché et mis à la disposition de tous. Dans la seule pièce de cette chaumière, qu'y trouvons-nous ?

D'abord, un mauvais lit, avec un matelas de fougère une table grossière, parfois un buffet bas, une huche, une couverture, souvent rapiécée, deux ou trois draps, un pot à aises.

Dans le buffet, quelques mauvaises assiettes de terre brune, des cuillères de fer, quelques gobelets de terre ou de grès, une bouteille de grès. Dans la cheminée, une marmite, une broche, une crémaillère. Accrochées au mur, une bassinoire, une lanterne, sur la table, un chandelier. Dans un coin, une pioche, une serpe, une cognée, une scie, deux faucilles, une fourche, une houlette, un mauvais panier, deux demi-muids ; une force, pour la tonte des moutons.

Les riches laboureurs, qui sont de petits seigneurs, ont des maisons de pierre ou de brique et de pierre. De grandes cheminées de pierre sont bien nécessaires pour réchauffer ces salles harmonieuses à solives apparentes où il fait bon vivre. Dans la chambre trône un lit de chêne, haut perché, garni de bons et solides rideaux de serge verte ou rouge. La cuisine est vaste et accueille maîtres et serviteurs à l'heure des repas. La large cheminée est équipée d'une grande crémaillère et d'un tourne-broche à poids. Casseroles et pots sont en cuivre ; la vaisselle, en étain ou en terre. Pour les repas de fête, la maîtresse du logis sort ses belles assiettes et ses plats en faïence de Rouen, à décor bleu, orange ou polychrome, qui sont bien rangés sur les rayonnages du grand vaisselier de noyer brillant. Les draps et le linge sont conservés dans des armoires sculptées. Les grandes lessives ne se font que deux ou trois fois par an, dès les beaux jours.

Les dimanches et jours de fête, paysans et paysannes se mettent en frais et arborent leurs meilleurs vêtements. Les hommes revêtent la culotte de toile, la chemise de lin et l'ample blouse de coton qui leur descend jusqu'aux jambes ; sur la tête, un bonnet de coton blanc ou bleu ; aux pieds, des sabots ou de solides souliers de cuir épais et huilé ; cela pour les plus riches qui copient le plus possible la mode du temps, qui vient de Paris, de la cour.

Riches ou moins riches élèvent des lapins, des volailles et des moutons, qui paissent les friches et les jachères. Le pain et les légumes, qui proviennent du jardin, sont la base de la nourriture paysanne. Mais, dans l'ensemble, vingt-cinq pour cent des familles seulement vit convenablement ; les autres, manouvriers, vieilles filles, veuves, bergers, sont au bord de la mendicité ; ils survivent en année normale, mais succombent en période de famine ; car ils n'ont alors que les aumônes de la cure, ou des gros, pour vivre et manger. Quand dans un domaine, on peut voir un colombier, cela indique la demeure d'un seigneur, et la distingue, ainsi, de celles de riches bourgeois. La cour est close de hauts murs, dans laquelle on accède par une vaste porte cochère, surmonté d'un auvent.

Les jours vont ainsi, avec leurs joies et leurs peines, au son de la cloche de l'église du village, qui égrène les heures du jour... La messe et les trois angélus. Quand, les paysans sont aux champs, et qu'ils entendent les notes claires, ils se découvrent, et font une courte prière, tandis que les femmes s'agenouillent. Le dimanche, tout le monde assiste à la messe, et le temps venu, doit faire ses Pâques et communier à la Noël. Personne ne doit y manquer. Les fêtes religieuses promènent à travers la campagne, de longues processions derrière le Saint Sacrement, ou une statue de la Vierge, ou celle d'un saint... chemins et calvaires sont fleuris..., c'est la fête suivis des marchands. Les baptêmes ont toujours lieu le dimanche, et comme personne ne travaille, tout le monde danse, chante des rondes, joue aux palets ou aux quilles. Des farandoles se forment et vont en zigzagant à travers le village ; les jeunes gens ont du soleil plein le cœur, et rient de tous leurs espoirs, et de tout leur amour. C'est le curé qui a la charge morale des habitants de sa paroisse. Il connaît tout et tout le monde, les qualités et les défauts, les fortunes et les besoins. Rien ne se fait sans lui, et c'est lui qui inscrit dans le grand livre de son église, les noms de ceux qui naissent, se marient ou meurent. C'est lui qui juge des attitudes et des mariages.

Parfois, une maison couverte de chaume, comme les autres maisons du village, jouxte l'église et le jardin du curé. Dans cette maison mal éclairée et mal meublée, le maître d'école fait la classe. Il fait partie des « pédagogues et gens de lettres des villes et villages pour l'instruction de la pauvre jeunesse du pays ».

Là, les élèves sont traités à la trique. Les soufflets pleuvent, et chacun apprend comme il peut et en tout cas fait de son mieux. Dans la salle sombre, au sol de terre battue, les enfants sont assis sur une longue planche, sur une poutre ou sur des tabourets, chacun tient son livre sur les genoux. On lit à voix haute, mais la longue baguette est toujours là, menaçante, s'abattant sans crier gare sur les plus distraits.

Lorsque l'alphabet est bien assimilé, le premier livre de lecture est le catéchisme. S'il y a des « écrivants », ils s'installent sur la table et, à l'aide de plumes d'oie, taillées et retaillées, copient laborieusement le texte d'un livre, sur un parchemin qui a déjà servi de nombreuses fois. Le papier coûte cher, tandis que le parchemin se lave et peut servir longtemps.

Ainsi va le peuple de la campagne, vivant à l'ombre des châteaux seigneuriaux, à des lieues et des lieues des salons raffinés parisiens.

Mais les Parisiens passent la moitié de leur vie dans les rues et dans les promenades. Chacun sait ce qui se dit ou se fait dans les hôtels les plus huppés, car tout est soigneusement rapporté par les valets, les chambrières ou les laquais.

Un jour, un promeneur se dirige en flânant vers la place de Grève quand, soudain, il est arrêté par une foule énorme.

– Que se passe-t-il ? demande-t-il à un vieillard long et sec, oui marche d'un pas vif, avec une canne dont il sait fort bien se servir pour se frayer un chemin.

– On coupe le cou à un mauvais sujet, le chevalier d'Andrieux...

– Je ne verrai donc rien...

– Si vous me suivez, vous verrez mieux que personne, car mes fenêtres donnent sur la place de Grève même. Moi, je ne regarde plus. J'ai trop vu de décapitations et de sorciers brûlés, sans compter les pendus, les roués et les écartelés... Maintenant, j'ai passé l'âge de ces émotions, mais si le cœur vous en dit...

Le jeune homme remercie très vivement le vieillard, qui semble détaché de toutes choses. Ils parviennent bientôt devant une maison contre laquelle la foule se presse et pénètrent dans une vaste entrée. Par un bel escalier ils montent au premier étage. Des rayonnages de livres à belles reliures couvrent les murs d'une vaste pièce. Le vieil homme ouvre une des fenêtres, faisant tomber deux ou trois garnements qui s'étaient cramponnés aux barres d'appui.

– Tenez, venez, installez-vous là ; je vais nous faire apporter du vin et des gâteaux.

– Permettez-moi de me présenter, Monsieur ; je suis le comte Louis de Marennes.

– Et moi le beau-père du bourreau. N'ayez pas peur et asseyez-vous.

Marennes sembla avaler sa salive avec difficulté. Le vieil homme le regardait d'un air moqueur. Mais Louis de Marennes ne voulait pas désobliger ce vieillard, qui était infiniment courtois et aurait pu être l'habitué de la ruelle la plus raffinée. Il sourit. Il aimait l'esprit gai et moqueur de son interlocuteur. Soudain, son attention fut attirée par une belle personne qui faisait de grands gestes à une fenêtre.

– Qui est cette dame qui rit si fort là-bas, en faisant ces grands signes ? demanda-t-il.

– C'est Mme de Chezelle, la fille de Mme Boiste. Une terrible personne. Sa mère n'est jamais parvenue à en faire quoi que ce soit, car elle est très extravagante. Alors, mais cela remonte déjà à quelques années, cette pauvre Mme Boiste décida de la mettre au couvent ! Las ! les pauvres religieuses !... Elles perdirent bientôt leur tranquillité, car cette diablesse de Madeleine...

– Madeleine ?

– Oui, Madeleine Boiste, aujourd'hui Mme de Chezelle se cachait dans tous les coins, en leur tirant le voile, éclatait de rire à la chapelle et pissait dans le bénitier.

– Dans le bénitier ?

– Oui, oui, dans le bénitier ! Et, non contente de celà, elle tenait les religieuses en prières en leur disant qu'elle voyait des esprits. Pour couronner le tout, une nuit, elle mit le feu au cloître. Cela fut son dernier exploit fantaisie au couvent.

– C'est incroyable !

– Mais tout à fait vrai, hélas ! Alors, la supérieure la renvoya à sa mère, qu'elle se remit à torturer encore plus savamment qu'auparavant.

– Vous parlez de tortures ?

– Je veux parler de tortures morales. Sachez que cela existe aussi. Quand elle voulait quelque chose et que sa mère résistait, elle montait sur la margelle du puits et menaçait de s'y jeter si elle n'obtenait pas satisfaction sur-le-champ. Enfin sa mère s'aperçut qu'elle était grosse...

– Cela ne l'a pas empêchée de trouver un mari.

– Ceci est l'œuvre de Mme Boiste, qui résolut de la marier à tout prix. Elle était fort habile et insinuante, au point qu'elle trouva à qui donner et la vache et le veau, et maria sa fille à un jeune innocent qui s'appelait Chezelle. Le monde disait :

– A quoi songez-vous de donner votre fille à un enfant si jeune !

– Ah ! répondait-elle, dans l'état où elle était, je l'aurai donnée à un crocheteur.

» Et la nouvelle mariée s'employa de son mieux à dépuceler son mari... Elle a cependant une petite fille fort jolie et éveillée. Dieu seul sait qui en est le père. Les gens disent :

» – Ah ! la fille vaudra la mère.

» – Peu importe, s'écrit cette folle de Chezelle, pourvu qu'elle s'en tire aussi bien que moi.

» Vous savez, continua le beau-père du bourreau, il y a des gens bien bizarres dans les rues de Paris, et aussi à la cour ; cela je me le suis laissé dire. Avez-vous jamais entendu parler de Francinet ?

– Non !

– Monsieur, vous n'êtes pas de Paris.

– Non, monsieur, je viens de la province, d'un coin de France qui sent bon la vigne chauffée par le soleil et les fruits. Je viens d'Hautevignes, tout à côté de Bordeaux.

– Cela est tout à votre honneur, monsieur.

– Je vous en prie, parlez-moi de Francinet.

– Mais ne voulez-vous pas regarder la décapitation du chevalier ?

– Pour tout vous dire, je préfère mille fois l'histoire de Francinet.

– Eh bien, voilà : Francinet était un des plus aimables muguets qui se puisse voir. Il était célibataire, fortuné avec esprit ; dansait à merveille, était bien fait de sa personne...

– Un rêve, en quelque sorte...

– Oui, c'est cela..., un rêve qui tourna au cauchemar, car soudain, un matin, il se plonge la tête dans un seau d'eau. On l'en tire à la fin, à moitié asphyxié ; il s'exclamait : « Je veux quitter les vanités du monde. » Et le voilà tout déréglé, tenant des propos incompréhensibles. Deux de ses valets le suivaient comme son ombre, mais il ne cessait pas de les rabrouer : « Allez-vous-en, je ne veux point vous voir. » Mme Cornuel, pour se divertir et en parler à ses amis, lui rendit visite.

» – Vous souvenez-vous qui vous êtes ? lui demanda-t-elle.

» – Hé ! madame, ne me connaissez-vous plus ? Je suis Genlis, madame, je suis Genlis, ce garçon si bien fait et qui a de si belles dents !

» Pour une fois, Mme Cornuel resta un moment songeuse et muette, car on avait amplement parlé d'elle et de ce gentilhomme Charles Brûlart de Genlis.

» Thoré était lui aussi un autre muguet. En réalité, Michel Particelli est le fils de d'Esmery. Son nom, Thoré, vient d'une belle terre qu'Esmery a acquise lors de la confiscation des biens de Montmorency.

» Il y a bien six ans, Esmery était en Italie auprès de la duchesse de Savoie, Madame Royale, sœur de feu notre roi

Louis XIII, qui était devenue veuve. Thoré, qui avait fait quelques folies à Paris, partit pour Turin, sur ordre de son père. Dès son arrivée, voilà qu'il tombe amoureux fou de Madame Royale. Un soir, il se cache dans la chambre de la duchesse, et, lorsque ses femmes l'eurent laissée seule, il se jette sur elle avec fougue, l'embrasse, l'étouffe à moitié et veut lui démontrer son contentement.

» Comme il y avait de la lumière, elle le reconnaît et l'exhorte en se débattant :

» – Thoré ! lui dit-elle, mais enfin, Thoré, remettez-vous ! Arrêtez, arrêtez !

» Au bruit, on accourt, Thoré est empoigné, mais la duchesse ne veut pas qu'il lui soit fait le moindre mal pour si peu de chose. Certains disent que la bonne duchesse avait reconnu d'une façon non équivoque que cet hommage rapide et vif était des plus sincères.

» Esmery, excédé, mais secrètement ravi de l'aventure, car il est lui-même fort coureur de jupes, renvoie ce fils très encombrant en France, ne lui tient pas rigueur de l'esclandre et lui facilite l'achat d'un siège de président aux enquêtes. Thoré, ravi, retrouve ses habitudes et ses amours avec Mme de Semur, qui devient veuve et qu'il épouse...

– Voilà qui se termine bien...

– Ne croyez pas cela, car une semaine de vie commune était à peine passée que le ménage se battait comme chiens dans la rue. Assiettes, aiguières et couverts volaient à travers les pièces et passaient par les fenêtres ; les gens s'arrêtaient devant leur logis, pour se divertir.

» – Vous êtes trop maigre, criait Thoré.

» – Et vous un extravagant, hurlait la nouvelle Mme de Thoré, en lui jetant une assiette à la tête.

» Esmery, averti, arriva et prit la défense de sa belle-fille.

» – Qu'est-il pour vous ? hurlait Thoré en parlant de son père à sa femme.

» – C'est encore joli de voir votre père venir à mon secours contre un forcené de votre sorte.

» Mais Thoré ne décolérait pas. Il épiait tout et tout le monde, faisait des scènes incessantes. Les rares domestiques qui restaient dans cette maison de fous le faisaient pour Madame.

» Excédé par ce fils lunatique, Esmery conseilla à la maisonnée de le battre comme plâtre, aux premiers signes de violences. Valets et laquais appliquèrent ce conseil à la lettre, et, dès qu'une crise le prenait, ils se ruaient sur lui et le rossaient à coups de bâtons. Tous s'en donnaient à cœur joie, et le traitement prescrit apporta d'excellents résultats. Les crises s'espacèrent, si bien que ses lubies disparurent... Mais avec toutes mes histoires, je crains fort, monsieur, que le chevalier d'Andrieux ait été dépêché ! Tout est terminé...

– Je ne regrette rien, et vous m'avez infiniment diverti ; mais je vois que vous avez un très beau portrait...

– C'est M. Ménage, vous savez, le grammairien. Connaissez-vous son mot : « Je devrais être immortel, car les charlatans et les médecins, et les médecins qui sont des charlatans, n'ont pu venir à bout de me faire mourir. J'ai eu jusqu'à treize médecins de la Faculté à la fois. Ils m'avaient condamné à ne point étudier, disant que ce serait le moyen de me faire mourir plus tôt. »

» Un jour, Ménage, mécontent d'avoir tant d'amis qui ne faisaient rien pour lui et de se voir attaqué par quantité de gens à qui il n'avait jamais donné lieu d'être ses ennemis, se retira à la campagne, pour y vivre avec moins de chagrin...

– C'était sage, sans doute.

– Oui, mais voilà ! Il ne s'était pas passé huit jours qu'un voisin lui tua par mégarde un pigeon apprivoisé auquel il était fort attaché. Cela l'accabla davantage que toutes les injustices qu'il avait essuyées. Aussi revint-il à Paris en songeant que « puisque l'homme ne peut s'empêcher d'avoir du chagrin, il faut au moins que je me mette en état d'en avoir des occasions raisonnables ».

Longtemps, le jeune Louis de Marennes et le vieil homme restèrent au coin de la haute fenêtre parlant et écoutant, alors que la place était devenue déserte et que la course du soleil déplaçait les ombres des maisons sur le sol. Seule la menace de la nuit prochaine fit se lever Marennes, afin de retourner à son auberge avant que l'ombre prenne possession de la ville.

# *Chapitre XXXIX*

La régence d'Anne d'Autriche, débute avec un peuple des campagnes misérable. En France, en cette première partie du XVII^e siècle, règnent la peste a l'état endémique ; la famine, car les campagnes sont ruinées par la guerre et par la soldatesque, qui mettent en coupe réglée, bourgs, villages et hameaux, et toute ville, qui n'a pas de bonnes murailles pour la défendre et la garder. Les mangeries d'huissiers font des ravages, et aussi les exactions féroces des traitants, et par dessus tout, les brutalités des gens de guerre. Le peuple malheureux des campagnes, a l'allure hasardeuse d'un lièvre peureux, qui craint tout. Le grand cardinal, dans toute sa gloire, a laissé derrière lui un noir et hallucinant cortège de miséreux. Les nombreuses jacqueries ont été impitoyablement matées ; des châteaux rasés, apportant encore plus d'insécurité au peuple des campagnes ; des familles anéanties ; des forêts coupées à hauteur d'infamie ; des pendus, des roués ; tandis que d'autres étaient envoyés aux galères.

En province, parlementaires, bourgeois et loqueteux fraternisent dans le même désespoir ; c'est un long cortège de traine-la-faim. Alors, chacun réagit selon son tempérament ; certains se résignent à leur triste sort, et sont ainsi assurés d'une vie misérable, à laquelle, la mort miséricordieuse, seule, viendra mettre une fin. D'autres, se soulèvent dans un mouvement de désespoir insensé, les laissant aller aux violences et aux pillages des riches maisons ; des meubles inestimables sont détruits, des rideaux arrachés, les maisons incendiées, les maisons même de ceux qui les soutiennent !

La bourgeoisie, plus lente, prudente et réfléchie, observe sans rien faire, attendant le moment où elle mettra sa main dans celle, fort sale, de ces pouilleux qu'elle méprise, mais dont elle se servira. Révoltes et séditions ont ravagé le pays à travers tout le règne de Louis XIII, la plupart du temps pour protester contre des impôts nouveaux. A Dijon, c'est la révolte des Lanturlus. Les vignerons sortent de leurs masures sous l'œil impavide des bourgeois. Certains religieux s'associent à la révolte, alors que des jésuites, l'œil aux aguets, la cuirasse sur le dos et l'arquebuse à l'épaule, sillonnent les rues, pourchassant les Bourguignons qui se rallient aux cris de : « Vive l'empereur ! » et brûlent le portrait du roi...

A ces nouvelles, le roi quitta aussitôt Fontainebleau et se mit en route à la tête de ses troupes. Arrivé à Dijon, il refusa tout hommage de la ville en révolte. Il est simplement salué par le clergé et le Parlement. Le lendemain, il réunit le maire et les échevins, les capitaines, lieutenants et enseignes de la milice, avec les principaux bourgeois, tous à genoux, et bien prosternés, à six pieds du premier degré du dais royal.

– Pitié ! sire, pitié ! implorent les coupables.

Mais le roi leur fait alors entendre que le pouvoir royal est absolu, et qu'ils sont de vilains sujets de se rebeller contre lui et de brûler son portrait au milieu de la joie générale.

Le garde des Sceaux, Marillac, se fait un plaisir de leur préciser :

– Vous avez vu ce désordre, vous l'avez vu naître et croître peu à peu, vous y auriez pu remédier, et vous ne l'avez pas fait, c'est ce qui vous rend coupables...

Et on parle de tout, sauf de la cause de la rébellion.

A la suite de cela le corps de la ville est modifié, les officiers des milices changés, la ville de Dijon condamnée aux frais. Des vignerons envoyés aux galères, d'autres, chassés de leurs terres et de leurs logis, sont jetés sur les routes, sans un sol, sans feu, sans toit...

Après Dijon, c'est au tour d'Aix de se rebeller. Là encore, bourgeoisie et peuple fraternisent momentanément. Tout le monde est dans la rue, on crie « Vive l'Espagne ! » ; le portrait du roi est traîné dans la boue et lacéré de coups de couteau. Puis, comme à leur habitude, les bourgeois prennent peur des actes commis, le Parlement fait amende honorable en se courbant aussi bas qu'un parlement peut se le permettre, en laissant passer l'orage qui gronde sur la tête de ses membres. Les députés vont présenter les excuses de la ville au prince de Condé, qui est en Avignon.

Toulouse à son tour entre dans la ronde de la révolte. L'affaire y est encore plus sérieuse, et la colère du roi et celle du cardinal de Richelieu impitoyables. Les capitouls sont expulsés de la maison de ville où l'on caserne des Suisses ; la soldatesque entre dans les maisons. Les habitants doivent loger dix compagnies du régiment des gardes et quatre compagnies suisses ; le duc de Montmorency est décapité, et son château de Pézenas rasé. On se souviendra longtemps du passage foudroyant du roi à Toulouse.

A Bordeaux, c'est l'impôt sur les cabaretiers et hôteliers de la ville qui met les têtes en feu. L'archer La Forêt, chargé de l'exécuter, est hué par les Bordelais lorsqu'il pénètre dans la ville, le 10 mai 1635. Personne ne veut l'aider dans sa commission, les milices refusent de prendre les armes. La Forêt est tué ; les Jurats, emprisonnés, et par la suite suspendus par le duc d'Epernon. Mais, le 15 juin, une autre émeute éclate, plus grave encore. Les barricades hérissent les rues, tandis que le duc d'Epernon bataille pour réduire tous ces nids d'insurgés. Au quartier Sainte-Croix, il parade à cheval, ses cheveux et sa longue barbe blancs flottant au vent. Des fenêtres, les habitants de la ville lui tirent dessus. Une Bordelaise le manque de peu, en lui jetant un gros pot d'œillets. Epernon mata Bordeaux, mais le peuple fut amnistié.

De Bordeaux, la rébellion gagne Agen, provoquée par de nouveaux impôts sur le vin, et concernant tout spécialement sa vente au détail, et son passage à l'octroi. Au plus fort de l'émeute des femmes courent par les rues de la ville en criant : « Mort aux gabelous !... Vive le roi sans gabelle ! » pourchassent les agents du fisc.

Maître David Condoing sera leur première victime. Sa maison est forcée, les meubles, brisés, sont jetés par les fenêtres. S'étant caché derrière un tas de sarments, l'infortuné Condoing est découvert et tué à coups de barres de fer, comme un rat. Bien d'autres sont massacrés, dont le chanoine Guillaume du Perrier à qui les rebelles couperont les pieds et les mains pour les ficher au bout de bâtons.

Agen vivait dans la crainte et la terreur, quand, à la fin, la bourgeoisie finit par décider de se défendre un peu et éleva des barricades autour de l'hôtel de ville. Soudainement, tout s'arrêta, le calme revint. Quelques révoltés furent pendus, et tout se termina par les lettres patentes d'abolition du 20 octobre.

En 1639, à Rouen, c'est la révolte des pieds-nus... Au premier cri de révolte, toute la France honnête, laborieuse et pauvre se soulève contre la « vermine financière », chargée par le roi de faire sa tournée. Ce sont les collecteurs d'impôts qui circulent à travers la France et se présentent chez les gens, le pistolet au poing. La police du roi ne s'immisce jamais dans ces sortes de règlement de comptes et laisse à MM. les financiers le soin de leur personne, ainsi que toute latitude pour parvenir à remplir au mieux leur mission, selon leur cran et leurs moyens de persuasion.

Quand Charles Paulet, le père de la belle Angélique, amie de Mme de Rambouillet, qui était secrétaire de la ferme du roi Henri IV, imagina, pour remplir les caisses du roi, de forcer les sergents à racheter leurs charges, ceux-ci vinrent assiéger Paulet chez lui. Il vit la mort de si près, qu'il renonça sur-le-champ à son idée.

Déçu et désorienté, Paulet alla trouver le président de Harlay, pensant trouver auprès de lui soutien et défense. Il fut bien désappointé, car le vieux Harlay le regarda sous le nez, et de haut en bas, en lui disant que les sergents avaient fort bien fait, et que, lui, Paulet, et autres brigands et sangsues du peuple n'avaient droit qu'à une corde pour les pendre.

Les menaces dont les fermiers étaient l'objet parvenaient à donner un goût amer à leurs mets les plus exquis. Mais leurs avances d'argent et leurs crédits soutenaient souvent le trésor royal et, par cela, les rendaient intouchables. Le 14 juillet 1648, quand le roi donne l'autorisation de créer une chambre de justice, un inconnu se présente pour en devenir le procureur général. Il s'appelle Nicolas Fouquet ; mais il n'est pas agréé par le Parlement. S'il s'était transformé en vengeur de la morale, en requérant contre les concussionnaires, peut-être n'aurait-il pas été un des plus célèbres pensionnaires de la forteresse de Pignerol, quelque treize ans plus tard, et le merveilleux château de Vaux-le-Vicomte n'aurait pas été créé. Charles Normand a très bien défini cette grande bourgeoisie de finances. Voici ce qu'il écrit dans *la Bourgeoisie française au XVII^e^ siècle :*

> Ce sont des parvenus, et bien que leur vanité répugne alors à se parer de ce titre de gloire, il faut le maintenir, et leur en faire honneur. Sortis du fumier, ils en gardent longtemps l'odeur, mais ils ont su le quitter et l'effort n'est pas mince. Le peuple par eux se manifeste dans ce qu'il a de plus grossier, mais aussi d'avisé, d'intelligent et d'énergique. A une époque où la société se compose de groupes classés et étiquetés... ils représentent l'élément imprévu, inattendu, pertubateur, le ferment qui révolutionne l'organisme en lui donnant une vie plus active et plus riche que la première. Ils sont la manifestation d'une démocratie encore indécise et dont la présence ne se révèle guère que par ces bouillonnements impurs qui montent à la surface de la cuve. Ils sont l'impudence, le cynisme, l'avidité, la prodigalité bête et prétentieuse, mais ils sont aussi la volonté, le travail, la finesse, l'habileté alerte et sagace, quelquefois le luxe intelligent et bienfaiteur. Ils inaugurent le règne de l'argent dans notre pays et ils préparent l'avènement d'une bourgeoisie sans traditions et sans principes, mais ils sont les dignes prédécesseurs des rois modernes de la finance et ils préludent dans la mesure de leurs forces et de l'intelligence du temps aux grandes affaires qui ont renouvelé le monde.

Mais à travers la France révoltes et mécontentements continuent.

A Rouen, on voit les procureurs suivis de leurs clercs, assaillir dans le palais un nommé Hugot, receveur général des droits domaniaux, le battre comme plâtre, le dépouiller de ses vêtements, y compris sa chemise. La bourgeoisie rouennaise, devenue féroce, riait à perdre haleine.

Puis ce fut la chasse aux larrons. Il y eut des portes enfoncées, des demeures mises à sac, et toujours les mêmes scènes se répétant : les meubles jetés par les fenêtres et les flammes qui dévorent les maisons et leurs trésors brisés ou déchirés pendant que leurs maîtres, déjà inconscients, perdent leur sang dans une arrière-cour.

Le 1^er^ juillet 1644, des émeutes éclatent encore, cette fois à Paris, pour un impôt nouveau : l'édit du toisé, qui est l'impôt du treizième mis sur les maisons des faubourgs de Paris. Là, c'est la sage bourgeoisie qui gronde et se révolte. Les habitants du faubourg

Saint-Germain s'attroupent. Un conseiller d'État et un maître des Requêtes, chargés de procéder au toisé des héritages, sont conspués et poursuivis. Maçons, manœuvres et autres font un tel vacarme et mettent un tel désordre que les gens de guerre sont appelés à l'aide et sont chargés de les disperser.

Le 17 mars 1645, des émeutiers font un noir tapage devant les portes du Parlement. A l'intérieur on ne s'entend plus. La cour et la rue sont mécontentes. Des manifestations se forment pour n'importe quoi. Bourgeois et mauvais garçons sont en tête menant la foule, s'encourageant les uns les autres. Les autres suivent. Faire émeute est toujours un passe-temps délicieux ; cela remue le sang et décongestionne les têtes trop chaudes.

Au moindre bruit, les boutiques se ferment et leurs propriétaires sortent de leurs armoires, ou de dessous leur paillasse, les arquebuses, piques ou hallebardes, soigneusement entretenues depuis la Ligue. Ah ! le bon temps où flotte l'odeur de la poudre est enfin revenu ! C'est le temps où l'on se sent des hommes ! Le Parlement montre deux visages à son accoutumée ; d'abord le visage soucieux, officiel et grondeur, et l'autre qui encourage ceux qui se révoltent et les poussent en avant. Le journal du temps appelle cela l'esprit politique. Mais tous ces sentiments, houleux et contraires, n'empêchent pas les Parisiens de s'écraser pour mieux voir le cortège de la reine qui va assister en grande pompe à un *Te Deum* à Notre-Dame, escortée de tous les seigneurs et les dames de la cour.

Cependant, l'esprit est mauvais et querelleur, et, quand les rues sont un peu tranquilles, ce sont les pages et les laquais qui prennent le relais, allant en la grande chambre, jusque sur les bancs des procureurs, jouer aux cartes et aux dés. Oui, le temps est bien à l'insolence.

## *Chapitre XL*

Mais cela n'empêche pas l'élite, qu'elle soit noble ou bourgeoise, de se soumettre à tout un code de politesse. Dans ce XVIIe siècle ostentatoire, l'art du savoir-vivre est tissé de règles très strictes, à n'enfreindre à aucun prix, sous peine d'affronts sanglants.

Si dans la noblesse d'épée l'ignorance la plus noire côtoie les esprits les plus fins et les plus éclairés, la grande bourgeoisie et la noblesse de robe envoient leurs enfants dans différents collèges et écoles. Leurs filles sont confiées à des couvents, parmi lesquels les Ursulines tiennent le haut du pavé en pédagogie. Leur règlement n'a pas moins de deux cent soixante-quatorze pages. Leur but est d'éduquer moralement et intellectuellement les petites filles qui leur sont confiées.

Dans leur programme entrent beaucoup de lectures pieuses et autant de cérémonies religieuses. La discipline est stricte, et le martinet, à l'occasion, est employé à la maintenir.

Si elles apprennent à leurs élèves la couture et la cuisine, elles enseignent aussi le grec, le latin et un peu de philosophie. Au réfectoire, on se sert de la fourchette, ce qui est pour l'époque un grand raffinement.

Leurs années de couvent, et leurs études terminées, les filles de grandes maisons entrent dans le monde, si tel est le désir de leurs parents. Elles sont des pions précieux. Certaines sont promises à de brillantes alliances, les autres deviennent religieuses et abbesses.

Madelon de Sully, qui a huit ans, est amenée par sa grand-mère, la chancelière Séguier, au carmel de Pontoise ; c'est d'elle que l'on tient cette lettre ravissante, écrite à son grand-père le chancelier – si furieux de voir que sa petite fille préférée a été mise au couvent à son insu, et contre sa volonté, qu'il refusa d'adresser la parole à sa femme pendant huit jours.

> Mon bon papa, je chante au chœur avec mes sœurs, j'ai mon petit habit aux bonnes fêtes, je porte la croix à la procession, quand j'ai mon petit habit, et je chante « *Ora pro nobis* » avec ma bonne cousine de Renty. « Mon bon papa, je vous prie de me laisser icy, je suis bien ayse d'y estre ; j'espère que vous me ferez l'honneur de m'aimer autant icy que si j'étais à Paris ; je prie toujours Notre-Seigneur pour vous ; je vous supplie, mon bon papa, me tenir toute ma vie, monsieur mon bon papa, votre très humble et obéissante fille et servante.
>
> SOEUR MADELEINE DE L'ENFANT JÉSUS.

Madeleine sera un jour religieuse dans ce couvent, non sans soulever de grandes difficultés de la part de son grand-père, ce qui n'empêche pas le chancelier Séguier, de se montrer fort généreux pour le couvent des carmélites de Pontoise, auquel il donnera :

1 000 écus pour la citerne et les bassins du jardin.
Plus de 2 000 livres, pour détourner un cloaque.
38 000 livres, à la charge d'une messe perpétuelle.

De son côté Mme la chancelière, sa femme, offrira :

Six grandes corbeilles d'argent.
Deux très grands pots d'argent pour mettre des fleurs.
Deux autres pots de vermeil doré.
Deux caisses d'argent, pour orner et parer l'autel.
Un très beau reliquaire de cristal, qui est une pièce sans prix.
Sept aunes de grand passement d'or et d'argent.
Un grand tapis de Turquie, qui sert à l'autel, et un autre plus petit.
Un tour de diamants, qui est un soleil du saint sacrement.
Un très beau vase de pierreries.

Pour ne pas être en reste le chancelier fait cadeau des orgues. La reine Anne venait souvent dans ce couvent de Pontoise, avec Louis XIV, alors enfant, et le duc d'Anjou. Le roi et son frère jouent à la procession avec Mme de Renty, jeune postulante, et Madelon de Sully. Tout ce petit monde est surveillé par la vieille sœur converse Marguerite de Saint-Joseph.

Les dames bienfaitrices, dont est la reine, sont extrêmement généreuses : elles soldent les dettes de la communauté, établissent un capital, une rente, destinée à la vie quotidienne de la maison. Leurs visites au couvent sont évidemment privilégiées.

Mais, si les filles apprennent les bonnes manières dans leurs couvents, les personnes soucieuses de bel air peuvent acheter ces manuels de politesse, dans lesquels ils apprennent, que, s'il était autrefois permis de cracher un gros crachat à terre devant des personnes de qualité, il suffisait de mettre un pied désinvolte dessus pour être bien élevé. On pouvait aussi bâiller à gorge déployée, à condition de ne pas parler en même temps ; on pouvait tremper son pain dans la sauce du plat, si on ne l'avait encore mordu. Maintenant, tout cela serait une rusticité On pouvait aussi tirer de sa bouche ce qu'on ne pouvait pas manger, et le jeter à terre, pourvu que cela se fît adroitement. Maintenant ce serait grande saleté.

Mais par contre, il est indispensable de savoir qu'à la porte d'un grand seigneur ou d'un prince c'est incivilité de heurter fort, et plus d'un coup.

A la porte des chambres ou du cabinet, c'est bêtise et manque de respect de heurter, il faut gratter ; et quand on gratte à la porte chez le roi ou les princes, et que l'huissier vous demande votre nom, il le faut dire, et jamais se qualifier de monsieur.

C'est effronterie d'entrer de soi-même sans être introduit.

Il n'est pas de la bienséance de s'envelopper de son manteau quand on entre ou dans la maison ou dans les chambres. Chez le roi, on s'exposerait à quelque correction.

Il est fort malséant, et passible d'un affront, que d'avoir son chapeau sur la tête dans la chambre où l'on a mis le couvert du roi ou de la reine. De même, lorsque les officiers portant la nef et le couvert passent devant vous, il faut se découvrir.

La révérence ne doit jamais être ni courte ni trop précipitée, mais basse et grave, où il y a lieu de la faire. Quand on ne fait que passer, il convient d'incliner un peu le corps.

C'est incivilité d'avoir le masque sur le visage en un endroit où se trouve une personne d'éminente qualité, ou en saluant quelqu'un. En la chambre d'une personne de qualité où le lit est clos, c'est incivilité de s'asseoir sur le balustre.

Il ne faut pas s'appuyer ou s'asseoir sur les bras ou le dossier de la chaise du roi, qui est d'ordinaire tournée vers la muraille.

Ne pas se promener dans l'antichambre en attendant, cela est défendu chez le roi, et, si on le fait, les huissiers vous font réprimande ou vous font sortir. Ne pas chanter ou siffler en attendant, pour se désennuyer. Il faut s'abstenir de dormir, s'allonger, bâiller, quand les autres parlent.

Il n'est pas non plus d'un homme de qualité, s'il se trouve en compagnie de dames, de patiner, de porter la main tantôt à un endroit, tantôt à un autre, de baiser par surprise, d'ôter la coiffe, le mouchoir...

Ne pas prendre une dent avec l'ongle du pouce, en disant : « Je ne m'en soucie pas plus que de cela. »

Il est fort indécent, dans une compagnie, avec des dames ou non, de quitter son manteau, d'ôter sa perruque ou son pourpoint, de se couper les ongles, de raccommoder une jarretière, un soulier qui blesse, de prendre sa robe de chambre, ses pantoufles, pour se mettre, dit-on, à son aise. Les dames ne doivent pas trousser leurs jupes près du feu, aussi bien qu'en marchant par les rues.

Il est ridicule, en voulant parler à un homme, de lui prendre et tirer ses boutons, ses glands, son baudrier, son manteau, ou de lui donner des coups sur l'estomac.

Il est malséant aussi de faire des grimaces comme : rouler la langue dans la bouche, se mordre les lèvres, se relever la moustache, s'arracher le poil, se frotter les mains de joie, se faire craquer les doigts en se les tirant l'un après l'autre, se gratter, tressaillir les épaules, rire à grands éclats, rire de tout et sans sujet.

Si une personne de qualité éternue, il ne faut pas lui dire : « Dieu vous assiste », mais il faut seulement se découvrir et faire une profonde révérence...

Il ne faut pas appeler qui que ce soit sur le degré, ou par la fenêtre ; il faut aller chercher cette personne où elle est pour la faire venir.

Il ne faut ni questionner ni interroger de but en blanc la personne que l'on veut honorer, et même quelque personne que ce soit.

Eviter de parler bouche à bouche, crachant au nez des gens et les infectant d'une éventuelle haleine forte.

Si nous rencontrons quelqu'un de connaissance, ou un laquais de quelque ami, il faut bien se garder de les appeler tout haut : « Holà ! hé ! comment se porte ton maître ? Mes baisemains à Madame. »

Si l'on rencontre une dame, il faut la saluer avec une inflexion du corps en ôtant son gant et en portant la main jusqu'en terre. Ce salut doit être fait sans précipitation ni embarras, en se relevant doucement, de peur que la personne que l'on salue venant aussi à s'incliner, on ne lui donne quelque coup de tête.

Les habits doivent être en rapport à la condition des personnes, et proportionnés à leur taille. Si la mode fait toutes les choses grandes, elles doivent être médiocres pour les petits hommes. Autrement, s'ils portent un grand rabat parce que c'est la mode, on ne voit en eux qu'un rabat ; un chapeau à grands bords, c'est un chapeau qui marche, etc. Il faut avoir la tête nette, les yeux et les dents, dont la négligence gâte la bouche et infecte ceux à qui nous parlons ; les mains aussi, en se coupant les ongles ; et les pieds de même, particulièrement l'été, pour ne pas faire mal au cœur à ceux avec qui nous conversons.

A table, si vous êtes invité, il faut attendre que l'on vous place, ou se placer au bas bout, en gardant la tête nue. Ne se couvrir qu'après que l'on est tout à fait assis, et que les personnes de qualité sont couvertes. Il faut se tenir droit sur son siège. Ne pas montrer que l'on a faim, ni regarder les viandes avec grande avidité. Ne pas mettre la main au plat le premier. Si on sert, il faut toujours donner les meilleurs morceaux et garder le moindre, et ne rien toucher que de la fourchette.

Il faut savoir couper les viandes proprement et avec méthode, et en connaître les meilleurs morceaux, afin de les pouvoir offrir avec honneur. Du chapon bouilli, la poitrine passe pour le meilleur endroit, puis les cuisses et en dernier les ailes. Les pigeons rôtis se servent tout entiers, ou se coupent au travers. Les oranges qui se servent avec le rôti, se doivent couper en travers. Les plus habiles traiteurs mentionnent que la tête du poisson est en la plus grande partie toujours la meilleure : ce qui fait qu'au haut bout d'une table on sert ordinairement la hure du poisson, qui se coupe en deux ainsi que peut-être le marsouin, le saumon frais, le brochet ou la carpe ; de ce dernier, la langue est le plus délicat morceau. Il est malséant de toucher un poisson au couteau, on le prend ordinairement à la fourchette.

Il est bienséant de peler quasi toutes sortes de fruits crus avant de les présenter, couverts proprement de leurs pelures.

Essuyez toujours votre cuillère quand vous la mettez au plat. Parfois, à la table de gens bien propres, il ne faut plus se servir de cette cuillère mais en demander une autre.

Ne pas racler les plats ou ratisser son assiette en la desséchant. Ne pas manger le potage au plat, mais en mettre proprement sur son assiette.

Il ne faut pas mordre dans son pain, mais couper ce que nous avons à porter à notre bouche. Il faut tailler ses morceaux petits, pour ne se point faire des poches aux joues comme les singes. Ne pas ronger les os ni les casser ou les secouer pour en avoir la moelle. Ne pas saucer ses morceaux dans le plat.

Ne pas se curer les dents devant le monde, et de se les curer durant et après le repas avec un couteau ou avec une fourchette. C'est tout à fait dégoûtant. Il faut visiter un grand de temps en temps, pour savoir l'état de sa santé, nous rafraîchir dans ses bonnes grâces et prendre part à sa joie ou à sa tristesse de ce qui lui est advenu de bien ou de mal, quand nous sommes persuadés que cette personne le prend de bonne part.

Si les gens du peuple mangent de la soupe aux racines ou aux herbes, de temps à autre de la viande, au moment des fêtes, pour la plus grande joie des raffinés et des friands, les livres de cuisine sont des ouvrages curieux et galants dans lesquels on apprend l'art de bien traiter.

Politesse et délicatesse sont mots à la mode, de provenance italienne. Désormais, on ne dit plus soupe, cela est vulgaire, mais potage. Sur la table des nobles et des bourgeois fortunés sont servis des asperges, des artichauts, de l'oseille, des betteraves, des cardons, des choux-fleurs et des petits pois. Les topinambours viennent d'Amérique ; les piments, poivrons, tomates, haricots remplacent peu à peu fèves et pois chiches. Chaque jardin possède son potager et son verger, où l'on trouve, selon la saison, des poires, des pommes, des pêches, des prunes, des melons et des fraises.

Les Français ont soif d'innovations et de découvertes, en tous les domaines, et spécialement en cuisine.

Le sucre et la confiserie viennent d'Italie, et des limonadiers italiens vendent des sorbets glacés à la saison chaude. Grâce à des glacières à la mode d'Italie qui conservent en été la glace de l'hiver, les privilégiés boivent frais, même au plus fort de la canicule. On connaît déjà le saucisson, le riz et le parmesan. Dès 1650, apparaîtront le macaroni, le café, le thé et le chocolat. Le café va devenir la boisson à la mode par excellence, tant à la cour que chez les bourgeois. Déjà, depuis le XVI^e^ siècle, la bière et l'eau-de-vie sont dans le commerce courant.

M. de La Martinière donne des conseils à ses contemporains, propres à conserver la santé :

*Le choix de l'air.*
D'un air pur et serein, connaissez l'avantage.
Il y faut, s'il se peut, choisir votre séjour.
D'un égout, d'un marais craignez le voisinage ;
Logez loin des vapeurs qui règnent à l'entour.

*Boire du bon vin.*
Buvez peu ; mais qu'il soit bon.
Le bon vin sert de médecine,
Le mauvais vin est un poison.

*Bonne et légère nourriture.*
De bons œufs frais (n'en perdez pas le lait).
Buvez de forts bouillons, buvez du vin clairet,
Fine fleur de froment et mets de cette espèce
Vous feront arriver à l'extrême vieillesse.

*Si vous manquez d'embonpoint.*
Le froment, le porc frais, la moelle,
Le fromage nouveau, les rognons, la cervelle,
Les vins doux, l'œuf mollet, les chairs d'un jus exquis ;
Figues, mûres, raisins nouvellement cueillis
Vous feront une graisse saine et naturelle.

*Il ne faut pas surcharger l'estomac.*
Pour manger, attendez que l'estomac soit vide ;
S'il n'a pas digéré votre dernier repas,
D'un surcroît de travail ne le fatiguez pas.
Bornez-vous au besoin ; n'ayez pas d'autre guide.

*Du fromage et des noix.*
Qu'aux viandes pour dessert succède le fromage.
Qu'au poisson succède la noix.
Une seule suffit deux sont trop.
L'homme sage se garde bien d'en manger trois.

*Boire en mangeant.*
Voulez-vous qu'un dîner soit sain et profitable ?
Ne mangez point à sec, humectez en buvant,
Mais à petits coups et souvent.
Autant qu'il faut buvez à table ;
Mais pour vous bien porter, entre les deux repas,
Sans grand besoin, ne buvez pas.

*Diverses manières d'apprêter les viandes.*

Le bouilli tout simple, aisément digéré,
A tout ragoût doit être préféré.
La friture est malsaine, et le rôti constipe,
L'âcre purge, le cru fait enfler et grossir.
Le salé dessèche et maigrit.

*Des oiseaux bons à manger.*

Mangez la poule et le chapon,
La Tourterelle, le pigeon,
La caille, le faisan, la tendre gélinote,
Le merle, la perdrix, le pluvier, le pinson,
Et la sarcelle qui barbote.

*L'oie.*

Est un animal stupide
Qui doit être sans cesse en un séjour humide ;
Il la faut abreuver, l'axiome est certain :
Vive elle veut l'eau, morte elle veut le vin.

*Des entrailles de quelques animaux.*

Du cœur il faut que je proscrive
La chair indigeste et massive ;
Le ventricule se digère malaisément.
La langue est plus fine,
Le poumon se digère et passe promptement.
La cervelle est nourrissante.

*De l'anguille et du fromage.*

L'anguille avec la voix ne sympathise pas.
Des anguilles et du fromage,
Manger trop cause du dommage ;
Mais si vous en mangez, d'abord,
Il faut les arroser et boire un rouge-bord.

*Recette pour les sauces.*

Pour faire une sauce aisée, appétissante,
Prenez sauge, persil, ail, poivre, sel et vin.
Mettez-en de chacun la dose suffisante.
Cet assaisonnement est sain.

*Du souper.*

Vous devez fuir comme la peste
Ces soupers d'apparat où l'exemple séduit.
On boit avec excès les deux tiers de la nuit.
On force l'estomac. Une douleur funeste
En est presque toujours le déplorable fruit.
A souper, point de gourmandise.
En mangeant peu le soir, vous vous porterez mieux.

*Des noix, des poires et des pommes.*

La noix, il faut ne manger guère,
Est bonne à l'estomac, corrige le venin ;

La poire ne vaut rien sans vin.
Si vous la mangez en compote,
C'est un excellent antidote.
Mais poire crue est un poison.
Quand on a mangé de la poire,
Que le premier soin soit de boire.
Après la pomme, allez en quelque lieu secret,
Où vous puissiez en paix laisser votre paquet.

*Des cerises.*
La cerise a pour la santé
Plus d'une bonne qualité.
C'est un des meilleurs fruits que produit la terre.
Il purge l'estomac, il forme un sang nouveau,
Et l'amande qu'on trouve en cassant le noyau
Délivre les reins de la pierre.

*Les violettes.*
Pour dissiper l'ivresse, et chasser la migraine,
Et d'un rhume fâcheux délivrer le cerveau.
Guérit même l'épilepsie.

*De l'ortie.*
Est calmante
Active contre les vomissements et contre les coliques.
Calme la toux et la goutte.
Bonne contre les vents.

*Du cresson.*
Prenez jus de cresson, frottez-en vos cheveux !
Ce remède les rend plus forts et plus nombreux.
Apaise la douleur de dents et des gencives.

*Du saule.*
La force de son suc en l'oreille introduite,
Y fait mourir les vers.
Le fort vinaigre où son écorce est cuite,
D'une peau qu'on en frotte, extirpe les poireaux.
Prise dans l'eau, la fleur éteint la flamme impure
Qu'allume la lubricité...

*Du mal de tête.*
Buvez de l'eau.
Frottez-vous le front avec de l'eau de morelle.

*Contre le mal des yeux.*
Distiller : fenouil, verveine, rose et rue.

*Contre le mal des dents.*
Afin de conserver vos dents, mettez sur la braise allumée,
La graine de poireau, la jusquiame et l'encens,
Et par un entonnoir prenez en la fumée.

*Bons effets de la saignée.*

Une saignée à propos faite,
Rend la vue, et plus forte et plus nette ;
Soulage l'estomac, dégage le cerveau,
Désopile un viscère, échauffe la moelle,
Donne à l'ouïe, à la voix, une force nouvelle,
Procure un doux sommeil, ôte un triste bandeau
Et même de la Parque allonge le fuseau.
La saignée adoucit le courroux, la tristesse,
Et les transports dangereux,
Dont une fatale ivresse
Agite un cœur amoureux...
Après la veine ouverte, il faut, s'il est possible,
Six heures résister aux charmes du sommeil.
Ses vapeurs agissant sur le corps trop sensible,
Pourraient bien attirer un funeste réveil...
Ne mangez point d'abord, sutout point de laitages ;
Ne prenez point de froid. Nul excès de boisson.

La saignée est le traitement par excellence, préconisé pour tous les maux qui pouvaient affecter ces hommes et ces femmes du XVII^e siècle, gros mangeurs, fort buveurs et gourmands de la vie.

## *Chapitre XLI*

Dans le froid et triste hôtel de Nevers, sur les bords de la Seine, dans ce Paris houleux, querelleur et très peu sûr, les princesses Marie et Anne de Gonzague commencent à prendre de l'âge. Marie a trente-trois ans, sa sœur en a vingt-sept. Bien que la princesse Marie soit duchesse de Nevers, elles ne sont pas riches, et souvent l'hôtel de Nevers est sans feu. Mais pour se marier, elles doivent attendre, car leur rang ne leur permet guère d'épouser n'importe quel seigneur de la cour. Seuls un roi ou un puissant prince conviendraient. Parmi leurs ancêtres, ne comptent-elles pas douze saints, sept bienheureux, deux papes, cinq empereurs, huit rois et quatorze cardinaux ? Saint-Louis de Gonzague fait partie de la cohorte...

Alors, pour échapper à la grisaille de leur vie quotidienne, elles vont se distraire à l'hôtel de Rambouillet, lequel, pendant cette période, qui va de la mort du roi Louis XIII au début de la Fronde, est au faîte de sa gloire et de son éclat.

L'hôtel de Rambouillet, jouxte l'hôtel de Longueville, où habite la blonde et radieuse duchesse de Longueville, grande amie de la princesse Anne de Gonzague. La duchesse joue à la Précieuse et au bel esprit, tant à l'hôtel de la rue Saint-Thomas-du-Louvre qu'à l'hôtel de Nevers, où une société extrêmement noble, mais moins brillante, se réunit de temps à autre. Mais si Anne suit le courant libertin, sa sœur Marie vient de découvrir Port-Royal et adopte l'esprit janséniste.

Mais la terrible duchesse de Montbazon continue ses frasques et sème la terreur parmi les dames de la cour, par son esprit méchant et pervers. Un jour, elle fait courir le bruit qu'un billet doux s'est échappé de la poche de Coligny et qu'il était destiné à Anne-Geneviève, duchesse de Longueville, qu'elle exècre, et qui entre dans une belle fureur. Le logis des Longueville est sens dessus dessous. A la demande de la princesse de Condé, sa mère, la reine Anne oblige Mme de Montbazon à faire des excuses publiques à Mme de Longueville. Mme de Montbazon refuse dédaigneusement de le faire. La reine l'y oblige, sous peine de représailles. Alors, Mme de Montbazon copie sur un éventail la phrase d'excuses qui lui a été dictée, et, devant la cour réunie, elle les débite à la duchesse de Longueville avec une telle insolence que cela n'est pas acceptable.

Mais, quelques jours plus tard, la même affaire rebondit chez

Renard, le traiteur à la mode du jardin des Tuileries, au cours d'une collation. Mme de Montbazon, plus arrogante et insolente que jamais, refuse de céder la place à la reine et force la souveraine et Mme la Princesse à se retirer. Cela fit un bruit énorme. L'affaire se termina par un duel sur la place Royale, le soir, aux flambeaux, alors que toutes les dames se trouvent aux fenêtres, Guise plus fou que jamais, se fait le champion de Mme de Montbazon, et Coligny, défenseur de Mme de Longueville. L'issue en est tragique : Guise blesse grièvement Coligny d'un coup d'épée à travers le corps, des suites duquel il mourra quelques mois plus tard. Guise est menacé. Il s'enfuit à Naples, où il se met au service de la révolte de Masaniello contre l'Espagne... Il devient une sorte de chevalier errant, qui pense souvent avec rage à son hôtel du Marais, cette belle demeure construite sur l'hôtel de Clisson, où avait habité le Balafré.

Enfin, malgré l'interdiction de la reine et à la surprise de toute la cour, Anne de Gonzague se marie, avec le comte palatin, Edouard de Bavière, petit-fils du roi d'Angleterre, de huit ans plus jeune qu'elle, dont Tallemant des Réaux trace un noir portrait : *Tout voûté, tout farouche ; c'était un pauvre homme...*

Mais la princesse Anne, qui a beaucoup de volonté et n'en fait qu'à sa tête, passe outre toute interdiction, tout conseil de prudence, et l'épouse de nuit, à l'hôtel de Nevers, après l'avoir converti au catholicisme. La reine, furieuse, exile le couple à Dieppe, où ils mènent une existence presque misérable, réduit aux pires expédients... Anne se fait humble pour implorer la charité de sa sœur Marie et pouvoir rentrer à Paris :

*Nous n'avons pas de pain... Vous n'avez rien de plus proche que moi. Votre grandeur et votre prospérité peuvent être mon espérance...*

Mais la reine d'Angleterre arrive en France, fuyant la révolution qui fait rage dans son royaume, dix-sept jours après ses relevailles. Son dénuement est extrême.

Anne d'Autriche l'accueille au Louvre, lui envoie sa sage-femme, Mme Péronne et tout ce qui peut lui être utile pour la vie de tous les jours. La cour s'apitoie à l'extrême sur le sort de la reine Henriette, et bientôt n'y pense plus, ou presque... La vie reprend son train et la cour ses jeux, ses festins, ses promenades et ses bals. La régente propose à sa belle-sœur la reine d'Angleterre le château neuf de Saint-Germain, mais elle y vint peu et préféra habiter Paris où elle connut des moments d'atroce misère, malgré les dix mille écus de pension qu'on lui avait assignés, mais qu'elle ne touchait pas forcément.

Bien que le prince d'Harcourt ait dit qu'elle était un peu trop guillerette, le 4 août 1644, à deux heures du matin, comme le veut l'usage de la haute société, Marie de Rabutin-Chantal, délicieuse, blonde et rose, se marie en grande cérémonie à l'église Saint-Gervais, sa paroisse, avec le marquis de Sévigné. Quelques jours plus tard, le jeune ménage part pour sa terre des Rochers, où ils séjourneront dix-huit mois. Presque en même temps, la princesse Marie de Gonzague est choisie pour devenir reine de Pologne. Casimir, frère du roi Ladislas, vient la saluer de la part du roi de Pologne, son futur époux.

Dans ses mémoires, Mme de Motteville écrit : *Elle était de belle taille et alors d'un embonpoint raisonnable. Elle avait des yeux noirs et beaux, les cheveux de même couleur, le teint beau, les dents belles et les autres traits du visage n'étaient ni laids ni beaux, mais tout ensemble elle avait de la beauté avec un grand air dans toute sa personne...*

Mazarin envoya Bregy en Pologne, afin de négocier le mariage, tandis que les Guise échafaudaient les intrigues les plus diaboliques pour le faire échouer. De son côté, Mazarin gémissait à l'idée d'avoir à donner neuf cent mille écus pour la dot de la mariée. Finalement, il décida qu'il faudrait se contenter de sept cent mille écus, dont cinq cent mille comptant, à remettre aux ambassadeurs de Pologne à leur arrivée.

Devant cette situation, le roi Ladislas hésite à épouser Marie de Gonzague, trouvant la dot insuffisante – d'autant plus qu'on lui a raconté des montagnes de calomnies sur la princesse, en prétendant, entre autres, que sa future épouse aurait eu de multiples amants...

A la fin, excédée, Anne d'Autriche explosa :

– J'aurais sujet de me plaindre du roi de Pologne, s'il pouvait imaginer que je lui voulusse donner une femme où il y eut quelque chose à redire, et que je marie comme ma fille.

Enfin, Ladislas accepte l'idée de cette union. Les portraits échangés sont flatteurs comme il se doit. Il dépêche ses ambassadeurs à Fontainebleau où séjourne la cour, pour procéder à la signature du contrat de mariage. La princesse Marie, qui ne souhaite pas être vue des Polonais, se cache derrière Mme de Motteville. Mais les ambassadeurs trouvent l'accueil insuffisant, le souper manqué, avec du bouilli ! Et encore, cela n'était rien car après le dîner, les Polonais s'égarèrent de nuit, ivres morts comme ils étaient, sans flambeaux ni chandelles, dans le dédale de couloirs et le grand escalier du roi où l'ambassade pensa se rompre le cou.

La reine Anne, en apprenant ces événements, fronça le sourcil, tapa du pied, ronchonna et fini par éclater de rire en disant :

– Ces Français ne peuvent jamais régler ni dans les grandes, ni dans les petites choses. Il faut avoir de la patience.

Mais les guerres continuent, et chaque été les listes des seigneurs morts au combat s'allongent lugubrement.

Le 3 août 1645, le duc d'Enghien gagne la bataille de Nordlingen ; mais à quel prix !

Mme de Motteville, qui revenait en carrosse, d'une promenade au Cours, remarqua, alors qu'elle entrait avec son équipage au Palais-Royal, des groupes affairés, où l'on parlait avec effervescence. Un seigneur en reconnaissant son carrosse et sa livrée, s'en détacha, et s'approcha pour lui apprendre les dernières nouvelles...

Après la joie de la victoire, la désolation se peint sur les visages, et Mazarin dit à la Reine Anne, qui se promenait tout heureuse sur la terrasse du palais :

– Madame, il ne faut pas que Votre Majesté se réjouïsse de cette victoire... Tant de gens sont mort !... Et sur une de ces listes, on pouvait lire le nom du petit marquis de Pisani, que l'on appelait naguère en riant, il n'y a pas longtemps encore : « le chameau de Monsieur le Prince ». Il était le fils de la marquise de Rambouillet, qui va fermer une fois encore son salon, faire tirer ses volets, et clore ses rideaux, pour pleurer ce petit marquis si bossu, qui ne voulait pas apprendre à lire, de peur qu'on ne le force à entrer dans un couvent...

Chaque été c'était comme cela ! Tous les gentilshommes de moins de soixante ans, partaient pour la guerre, à la suite du roi et des princes ; et chaque été, les listes des seigneurs morts sur les champs de bataille s'allongeaient, sinistres, faisant retentir de pleurs et de gémissements les chambres et les galeries de Fontainebleau... C'était le temps où il fait si chaud, que toutes les dames de la cour, et les seigneurs restant, passaient leur temps à se baigner dans la Seine ; les dames revêtues de longues chemises de toile grise, qui leur tombaient jusqu'aux pieds. La Reine elle-même n'échappait pas à la longue chemise de bain...

Les Polonais revinrent en novembre, pour la célébration du mariage de leur roi avec la princesse Marie de Gonzague. Leur défilé dans Paris dure sept heures. Leur pompe est fabuleuse ; mais ils sont gras à donner mal au cœur. Ils portent tous des bonnets d'ours et répandent alentour une odeur de fauve. On chuchote qu'ils n'ont pas de linge et qu'ils couchent tout nus, dans des fourrures...

Leurs chevaux sont peints en rouge, pour la plus grande joie des Parisiens entassés dans les rues.

En tête du cortège arrivèrent des carrosses splendides, à côté desquels, les carrosses du roi de France et des princes auraient pu passer pour ceux d'un riche fermier ; puis vint la garde polonaise, vêtue de rouge et de jaune, avec des boutonnières d'orfèvrerie.

Regardons-les passer. Les officiers à cheval, portent la veste courte et le grand manteau à longues manches pendant sur le cheval, parés de boutons de diamants, de rubis et autres pierres précieuses.

Les seigneurs polonais arborent des vêtements d'or et d'argent, constellés d'or et de diamants. Le prince palatin de Posnanie et l'évêque de Warmie, qui sont chargés d'épouser la princesse Marie au nom de leur maître, marchent les derniers. Le Palatin possède une très belle barbe, très admirée.

Les carrosses, aux ferrures d'argent massif, défilent lentement. La foule charmée et en délire applaudit à tout rompre. Mais pendant ce temps le petit roi, la reine sa mère, la Grande Mademoiselle attendent toujours au balcon de l'Hôtel de Ville, et la nuit va bientôt tomber... Le cortège avance si lentement que, lorsque la garde est en vue de la place de Grève, il fait complètement noir. De telle sorte que le roi et sa famille ne peuvent rien voir du tout ; ce qui permet à Mlle d'Orléans de faire une de ses mémorables scènes de colère.

Mais ces seigneurs polonais, si magnifiquement vêtus, sont sales et mangent aussi malproprement que l'on peut imaginer. Fort regardants aussi, car, au cours du festin qu'ils donnent le soir, ils ne laissent sortir personne de la salle avant que d'avoir fait le compte de leur vaisselle d'or et d'argent et de leurs cuillères. On raconte qu'un jour, une pièce s'étant trouvée perdue, ils brandirent leurs cimeterres, terrorisèrent les invités et se préparèrent à leur couper le cou.

Parmi toutes les femmes qu'ils virent à Paris, leurs préférences allèrent vers les plus grandes et les plus fortes. Mme de Montbazon et Mlle de Toussy recueillirent tous leurs suffrages, pour la plus grande joie de la cour.

Le mariage royal devait avoir lieu en grande pompe à Notre-Dame mais le coadjuteur, Paul de Gondi, frondeur avant la Fronde, en décida autrement et refusa la cathédrale, où il entendait ne pas laisser sa place. Après avoir reçu une lettre de cachet lui ordonnant sèchement de faire préparer la cathédrale, Gondi, très vexé, va trouver le cardinal de Mazarin, avec lequel il se dispute. Son oncle, l'archevêque de Paris, qui se trouvait alors en Anjou, mis au courant de toutes ces histoires, ordonne alors à son neveu de ne pas insister ; mais le coadjuteur ne veut rien entendre, et monte la tête au Chapitre, qui refuse le chœur. C'est ainsi que le mariage de Marie de Gonzague eut lieu dans la chapelle du Palais-Royal, non d'ailleurs sans que l'évêque polonais ait été obligé de demander par écrit au coadjuteur la permission de le célébrer.

Anne, princesse palatine de Bavière, a obtenu l'autorisation d'assister au mariage de sa sœur ; c'est l'événement de l'année.

Le matin de la cérémonie, Mme de Brégy va à l'hôtel de Nevers chercher la mariée. Marie de Gonzague porte sur sa robe de toile d'argent blanche brodée d'argent les perles et les diamants de la couronne, que la reine mère a arrangés elle-même.

Sainte-Beuve raconte : *Ce jour-là, Marie, qui va maintenant s'appeler Louise-Marie, parce qu'en Pologne le nom seul de Marie est réservé à la Vierge, est au comble de la gloire et figure assez bien, par son tour d'esprit et ses fortunes, une héroïne du grand Cyrus. Elle est au-dessus de Monsieur, sur lequel elle prend sa revanche.*

Quand Marie vint au Luxembourg prendre congé du duc d'Orléans, il la fit fort longtemps attendre, parce qu'il se faisait la barbe, et ne la reconduisit pas à son carrosse. Sa fille, la Grande Mademoiselle, ne devait pas être étrangère à cette attitude, car elle était affreusement jalouse et refusa de la rencontrer chez la reine, disant qu'elle ne voulait pas avoir un tabouret devant « cette reine d'un jour, qu'elle avait toujours vue au-dessous d'elle ».

Mais de tous ces affronts Marie se moque et part en disant :

– Monsieur était fait pour être seulement Monsieur, et moi pour être reine.

Quelques jours plus tard, Paris voit partir la nouvelle reine pour son nouveau pays. Elle paie son trône d'un exil, puisqu'il nous faut toujours payer de quelque chose, ce que nous souhaitons le plus.

Pendant ce temps, en ville on chante :

*C'est la princesse Louise*
*Qui va coucher sans chemise*
*Dans les inutiles draps*
*D'un monarque à barbe grise*
*Dont le lit n'a pas de draps.*

*C'est sa trop maligne étoile*
*Qui la mène à pleines voiles*
*Vers un pays de glaçons*
*Où n'est même pas de toile*
*Pour lui faire des chaussons.*

*Elle s'en va, cette reine,*
*Mais on dit qu'elle est en peine*
*Et qu'on l'entend soupirer*
*En songeant à la bedaine*
*Du roi qui veut l'épouser.*

Après avoir passé quelques jours auprès de mère Angélique, à Port-Royal, elle se met en route, accompagnée de toute la cour, jusqu'au village de La Chapelle. Au moment des adieux, tout le monde cache ses larmes dans son mouchoir. Voiture l'accompagne et ne doit la laisser qu'à la frontière. C'est ce gros ivrogne de Saint-Amand qui la suit à la cour de Varsovie ; il se fera appeler alors Saint-Amanski et deviendra poète de la cour.

La reine Louise-Marie emmène dans ses bagages un très encombrant et précieux personnage : Champagne, le coiffeur à la mode. Tyrannique et prétentieux, il est parvenu par son adresse à se mettre en valeur et à faire la pluie et le beau temps parmi les femmes de la haute société, qu'il ne se prive pas de maltraiter. Ainsi, il en a laissé certaines à demi coiffées, ou, lorsqu'il avait coiffé un côté, il leur disait qu'il n'achèverait que si on l'embrassait... Parfois, il partait en disant qu'il ne reviendrait pas, si on ne renvoyait pas un tel qui ne lui plaisait pas, et qu'il ne pouvait rien faire devant ce visage-là. Il se permettait des observations désobligeantes sur la personne de ses clientes :

– Vois-tu, de quelque façon que je te coiffe, tu ne seras jamais bien tant que tu auras ce nez-là.

Plus elles lui couraient après, plus il se montrait grossier et méprisant. Lorsqu'il coiffait une dame, il disait que telle ou telle lui avait donné cela, mais qu'il n'était pas satisfait :

– Elle pourra m'envoyer chercher ; je n'y reviendrai pas.

Celle qui entendait cela tremblait de peur et lui donnait dix fois plus que ce qu'elle lui aurait donné. En outre, il était méchant, et personne n'était à son goût.

Il resta quatre ans à Varsovie, et, lorsqu'il revint, Loret écrivit :

*Enfin le nommé Champagne*
*Ayant fait quatre ans de campagne*
*En un pays assez lointain*
*Est de retour entier et sain.*
*Déjà dans Paris il exerce*
*Son talent, science ou commerce,*
*Quoiqu'il soit sec, maigre et menu,*
*Il est partout le bienvenu ;*
*Et quantité de belles fées*
*En ont été déjà coiffées.*

Le voyage vers la Pologne, en plein hiver glacial, prit plusieurs mois. La nouvelle reine était triste, mais curieuse de voir plus loin. Son cortège s'achemina par Compiègne et Senlis jusqu'à Péronne où était la frontière. Là, Voiture la quitta. Et ce fut un voyage triomphal par Cambrai, Valenciennes, Bruxelles. Des coups de canon, des mousquetades, les cloches à toute volée saluaient son passage jalonné de pantagruéliques festins ; puis le cortège prit la route d'Anvers, par les canaux, sur le Bucentaure.

En vraie Précieuse, habituée à l'hôtel de Rambouillet, la princesse Marie est fort cultivée. A Utrecht, ville savante de Hollande, la reine Louise-Marie écrit en italien à M. d'Orange, discute théologie en latin et parle grec avec un médecin. Elle connaît sept langues, sans compter des notions d'hébreu, de syriaque et de chaldaïque. Puis le cortège atteint l'Elbe pris par les glaces. Les étapes sont sans lits, les routes pleines de creux et de bosses, de dénivellations et de cadavres.

A la lueur des torches, des festins barbares font leur apparition. Les viandes sont safranées et salées à outrance ; très peu au goût des Français qui s'abstiennent d'y toucher.

Les calomnies contre la nouvelle reine redoublent sur le chemin de Varsovie. A Stolpen, un courrier du roi Ladislas prie la reine Louise-Marie de s'arrêter à Lauenbourg... A la fin, Ladislas lui laisse poursuivre le voyage, et, à Dantzig, le prince Charles, frère du roi, vient à la rencontre de la reine. La réception est fantastique... L'hiver est si rude que les sentinelles du palais meurent de froid sur pied ; personne n'y fait attention, dans ce pays cela va dans le cours des choses.

La Vistule, à demi dégelée, est franchie avec beaucoup de difficultés ; les carrosses risquent de s'enfoncer dans l'eau glacée à tout moment. Le roi Ladislas envoie alors à sa femme un traîneau merveilleux, recouvert de satin bleu, et va l'attendre dans la chapelle du château de Varsovie. La nouvelle reine arrive, entourée comme une déesse. Le roi s'avance, la voit... Il est déçu ! Il ne la trouve pas assez belle ! Elle ne correspond pas aux tableaux qu'on lui a présentés. Il fait la grimace et s'écrie :

– Quoi ! c'est donc là cette grande beauté dont vous m'avez dit des merveilles ?...

Le roi Ladislas est furieux, mais le mariage se fait malgré tout. La cérémonie, d'un faste insensé, est suivie d'un festin de noces à la polonaise. Alors que la fête bat son plein au palais, le roi, qui souffre d'une crise de goutte aiguë, est porté par six valets dans ses appartements. Mais le départ du roi n'entame pas l'élan des invités, qui se ruent sur des viandes épouvantablement faisandées et safranées. Il faut aimer cela...

Dans ce bruyant chaos, où est la France et l'hôtel de Rambouillet ?... Où est le cher et paisible Port-Royal de mère Angélique ?... La nouvelle reine ferme les yeux pour mieux se souvenir, bien qu'une reine se doive de vivre les yeux bien ouverts, afin de se rendre compte de se qui se passe autour d'elle. Oui, tout cela est fort décevant. Un mari goutteux et maussade, manifestement pas trop enchanté de cette épouse ; cette princesse française qui semble faire la petite bouche.

Mais, les jours venant, Louise-Marie, découvre ce pays étrange, qui est devenu son royaume ; l'un des plus vastes pays d'Europe, mais pauvre, si pauvre !... Les paysans n'ont rien d'humain, vivant dans des sortes de tanières à demi ruinées, craintifs comme cerfs au débûché. Pas un village polonais rencontré ou traversé ne peut être appelé de ce nom. Les campagnes sont désolées. Louise-Marie a l'impression qu'il fera toujours noir et froid, et que jamais, jamais, le soleil ne brillera sur ce pays déshérité.

Pensant qu'à Varsovie elle chercherait en vain d'acheter la moindre toile d'or ou d'argent, ou la moindre dentelle, elle s'est fait suivre de faramineux bagages. Tout a été prévu pour aller vivre chez les sauvages, au milieu des déserts glacés. En soupirant fort, Mazarin a dû payer de fantastiques factures de robes, manteaux, dentelles et bijoux. Mais la nouvelle reine de Pologne n'a qu'une idée en tête : revenir en France. Cela n'est pas possible, et la maréchale de Guébriant, qui est non seulement sa duègne, mais aussi un agent du cardinal de Mazarin, veille. Louise-Marie doit rester à Varsovie. Mme de Guébriant restera à la cour de Varsovie jusqu'en 1646, car à ce moment-là la reine n'aura plus besoin d'elle et aura assimilé mari et pays. C'était une intrigante au dernier point, de qui, Gui Patin dira après sa mort : « Mme de Guébriant est morte comme le cordelier d'Erasme, sans croix, sans lumière et sans Dieu. »

Louise-Marie peu à peu gagne la confiance du roi Ladislas, son époux. Elle est couronnée avec le faste habituel, à Cracovie, au Wavel, haut lieu du royaume de Pologne. Cette cathédrale fameuse, dans laquelle tous les rois de Pologne ont leur tombeaux, jouxte le château Renaissance, symbole de leur pouvoir divin, et dont la prise par l'ennemi serait plus sensible aux Polonais, que tous les malheurs de Varsovie réunis.

Devenue vraiment reine par son couronnement, Louise-Marie est entourée d'un luxe fabuleux et tout oriental. Couverte d'or et de bijoux, elle est vénérée par ses sujets, qui mettent genoux et tête à terre devant elle, comme devant une idole.

Mais les rois ne sont-ils pas des idoles ?

# *Chapitre XLII*

Mais pendant que la reine Louise-Marie s'acclimate à son nouveau royaume, à Paris, les libertins mènent leur ronde. Le mot libertin ne veut pas dire athée mais le non-enseignement explicite de l'existence de Dieu. Au libertinage intellectuel s'ajoute pour certains, un libertinage au sens moderne et péjoratif : de grands seigneurs sceptiques et débauchés forment des sectes où ils se livrent à une débauche parodiant les mystères de la religion.

Parmi eux, le chevalier de Roquelaure, le frère du marquis de Roquelaure, est le plus grand fou et le plus grand blasphémateur du royaume. Alors qu'à Malte il avait été mis en punition au fonds d'un puits, à l'armée navale, le comte d'Harcourt était tellement excédé de sa personne qu'il voulait le faire jeter à la mer avec un boulet aux pieds.

Un jour que le chevalier jouait, perdait et blasphémait, un orage s'élève et éclate avec une grande violence. Tout le monde prend peur et s'en va. Roquelaure reste seul sous la pluie, le tonnerre et le vent, devant la mer démontée, reniant Dieu, le poing tendu vers le ciel et hurlant :

– Tonne, tonne, mordieu ! Tonne ! Tu penses me faire peur ?

A Toulouse, il dit la messe dans un jeu de paume, communie sur les parties honteuses d'une femme, baptise et marie des chiens et fait de telles vilenies que, le 17 février 1946 au matin, les chefs de monitoire sont placardés aux portes des églises. Roquelaure se réfugie dans une maison de la place Saint-Etienne. Bientôt six carrosses y conduisent quatre conseillers au Parlement, le procureur du roi et le Gapitoul. Roquelaure, barricadé dans la maison refuse de faire ouvrir. La porte de la maison est forcée. Roquelaure est pris, l'épée à la main, et conduit au palais de justice. Pendant trois jours, il est interrogé, avec ménagement, mais interrogé quand même. Le troisième jour il s'évade, car le gardien de la prison s'est laissé corrompre. La marquise de Mirepoix lui avait fait parvenir mille pistoles. Le concierge et sa famille s'enfuient avec Roquelaure. Mais à peine sont-ils hors de la ville que Roquelaure lui prend tout l'argent que lui a donné la marquise et le chasse comme un coquin, lui, sa femme et ses enfants. Il rentre à Paris sans encombre et s'y installe paisiblement, sans être inquiété. Mais M. Vincent de Paule et bien d'autres personnes sont indignés.

– Madame, dit M. Vincent à la reine régente, vous ne devez pas permettre que le chevalier de Roquelaure reste ainsi impuni.

C'est bafouer la justice et inciter la canaille à faire de même. Votre régence ne peut être prospère en laissant de tels sacrilèges impunis.

L'assemblée du clergé réunie à Paris envoie aussi à la reine une députation, en lui demandant de sévir sans délai. Roquelaure est arrêté le 15 avril 1646, au cloître Saint-Merry, alors qu'il sortait de chez le traiteur Guy, où il venait de déjeuner. L'échauffourée qui s'ensuivit fut courte et vive. Le chevalier de Montaigu qui veut venir à son secours est tué sur le coup ; Jacques de Roquelaure, marquis de Laverdenx, frère du chevalier, est blessé ; l'écuyer de M. de Roquelaure, Saillant, est blessé à mort. On entraîne Roquelaure et on l'enferme dans la prison de Saint-Merry. Des gens accourent de tous côtés, même les marmitons avec leurs broches et leurs lardoires, afin de porter secours au chevalier. Les sergents du roi dispersent brutalement tout le monde. Les ordres sont stricts et impitoyables. Quelques heures plus tard, en carrosse fermé et sous bonne escorte armée et déterminée, il est transporté à la Conciergerie, d'où on ne le tire qu'à dix heures du soir, pour le transférer à la Bastille.

Mis au courant du transfert, le prince de Condé veut le faire enlever en chemin, mais le marquis de Roquelaure l'en dissuade, préférant agir par la douceur auprès de la reine.

Cette arrestation mécontente toute la cour qui ne se gêne pas pour dire tout haut « qu'on n'avait jamais vu arrêter un homme de condition pour des bagatelles comme cela ».

Il reste un an en prison, puis on le transfère à la Conciergerie où doit avoir lieu le procès. Mais la chance lui sourit : la femme du geôlier en tombe amoureuse. Elle était une grande coquette, et les prisonniers souvent lui donnaient les violons. Pour l'amour de lui, elle fait pratiquer un trou dans un cabaret qui correspond avec le mur de la Conciergerie. L'ouverture était cachée derrière deux layettes et avait deux pieds et demi de haut sur dix pouces de large. Ciseaux et marteaux se trouvent encore sur place, quand on vient dire à l'oreille de Roquelaure, qui jouait au piquet avec le gros La Taulade, emprisonné pour dettes, que tout était prêt. Roquelaure se lève, comme s'il allait parler à quelqu'un, quitte la pièce, trouve le trou, s'y faufile et atterrit dans une des boutiques de la galerie des Merciers, dont le premier étage était contigu avec le premier étage de la Conciergerie. Roquelaure grimpe dans les combles de la boutique. Un saut de six pieds, et le voilà en liberté. Mais pendant ce temps, La Taulade, las d'attendre, alla voir pourquoi Roquelaure restait absent si longtemps. Il trouve le trou ! Ivre de joie et d'incrédulité ravie, il veut aussi s'échapper, s'y engouffre, mais... il est trop gros, ne peut passer et se trouve pris comme un rat. Rapidement découvert, il est interrogé dès le lendemain par les enquêteurs. Tandis qu'arrivent de Toulouse douze témoins venus témoigner contre le chevalier de Roquelaure...

L'évasion avait été juste, et rien que de penser à ce qui aurait pu arriver ; car messieurs du Parlement ne sont guère badins, Roquelaure en avait des sueurs froides. Au sujet de cette évasion spectaculaire, M. Gui Patin, médecin parisien, écrivait le 22 mars 1648, à son ami Charles Spon, docteur en médecine à Lyon :

> ... La nuit, entre le 15 et le 16 mars s'est ici sauvé de la Conciergerie, où il était détenu prisonnier depuis dix-huit mois, un certain M. de Roquelaure, qui s'était pareillement sauvé des prisons de Toulouse, il y a environ deux ans, où il était détenu pour diverses impiétés, qu'il était accusé d'avoir faites et proférées. Comme il avait été ici longtemps prisonnier, il avait trouvé le moyen de gagner les bonnes grâces de Mme Dumont, la geôlière, qui est fort belle femme, et sur laquelle de mauvais bruits courent dans Paris, et même on trouve qu'il s'est sauvé par son cabinet. Le Premier président en ayant été averti dès le matin, envoya prendre les prisonniers, Dumont et sa femme, leur a ôté leur charge et les a envoyés prisonniers, l'un dans le grand, et l'autre dans le petit Châtelet.

Donc, Roquelaure s'est évadé dans la nuit du dimanche 15 au lundi 16 mars 1648..., mais les prisonniers restants, à qui on avait donné un autre géôlier, se rebellent, mettent le feu à plusieurs endroits de la Conciergerie et veulent fracturer les portes. Les marchands du palais sont aux cent coups. Ils ferment leurs boutiques, les portes des galeries, des salles et des cours du palais et reprennent tous les prisonniers, qui sont mis au cachot ; sauf deux qui sont parvenus à se sauver. Mais la Fronde déjà fermentait et quand elle éclata, cela changea bien des choses.

Quand le chevalier de Roquelaure disait : « Je viens de ce bordel de la maréchale de Roquelaure », cela voulait dire qu'il sortait de la demeure de sa mère...

Des années plus tard, Romainville, ami de Roquelaure, était à toute extrémité. Un cordelier vient à son chevet pour le confesser. Roquelaure saute sur un fusil, couche le père en joue et lui dit froidement :

– Retirez-vous, mon père, ou je vous tue ! Il a vécu comme un chien il faut qu'il meure comme un chien !...

Cela fit tellement rire Romainville, qu'il en guérit.

Puis, l'âge apportant ordinairement un semblant de sagesse, le chevalier se repentit ! Il mourut, fort différent de ce qu'il avait été durant sa vie. Le 1er janvier 1660. En regardant ses jambes tout enflées, il disait :

– Je veux les donner à Lavardenx.

(C'était Jacques de Roquelaure, son autre frère.)

Mais, en comparaison de ce qui arrive, tout cela n'est que gentille amusette, car en ce temps-là, la France tremble de misère et d'hésitation. La reine est pauvre, les coffres sont vides. Sa Majesté engage les bijoux de la couronne, et Mazarin de gros diamants pour payer les Suisses. Les pages sont renvoyés à leurs parents.

Le roi a dix ans. Plus que jamais la cour est le théâtre de complots, de chuchotis et de chausse-trapes. Le mauvais esprit règne. Mazarin est un objet de haine, chaque jour plus violente. Chacun proteste et s'indigne de tout et de rien. On veut des réformes à défaut d'autres choses ; on veut échapper aux impôts...

Paris et la France savent que Mazarin accumule une fabuleuse fortune. Tout le monde est mécontent.

Déjà, en octobre 1647, un arrêt de la chambre des Domaines, composée de membres du Parlement, commande aux propriétaires situés dans la censine du roi d'apporter leurs titres et baux pour le règlement des taxes à percevoir. Ce fut l'occasion d'un beau tapage et d'une émeute de propriétaires, ce qui est en général rare : « Voyant qu'on voulait leur ôter les moyens de se faire payer de leurs maisons par les saisies qu'on en avait faites... », deux ou trois cents d'entre-eux se rendirent au palais, à l'entrée de la cour et crièrent plus fort que des locataires : « Main levée ! Main levée !... » en tirant par leurs robes conseillers et présidents, qui étaient obligés de s'arrêter, d'écouter leurs complaintes et le récit de leurs misères, avec larmes et sanglots dans la voix, où des menaces et des coups de poing.

Le président Thoré que nous avons eu l'avantage de rencontrer, fils du surintendant Particelli, ami de Mazarin, s'aventura dans une de ces bagarres, d'où il sortit battu, conspué, injurié et en loques.

Quelque temps après, le 12 janvier, il y eut des déploiements de forces de gens d'armes. Schomberg et ses Suisses occupent la porte Saint-Denis. La rue Saint-Denis est soi-disant jalonnée de gardes, pour permettre au roi d'aller faire ses dévotions à Notre-Dame. Là, les Parisiens, dont Oudard Coquault bourgeois de Reims disait qu'il n'y avait rien de plus bête, trouvèrent que tout cela n'avait rien de bien rassurant. Les boutiques sont fermées en toute hâte, tandis que des hommes grimpent dans les clochers pour sonner le tocsin... La rue est étroite, la foule hostile ; les fenêtres sont garnies d'hommes et de femmes au regard déterminé et furibonds. Déjà on approche des fenêtres des piles de vaisselle, pour les casser sur les ennemis ; quels qu'ils soient. Les gardes et les Suisses, voyant ces préparatifs, préfèrent s'en aller et laisser le champ libre. C'est la grande victoire des propriétaires.

Le 15 janvier, le roi tient lit de justice. Son projet de nouvel édit financier a été rejeté par le Parlement. L'avocat général Omer Talon, se lève :

– Vous êtes, sire, notre souverain seigneur..., mais il importe à la gloire de Votre Majesté que nous soyons des hommes libres et non pas des esclaves. Il y a, sire, des ans que la campagne est ruinée, les paysans réduits à coucher sur la paille, leurs meubles vendus pour le paiement des impositions auxquelles ils ne peuvent satisfaire... Puis, se tournant vers la reine, il continue :

– ... Ajoutez à cette pensée, Madame, la calamité des provinces dans lesquelles l'espérance dans la paix, l'honneur des batailles gagnées, la gloire des provinces conquises ne peuvent nourrir ceux qui n'ont point de pain, lesquels ne peuvent compter les palmes et les lauriers entre les fruits ordinaires de la terre ...

La querelle entre la Couronne et le Parlement est vive. Le peuple est avec les magistrats. Il pense que les magistrats l'aiment. Gondi caresse les « fripiers », avec des mines de rominagrobis. On complote dans les salons de la duchesse de Longueville. Si celle-ci prend fait et cause pour le peuple, c'est qu'elle songe surtout à sa gloire et à celle de son frère.

A la menace de la reine mère de suspendre le droit de paulette, qui permet aux magistrats de conserver et de disposer de leur charge, grâce au paiement d'un droit annuel, le Parlement traite le lit de justice de formalité sans valeur et décide que les députés des quatre cours se réuniront à la chambre Saint-Louis pour y délibérer de la réforme de l'Etat. Evidemment, l'injure est grave. La reine, hors d'elle, traite Mazarin de faible et d'inutile. Mais les députés en la chambre Saint-Louis prennent des mesures en dehors du roi, de la reine et de Mazarin. Si les privilèges des magistrats sont renforcés, la suppression des intendants démantèle le gouvernement. L'abolition d'un quart des impôts et l'interdiction d'en créer d'autres vont empêcher de continuer la guerre. Mais, à Paris, malgré les remous, la vie de tous les jours continue. Le 8 mai, Gui Patin écrit à Charles Spon : ... *Je prendrai la hardiesse de vous faire part de ma joie et de la réjouissance qui est en notre famille, de ce que mon fils aîné, âgé de dix neuf ans, un peu moins, a été aujourd'hui reçu bâchelier en médecine, avec six autres compagnons, parmi lesquels il a été des meilleurs...*

Le 20 août, M. le Prince remporte la bataille de Lens. Il est le seul a soutenir une monarchie chancelante. « Messieurs du Parlement vont être fâchés », s'écrie le petit roi ; et le 26 août, pendant le *Te Deum* chanté à Notre-Dame en l'honneur de la victoire, ordre est donné d'arrêter le conseiller Broussel, et les meneurs de l'opposition parlementaire.

Broussel est un maigre, ancien conseiller de la Grand-Chambre. Il a soixante-seize ans et fort populaire. Humaniste, libéral, il a fini par gagner davantage à être incorruptible qu'il ne l'aurait fait en étant corrompu. Il dit souvent :

– Je suis serviteur du roi et je n'ai jamais rien fait qui fût contre mon devoir. Mais il existe des occasions où le meilleur moyen de servir les princes, c'est de leur désobéir.

Il a un regard pénétrant, qui semble vouloir percer les âmes. Il est un vieil homme hardi au verbe haut, que rien ne réduit ;

vivant dans une hautaine pauvreté, dans un pauvre logis, place Saint-Landry, en face de la place de Grève ; servi par une vieille servante bavarde et piaillante et un insolent petit laquais. Il n'a jamais accepté de pension d'aucun prince, même pas de l'oncle du roi, le duc d'Orléans.

– Il y a trop de luxe en cette ville et en ce royaume, s'écrie-t-il ; trop de gens d'affaires, de tyranneaux, de corbeaux affamés. C'est le peuple qui paie toujours. C'est le peuple, avec ses mines grises et ses airs souffreteux.

Conrart, qui ne l'aime pas, le présente comme un homme malsain, extrêmement lent, peu éclairé dans les affaires, n'ayant que quelques lectures d'anciens auteurs et une aversion obstinée pour tout le gouvernement de l'Etat. Que cela seul l'a rendu célèbre, comme il le devint, et fut cause qu'on parlât de lui ; que sans cela on n'eût pas su s'il eût jamais été au monde.

De ce que peut penser M. Conrart de lui, le vieux Broussel n'en a cure, et chaque jour, il parcourt les rues à pied, serrant des mains, caressant la joue d'un enfant. Il sait parler aux commères et aux redoutables marchandes des Halles. Lorsqu'il passe, tout le monde lui dit : « Bonjour, Monsieur Broussel ! ».

Il est aussi connu que le roi lui-même, mais ô combien plus accessible. Et voilà que le 26 août, alors que les orgues tonnent à Notre-Dame, les gardes du roi arrivent devant la maison où habite le vieux conseiller. De la crosse de leurs mousquets, ils frappent à sa porte. La tête de la servante passe à la fenêtre :

– Que voulez-vous céans ? demande-t-elle, peu aimablement.

– Nous voulons voir le conseiller. Veuillez nous ouvrir, c'est affaire de la plus haute importance.

Ils entrent. Le vieux conseiller est là. Ils se jettent sur lui, le prennent par la barbe, sous les bras, et l'entraînent dehors, où attend déjà un carrosse sans armoiries, tous mantelets baissés.

– Mais que diable voulez-vous ? s'écrie le vieux conseiller, en se débattant ; lâchez-moi, voulez-vous ?

– Nous avons ordre du roi de vous arrêter et de vous emmener à la Bastille...

– A la Bastille ! Jésus, s'écrie la vieille femme, en piaillant de plus en plus fort.

Elle prend une bassinoire et elle tape sur l'un, elle tape sur l'autre. Mais que peuvent ses pauvres forces contre les grands gaillards bien nourris de l'armée du roi ? Ils sortent avec leur prisonnier. La vieille se met alors à glapir par la fenêtre :

– Au secours ! au secours ! au secours ! On arrête M. Broussel ; on arrête mon maître ! Aux armes, au feu ! à l'assassin ! au vol !

Aussitôt, c'est l'émeute. Ouvriers et artisans du voisinage quittent leur ouvrage, leurs travaux et leurs échoppes. Ils ont encore en main les outils dont ils se servaient un instant auparavant. Ils arrivent pesants, le sourcil froncé. Toutes les petites gens du quartier accourent. La nouvelle de l'arrestation de Broussel fait l'effet d'une flamme sur une traînée de poudre. Les bateliers abandonnent bateaux et marchandises, les commerçants leurs échoppes. Les barricades s'élèvent comme par enchantement, et cela jusqu'au Palais-Royal.

Le maréchal de La Meilleraye et ses gardes sont pris à partie et pensent se faire écharper et étriper. Et soudain, soudain, un miracle se produit ! Le coadjuteur, Paul de Gondi, apparaît, souriant, parfumé et onctueux. Il a surgi, comme Dieu lui-même, en rochet et en camail. Il a une parole apaisante pour chacun. Il dégage Broussel et l'entraîne au palais. La foule suit, tandis que Gondi essaie de rassurer tout le monde :

– Patience, mes amis, aucun mal ne sera fait à notre ami !

Mais la foule est dans la rue. En quelques heures, deux cents barricades s'élèvent à travers la ville. Les émeutiers encerclent le Palais-Royal. Le soir, alors que la nuit tombe et que les feux s'allument aux carrefours, Paris chante sur l'air de « Vive Henri IV » :

*Un vent de fronde s'est levé ce matin*
*Je crois qu'il gronde*
*Contre le Mazarin.*
*Un vent de fronde s'est levé ce matin...*

Mazarin est la bête noire de tout le monde, de Paris et de la Fronde qui fait entendre ses premiers grondements.

Paul de Gondi, qui deviendra cardinal de Retz, écrit dans ses mémoires : ... *Parce qu'un jour Bachaumont a dit en badinant que le Parlement faisait comme les écoliers qui frondent dans les fossés de Paris, qui se séparent dès qu'ils voient le lieutenant civil, et qui se rassemblent dès qu'il ne paraît plus... Tout fut à la mode de la Fronde, le pain, les chapeaux, les gants, les mouchoirs, les garnitures et nous fûmes nous-mêmes à la mode, encore plus par cette sottise que par l'essentiel.*

Dès la première journée d'émeutes et de barricades, les vengeurs de Broussel brisent les vitres et enfoncent les vitrines, spécialement dans les rues Saint-Denis et Saint-Honoré, où l'émotion est la plus vive. Les insurgés menacent de tout mettre à sac si l'on ne remet pas en liberté M. de Broussel et les autres.

Les jours suivants, la même ambiance règne. Barricades et escarmouches émaillent les journées et les rues. Beaucoup se terrent dans leurs maisons ou sortent belliqueusement dans la rue ; chacun selon son courage. Le carrosse qui emmenait Broussel est arrêté à Sedan, et le vieux bonhomme est ramené triomphalement à Paris, qui chante sur l'air d'*O Filii :*

*Ce fut une étrange rumeur*
*Lorsque Paris tout en fureur*
*S'émut et se barricada,*
*Alleluia !*

*Sur les deux heures après dîner*
*Dedans la rue Saint-Honoré,*
*Toutes les vitres l'on cassa*
*Alleluia !*

*Le maréchal de l'Hospital*
*Fut sur le Pont-Neuf à cheval*
*Afin de mettre le holà*
*Alleluia !*

*Un tas de faquins en émoi*
*Lui fit crier « Vive le roi ! »*
*Tant de fois qu'il s'en enrhuma.*
*Alleluia !*

*On vit Monsieur le Cardinal*
*De rage que tout allait mal*
*Ronger les glands de son rabat,*
*Alleluia !*

*Si les bourgeois eussent voulu*
*Le cardinal était pendu,*
*Mais son bonnet on respecta,*
*Alleluia !*

Pendant que le roi, la reine et la cour quittent Paris pour aller s'installer au château de Rueil, ancienne demeure d'été du cardinal de Richelieu, le bonhomme Broussel rentre à Paris.

*L'Histoire du Temps raconte : Ce bon et généreux vieillard parut à l'entrée de la ville, dans un des carrosses du roi...*

Mais dans la foule on racontait qu'il avait été étranglé et qu'on avait mis son cadavre tout habillé en voiture, pour faire illusion aux Parisiens. Aussi dût-il paraître à la portière du carrosse, saluer et remuer les bras, pour rassurer ses partisans idolâtres. Une fois rentré chez lui, il dut de même se montrer plusieurs fois à sa fenêtre du bord de l'eau. De nombreuses barques chargées de Parisiens enthousiastes l'acclamèrent toute la soirée. Mais Broussel, toujours simple et bonhomme, n'était vraiment pas étourdi par cette gloire soudaine, et il eut le bon sens de refuser le *Te Deum* que les exaltés voulaient lui offrir à Notre-Dame.

Mais le bourgeois, sorti en armes de chez lui, n'y rentra pas facilement. Il avait pris goût à l'aventure et se « désheura », suivant l'expression du coadjuteur. Il prit ses repas à n'importe quelle heure, reprit plaisir aux sorties fréquentes et au métier des armes. Il prit l'habitude de dire hautement et franchement sa pensée aux puissants du jour, ce qui était fort nouveau, car les bourgeois, en gens prudents, savaient que le silence est père de la sécurité. La bourgeoisie devint indépendante, au nom de la liberté qu'elle clamait bien haut.

Devant les grands si puissants, les dos se redressent. Un jour, incommodé, le prince de Condé fait venir Guénault, son médecin. A la fin de la consultation, le prince demande quelles sont les dispositions et l'état d'esprit des bourgeois parisiens.

– Monseigneur, répond Guénault, elles sont fort mauvaises, et il faut penser qu'elles iront jusqu'à la résistance...

– Même contre un siège ? demande le prince, d'un air assez hautain.

– Même contre un siège, répond tranquillement Guénault, nous sommes bien armés, et M. le Prince lui-même n'en viendrait pas facilement à bout.

Les plumets qui entourent Condé en lui faisant leur cour éclatent de rire, fort dédaigneusement. Tous se mirent à parler. Il était beaucoup question de l'avarice des bourgeois qui n'oseraient pas délier les cordons de leurs bourses...

– Seriez-vous capable de donner quinze cents livres pour la solde et l'équipement de chaque cavalier ? voudriez-vous, et surtout, pourriez-vous soutenir longtemps cette dépense ? demande-t-on à Guénault.

– Oui ! répond fermement Guénault ; oui, monseigneur, et il y en a trente mille comme moi, disposés à sacrifier leurs biens et leur crédit pour conserver la liberté.

Les plumets sont dans l'étonnement le plus complet ! Comment ce petit bourgeois se dresse sur ses ergots, au lieu de toujours être courbé et de l'avis des grands, les stupéfie.

– Voyons, Guénault, lui dit le prince, on ne vous voit pas monter la garde.

– Et pourquoi pas, monseigneur ? Ce métier me serait trop agréable pour la défense de la justice...

Voila quel était l'état d'esprit d'un médecin du temps, que rien n'attachait particulièrement aux idées et à la politique du Parlement. Et l'on vit, par la suite, le prince de Conti, le duc de Longueville et bien d'autres grands venir offrir leurs services au Parlement, qui accueillit ces trouble-fête sans enthousiasme, car il n'ignorait rien de leur égoïsme, de leurs calculs et de leur esprit brouillon. La garde bourgeoise ne voudra pas recevoir le prince de Conti, qui devra attendre comme n'importe qui, au-delà des barrières.

Mais les nobles se cramponnent à leurs idées, et bientôt les manteaux noirs que sont les magistrats et les bourgeois voient avec chagrin que la révolution, leur révolution, va devenir un jouet entre les mains de la noblesse.

Cependant, bientôt les bourgeois eurent d'autres soucis, car :

> *Le Palais n'eut plus de chalands,*
> *Le procureur fut sans pratique,*
> *Le marchand ferma sa boutique...*

Les affaires ne marchent plus. Les industries de luxe, fournissant la cour, sont à peu près en chômage, et cependant bourgeois et commerçants doivent contribuer aux frais de la défense...

Dans ses mémoires, Paul de Gondi, coadjuteur de Paris, écrit :

> ... Paie-t-on les taxes avec la ponctualité avec laquelle on les a payé les premières semaines ? Y a-t-il beaucoup de gens qui nous aient imité, M. de Beaufort et moi, quand nous avons envoyé notre vaisselle à la monnaie ?... Quand nous nous serons mis à la place de ce Parlement, quand nous aurons ruiné son autorité dans les esprits de la populace et quand nous aurons établi la nôtre, nous tomberons infailliblement dans les mêmes inconvénients, parce que nous serons obligés de faire les mêmes choses que fait aujourd'hui le Parlement. Nous ordonnerons des taxes, nous lèverons de l'argent, et il n'y aura qu'une différence, qui sera que la haine et l'envie que nous contracterons dans le tiers de Paris, c'est-à-dire dans le plus gros bourgeois attaché en je ne sais combien de manières différentes en cette compagnie, dès que nous l'aurons attaqué, diminué ou abattu ; que cette haine, dis-je, et cette envie produiront et achèveront contre nous, dans les deux autres tiers, en huit jours, ce que six semaines n'ont encore que commencé contre le Parlement... Ne dit-on pas tous les jours à la reine que le gros bourgeois est à elle, et qu'il n'y a dans Paris que la canaille qui soit au Parlement ?

Le 24 octobre 1648, au moment où le traité de Westphalie est signé à Munster, la municipalité parisienne demande à être reçue par la reine qui se trouve avec le roi et la cour à Saint-Germain. La reine accepte de les recevoir, et, le 29 octobre, le prévôt des Marchands, accompagné des échevins, arrive à Saint-Germain, sur les deux heures de l'après-midi. Ils descendent à la capitainerie, où brûle un bon feu. Quelques instants plus tard, le sieur de Sainctot, maître des cérémonies, vient dire aux magistrats municipaux que la reine étant à table les priait d'attendre.

Ils attendirent une heure, puis, conduits par Sainctot, ils traversèrent la cour du château vieux et prirent dans la petite aile est, un escalier qui conduisait à l'entresol, à l'appartement de trois pièces du cardinal de Mazarin, autrefois occupé par la belle Diane de Poitiers. Toujours souriant et onctueux, le cardinal sort de sa chambre pour les recevoir et les conduit jusqu'au cabinet de la reine, le petit roi est à ses côtés. L'accueil est désolant et glacial ; le prévôt, genoux en terre, supplie les souverains de bien vouloir rentrer dans leur bonne ville de Paris. Derrière lui, les échevins sont eux aussi à genoux. Enfin, ils se relèvent, bien humbles, et reçoivent l'ordre d'aller à la capitainerie attendre la réponse de la reine.

Auprès du feu, et dans le va-et-vient, ils attendent longtemps ; très longtemps... Enfin, le maréchal de Villeroy vient leur apporter cette brève réponse, qui les emplit de joie :

– Oui ! Ce sera pour samedi.

Et le samedi 31 octobre, la reine, le roi et la cour, à petit bruit, quittèrent Saint-Germain pour rentrer dans la capitale, sans réception, sans harangue et sans foule dans les rues.

# *Chapitre XLIII*

La Fronde du Parlement est à peine apaisée que débute la Fronde des Princes. Le prince de Condé est mécontent, car malgré ses victoires, le roi ne lui accorde pas les faveurs qu'il demande pour sa famille et ses officiers.

Le prince de Marcillac, futur duc de La Rochefoucauld, est dans son gouvernement du Poitou quand il apprend que le roi vient d'accorder à six personnes de qualité, parmi lesquelles il ne figure pas, des privilèges qu'il sollicite depuis longtemps et qu'on lui laissait espérer... C'est alors que commence la fantastique histoire du tabouret de Mme de Marcillac. La reine a accordé, contre tous les usages, le tabouret à Mme de Marcillac, qui n'est pas encore duchesse ! Toute la noblesse de France frémit d'indignation. De plus, le duc de Bouillon et son frère Turenne veulent se faire reconnaître la qualité de prince. La cour est horrifiée et furieuse. Les Rohan se sentent outragés ! Mme de Chevreuse est des leurs par la naissance et Mme de Montbazon par le mariage. Toute leur parenté se réunit chez la princesse de Guéméné. Mme de Montbazon déclare qu'elle enverra à Mme de Longueville le sexe coupé de Marcillac dans une bassine d'argent. Mazarin, ravi, malignement selon son habitude, attise ce feu qui ne demande qu'à bien brûler.

Une réunion a lieu chez le marquis de Montglat. Ce sont les seigneurs dont les épouses n'ont pas droit au tabouret.

Condé hors de lui déclare bien haut :

– Je vais renverser tous les tabourets.

Aussitôt, la noblesse entière se coalise contre lui. Le peuple en rit, et un pamphlet circule : c'est : *La Grande Plainte des culs de la cour.* Beaufort réclame des états généraux ; Saint-Simon * exige l'abolition « des dignités accordées par voies extraordinaires depuis la mort du feu roi ». La reine retire le tabouret à Mme de Marcillac, qui ne s'en est jamais servi. Tout le monde est mécontent.

Marcillac, hors de lui, peste contre l'hypocrisie et l'ingratitude de la couronne, quand il reçoit une lettre de Mme de Longueville, lui annonçant *que tout le plan de la guerre civile est résolu à Noisy, entre le prince de Conti, le duc de Longueville, le coadjuteur de l'évêque de Paris et les plus considérables membres du Parlement.*

Mme de Longueville demande à son amant, qui n'est autre

* Le père du mémorialiste, fait duc par le roi Louis XIII.

que le prince de Marcillac, de venir les rejoindre et les aider de ses conseils. Paul de Gondi, coadjuteur de l'évêque de Paris, veut se rendre indispensable à la reine et à la cour et prétend arrêter le tumulte naissant grâce au crédit qu'il a dans le peuple. L'accueil et les moqueries qu'il essuie dans l'entourage de la reine le font basculer dans la rébellion. Mme de Longueville, qui est enceinte de Marcillac, est enragée contre la cour ; de son côté, son mari, le duc de Longueville, est en froid avec Mazarin, qui vient de lui faire refuser, après le lui avoir fait longtemps espérer, le gouvernement de Pont-de-l'Arche, en Normandie, place clé de cette province dont il est gouverneur...

Tout est en place pour le drame. La Fronde aux voiles sombres déferle sur une France exsangue. C'est la guerre civile. Les princes luttent les uns contre les autres, entraînant derrière eux leurs vassaux et leurs partisans dans des luttes sanglantes et fraticides. Le Parlement et le peuple sont emportés dans cette vague guerrière. Les villes ferment leurs portes et font garder leurs murailles, tandis que sur les routes, qui sont bien souvent des fondrières, errent des êtres faméliques, d'un village détruit à un autre incendié.

C'en est fini des récoltes et de la vie de la terre, plus de troupeaux ni d'aboiements de chiens ; plus de rires d'enfants et de rondes fleuries dans les champs. Les cloches se sont tues sur ces paysages désolés où errent des paysans désespérés. Des hordes de soldats pillards volent, violent, pendent et incendient. Dans les campagnes, des êtres fantomatiques se terrent, tels lièvres des champs, au moindre bruit. Jamais la paysannerie de France n'a été si pauvre ni si malheureuse. C'est le temps où on mange de l'herbe, des racines et... de la chair humaine. Des mères dévorent leurs enfants ! Le temps de l'horreur et des visions de cauchemar, qui semblent ne devoir jamais finir. Partout des pleurs, des souffrances et des sanglots. Au même moment, à Paris, la duchesse de Longueville enrôle son frère Conti, méchant petit bossu qui n'a pas voulu devenir prêtre, dans sa rébellion.

Et qui est le chef de cette coalition ? On vous le donne en cent, on vous le donne en mille... C'est encore une fois Gaston, duc d'Orléans. Les frondeurs s'organisent pour les combats, et Condé dispose l'armée de Flandres autour de Paris.

En ce début d'année 1649, il fait un froid terrible, tel qu'on n'en avait pas vu depuis vingt ans.

Le 5 janvier, le maréchal de Grammont donne à souper au roi, suivi d'une comédie, à la suite de laquelle on mène le roi se coucher. Mais la reine, le cardinal et les grands seigneurs de la cour ont décidé de quitter Paris. A quatre heures du matin, le roi, âgé de dix ans et quatre mois, s'apprête à sortir de la capitale, avec la reine, M. le duc d'Anjou et le cardinal de Mazarin. Le cortège quitte discrètement la ville pour Saint-Germain.

Avant cela, sur les trois heures du matin, M. le duc d'Orléans qui avait les gouttes s'était fait porter en chaise à la porte de la Conférence, qu'il avait fait ouvrir et dont il prit les clefs. Puis il monta en une chambre pour se chauffer.

Peu après, arrivèrent M. le Prince de Conti, le duc d'Enghien et le cardinal de Mazarin, ils attendaient la reine qui ne tarda pas à venir avec le roi, M. le duc d'Anjou, M. de Villeroy et M. de Villequier, capitaine des gardes du corps. Ils étaient sortis tous du Palais-Royal par une porte de derrière. Quand ils furent tous rassemblés, ils s'en allèrent jusqu'au milieu du cours où ils s'arrêtèrent et envoyèrent le sieur de Comminges faire lever Mademoiselle et lui porter l'ordre de M. le duc d'Orléans son père, de monter présentement en carrosse et les venir trouver. Ils partaient tous pour Saint-Germain.

Le chancelier, les secrétaires d'Etat et les autres conseillers et ministres partirent à la pointe du jour avant que personne ne fût averti de la sortie du roi.

Mme la duchesse d'Orléans ne quitta son hôtel que sur les huit heures, avec grand regret, ayant toujours résisté à ce voyage et tiré parole de monsieur son mari qu'il ne partirait point de Paris. Sitôt qu'il fît jour, on sut par toute la ville que l'on avait enlevé le roi. Les bourgeois s'en émurent et prirent d'assaut la porte Saint-Honoré, afin d'empêcher que rien n'en sorte, si bien que pas un seigneur ne put passer et que de toutes les princesses, seule la duchesse d'Orléans resta à Paris, ainsi que Mme de Longueville qui prétexta sa grossesse avancée.

Apprenant le départ du roi et de la cour, les Parisiens furent pris de panique. Dès l'ouverture, les boulangeries sont prises d'assaut, et tout le pain raflé. On sort les armes. Les portes sont prises de force et bien fardées.

Pendant que les conseillers du Parlement et le Premier président s'assemblent dans la Grand-Chambre pour aviser, on vient les prévenir qu'une lettre du roi, adressée à MM. le prévôt des marchands et échevins de la ville de Paris, vient d'arriver. La lecture à haute voix en est faite :

> A nos très chers le prévôt des marchands et échevins de notre bonne ville de Paris. De par le roi. Très chers et bien aimés, étant obligé avec un très sensible déplaisir de partir de notre bonne ville de Paris cette nuit même, pour ne pas demeurer exposé aux pernicieux desseins d'aucuns officiers de notre cour de Parlement de Paris, lesquels ayant intelligence avec les ennemis déclarés de cet Etat, après avoir attenté contre notre autorité en diverses rencontres et abusé longuement de notre bonté, se sont portés jusqu'à conspirer de se saisir de notre propre personne. Nous avons bien voulu de l'avis de la reine régente, notre très honorée dame et mère, vous donner part de notre résolution et vous ordonner comme nous faisons très expressément

de vous employer de tout ce qui dépendra de vous, pour empêcher qu'il n'arrive rien en notre ville qui puisse en altérer le repos, ni faire préjudice à notre service, vous assurant, comme nous espérons, que tous les bourgeois et habitants d'icelle continueront avec vous dans le devoir de bons et fidèles sujets, ainsi qu'ils ont fait jusqu'à présent ; aussi ils recevront de nous de bons et favorables traitements, nous réservant de vous faire savoir dans peu de jours la suite de notre résolution, et cependant nous conserver en votre fidélité et affection en notre service. Nous ne vous ferons la présente plus longue ni plus expresse.

Donné à Paris le cinquième janvier 1649.

Signé : LOUIS.

Et plus bas : GUÉNÉGAUD.

Mais les messieurs du Parlement, au nombre de cent un, continuent à délibérer et décident qu'il serait pourvu à la sûreté de la ville et à ce qu'elle soit munie de vivres, que les portes seraient gardées ; des corps de garde posés et les chaînes tendues dans les rues, si besoin était. Il est enjoint au Lieutenant Civil et autres officiers de tenir la main à ce qu'il soit apporté des vivres en sûreté à Paris.

De son côté, M. le coadjuteur avait reçu une lettre de cachet, portant ordre de se rendre auprès de la personne du roi à Saint-Germain. Paul de Gondi essaya bien de sortir de Paris pour s'y rendre, mais il se heurta aux portes solidement fermées et bien gardées. Force lui est faite de rester à Paris.

Sur le Pont-Neuf, Etienne, ancien cocher de M. de Verthamont, monté sur une caisse, encore revêtu de sa livrée, traîne les gens dans la boue ; les fustige avec joie par ses chansons satiriques. Pour le moment, il chante la Fronde et Mazarin :

*Bourgs, villes et villages,*
*L' toscin il faut sonner.*
*Rompez tous les passages,*
*Qu'il voulait ordonner.*

Refrain
*Faut sonner le tocsin*
*Din, din,*
*Pour pendre Mazarin.*

*Nuitamment ce perfide*
*A enlevé le roi*
*Le cruel mérite*
*Etre mis aux abois.* (Refrain)

*Ce méchant plein d'outrage*
*A ruiné sans défaut*
*Vous tous gens de villages*
*Vous donnant des impôts.* (Refrain.)

*Notre France est ruinée*
*Faut de ce cardinal*
*Abréger les années*
*Il est l'auteur du mal.* (Refrain.)

Dès les premiers grondements de la Fronde, les hôtels seigneuriaux ont fermé leurs lourdes et hautes portes, qui ouvraient naguère, en temps de paix, sur l'harmonie de leurs cours d'honneur.

Plus de chaises à porteurs, plus de carrosses armoriés sillonnant les rues sales et encombrant la rue Saint-Thomas-du-Louvre. La rue, maintenant silencieuse, semble endormie, ensevelie dans ses souvenirs et ses splendeurs passées. Les chants et les conversations des salons se sont tus. Luths et théorbes reposent dans la pénombre. Les salons sont entrés dans une sorte de sommeil lourd et désolé. Parfois, au loin, des claquements de feu, des vociférations animent les échos. Les cloches des églises s'agitent, affolées, et sonnent le tocsin. Beaucoup de seigneurs et de dames ont pris le chemin de leurs maisons de campagne, s'ils n'ont suivi la cour à Saint-Germain. Les hommes et les femmes de France qui se rencontraient dans la chambre Bleue d'Arthénice se combattent maintenant, les armes à la main. Pour l'instant, ils sont devenus des ennemis. Le marquis de Montausier et Julie ont regagné les premiers leur gouvernement de Saintonge. Fidèles au roi, ils luttent maintenant contre bon nombre de leurs anciens compagnons de plaisir. Ils s'attardent un peu en Limousin, chez M. de Laurière, leur parent.

Arthénice est restée dans sa demeure en compagnie de son mari, maintenant impotent ; veille sur la santé de sa fragile petite-fille, Marie-Julie, qui est l'enfant de Julie d'Angennes, marquise de Montausier.

La tristesse de la marquise est grande mais elle ne se plaint jamais. Déjà Vincent Voiture a quitté ce monde... Bientôt, elle va voir mourir Mme la Princesse, et, en 1650, Angélique Paulet, l'amie des bons et des mauvais jours ; la guerre civile ne sera pas encore terminée. Paris est en état de siège. Le médecin Gui Patin écrit à Charles Spon, le 8 janvier :

> ... Il y a quantité de troupes ici alentour, avec lesquelles je pense la reine veut affamer Paris, ou obliger cette grande ville de lui demander pardon. Vous savez que Paris est une arche de Noé, qu'il y a toutes sortes d'animaux bons ou mauvais qui y sont embarqués. Je ne sais ce qui arrivera d'un tel désordre, tout y est à craindre comme d'une calamité. Pour mon particulier, je ne l'ai pas offensée et je suis bon serviteur du roi, mais si on attaque la maison, je ferai comme les autres, je me défendrai tant que je pourrai...

Dans Paris, comme à travers la France, tout est dans le plus grand désarroi. Le Parlement rend un arrêt, déclarant Mazarin perturbateur du repos public, et le somme de quitter le royaume sous huitaine. Paul de Gondi est toujours sur le qui-vive, et la couleur d'un certain chapeau que l'on obtient à Rome ne quitte pas son esprit.

Paris est dans le chaos le plus total. Le Parlement rançonne les bourgeois et fait sonder les murs, afin de découvrir les caches où sont dissimulés l'or et les bijoux. On trouve des fortunes dans les murs épais des hôtels. A La Raillère, on reprend 100.000 écus, que l'on porte tout aussitôt à l'Hôtel de Ville ; chez M. Pavillon, au Marais du Temple, 100.000 écus, venant de Bordeaux, tombent entre les mains des révoltés. Aux Gabelles, on découvre 250.000 livres. Mais parfois, comme chez Mme de Combalet, les caches sont fort belles, mais bijoux et argent ont déjà disparu.

La pompe de la Samaritaine est fouillée, sans succès. Le peuple pille, le Parlement confisque ; la bourgeoisie fait cause commune avec les financiers.

En cette période troublée, la France donne le spectacle de l'alliance apparente et profondément intéressée des seigneurs avec la bourgeoisie et les pauvres gens, contre une Espagnole et un Italien exécrés. La mère Angélique Arnaud, de Port-Royal, écrit : *... C'est une chose horrible que ce pauvre pays. Tout y est pillé... On ne laboure plus, il n'y a plus de chevaux, tout y est volé...*

Mais la Fronde est un jeu excitant pour l'aristocratie turbulente avec leurs belles intrigantes et leurs amants, grands seigneurs vaniteux et brouillons.

Le temps est loin, où Saint-Amant écrivait :

*... Regarde à l'abri de ces saules*
*Un pèlerin qui se tapit ;*
*Le dégoût perce ses épaules,*
*Mais il n'en a pas de dépit.*
*Contemple un peu dans cette allée,*
*Thibault à la mine halée,*
*Marcher froidement par compast :*
*Le bonhomme sent telle joie,*
*Si, ne m'en ôtera-t-il pas.*

*Vois de là dans cette campagne*
*Ces vignerons tout transportés,*
*Sauter comme genêts d'Espagne,*
*Se démenant de tous côtés ;*
*Entends d'ici tes domestiques*
*D'un fréquent battement de mains.*
*Tous les cœurs s'en épanouissent,*
*Et les bêtes s'en réjouissent,*
*Aussi bien comme les humains !*

Mais tout cela fait maintenant partie du domaine des souvenirs. Ce même 8 janvier, le duc d'Elbeuf arrive de Saint-Germain, d'où il a pu s'échapper en disant à la reine qu'il se rendait au chevet de sa mère qui était au plus mal. A peine arrivé, il se déclare tout de go frondeur dans l'âme. Les Parisiens sont ravis de voir un prince venir dans leur camp, et lui font un triomphe. Mme de Longueville voit le danger et envoie en toute hâte un messager sûr à Saint-Germain, afin de prévenir le prince de Conti, son frère, et le duc de Longueville, son mari, de ce qui se trame à Paris. Il faut qu'ils rentrent tout de suite ; d'autant plus vite, que le duc d'Elbeuf s'est fait nommer par le Parlement « généralissime de la Fronde ». A la faveur de la nuit, Longueville et Conti quittent Saint-Germain. Ils abandonnent sans remords le roi et la reine et prennent la route de Paris en compagnie du marquis de Noirmoutier et du prince de Marcillac.

Dans la nuit noire, ils arrivent sous les murs de la ville. Ils se présentent à la porte Saint-Honoré. Dans Paris, l'alarme est donnée ; le peuple, en armes, est aux murailles, extrêmement méfiant.

Les princes déclarent qu'ils viennent se mettre au service de la ville, mais les Parisiens, qui n'ont aucune confiance dans ces échappés de la cour, gardent les portes closes et ne veulent rien entendre. On prévient en toute hâte Paul de Gondi, coadjuteur de Paris, qui se jette en bas de son lit, saute dans son carrosse, prend au passage le vieux Broussel et se fait conduire à bride abattue à la porte de Saint-Honoré, où une grande foule de Parisiens est déjà amassée. Il escalade l'escalier étroit et sonore et regarde par-dessus la muraille, voit les princes. Enfin ! une situation importante, digne de lui ! Il demande aux Parisiens d'ouvrir la porte, mais il n'arrive à les convaincre qu'à l'aube. Le duc de Longueville et ses compagnons entrent dans Paris, transis de froid, furieux d'avoir attendu, mais ne le montrant pas. Tous se réunissent alors chez la duchesse de Longueville, où se tient aussitôt un conseil de guerre, tandis que les curés, agents du coadjuteur, vont par la ville, propageant la rumeur que le duc d'Elbeuf est un agent du Mazarin.

A cette même date est publié à Poissy un arrêt du conseil du roi portant défense de vendre des bœufs, moutons, ni autres vivres aux marchands de Paris. Les bouchers rentrent dans la ville sans ramener de bétail.

Ce même samedi, à huit heures du soir, Paris prend possession de l'Arsenal, et, à tous les envoyés que la ville dépêche à Saint-Germain, la reine répond ceci : « Messieurs, nous aimons notre peuple de Paris et ne lui voulons pas de mal. Quand le Parlement deviendra obéissant et respectueux, je retournerai et ramènerai le roi, mon fils, dans sa ville. Que le Parlement sorte par une porte et je rentrerai par une autre. »

Elle dit aussi aux députés de la Chambre que le Parlement

était rebelle et qu'elle saurait bien le châtier. Le président Larcher, qui était chargé de porter le message de la reine, se garda bien de retourner à Paris, craignant d'être blâmé par sa compagnie et maltraité par les Parisiens, qui n'y auraient pas manqué.

Le roi, pour la troisième fois, enjoint au Parlement de se retirer à Montargis et ordonne au prévôt des marchands et aux échevins de Paris de le faire obéir. Mais en sortant de la salle Saint-Louis, quelqu'un se mit à crier :

– La ville nous vend ! Trouvons le prévôt des marchands, et allons le noyer !

Aussitôt, la foule surexcitée et houleuse se rue sur l'Hôtel de Ville et veut y entrer par la force. Le sieur de Novion se porte garant du prévôt des marchands, qui est son beau-frère. Là-dessus, le sieur Fournier descend en place de Grève, annonçant que le prévôt vient de prêter serment de fidélité au Parlement. Le peuple apaisé retrouve son calme.

Pendant ce temps, les Allemands se saisissent de Charenton, après avoir pillé Bercy.

Le lendemain dimanche, M. le duc d'Elbeuf vient au Parlement, où il prend sa place de duc et pair. Il est accompagné de son second fils et du sieur de Brissac, beau-frère du maréchal de La Meilleraye, surintendant des Finances. Il vient offrir ses services au public pour « résister à la violence, dont les mauvais conseillers de la reine se servent pour ruiner l'Etat ».

Là-dessus, le prince de Conti arrive en la Grand-Chambre, témoigne pareillement de son dévouement et de son intention de répandre son sang jusqu'à la dernière goutte pour le service de l'Etat.

C'est très beau et très émouvant ! Et il est aussitôt nommé « général des armées du roi », sous les ordres du Parlement. Ce même jour, les prisonniers détenus pour dettes civiles et amendes pécuniaires sont libérés pour trois mois, car il y a grande difficulté à trouver du pain, même le pain de chien, qui est le plus grossier, et la nourriture de chaque jour.

Le lundi 11 janvier, les chambres sont assemblées. M. le duc de Brissac, M. le duc d'Elbeuf, Mgr le prince de Conti sont à leurs places de duc et pair. Le duc de Longueville s'installe au-dessus de M. le doyen, de l'autre côté de MM. les ducs et pairs. Il déclare et assure la compagnie de son dévouement et offre son service au public et à la compagnie, en protestant qu'il n'est poussé d'aucun intérêt particulier et qu'il n'a d'autre but que de prendre les armes pour le service du roi, la force de l'Etat et le bien public, pour lequel il veut vivre et mourir ; et pour gage de sa parole et de sa bonne foi, il offre en otage les deux personnes qui lui sont les plus chères : Mme sa femme, sœur de M. le prince de Conti, et Mlle sa fille, lesquelles il supplie la cour, faire conduire à l'Hôtel de Ville, et de garder.

Là-dessus, M. le Premier président remercie M. le duc de Longueville pour toute la compagnie.

Arrive encore M. le duc de Bouillon, conduit par-dessous les bras par deux gentilshommes, à cause de son incommodité de goutte dont il est travaillé. Il s'asseoit au-dessous de M. de Longueville. Lui aussi, il assure le Parlement de son dévouement, de son désir de servir le roi et l'Etat et de son désintéressement. Seuls le service du roi et le bien de l'Etat à son esprit comptent. Il veut leur sacrifier sa vie, son honneur et son bien. Le Premier président remercie et le complimente. M. le duc de Bouillon dit qu'il a amené ses quatre fils, qu'il donne en otage à la compagnie.

Le sort en est donc jeté. Mme de Longueville et Mme de Bouillon s'installent superbement avec leurs enfants à l'Hôtel de Ville. Paul de Gondi, lui-même, est allé les chercher chez elles. A ses dires, elles arrivent « plus belles en ce qu'elles paraissaient négligées bien qu'elles ne le fussent pas ». Elles s'arrêtent sur le grand perron... Elles sont belles, ardentes, hardies, et chacune tient dans ses bras un de ses enfants, aussi beaux que leurs mères. C'est superbe, et cela déclenche le délire.

La Grève est pleine de monde. Le peuple sur les toits, s'accroche aux cheminées... Partout fusent cris et hurlements de joie. Des femmes, prises par l'émotion ambiante, éclatent en sanglots. Du haut du perron des fenêtres de l'Hôtel de Ville, le prince de Conti fait jeter judicieusement cinq cents pistoles aux gens de la rue. C'est comme cela que l'on se fait de la popularité. La chambre de Mme de Longueville, qui ne désemplit pas, est devenue le rendez-vous des conspirateurs. L'armée des conjurés alla prendre, comme il se doit, la Bastille, qui essuya, pour la forme, cinq ou six coups de canon et les dames allèrent s'installer dans les jardins de l'Arsenal, tandis que Gondi se consumait près de Mme de Longueville.

Le duc de Longueville part soulever la Normandie, et pendant que la cour se morfond à Saint-Germain, à Paris, dans la grande salle de l'Hôtel de Ville, Mme de Longueville voit avec ravissement « ce mélange d'écharpes bleues, de dames, de cuirasses, de violons qui sont dans la salle de trompettes qui sont dans la place ».

Mais à côté de toutes ces splendeurs et de ces satisfactions, dans les rues est donnée la chasse aux serviteurs du roi, comme à du gibier. Les alentours de Paris sont ravagés et pillés par les troupes de Condé et les mercenaires allemands.

Le 27 janvier, Guy Patin écrit à Charles Spon :

> ... Tout le monde contribue ici en particulier, ou en gros, pour faire la guerre au Mazarin, et ce très volontiers. On garde fort bien les portes, et pend-on force espions et gens portant lettres... Il y a ici force soldats à pied et à cheval qui font des courses sur les ennemis qui paraissent, et on apprête un grand armement pour les aller

attaquer en gros où ils seront... Toute la cour est à Saint-Germain avec le Mazarin ; M. le Prince voltige de-ci de-là avec des cavaliers pour empêcher l'abord de Paris à toutes sortes de marchandises. Mais pourtant cela n'empêche pas qu'il en vienne de plusieurs endroits, hormis de Gonesse, que le pain n'en vient pas, à cause des coureurs qui sortent de Saint-Denis, et jusqu'ici cela a duré ; mais je pense qu'il ne durera pas encore longtemps, vu que nous avons de belles troupes qui s'apprêtent à bien faire ; mais M. de Bouillon-Sedan est au lit de la goutte et M. le maréchal de La Mothe-Houdancourt est au lit d'un rhumatisme. Il y a en cette ville bien du pain et du blé et beaucoup de farine aussi, et, Dieu merci, personne n'a encore crié à la faim. M. le Prince a mis bonne garnison dans Corbeil, lequel, jusqu'à présent, nous aurait été inutile à cause du débordement de la Seine, laquelle a fait ici bien du ravage et qui a empêché le commerce et la navigation depuis trois semaines ; elle commence fort à diminuer et à se retirer dans son lit, de sorte que dorénavant cette place nous sera nécessaire ; aussi crois-je avec grande apparence que ce sera la première que nous irons prendre, et après cela Lagny, afin que la liberté soit entière pour Paris sur les deux rivières qui le nourrissent, Seine et Marne. Après cela, il faudra prendre Saint-Denis, afin d'avoir aussi le pain de Gonesse, pour ceux qui ont l'estomac délicat et qui y sont accoutumés. Peut-être que Dieu mettra la main à tant de désordres, par la mort de quelqu'un de ceux qui fomentent et entretiennent cette guerre. La reine veut paraître à chacun implacablement irritée ; elle ne veut point souffrir que personne lui parle de s'adoucir et, pour cet effet, elle a chassé de la cour une de ses femmes de chambre, Mlle Danse, femme de son apothicaire, et a fait mettre en prison un aumônier du roi, nommé M. Bernage, chanoine de Notre-Dame, pour la même cause.

On lève ici de l'argent de tous côtés, et personne ne sait combien ce mauvais temps durera ; néanmoins, j'espère que M. le Prince n'en sera pas le maître s'il ne lui vient pas d'autres troupes que celles qu'il a, et, si les princes qui sont de notre côté ne nous trompent, il y a grande apparence que l'honneur en demeurera au Parlement. Ainsi soit-il ! On mit hier à la Bastille un gros et infâme partisan nommé La Rablière, lequel est rudement chargé de la haine de bien du monde : aussi est-il trop superbe et insupportable. On a pris chez lui cent mille écus que l'on a portés à l'Hôtel de Ville, pour aider à faire la guerre au Mazarin. Il rentre ici par divers endroits de la farine et du blé qui donnent du courage à tout le monde et qui réconfortent merveilleusement ceux-mêmes qui naturellement n'en ont guère... Le duc de Beaufort continue à faire ici des merveilles pour aller contre les ennemis et nous faire venir des convois. Toutes les femmes de Paris ne jurent que par lui, et, à dire vrai, nous lui avons de grandes obligations, aussi bien qu'à M. le maréchal de La Mothe et au marquis de La Boulaye qui sont des gens hardis et valeureux. Ce dernier a fait entrer ce matin, par la porte Saint-Jacques, deux cent quatre-vingts charrettes chargées de blé et de farine qui avaient été ramassées à Etampes et à Chartres, et qui venaient encore de plus haut, c'est-à-dire de la Beauce et du Gâtinais, et même de par-delà Chartres. Il se présenta hier à la porte de Saint-Honoré un héraut d'armes de la part de la reine. Le Parlement ne voulut pas qu'il soit admis dans la ville ; la coutume n'étant d'envoyer des hérauts qu'aux souverains, aux ennemis.

Pour l'instant, les chefs frondeurs de l'Hôtel de Ville se prennent pour des dieux. Si Condé s'est vengé de sa famille en rejoignant les armées royales, sa sœur, la duchesse de Longueville, accouche d'un garçon la nuit du 28 au 29 janvier, au milieu de la joie générale. Cet enfant est l'emblème de la liberté. Le nom de Charles-Paris lui est donné. La duchesse de Bouillon est sa marraine et un des membres du Parlement son parrain. Autour de l'Hôtel de Ville, le peuple hurle sa joie.

Mais, pendant ce temps, les débordements de la Seine ajoutent au désordre ambiant que cause la famine. Tous les vivres sont retenus au passage des rivières. La France est dans la confusion. Les paysans sont ruinés ; ils connaissent la même misère que les gens des villes et subissent la ruée des armées. Mme de Motteville note : *Cela rendit la canaille pire que des démons...*

Au long des jours, châteaux et hôtels sont saccagés, pillés ou brûlés. Pour avoir un bout de pain, on se bat aux portes des boulangeries et des boucheries, où plus rien ne reste. Par ironie du sort, les gens de la campagne périssent de ne pouvoir vendre leurs produits.

Mais à l'Hôtel de Ville les fêtes continuent, et Paul de Condi baptise en grande pompe Charles-Paris de Longueville. Le duc de Longueville, qui n'ignore pas que l'enfant dont vient d'accoucher sa femme est le fils du prince de Marcillac, le considère comme le sien et lui donne le nom de comte de Saint-Paul.

Des nouvelles sinistres parviennent de Londres. La cour de Saint-Germain, horrifiée, apprend l'exécution, dans la cour du château de Whitehall, du roi Charles Ier d'Angleterre. Pour sa part, la reine Henriette, écartée de la cour de Saint-Germain, vit misérablement au Louvre et ne peut subsister que grâce à la générosité du Parlement.

Les jours passant, les Parisiens manquent maintenant de pain. Tout le monde se méfie des grands seigneurs, toujours prêts à rallier la cour... Tout cela est le fruit du travail de sape de Mazarin, dont les agents s'emploient à semer le désordre et la méfiance.

Le prince de Marcillac, blessé au cours d'une sortie, est incommodé par sa blessure ; en outre, il est très éprouvé par la guerre civile dans laquelle, selon lui, il n'est entré qu'à son corps défendant. Ce qui n'est pas vrai. Mais Marcillac est toujours ainsi : brillant dans les complots, il flanche lorsqu'il faut passer à l'exécution. Il conseille à Mme de Longueville de négocier, et, le 13 mars, une paix générale est signée à Rueil.

Mais les Parisiens ont faim, ils ont le ventre creux ; ils sont maigres comme jamais ils n'ont été. Ils ont mangé tout ce qui était mangeable : les chiens, les chats, ils ne reste plus un matou dans Paris, pas plus que de rats et d'oiseaux de volière. Mais s'ils ont perdu leur graisse, les Parisiens ont conservé leur esprit gouailleur et leur gaieté. Un procureur affamé un jour mangea un âne. Tout aussitôt, Paris ricana, s'esclaffa et chanta :

*Il faut avouer cette fois*
*Que Paris était aux abois,*
*Bien que chacun fît bonne mine.*
*Puisqu'un procureur de la cour*
*A mangé pendant la famine*
*L'âne du Moulin de la Tour.*

*Il était assez renommé*
*D'être un procureur affamé,*
*Mais durant la disette extrême,*
*Il fallut qu'il fût enragé,*
*Et si chacun eut fait de même*
*Paris se fût entremangé.*

*Mais qui l'aurait jamais pensé*
*Que ce procureur insensé*
*Eût fait cet horrible carnage.*
*Plaideurs, cessez vos différends ;*
*Fuyez ce méchant dont la rage*
*N'a pas épargné ses parents...*

Pour avoir un peu à manger, bien des jolies Parisiennes doivent savoir donner un peu de leur personne. Et Blot chantera un jour, avec nostalgie :

*Bon Dieu ! Le bon temps que c'était,*
*A Paris durant la famine !*
*Tout le monde s'entrebaisait.*
*Bon Dieu ! le bon temps que c'était !*
*La plus belle se contentait*
*D'un simple boisseau de farine.*
*Bon Dieu ! Le bon temps que c'était !*
*A Paris durant la famine !...*

Il est bien vrai que cette période, pleine de craintes et d'insécurité, a été emportée dans un tourbillon de farces, de romans d'amour, de batailles, de pillages et de tromperies. Ce fut le temps des amours folles, que l'insécurité des lendemains rendaient encore plus passionnées et plus sauvages.

Mme de Longueville aima Turenne, le prince de Nemours et

aussi le prince de Marcillac. Mme de Montbazon eut des amours tempétueuses avec le magnifique Beaufort. Mme de Châtillon s'amouracha de Nemours et aussi du Condé. Mlle de Chevreuse eut des aventures avec Paul de Gondi et le prince de Conti, et la reine régente joua les coquettes avec le coadjuteur, Paul de Gondi. En même temps, la princesse de Condé soulevait des provinces ; Mademoiselle, fille de Gaston d'Orléans, prend une ville et change l'issue d'une bataille, dans un tourbillon de misères inconnues et d'atrocités. Condé tue tout ce qui lui résiste, jette les prisonniers en Seine ou les fait mourir, exposés nus, dans le froid terrible de l'hiver. Les soldats et les mercenaires allemands mettent le pays en coupe réglée : ils pillent les églises, violent les filles, quel que soit leur âge, brûlent, ravagent et torturent les paysans.

Dans Paris, M. Vincent de Paule se dévoue sans relâche. Grâce à lui, soins, nourriture et réconforts de toutes sortes sont distribués. Les dames de charité trouvent l'argent nécessaire, et les sœurs grises font bonne besogne. Tous s'occupent de l'aide aux provinces dévastées par la guerre, et c'est grande pitié... Des équipes de secours sont envoyées sur place, et notamment vers la Lorraine sanglante. Des missionnaires partent de Paris, tels le frère Mathieu Regnard, surnommé « Renard », qui transporte souvent des sommes considérables et réussit maintes fois à les soustraire aux bandits et malandrins de tous poils, au hasard des routes, au prix d'incroyables aventures. Tel un noir fléau, la barbarie soldatesque est déchaînée sur les provinces ; « pire que celle des Turcs », disait la mère Angélique Arnaud. Mais M. Vincent ne se borne pas à multiplier les secours aux réfugiés, aux pauvres honteux, à toutes les misères ; il se fait aussi le messager et le héraut de la paix. C'est lui qui va se jeter aux pieds de la reine, pour la supplier de pardonner aux Parisiens. Le roi revient enfin à Paris, avec la reine et le cardinal. Sans coup férir, Mazarin fait arrêter au Palais-Royal le prince de Conti, le duc de Longueville et le prince de Condé, venus faire leur cour au roi et à la reine. C'était à se taper la tête contre les murs... Le duc de Longueville, le prince de Condé et le prince de Conti se retrouvent en prison. Mazarin avait doucement et minutieusement mijoté cette arrestation. Il est vrai qu'il avait été abreuvé d'injures et de mépris par Condé ; mais, comme disait Mme de Motteville, les injures faisaient à Mazarin le même effet que le poison à Mithridate : elles lui servaient de nourriture.

Les Parisiens, qui suivent les événements, allument maintenant des feux de joie pour fêter l'arrestation des trois frondeurs et dansent aux carrefours.

Appelée par la reine au Palais-Royal, Mme de Longueville monte dans le carrosse de la princesse palatine, qui n'est autre que la princesse Anne de Gonzague, sœur de la reine de Pologne. Sans attendre, au lieu de se faire conduire au Palais-Royal, elle va se cacher dans une discrète maison, sur les hauteurs de Saint-Germain. La princesse palatine n'est pas une faible femme, et a appris à être prudente ; le cardinal Mazarin la jugeait fort capable de gouverner un royaume, aussi conseille-t-elle très vivement à Mme de Longueville de quitter Paris et Saint-Germain dès la nuit tombée, car déjà les barreaux et les murailles de la Bastille ou de Vincennes se dessinent pour elle. Aussi, à la nuit noire, Mme de Longueville, accompagnée par le prince de Marcillac, escortée de quelques serviteurs fidèles, prend la route de Normandie au triple galop, pensant y trouver aide et réconfort. Mais, à Rouen, le Parlement et le peuple restent de glace. Le marquis de Beuvron, gouverneur de la citadelle, ne leur accorde qu'une hospitalité réticente pour une durée de vingt-quatre heures. Ils repartent dès le point du jour, plutôt poussés hors des murs que retenus. A leur vue, Pont-de-l'Arche ferme ses portes, et la duchesse et Marcillac sont obligés de dormir dans les champs. Sur leur chemin, la ville de Richelieu fait l'aveugle et la sourde. Le petit groupe se dirige alors vers Dieppe, où le gouverneur Montigny, fort galant homme, ouvre la ville à la fugitive qu'il aime et qu'il admire. Aussitôt, Mme de Longueville reprend goût à la vie et ordonne de mettre des canons sur la plus haute tour de la citadelle qui domine la falaise. La Précieuse est devenue guerrière. Alors, avec sa fougue habituelle, elle rallie les seigneurs normands, qui arrivent tout aussitôt, avec leurs hommes en armes. A la cour, l'inquiétude est grande. Cette popularité et ce cran sont à abattre. Le roi, qui a maintenant onze ans, se met à la tête de son armée et part pour la Normandie, escorté de la reine mère et du cardinal Mazarin. C'est une manœuvre politique et psychologique de première grandeur, car en chemin la seule vue de cet enfant roi apaise les frondeurs, calme les remous et soulève l'enthousiame. Au bout de quinze jours, toute la rébellion est abattue, sauf à Dieppe, où s'est retranchée l'insurgée. En grand arroi de guerre, le marquis du Plessis-Bellière et ses troupes s'installent devant les murailles de la ville. Il envoie un messager demander à la duchesse de se retirer sur-le-champ à Coulommiers, par ordre du roi. Montigny, épouvanté par les suites possibles de cette affaire, qui, pourtant, avait commencé dans un éclat de rire, implore la duchesse :

– Je vous en prie, madame, obéissez au roi.

– Allons, allons, lui répond la duchesse en riant, allons, un peu de courage, que diable ! Ce ne sont pas quelques soldats du roi devant vos murs qui peuvent vous effrayer ! Quand on entreprend quelque chose, on doit aller jusqu'au bout, or nous n'y sommes pas encore.

Anne de Longueville était bien la sœur du prince de Condé ! La peur..., qu'est-ce donc ? semblait-elle dire en regardant ses compagnons de ses grands yeux bleus... Qui aurait pu imaginer un seul instant que l'indolente et molle Anne-Geneviève de Bourbon puisse un jour se transformer en cette rebelle guerrière irréductible ?...

– On ne se rend jamais, sachez cela, reprit-elle.

Cependant, elle est entourée d'hommes en armes. Quatre cents soldats sont déployés entre la mer et le château ; trois cents autres ferment tout chemin du côté de la terre. La fuite semble difficile... Difficile, certes, mais impossible, non ! Avez-vous jamais essayé de faire la guerre avec des grandes robes, des bijoux, des dentelles, soulignant votre décolleté ? Cela est impossible ! Aussi Anne de Longueville est-elle vêtue comme tout chef de guerre doit l'être, c'est-à-dire simplement et confortablement.

La pluie battant les murs du château étoile les carreaux épais des fenêtres donnant sur une mer aussi grise que le ciel de plomb qui à l'horizon, semble lui faire suite. La lumière est d'une tristesse poignante de fin de monde. Soudain, la porte s'ouvre, et un cavalier trempé entre, saluant bas.

– Eh bien ! avez-vous pu avoir un bateau ? demande la duchesse.

– Oui, madame, vous pouvez le voir ici, dans la rade. Il accepte de partir et de vous mener en Angleterre. Il vous attendra toute la nuit s'il le faut.

– La nuit tombe, dit la duchesse, préparons-nous et allons le rejoindre sans attendre.

– Il faut attendre la nuit close, madame, répond le messager, il ne faut pas risquer de nous faire repérer par les soldats du roi.

– C'est bien ainsi que je l'entends.

Et la duchesse s'approcha de la haute cheminée. Un feu de reculée y brûlait avec des grondements et des crépitements sauvages ; il fallait bien cela pour donner un soupçon de chaleur à cette immense pièce et combattre l'humidité qui rend visqueux les vêtements. Des tapisseries à personnages couvrent les murs, deux hauts chandeliers d'argent complètent l'éclairage, et la lumière de leurs nombreuses bougies fait luire le bois sombre de la longue table. Anne s'assied dans un fauteuil de cuir. Soudain, elle a froid ; mais la force qui l'anime la rend invincible. Rien ne peut l'arrêter. Des hommes d'armes apportent des plateaux garnis de cassolettes, d'assiettes couvertes de viandes, de fruits et de confitures divers. Il faut prendre des forces avant de partir. Les vins s'irisent dans les verres. Chacun se restaure. Quatre personnes vont accompagner la princesse. Ce sont les plus braves : Alexandre de Campion, Saint-Yvar, Tracy et la demoiselle Louise de La Vertpillière. Les autres personnes de sa suite la supplient de rester, car cette équipée leur semble trop dangereuse, mais Anne de Longueville répond superbement :

– Je n'aime pas les plaisirs innocents.

Elle aurait pu ajouter « ni les entreprises faciles », mais sa repartie voulait sûrement dire aussi cela.

La nuit est tombée. Le vent hurle dans une tempête démoniaque. La mer est encore plus déchaînée que tout à l'heure. Nul être raisonnable ne tenterait de partir dans de telles conditions. Aucun capitaine de vaisseau n'envisagerait de prendre la mer avec une mer et un vent pareils, sans craindre de perdre son bâtiment. Mais cette tempête sert les desseins des fugitifs. Ils descendent un escalier à vis qui aboutit à une petite porte en bas des murailles, qui donne sur la mer et la liberté. Les rafales leur coupent le souffle. Un marin les guide sur la grève. Le vent hurle, la mer gronde en se fracassant sur les rochers et éclate en gerbes glacées et en embruns, trempant les fugitifs, qui marchent ainsi pendant deux lieues, dans le vent, la pluie et les éléments déchaînés, jusqu'au port de Pourville. Là, deux barques les attendent...

Titubant, ils se dirigent vers les embarcations, en luttant contre ces rafales de vent qui leur plaquent des suaires d'eau glacée au visage. La mer hurle comme une folle. La marée est forte. Soudain, un marinier se détache de l'ombre et s'approche de la duchesse :

– Ah ! je me demandais si vous alliez venir...

– Embarquons au plus vite, répond Mme de Longueville dans un souffle.

Le marinier la prend dans ses bras pour la porter jusqu'à la chaloupe, mais le vent et la houle le font trébucher, il est submergé et laisse tomber la duchesse à la mer.

– A l'aide !... A l'aide !... crie la duchesse en refaisant surface.

Un autre marinier se jette à l'eau pour la repêcher. Anne de Longueville a l'impression que ces vagues l'attirent vers le fond de la mer impitoyablement, mais des bras vigoureux la saisissent et la ramènent au bord. Tout est donc à recommencer... Ils essaient de monter dans les barques, mais c'est impossible ; tous tombent à l'eau, et les barques semblent vouloir les assommer.

– Il faut y renoncer, madame, disent les mariniers. La mer est trop mauvaise, nous n'arriverons jamais au navire. Nous serons tous noyés avant.

Anne de Longueville ferme un instant les yeux.

– Ne restons pas là, ordonne-t-elle, il nous faut trouver un asile sûr.

Le marinier les guide jusqu'à l'église, près de laquelle est une petite maison. Une lueur clignote faiblement à une fenêtre. Ils s'approchent, luttant toujours contre le vent ; des cailloux roulent sous leurs pas. En s'éloignant d'elle, la mer perd un peu de sa cruauté.

Mais cette tempête a sauvé la duchesse de Longueville. La chance luit toujours pour ceux qui savent se battre et lutter. Sauvée, car le patron du navire qui l'attendait dans la rade s'était laissé corrompre par un émissaire du cardinal Mazarin, nommé Abraham Duquesne, qui deviendra amiral pendant le grand règne de Louis XIV. Le patron du bateau, devait la livrer prisonière aux soldats cachés dans la cale.

Arrivés au presbytère, ils trouvèrent un vieux curé aimable, qui mit tous ses biens à leur disposition. Réchauffée et restaurée, Anne demanda d'aller se recueillir dans la petite église de granit, au clocher carré. Là, dans cette petite église aux lourds piliers de pierre, silencieuse et humide, battue par les vents, éclairée par quelques pauvres chandelles, en face de la lampe rouge du saint sacrement, le vieux curé entendit la plus extraordinaire confession qu'il ait jamais pu imaginer ouir, de la bouche de cette belle jeune femme, habillée en homme. La princesse garda une grande reconnaissance au vieil homme de Dieu, qui l'écouta sans broncher, et, jusqu'à sa mort, Anne de Longueville enverra à la cure de Pourville deux cents fagots destinés aux pauvres, en souvenir du feu qui l'avait réchauffée, pendant une nuit de fuite, une nuit où l'on compte ses amis...

Les jours suivants, les gens du roi recherchent la rebelle, partout sur la côte et dans le pays avoisinant. Maisons et châteaux sont visités. Sans succès, car la noblesse de Normandie sait où elle se cache et lui envoie par des paysans ou des pêcheurs toutes les indications qui lui permettent de fuir et d'échapper à chaque fois aux pièges et aux poursuites... Aussi la voyait-on, après la visite furtive d'un messager, déguisée en paysan, le chapeau sur les yeux, courant d'un château à une ferme, d'une grotte à une grange, ou simplement tapie au creux d'un fourré ou derrière des arbres, au fond d'un bois...

Enfin, après avoir bien erré et en échange de beaucoup d'argent, elle réussit à s'embarquer au Havre, sur un vaisseau anglais. Elle se faisait passer pour un cavalier qui craignait les rigueurs des édits, à la suites d'un duel. Le navire la mena à Rotterdam, où les Espagnols lui rendirent les honneurs royaux et où, enfin, elle retrouva son rang et sa façon de vivre. Puis elle partit pour Stenay, place forte que tenaient les partisans de son frère Condé, toujours à Vincennes. Là, elle retrouva Turenne devenu frondeur, par amitié pour son frère, le duc de Bouillon. Stenay devint le centre des conjurés, et le foyer de la rébellion.

Le roi déclara Mme de Longueville coupable de lèse-majesté et ennemie de l'Etat ; ce qui n'empêcha pas Turenne d'en tomber amoureux fou... Le poète Sarasin en écrivit :

*Objet en tous lieux adoré,*
*Et la reine et son fils ont dit et déclaré*
*Que vous étiez une rebelle.*

*Vénus et Cupidon en ont dit tout autant.*
*Avec Anne et Louis videz votre querelle,*
*Mais au moins contentez Vénus et son enfant.*

Le 8 février 1650, le prince de Marcillac, devenu François VI de La Rochefoucauld, entretient une correspondance secrète avec Mme de Longueville. Il signe ses lettres M. Hormois ou M. de Beaulieu, et la duchesse, M. du Val ou Mandane, surnom que reprendra Mlle de Scudéry dans son *Grand Cyrus,* pour la décrire.

Mais de son beau château de Chantilly, où elle était gardée à vue, la princesse de Condé, dont on disait qu'elle était un tant soit peu folle et apeurée, s'enfuit, étonnant tout le monde, en emmenant avec elle son fils, le petit duc d'Enghien. Elle prend la route de Bordeaux, où elle fait une entrée triomphale, le 31 mai, à la tête de deux mille hommes en armes. Le 8 août, le duc de La Rochefoucauld apprend que son château de Verteuil vient d'être rasé par ordre du roi... Princes et dames sont plus que jamais déchaînés contre Mazarin, qu'ils accusent de bougrerie. Mazarin est toujours la bête noire, aussi bien à Paris que partout en France. Excédé, il exile deux des plus acharnées frondeuses, les comtesses de Pienne et de Fiesques. Sur le Pont-Neuf, on chante les outrageantes chansons de Blot :

*Mazarin, ce bourgeron*
*De Paris chasse les cons,*
*C'est un renégat,*
*Un bougre d'ingrat*
*De les avoir en hayne ;*
*Il n'eust jamais été qu'un fat*
*Sans celui de la Reyne*
*Lon la*
*Sans celui de la Reyne !*

*Moy, je ne veux point de mal*
*A monsieur le Cardinal,*
*C'est un estranger*
*Qui veut se venger*
*Je pardonne à sa hayne ;*
*Mais je voudrais bien estrangler*
*Nostre putain de Reyne*
*Lon la*
*Nostre putain de Reyne !*

Mais, dès la fin de 1650, les bourgeois, chagrins, commencent à faire leurs comptes et considèrent ce que leur a coûté la Fronde. Il y eut des plaintes comme celle-ci :

*Il est bien vrai que les impôts*
*Qui nous consument jusqu'aux os,*
*Les tailles et la subsistance,*
*L'emprunt des maisons, le toisé,*
*Les étages et les aises*
*Ont dévoré notre subsistance.*

*Mais le remède à nos travaux*
*Est plus violent que nos maux ;*
*Et cette frondeuse vermine*
*Qui défendait nos bastions*
*Nous coûte douze millions*
*Sans la guerre et sans la famine.*

Quand, en février 1651, la noblesse, qui s'était assemblée aux Cordeliers, demande la réunion des états généraux, cette proposition se heurte à l'inertie générale. Personne ne veut plus entendre parler de rien. Le Parlement refuse parce qu'il s'estime supérieur à cette assemblée occasionnelle et temporaire et toute la robe pense comme lui. Le reste de la bourgeoisie y est opposé, car la proposition de réunir les états généraux vient de la noblesse, et qu'elle en a assez de la corruption, de la guerre civile et que, par-dessus tout, elle craint de nouveaux impôts. On respecte les princes par habitude et on les hait par conviction.

Pendant ce temps, Gui Patin écrit à un de ses amis de province :

> ... Je m'en vais demeurer dans huit jours au logis de M. Marchais jeune. Je fais ma bibliothèque dans la grande chambre où mourut le mois d'août passé feue Mme de Lubert... Je vais demeurer dans la place du chevalier du Guet, joignant le logis de M. Miron, maître des comptes... Elle me coûte 25 000 livres ; il y a toutes sortes de commodités et entre autres une première salle fort grande et fort claire où je ferai mon étude ; mes 9 000 volumes y seront commodément rangés...

C'est maintenant au tour de la bourgeoisie de se dresser contre la noblesse. Si le duc de Beaufort est beau, stupide et aimable, que valent donc les autres, les Condé, les Conti, les Longueville, tous unis par des liens familiaux, avec leurs suites de plumets, tous rieurs et se moquant effrontément des bourgeois, de leur couardise et de leur préférence à rester au coin de leur feu, plutôt que d'aller se battre ? Pour beaucoup, ces moqueries sont justifiées, car combien ont envoyé leurs laquais ou leurs valets faire leur service à leur place ! Aussi, dans la bourgeoisie, les plumets sont-ils honnis, insupportables aux bourgeoises par leurs airs fades, prétentieux et suffisants, pensant à leurs filles et à ce que pourraient leur faire subir ces coquins de plumets. Ils excèdent les bourgeois par leur ton tranché, leur cervelle vide et leur attachement à suivre on ne sait où des chefs qui ne savent pas eux-mêmes où ils vont. Cette noblesse, qui promène ses loisirs, ses intérêts et ses passions à la suite des Condé ou du duc d'Orléans, est agaçante et insupportable au dernier point. Et les bourgeois, en voyant passer le Parlement, chantonnent :

*Ces gens qui faisaient les tribuns,*
*Ces pères du peuple importuns*
*Ont bien engendré des misères.*
*Jamais les enfants de Paris*
*Ne se virent si mal nourris*
*Que lorsqu'ils eurent tant de père.*

Mais les désordres de la Fronde n'ont pas fait que des mécontents. Parmi les heureux, on trouve les armuriers, les clinquaillers, les bahutiers, les faiseurs de malles-valises, faiseurs de pistolets, pâtissiers (car les marmitons sont de toutes les émeutes), les boulangers, les meuniers, bouchers (l'un d'eux, Le Houx, sur la place aux Veaux, était un grand ami de Gondi, le coadjuteur), épiciers, charcutiers, fourbisseurs, usuriers, prêteurs sur gages (cela est bien vu !), cordonniers, imprimeurs, cabaretiers, colporteurs, vendeurs de poudre et de balles...

Mais les malcontents sont légions. Ce sont les peintres, architectes, sculpteurs, graveurs, horlogers, menuisiers, maçons, relieurs, libraires, marchands de soie, lingers, prêtres, passementiers, rubaniers, luthiers, musiciens, rôtisseurs, harengères, chaudronniers, avocats, procureurs, solliciteurs, sergents à cheval et à verge, miroitiers, joailliers, vendeurs d'éventails et d'écrans, teinturiers, blanchisseurs, et combien d'autres...

Pendant cette Fronde, Beaufort et le coadjuteur ont été les rois de Paris. Gondi a dû sa popularité à ses agents soigneusement choisis et déterminés, qui ont une très grande audience dans le peuple :

L'avocat Desnots, célèbre pour ses motions révolutionnaires et pour son art de galvaniser son auditoire.

Le boucher Le Houx, dont le frère deviendra recteur de l'Université en 1659.

Le marchand de bois Dubuisson.

Le tapissier Descoutures.

Dame Anne, célèbre et colorée harengère, au large chaperon, qui ne craint rien ni personne.

Le petit monde poudreux et poussiéreux des bouquinistes, toujours en guerre contre les opulents libraires.

Les fripiers des Halles.

Les buvetiers du palais...

Gondi n'ignore pas que tous ces gens ont eu derrière eux toute une armada d'apprentis, d'ouvriers, de courtauds de boutique, qu'ils lançaient aux trousses du Mazarin ou de Condé, suivant le but recherché. Les colporteurs hurlaient leur marchandise, répandaient les pamphlets aux Halles, sur le Pont-Neuf, à la porte Dauphine... Des bravi étaient chargés de rosser les partisans des princes qui leur cherchaient noise, ce dont ils ne se privaient pas. Les afficheurs de placards étaient à leur besogne. Les chanteurs ambulants étaient au coin des rues, glapissant les chansons de Blot. C'est grâce à ces gens sortis de l'ombre que Gondi, pendant des mois, a été le maître de Paris.

Mais dans l'atmosphère fiévreuse, galante et anarchique de la Fronde, l'amour se mêla souvent à la politique ; c'était devenu une des activités principales de la noblesse. Henri, marquis de Sévigné, n'y échappa pas.

# *Chapitre XLIV*

Le marquis de Sévigné s'était trouvé engagé dans la Fronde du fait de sa parenté avec le coadjuteur, alors que son ami Bussy-Rabutin, cousin de sa femme, était attaché à Condé. C'était ainsi, souvent ; amis et parents se trouvaient séparés et se combattaient.

En juillet 1650, le marquis et la marquise de Sévigné offrirent une collation à la duchesse de Chevreuse, dont *la Gazette* dit ceci :

*On fait ici grand mention*
*D'une belle collation*
*Qu'à la duchesse de Chevreuse*
*Sévigné de race frondeuse*
*Donna depuis quatre ou cinq jours,*
*Quand on fut revenu du cours.*
*On y vit briller aux chandelles*
*Des gorges passablement belles ;*
*On y vit nombre de galants ;*
*On y mangea des ortolans ;*
*On chanta des chansons à boire ;*
*On y dit cent fois : « Non... oui... non... voire !... ».*
*La Fronde, dit-on, y claqua ;*
*Un plat d'argent on escroqua ;*
*On répandit quelque potage ;*
*Et je n'en sais pas davantage... !*

Pour beaucoup de ces nobles frondeurs, la Fronde était devenue une sorte de bal masqué. Les relations n'étaient pas rompues entre les adversaires ; les écharpes différaient seulement de couleurs. Ils jouaient à se battre, à la vie à la mort, avec passion. Bussy revenait de temps à autre à Paris et continuait à aimer sa cousine. Ne désespérant pas de s'en faire aimer un jour, il lui envoyait des billets, comme celui-ci : *Ecrivons-nous souvent ; le cardinal n'en saura rien... Je vous l'avoue, ma belle cousine, j'aimerais assez à vous faire un crime, de quelque nature que ce fût.*

Pendant ce temps, Sévigné dépensait à pleines mains l'argent du ménage. Il devint l'un des plus voyants et des plus extravagants amants de la très belle Ninon de Lenclos, qui menait une vie à grand tapage. Ravi de son aventure, il racontait sa bonne fortune à qui voulait l'entendre... et Bussy en profitait pour mettre sa cousine au courant des escapades de son mari. Ce à quoi elle répondait :

– Tout beau, monsieur le comte, je ne suis pas aussi fâchée que vous le pensez !

Tandis que Tallemant des Réaux écrivait : *Ce Sévigné n'était pas un honnête homme ; il ruinait sa femme, qui est une des plus agréables et des plus honnêtes personnes de Paris.*

Un jour, Ménage reprochait à son ancienne élève d'avoir cautionné son époux toujours endetté pour une somme de cinquante mille écus :

– Une femme prudente, gronda-t-il, ne doit jamais placer de si fortes sommes sur la tête de son mari.

– Ah ! lui répondit son indépendante élève, pourvu que je ne mette que cela, sur sa tête, que pourra-t-on me dire ?

Mme de Sévigné était vraiment charmante, une des femmes les plus spirituelles et les plus jolies de Paris. Un jour qu'un grand seigneur accusait son épouse de stérilité, alors qu'elle-même l'accusait d'impuissance, Mme de Sévigné lui dit en riant :

– Ma foi, monsieur, votre procès est dans vos chausses... !

Et Marigny, en la voyant, soupirait :

*Ne trouver rien de beau que vous,*
*Sans cesse songer à vos charmes,*
*Etre chagrin, être jaloux,*
*Répandre quelquefois des larmes,*
*N'avoir point de repos ni la nuit ni le jour,*
*Est-ce de l'amitié, Philis, ou de l'amour ?...*

Après un court séjour aux Rochers à la fin de 1650, le ménage Sévigné revient à Paris. Ninon lui ayant fait savoir qu'elle ne l'aimait plus, Sévigné, pour se consoler, va chercher fortune ailleurs et devient l'amant de la belle Lolo, qui n'est autre que Mme de Gondran. C'est le début d'une aventure joyeuse et tapageuse, qui s'achèvera dans le sang, car le chevalier d'Albret, rival de Sévigné dans les amours de Lolo de Gondran, se croyant raillé, blessera mortellement Sévigné au cours d'un duel. On ramena le marquis chez lui, où il devait mourir deux jours plus tard. Il avait trente-deux ans. Personne ne le regretta vraiment. Mme de Sévigné, qui faisait bien toutes choses, se retira à la campagne où elle pleura son insupportable époux, bien plus qu'il ne le méritait. Elle ne reparut à Paris, en grand deuil, qu'à la fin de l'année, et réintégra le monde qui lui fit fête... Scarron chanta ce retour :

*Bel ange en deuil, qui m'êtes apparue...*

Et Loret, le 15 novembre 1651, écrit :

*Sévigné, jeune, veuve et belle,*
*Comme une chaste tourterelle*
*Ayant d'un cœur triste et marri*
*Lamenté monsieur son mari,*
*Est de retour de la campagne,*
*C'est-à-dire de la Bretagne,*
*Et malgré ses sombres atours*
*Qui semblent ternir ses beaux jours*
*Vient augmenter dans nos ruelles*
*L'agréable nombre des belles.*

C'est le temps où, à Paris, les gens qui lisent et qui pensent se ruent sur le succès littéraire dont tout le monde parle : les premiers volumes du *Grand Cyrus*, de Georges et Madeleine de Scudéry. L'œuvre entière aura dix volume. On ne parle que de cela. Sous des noms étranges vivent et virevoltent les personnages du temps, qui hantent les ruelles. *Le Grand Cyrus* est le tableau de la société galante de la régence d'Anne d'Autriche, dans la période qui précède la rencontre de Madeleine de Scudéry et de Pellisson, et avant la création de la *Carte du Tendre*. Ces années-là, les bas de certaines dames perdront leur teinte incarnat, pour adopter une certaine couleur bleue.

Mais avant cela, Paris est en délire. Le 7 septembre 1651, Paris fête la majorité du roi.

Dans ces temps de troubles, pour instaurer d'une façon absolue le prestige de l'enfant roi, la reine Anne sait qu'il faut frapper un grand coup et montrer la royauté dans toute sa force opulente.

Jamais de mémoire de Parisiens, qui en avaient pourtant vu d'autres, on n'avait connu un tel déploiement de luxe et un cortège aussi chatoyant et étincelant. Les étoffes de soie ou de velours disparaissaient sous les diamants, les pierres précieuses et l'or.

Ce matin-là, dès potron-minet, toute la haute noblesse en grande toilette est venue saluer le roi dans sa ruelle avant que Sa Majesté ne s'apprête à quitter le palais sous les roulements de tambour.

Les bonnes gens massés aux alentours virent d'abord paraître, sortant du palais, cinquante guides des livrées royales, puis sept à huit cents gentilshommes de grand lignage « très lestement équipés et montés », suivis des deux cents chevau-légers du roi, couverts de passements d'or et d'argent, commandés par le comte d'Olonne, habillé de même, mais que l'on distinguait à son baudrier de perles et au bouquet faramineux de plumes d'autruches frémissantes blanches, feuilles mortes et feu, ornant son chapeau, ce qui lui donnait une allure superbe.

Puis venaient les cent chevau-légers de la reine, conduits par Saint-Mesgrin, vêtu d'argent et d'or, monté sur un très beau cheval blanc, superbement caparaçonné aux mêmes couleurs.

Derrière eux arrivait à cheval le grand prévôt, suivi de sa compagnie à pied. Puis les cent Suisses, tous vêtus de neuf, portant toques de velours et vaste plumail, commandés par M. de Diesbach, lui-même revêtu de l'ancien costume des reîtres, tout raidi d'or, à crevés et taillades, le tout agrémenté abondamment d'aigrettes et agrafes de diamants. A ses côtés, douze petits Suisses, jolis enfants joufflus, aussi superbement parés que leurs aînés, qui soulevèrent l'enthousiasme, et mouillèrent les yeux des âmes sensibles...

Et le cortège continuait, allant toujours de son pas lent au balancement régulier.

Venaient ensuite, étincelants comme soleils, les lieutenants généraux. Le comte de Clères en pourpoint d'or et chausses cramoisies, garnis d'aiguillettes et de rubans ; monté sur un cheval pommelé dont la crinière, toute en tresses et en entrelacs, ne pouvait être que l'ouvrage d'un coiffeur de dames.

Les trompettes sonnèrent, annonçant les chevaliers de l'Ordre et les grands officiers de la Couronne, précédés par six hérauts d'armes, en écarlate et fleurs de lys ; caducée au poing...

Les maréchaux de France suivaient, dont les noms retentissent encore.

Tout seul, vêtu de toile d'argent, monté sur un cheval cramoisi à rênes de taffetas noir, le comte d'Harcourt porte l'épée du roi. Pages, valets de main, tous emplumés et magnifiques, gardes à pied en masse, lui font suite.

Soudain..., ô merveille ! le voici, le voilà ! Mes enfants, voici le roi ! Mon Dieu qu'il est beau ! Le voici donc ! Dieu qu'il a grandi ! Voyez donc comme il est joli !...

Dans un nuage de poussière d'or, blond et rose, le teint brillant, le jeune roi Louis XIV avance sur son cheval couleur isabelle, dont la housse semée de fleurs de lys d'or est surbrodée du Saint-Esprit. Le roi conduit sa monture de main ferme. Le peuple retient son souffle et se pâme d'aise. C'est son enfant... C'est son roi !... Il est beau, il est parfait ! Du haut en bas des maisons des acclamations fusent. Les gens aux fenêtres et dans la rue crient, saluent et rient à ce jeune roi, symbole de tant d'espoirs. Le roi salue légèrement et sourit avec infiniment de grâce. Ses sujets l'adorent ! Savez-vous qu'on a crevé les façades de certaines maisons pour y installer des fenêtres d'un jour, afin que tout le monde puisse bien voir, et qui sont louées souvent à prix d'or ? Fenêtres et balcons d'un jour que l'on refermera demain, fenêtres d'un instant... Cet instant que l'on gardera dans son cœur, comme enfoui au fond d'un flacon précieux que l'on pourrait ouvrir, pour se griser du souvenir...

Tout autour du roi, les gens de sa maison, ses domestiques, ses écuyers et six gardes écossais, choisis parmi les plus beaux... Le joli duc de Joyeuse, Chambellan de Sa Majesté, Villeroy et Beringhen, qui l'aime plus qu'il ne s'aime lui-même... Mais tous sont effacés par la présence fabuleuse du roi... Et voici l'arrivée des carrosses. D'abord celui de la reine, qui ne contient pas moins de neuf ou dix personnes, dont le petit Monsieur, aux cheveux bruns frisés... Ensuite, ceux des dames d'honneur... Toute la ville résonne de cris de joie, de roulements de tambours, des sonneries claires et vibrantes des trompettes. Les cloches de Paris se répondent, d'un quartier à l'autre, dans un alleluia étourdissant. La foule, ivre de satisfaction et de joie, fait entendre un grondement sourd et ouaté, qui pourrait se comparer au ronronnement d'un matou satisfait. Dans son carrosse, au milieu d'un océan de dentelles, la reine sourit. Elle est radieuse. Le petit Monsieur, frère cadet du roi, agite la main à la portière, geste qui soulève des tonnerres d'applaudissements. La reine ferme un instant ses yeux bleus. Allons, le but est atteint... Tout va pour le mieux dans le royaume de France.

Arrivés au palais, le roi, la reine et leur cour vont entendre la messe à la chapelle, où déjà les orgues tonnent. Puis, après l'office, précédés des quatre présidents et des cent suisses, le roi et la reine se dirigent vers le lit de justice, où chacun prend place jalousement, selon son rang. Le roi parle. Il prend le gouvernement de son royaume. La reine lui fait compliment, et le roi descend de ses coussins pour aller l'embrasser. Les princes viennent faire allégeance, baiser la main de leur monarque et lui rendre hommage. C'est un défilé imposant, lent et somptueux.

Le cortège repart et passe par le Pont-Neuf. O Splendeur ! depuis neuf heures du matin, les fontaines ne donnent plus d'eau, mais du vin, de telle sorte que les Parisiens roulent dans l'ivresse. Le roi est heureux, le peuple comblé est ivre de joie et de vin. Plus d'un, ce soir, dormira au coin d'une rue et se fera voler, pour moindre mal, son manteau et sa bourse.

La nuit a fini par venir. Falots, lanternes et pots à feux éclairent les fenêtres et les façades des maisons, lançant leurs flammes ou leurs lueurs vers le ciel. Paris reste la ville la plus éblouissante de France. La plus éblouissante peut-être, mais pas pour longtemps... Déjà Condé a quitté Paris et s'allie à l'Espagne, et, quelques jours plus tard, la régente et le roi partent pour Poitiers. Ils sont protégés par une petite armée que commande Châteauneuf. Ils quittent Paris, cette cité turbulente qui se soulève pour un oui ou pour un non.

Mazarin, à son retour d'exil, vient rejoindre la cour installée à Poitiers. Il s'installe dans une maison voisine de celle de la reine. En toute hâte, une galerie reliant les deux logis est construite, ce qui inspire à Blot cette chanson :

*Dedans Poitiers bonne ville,*
*Galerie on doit bâtir,*
*Bien commode et bien utile*
*Pour entrer et pour sortir.*
*Le cardinal s'y promène*
*Tout le jour comme la nuit ;*
*Sans pantoufles ni mitaines*
*Va voir dame Anne en son lit.*

La personne royale est atteinte, et les personnages les plus frondeurs sont effrayés par l'audace de Blot. Malgré leurs exhortations à la prudence, le facétieux chansonnier continue de plus belle :

*Vous demandez d'où vient ma peine,*
*Et ce qui m'a tant désolé ;*
*C'est qu'on dit que j'ai mal parlé*
*Du c... et du c... de la reine.*
*Ils ont menti les mazarins,*
*Je n'ai point mérité leur haine ;*
*Ils ont menti les mazarins,*
*J'estime fort ces deux voisins.*

*A la reine :*

*Je n'ai rien dit qui vous déplaise ;*
*Je vous honore infiniment,*
*J'estime votre fondement*
*Et votre c... chaud comme braise.*
*Ils ont menti les mazarins,*
*Ne faites donc plus la mauvaise !*
*Ils ont menti les mazarins,*
*J'estime fort ces deux voisins.*

Pendant que Blot chante, on annonce l'arrivée en France de Condé, à la tête de troupes espagnoles. Selon ses dires, il viendrait pour libérer le roi. Aussitôt, le roi le fait déclarer rebelle et traître.

Dans le même temps, les frondeurs se coalisent et fourbissent leurs armes. Les têtes chaudes échafaudent mille projets, tout repart de plus belle.

La tête de Mazarin est mise à prix : cinquante mille écus. Le duc d'Orléans et le prince de Condé unissent leurs forces dans le dessein d'arriver à jeter hors de France ce misérable faquin de Mazarin, si on ne peut le pendre. En plus des Espagnols, Condé appelle les Anglais à son aide.

La France déchirée de toutes parts est à feu et à sang.

Le 31 décembre 1651, Loret annonce dans *la Muse historique* une étonnante nouvelle : le poète Scarron, a l'intention de partir pour les Amériques au printemps suivant. Il souscrit même pour mille écus des actions de la nouvelle compagnie des Indes, société qui se dispose à créer des comptoirs sur les bords de l'Orillane et de l'Orénoque. Cette étrange décision fait écrire à Loret :

*Où sa personne poétique*
*Espère trouver guérison...*

Scarron, de son côté, annonce gravement : « Je renonce aux vers burlesques, aux romans comiques et aux comédies, pour aller dans un pays où il n'y aura pas de faux béats, ni filous de dévotion, ni inquisition, ni hiver qui m'assassine, ni fluxion qui m'estropie, ni guerre qui me fasse mourir de faim. »

Il fait alors ses paquets, examine les cartes, les dates de départ des navires... Il veut certes s'évader de France, mais surtout de lui-même.

Mais la guerre est à Saumur, et aussi à Angers, qui finit par se rendre aux troupes du roi. La guerre civile continue, dans toute son horreur. Le château des Ponts-de-Cé se rend. Turenne qui était à Saumur abandonne les frondeurs et se rallie au roi. Les combats se terminent mais la province est ruinée entièrement. Pour les Espagnols, cette France exsangue, écartelée, est une aubaine. Ils reprennent la Catalogne, ce qui ne leur semble que justice, et envoient une armée soutenir les combats des princes rebelles. Les troupes royales, sans cesser de guerroyer, prennent la direction de Paris. En les voyant approcher, Mademoiselle, fille de Gaston d'Orléans, fait fermer les portes de sa ville d'Orléans et remonter des ponts-levis. Mmes de Fiesque et de Frontenac, promues maréchal de camp, sont auprès d'elle. Après avoir franchi la Loire à Gien, le roi, la reine et leur cour s'y installent. Le pays est éclairé par de sinistres lueurs, où brûlent les derniers espoirs de combien de Français. On suit l'armée du prince de Condé à la trace. Son chemin est jalonné d'incendies, de meurtres, de viols. La cour part pour Saint-Germain, tandis que l'armée des princes se dirige vers Paris et se trouve bloquée à Etampes par Turenne.

Pendant que les Allemands ravagent la Champagne, un inconnu nommé Jean de La Fontaine compose une petite chanson, sur le curé du village de Bussières, près de Soissons :

*Le curé de Bussière*
*Disait aux Allemands :*
*Prenez ma chambrière,*
*Rendez-moi ma jument.*
*Tenez, la voilà, foutez-la tous, je vous en prie.*
*Ma pauvre jument, ramenez-la dans l'écurie.*

*Le roi des lampons*
*Sus courage compagnons !*
*Le roi des lampons*
*A de forts bons éperons.*

Pour embrouiller davantage l'embrouillamini, le duc de Lorraine, le plus grand ravageur de tous les temps, s'avance à la tête de six mille hommes, qu'il met à la disposition du plus offrant. Il représente un danger effroyable ; aussi, Mazarin, aidé par la duchesse de Chevreuse, lui fait remettre une énorme somme d'argent afin qu'il se retire avec ses hommes sur l'heure, ce qu'il fait tout aussitôt, ne souhaitant pas tellement s'engager dans des combats sanglants.

Le 1er juillet, les hommes de Condé défilent sous les murs de Paris. Turenne décide de les attaquer. Du haut de la colline de Charonne, Louis XIV et Mazarin suivent à la lorgnette la marche des combats. Condé et les princes semblent battus. C'est alors que Mlle d'Orléans se met à faire l'héroïne et donne l'ordre d'ouvrir la porte Saint-Antoine. L'armée des princes, vaincue, s'y engouffre en toute hâte. Du haut des tours de la Bastille, Mademoiselle fait tirer le canon, et ajuste même le roi !... Elle fait envoyer vingt volées de canon qui ravagent les rangs des soldats royaux. Un des boulets vient s'écraser aux pieds du roi, le manquant de peu. Les yeux du cardinal de Mazarin se font plus petits, ses lèvres plus minces ; il murmure :

– Cé canon-là, il a toué son mari !...

Mais dans Paris l'anarchie est à son comble. Des soudards, à la solde de Condé, des malandrins, des êtres que l'on ne voit faire surface que dans les périodes troubles se jettent dans la maison de ville. Condé crie :

– Ce sont des mazarins ! Taillez-les bien menus !

C'est aussitôt fait. On tue, on massacre, on jette par les fenêtres. Bijoux et bourses d'argent sont dérobés ; après quoi, on met le feu.

Le prince de Condé, ivre de feu, de sang et de haine, devient généralissime ; M. le duc d'Orléans, oncle du roi, est nommé général du royaume ; Beaufort gouverneur de Paris, et le vieux Broussel prévôt des marchands. C'est un gouvernement révolutionnaire, composé de princes et de magistrats, qui se dresse effrontément en face du roi et de Mazarin. Cette année 1652 fut la plus terrible pour les Français. La folie règne en maîtresse et les amis de Condé semblent avoir perdu la raison. Beaufort tue en duel son beau-frère Nemours ; M. le Prince et le comte de Rieux se soufflettent en public chez le duc d'Orléans... La débauche est générale, et l'impudence publique.

Les Espagnols assiègent Dunkerque et s'avancent vers l'Aisne. Mais Turenne prend les choses en main. Non, le roi ne sera pas obligé de se réfugier à Lyon !... Turenne arrête les Espagnols à Laon, tandis que le roi se rend à Pontoise et convoque le Parlement qui refuse de venir « tant que le Mazarin sera en France ».

Mazarin prend alors la route pour Bouillon, dans les Ardennes ; terre qui appartient au frère de Turenne.

Le roi gronde et ordonne au Parlement de venir le rejoindre sans délai, faute de quoi les charges de ses membres seront supprimées.

Puisqu'on touche à leurs intérêts les conseillers sont dans l'effroi ; M. le prince de Condé est au lit, malade, et Monsieur, oncle du roi, est fort abattu par la mort de son fils, le petit duc de Valois. Mais le vent a tourné. Dans les rues, les Parisiens huent les frondeurs, et M. le Prince ne sort péniblement de son lit que pour comploter contre le roi, qu'il exècre. Il envoie de l'argent au duc de Lorraine pour qu'il oublie sa parole et revienne à la tête de ses troupes écumer la France. Mais le duc de Lorraine reprend la route des Flandres, emmenant avec lui Condé qui refuse toujours de se soumettre au roi, et va mettre son épée au service du roi d'Espagne. Il a causé vainement la mort de milliers de Français. Le prince est devenu un massacreur errant et mercenaire, inconscient et convaincu.

Le 21 octobre, Louis XIV rentre définitivement dans Paris. Il avance à cheval, accompagné de Charles II d'Angleterre, roi proscrit, et de son frère le duc d'York, futur Jacques II d'Angleterre, qui a bravement combattu sous les ordres de Turenne. Le peuple est enfin soulagé ; enfin libéré de la peur qui l'assaillait depuis si longtemps. Les Parisiens acclament longuement leur jeune roi dont l'arrivée annonce la fin d'un cauchemar. Le roi ne s'installe pas au Palais-Royal, mais au Louvre, jugeant que la demeure d'un roi doit être entourée de fossés, et sévèrement gardée. Le soir même, la reine mère y tient son cercle.

La Fronde se termina, comme toutes les révolutions, dans la lassitude physique et la dépression morale. A la surexcitation des combats succède une sorte de profonde hébétude. Seuls les enragés et les plus compromis cherchent leur salut dans le désespoir de la lutte à outrance. Ils savent que pour eux il se pourrait très bien qu'il n'y ait pas d'après. Déjà, au mois d'avril de cette même année 1652, la bourgeoisie et le peuple en étaient presque arrivés à assommer le prévôt des marchands et ses échevins, ceux-ci n'étant plus protégés par les princes. Dans les registres de l'Hôtel de Ville, on peut en lire le récit suivant :

> ... Avant de prendre congé d'elle (il s'agit de S.A.R. le duc d'Orléans), quelques-uns de la ville lui dirent qu'ils craignaient fort qu'on leur fît quelques insultes parmi cette populace. À quoi Son Altesse répondit qu'elle-même allait y donner ordre, et, de fait, elle descendit jusqu'au bas du degré avec la ville et dit hautement à ceux qui s'y trouvaient qu'il n'entendait pas qu'on fît quoi que ce soit à

messieurs de la ville, du procédé duquel elle était très satisfaite. Et, s'étant tourné pour entrer dans le jardin, M. de Beaufort fut encore jusques au milieu de la cour avec lesdits sieurs de la ville, lesquels ne furent pas plutôt sortis de ladite cour que l'on commença à crier : « Aux mazarins ! » et à les suivre jusques à leurs carrosses où étant montés le bruit continua jusques au tournant de la rue de Tournon, où l'on commença à leur jeter des pierres, des formes de souliers et tout ce que l'on trouvait. Il y eut même des femmes si hardies qu'elles se jetèrent aux chevaux et arrêtèrent les carrosses. M. Le Febvre, prévôt des marchands, Guillois et Le Vieux, échevins, furent contraints d'en descendre et de se jeter aux maisons les plus proches où quelques résistances qu'aucun d'eux y trouva, ils ne laissèrent pas d'en sortir déguisés après que la force de ce peuple fut modérée et que le plus grand nombre fut dissipé.

Et le peuple sillonnait les rues, à l'affût de la première robe noire ou rouge, dans laquelle il croyait voir un mazarin...

Alors, dans Paris on chante :

*L'impertinente populace,*
*Qui ne sait point ce qu'elle veut,*
*Qui ne sait point ce qu'elle peut,*
*Qui tout rejette et tout embrasse,*
*Se laisse sottement sans raison ni discours*
*Mener par le nez comme un ours...*

Deux mois plus tard, lors de la séance du Parlement du 25 juin, qui dura de huit heures du matin jusqu'à trois heures de l'après-midi sans désemparer, il fut décidé que le roi serait supplié de renvoyer le cardinal de Mazarin et que les princes iraient se mettre aux ordres du roi. Nul n'en fut satisfait, la colère répondit aussitôt : A la sortie des membres du Parlement, le bruit dans la rue était effroyable ; cris, menaces et injures fusaient de toutes parts. La cour était pleine de monde surexcité, fenêtres et toits des maisons couverts de gens hurlant qu'il fallait tout tuer. Les bourgeois criaient :

– Il y a quatre ans que le Parlement nous leurre pour l'intérêt particulier de ses gages et du don annuel. Tout cela a produit la guerre civile, le siège de Paris, l'absence du roi, la diminution du trafic. Qu'on fasse la paix ; qu'on nous tire de la misère ou nous assommons les pères de la patrie.

Les conseillers regagnèrent leurs carrosses sous les injures, les menaces, les coups de pied et les coups de bâton. Certains d'entre eux, plus prudents, rentrèrent dans le Parlement et se déguisèrent en homme de la rue. Ils sortirent ni vu ni connu et se mêlèrent à la foule, en prenant soin de crier avec elle. Quatre présidents furent attaqués à coups de fusil, de pierre et de hallebarde et ne furent tirés qu'à grand-peine de cet enfer. Ceux qui les accompagnaient périrent.

Le président Le Coigneux se fraya un chemin l'épée à la main, et il n'y allait pas à coups de plat d'épée... Le sang giclait, mais Le Coigneux tel un lion passa.

A partir de ce jour, les timorés restèrent chez eux et ne revinrent plus siéger à la cour. Broussel, pour sa part fort à son aise, refusait toute protection.

Mais ce fut le 4 juillet que le coup de grâce fût porté à la Fronde. Ce jour-là, Miron, grand frondeur et colonel de la garde bourgeoise, est frappé à mort par un savetier. En mourant, il entend son assassin lui crier : « Souviens-toi que tu as sauvé le lieutenant civil. »

Un autre frondeur, le président Charton, qui criait : « Je suis le président Charton », est pris. On lui déchire ses vêtements, on lui arrache sa calotte, et il allait périr par la main des exécuteurs des basses besognes de M. le Prince quand le duc de Beaufort surgit, à l'instant même où un coup de hampe de hallebarde bien asséné le jetait à terre. Charton est sauvé de justesse.

Bien qu'appartenant au parti des princes, Leboult, Conseiller aux Enquêtes, est sauvagement assassiné... Dans les rues le sang coule. Des boutiquiers, hallebardes et piques en main, partent à la chasse aux mazarins, embrochant tout ce qui se présente.

Fou de terreur, le Conseiller Brigallier descend par une corde et se cache dans un aisement, d'où il ne sortit qu'au bout de plusieurs heures, puant affreusement ; et Doujat, Conseiller en la Grand-Chambre, se coiffa sous un sale chapeau de crocheteur, tout pourri et noir de graisse. Les bourgeois ivres faillirent l'assommer à coups de mousquet.

Le soir tombant, chacun rentra chez soi comme il put. Le président Charton était dans son lit, soigné par sa femme et ses gens lorsqu'on le fit prier, de la part du duc d'Orléans, de passer au palais dès le lendemain. Le président était en piteux état et ne pouvait même pas parler. Sa femme répondit au messager, sur un ton qui avait bien changé depuis les derniers événements :

– Est-ce que M. d'Orléans veut que mon mari meure ?

– Mais, madame..., essaya de dire le messager.

– Il n'y a pas de mais, explosa-t-elle, et mon mari n'ira au palais que si M. le duc d'Orléans m'envoie ici M. de Valois en otage.

– Ah ! madame, y pensez-vous ? M. de Valois..., le propre fils de Son Altesse...

– Et pourquoi pas, monsieur ? riposta la présidente. Si M. de Valois est le fils de Son Altesse, le président Charton est mon mari !

Mais le roi et sa cour sont bien installés au Louvre. La guerre est finie, et chacun fait ses comptes. La Fronde ressemble maintenant à ces pétards noircis, dont tout le monde se détourne avec dégoût après le feu d'artifice.

Chacun se rend compte qu'il n'y a pas eu d'idée généreuse dans tout cela, mais seulement des intérêts, des convoitises, des ambitions, des jalousies et des haines.

Mais maintenant tout est fini. Les rentiers, les marchands, les boutiquiers, les financiers, souhaitent de toutes leurs forces le règne de ce jeune roi, dont ils espèrent des merveilles, et aussi une pluie d'écus, qui tomberont avec un tintement de joie inégalée, dans leurs tiroirs. Enfin, tous vont pouvoir vivre tranquilles, et voir à la place des champs noircis et des maisons paysannes détruites, des hautes moissons dorées, et des chaumières ennuagées de chèvre-feuille. A nouveau, autour de Paris, on entendra le son joyeux des cloches des églises, des villages ; et aussi les aboiements rassurants des chiens. Les nobles retourneront dans leur châteaux, et leurs hôtels, tandis que légumes, fruits, laitages et pain de Gonesse entreront à pleines portes dans Paris, dans des chariots débordants d'une abondance revenue...

Oui, tout cela arrivera, mais pour l'instant les comptes ne sont pas réglés. Pendant que le roi s'installe au Louvre, Gaston d'Orléans fanfaronne encore au Luxembourg, menaçant de se porter aux Halles et de dresser des barricades. Beaufort s'écrie :

– Par Dieu ! mon cousin, allons donc chasser le roi du Louvre.

– Fort bien, réplique le duc d'Orléans, revenez demain matin à l'aube, avec vos partisans...

En secret, M. le duc d'Orléans était occupé à préparer sa fuite lorsque sa fille, Mademoiselle, arrive tout hors d'elle, car le roi vient de la déloger des Tuileries.

– Vous nous abandonnez, s'écrie-t-elle, vous abandonnez M. le Prince et M. de Lorraine !...

– Certainement, et sans hésitation ! Je vous engage d'ailleurs à quitter Paris, vous aussi, si vous ne voulez pas vous retrouver en un cachot de la Bastille.

Mademoiselle était fort inquiète :

– Mais où voulez-vous que j'aille ?

– Où vous voudrez. Nous avons tous nos soucis.

Et il partit la nuit même pour Limours, tandis que Mademoiselle allait se cacher momentanément à l'hôtel de Montmor, où elle resta quarante-huit heures avec ses deux dames d'honneur et quelques fidèles, avant de s'enfuir pour son château de Saint-Fargeau où elle arriva de nuit, sur les deux heures du matin, et voici ce qu'elle en raconte : *Il fallut mettre pied à terre, le pont étant rompu. J'entrai dans une vieille maison où il n'y avait plus ni portes ni fenêtres, et de l'herbe jusqu'aux genoux dans la cour... La peur, l'horreur et le chagrin me saisirent à tel point, que je me mis à pleurer...*

Mais les réparations furent menées bon train, et Mademoiselle put y établir un semblant de cour. Un jour, M. de Frontenac, le mari d'une de ses dames d'honneur, se présente au château sans prévenir, afin de voir sa femme qui ne parut pas du tout enchantée de le voir. Voici ce qu'en écrivit Mademoiselle, de son écriture naïve et directe, allégée des fautes d'orthographe par les soins de son secrétaire : *... Au lieu d'aller entretenir son mari, elle s'en alla se cacher, pleurant et criant de hauts cris, parce qu'il lui avait dit qu'il voulait qu'elle allât le soir avec lui... Elle finit par rejoindre ce mari non souhaité et passa avec lui une nuit brève d'où elle sortit toute triste...*

Mademoiselle, de son côté, avait l'amour en grande aversion. Elle écrivait : *Je compris bien que la raison ne suit guère les choses faites par passion..., que la passion cesse vite... et que l'on est fort malheureux le reste de ses jours...*

Le 22 octobre, le jeune roi Louis XIV tient un lit de justice. Il est le maître et le montrera bien. Déjà M. le Prince est condamné à mort par le Parlement de Paris. Il a tout perdu : sa qualité de prince du sang, et même son nom...

Avant l'arrivée du roi et de sa suite, les Cent Suisses occupent la salle au son du tambour. Quand le roi arrive, chacun se met à la place qui lui est due. Le chancelier lit une déclaration d'amnistie générale, puis la liste de ceux qui n'en bénéficient pas. Il s'agit de Beaufort, La Rochefoucauld, Rohan, Broussel et Mme de Châtillon, parmi les principaux. Une autre déclaration interdit au Parlement de frayer avec les princes et les grands de l'État, ainsi que de prendre à l'avenir aucune connaissance des affaires de l'État et de la direction des Finances, « dont leur profession leur donnait peu de connaissance ».

Les magistrats sont ainsi ramenés pour soixante ans à la fonction judiciaire, et la monarchie constitutionnelle enterrée avec leurs prétentions politiques.

Un soir de décembre, le coadjuteur se rend au Louvre pour faire sa cour au roi. A peine arrivé, il est aussitôt arrêté par M. d'Aumont, capitaine des gardes, et emmené à Vincennes.

Enfin, tous les remous se calment et la paix règne en France. Le roi demande au cardinal de Mazarin de revenir... Il revient. Il fait son entrée à Paris. Il est reçu avec enthousiasme par ces mêmes Parisiens, qui l'auraient avec plaisir dévoré il n'y a pas bien longtemps encore. Mazarin les considéra benoîtement, mais avec un immense mépris tout souriant.

Selon le médecin Guy Patin, le cardinal était *aussi puissant que Dieu le Père, au commencement du monde.*

Et Mazarin s'installe dans une énorme richesse. Il laisse l'économie de la France à de nombreux traitants. Le surintendant Nicolas Fouquet se livre à des manipulations prodigieuses, dont le pays paie les frais, mais qui lui rapporte infiniment ainsi qu'au Premier ministre qui trafique sur tout, sans aucun scrupule. Un certain

Colbert s'occupe de ses intérêts privés, fût-ce aux dépens des intérêts publics, c'est-à-dire de ceux du roi. Colbert y réussit supérieurement.

Mais les temps ont changé. Le roi est traité par son entourage comme une idole vivante. Les courtisans ne sont pas les seuls à travailler de la sorte, et bien d'autres personnes, comme Omer Talon, avocat général du roi au Parlement, lui rendent honneur et respect comme à une divinité invisible.

Le peuple veut non seulement que le roi soit considéré ainsi, mais encore qu'il se considère ainsi lui-même. Il réussira parfaitement.

## *Chapitre XLV*

A la fin, las de se battre de s'abominer et de s'entretuer, princes, grands seigneurs et bourgeois ont mis bas les armes.

Enfin, les incendies ne ravagent plus les pauvres maisons des champs et des villages. Enfin, le peuple misérable des campagnes cesse d'avoir faim, d'avoir froid et de trembler de peur. Tous regardent les églises sans cloches, et parfois sans clochers, leurs villages détruits, les maisons désolées aux murs noircis et les champs où ne poussent que chardons et herbes folles... Tout est baigné d'un calme étrange et pesant... Des larmes courent sur les visages maigres et sales. Le vent, qui a fini d'être la bise, soulève doucement leurs vêtements en loques...

Il va donc falloir reconstruire, replanter et réensemencer, et alors tout renaîtra : les clochers seront reconstruits ou réparés, les cloches à nouveau sonneront. Les récoltes mûriront, et les enfants nouveau-nés, heureux et repus, riront dans leur berce de bois, tandis que les chiens garderont la maison.

Paris, et toutes les villes de France, abaissent leurs ponts-levis, et ouvrent leurs portes au trafic extérieur. Ceux qui ont fuit les désordres de la Fronde reviennent en caravane. A Paris, la vie reprend. Les maisons opulentes reouvrent à deux battants leurs portes cochères. La Fronde s'enfonce dans l'oubli.

Dans les salons, l'esprit de la conversation et l'art du bien-dire sont devenus un des grands mouvements de la société française, auxquels s'allient un certain savoir-vivre et les belles manières.

Le langage a trouvé son style, ses principes et ses règles. A la cour aussi bien qu'à la ville, la majorité des expressions créées dans les ruelles et salons précieux d'avant la Fronde sont mises à la mode, utilisées quotidiennement, et se retrouveront dans une dizaine d'années à la cour de Louis XIV.

Mais le maniérisme, déjà existant à l'état d'embryon à l'hôtel de Rambouillet, s'accentue et s'exacerbe pour aboutir bientôt à un jargon qui ne sera compris que des seuls initiés.

Dans son hôtel déserté de la rue Saint-Thomas-du-Louvre, Arthénice reste avec ses pensées et ses souvenirs... Pour elle seule revivent, par la magie de l'imagination, le charmant petit vidame du Mans aux boucles folles..., le jeune marquis de Pisani et sa bosse... Ils étaient ses deux fils... La princesse Julie (Julie d'Angennes), devenue maintenant marquise de Montausier ...,

Angélique Paulet, l'amie de tous les instants..., et le malicieux Vincent Voiture, disparu juste avant la tourmente révolutionnaire...

Le pas hésitant du marquis de Rambouillet hante encore les couloirs sonores de l'hôtel.

Arthénice est touchée au cœur ! Elle a soixante ans ; elle est toujours belle et aimable, même si le rire vient moins souvent sur ses lèvres. En fermant ses hautes portes sur le dernier familier au temps où les premières émeutes de la Fronde grondaient dans la rue, l'hôtel de Rambouillet est entré dans le domaine des ombres. Les heures de l'oubli ont sonné à l'horloge du temps.

De nouveaux salons à la mode prennent la relève. Les grandes cours d'honneur, pavées de pierre, ont retrouvé leurs va-et-vient ; de somptueux équipages y tournent. Les cours et offices fourmillent de valets, laquais et servantes. Mme de Sablé a ouvert son hôtel, Mlle de Montpensier son palais du Luxembourg, Mme Scarron son logis et Madeleine de Scudéry sa maison de la rue de Beauce, perdue là-bas, au fond du Marais. Le règne de la femme continue de plus belle. Parmie les bourgeoises, Mme Cornuel, femme d'un trésorier à l'Extraordinaire des guerres, sait se faire redouter par son rire malicieux et le tour caustique de son esprit. Mlle de Sully, Mme de Choisy, Mme de La Suze, Mme Robineau accueillent dans leur salon aussi bien les gens d'esprit que les friands et séduisants marquis. Les seigneurs de la cour viennent dans les ruelles faire moisson d'idées et de mots nouveaux. Les expressions nouvelles font fureur. Dans ces creusets que sont les ruelles s'affirment le bon goût et le langage élégant. Précieuse entre les Précieuses est Madeleine de Scudéry. Agée de quarante-sept ans, elle est franchement laide et noire, à une époque où la clarté du teint et la blondeur sont recherchées. Laide, mais pétrie d'esprit, Madeleine, que l'on appelle déjà Sapho, est nantie d'un frère fort bruyant et empanaché, portant grande rapière, prénommé Georges, avec lequel elle habite. Mais elle a le complexe de sa féminité, et publie ses œuvres sous le nom de son frère Georges. Alors, Madeleine-Sapho s'envole sur les ailes de son imagination, à la suite de ses personnages, qu'ils soient : *Ibrahim ou l'Illustre Bassa,* qui paraît en quatre volumes, *le Grand Cyrus,* en dix volumes où se reconnaissent avec plus ou moins de ravissement les grands du temps. Ainsi, parmi les principaux : le Grand Cyrus est le prince de Condé et l'héroïne Mandane n'est autre que la duchesse de Longueville, sœur du prince de Condé. *La Clélie,* qui fait suite aux œuvres précédentes, comporte également dix volumes. Tous ces ouvrages connaissent un immense succès. Toutes les ruelles, toutes les personnes ayant souci de bel air vivent au rythme des héros et des héroïnes des romans de Madeleine de Scudéry. Sapho a su décrire sous un voile transparent cette société brillante qui a hanté il y a peu de temps, l'hôtel de

Rambouillet, dans laquelle elle a été admise et qu'elle a su observer et étudier de près.

Mais si elle est fille d'esprit, elle est aussi fille de lettres, et bon de sens, comme elle a su le prouver en publiant ses *conversations morales*, le plus solide de ses ouvrages, et certainement le moins lu.

Et la vie des salons et des ruelles bat son plein.

A Paris, l'hôtel d'Albret et l'hôtel de Richelieu sont de tradition aristocratique ; et aussi celui de Mme de Sablé, d'où sortent les *Maximes* de La Rochefoucauld, celui de la Grande Mademoiselle, au Luxembourg, dont Jean de Ségrais est le secrétaire, et où tant de portraits ingénieux sont croqués...

Bientôt se multiplient des réduits peuplés d'alcôvistes, dont les abbés de Bellesbat et Dubuisson se sont faits les introducteurs attitrés. Parmi les meilleurs est celui de Mme de Bouchavannes, dame d'atours de la reine, situé dans l'île Notre-Dame. Au Palais-Royal est celui de la comtesse de Brégis, amie de Mlle de Montpensier. Argénice, alias Mme André, femme d'un conseiller à la Cour des comptes, tient école de préciosité...

Mais la contagion gagne la province, et Mme de Boismoreau, à Poitiers, règne sur les salons mondains et littéraires ; à Bordeaux, c'est Mlle de Beaumont ; à Aix, Mme de Barjamont, et à Arles, Mlle de Barrèmes.

Un jour, à Montpellier, Chapelle et Bachaumont tombent au milieu d'une réunion de « Précieuses de campagne ». Ils en rirent à perdre haleine et se moquèrent de leurs petites mignardises, de leur parler gras et de leurs discours extraordinaires...

Mais pour être précieuse en la ville d'Athènes – c'est-à-dire Paris, en code précieux – il faut suivre des lois impératives. D'abord celles de la mode : avoir bel esprit, belles manières, maison plaisante et moyens pour faire figure dans le monde. Aimer et créer des mots nouveaux et être friande de toute idée nouvelle.

Avoir un ou plusieurs alcôvistes ; tenir assemblée chez soi, ce qui s'appelle tenir ruelle, ou aller chez celles qui en tiennent.

Il faut aimer lire, et lire toutes les nouveautés. Savoir faire des vers et composer des billets doux. Le langage précieux invente et innove ; tout se dit par périphrases, et les expressions anciennes sont impitoyablement condamnées. Il n'y a que « vous m'entendez bien » et « etc. », pour lesquelles les Précieuses n'ont rien trouvé à dire.

« Etre difficile d'abord » est devenu : « avoir l'abord peu cherchant ». On peut entendre des phrases comme celle-là : « On dit que Bélarmis demeure dans le palais que Sénecque a fait bâtir, dans le quartier de Normanie. » Ce qui veut dire que la comtesse de Brégi demeure au Palais-Royal, que le cardinal de Richelieu a fait bâtir...

Mais le temps a passé. La cour est jeune, moqueuse et riante. Boisrobert a vieilli ; il se sent perdu. Ne sachant à qui serattraper, il courtise outrageusement et encense les financiers si ouvertement que cela fait scandale. Manquant d'argent et d'amis aussi influents que le défunt cardinal de Richelieu, son esprit s'aigrit. Il se fâche avec Costar, sème la zizanie autour de lui et fait circuler une vilaine petite lettre dans les salons. Il se brouille définitivement avec Scarron le bossu, Scarron le perclus, car il a empêché les comédiens de jouer *l'Ecolier de Salamanque,* œuvre de Scarron, pour imposer à la place une de ses pièces, *les Généreux ennemis.* Scarron manqua crever de rage et voulait étrangler Boisrobert ; et le normand Brébœuf, pauvre, fier, triste, malade et pédant ultra précieux, lançe ce cri moliéresque, à l'occasion d'une consultation pour la fièvre de Mlle de Scudéry :

... « Donc, dame fièvre : sortez ! »...

Tout ce monde vit à Paris, plus ou moins bien. Mais Paris s'aère. Le nouveau quartier du Marais s'étend avec bonheur. Il est splendide et va devenir le quartier le plus élégant de la capitale. Les Précieuses lui donnent le nom d'Eolie.

Ninon de Lenclos, sortie tout récemment des filles repenties, où elle avait été enfermée un an auparavant sur ordre de la reine mère, excédée par ses débordements, n'a dû sa libération qu'à la reine Christine de Suède, de passage à Paris, qui est aussi dévergondée qu'elle. Ninon s'installe au Marais, dans une maison qu'elle habitera jusqu'à sa mort. Scarron et sa jeune femme y ont déjà emménagé. Le mariage du malheureux infirme avec la jolie orpheline de dix-sept ans, Françoise d'Aubigné, a beaucoup fait parler. On a dit des horreurs. Scarron proteste :

– Je ne ferai pas de sottises à Françoise, mais je lui en apprendrai !

Auprès de lui, souvent, est un joli petit garçon, fils du comte de Tresme et de Françoise, sœur de Scarron qui le présente ainsi avec visiteurs :

– Voici mon neveu, à la mode du Marais.

Renaissant à la vie, Ninon de Lenclos réunit dans son salon ce qu'il y a de plus galant et de plus spirituel à Paris. Son intelligence aiguë et frondeuse, son esprit pétillant, sa bonté et sa générosité lui donnent des amis illustres et fidèles, qu'elle sait amuser et surtout conserver. Elle est la seule femme à laquelle la reine Christine accorde quelque considération.

Saint-Simon dira plus tard : *Tout se passait chez elle avec un respect et une décence extérieure, que les plus hautes princesses soutiennent rarement sans faiblesse...*

La maison de Georges et Madeleine de Scudéry est sise rue de Beauce, au Marais, entre cour et jardin, et à porte cochère.

Si l'escalier est sombre et le vestibule étroit, le jardin est vaste, tout planté d'arbres fruitiers et d'acacias. C'est presque la campagne à Paris. Les nouveaux hôtels seigneuriaux étalent leur splendeur et la perfection de leur harmonie. Çà et là, d'immenses entrepôts de bois apportent au paysage leurs taches brunes et odorantes.

Tallemant achète une vieille maison au fond de ce même Marais, dans le but de la faire détruire et de reconstruire selon les goûts et à la mode du temps.

De jour en jour, Sapho voit son cercle s'agrandir : Ménage, Mme de Sévigné, la marquise du Plessis-Bellière, les solitaires de Port-Royal y viennent. *Le Grand Cyrus* a rendu son auteur si célèbre que le Tout-Paris galant passe rue de Beauce et grimpe le noir et étroit escalier de Sapho. Certains y restent peu, mais c'est sans doute suffisant pour faire moisson d'esprit précieux de grande qualité.

Mais Sapho met *le Grand Cyrus* en pratique et entretient une intrigue délicieuse et sentimentalement platonique avec Pellisson, premier commis aux Finances de Nicolas Fouquet. C'est une amitié amoureuse qui date depuis un certain soir où Pellisson, qui cherchait à faire ami avec Mlle de Scudéry, rencontra dans la rue Valentin Conrart, fort habitué des ruelles.

– Que faites vous donc ce soir ? demande Conrart à Pellisson.

– Rien !

– Comment, rien ?

– Non, rien de rien.

– Alors, venez donc avec moi. Je vais dîner chez M. de Grasse, où nous rencontrerons toute une compagnie, parmi laquelle se trouvera devinez qui ?...

– Par tous les diables, mon cher, comment le saurais-je ?

– Eh bien, vous y rencontrerez Mlle de Scudéry...

Pellisson est ivre de joie, et le montre. Son visage, tout criblé des cicatrices de la petite vérole, resplendit de plaisir. Mlle de Scudéry, aussi noire qu'elle puisse être, chante à son cœur.

– Puis-je vraiment venir avec vous ?...

– Mais bien sûr, voyons ! Quelle question !

Et les deux amis se mettent en route. La soirée se passe très bien et, le lendemain, le petit prélat rencontre Georges de Scudéry, le frère de Madeleine, à l'hôtel de Rambouillet, et lui dit que mademoiselle sa sœur et Pellisson ont dîné chez lui la veille au soir. Mais Georges de Scudéry, qui n'a pas été de la fête, qui déteste Pellisson a en outre un naturel fort jaloux. Il sent aussitôt sa tête bouillir et sa moustache se hérisser.

Le soir, de retour rue de Beauce il cherche toutes sortes de noises à sa sœur, qu'il pense manger de rage.

Mais Sapho ne se laisse pas faire et lui secoue les plumes comme il fallait. Le lendemain, tout Paris connait l'incident, car les voisins, qui n'avaient pas mis leurs oreilles dans leurs poches, n'avaient pas eu beaucoup d'efforts à faire pour entendre ce que Sapho pensait de son frère Georges.

A la suite de ces remous, Valentin Conrart, tout contrit et désespéré des désagréments arrivés à Madeleine, fit ces vers sur l'indiscrétion involontaire de M. de Grasse :

*Par le babil d'un petit mage*
*Tout sera sens dessus dessous ;*
*Et Sapho sentira la rage*
*D'un lion noir et non d'un roux.*
*Mais s'il babille davantage*
*Bien que Sapho ait l'esprit doux,*
*Les dames de son voisinage*
*Le fouetteront avec un houx.*

Et de Grasse, à la façon du temps, s'excusa de sa maladresse :

*Je ne suis ni sorcier ni mage,*
*Puisque j'ai fait un de ces coups*
*Qui vous a fait sentir la rage*
*D'un qui, sans amour, est jaloux...*

Mais Georges de Scudéry n'est pas au bout de ses avatars. Un jour, un Gascon qui n'était pas au fait du bizarre duo que formaient le frère et sœur, demande à M. de Scudéry :

– Hé ! donc, mademoiselle votre femme, que fera-t-elle après *le Cyrus* ?

Scudéry, tout bouillonnant de jalousie, lui tourne le dos, se retire chez lui et ne veut plus voir personne. Du fond de sa maison du Marais, il rognonne et se plaint. Il écrit à ses amis tout au long du jour et signe *l'Homme du désert*, tout en marmonnant :

– Mordious ! Désormais je reste dans ma maison et dans mon cabinet de curiosités. Là, au moins, je ne serai plus importuné.

Ainsi naquit entre Mlle de Scudéry et Pellisson le plus bel amour platonique qui ait jamais existé, si bien que le poète Lignières, qui n'était ni un ami ni un philosophe, écrivait d'une plume acérée :

*La figure de Pellisson est une figure effroyable ;*
*Toutefois, quoique ce garçon*
*Ait un visage épouvantable,*
*Il a pour Sapho des appas ;*
*Mais je ne m'en étonne pas,*
*On aime toujours son semblable.*

A Paris, les samedis de Sapho sont célèbres ; gens de cour et gens de lettres s'y ruent. On cause, on disserte, en suivant un programme tracé d'avance. Conrart est chargé des comptes rendus qu'il consigne soigneusement dans le grand livre de velours bleu de Sapho.

Il y eut les journées de madrigaux ; on fait des vers à perdre haleine... Mais le ton n'est plus celui de l'hôtel de Rambouillet ; il est devenu plus dur, plus cassant et plus pédant ; on y rit moins. La grâce inimitable de l'hôtel de Rambouillet s'est envolée.

Mais Georges de Scudéry, toujours en guerre contre sa sœur, fait tout ce qui est en son pouvoir pour contrarier ses amours avec Pellisson. Paris continue à en faire des gorges chaudes, et la *Carte du Tendre* en naquit. L'hôtel de Rambouillet avait donné la guirlande à Julie, la maison de la rue de Beauce donne sa *Carte du Tendre*, sorte de carte de géographie imaginaire. Elle fut créée chez Sapho, un samedi du mois de novembre 1653, alors que l'automne déjà installé faisait flamber haut les feux dans les cheminées. Mmes les Précieuses se sont amusées à dessiner sur une feuille de papier rectangulaire un fleuve central, appelé « fleuve d'Inclination » enjambé en son début par un pont qui relie les deux parties de la ville « Nouvelle-Amitié ». Ce fleuve parcourt un paysage lunaire, escorté par des villages portant les noms de « Grand-Esprit », « Complaisance », « Jolis-Vers », « Billets-Galants », « Billets-Doux », « Petits-Soins », « Grand-Cœur », « Exactitude », « Générosité », « Obéissance ». Plus loin, il est encore enjambé par l'importante ville de « Tendre-sur-Inclination », avant d'aller se jeter dans la mer dangereuse précédant les « Terres inconnues », en même temps que le « fleuve de Reconnaissance », qui dessert la ville de « Tendre-sur-Reconnaissance », et le fleuve « Estime », qui dessert la ville de « Tendre-sur-Estime ».

A gauche, se trouve la mer houleuse d'« Inimitié », escortée de « Méchanceté », « Médisance », « Indiscrétion », « Perfidie » et du rocher « Orgueil » ; tandis qu'à droite, dans une sorte de désert, où rien ne poussera jamais, s'étale le « lac d'Indifférence », escorté de « Négligence », « Tiédeur », « Légéreté » et « Oubli ».

Tandis que Précieux et Précieuses s'amusent avec leur *Carte du Tendre*, Tristan l'Hermite dresse de son côté sa carte du *Royaume d'Amour*, qui, lui, n'englobe pas que des contrées platoniques :

> *Le Royaume d'Amour* est situé fort près de celui des Précieuses. C'est une contrée fort agréable et où il y a de la satisfaction de voyager, quand on en sait la carte à la perfection et qu'on n'est point en hasard de s'y fourvoyer.
>
> Il s'y trouve quelques mauvais passages, qu'on ne saurait éviter, mais comme on se représente qu'il n'y a nul bien sans peine et que les plaisirs succèdent souvent aux douleurs, on se console facilement.
>
> Afin qu'on ne manque point aussi de conseil, voici une bonne guide des chemins que je vous vas donner.
>
> Aux frontières du Royaume, on trouve la grande plaine d'Indifférence, qui est une belle Prairie, où se tient ordinairement une

Foire, pour toutes sortes de Marchands, mais qui ne débitent que des vessies pleines de poix et de crème fouettée.

Ayant traversé cette Prairie, on gagne le Bois de la Belle Assemblée, qui est fort agréable, où il y a presque tous les jours Concert de Luths et de Voix, ou du moins la Grande Bande des Violons, et souvent la Comédie et le Bal.

On y trouve une Hôtellerie dérobée du grand chemin, qui s'appelle Doux Regards, où on boit un petit vin qui a beaucoup de douceur, mais qui échauffe plus qu'il ne désaltère pas.

De Doux Regard on vient à Inquiétude, petit village où il y a de fort mauvais lits ; on n'y couche guère que sur des fagots, encore sont-ils d'épines. D'Inquiétude on vient à Revue, qui est une bourgade fort agréable pour ce qu'elle contient.

De Revue on passe à Visite, village assez beau, mais qu'on n'arrête point au gite ; on n'y trouve que chaises pour s'asseoir et point de lits pour s'y cacher.

De Visite on passe à Soupirs, petit lieu, où il y a mille singularités, si ce ne sont des moulins à vent qui tournent à la faveur d'un vent qui se lève d'une montagne voisine, qu'on appelle Cœur Féru.

De Soupirs on se rend à Soins-sur-Complaisance, grande et fameuse ville, où se trouvent citadelle, ville et université. Le capitaine du château n'y dort pas d'un profond sommeil ; il semble qu'il craigne quelque surprise, ou qu'il ait quelque entreprise à exécuter. Il a toujours des gens à gages, pour l'avertir qui passe, quel temps il fait et quelle heure il est. On tient qu'en ce lieu qui est haut élevé on fait éclore à toute heure des Poulets à la réverbération du Soleil, qui sont blancs comme neige et qui ne chantent que pour la personne aimée. La ville est toute pleine de marchands de citrons doux, d'oranges du Portugal, de marmelade et de confiture d'Italie ; on trouve force gants de frangipane et des essences de toutes sortes, comme aussi des bijoux fort jolis pour des discrétions. L'Université a d'excellents professeurs, qui sont passés Docteurs en Fleurettes, Rondeaux, Bouts rimés, Triolets, Bons mots et contes agréables. On tient qu'ils étudient depuis longtemps pour trouver la plus fine raillerie, mais que la plupart se sont jusques ici rongés les ongles jusqu'à la chair vive, sans en pouvoir venir à bout.

De Soins on vient à Feu déclaré, petit bourg, dont les habitants sont tellement enrhumés qu'à peine les peut-on entendre, tant ils parlent bas ; aussi, pour s'expliquer, ils se contentent souvent de marcher sur le pied ou de serrer la main aux personnes. On les prendrait pour des gens fort vertueux car ils ont toujours sur le teint la rougeur d'une honnête bonté. De Feu déclaré on vient à Protestations, où les habitants sont fort dévôts ; ils ont toujours les mains jointes et regardent le ciel, en se frappant l'estomac, et font bien souvent des serments horribles pour assurer de leur bonne foi, mais il ne faut pas croire tout ce qu'ils disent.

De Protestations on arrive à Confidence, petit lieu qui est dans un fond et dont l'abord est un peu difficile. Ceux qui l'habitent se confessent perpétuellement les uns aux autres et n'en sont pas plus gens de bien pour cela.

De Confidence on trouve une petite villette dans le fond d'un bois, qu'on appelle Entreprendre. Les habitants de ce lieu ont réputation pour l'escrime, et pourtant ils ne savent qu'un coup d'épée, qui est de faire la feinte aux yeux et de porter la botte en dessous ; on tient aussi qu'il y a d'habiles gens pour la lutte... Il y avait autrefois en ce même lieu un château médiocrement fortifié, qu'on appelait Résistance, mais il a été ruiné par les guerres et de ses débris on a fait une petite bicoque qu'on nomme Tôt-Rendue.

D'Entreprendre on vient avec quelque travail à Jouissance, qui est comme la capitale de la province. Elle est parfaitement agréable en son abord et remarquable pour ses beaux jardins, qui ont tous des labyrinthes ingénieusement construits, où on va se perdre deux à deux.

De Jouissance on vient par un chemin de roses à Satiété. La journée est grande et le chemin un peu long, mais lorsqu'on en est à une portée d'arbalète, on ne voit plus sur les églantiers que des gratte-culs.

Les vivres sont à fort bon marché dans la ville de Satiété, mais l'air du terroir donne si peu d'appétit qu'on ne daigne pas seulement y toucher. De Satiété on arrive à une bourgade qui n'a qu'une rue fort longue, qu'on appelle Faible Amitié. Là, chacun s'appelle par son nom de baptême, car de toute ancienneté on n'y donne point de surnom ni de qualité à personne et par un article de coutume du lieu sont annulés à jamais les anciens titres de Mon Bon et de Ma Chère.

De Faible Amitié on se trouve tout contre Inclination Nouvelle, joignant Doux Regard, dans le Bois de Belle Assemblée, tellement qu'il semble qu'on n'ait fait qu'un circuit dans toute la région d'Amour. Il y en a qui disent que dans le cœur est la ville capitale, mais qu'il y a bien du chemin à faire pour y arriver, car elle est sur une montagne dont le sommet s'élève beaucoup au-dessus des nues ; on ne peut y monter ni en carrosse, ni à cheval, non pas même avec des mulets ou autres montures, mais seulement à pied ; encore est-il quelquefois besoin d'ôter ses souliers, quoique le chemin soit fort épineux. Plusieurs graves auteurs ont écrit des singularités de cette ville, qu'on appelle Amour Céleste ; les modernes l'ont nommée Sainteté Monastique. Il n'y entre point de gens de mauvaise vie ; les gardes qui veillent aux portes en défendent l'entrée, quelque bonne mine qu'ils puissent faire pour se déguiser. Les habitants de cette cité sont très heureux, parce qu'ils trouvent leur bonheur en eux-mêmes ; leur âme est toujours en repos, bien que leur corps soit souvent en peine ; ils mangent peu, ne dorment guère, et disent souvent un grand chapelet, afin que le reste des habitants de cette province se convertisse et se rende digne d'habiter avec eux dans cette belle habitation.

Mais les Précieuses mettent leurs théories en pratique. Quand Madeleine de Scudéry écrit dans *le Grand Cyrus : L'amour peut aller au-delà du tombeau, mais elle ne va guère au-delà du mariage*, Philaciane, personnage de la Précieuse s'écrie : *On se marie pour haïr. C'est pour cela qu'il ne faut jamais qu'un véritable amant parle du mariage, parce qu'être amant c'est vouloir être aimé et vouloir être mari, c'est vouloir être haï.* Alors, Mme Descluzel préfère se retirer au couvent, plutôt que de continuer à vivre avec son mari. De même, Mme de Brégy intente un procès en séparation de corps à son époux, pour les trop nombreux enfants qu'il lui a faits. Henriette de Coligny, au bout d'un an de mariage, devient veuve de « l'Ecossais pulmonique » auquel elle était unie, et se remarie bientôt avec le comte de La Suze, qui est protestant, comme elle ; mais elle se convertit bientôt au catholicisme, afin de ne plus rencontrer son nouveau mari ni en ce monde ni dans l'autre ; puis elle demande et obtient la séparation de corps devant le tribunal civil du Châtelet, en invoquant le mariage forcé qu'on lui a fait faire... C'est en 1656 que l'abbé de Pure publie un ouvrage qui fera grand bruit, *la Précieuse ou le mystère des ruelles, dédié à telle qui n'y pense pas.*

Selon l'abbé de Pure, *la Précieuse est une vapeur toute spirituelle, qui, se tenant par les douces agitations qui se font dans une docte ruelle, se forme enfin en corps et compose la Précieuse... Elle est un précis de l'esprit, un résidu de la raison... Comme la perle vient d'Orient, la Précieuse se forme dans la ruelle, par la culture des dons suprêmes que le ciel a versés dans son âme...*

Antoine Beaudeau, sieur de Somaize, est un admirateur inconditionnel de la mode nouvelle. Historiographe des Précieuses et de leurs alcôvistes, il classifie dans son grand dictionnaire les femmes en quatre catégories : d'abord les premières, qui sont tout à fait ignorantes ; les deuxièmes ne lisent pas, mais ont du jugement et de l'esprit naturel. Les troisièmes lisent tous les romans et les ouvrages de galanterie et tachent de se tirer hors du commun. Les quatrièmes ont de tout temps cultivé l'esprit que la nature leur a donné. Elles ont appris à parler plusieurs langues aussi bien qu'à faire des vers et de la prose. Ce sont elles qui jugent de tout souverainement.

Cette même année, Chapelain fait paraître sa *Pucelle,* dont on parlait depuis fort longtemps. Paris bâilla et dit bien haut que *la Pucelle* de Chapelain était exécrable et ne valait rien. Chapelain ne s'en releva pas, et le poète Lignières composa quelques vers, ce qu'il avait l'habitude de faire lorsqu'il voulait traduire ses sentiments :

*Après une vie éclatante,*
*La Pucelle fut autrefois*
*Condamnée au feu par l'Anglois*
*Bien qu'elle fût très innocente ;*
*Mais celle qu'on voit depuis peu*
*Mérite justement le feu.*

Mais Mlle de Scudéry et ses amies continuent de plus belle leurs assemblées. Mme Aragonais, née Jeanne Legendre, habite au Marais, rue d'Anjou ; elle a environ quarante-deux ans et on peut la reconnaître sous les traits de la Philoxène du *Grand Cyrus.* Angélique Robineau est la Doralise du *Cyrus* et la Roxane de *Somaize.* Elle a trente-sept ans et habite chez Mme Aragonais. Les deux demoiselles Bocquet logent en face de l'hôtel Aragonais et vivent en habillant des masques, c'est-à-dire des mannequins de mode, qui sont envoyés à travers la province, pour porter la mode de Paris. Erudit, grammairien fort savant et pédant, Gilles Ménage vient régulièrement aux samedis de Sapho. Il est l'ami de l'hôtesse, mais aussi celui de Mme de Sévigné et Mme de La Fayette. Chaque mercredi, en son domicile du cloître Notre-Dame, il tient des réunions littéraires qui prennent le nom de « Mercuriales ». Il poursuit Boileau de sa vindicte, et aux samedis de la rue de Beauce il rencontre Pellisson, électeur tout-puissant à l'Académie. Pellisson et Ménage se mettent en campagne très active contre la candidature de Boileau à l'Académie.

Parmi les habitués des ruelles, un certain Claude Quillet, médecin de Chinon, passe bien plus de temps à Paris que dans sa ville. Il court la pretentaine, les filles et les cabarets, avec la bande de Saint-Amand. Il est gai, joyeux compagnon, amateur de bon vin et de bonne chère. Mais Marion de Lorme lui a déclaré qu'elle ne l'aimait plus, et il s'en console en s'enivrant comme un Croate. En son cœur, Bacchus a détrôné Vénus, et lui, dans les nuages de fumée des pipes allumées, dans le tintamare des cris et des rires du cabaret, son visage luisant et vermeil entre les flacons de vin chatoyants à la lumière des chandelles, écrit d'un cœur qui se veut léger :

*Adieu, Chymène, pour jamais.*
*Rends-moi si tu veux la pareille.*
*Je ne puis t'aimer désormais*
*Si Dieu ne te change en bouteille.*
*Ton corps me semblerait divin,*
*Si tu pissais d'aussi bon vin*
*Que ce grand flacon que j'admire.*
*Je te courtiserais toujours,*
*Et jamais on n'entendrait dire*
*Que je fisse d'autres amours.*

Mais si Marion de Lorme et Ninon de Lenclos sont ravissantes et délicieuses, Madeleine Scudéry et ses amies ne sont guère jolies, ce qui fait écrire à l'abbé de Tallemant :

*Ces dames ont l'esprit très pur,*
*Ont de la douceur à revendre.*
*Pour elles on a le cœur tendre,*
*Et jamais on n'eut rien de dur.*

Mais Sapho est la femme de lettres pure. Le jour près de sa fenêtre, le soir à la lumière des bougies, ou bien, l'été, sous ses acacias embaumés, elle écrit sans trêve, interminablement, romans, poèmes et madrigaux. Dans *le Grand Cyrus*, son cher Pellisson est devenu Acanthe ; mais dans la *Clélie*, il est devenu le galant Amilcar, ce qui n'empêche pas Tallemant d'écrire : *On peut dire que Mlle de Scudéry a autant introduit des méchantes façons de parler, que personne ait fait il y a longtemps ; elle est encore cause de cette mode de faire des portraits qui commence à ennuyer furieusement les gens.*

Il est bien vrai que cette préciosité, postérieure à l'hôtel de Rambouillet, est sur une pente qui transforme en afféterie la politesse des mœurs et fait qu'un cercle devient à la longue une coterie. Ceux qui en font partie éprouvent le besoin de se singulariser et de se séparer du commun.

Ils commencent par ne plus vouloir penser comme tout le monde et finissent par ne plus parler d'une façon intelligible. Un chat n'est plus un chat, mais est devenu « l'éternel errant des toits sous la lune ».

Selon leur jugement, ils sont les seuls à avoir l'esprit bien fait et estiment que hors de leurs conventions il n'y a pas de salut.

## *Chapitre XLVI*

Pendant ce temps, Mme de Saint-Loup, autre Précieuse, attend ses amies dans son cabinet de lecture.

– J'ai entendu le heurtoir assourdi, ce me semble, dit-elle à sa suivante.

– Voici vos invités, madame, annonce un laquais.

– Qu'ils entrent, qu'ils entrent !... Mes amis, dit-elle en se levant et en allant vers eux, j'ai une idée merveilleuse, resplendissante, indispensable aux générations futures...

– Madame, je suis à vos pieds, dit M. Leclerc en s'inclinant et en balayant le tapis de la plume de son chapeau. Je crois deviner ce qui vous agite. Ne serait-ce pas...

– Je sais, je sais, je sais..., s'écria Mlle de La Durandière, que dans le monde précieux on appelle Didamie.

Et elle regarde en riant Roxalie, qui n'est autre que Mme Le Roy, mise à la dernière mode et parée de diamants étincelants. Elle est vêtue avec un luxe inouï et parfumée à outrance.

– Mes amis, c'est un bonheur de vous recevoir, bien mis et jolis comme vous êtes. Je vous en prie, asseyons-nous.

Et Mme de Saint-Loup, connue dans le monde précieux sous le nom de Silénie, donne l'exemple en étalant ses robes de velours et de soie autour de son fauteuil.

– Vous êtes resplendissante, madame, et ce qui est remarquable, c'est que nous sommes tout bonnement sublimes, dit en peignant soigneusement ses cheveux, M. Leclerc, qui aimerait tant entrer à l'Académie française.

– Cela est vrai ! et nous avons tous, au plus haut point, le sens de la hiérarchie des valeurs, renchérit Roxalie.

– Nous devrions tous faire partie de l'Académie française, affirme Mme de Saint-Loup-Silénie.

– Oui ! et nous, les femmes aussi, exulte Didamie, qui est Mlle de La Durandière.

– Mais naturellement ! affirme Claristène-Leclerc faisant le bon apôtre, car bien que votre compréhension soit très différente de la nôtre elle est excellente...

– Oui ! mais une chose nous différencie toujours de vous, messieurs, c'est la force ! s'exclame Silénie de Saint-Loup, car à travers les siècles, vous nous avez fort mal traitées, il me semble...

– C'est tout à fait exact, renchérit Didamie de La Durandière, car j'ai entendu dire qu'au-delà des temps antiques vous nous traîniez par les cheveux, avec les animaux de votre chasse...

– C'est affreux tout à fait, dit Roxalie Le Roy, en s'éventant.

– N'exagérons rien, dit en souriant Claristène-Leclerc.

Mais Didamie continue de plus belle :

– Et pendant le Moyen Age, vous pensiez et vous disiez bien haut que nous, les femmes, n'avions pas d'âme, et vous nous mettiez au rang des chats, bêtes maudites entre toutes à cette époque...

– Oh ! c'est trop ! je me meurs..., dit en s'enfonçant encore plus profondément dans son fauteuil Silénie de Saint-Loup.

– Ah ! mon Dieu ! elle pâme...

– Madame, êtes-vous morte ? demande un laquais...

Mais Silénie de Saint-Loup ne faisait que jouer. Elle se redresse en riant.

– Madame, demande Claristène Leclerc, puis-je me permettre de vous présenter mon neveu, qui vient de province ? Il est le fils aîné de mon frère et doit, dès demain, fréquenter chez Conrart.

– Qu'il soit le bienvenu ! Et il le sera toujours davantage au cours de ses visites céans.

– Madame, je suis confus de tant de bonté, dit le jeune garçon en se levant et en saluant, car j'ai tout à apprendre.

Ses yeux brillaient. Il était un joli cavalier, mis avec goût.

– Ne nous égarons pas ! interrompt la pétulante Didamie, et reprenons notre conversation. Çà ! donnez-moi donc la main Claristène et dites-moi si je n'ai pas l'âme la plus belle jamais vue en ce monde ?

– La plus belle, ma très chère, dit Claristène Leclerc, en lui baisant la main ; la plus belle, et laissons l'histoire des temps passés à ses erreurs, et leurs contines aux vieilles femmes.

– Mes amis, mes amis..., s'écrie la maîtresse de maison, nous nous réunissons ce jour pour faire une grande œuvre. Mon mari était tellement fâché, qu'il est parti au cabaret courir la gueuse !...

– Fi des maris ! Dieu merci, il n'y en n'a pas céans !

– Nous devrions pouvoir changer de mari, comme nous changeons de robe, suivant les saisons...

– Là n'est pas leur place !...

– Ah ! oui, et où est-elle ? demande en riant Claristène.

– Mais au cabaret, à courir la gueuse, s'exclame Silénie de Saint-Loup en éclatant de rire ; à courir la gueuse par le vent, la neige et le froid, et, pendant ce temps, nous sommes bien au chaud, bien au sec ; des idées bouillonnantes plein la tête, et tentant de faire œuvre utile.

– Mes amies, dit Claristène Leclerc que ses canons, ses manchettes et son col font disparaître sous un océan de dentelles, de rubans et de bijoux, mes chères amies, nous serions heureux de savoir ce que notre hôtesse nous a préparé pour cette assemblée.

– Oui, dit Roxalie Le Roy, en se levant.

Sa robe de velours noir, retenue aux coudes par des rubans tissés d'or et de perles, laisse voir un devant de satin couleur d'aurore, brodé de fleurs délicates. De coûteuses dentelles, au décolleté et aux bras, la font fort élégante ; ses yeux, sous la frange de cheveux blonds, brillent de malice. Mais Silénie de Saint-Loup reprend le fil de la conversation :

– Mes bons amis, nous allons parler de l'orthographe. Nous allons, si cela vous plaît, la transformer et la simplifier. Si, si, ne me dites surtout pas non. Nous allons enlever toutes les lettres non nécessaires aux mots et à la prononciation, et qui sont là comme parasites. Vous verrez, tout le monde nous suivra.

– L'idée est excellente, s'écrie Claristène Leclerc, mais il faut soigneusement la garder pour un peu plus tard dans la journée. Nous réviserons l'orthographe des Français, en buvant du chocolat... Mais ne savez-vous pas que la glace est sur la Seine et que l'on peut y patiner ?

– Allons, allons tous patiner ! La glace est bien épaisse au moins ?

– C'est assuré. Ces messieurs du rivage ont permis officiellement la traversée de la Seine à pied.

– Sortons nos patins ! s'écrie Silénie de Saint-Loup.

– Madame, ne nous mettons pas en cette peine ; déjà des loueurs de patins ont installé leurs échoppes.

– Laquais, apportez nos manteaux, nos gants et nos chapeaux. Allons, mes amis, allons sur la Seine.

Et Mme de Saint-Loup, suivie de ses amis et des gens de sa maison, descendit le grand escalier de pierre de sa maison, dont un tapis épais escaladait les degrés. Il y faisait un froid horrible, contre lequel deux grands braseros luttaient en vain.

Parlant et riant, Précieux et Précieuses montèrent en carrosse. La Seine n'était pas loin. Le vent soufflait, glacial, à vous couper les oreilles en quatre. Les arbres, dépouillés de la moindre feuille, agitaient des branches si dénudées, si tourmentées, qu'elles semblaient des racines, puisant une force inconnue dans ce ciel gris qui annonçait des chutes de neige prochaine.

Sur la grève, des braseros étaient allumés et des baraques installées. Des gueux se chauffaient. Des silhouettes, entortillées de mantes et d'écharpes, louaient des lames de bois poli, auxquelles étaient fixées des lanières de cuir. Un peu plus loin, des mendiants bleus de froid, se tenaient accroupis autour de maigres feux de bois. La cloche de Saint-Paul sonnaient trois heures de l'après-midi. Tous descendirent de carrosse.

Le spectacle de Paris sous la froidure est saisissant. La glace crisse sous les semelles de liège de leurs galoches décorées et armoriées. Les fenêtres du Louvre sont déjà éclairées. Les changements de garde, les allées et venues incessantes des carrosses, de cavaliers et de marchands lui donnent une vie frémissante, tout ouatée de froid. Les cloches de Saint-Germain-l'Auxerrois sonnent on ne sait quel office. La Seine est bien déserte, avec ses bateaux pris par les glaces. Le pont Marie ressemble à un navire amarré dont les fenêtres de l'immense château-arrière, brillent dans les derniers rayons du soleil d'hiver. Sur le Pont-Neuf, le froid a ralenti l'effervescence. Mais il y a pourtant des avaleurs de feu, des danseurs, des chanteurs, des arracheurs de dents, des montreurs d'ours, des diseuses de bonne aventure, qui chantent, crient, vont et viennent, au milieu des mendiants, parmi les enfants estropiés couverts de haillons, au regard brillant et hardi, dans lequel on peut lire toute l'audace et la misère du monde.

La pompe de la Samaritaine fait entendre son halètement régulier, mouillé et sourd ; elle fournit en eau de Seine le palais du roi. En face du Louvre, de l'autre côté de la Seine, la tour de Nesle et l'affreux quartier de la pègre fourmillent d'êtres informes. Noël n'est pas encore passé, et cependant l'atmosphère est déjà à la fête. Les habitants du pont Marie et des autres ponts habités sur la Seine jettent avec insouciance par leurs fenêtres les détritus dont ils souhaitent se débarrasser, ce qui oblige les passants qui traversent la Seine à pied, ou en patinant, à faire des détours afin de les éviter. Tout cela est une grande joie pour les enfants.

Soudain, une fenêtre s'ouvre. Une jeune femme à la robe rouge paraît et, d'une main négligente, jette le contenu d'un pot, sur un bourgeois qui passait affairé.

– Peste de la femelle, crie l'homme fou de rage. Me voilà tout crotté et puant de la tête aux pieds.

– Ha, ha, ha ! crient les enfants.

– Aux étuves, crient des jeunes gens, qui ont assisté en riant à la scène tandis que le bourgeois, mouillé, puant et grelottant, se dépêche de rentrer chez lui pour se laver et se changer.

Pendant ce temps, Mme de Saint-Loup et ses amis rient et patinent. Mais le froid se fait plus intense et saute au visage, coupant presque la respiration. Chacun se dépêche de rentrer chez soi pour se réchauffer au coin du feu en buvant une tasse de café ou de chocolat. Après une longue arabesque superbement exécutée, Mme de Saint-Loup, Didamie de La Durandière, Claristène Le Clerc et Roxalie Le Roy regagnent la berge. Ils semblent d'excellente humeur et frigorifiés.

– Çà ! rentrons, voulez-vous ? et allons nous réchauffer et travailler à la réforme de l'orthographe.

Le carrosse les attendait. Ils s'y engouffrèrent en riant, heureux d'y trouver des couvertures de fourrure, douces, moelleuses et légères comme des caresses. Le carrosse partit bon train, cocher devant, laquais derrière, tout le monde bien content de rentrer au logis. Le chemin n'étant pas long, bientôt la lourde voiture armoriée tourna pesamment dans la cour d'honneur aux pavés glissants, que recouvrait déjà la neige qui tombait maintenant à gros flocons.

– Les chevaux glissent, crie un des laquais, il va falloir les ferrer à glace !

Au-dessus du toit, les hautes cheminées ont chacune leur écharpe de fumée, qui s'étire et se ramasse au gré du vent. La neige a déjà placé l'hôtel et les maisons avoisinantes dans un monde noir et blanc, coupé de la réalité.

– Nous voilà arrivés, mes amis, allons vite nous chauffer !

Ils entrent tous avec bonheur dans la maison, qui leur paraît tiède, en comparaison du froid extérieur. Ils gravissent en riant le grand escalier de pierre et s'installent avec délices auprès d'un feu généreux qui brûle joyeusement. Des valets empressés apportent une table couverte d'une nappe de dentelle, sur laquelle sont disposés des tasses délicates, un plateau de pâtisseries tièdes et une chocolatière d'argent armoriée, d'où s'exhale un parfum délicieux, qui met l'eau à la bouche. Tous se restaurent puis, repus et réchauffés, se mettent au travail.

– J'ai pensé, mes bons amis, dit Silénie de Saint-Loup, j'ai pensé qu'il faudrait que les femmes puissent écrire aussi sûrement et aussi correctement que les hommes.

– Oui, dit Didamie de La Durandière, et il faudrait faire en sorte que l'on puisse écrire de même que l'on parle...

Les valets ayant débarrassé la table, Claristène Leclerc prit une plume, Didamie un livre, Roxalie et Silénie se préparèrent à décider ce qu'il fallait ajouter aux mots, ou leur ôter, pour en rendre l'usage plus facile et l'orthographe plus commode.

– Il serait bien, dit Claristène, de faire disparaître des mots toutes les lettres superflues. Voyez donc « teste », il serait plus agréable d'en faire tête, avec un accent circonflexe, pour remplacer le s perdu.

– De raisonne, on pourrait faire résonne.

– Cela ne se peut, car il y aura confusion, l'un étant du domaine de la pensée et l'autre de celui de la résonance... Mais rien ne s'oppose à ce que nous simplifiions prosne en prône, et autheur pourrait bien se passer de son h...

– Et de meschant, dit Roxalie, nous pourrions faire méchant, c'est plus simple, plus rapide, et surtout plus moderne.

– De esloigner, faisons éloigner ; voyez combien cela est plus léger...

– Prenons extraordinaire, et transformons le en extr'ordinaire ; c'est plus rapide...

– Oui, mais moins joli.

– Efficace a un f de trop. Faisons en eficace...

– Transformons d'esclat en d'éclat.

– C'est mieux. Prenons solemnité et transformons en solennité.

– Moi, je mets estrange en étrange et eschantillon en échantillon...

– De thrésors je fais trésors, et de vistres, vitres.

– Moi, je change triomphans en trionfans.

– Et advocat en avocat...

Le temps passant, Précieux et Précieuses travaillèrent ainsi jusques tard dans dans la nuit, à la lumière du feu et des chandelles, tandis que la neige blanchissait le toit de l'hôtel, les pavés de la cour et décorait de féerie les branches nues des arbres du jardin.

# *Chapitre XLVII*

Une des plus charmantes femmes de ce temps ; et peut-être de tous les temps ; est bien certainement Marie de Rabutin-Chantal, marquise de Sévigné. Impulsive, légère, rêveuse, douée d'une imagination fertile, Marie est précieuse, mais sans pédantisme ni prétention, ce qui ne l'empêchait pourtant pas de s'écrier, en parlant du langage précieux :

– Tant pis pour ceux qui ne comprennent pas !

Orpheline de bonne heure, elle fut élevée par son oncle, l'abbé Christophe de Coulanges, qui devint son tuteur, alors qu'il n'était âgé que de vingt-neuf ans. Il sut équilibrer cette personnalité extrêmement riche par un contrepoids de bon sens, de raisonnement, de sagesse et la solidité de la raison.

Celui que Marie de Rabutin appelait « Le Bien-Bon » lui apprit aussi la valeur d'une bonne comptabilité domestique. Celle qui devait devenir Mme de Sévigné disait en plaisantant – tout en devenant excellente ménagère de ses biens et sachant remédier, quand il le fallait, par de longs séjours en Bretagne, aux brèches creusées par la vie dispendieuse d'un train seigneurial à Paris et à la cour :

– Savez-vous que mon oncle calcule à l'aide de jetons, et qu'il en a de pleines boîtes ?...

Elle passa son enfance et son adolescence, auprès de son oncle, à l'abbaye de Livry, située en pleine forêt de Bondy. Cette abbaye lui fut une sorte de demeure enchantée entourée de forêts profondes et généreuses... C'était la nature, la solitude des bois ensoleillés ou couverts de neige, selon le rythme des saisons. La petite fille, puis la jeune fille espiègle et joyeuse, et cependant attentive, eut pour maîtres Gilles Ménage et Chapelain. Ménage lui apprit le latin, l'italien et l'espagnol. Marie de Rabutin lisait Virgile dans le texte.

Tout soudainement, Ménage s'avisa d'en tomber amoureux. Complètement fou ! Tout ému il lui déclare sa flamme. Elle le repousse. Il est dépité, s'estime fort mal heureux, se plaint, puis devient de glace. Lorsqu'elle demande à le rencontrer, afin de se justifier et de lui expliquer son attitude, il refuse de la voir. Alors, en 1644, l'année de son mariage avec Henri de Sévigné, elle a dix-huit ans ; elle lui écrit, et c'est bien la première lettre que nous ayons jamais pu lire d'elle :

Je vous dis encore une fois que nous ne nous entendons point, et vous êtes bien heureux d'être éloquent, car sans cela tout ce que vous m'avez mandé ne vaudrait guère. Quoique cela soit merveilleusement bien arrangé, je n'en suis pourtant pas effrayée, et j'ai conscience si nette de ce que vous me dites que je ne perds pas espérance de vous faire connaître sa pureté... J'ai seulement peine à comprendre que quand on aime une personne, et qu'on la regrette, il faille à cause de cela lui faire froid au dernier point, les dernières fois qu'on la voit. Cela est une façon d'agir tout extraordinaire, et comme je n'y étais pas accoutumée, vous devez excuser ma surprise... C'est pourquoi, devant que vous perdre, donnez-moi la consolation de vous mettre dans votre tort et de dire que c'est vous qui ne m'aimez plus...

Après cela, Ménage s'avoue vaincu et se rend de bonne grâce. Marie de Rabutin lui envoie alors un billet charmant, où éclate toute la grâce du bien dire :

C'est vous qui m'avez appris à parler de notre amitié comme d'une pauvre défunte, car, pour moi, je ne m'en serais jamais avisée en vous aimant comme je le fais. Prenez-vous-en donc à vous de cette vilaine parole qui vous a déplu et croyez que je ne puis avoir plus de joie que de savoir que vous conservez pour moi l'amitié que vous m'avez promise, et qu'elle est ressuscitée glorieusement. Adieu.

Mais la future marquise de Sévigné a un cousin, Roger de Rabutin, comte de Bussy, qui l'aime à la folie, lui aussi. Il est beau, avec de grands yeux rieurs, une bouche bien faite, des cheveux blonds, une physionomie heureuse et un esprit plein de délicatesse et de force ; mais en plus de tous ces dons et qualités il est aussi immoral qu'Henri de Sévigné, qui va épouser Marie. Si l'abbé de Livry avait connu le marquis de Sévigné comme il connaissait Bussy, il ne lui aurait peut-être pas accordé la main de sa nièce... Mais le mariage projeté est flatteur et souhaité par Paul de Gondi, archevêque de Corinthe, coadjuteur de l'archevêque de Paris, et futur cardinal de Retz, dont Sévigné est le cousin qui est le moins ecclésiastique des hommes. Il admire et aime la jolie et spirituelle Marie de Rabutin-Chantal, et le projet de cette union le séduit. C'est lui qui la proposa. Les Sévigné, de noblesse bretonne, sont d'aussi bonne maison que les Rabutin. Mme de Sévigné notera elle-même avec fierté :

Trois cent cinquante ans de chevalerie, les pères quelquefois considérables dans les guerres de Bretagne et bien marqués par l'histoire, quelquefois retirés chez eux comme des Bretons ; quelquefois des grands biens, quelquefois de médiocres, mais toujours de bonnes et grandes alliances.

En effet, les Rabutin sont apparentés aux du Guesclin, aux Clisson, aux Montmorency. C'est prestigieux. L'idée d'allier les

Rabutin au successeur désigné de l'évêque de Paris flatte tout particulièrement l'abbé de Livry. Le mariage est donc décidé, à la satisfaction de tous, et fixé pour la fin du mois de mai. En réalité, il eut lieu le 1er août, car le très querelleur marquis de Sévigné se battit en duel quelques jours avant la cérémonie et fut si grièvement blessé qu'on craignît pour sa vie. Ce début aurait dû donner à penser à la fiancée ; mais quand on est jolie et qu'on a dix-huit ans, on ne fait pas attention à de tels signes. Par la suite Henri de Sévigné se révéla un mari plein d'inconvénients, car, si on le savait brillant cavalier, il n'en était pas moins joueur, débauché, libertin et aussi coureur que matou de gouttière au printemps. En outre, il était dépourvu d'esprit. Pour lui, ce mariage ne fut que pure convenance, et jamais il n'aima vraiment sa charmante femme...

Mais les débuts de l'union furent assez heureux, et le marquis, très attaché à sa Bretagne, emmena sa jeune épouse à son château des Rochers, situé à une lieue et demie de Vitré.

Le paysage y était moins doux et plus pesant qu'à Livry ; plus sombre et plus grandiose aussi, et le silence ambiant était propice à la rêverie et à la méditation. La jeune marquise de Sévigné s'accommoda à merveille de ce calme et de cette tranquillité, si favorables aux graves réflexions sur la vie de l'au-delà et aux joies de la vie intérieure.

Elle aimait se promener tout au long de ces longues allées ombreuses, où elle s'attardait à rêver, projeter ou se souvenir, suivant les moments et les heures... Mais Bussy continue à regarder sa cousine avec convoitise, en nourrissant un fol espoir, celui de la voir un jour répondre à son amour débordant... Mais en elle tout est tendresse et amitié. Voici une de ses lettres, adressée à Bussy, et datée du 15 mars 1648, des Rochers.

Mme de Sévigné a alors vingt-deux ans et sa fille Françoise un an et demi. Elle est une jeune mère franche, gaie et malicieuse :

> Je vous trouve un plaisant mignon de ne m'avoir pas écrit depuis deux mois. Avez-vous oublié qui je suis, et le rang que je tiens dans la famille ? Ah ! vraiment, petit cadet, je vous en ferai bien souvenir ; si vous me fâchez, je vous réduirai au lambel ! Vous savez que je suis sur la fin d'une grossesse, et je ne trouve en vous non plus d'inquiétude de ma santé que si j'étais encore fille.
>
> Eh bien, je vous apprends, quand vous en devriez enrager, que je suis accouchée d'un garçon, à qui je vais faire sucer la haine contre vous avec le lait, et que j'en ferai encore bien d'autres, seulement pour vous faire des ennemis. Vous n'avez pas eu l'esprit d'en faire autant, le beau faiseur de filles !...
>
> Mais c'est assez vous cacher ma tendresse, mon cher cousin : le naturel l'emporte sur la politique. J'avais envie de vous gronder pour votre paresse depuis le commencement de ma lettre jusqu'à la fin

mais je me fais trop de violence, et il me faut revenir à vous dire que M. de Sévigné et moi vous aimons fort et que nous parlons souvent du plaisir qu'il y a d'être avec vous.

Après la mort de son mari, elle s'installe avec sa tante, Mme de La Trousse, dans une maison de la rue du Temple, dans laquelle elle demeurera dix-sept ans, jusqu'au mariage de Françoise-Marguerite, sa fille. Sagement, elle rembourse les dettes de jeu de son mari, tout en menant fort bien ses affaires et en gérant parfaitement son bien. Elle rachète à son cousin Renaud de Sévigné une belle tapisserie de Bruxelles, composée de huit pièces représentant l'histoire du déluge, contre une rente viagère de deux cent cinquante livres, et offre à Françoise-Marguerite un collier de perles magnifique qui sera un des éléments de sa corbeille de noces.

En 1657, alors que Mme de Sévigné a trente et un ans, Françoise-Marguerite onze et Charles, son frère, neuf, l'abbé Arnaud décrit une image de rêve :

Il me semble que je la vois encore telle qu'elle me parut la première fois que j'eus l'honneur de la voir, arrivant dans le fond de son carrosse tout ouvert, au milieu de monsieur son fils et de mademoiselle sa fille, tous trois tels que les poètes représentent Latone au milieu du jeune Apollon et de la petite Diane, tant il éclatait d'agréments et de beauté dans la mère et les enfants.

Une seconde image de la même époque vit dans une lettre que la marquise écrivait à Françoise-Marguerite, devenue alors Mme de Grignan :

... M. de Pomponne se souvient d'un jour que vous étiez petite fille chez mon oncle de Sévigné. Vous étiez derrière une vitre avec votre frère, plus belle, dit-il, qu'un ange ; vous disiez que vous étiez prisonnière, que vous étiez une princesse chassée de chez son père. Votre frère était beau comme vous. Vous aviez neuf ans...

C'est bien le style et l'aimable façon de dire de la marquise, dont Mlle de Scudéry disait :

Elle est aisée, divertissante et naturelle. Elle parle juste, elle parle bien, elle a même quelquefois certaines expressions naïves et spirituelles qui plaisent infiniment ; et quoiqu'elle ne soit pas de ces belles immobiles qui n'ont point d'action, toutes les petites façons qu'elle a n'ont aucune affectation et ne sont qu'un pur effet de la vivacité de son esprit, de l'enjouement de son humeur et de l'heureuse habitude qu'elle a prise d'avoir toujours bonne grâce.

Et sa vie s'écoule, calme et harmonieuse, entre les séjours à Paris, car ses intérêts et ceux de ses enfants la contraignent à se montrer à la cour, l'abbaye de Livry, dont M. de Coulanges est toujours le bénéficiaire, la Bourgogne, où elle possède le château de Bourbilly, et la Bretagne, où est sa demeure préférée : « Les Rochers », un manoir qui domine un étroit et pittoresque vallon verdoyant, tout irrigué d'étangs et d'une petite rivière, et où la vue s'étend au loin, par-dessus un moutonnement vert, un océan de feuillage, que perce le clocher d'Étrelles. Quand Mme de Coulanges lui conseille de quitter ses humides « Rochers », elle s'écrie en riant :

– Humide vous-même ! C'est comme si vous disiez votre humide Montmartre...

La barrière d'entrée est au point culminant de la route et ouvre sur une vaste esplanade : c'est là un belvédère d'où la campagne s'étend à trois lieues d'ici... Au fond, dans l'angle gauche, deux ailes en équerre composent le manoir avec leurs grosses tours et leurs tourelles. A gauche de la tour, contre les jardins, est la chapelle ronde. Les jardins sont clos de murailles, sauf sur le côté où ils dominent la plaine, avec un mur d'appui pour la belle vue.

> Le parterre de nos pères est devenu si beau, assure la marquise, si bien planté, si fort à la mode, si plein de fleurs et d'orangers... et nous en sommes tellement parfumés les soirs, que, par cet endroit, je crois être en Provence.
>
> Il y a un bois de décoration, garni de grands et anciens bois de haute futaie, dans lequel il y a plusieurs bocages, de belles et grandes allées un jeu de palmail, des garennes et refuges à lapins, et des bergers, et des champs, et des semis... et tout autour les terres fructifiantes de la métairie de la Ferronnière et celles de la Couterie.

Mais quand l'automne s'enfonce vers l'hiver, Mme de Sévigné boucle ses bagages, monte en carrosse et retourne à bride abattue vers Paris, où elle s'émiettera en obligations mondaines de tous les instants. Heureusement, et c'est ce qui la sauve de la futilité, elle a en elle de l'honnêteté, des amitiés solides et une tendresse obsédante et tyrannique pour sa fille.

Elle est une femme du XVII$^{e}$ siècle, franche et droite, reçue comme une déesse à Vaux, dans la demeure que vient de faire construire son ami le surintendant Nicolas Fouquet, où elle retrouve ses anciens maîtres, et aussi M. Costar, archidiacre du Mans, homme du monde et bel esprit, ainsi que la comtesse de La Suze, Mlle de Scudéry et nombre d'honnêtes gens épris d'art et de littérature, parmi lesquels Jean de La Fontaine, léger et charmant, qui vient d'écrire une épître à l'abbesse de Mouzon :

*Très révérende mère en Dieu,*
*Qui révérende n'êtes guère,*
*Et qui moins encore êtes mère...*

Pour terminer enfin :

*Ce même jour, pour le certain,*
*Amour se fit bénédictin,*
*Et sans trop faire la mutine,*
*Vénus se fit bénédictine ;*
*Les ris ne bougeant de chez vous,*
*Bénédictins se firent tous...*

# *Chapitre XLVIII*

Pendant qu'à Paris les Précieuses s'agitent, imaginent et pensent, une autre Précieuse, un peu spéciale, arrive à Paris. Il s'agit de Clorinde, reine des Scytes, autrement dit la reine Christine de Suède, dont l'esprit démontre que les femmes sont capables des choses les plus difficiles et que la science n'est point l'apanage des hommes.

Mais s'il est vrai qu'elle a la tête bien faite et qu'elle jouit d'une mémoire à toute épreuve, il n'en est pas moins vrai que Clorinde est une personne bizarre, une sorte d'homme manqué, toujours étrangement accoutrée, mal coiffée et fort peu soucieuse de son apparence.

Elle arriva pendant l'automne 1657 et entra en grande pompe dans Paris. Son cortège défila pendant sept heures d'horloge avant d'arriver au Louvre. La foule enthousiaste, absolument déchaînée, s'était massée sur son passage pour la voir, sinon pour la toucher.

« Elle fut reçue par Marcelle (Son Altesse de Guise), le plus galant de l'empire d'Alexandre (le roi Louis XIV), car il était presque le seul qui fut capable de cet illustre emploi. Ce choix était si juste que Clorinde et Marcelle pouvaient se vanter de n'avoir point de semblables. Elle était extraordinairement savante, il n'ignorait rien. En un mot, Clorinde méritait d'être reçue par Marcelle, et Marcelle méritait seul de recevoir Clorinde... »

Arrivée au Louvre, cette pédante pleine d'esprit est logée dans l'appartement du roi et couche dans un beau lit tendu de satin blanc à broderies d'or, héritage de Richelieu. La reine Anne d'Autriche, mère du roi, l'attendait dans une propriété du maréchal de La Mothe-Houdancourt, près de Compiègne. Mme de Motteville raconte cette arrivée.

> Toute la noblesse se rangeait auprès de la reine, sur une terrasse surélevée et encadrée de bâtiments superbes. La cour était remplie de troupes et de personnes en grande toilette. Point de canaille terne et grise, en chiffons, mais or et argent partout... Quoiqu'elle ne fût pas la plus jeune, elle, (la reine Anne) était pour le moins celle qui avait la meilleure mine et qui paraissait la plus aimable...

Mais la reine Christine, mal fagotée, le nez pointu, les yeux perçants, une épaule plus haute que l'autre, avançait au milieu de sa troupe disparate et sentant le chevreuil. Ses suivantes ressemblaient davantage à des revendeuses qu'à des femmes de condition et avaient l'habitude de se vautrer pêle-mêle près de leur maîtresse, dans un lit pour dormir. Et Mme de Motteville, qui était cependant fort bonne personne et encline à la bienveillance, continue : ... *Elle me parut d'abord, comme une Égyptienne dévergondée, qui, par hasard, ne serait pas trop brune...* Puis, plus tard : *Je commençais à m'accoutumer à son habit et à sa coiffure et à son visage... Enfin je m'aperçus avec étonnement qu'elle me plaisait...* Hélas ! le charme est rompu lorsque Mme de Motteville découvre ses mains : *Elles étaient si crasseuses qu'il était impossible d'y apercevoir quelque beauté...*

Mais la reine Christine amuse franchement la reine mère et la cour, tout en les faisant frissonner d'horreur. C'est une sauvage presque primitive, dotée d'une nature si fière qu'elle interdit toute moquerie. Les boufonneries l'amusent démesurément. Elle jurait, tapait du pied, ou même sur le ventre de son interlocuteur. Elle ne se privait guère de dire leur fait aux uns et aux autres, ne pouvait tenir un instant en place et se permettait enfin la pire des inconvenances : elle s'endormait en société.

Puis elle s'en alla comme elle était venue, après avoir rendu visite à Ninon de Lenclos, en disant à qui voulait l'entendre que Paris était loin de valoir Rome, ni aucune autre ville étrangère d'ailleurs... Elle prit les carrosses de louage que le roi lui fit donner, et de l'argent pour les pouvoir payer. Elle s'en alla, suivie de sa chétive troupe, sans train, sans grandeur, sans linge, sans lit et sans vaisselle d'argent...

L'année suivante elle revint, toujours à l'automne, comme un maigre oiseau migrateur. Cette fois-ci, le roi ne voulut pas la recevoir et la fit attendre à Fontainebleau. Là, dans ce vaste château solitaire, désœuvrée et prise peut-être par la tristesse ambiante, la reine se persuada que son favori Monaldeschi la trompait et le condamna à mort sans aucun jugement. L'assassinat dura une demi-heure, et le malheureux fut percé de vingt-sept coups de poignard.

A ce sujet, Guy Patin, dans la tranquillité de son cabinet tapissé de livres, écrit à son ami Charles Spon ;

> 23 novembre 1657. Comme le roi était prêt à faire un voyage à Fontainebleau, pour y aller voir la reine de Suède, il en est venu une nouvelle qui l'en a empêché, c'est qu'elle a fait poignarder son premier écuyer, qui était un Italien, par un autre Italien, pour des fourberies et des impostures, et pour des lettres falsifiées que cet écuyer lui avait fait voir, dont elle a été tant plus irritée qu'elle a reconnu que même son honneur y était engagé : ce sont des jeux de princes. Celui qui a tué s'appelle Sentinelli, et celui qui a été tué s'appelle Monaldeschi. Dès qu'il fut mort, elle fit porter le corps de ce pauvre diable au couvent des Mathurins, où il fut enseveli et enterré. On dit qu'elle était elle-même dans la galerie, près de la chambre lorsqu'il fut poignardé. Cette action est fort tragique ; aussi paraît-elle fort noire

> et fort tragique de deçà. Ce pauvre misérable avait apparemment quelque dessein, ou se doutait de quelque chose, car il avait une côte de mailles, à cause de quoi celui qui eut charge de le tuer n'en put venir à bout ; de quoi la reine de Suède avertie, qui était là tout proche, répondit qu'il fallait le prendre à la gorge, ce qui fut aussitôt exécuté. On dit qu'elle a écrit au roi que c'est ainsi que les princes doivent punir et traiter leurs officiers, lorsqu'ils viennent à tromper leurs maîtres et à manquer envers eux de respect et de fidélité. Néanmoins, je ne vois ici personne qui n'interprète et ne prenne cette action en mauvaise part, et qui n'en tire quelque méchant augure (...) par ordre de la cour, a envoyé hors d'auprès de soi celui qui a poignardé (...) la reine de Suède est fort méprisée à Fontainebleau...

A Paris l'indignation est totale. Dans Fontainebleau déserté, la reine Christine reste solitaire, au coin de son feu, lorsqu'elle ne chevauche pas à travers les bois sombres de l'automne finissant. Seuls restent auprès d'elle les familiers qu'elle a amenés de son pays de neige.

Mais cette hautaine solitude s'accorde bien au caractère froid et emporté de la reine qui paraît se réchauffer à sa propre colère. Elle semble vivre dans un palais de glaçons, où l'hiver jamais ne finira... Au mois de mars 1658, permission du roi lui est enfin donnée de venir à Paris.

L'infatigable Guy Patin écrit :

> Le 1er mars entre minuit et une heure, une bonne partie du Pont-Marie, qui va dans l'île Notre-Dame, est chu dans la rivière avec environ cinquante personnes. Quelques-uns pourtant en disent moins. Cela est arrivé tandis que le roi, la reine de Suède et la plupart de la cour étaient au bal et ballet chez M. de La Bazinière, trésorier de l'épargne. Ce sont deux arches dudit pont du côté de l'île qui se sont enfoncées, qui soutenaient 22 maisons, 11 de chaque côté, qui sont chues dans l'eau... La reine de Suède a tant fait qu'enfin elle s'est fait donner de l'argent par Mazarin, et, en récompense, elle a promis de partir bientôt et de s'en aller en Avignon... Avant de sortir de Paris, elle a voulu voir l'académie des beaux esprits et y a honoré de sa présence une de leurs assemblées.

En fait, le jour où elle s'y rendit, ces graves messieurs de l'Académie discutaient de l'expression « Jeux de princes ». Chacun se souvenait du drame de Fontainebleau et ce hasard malheureux causa quelque embarras aux académiciens, à la grande joie de l'assistance.

> ... Elle est partie mal contente de la reine, poursuit Guy Patin, ayant appris qu'elle avait dit que si la reine de Suède ne s'en allait, elle sortirait du Louvre. Elle lui a dit adieu avec quelque esprit de braverie et a obtenu de Mazarin 200 000 livres...

Loin de l'agitation et des frivolités des salons littéraires et de la cour, Guy Patin, dans son cabinet aux 9 000 volumes, décrit calmement les événements tels qu'ils se présentent au fil des jours. A la date du 18 décembre 1657, il raconte :

> ... La comtesse de Soissons, autrement dit la Mancini, princesse, nièce de Son Eminence, par ci-devant « la bécasse », est fort grosse. Elle ne sort point, mais le roi la va voir et joue avec elle jusqu'à onze heures du soir. On dit que son mari, fils du défunt prince Thomas, s'en va être le favori du roi, et que le Mazarin le porte là.

Le 27 août 1658, il écrit à son ami Falconet.

> Je me tiens plus heureux céans avec mes livres et un peu de loisir que n'est Mazarin avec tous ses écus et ses inquiétudes. Tant que j'aurai du pain et de l'eau je serai prêt à rivaliser, pour le bonheur, avec Jupiter lui-même ; mais il faut de la santé ensuite, et un peu de loisir pour étudier ou pour méditer la patience de Dieu sur les péchés des hommes et considérer le tric-trac du monde d'aujourd'hui qui est autant fou que jamais... La fortune de cour est une superbe servitude toute pleine de calamités, de travail et de misères ; la cour a fait le bonheur d'un petit nombre d'hommes, alors qu'elle en a perdu un grand nombre...
>
> Pour monsieur votre fils, je vous avertis qu'il est mieux à Lyon qu'à Paris, où la jeunesse est merveilleusement débauchée. Vous en voulez faire un médecin. Il peut faire sa philosophie à Lyon, et après vous nous l'enverrez ici pour la médecine, un an ou deux ans.
>
> Si monsieur votre fils demeure près de vous, vous en serez mieux le maître, sa santé se fortifiera et il sera plus capable de me croire dans deux ans, si j'y suis encore. Quand il aura étudié quelque temps, il faudra le faire passer docteur en peu de temps, et après le retirer près de vous où il vous suivra chez les malades et où il apprendra plus en trois mois qu'en quatre ans à Montpellier, où j'apprends aussi que les jeunes gens sont fort débauchés. J'en ai plusieurs exemples, mais j'y prends moins d'intérêt. Étant à Lyon près de vous, il pourra vous rendre bon compte de son loisir, et à son aise et à son grand profit il lira Hippocrate, Galien, Fernel et Duret. Voilà ce que j'en pense ; si vous désirez que l'affaire aille autrement, vous en êtes le maître, et je suivrai entièrement votre avis... Dans deux ans, il sera plus robuste et plus propre à supporter son premier hiver à Paris, qui y est extraordinairement rude aux nouveaux venus et aux jeunes gens ; et même alors il faudra l'envoyer dès le mois d'août, afin qu'il y passe l'automne et qu'il y soit accoutumé avant que l'hiver vienne.

Mais les choses vont très vite, et, le 3 janvier 1659, il écrit, toujours à Falconet :

> ... Guénaut et deux autres médecins et trois chirurgiens sont enfermés à Saint-Maur, à deux lieues d'ici (c'est où Rabelais était moine vers l'an 1532 et où il a fait les deux premiers livres de son

Pantagruélisme). Excusez cette parenthèse ; je ne l'y ai mise que pour l'amour du personnage, qui valait bien tout seul trois douzaines de moines. Ces Esculapes et ces Chirons sont à l'entour du prince de Conti qui y est fort malade... Votre très cher fils se porte bien et étudie ; il trouve fort belles les églises de Paris et entre autres Saint-Germain-l'Auxerrois, Saint-Paul et les Minimes de la place Royale, où il fut à vêpres le premier dimanche de janvier... Je lui ai parlé de certains écrits que j'ai céans... Je les lui prêterai quelque jour quand il sera plus avancé et quand il en sera plus capable : ce sont des cahiers historiques et politiques dans lesquels il y a bien des particularités dont il ne pourrait encore faire son profit. Je lui ai promis de lui faire apprendre l'histoire, et que mon second fils, qui est Carolus, lui apprendra la géographie. Il le va quelquefois voir en sa maison rue Saint-Antoine et n'en revient qu'avec joie ; il dit qu'il y voit toujours quelque chose de beau ; il y a un cabinet fort curieux, où il y a quelques tableaux et force médailles. Je l'ai quelquefois entretenu des événements tragiques de notre histoire, de la mort des rois Henri II, Henri III, Henri IV ; de la mort des deux Guisars, à Blois, en 1588 ; du maréchal de Byron, du marquis d'Ancre que je lui ai fait lire près de moi dans les historiens. Il dit que Jacques Clément et Ravaillac qui tuèrent Henri III et Henri IV (que je lui dis avoir été de fort bons rois) étaient de méchants coquins, et tout cela se fait sans préjudice de ses études ; c'est souvent après souper auprès du feu en nous chauffant. Il a bien envie de s'aller promener en notre maison de Cormeilles, mais il n'y fait pas beau ; il ira à Pâques avec ma femme et y verra tous nos arbres fleuris ; nous y avons cinq cents petits poiriers, sans les pruniers, pêchers, abricotiers, mûriers et figuiers, et y retournera à Saint-Jean, où il verra deux cents cerisiers chargés de cerises bien mûres. Notre maison est tout joignant la montagne sur laquelle nous avons un moulin à vent du haut duquel on voit le grand clocher de notre ville de Beauvais. Nous lui montrerons tout cela et lui ferons apprendre toute la topographie des environs et de la banlieue de Paris. Il fait ici un froid horrible et perçant, lequel tue cruellement les vieilles gens et les pulmoniques tabiques, hectiques ; ils s'en vont même tout à coup ; ils meurent en cachette.

Le 31 janvier :

... Je vous supplie d'assurer Mlle Falconet de mes très humbles services. Notre écolier est gaillard et sain : il étudie diligemment et apprend bien l'histoire de Paris. Je lui ai promis que dimanche prochain il verra le roi et la reine à Saint-Germain-l'Auxerrois, qui est leur paroisse et la nôtre, où ils ne manqueront de venir à la procession. »

Le 15 août, il écrit toujours à Falconet :

Je suis fort content de notre écolier... Ce même jour, je le menai à Cormeilles, je le fis partir une heure avant moi, avec un écolier en médecine, je les atteignais près d'Argenteuil, où nous goutâmes et fûmes souper à Cormeilles, c'est-à-dire une lieue par-delà, dans notre belle maison. Le lendemain mardi nous revînmes à Paris ; le mercredi je le menai quant à moi à la porte de Paris y voir une exécution criminelle d'un voleur qui y fut roué ; on nous donna une chambre, de la fenêtre de laquelle il vit toute la cérémonie de ce mystère de défaire les hommes pour leurs crimes... Il y a quantité de prisonniers voleurs et assassins, desquels le procès criminel est sur le bureau... Jamais les héritiers de Jean-Guillaume n'ont eu moyen de tant gagner : on ne fait que pendre et rompre.

Le 9 avril de la même année, il continue à raconter ce qu'il voit et ce qui se passe à Paris, à son ami Falconet :

Vous saurez pour nouvelle que, depuis neuf ou dix jours, les exempts s'étant transportés au couvent des Carmes à deux heures après minuit, à la requête du supérieur, ils en enlevèrent douze qu'ils amenèrent en carrosse au Fort-l'Évêque. C'étaient des compagnons qui se moquaient de leur supérieur, qui faisaient grande chère là-dedans en dépit du carême. On a trouvé dans une de leurs chambres 25 bonnes perdrix, des pâtés, des jambons et force bouteilles de vin. Voilà comment ces maîtres moines jeunent le carême, tandis que les gens de bien mangent du riz et des pruneaux... J'ai vu aujourd'hui le roi qui s'en allait à la chasse, c'est un beau prince, fort et robuste ; il est grand et a bonne grâce : c'est dommage qu'il ne sait pas son métier, et qu'il n'est pas aussi grand homme d'État que Tibère ou Auguste, ou Vespasien, qui me semble avoir été le meilleur des douze... Il y a ici un prédicateur du Louvre qui y a prêché le carême, nommé le père Joseph de Morlaie, capucin, lequel en prêchant la passion de Jésus-Christ le Vendredi saint devant le roi, en l'absence de la reine et de Mazarin, lui parla fort hardiment à propos de la vérité, et lui dit entre autres choses que son pauvre peuple n'en pouvait plus ; qu'il y avait à la cour plusieurs étrangers qui tiraient le dernier sou de la France, et que tout cela se faisait sous ombre de faire la guerre pour le bien du royaume avec les ennemis de l'Église ; il entend sans doute Cromwell et le roi de Suède. Le roi l'écouta fort attentivement, mais baissa la tête et les yeux quand il entendit parler de ces étrangers. On ne sait ce qui en arrivera ; tout au pis aller un moine n'a rien à perdre ; il n'y a pas plus loin en paradis de la Bastille que de son couvent. Tous les prêcheurs en devraient faire de même, voire davantage ; mais la plupart sont retenus ou empêchés, soit par de l'argent, soit par la crainte. Et ainsi deviennent bêtes de l'évangile, les chiens muets ne pouvant aboyer. On n'a jamais manqué de ces gens-là.

# *Chapitre XLIX*

En septembre 1658, le roi Louis a vingt ans ! Il est beau et bien fait et a été initié depuis longtemps aux jeux de l'amour par la femme de chambre de la reine sa mère, Mme de Beauvais, dite Catheau la Borgnesse, fort experte en ce domaine.

Du Louvre à Saint-Germain, de Saint-Germain à Fontainebleau, de Fontainebleau aux salons littéraires et galants de Paris, la cour mène une existence brillante. Le roi est entouré d'une nuée de jeunes filles, parmi lesquelles, sont les nièces de Mazarin. Il commence par s'éprendre d'Olympe Mancini. Mazarin, prudent, la marie bien vite au prince Eugène de Savoie-Carignan, comte de Soissons. C'est dans le fastueux tourbillon de l'hôtel de Soissons que le roi acquiert cet air de politesse et de galanterie qu'il conservera tout au long de sa vie et qu'il saura allier à la majesté royale. C'est là aussi que le goût du grand luxe le saisit. Les meubles d'or et d'argent l'enchantent... et il aime à la folie les jolies Mancinettes ! Après avoir dit à sa mère : « Je n'aime pas les petites filles », il les trouve maintenant bien grandies, bien changées et fort friandes.

Il fréquente les salons des Précieuses qui reçoivent nonchalamment, allongées sur des lits de repos. Mais les Précieuses sont princesses lointaines, et Louis regarde, mais ne peut pas toucher... Alors, avec la fougue de son âge, le jeune roi est déçu et les appelle « les méchantes ». Mais pour Louis XIV, maintenant qu'elle est devenue comtesse de Soissons, Olympe Mancini cesse d'être méchante, met bas les armes et donne enfin au roi ce qu'il attendait depuis longtemps. La vie est ainsi faite : quand on atteint une chose, on cesse tout aussitôt de la désirer. C'est ce qui arrive, et Louis, comblé, s'aperçoit que Marie Mancini, sœur d'Olympe, a bien des attraits avec ses jolis yeux noirs, sa taille charmante et sa jolie gorge : le roi s'émeut pour elle, ne pense qu'à elle, se consume, se meurt. C'est le roman d'amour du siècle.

Marie Mancini est folle de joie, de bonheur et d'orgueil. Pourquoi ne deviendrait-elle pas reine de France ? Cela semble bien gros, et sûrement cela se voit beaucoup trop. La reine mère fronce le sourcil. Le cardinal se terre, puis se reprend :

– Marie ne doit pas prétendre un seul instant à épouser le roi, s'écrie-t-il.

Il faut donc marier le roi à une princesse d'Europe. Quelles sont-elles ? Il y a la fille du roi du Portugal ; la princesse Marguerite, fille de la duchesse régente de Savoie, elle-même sœur du roi Louis XIII ; la princesse Henriette d'Angleterre, fille du roi Charles 1er d'Angleterre et d'Henriette-Marie, autre sœur de Louis XIII.

Mais la princesse la plus convoitée par la reine Anne et Mazarin est l'infante Marie-Thérèse, fille d'une sœur de Louis XIII et de Philippe IV, roi d'Espagne, frère de la reine Anne. L'infante est donc doublement cousine du roi. Lorsqu'il était question de lui faire épouser la princesse Marguerite de Savoie, l'insolente et moqueuse Marie Mancini avait dit au roi, en éclatant de rire :

– N'êtes-vous pas honteux qu'on veuille vous donner si laide femme ?...

Mais le mariage ne se fait pas, et Marie Mancini dira plus tard, quand elle se remémorera ce temps : « Jamais on ne passa le temps plus agréablement que nous ne le faisions. »

Mais voilà qu'en juin 1659 le scandale éclate à la cour : le roi vient demander la main de Marie Mancini à son oncle, le cardinal. La famille royale est hors d'elle, et la cour déchaînée. Marie Mancini est tancée, exilée. Elle doit comprendre que le trône de France n'est pas fait pour elle. Que le trône du grand Alexandre ne sera jamais le sien. Que la ville d'Athènes, c'est-à-dire Paris, ne sera jamais sienne. Marie Mancini est balayée comme fétu de paille. Le roi est fou de douleur et de colère.

« N'oubliez pas que vous êtes le roi », lui dit froidement la reine Anne, qui décide de quitter Paris sur-le-champ.

Aussi au mois d'août, en pleine canicule, le roi, la reine, le duc d'Anjou, frère cadet du roi, et toute la cour prennent la route de Bordeaux. Le long cortège de carrosses, cavaliers, mousquetaires, chariots (contenant la vaisselle et le lit du roi) et serviteurs s'étire tout au long des routes, dans la lourde chaleur de ce plein été. Le roi a vingt et un ans ; il est triste et pense avec amertume à sa chère Marie, prisonnière des murailles de Brouage. Parce qu'il est le roi, il doit tout sacrifier à la raison d'État. Avec toute sa cour, il descend vers l'Espagne. Il doit épouser la fille du roi d'Espagne, son oncle, le frère de sa mère. L'infante Marie-Thérèse est sa cousine ; qu'il n'aime ni ne connaît.

Pendant dix mois, la cour va vagabonder entre Saint-Jean de Luz et Toulouse, à la suite du roi et de la reine sa mère, pendant que Mazarin œuvre avec ardeur à conclure le mariage du roi et de l'infante.

Au son des trompettes et des canons, le roi est reçu pompeusement par toutes les bonnes villes de Gascogne. Ce long voyage, ce long dépaysement a pour but de changer à tout prix les idées du roi. Il faut qu'il oublie la trop fougueuse Marie Mancini...

Pendant ce temps les hôtesses du Marais continuent à battre

la campagne d'un pays imaginaire qu'on appelle le Royaume du Tendre. Elles vivent dans un monde qui est presque parallèle. Pour elles, rien n'est simple. Les cheveux sont coupés en quatre et les sentiments en dix. Toute pensée est analysée, décortiquée. Elles jouent avec les idées et les mots, comme avec un bilboquet. Tout Précieux digne de ce nom perd le sien, pour s'affubler avec délices d'un pseudonyme venant du domaine précieux.

Nous savons que le roi Louis est devenu *Le Grand Alexandre. La Bonne Déesse* est la reine mère, qui loge dans *le palais de la princesse Cassandane* (le Luxembourg), qui est le plus superbe palais de *la petite Athènes.*

Le château de Chantilly est devenu *Chypre* « lieu où les Précieuses s'allaient ordinairement divertir, du temps de *Valère* (Voiture). C'est un lieu agréable, et qui par ses charmes attirait toutes les belles qui faisaient de fréquentes parties pour s'y aller promener et y prendre les divertissements de la chasse ».

Nous savons donc que *Cléobulie* est Mme Cornuel ; *le palais de Caron* est le Palais-Mazarin. *La Grèce* est la France. *Acaris* est la ville de Bordeaux. *Le grand palais d'Athènes* est le Louvre. *Les jeux du cirque* sont le théâtre et la comédie. *Bracamon* est Boileau et *le grand jardin du palais* les Tuileries...

Il faut s'adapter à tout cela et parler cette sorte de langue étrangère qui amuse le roi et sa cour.

Entre bien d'autres, il est indispensable de savoir que *Sarraide* est Georges de Scudéry et *Sapho* sa sœur Madeleine. *Célie* est Mme de Choisy ; *Stratonice* Mme Scarron ; *Féliciane* Mme de La Fayette ; *Saphronie* Mme de Sévigné et *Nidalie* Ninon de L'enclos.

Quand une dame dit : « Cet homme-là a l'âme paralytique », il faut traduire : cet homme-là n'a aucune tendresse et n'est capable d'aucune passion. Avoir un sourire amer veut dire avoir un sourire forcé.

Si l'on dit : « Daphné a toute son âme dans ses yeux », cela veut dire qui voit Daphné, la connaît.

Les Précieuses, championnes de la périphrase imaginative, continuent de plus belle :

« Inutile, ôtez le superflu de cet ardent » veut dire : laquais, mouche la chandelle.

Quand un seigneur dit que : « la chaise est un admirable retranchement contre les insultes de la boue et du mauvais temps », cela veut dire la chaise à porteurs empêche que l'on se crotte, et les porteurs de chaises sont des mulets baptisés ».

« Le rusé inférieur » est... le cul, et, dans le même ordre d'idées, « la soucoupe inférieure », est la chaise percée.

« Se délabyrinther les cheveux » n'est autre que les démêler. « Être estimé » est faire figure dans le monde. Quand vous dites : « Ma commune, allez quérir mon zéphyr dans mon précieux », vous voulez dire : ma suivante, allez quérir mon éventail dans mon cabinet. « Un agrément rustique » est une forêt. « Une belle à faire peur » est une laide. « Un bâtard d'Hypocrate » est un médecin. « Le conseiller des Grâces » est le miroir. « L'idole de la cour » est la mode, et « la déesse des ombres » la nuit. Quand quelqu'un vous dit : « De grâce, délivrez-moi de ces traîtres », enlevez bien vite les paravents, « un dédale » est un peigne, et « éclater de rire » veut dire que l'on perd son sérieux. « Je suis si surprise de cela, que les bras m'en tombent » signifie que vous êtes tout à fait surprise. « Le flambeau du jour » est le soleil, « le père des métamorphoses » sont les songes, et « le sceau de l'amitié » le secret. Tout à fait se dit : « épouvantablement » ou « furieusement ». Les termes de corps de garde sont des termes vulgaires ou grossiers. « Les miroirs de l'âme » sont les yeux et la cheminée est devenue « l'empire de Vulcain ».

Sans être précieux, le roi est imprégné malgré lui de tous ces mots et expressions. La cour qui fréquente les hôtel du Marais, ou qui y habite parle ainsi. Les femmes sont considérées comme des divinités.

La prononciation continue à changer. Oi désormais se prononce ai, et, dans *convent* et *monstier,* on prononce ou.

Mais les Précieuses se trouvent brutalement confrontées avec un certain Molière, qui présente le 18 novembre 1659 au théâtre du Petit-Bourbon *les Précieuses ridicules.*

Précieuses en tête, tout le monde se présente au théâtre. Mme de Rambouillet a quitté son hôtel de la rue Saint-Thomas-du-Louvre pour assister au spectacle entourée de tous ses amis, anciens familiers de la chambre Bleue. Molière et sa troupe voient avec ravissement se succéder carrosses et chaises à porteurs, chevaux aux robes luisantes, dames rutilantes d'or et de bijoux, cavaliers couverts de dentelle et de plumes, seigneurs empanachés, bourgeois, bourgeoises, boutiquiers. On s'entasse. La troupe de Molière fait salle comble.

Dès les premières répliques, la satire se montre spirituelle et fort mordante. Arthénice et ses amis sont venus rire de ce que de tout temps ils ont banni de leur cercle : le maniérisme et le pédantisme. D'ailleurs Molière n'a-t-il pas dit dans sa préface : *Les véritables précieuses auraient tort de se piquer lorsqu'on joue les ridicules, qui les imitent mal...*

Molière s'attaque ici à l'excès de préciosité outrancière, à la recherche exaspérée du « fin du fin » qui menacent de tout envahir, d'altérer la langue en la transformant en un jargon incompréhensible sauf pour quelques invitées et aussi à cette façon d'être, essentiellement superficielle et artificielle.

Molière ne s'est pas trompé. Sa pièce porte un coup sérieux à tout ce maniérisme. Tout en ne voulant pas ruiner cet esprit délicat, mais le purifier de toutes les scories dont il s'est encombré ces dernières années et qu'il traîne derrière lui comme un fardeau.

Mme de Rambouillet, dans ses dentelles, ses rubans et ses perles, rit à en perdre haleine :

Gorgibus, en scène, sait que sa fille et sa nièce Cathos viennent d'éconduire en se moquant d'eux, les soupirants qu'il voulait leur faire épouser. Il est furieux. Il appelle. La servante Marotte apparaît.

– Que désirez-vous, monsieur ?

– Où sont vos maîtresses ?

– Dans leur cabinet.

– Que font-elles ?

– De la pommade pour les lèvres.

– C'est trop pommadé ; dites-leur qu'elles descendent.

Et Gorgibus qui les attend, peste tout seul :

– Ces pendardes-là, avec leurs pommades, ont, je pense, envie de me ruiner. Je ne vois partout que blancs d'œufs, lait virginal et mille autres brimborions que je ne connais point. Elles ont usé, depuis que nous sommes ici, le lard d'une douzaine de cochons, pour le moins, et quatre valets vivraient tous les jours des pieds de moutons qu'elles emploient.

C'est bien observé ! C'est bien cela ! La salle éclate de rire. En scène V, Gorgibus vient d'avoir par Magdelon un aperçu des belles manières et du beau langage, ainsi que son sentiment sur toute union conjugale. Gorgibus exaspéré, s'écrie :

– Quel diable de jargon entends-je ici ? Voici bien du haut style.

Sa nièce Cathos prend la relève :

– En effet, mon oncle, ma cousine donne dans le vrai de la chose. Le moyen de bien recevoir des gens qui sont tout à fait incongrus en galanterie ? Je m'en vais gager qu'ils n'ont jamais vu la carte du Tendre, et que Billets-Doux, Petits-Soins, Billets-Galants et Jolis-Vers sont des terres inconnues pour eux.

Et Cathos continue, pendant que Gorgibus commence à bouillir de colère et d'indignation, pour enfin terminer :

– ... Quelle frugalité d'ajustement, et quelle sécheresse de conversation ! On n'y dure point, on n'y tient pas. J'ai remarqué encore que leurs rabats ne sont pas de la bonne faiseuse, et qu'il s'en faut plus d'un grand demi-pied que leurs hauts-de-chausses ne soient assez larges.

– Je pense qu'elles sont folles toutes deux, s'écrie Gorgibus, et je ne puis rien comprendre à ce baragouin.

Les rires fusent dans l'assistance. Spectateurs et spectatrices, de toutes conditions, sont hilares et attendent la suite avec ravissement. Molière a mis dans le mille.

Mais Magdelon s'insurge :

– Eh ! de grâce, mon père, défaites vous de ces noms étranges, et nous appelez autrement.

– Comment ces noms étranges ? Ne sont-ce pas vos noms de baptême ?

– Mon Dieu, que vous êtes vulgaire ! Pour moi, un de mes étonnements, c'est que vous ayez pu faire une fille si spirituelle que moi. A-t-on jamais parlé dans le beau style de Cathos et de Magdelon...

Les spectateurs se tordent de rire. Là, bien des malins ont voulu y voir les prénoms de Catherine de Vivonne, marquise de Rambouillet, et de Madeleine, demoiselle de Scudéry...

Imperturbable, Magdelon continue :

– ... et ne m'avouerez-vous pas que ce serait assez d'un de ces noms pour décrier le plus beau roman du monde ?

Cathos reprend :

Il est vrai, mon oncle, qu'une oreille un peu délicate pâtit furieusement à entendre prononcer ces mots-là ; et le nom de Polixène que ma cousine a choisi et celui d'Aminte que je me suis donné ont une grâce dont il faut que vous demeuriez d'accord.

Gorgibus continue :

– Écoutez, il n'y a qu'un mot qui serve. Je n'entends point que vous ayez d'autres noms que ceux qui vous ont été donnés par vos parrains et marraines ; et pour ces messieurs dont il est question, je connais leurs familles et leurs biens, et je veux résolument que vous vous disposiez à les recevoir pour maris. Je me lasse de vous avoir sur les bras, et la garde de deux filles est une charge un peu trop pesante pour un homme de mon âge.

– Pour moi, mon oncle, tout ce que je puis dire, c'est que je trouve le mariage une chose tout à fait choquante. Comment est-ce qu'on peut souffrir de coucher contre un homme vraiment nu ?

Magdelon :

– Souffrez que nous prenions un peu haleine parmi le beau monde de Paris où nous faisons que d'arriver. Laissez-nous faire à loisir le tissu de notre roman, et n'en pressez point tant la conclusion.

Gorgibus *(A part) :*

– Il n'en faut point douter, elles sont achevées. *(Haut) :* encore un coup, je n'entends rien à toutes ces balivernes ; je veux être le maître absolu ; et pour trancher toutes sortes de discours, où vous serez mariées toutes deux avant qu'il soit peu, ou, ma foi, vous serez religieuses ; j'en fais un bon serment.

Gorgibus sort. La scène IV s'achève au milieu des rires et des applaudissements.

Au début de la scène VI, Cathos et Magdelon, en plein délire imaginatif s'en donnent à cœur joie :

– Mon Dieu, ma chère, que ton père a la forme enfoncée dans la matière ! Que son intelligence est épaisse, et qu'il fait sombre dans son âme !

– Que veux-tu, ma chère, j'en suis en confusion pour lui. J'ai peine à me persuader que je puisse être, véritablement sa fille et je crois que quelque aventure, un jour, viendra développer une naissance plus illustre.

– Je le crois bien ; oui, il y a toutes les apparences du monde, et pour moi, quand je me regarde aussi...

Et le génie de Molière entraîne les spectateurs à sa suite, rebondit avec les situations, vibre avec les réparties. A la fin de la scène XIX, Gorgibus, déchaîné, bat un des violons et hurle son indignation, devant un auditoire ravi :

– Oui, oui, je vous vais contenter, et voici la monnaie dont je vous veux payer. Et vous, pendardes, je ne sais qui me tient que je ne vous en fasse autant ; nous allons servir de fable et de risée à tout le monde, et voilà ce que vous vous êtes attiré par vos extravagances. Allez vous cacher, vilaines ; allez vous cacher pour jamais. *(Seul)* Et vous, qui êtes cause de leur folie, sottes billevesées, pernicieux amusements des esprits oisifs, romans, vers, chansons, sonnets et sonnettes, puissiez-vous être à tous les diables !

Et voilà, c'est fini. Dès que le rideau tombe, toute la salle se lève et applaudit longuement, enthousiaste. C'est le plus beau triomphe que Molière aura jamais.

En sortant de la représentation, Ménage se tourne vers Chapelain :

– Par Dieu, mon cher, je renonce à toutes ces sottises qui viennent d'tre critiquées si finement... et vous ?

– Je suis un Précieux d'avant la Fronde, répond Chapelain, et n'ai rien à voir avec tout cela.

Mais la leçon a porté. Certains salons se ferment. Rue de Beauce, Sapho médite. Le mouvement précieux outrancier se ralentit...

La préciosité n'abdique pourtant pas, et malgré le triomphe apparent de l'esprit classique, la politesse mondaine et le maniérisme qui l'a continuée ont eu leurs heures d'éclat et leur utilité. L'hôtel de Rambouillet a tenu une grande place dans cette France du XVII^e^ siècle. Il a été un incomparable creuset de culture mondaine, de savoir-vivre et de bienséance, agrémenté d'un je-ne-sais-quoi qui faisait distinguer toute personne le fréquentant.

Les hommes et les femmes de cette époque n'ont jamais eu à regretter d'être passés par la chambre Bleue d'Arthénice.

Si quelques-uns y cueillirent quelques germes d'affectation, beaucoup y apprirent à penser délicatement, et tous à bien dire.

## *Chapitre L*

Le 4 mai 1660, Guy Patin écrit à son ami Falconet :

> Les deux demoiselles d'Orléans sont parties le 1er mai, le matin, en carrosse à six chevaux, pour aller à la cour et assister au mariage du roi, pour porter la queue de la reine, avec mademoiselle leur sœur aînée et la princesse de Carignan, et par ce moyen il n'y aura que des princesses de sang royal à cette grande cérémonie.

A Saint-Jean-de-Luz, sur la Bidassoa, le pavillon du roi déploie ses soieries frissonnantes qui brillent au soleil du printemps. La reine Anne s'y tient assise, en compagnie de son second fils Philippe, duc d'Anjou. La cour du jeune roi est superbe et brillante. Les Espagnols, aux hautes manières et aux sobres vêtements brodés d'or, ne s'attendaient pas à voir arriver ces oiseaux aux brillants plumages que sont les princes et les seigneurs de la cour de France. Les Espagnols semblent démodés, avec leurs chausses collantes, leurs pourpoints à l'ancienne et leurs manteaux de couleur sombre.

Les Français laissent s'épanouir leurs dentelles jusqu'aux genoux comme des fleurs tombantes, c'est le dernier cri. La nouvelle rhingrave révolutionne et enjuponne les hauts-de-chausses au-dessus du genou, ennuagé de dentelle en volants. Du côté des Français, ce ne sont que brocarts, soie, velours flamboyants, rubans verts, jaunes, bleus, frangés ou tissés d'argent et d'or. Le jeune règne s'annonce un des plus brillants d'Europe, avec ce que cela comporte de tapageur et de folles dépenses.

Le cardinal Mazarin se sent vraiment fatigué. Toutes ces astuces, ces psychologies de cours, ces discussions avec les ambassadeurs pour la dot de l'infante l'ont tué ! Il lui a fallu penser à tout ; qu'il soit au courant de tout. Heureusement qu'auprès de lui il a un garçon sérieux, travailleur, dévoué, fort au fait de ses affaires et qui est pour lui un vrai repos. Il se nomme Colbert. C'est un homme sans fanfreluches, au costume aussi sombre que sa mine. Quand on le regarde, on le devine calculant et jaugeant. Sa patience et sa courtoisie glaciales sont infinies. Son apparence est douce et simple, mais son regard qui ne cille pas, sa bouche volontaire indiquent un être qui ne recule pas devant ce qu'il estime être son devoir. Depuis des mois, il observe avec attention un être fastueux, messire Nicolas Fouquet, surintendant des Finances, qui dépense plus que le roi lui-même pour ses bâtiments.

Mais, pour l'instant, c'est le mariage du roi...

Un bruit d'avirons, le froissement de l'eau, une fanfare qui éclate et qui suit. L'infante Marie-Thérèse pénètre dans le pavillon. Son visage est diaphane et ses cheveux, tressés de rubans, d'un blond presque blanc.

La reine Anne se retrouve un peu dans cette discrète jeune fille de vingt-deux ans ; l'âge du roi. La reine Anne s'y reconnaît un peu, mais l'infante est dépourvue de la radieuse beauté brillante qui était la sienne. Le roi d'Espagne s'avance, grand, austère, d'une maigreur royale, sèche et hautaine. Il est aussi blond que sa fille, et ses yeux bleus sont d'un éclat insoutenable.

La reine Anne veut se jeter dans ses bras, car, après tout, il est son frère. Son frère ! oui, bien sûr, mais surtout, roi d'Espagne, et Espagnol, qui juge très sévèrement les élans de sa sœur ; ces tentatives de démonstration d'amitié fort vulgaires. D'ailleurs toute cette cour de France ne lui semble rien qui vaille ; une bande de parvenus bruyants et affamés d'argent, comme on l'a bien vu dans ces sordides discussions pour la dot de l'infante...

La reine Anne cherche à l'embrasser, mais n'y peut parvenir... le roi d'Espagne reste raide et lointain.

Mais la reine mère se reprend et continue toute seule la conversation disant combien lui avait coûté cette guerre entre l'Espagne et la France. Le roi d'Espagne la regarde froidement, sans sourire, et laisse tomber :

– Hélas ! madame, c'est le diable qui l'a faite !

L'infante qui vient en France dans toute sa candeur, avec ses cheveux pâles coiffés en larges touffes plates tissées de rubans, est encore vêtue du sévère guard-infante, cette sorte de crinoline aplatie par-devant et par-derrière, reliée aux épaules par un corsage en entonnoir raidi de métal. Tout cela est tristement rigide. D'humain, seuls apparaissent les mains, mobiles et vibrantes, un gentil et doux visage et deux yeux bleus étonnés, sans grande beauté, qui semblent quêter amour et amitié... Mais c'est un charme tout frais, comme les fleurs du jardin du Prado, fait de douceur et de gentillesse. Elle ne doit être ni très intelligente ni très remarquable ; elle est seulement charmante, et sera certainement une reine très digne, sans beaucoup de grâce.

La reine Anne regarde avec amitié et aussi un peu de commisération cette grande enfant naïve, qui n'est jamais sortie des sombres palais d'Espagne et de leurs jardins enchanteurs.

Soudain, le roi Louis XIV arrive, escorté de ses gentilshommes. Il est beau, plein de vie, et regarde avec curiosité cette infante inconnue qui est sa cousine et va devenir sa femme.

Le roi d'Espagne daigne le regarder de ses yeux pâles, et un fantôme de sourire étire ses lèvres minces. Il dit :

– *Lindo hierno !* Ce qui veut dire « beau gendre ». Du

coup, il se tourne vers sa sœur, la reine Anne, la salue et lui dit :

– Madame, je vous félicite.

Enhardie par cette marque d'intérêt, elle lui demande :

– Sire, est-il possible de savoir ce que l'infante pense du roi son mari ?

Vraiment décourageant, le roi d'Espagne lui répond froidement, sans presque desserrer les lèvres :

– *No era tiempo de decirlo.*

Ce qui signifie : il n'est pas temps de le dire.

La reine Anne regarde autour d'elle. Heureusement qu'à côté de cette froideur le duc d'Anjou, devenu duc d'Orléans depuis la mort de son oncle Gaston, mène tapage et grande joie avec les princesses espagnoles. Un seigneur espagnol se jette tout soudainement aux pieds de la reine Anne en lui prenant les mains et ne les lâchant plus.

– Qu'est-ce donc, dit la reine, en essayant de se dégager, tandis qu'un mouvement se fait autour d'elle pour écarter l'intrus.

Mais la reine Anne reconnaît le comte de Pugnoen-Rostro, qui était son menin au temps où elle était une infante espiègle.

Sur le chemin de retour, elle dit en riant à ses dames d'honneur :

– Croyez-moi, mais je ne pouvais plus retirer ma main des siennes... Mais Sa Majesté paraissait heureuse, rêveuse, enfermée dans des souvenirs anciens...

Le 2 juillet, M. Guy Patin écrit à son ami Falconet :

> Le roi devait arriver à Bordeaux la veille de la Saint-Jean. M. d'Epernon l'y a précédé, mais en ce temps-là toute la ville a été fort étonnée d'un grand tremblement de terre, qui a eu d'horribles conséquences. Les grosses cloches ont sonné d'elles-mêmes ; des pierres, des rochers sont tombés ; bref, tout le pays en est fort scandalisé ; ils n'en attendent rien moins que la peste et les impôts ; cela est arrivé le 21 juin, qui est le même jour que M. d'Épernon y arriva.
>
> Le tremblement de terre a été fort grand aux bains de Barrèges, près des Pyrénées. Il y a vingt-six hommes de tués et quelques blessés. Il y a duré trente-six heures et a été senti en plusieurs endroits.
>
> On a renvoyé en Espagne quelques dames espagnoles qui étaient à la cour au service de la reine ; on leur a fait de beaux présents ; elles s'en sont retournées contentes, disant qu'elles ne pouvaient s'accoutumer en France, et que l'on n'y buvait point assez frais. La reine nouvelle ne parle point encore le français ; elle dit seulement ces mots : « Allons à Paris. »

Tout au long de la route vers Paris, le roi, la reine et leur cour passent sous des centaines d'arcs de triomphe et de verdure, assistent à des ballets, à des bals, à des pièces de théâtre. Des dîners superbes leur sont offerts, où les mets les plus rares, les vins les plus prestigieux leur sont servis dans de la vaisselle d'or et d'argent. Les rues des villes sont pavoisées par les habitants en liesse qui lâchent une pluie de fleurs au passage du carrosse royal. C'est une marche triomphale, la plus épuisante qui soit.

Enfin, voici Fontainebleau, où le roi et la nouvelle reine peuvent se reposer, et où ils resteront jusqu'à leur entrée solennelle dans la capitale. La reine mère et le cardinal de Mazarin ont déjà regagné Paris.

Pour assister à cette entrée, qui sera la plus magnifique qui ait jamais existé, provinciaux et étrangers affluent déjà dans la capitale. Dès son retour la reine Anne, pour son deuxième fils, Philippe, duc d'Orléans, demande la main de la princesse Henriette, la fille du roi Charles Ier d'Angleterre, décapité à Whitehall il y a de cela onze ans. A son ami Falconet, Guy Patin écrit le 24 août :

> Il est arrivé à Paris tant de monde de tous côtés, et même de provinces étrangères, pour voir l'entrée du roi, que les rues ne sont pas assez larges pour les contenir ; on n'y peut passer, outre que l'on bâtit en plusieurs endroits...

Et le lendemain, toujours au même :

> C'est donc demain que doit se faire cette belle entrée du roi dans Paris... Toute notre ville est en mouvement, et tout le monde court à la rue Saint-Antoine, comme s'il y avait le feu... Chacun va chercher, retenir ou prendre sa place ; je m'en vais aux Mathurins, qui est le lieu où se font les grandes assemblées de l'Université ; nous y avons notre rendez-vous à cinq heures du matin, avec les autres facultés pour aller avec M. le Recteur jusqu'au trône, où il doit faire sa harangue... Le lieutenant criminel est ici fort malade ; sa femme, qui est une mégère, l'a battu et enfermé dans sa cave ; c'est une diablesse, pire que la femme de Pilate... Nous n'entendons ici que tambours et soldats, qui n'ont fait que marcher aujourd'hui, pour faire la revue générale de toutes les colonelles dans la campagne entre Vaugirard et Saint-Cloud.

Le 26 août, dès le petit matin, les canons tonnent de tous côtés. Il fait beau, l'air est léger. L'horloge du palais tinte. Les cloches de l'Hôtel de Ville et de la Samaritaine ajoutent leurs carillons au tintamarre général.

Malgré les défenses des messieurs de la ville, échafauds et échelles se dressent partout, pour les provinciaux et les étrangers. Ce sont des places inconfortables que l'on se dispute à prix d'or. Dans la rue Saint-Antoine, les façades disparaissent sous les tapisseries, les guirlandes et les fleurs. Sur les balcons, aux fenêtres, des sièges sont disposés, et des dames y sont déjà installées. Dans les rues grouillantes, la foule essaie de gagner de bons emplacements d'où l'on puisse tout voir. Beaucoup attendent depuis des heures certains, depuis la veille au soir. Sis au milieu de la rue Saint-Antoine, l'hôtel de Beauvais est éblouissant. Il est réservé à la reine mère, au cardinal de Mazarin, aux princes et aux princesses. Au-dessus du balcon central, où la reine mère et la reine d'Angleterre vont venir s'installer, un dais de velours cramoisi, à crépine d'or et d'argent a été posé. Des tapis de Perse étalent leur splendeur.

Hors du faubourg Saint-Antoine, un trône royal couvert d'une toiture fleurdelysée est installé sur des degrés. Le roi y est arrivé dès six heures du matin, et la reine est venue l'y rejoindre à huit heures. Tous les corps d'État viennent rendre hommage ; chacun vient faire sa révérence. Le roi et la reine sont immobiles, telles deux idoles d'or.

M. Pierre Séguier fait sa génuflexion devant la reine et baise le bas de sa robe, fait sa harangue, puis vient se placer avec les quatre maîtres des requêtes derrière le roi et les princes.

Au son des tambours et des trompettes commence le très long défilé qui pénêtre dans Paris par la porte Saint-Antoine, en fin de matinée.

Et voici qu'avancent, du pas lent des cortèges, les premières compagnies composées des quatre ordres mendiants : Cordeliers, Jacobins, Augustins et Carmes, précédés de leurs croix et de leurs porteurs de cierges. Ensuite vient le clergé séculier, avec croix et bannières ; tous les prêtres en surplis. Les curés, l'étole au cou, passent en chantant les litanies des saints. Les robes noires et écarlates de l'Université suivent. Puis viennent les bedeaux, les procureurs, les libraires, les docteurs maîtres ès arts, avec en leur milieu leur recteur. Les corps de la ville, nantis de beaux chevaux et portant de riches habits, passent au son des trompettes. Chaque grand officier ruisselle de pierreries, monté sur un cheval couvert de brocart à franges d'or, et passe lentement au milieu de son train personnel de bas officiers, de laquais et d'estaffiers.

M. de Sève, prévôt des marchands, en robe mi-partie rouge et tanné, avec cordons d'or, soutane de satin rouge, chevauche majestueusement au milieu de son escorte, qui est magnifique. Ses laquais l'accompagnent, tous vêtus de velours vert orné de galons aurore et blanc.

Ensuite viennent, tous superbement accoutrés, les échevins et les corporations. Les maîtres tailleurs d'habits sont les plus magnifiques, en pourpoint de brocart d'or, hauts-de-chausses gris clinquants, chapel garni de plumes et rubans incarnat, blanc et bleu. L'épée au côté, ils tiennent à la main des cannes renouées de force galands. Le peuple de la rue, déchaîné par la joie, applaudit à tout rompre. Le guidon des compagnies marchandes, fait de taffetas blanc, parsemé de lys d'or et orné en son centre des figures brodées du roi et de la reine, est très applaudi. Et le défilé continue avec les chevaliers du guet et les cours souveraines. Ces personnages austères et redoutés laissent le peuple indifférent, car ce qu'il attend, depuis des jours et de longues heures de piétinement, c'est le roi, la nouvelle reine et la cour, brillante, arrogante et tumultueuse.

Vers deux heures de l'après-midi, la reine mère arrive en grand arroi, avec ses dames et sa maison, et va s'installer sous le dais de velours cramoisi à crépines d'or du balcon de l'hôtel de Beauvais, au milieu des applaudissements. Soudain, des vagues lointaines de vivas se répandent de proche en proche. C'est le signe que le roi et la reine sont entrés dans Paris, et qu'ils ne vont pas tarder à paraître.

Le cardinal de Mazarin arrive à son tour à l'hôtel de Beauvais, avec un train fastueux. Jamais aucun cardinal ministre n'a déployé tel luxe ; pas même Richelieu, qui pourtant aimait le faste, mais qui savait rester pensant et prudent. Le carrosse dans lequel se trouve Mazarin brille de tous ses merveilleux ouvrages d'orfèvrerie. Onze carrosses à six chevaux suivent. Personne n'applaudit, mais personne ne s'avise de crier « A bas Mazarin ! », car tous savent qu'il a signé la paix des Pyrénées, et cela demande considération..., mais la méfiance reste.

Et voici que passe l'escorte de la chancellerie, avec en son centre la haquenée blanche, porteuse du sceau, guidée par deux estafiers. Derrière elle, monté pareillement sur une haquenée blanche, messire Pierre Séguier, chancelier du roi, est vêtu d'une soutane de drap d'or. Son chapeau est brodé d'or aussi. Il est escorté de pages et d'estafiers, dont l'un soutient au-dessus de sa tête un vaste parasol de tabis violet à passements d'or et d'argent. Il ressemble à un prince venu du fond de l'Orient, et se fera peindre dans cette splendeur.

Ensuite, les mousquetaires du roi, en habits bleus, blasonnés de la croix d'argent. Les chevau-légers, aux justaucorps écarlates. Les pages de la chambre, aux capots rayés de douze étages de galon d'or. C'est donc la maison du roi qui passe ! Les dames aux fenêtres se penchent davantage pour mieux voir... On trinque déjà à la santé du roi et de la nouvelle reine. Penchée sur un balcon, au milieu d'un groupe, presque fondue dans l'anonymat, Mme Scarron, très simplement mise, est venue voir l'entrée du roi.

Enfin, la noblesse arrive. Saint-Aignan est tout d'or vêtu. Guiche, au joli visage, sur un cheval fougueux et dont chaque bond fait étinceler les diamants, est une image de rêve. Dans un fracas de trompettes et de tambours, les hérauts d'armes et les grands officiers de la couronne passent.

Enfin, les applaudissements crépitent ; une rumeur, des cris et des bravos montent. Le roi arrive, sous un dais de brocart d'or, tout parsemé de broderies. Il est « beau comme l'astre du jour, qui sort du sein de l'aurore ». Il monte un cheval bai-brun. Il est escorté par son grand chambellan, son grand écuyer, son premier gentilhomme et son capitaine des gardes. Son visage plein et vermeil est ombré par un chapeau à plumes et à aigrettes, orné d'une enseigne de diamants. Il sourit. Il rit même de toutes ses dents blanches. Son habit est couvert de broderies d'argent. Il salue. Les Parisiens l'acclament. Il est leur enfant ; l'enfant du miracle ; l'enfant de la Fronde... Il est leur jeune roi, vers lequel se tournent tous leurs espoirs.

Quand le roi arrive devant l'hôtel de Bauvais où attend la reine mère, il s'arrête un instant et la salue gravement, avec au coin des lèvres un sourire de connivence. La reine Anne est radieuse. Auprès d'elle est assise la reine d'Angleterre, superbement mise elle aussi. Les princesses du sang et les dames d'honneur, qui sont toutes dames de haut parage, se tiennent à leurs côtés.

Au balcon de gauche, le cardinal Mazarin, vêtu d'écarlate, le visage jauni par la maladie, observe tout, en bavardant avec le vicomte de Turenne.

Le roi continue son chemin dans toute sa gloire et dans toute sa beauté. Derrière le train du roi, son frère Philippe, Monsieur, arrive à son tour, escorté par les princes du sang et accompagné par les pertuisaniers aux armes dorées.

Les acclamations redoublent, car la jeune reine s'avance, assise dans un char à la romaine en vermeil doré, sous un pavillon à colonnette et à broderies d'argent. Le char est tiré par six chevaux aux housses d'orfèvrerie, brodées de fleurs, de lys d'or et de pierres précieuses. La robe de la reine est de brocart d'or, toute chamarrée de pierreries et de diamants.

La reine sourit et salue de temps à autre de la main, tantôt à droite tantôt à gauche. A ses côtés, et l'escortant à cheval, cheminent le comte de Fuensaldagne, ambassadeur d'Espagne, et le duc de Guise.

Tous les yeux suivent la petite silhouette dorée de la reine sur ce chariot, tout doré aussi. Elle est une image de conte de fées. Tous se souviendront de cette petite reine que guident la puissance, la richesse et l'amour ; si entourée, et pourtant si seule...

Quant le cortège atteint l'arc de triomphe en forme de Parnasse, un chœur chante, sur les paroles de l'abbé de Boisrobert :

*Venez, ô reine triomphante,*
*Et perdez sans regret le beau titre d'infante*
*Entre les bras du plus beau des rois.*

Le peuple est ravi de la nouvelle reine, qui paraît douce, aimable et tranquille.

Le cortège continue d'avancer. Il passe devant l'Hôtel de Ville, décoré de tapis de Perse et de Turquie, festonné de guirlandes de fleurs ; il franchit le pont Notre-Dame, dont les maisons paraissent soutenues par des termes portant les portraits peints des rois de France. L'arc de triomphe qui le termine montre la reine mère commandant aux déesses d'honorer les époux royaux. Bientôt, c'est la place Dauphine... Le Pont-Neuf... Le roi et la reine sont harassés de fatigue et ravis de l'accueil des Parisiens. Mais les spectateurs qui sont sur place sans bouger, depuis dix heures au moins, sont déchaînés et crient leur joie sans cesser de battre des mains.

Enfin, voici le Louvre ! Le havre, après toutes ces pérégrinations ! Il est six heures du soir, et les Parisiens s'apprêtent à boire et à danser autour des feux de joie. Mme Scarron, enthousiasmée par la somptueuse entrée royale, retourne vers son logis, où l'attend son pauvre mari malade et presque à l'agonie. Quant à elle, rien ne peut, pour l'instant, laisser prévoir qu'un jour elle prendra la place de cette petite reine Marie-Thérèse qui arrive à Paris, portée sur un nuage de gloire... Dès le lendemain matin, Mme Scarron écrit à Mme de Villarceaux : ... *La reine dut se coucher, hier au soir, assez contente du mari qu'elle a choisi.*

Pour terminer dignement cette journée, l'échevinage parisien offrit à la ville un magnifique feu d'artifice, illustrant le thème de *la Toison d'or.* Un vaisseau, celui des armes de la ville, vogua sur la Seine, orné d'attributs marins ; sur ses flancs étaient calligraphiées maximes et devises. De son bord, les fusées éclatèrent quand il arriva devant le nLouvre, tandis qu'au sommet de son mât s'épanouissait un soleil brillant clair et haut, au centre duquel resplendissaient les noms de Louis et de Marie-Thérèse, formés de deux cent cinquante étoiles. Ce fut une belle journée, et Parisiens, provinciaux et étrangers avaient bien fait d'attendre depuis le point du jour...

Mais bientôt l'automne arrive avec son cortège de brouillard et de début de froid, et le 10 octobre, Guy Patin écrit à son ami Falconnet :

> Il y a ici, ce samedi 9 octobre, beaucoup de maladies, quoique peu de monde se trouve à Paris, car pendant les vacances du palais beaucoup de gens vont à vendanger. On travaille fort au Louvre et même on dit que pour en accomplir le grand dessein on abattra la belle église de Saint-Germain-l'Auxerrois et qu'on la mettra où est aujourd'hui la Monnaie ; j'ai peine à le croire...

Et le 12 octobre, toujours au même :

> Le pauvre Scarron, le patron des vers burlesques, est mort ; il était tout estropié de gouttes et de débauches ; son père était conseiller de la Grand-Chambre, que l'on nommait Scarron l'apôtre.

Mais Scarron, avant de mourir, avait écrit son épitaphe, qu'il laissait à la postérité :

*Celui qui cy maintenant dort,*
*Fit plus de pitié que d'envie ;*
*Et souffrit mille fois la mort*
*Avant que de perdre la vie.*
*Passant ne fais icy de bruit,*
*Et garde bien qu'il ne s'éveille ;*
*Car voici la première nuit*
*Que le pauvre Scarron sommeille.*

# *Chapitre LI*

Le 12 novembre 1660, Guy Patin écrit à Falconet :

Les six corps des marchands sont ici fort en émeute pour un épicier nommé Niceron, que l'on a mis dans la Bastille. Ces messieurs ne veulent pas laisser passer le monopole que messieurs du Conseil veulent faire sur les huiles de baleine ; ce n'est que de l'argent qu'on cherche pour faire des ballets, et en envoyer en Italie ; on en apprête un cet hiver, qui coûtera, à ce qu'on m'a dit, un million ; ces gens-là ne veulent que notre bien, et nous ne le pouvons souffrir. Le roi aime assez jouer, mais il ne joue pas trop bien et perd beaucoup ; passe pour lui, il est le maître, il a de quoi perdre et de quoi enrichir ; il y a deux femmes à la cour, avec lesquelles il n'a pas regret de s'entretenir et de jouer, ce sont la comtesse de Soissons, nièce de Son Éminence et Mme Fouquet, femme de M. le procureur général et surintendant des Finances :

Et le 19 décembre :

Je viens d'apprendre que M. Fouquet, intendant des Finances, a reçu ordre de ne traiter avec qui que ce soit, ni de faire aucun état pour l'an 1662. Cela augmente le soupçon de ceux qui désirent ou qui espèrent qu'il y aura du changement dans cette grande charge... La rivière est très grosse, et par conséquent point marchande. Il n'y a pas ici beaucoup de malades, mais il y a bien des ivrognes : ce vin nouveau donne dans la tête rudement et fait la goutte, le rhumatisme et des fluxions sur la poitrine, avec toux et difficulté pour respirer... Les courtisans disent que notre jeune reine devient grasse, mais non grosse.

Mazarin, qui se sent vraiment malade, va s'installer à Vincennes, où le roi et la cour vont le rejoindre. La princesse Henriette s'y rend aussi. Elle est prodigieusement jolie, gaie et enjouée, et fait tourner toutes les têtes. Ce n'est pas comme la reine Marie-Thérèse, ronde et blonde, sans beaucoup de charme ni d'esprit... On croirait une petite sarcelle grise, prise dans un réseau de faste dont elle ne peut sortir.

Le 22 février 1661, Guy Patin écrit encore : ... *On me vient de dire que le cardinal est fort enflé et qu'il ne dort point ; néanmoins, on dit dans la ville qu'il se porte mieux...*

Mais, le 7 mars, le cardinal est sur le point de mourir. Il a cinquante-neuf ans. Autour de lui, en suprême rempart, les hautes murailles du château de Vincennes le protègent du temps, du vent, de l'animosité de ses contemporains ; mais pas de la mort. Nulle porte, nulle muraille ne la peut arrêter. Elle chemine blafarde et creuse, tout au long des escaliers sonores et des couloirs sombres, et, sans frapper ni faire de bruit aucun, elle pénètre dans la chambre où agonise Mazarin et va se tapir au coin de la vaste cheminée où brûle un grand feu et d'où l'on peut voir frémir le moutonnement des bois, sous le vent aigre de cette fin d'hiver.

Dans son lit, le cardinal voit la fin de ses jours arriver. Quelle vie a été la sienne ! toute faite de passion, de haine, de richesse, d'honneurs et de déshonneur... Il soupire et se souvient du temps, où, jeune encore, il disait : « Mon Dieu ! que l'homme est bête quand il n'a pas d'argent ! »... Maintenant, il meurt très riche. Mais il n'y a pour lui aucune consolation ; sauf, peut-être, de voir le jeune roi Louis devant un grand et glorieux règne ; il le pressent tel. En face de lui, les grandes flammes dévorantes du feu dansent dans la cheminée. Il croit deviner, dans l'ombre, une forme sombre et patiente qui attend. Elle ne l'intéresse pas. Elle est la même pour tous.

Le 7 mars 1661, Gui Patin continue à informer de ce qui se passe son ami Falconet :

> Il court un bruit que je tiens faux, que l'on a découvert que le cardinal est empoisonné... On ne peut empêcher les sots de parler... Il y a des railleurs qui disent bien autrement. On dit ici qu'il y a plus de quatre jours que le diable aurait emporté le Mazarin, mais qu'il ne sait par où le prendre tant il pue... Le cardinal Mazarin demande fort à revenir à Paris ; on a travaillé à aplanir les chemins ; s'il est demain assez fort, on tâchera de l'y apporter...

Son Éminence laisse sa tête grise ballotter sur les oreillers brodés. Bientôt, il ne verra plus ce ciel-de-lit où se mêlent le velours et la soie... Bientôt, il ne verra plus ces glands d'or, ces objets qu'il aime tant. Aucune de ses nièces n'a pu devenir reine de France ou d'Angleterre, malgré les dots énormes et payées comptant qui auraient été les leurs. Non, cela n'avait pas pu être ! L'argent ne peut-il donc tout acheter ?... Un sourire fugace étire ses lèvres. Enfin !... tout a été bien ! Les voici mariées à des princes de sang ! C'est également satisfaisant. Son esprit va vers Marie Mancini, la révoltée, la douloureuse. Elle n'est pas encore mariée, mais cela viendra. Elle est assez jolie et assez riche pour cela. Sa bouderie prendra fin, et le roi lui donnera sans doute l'autorisation de revenir à la cour... Il lui faudra bien accepter le mariage du roi avec l'Infante. On ne va pas contre la puissance et la grandeur.

Le cardinal ferme les yeux. De nombreuses personnes, officiers et serviteurs, entourent son lit ou vaquent dans la chambre. Soudain, il dit faiblement :

– Je suis bien fatigué, mais je voudrais m'asseoir auprès du feu.

– Mais, monseigneur...

– Je vous en prie, épargnez-moi, et faites ce que je vous dis. Changez ma chemise et apportez-moi ma grande robe de velours... Que l'on me fasse la barbe..., que l'on me mette au mieux...

Après cette tirade, le cardinal tombe dans une sorte de somnolence, tandis que ses serviteurs et des officiers s'affairent autour de lui. Sa pensée vagabonde encore. Il revoit la reine Anne, entourée de ses deux fils, si belle et radieuse, sous les ombrages de Rueil..., si belle dans ses atours de reine... Si reine avant d'être femme et pourtant si vulnérable... Non, personne ne peut comprendre ce que la reine mère a été pour lui, le Mazarin haï de la Fronde... « On me reproche d'avoir fait fortune, pense-t-il, et pourtant j'ai été essentiellement soumis à la plus grande gloire du royaume et de son roi. »

Le cardinal est maintenant installé près du feu, où les flammes se tordent en noircissant les énormes bûches sur un fond de braise, couleur de chapeau de cardinal. Comme ses jambes lui pèsent ! Il écarte sa robe de chambre de velours cramoisi. Elles sont flasques, blanches, froides.

Il appelle ses médecins :

– Trêve de comédie pieuse, messieurs, et dites-moi combien j'ai d'instants encore à vivre...

Les médecins se regardent, puis l'un d'eux se décide :

– Quelques heures, monseigneur ; ou peut-être un jour ou deux...

– Pas davantage ?

Les médecins se regardent encore une fois, l'examinent, prennent son pouls, regardent ses jambes, devenues inutiles :

– Non, monseigneur, pas davantage !

Le roi est annoncé. Un grand mouvement d'officiers, de seigneurs et de dames se fait.

– Mon Dieu ! que je suis fatigué ! souffle le cardinal. Vite, habillez-moi. Ma simarre, mes bagues... Oui, un coussin sous mes pieds suffira. Suis-je bien rasé ? Parfumez-moi. Fardez-moi, cela est nécessaire... Donnez-moi mon miroir... C'est bien ce que je craignais, mettez-moi du rouge, là ! c'est bien ! Maintenant, laissez-moi. Quand Leurs Majestés seront là, je veux être seul avec elles.

Mazarin laisse aller sa tête sur les coussins. Allons ! Il faut faire illusion. Il faut toujours faire illusion, et surtout ne jamais montrer, ni dire la vérité !

La porte basse et épaisse s'ouvre. Deux Suisses passent en se baissant et encadrent la porte, en l'honneur du roi. Le cardinal perçoit le bruit des hallebardes frappant le sol, au passage royal. Il entend les gardes crier : « Le roi..., le roi..., Sa Majesté le roi !

Louis XIV franchit le seuil de la chambre. Derrière lui, la reine Marie-Thérèse, la reine mère, Monsieur, frère du roi. Princes, dames et seigneurs qui leur font suite se massent contre la muraille. Seuls le roi, la reine, la reine sa mère et le duc d'Orléans franchissent le rempart de paravents, qui forment une oasis de tiédeur.

La reine Anne se précipite vers le cardinal :

– Monseigneur, comment va votre précieuse santé ?

– Hélas ! ma précieuse santé s'en est allée, Madame. Je vous prie de me pardonner de ne pas mieux vous recevoir et de ne pas me lever pour accueillir et ma reine et mon roi, mais mes jambes me font maintenant défaut...

Le roi s'avance, s'incline vers le vieil homme et l'embrasse. Le Mazarin est non seulement l'homme qui a veillé sur lui, mais il est aussi son parrain.

– Qu'on m'apporte ma cassette, demande le cardinal, et qu'on nous laisse seuls.

Tout le monde sort, ou presque, car seule est restée l'ombre immobile et patiente tapie auprès de la cheminée. Le roi, la reine, la reine mère, Monsieur et Mazarin restent ensemble, tandis que la nuit tombe déjà en cette fin d'hiver. Dehors, des rafales de vent supplicient les arbres des bois environnants. Assis dans sa chaise haute, près de son feu, Mazarin fait ses dernières recommandations au jeune roi, dont il a fait son légataire universel.

– Sire, commence-t-il, il va falloir mettre bon ordre dans votre maison.

Louis XIV, l'air têtu, et les yeux rouges de larmes retenues, car il aime fort le vieil homme qui se meurt, le regarde intensément et dit :

– Nous vous écartons avec attention, monsieur le cardinal.

Mazarin ferme un instant les yeux et reprend :

– En tout premier lieu, sire, ne tolérez jamais dans votre royaume une force qui ne soit pas la vôtre. Méfiez-vous de messire Nicolas Fouquet, votre surintendant des Finances. Son train est trop dispendieux, son château de Vaux-le-Vicomte, qu'il vient de faire construire et que Votre Majesté connaît, vaut à lui seul une fortune. C'est demeure de roi et non de surintendant... Et s'il n'y avait que cela !...

– Dites, mon parrain, je vous écoute.

– Je sais que messire Fouquet fait fortifier et armer son domaine de Belle-Isle-en-Mer et qu'il possède une flotte de vaisseaux de guerre... Il faut revoir ses comptes, minutieusement, savoir d'où provient cet argent, car, mon enfant, il ne faut pas que ce soit l'argent du royaume, et c'est certainement le cas. Prenez à votre service un garçon d'apparence modeste, mais sûr ! Je l'ai gardé pour vous. Il est l'homme qu'il faut à vos côtés. Son nom est Colbert. Il sera à vos ordres. En outre, il est fort réfléchi ;

peut-être froid et lent, mais il va sûrement. Fouquet est trop dangereux... Laissez-le à Colbert et défaites-vous-en. Ne l'exécutez pas. Une bonne lointaine et solide prison fera l'affaire. Faites cela sans attendre, mais tout doucement, sans hésitation et surtout en secret. Il ne faut pas qu'il se méfie. Vous devez le prendre la main dans le sac. Méfiez-vous des bavardages. Vous pouvez faire confiance à Colbert... Ah ! j'oubliais de vous dire que messire Fouquet, par sa munificence, s'est constitué toute une cour qui lui est fidèle et qui le suit, soit à Paris, soit à Vaux...

– Je sais, dit le roi, en regardant pensivement les flammes.

– Oui, continue Mazarin, mais d'amis dévoués.

Mme de Sévigné est parmi ses amies, et aussi Ninon de Lenclos, chez laquelle, tout Paris passe ou a passé...

Le roi se met à sourire.

– Beaucoup de vos seigneurs, sire, gens de plume, peintres et sculpteurs, qu'il a aidés de ses libéralités et protégés, sont légions et lui restent tout dévoués. Si vous le faites arrêter, il faudra crier bien haut que Fouquet est un fripon, et, sire, permettez-moi de vous donner un dernier conseil et pardonnez au vieil homme qui meurt, qui vous aime et vous a toujours aimé... sire, prenez sa relève, car ce sera à vous de vous intéresser à tous ces gens de lettres, ces poètes et ces peintres, qui sont si souvent gueux... Ils serviront d'écrin à la splendeur de votre règne. Ils chanteront votre gloire, et, croyez-moi, sire, cela restera et parviendra peut-être aux Français des siècles futurs.

– Je vous obéirai, mon parrain, dit le roi en lui prenant la main, je suivrai vos conseils...

– Attendez, je n'ai pas encore fini, dit le cardinal en essayant de se redresser dans son fauteuil, encore un dernier mot, mais suivez-le bien car il est très important : sire, n'ayez jamais plus de premier ministre.

– Mais... et messire Colbert ?...

– Lui pas plus qu'un autre. Soyez vous-même le centre de tout. Soyez au courant de tout. Soyez le roi, soyez vous-même votre premier ministre. Nul autre que vous ne doit avoir d'importance. N'ayez confiance en personne. Croyez-moi, Louis, soyez absolument le roi, auquel tout est soumis et de qui tout dépend. Demain il y a conseil. Présidez-le seul. Se sera votre premier acte d'autorité et d'indépendance absolue.

Tout en parlant, le cardinal ouvrait sa cassette :

– Je veux, avant de partir, vous remettre quelques bijoux en souvenir... Voici pour vous, mon roi.

C'était un petit sac de peau, qui contenait dix-huit gros diamants. Pour vous, ma reine, j'ai choisi cela. Et le cardinal offre à la reine Anne un très beau et gros diamant, qu'elle prend en pleurant dans son mouchoir.

– Voici pour Votre Majesté, dit le cardinal, en offrant un bouquet de diamants à la reine Marie-Thérèse. Et ceci pour vous, Philippe, dit-il en se tournant vers le jeune duc d'Orléans, second fils d'Anne d'Autriche.

C'étaient des émeraudes d'une prodigieuse grosseur.

Le roi se pencha vers le cardinal et lui dit :

– Je crois que la reine est enceinte...

– Cela est bien ! répond Mazarin en souriant. Cela est bien ! La continuation est bonne. Ce sera sûrement un dauphin !

– Vous nous donnez tout, dit la reine Anne en pleurant, et nous rien.

– Vous m'avez donné tant de confiance et d'amitié pendant de si longues années... Là où je vais, je n'aurai plus besoin de tout cela... Colifichets du monde... Mon Dieu ! quitter tout cela !... Voyez donc comme c'est plaisant ! Même les plus riches n'emportent rien, car les linceuls n'ont pas de poches, dit-on. Mais, bien sûr, il est possible de laisser son bien à certaines personnes, et c'est seulement là que réside toute la consolation... Louis, mon enfant, souvenez-vous bien, et pardonnez-moi de me répéter, jamais, m'entendez-vous bien, jamais de premier ministre.

Le roi pleurait en disant :

– Je m'en souviendrai, mon parrain.

– Allons, ne pleurons pas, dit le cardinal, à quoi bon ! Les pleurs ne servent jamais à rien... Embrassez-moi... Oui, vous aussi, ma reine... Je m'affaiblis et je souffre tant... Qu'on me donne un peu d'eau de grenade...

Déjà, seigneurs et grandes dames s'approchaient. Les paravents furent ôtés, laissant le passage aux prêtres qui apportaient le saint sacrement. Mazarin le reçut, assis dans son fauteuil, tandis que les visiteurs se recueillaient en prières.

Le lendemain, Guy Patin écrivait à son ami Falconet :

> Ce matin, le Mazarin a reçu l'extrême-onction, et de là est tombé dans une grande faiblesse ; il a reproché à Valot qu'il est cause de sa mort ; hier à deux heures, dans le bois de Vincennes, quatre de ses médecins, savoir Guénaud, Valot, Brayer et des Fougerais, alterquaient ensemble et ne s'accordaient pas de l'espèce de maladie dont le malade mourait. Brayer dit que la rate est gâtée, Guénaud dit que c'est le foie, Valot dit que c'est le poumon et qu'il y a de l'eau dans la poitrine, des Fougerais dit que c'est un abcès du mésentère et qu'il a vidé du pus, qu'il en a vu dans les selles, et en ce cas il a vu ce que pas un des autres n'a vu. Ne voilà-t-il pas d'habiles gens ! Ce sont les fourberies ordinaires des empiriques et des médecins de cour, qu'on fait suppléer à l'ignorance. Cependant voilà où sont réduits la plupart des princes.

Le cardinal mourut le 9 mars entre deux heures et trois heures du matin. Au même instant, le roi se réveille en sursaut dans sa grande chambre. Il appelle sa nourrice, qui couchait dans sa chambre, et lui demande tout bas, pour ne pas éveiller la reine Marie-Thérèse, si le cardinal était mort. Le roi Louis se leva doucement et alla dans la chambre de sa mère. Le cardinal venait de mourir. Ils dînèrent, et le roi et la famille royale montèrent en carrosse et retournèrent dans la nuit à Paris. Ainsi mourut celui dont le roi Louis XIV disait :

– C'est le plus grand serviteur que jamais la France ait eu.

De son côté, Guy Patin écrivait :

> C'était un grand larron, ignorant au métier dont il se mêlait, grand fourbe, bateleur à longue robe, tyran à bonnet rouge, et faisant au milieu des courtisans la figure d'un âne au milieu d'une troupe de singes...

Le 10 mars, le conseil du roi se réunit. Le roi le préside, seul. Il est debout.

– Monsieur, dit-il au chancelier, je vous ai fait assembler avec mes ministres et mes secrétaires d'État pour vous dire que jusqu'à présent j'ai bien voulu laisser gouverner mes affaires par feu monsieur le Cardinal. Il est temps que je les gouverne moi-même. Vous m'aiderez de vos conseils quand je vous le demanderai. Je vous prie et vous ordonne, monsieur le chancelier, de ne rien sceller que par mes ordres, et sans m'en avoir parlé...

Le 18 mars Gui Patin écrit encore :

> M. Colbert a prêté serment pour sa charge d'intendant des Finances. On dit que le feu Mazarin a laissé trente millions de biens. Il faut qu'il ait bien volé... On ne parle plus de la mort de Mazarin ; il est passé, il a plié bagages ; il est en plomb l'éminent personnage.

Douze jours plus tard, sans faste aucun, le mariage de Monsieur, frère du roi, est célébré au Palais-Royal, chez la reine d'Angleterre. Il épouse sa cousine la princesse Henriette. Une dispense envoyée par le pape les libère des entraves de la parenté, car Henriette est la fille de la sœur de son père, le roi Louis XIII. Des lettres royales attribuent au jeune duc d'Orléans les duchés de Valois, de Chartres, et la seigneurie de Montargis jusqu'à concurrence de 200 000 livres de revenus annuels, ce qui est une faible somme pour un prince qui aime vivre dans l'opulence.

Le jeune roi donne des fêtes éblouissantes. Il est amoureux fou de sa belle-sœur, devenue maintenant Madame, duchesse d'Orléans. Mais, pour éviter de rendre ces amours publiques, il feint d'en aimer une des suivantes. Le sort a désigné une jeune fille blonde et timide, Louise de La Baume Le Blanc de La Vallière, qui tient très petit rôle à la cour de la duchesse d'Orléans, pure et candide, boiteuse de surcroît.

Le 26 juillet, le roi offre *le Ballet des saisons,* dans une allée du parc de Fontainebleau, en l'honneur du comte de Tot, ambassadeur de Suède venu lui apporter ses lettres de créance. Dans le théâtre de verdure, *le Ballet des saisons,* dont les paroles sont de Benserade, et la musique de Lulli, est ravissant. Le roi vit dans la joie légère des amoureux, car sa maîtresse est jolie, et très douce. Ce qui le change de l'ambition forcenée qui l'entoure. Mais la cour ignore encore cette idylle et pense que le roi est toujours amoureux de Madame.

Dames, princes et seigneurs participent au divertissement de Fontainebleau. Vêtu d'un habit féerique, le roi danse *le Printemps,* entouré de ses gentilshommes, qui représentent les ris, les jeux et l'abondance. Le roi danse si bien qu'il remporte un triomphe total. On est courtisan à la cour de France. Madame, sa belle-sœur, est costumée en Diane chasseresse. Elle est entourée de ses filles d'honneur, parmi lesquelles est Louise de La Baume Le Blanc, que sa boiterie n'empêche pas de danser. Monsieur, frère du roi, est un Automne ruisselant de diamants et de pierres précieuses. Le roi de France et la fille d'honneur de la duchesse d'Orléans vivent en silence et dans un éblouissement, leur amour tout neuf, encore inconnu de cette cour, qui, lorsqu'elle le saura, se jettera dessus pour le déchirer à belles dents.

## *Chapitre LII*

Le 17 août 1661, par un après-midi torride, une caravane de calèches et de carrosses armoriés quitte le château de Fontainebleau où la cour séjourne pour l'été et où seule reste, entourée de ses dames et des gens de sa maison, la jeune reine Marie-Thérèse, qui est enceinte de six mois. Une escapade en pleine chaleur par des routes poussiéreuses et cahotantes n'a pas paru prudente pour la future mère du dauphin. Mais si la reine ne vient pas, le roi s'en console, n'ignorant pas que sa maîtresse, Louise de La Vallière est du voyage.

Dans ces carrosses sans glaces, tous mantelets et rideaux relevés, la chaleur est accablante. Des nuages de poussière soulevés par le train royal entourent les voitures et leurs occupants d'une sorte d'énorme cocon dans lequel il est malaisé de respirer. Le roi, la reine mère, Monsieur, frère du roi, Madame, le duc de Beaufort, le duc de Guise, tous les princes, toutes les princesses, les seigneurs et les dames de la cour participent au voyage, accompagnés par les gens de leurs maisons. Devant et derrière le cortège, des régiments de gardes du corps et de mousquetaires, en assurent la parfaite sécurité en déployant une force correspondante à la qualité des personnages qu'ils escortent...

Le roi, la reine mère, les princes et la cour se rendent à l'invitation de messire Nicolas Fouquet qui offre au roi une grande fête dans son nouveau château de Vaux-le-Vicomte, dont on raconte déjà des merveilles. On dit que les jardins sont un enchantement, où des déesses de pierre s'ébattent dans les bosquets et dans les eaux... Le roi connaît le château de son surintendant des Finances pour y avoir fait une halte l'an passé à son retour de Saint-Jean-de-Luz, après son mariage avec l'infante Marie-Thérèse. Mais à cette époque les jardins et la demeure n'étaient pas encore terminé. Quand le cortège royal se présente au portail de Vaux, il est six heures du soir. Le soleil est encore haut, dans un ciel sans nuage. Au son des trompettes et tambours battant, mousquetaires, chevaux, cavaliers, carrosses, passent entre les deux Termes barbus de l'entrée et s'engouffrent dans l'avant-cour. Des deux côtés de la vaste cour aux parterres de gazon, des communs de pierre et de brique, coiffés de hauts toits d'ardoise, allongent leur élégance, toute faite de symétrie.

On passe les douves... Le beau château de pierre blanche de Nicolas Fouquet arbore une splendeur à vous couper le souffle. Sur la façade, entre les œils-de-bœuf et les pots-à-feu, courent des médaillons de marbre, des colonnes doriques cannelées, des statues symbolisant la Justice, la Clémence et les Vertus... Des enfants de pierre y rient en jouant avec des lions. On y voit aussi le malicieux petit écureuil, emblème de Fouquet, qui semble vouloir narguer une couleuvre immobile, symbolisant Colbert, en dansant devant elle...

Un large degré, coupé par trois repos, conduit à une terrasse, qui domine les fossés...

C'est en Brie, non loin de Melun, que le château de Vaux-le-Vicomte déploie sa grâce de rêve, au milieu de parterres de broderies, arabesqués de buis, de fleurs brillantes et de gazon. Ses jardins et ses bois sont peuplés de dieux et de déesses ; de statues blanches et aériennes et de Termes sévères. Tout près coule l'Anqueil, qui se jette plus loin dans la Seine. Petite pour l'époque, la demeure est fastueuse et certainement très agréable à habiter, appelant des fêtes et des événements heureux... Certains savent que le malicieux petit écureuil qui gambade à l'infini suivi de sa devise « *quo non ascendat* » sur les pierres de la façade, aussi bien que sur les boiseries et les tapisseries ornant les appartements, se nomme en patois angevin « Fouquet » ; et décorait jadis l'enseigne d'un des ancêtres du maître de maison, qui était drapier-chaussetier à Angers.

C'est en 1641 que Nicolas Fouquet acheta, tout près du village de Vaux-le-Vicomte, un banal petit château du Moyen Age entouré de fossés pleins d'eau où dormaient en paix les grenouilles. Au début, Fouquet habita le petit château, en demeure d'été. Puis il se marie, et sa femme, Madeleine de Castille, lui apporte une jolie dot. Fouquet aurait pu vivre, simplement, en homme comblé et heureux, mais c'était compter sans son ambition. Sa prodigieuse ascension sociale lui donne des idées de grandeurs. Sa richesse devient immense..., mais ce n'est pas une richesse sordide, pétrie d'avarice et de méfiance, comme il en est tant... Non, c'est au contraire un enrichissement généreux, heureux, fait de largesses, de réceptions fastueuses, d'aides et de dons de toutes sortes aux poètes, peintres, architectes et romanistes du temps, auxquels le surintendant trouve du talent. Un jeune homme inconnu, que l'on nomme Jean de La Fontaine, est parmi les heureux élus. Dans tout cela, le seul ennui est que messire Nicolas Fouquet a tendance à confondre ses coffres avec ceux du roi, et que cela commence à se savoir !

Mais Nicolas Fouquet est mû par une force puissante et étrange... Il trouve très vite que ce petit château est bien insuffisant pour un personnage de son importance et, en 1656, il fait abattre le vieux château et fait en même temps raser les villages de Vaux-le-Vicomte, de Jumeaux et de Maison-Rouge ! Ayant fait ainsi place nette de tout ce qui aurait pu contrecarrer ses projets, il fait construire sur les bases de l'ancien château la somptueuse demeure que ce soir le roi honore de sa présence.

Dix-huit mille ouvriers ont travaillé à élever les murs, créer les terrasses, installer les toits, élever la coupole, bâtir les communs, creuser les bassins, installer les jets d'eau et les jeux de pierre pour les cascades, tracer les jardins, les planter, créer les bosquets, car, dans le domaine du surintendant, tout devait être conçu sous le signe de l'harmonie pure.

En trois ans, Vaux-le-Vicomte est achevé. Le château et les jardins ont couté 18 000 000 de livres !... C'est fantastique ! C'est énorme, peu importe ! Pour l'instant, à Vaux, dans un décor des Mille et Une Nuits, la vie n'est que raffinement et joie de vivre. La musique y règne en maîtresse, les fleurs s'épanouissent à profusion, à travers la demeure, tandis que Mme Fouquet, surnommée Artémire par Madeleine de Scudéry, étudie le dessin avec un peintre qui s'appelle Le Brun, organise des loteries pour les poètes qui en sont friands et vit au milieu d'une cour où l'on peut rencontrer entre autres, Quinault, Ménage, Boisrobert, Loret, La Fontaine, qui viennent encenser de leurs vers les maîtres des lieux, et les lieux mêmes. Mme de Sévigné y vient souvent, et toujours avec le même plaisir inhérent à sa nature enthousiaste, s'amuse un soir à chanter des chansons napolitaines sous les lambris dorés de Vaux.

Et au milieu de cette société brillante, trois enfants grandissent : Louis-Nicolas a six ans, Marie-Madeleine, quatre ans, et Charles-Armand, trois ans, pour lequel Jean de La Fontaine a écrit un poème à Mme la surintendante, qui commence ainsi :

*Vous avez fait des poupons le héros,*
*Et l'avez fait sur un très bon modèle.*
*Il tient déjà mille menus propos ;*
*Sans se méprendre, il rit à la plus belle.*
*C'est, dit-on, la meilleure cervelle*
*De nourrisson qui soit sous le soleil.*
*Pour bien téter il n'a pas son pareil ;*
*Il fait en tout son jugement paraître.*
*Quelqu'un m'a dit qu'il sera du Conseil*
*(Sans y manquer) du Dauphin qui va naître.*

Mais pour ce soir de fête à Vaux, les souverains, princes, princesses, seigneurs et dames descendent des carrosses. Valets et pages s'affairent, abaissent les marche-pieds, offrent la main.

Nicolas Fouquet, au bas des marches, se précipite vers le carrosse du roi. Tissus précieux, diamants, pierres précieuses, bijoux merveilleux brillent de mille feux au soleil du soir de cette belle fin de journée d'été. Dentelles et cravates ornent des personnages qui ont chaud... Les perruques sont des tortures, plus d'un souhaiterait s'en défaire et retirer ces vêtements raides et lourds..., mais tous préféreraient mourir sur l'heure plutôt que de manquer cette fête de Vaux, dont on dit à l'avance des merveilles...

C'est une cour jeune et joyeuse qui arrive chez messire Fouquet... Le roi à vingt-deux ans, le comte de Guiche en a vingt-trois, Monsieur, frère du roi, vingt, et Madame, son épouse, dix-sept... Les demoiselles d'honneur ne dépassent guère dix-sept ans, et Louise de La Vallière, dix-sept ans, est éperdûment amoureuse du roi.

Mais le roi arbore un visage grognon, qui se veut souriant, et parle peu, à son habitude. Fouquet s'avance et fait une première révérence parfaite et profonde. En homme de cour, qui sait vivre, le surintendant sourit, et montre un visage riant, gai et plein d'entrain, alors que son âme, inexplicablement, apparemment, est inquiète et son front soucieux.

Le roi sourit, mais le regard est noir, inquisiteur, et repoussant à l'avance tout ce qu'il va voir... Il entre dans la demeure... La cour s'extasie. Le roi sourit toujours et opine de la tête... Il évalue et compare avec ses propres demeures et ce qu'il constate est écrasant : Fouquet est mieux logé que lui, le roi de France : cela n'est pas acceptable. Dès cet instant là, Louis XIV hait Fouquet. Dans les salons peints, dorés et surdorés, où les fleurs s'épanouissent et où les nymphes rient sur les murs peints à fresques, sur les tentures somptueuses, Nicolas Fouquet, précédé par son maître d'hôtel, un certain Vatel, offre des glaces, des boissons glacées... Tout le monde se sent revivre et admire... Des chambres sont mises à la disposition des invités, pour se rafraîchir et arranger leurs toilettes. La demeure est gaie, radieuse, les poutres des plafonds ont disparu et sont remplacées par de grandes peintures. Et c'est le triomphe de Nicolas Fouquet qui entraîne le roi et sa cour dans une promenade enchantée, entre deux murailles d'eaux jaillissantes et chantantes, où la fraîcheur est délicieuse. Jamais Vaux ne sera plus beau que ce soir-là.

Tout en parlant à perdre haleine, car un courtisan ne doit jamais être muet, maussade ou triste, seigneurs et dames ferment les yeux de bonheur et respirent profondément l'air embaumé des senteurs des mille fleurs des jardins, des verdures, et magiquement frais. Alors que tout autour du domaine de Vaux la terre se fendille sous l'action de la chaleur et de la sécheresse, ici, l'eau rit et abonde. Le jeune souverain semble distrait, et cependant il capte et enregistre tout. Colbert, qui a quarante-deux ans et fait un peu tache au milieu de cette jeunesse, est plus silencieux et froid que jamais... Il observe tout, en semblant se perdre dans de sombres calculs... Son cerveau est un carnet de notes qu'il accumule contre son rival, Fouquet, qui est de quatre ans son aîné...

A Versailles, dans le petit château de son père, le roi Louis XIV n'a pas ces eaux jaillissantes... Juste des marécages fort puants peuplés de moustiques et couverts de lentilles d'eau...

Mais, malgré lui, le roi est pris par les enchantements de Vaux. Au rythme de la promenade, les splendeurs des jardins, des bosquets et des statues se succèdent. Les dames sont véhiculées dans des voitures de jardin découvertes et des chaises à porteurs dont les bâtons sont sur les côtés, afin que le passager puisse jouir du paysage sans entraves.

Au rythme lent de la promenade, le roi et sa cour, suivent la grande allée centrale, bordée par plus de deux cents jets d'eau, tandis que plus de mille autres jets d'eau tombent en cascade dans des coquilles et des bassins, en faisant un si joli bruissement que chacun pense voir le trône de Neptune. Puis le roi monte sur l'amphithéâtre qui domine la dernière cascade, et de là il peut admirer une gerbe d'eau de la grosseur d'un corps d'homme, qui monte à plus de vingt pieds. La Fontaine chanta :

*Tous les sens furent enchantés :*
*Et le régal eut des beautés*
*Dignes du lieu, dignes du maître,*
*Et dignes de leurs Majestés,*
*Si quelque chose pouvait l'être.*

Le souper suit tout aussitôt la promenade...

Le roi revient vers cette merveilleuse demeure fraîche, au sol de marbre précieux et aux murs et lambris peints d'une façon si gaie et si spontanée. Il admire en passant les sculptures dorées et les tapisseries précieuses, tissées de fils d'or. Colbert voit tout cela. Rien ne lui échappe... et dans sa tête il continue à faire ses additions...

Dans l'atmosphère de fête, les fleurs peintes au naturel sur les murs et les portes sont aussi éblouissantes que celles qui garnissent les hauts vases de cristal.

Le couvert du roi, de la reine mère, de Monsieur, frère du roi, de Madame, des princes et des princesses du sang est mis dans la chambre dite « du roi », écrasante de dorures, et dont le plafond peint par Le Brun figure *le Triomphe de la vérité.* Les stucs sont d'une prodigieuse richesse pleine de fantaisie. Aux angles des corniches, des génies ailés, porteurs de guirlandes, aident des amours à se coiffer de casques, tandis que des lions défendent l'écu au chiffre de Fouquet qui suit deux F traversés d'une flèche.

Dans les salons voisins, des tables immenses sont dressées pour la cour. Les mets servis sont des plus exquis, les vins, des plus rares. La vaisselle est en or massif, les nappes et les serviettes en point de Venise... M. le surintendant et Mme la surintendante font les honneurs de leur maison, avec une grâce infinie.

Pendant que les vingt-quatre violons de Lulli ajoutent à la féerie ambiante, dames et seigneurs bavardent :

– Quelle merveilleuse fête... Tout y est parfait..., superbe !... Ne trouvez-vous pas ?

– Superbe..., vraiment !

– Que regardez-vous, là, fixement ?

– Pardonnez-moi, mais... ce sont tous ces serpents...

– Quels serpents ?

– Eh bien, tous ces serpents, ces couleuvres qui sifflent après l'écureuil... Regardez, Fouquet les a fait mettre partout !

– Vous paraissez dubitatif ; pourquoi cela ?

– Simplement une impression froide, et fausse, certainement...

– Qu'entendez-vous par « impression froide » ?

– Rien de sérieux, vous dis-je. Vous savez, je suis intuitif, je sens les gens et les choses. Ce château est vraiment splendide et rempli d'invités de la plus belle qualité. Cependant, je le sens vide, et le vent hurle dans les couloirs..., dans les salles... Tenez, connaissez-vous le délicieux Azay-le-Rideau, en vallée de la Loire ?

– Bien sûr !

– Eh bien, Vaux lui ressemble. La même grâce enchantée, et qui n'appelle que la solitude... Espérons que Nicolas aura un sort plus heureux que Semblançay, qui était, vous le saviez sans doute, trésorier du roi Louis XI...

– Mais il a été pendu !...

– C'est bien pour cela que je dis espérer que Nicolas aura un sort plus favorable... Mais, laissons cela, qui n'est après tout qu'une impression fugace. Voyez, je n'y pense déjà plus... Prenez donc de ces confitures à la rose, qui sont exquises. Holà ! Picard, ne m'attends point, et veille à ce que je trouve du vin brûlé cette nuit, à mon retour.

A la table du roi, un magnifique sucrier brille à la lumière des flambeaux.

– Quel beau vermeil ! dit le roi à Nicolas Fouquet.

– Pardonnez, sire, ce n'est pas du vermeil, c'est de l'or.

Le roi regarde..., sourit, et répond à son hôte :

– Le Louvre n'a rien de semblable...

Fouquet ne voit pas l'envers de ce sourire. Il voit le roi heureux, tout au moins il le croit. Un prince romain mourut jadis parce que son manteau était plus beau que celui de l'empereur, et, comme le prince romain, Nicolas Fouquet en mourra.

Mais pour l'instant la cour s'amuse, et déjà, dans sa tête, le roi se demande pourquoi il ne ferait pas construire un château plus beau que Vaux, et plus important. Ce coquin de Fouquet a su découvrir et se servir d'hommes de génie. Le roi de France les emploiera aussi. Mais en France il n'y a pas de place pour deux rois, et Fouquet pose un peu trop au souverain...

Soudain, Nicolas Fouquet, sans savoir pourquoi, sent un grand froid l'envahir, et, parmi cette foule brillante, un sentiment de grande solitude le submerge. Et pourtant il y a six mille invités, ce soir, à Vaux.

Dans un recoin d'or, Fouquet, étincelant de diamants et pierres précieuses, véritable héros d'un soir, demande à un de ses familiers :

– Dites-moi... Que dit-on de moi ?

– Les uns disent que vous allez être Premier ministre ; les autres qu'il se forme une grande cabale pour vous perdre...

Fouquet hausse les épaules, sourit et dit :

– Allons, allons ! Vous verrez qu'on parlera de cette fête pendant des siècles.

Puis, s'inclinant très bas devant le roi et la reine mère, il dit :

– Sire, cette demeure est à vous.

– Merci, répond le roi, mais elle est bien vôtre.

Mme de Sévigné a l'habitude de dire à son cher ami Nicolas Fouquet qu'il a bien l'esprit labyrinthé et Fouquet pense aussi que le roi a bien cette forme d'esprit, et qu'il n'y a rien à y comprendre.

Mais Louis XIV se soucie fort peu d'être compris par qui que ce soit, et d'ailleurs ne le souhaite pas.

– On va bien voir qui est le maître, marmonne-t-il pour lui seul, tandis que ses yeux laissent filtrer entre ses paupières un regard incisif, dépourvu de toute aménité. Et bientôt Sa Majesté fera main basse sur Vaux et dépouillera le château de toutes ses richesses, qui restera nu, ouvert à tous les vents... Vatel, le maître d'hôtel, Le Vaux, l'architecte, Le Brun, le peintre, Le Notre, le prestigieux jardinier suivront la mort dans l'âme les richesses et se dirigeront, sur ordre du roi, vers un coin de l'Ile-de-France plein de marais, où ils feront, tels des magiciens, des merveilles.

Après le souper, à la suite du roi, précédé et entouré de porteurs de flambeaux, tout le monde se dirige vers le bas de l'allée des sapins, qui est sur la gauche, lorsque de la terrasse on regarde les jardins, où un théâtre de verdure est dressé. La Fontaine, habitué des lieux, en décrit l'ambiance :

*... En cet endroit qui n'est pas le moins beau*
*De ceux qu'enferme un lieu si délectable,*
*Au pied de ces sapins et sur la grille d'eau,*
*Parmi la fraîcheur agréable*
*Des fontaines, des bois, de l'ombre, des Zéphyrs*
*Furent préparés les plaisirs*
*Que l'on goûta cette soirée.*
*De feuillages touffus la scène était parée,*
*Et de cent flambeaux éclairée ;*
*Le Ciel en fut jaloux. Enfin, figure-toi*
*Que, lorsqu'on eut tiré les toiles,*
*Tout combattit à Vaux pour le plaisir du roi :*
*La musique, les eaux, les lustres, les étoiles...*

Les décors et les décorations étaient magnifiques. Il y avait des machines merveilleuses, qui firent encore dire à M. Jean de La Fontaine :

*On vit des rocs s'ouvrir, des Termes se mouvoir,*
*Et sur son piedestal tourner maintes figures...*

Avant que la toile fut levée, un des acteurs (c'était Molière) parut sur le théâtre en habit de ville et, s'adressant au roi, avec le visage d'un homme surpris, fit des excuses en désordre, sur ce qu'il se trouvait là, seul, et manquait de temps et d'acteurs pour donner à Sa Majesté le divertissement qu'elle semblait attendre :

*D'abord aux yeux de l'assemblée,*
*Parut un rocher si bien fait,*
*Qu'on le crut rocher en effet,*
*Mais insensiblement se changeant en coquille*
*Il en sortit une nymphe gentille,*
*Qui ressemblait à la Béjart...*

Et c'était en effet Armande Béjart, représentant la Nymphe de la fontaine, et qui, s'avançant au bord du théâtre d'un air héroïque, prononça les vers de M. Pellisson... Elle commandait les divinités qui sortaient tout aussitôt des marbres qui les enfermaient... Les Termes et les statues qui ornaient le théâtre s'animèrent, et il en surgit des faunes et des bacchantes qui se mirent à danser... Puis tout cela fit place à la comédie : *les Fâcheux*, de Molière, dont le sujet était un homme partant pour un rendez-vous amoureux, et qui est arrêté en route par toutes sortes de gens qui l'empêchent d'y aller. Puis, à la comédie, succéda un ballet, dont tous les danseurs représentaient des fâcheux de toutes les manières. Tout cela était follement gai et divertissant et parut bien trop court à tous. Enchaînant sur le ballet, un feu d'artifice fut tiré sur l'eau... Dans le ciel sombre, clouté d'étoiles, des fleurs de lys et les initiales du roi et de la reine s'épanouirent dans l'apothéose de Vaux... Enfin, les feux s'éteignirent. Au bruit et aux craquements des feux, succéda le battement des tambours... Il était deux heures du matin ; le roi retournait à Fontainebleau cette même nuit. Il ne couchera pas à Vaux ! Les mousquetaires sont commandés ; dames et seigneurs de la cour reviennent paisiblement vers le château illuminé par mille pots à feu. Les bruits des conversations sont ponctués d'exclamations et de rires perlés. La nuit est superbe, chaude et embaumée. Le calme des jardins sous la lune pris place de la musique... Quand, soudain, un bruit épouvantable, fait de hurlements, de sifflements et d'horribles craquements, parût courir au-dessus des têtes surprises et terrifiées cependant qu'une nuée de fusées et de serpenteaux éclatait de la lanterne du dôme du château, qui semblait prêt à éclater ; c'est à cet endroit que la nuée creva et donna l'impression que tous les astres du ciel venaient s'écraser sur la Terre. Deux chevaux du carrosse de la reine mère, fous de terreur, sautèrent dans les douves, et se noyèrent.

*Ces chevaux, qui jadis un carrosse tirèrent*
*Et tirent maintenant la barque de Caron,*
*Dans les fossés de Vaux tombèrent,*
*Et puis de là dans l'Achéron...*

Ce fut la fin imprévue, tragique, et pitoyable d'un soir de fête. Sans oser vouloir l'avouer, beaucoup en furent impressionnés.

Le calme revenu, au son des trompettes et des tambours, le roi s'installa dans son carrosse, attelé de huit chevaux blancs. La reine Anne, sa mère, est auprès de lui, et là il laisse libre cours à sa fureur et à sa rage. Il hait Fouquet, son château, ses richesses. Il hait et se méfie de sa scandaleuse fortune. Il hait tout, et le dit à sa mère :

– Je vous assure, madame, que j'aurais dû faire arrêter messire Fouquet sur l'heure !

– Cela ne se pouvait ! Le roi de France ne pouvait faire arrêter un de ses sujets, pendant la fête qu'il donnait en son honneur, et à laquelle il avait accepté de venir !

– Il faudra faire rendre gorge à tous ces gens-là, marmonne le roi en se rencognant dans l'ombre et en faisant tourner ses bagues entre ses doigts.

Il se tait soudain, car viennent s'installer dans le véhicule, Monsieur, la comtesse de Guiche, la comtesse d'Armagnac, la duchesse de Valentinois, tous insouciants et joyeux.

Madame déjà installée dans sa litière, entourée par les gens de sa maison et par les cavaliers qui vont lui faire escorte, part de son côté.

Dans la nuit chaude, les lourds carrosses attelés à quatre ou six chevaux, selon l'importance de leurs propriétaires, tournent dans la grande cour d'honneur de Vaux. Les cochers font claquer leurs fouets, tandis que laquais, valets, pages, suivantes, dames et seigneurs se hâtent dans la fraîcheur de la nuit. Des cavaliers, la torche au point, l'épée au côté et le pistolet à la ceinture, précèdent et entourent les carrosses. Le roi, entouré de ses gardes, de ses mousquetaires et de sa maison est déjà parti...

Dans les fossés du château de Vaux, deux chevaux morts, flottent entre deux eaux... Chacun s'en va, mais avec un pressentiment au fond du cœur... D'autres, insouciants, n'y pensent même pas...

Les fenêtres de la demeure sont toutes illuminées... Nicolas

Fouquet, vêtu de drap d'or, reste immobile au bas de son fastueux escalier de pierre blanche, regardant fixement dans la direction où la voiture du roi est partie... Il semble presque triste. L'odeur des lys et des roses des jardins embaume l'air de la nuit et la senteur des buis, apporte sa note verte. Le fracas des jets d'eau et des cascades continue leurs éclaboussement. Bientôt le jour va poindre. La fête est finie.

Des pétales de roses et des rameaux verts jonchent les dalles de la grande terrasse... Nicolas Fouquet sent confusément, que quelque chose vient de se casser, non seulement en lui, mais aussi autour de lui... Il lui a semblé que le roi serrait bien fort les lèvres, que son regard se faisait plus dur par instant, sous le sourire ; que la reine mère avait une mine chagrine...

– Je dois me tromper, murmure-t-il.

Mais cependant il sait bien qu'il vient de donner une fête vraiment royale, d'un faste et d'un raffinement prodigieux et telle que le roi lui-même n'a pas encore donné... Et Vaux !... sa maison, son château, n'est-il pas plus beau qu'aucun des châteaux royaux ? Mais donner une fête prodigieuse à un jeune roi ambitieux, est-ce vraiment prudent ?...

Une crainte se précise et lui tord le cœur. Entre ses mains, il froisse nerveusement le billet que Mme du Plessis-Bellière lui a fait tenir, lui donnant avis qu'il devait être arrêté ce soir même, à Vaux, mais que la reine mère avait fait changer l'ordre.

Le roi veut ma perte, songe-t-il, et ce mauvais Colbert veut ma mort. Ils me haïssent, cela se voit dans leurs yeux... Peut-être serait-il plus prudent de... Bah ! Sottises que tout cela, ils n'oseront pas.

Un pas léger, le frôlement d'une robe de soie glissant sur le dallage, une voix fraîche et joyeuse, des joues roses, des cheveux blonds et bouclés : Mme de Sévigné, sa grande amie, est auprès de lui. Elle est protégée de l'air frais par une grande mante de velours bleu profond, comme le ciel de cette nuit qui finit. Une servante portant un coffret, la suit.

– Pourquoi faites-vous la mine ? demande-t-elle à Fouquet, en s'approchant de lui. Sachez que quand on a le bonheur d'habiter une demeure enchantée, entourée de dieux et de déesses, sachez, monsieur, que l'on rit et que l'on est joyeux. Voyons..., que diable avez-vous ?...

Et elle lui tapotait le bras avec son éventail.

– J'ai des pressentiments noirs !

– Fi ! le vilain mot... Je n'en aime pas la consonance et noir, de surcroît ! Mon cher, vous êtes impossible ! Et après avoir reçu le roi !...

– Des chevaux sont morts... Vous savez, je pense, que je reste avec deux chevaux morts, dans les douves...

– Mais, quelle importance ? Vous allez les faire tirer et les enterrer dès tout à l'heure. C'est bien la première fois que je vous vois émotif ! Vous devez être comme moi, rompu de fatigue. Votre fête a été des plus réussie. Il ne nous reste plus, maintenant, qu'à aller nous reposer. Et vous, heureux mortel, vous restez parmi les nymphes et les déesses, et n'avez pas à revenir à Paris...

– Restez céans, je vous en prie, si cela vous est agréable.

– Si je n'avais pas promis à Arthénice de passer la voir, j'aurais accepté votre invitation avec infiniment de plaisir ; mais elle m'attend. Elle attend des nouvelles de votre merveilleuse fête. Vous savez que depuis le mariage de Julie et la mort de ses deux fils elle n'est plus la même ; aussi vais-je aller lui raconter tout ce que j'ai vu et entendu pour la distraire.

– Vous êtes toujours une bien bonne amie, pour ceux que vous aimez.

– Allons, monsieur, remettez-vous ! Il est quand même étrange de vous voir soucieux, vous qui êtes si plein d'entrain habituellement. Si je n'y prenais garde, vous parviendriez à me mettre des idées noires dans la tête...

– Je ne connais pas moi-même la raison de ma tristesse... Cela passera sans doute.

– Certainement ! Au revoir, ami très cher ; je viens de voir votre dernier fils, endormi comme un ange auprès de sa nourrice. Plus bel enfant n'existe pas.

La lourde voiture armoriée, timbrée aux armes des Bussy et des Sévigné attend au bas du perron. Un des laquais à la livrée rutilante tient la portière ouverte. Le marchepied, recouvert de velours incarnat bordé d'un galon d'or, est déplié.

Nicolas Fouquet conduit par la main Mme de Sévigné jusqu'à son carrosse et lui baise les doigts :

– Nous verrons-nous à Paris, demande la marquise en souriant.

– Je pars pour Nantes ces jours-ci...

– A bientôt quand même !

Et Mme de Sévigné lui envoya un baiser de la main. Un valet à cheval, torche au poing, montre le chemin. Deux laquais accrochés à la caisse du carrosse tiennent deux torches, tandis que deux autres, à cheval, sont aux portières... Les routes et les forêts à traverser ne sont pas sûres et fourmillent de malandrins. Tout voyageur circulant la nuit est armé jusqu'aux dents. Le vent de la course apporte beaucoup de fraîcheur. Mme de Sévigné s'enveloppe voluptueusement dans sa mante de velours bleu ; sa suivante lui met une couverture de fourrure sur les genoux. Elle appuie sa jolie tête blonde bouclée et parée de plumes et de diamants contre les coussins de velours cramoisi. Le balancement du carrosse, le rythme régulier des chevaux l'incitent à sombrer dans le sommeil. Une des plus charmantes et des plus aimables femmes de France retourne à Paris.

Avant de s'endormir, elle appelle un des valets qui chevauchait à côté de la voiture :

– Dis au cocher que nous allons directement rue Saint-Thomas-du-Louvre. Le rideau de cuir rouge retomba. La marquise s'endormit tout aussitôt, pour ne se réveiller que trois heures plus tard, aux portes de Paris. Il était plus de cinq heures du matin, et le jour se levait. Les torches éteintes étaient rangées dans le coffre du carrosse. Les portes de la capitale étaient déjà grandes ouvertes, mais les soldats du guet regardaient qui entrait et qui sortait. Tout le monde connaissait les armoiries de Mme de Sévigné et chacun d'eux se rendait bien compte que cette grande dame de la cour et son train revenait d'une de ces fêtes de nuit, dont les seigneurs et les dames sont si friands...

Quinze jours plus tard, Nicolas Fouquet est arrêté dans le château de Nantes. Autour de la ravissante demeure devenue soudainement solitaire, les feuillages des bosquets de Vaux murmurent les vers de Jean de La Fontaine :

*Remplissez l'air de cris en vos grottes profondes ;*
*Pleurez, Nymphes de Vaux, faites croître vos ondes,*
*Et que l'Anqueil enflé ravage les trésors*
*Dont les regards de Flore ont embelli les bords.*
*On ne blâmera pas vos larmes innocentes ;*
*Vous pouvez donner cours à vos douleurs pressantes ;*
*Chacun attend de vous ce devoir généreux ;*
*Les destins sont contents ; Oronte est malheureux.*
*Vous l'avez vu naguère au bord de vos fontaines,*
*Qui, sans craindre du sort les faveurs incertaines,*
*Plein d'éclat, plein de gloire, adoré des mortels,*
*Recevait des honneurs qu'on ne doit qu'aux autels.*
*Hélas ! qu'il est déchu de ce bonheur suprême !*
*Que vous le trouveriez différent de lui-même !*
*Pour lui les plus beaux jours sont de secondes nuits :*
*Les soucis dévorants, les regrets, les ennuis,*
*Hôtes infortunés de sa triste demeure,*
*En des gouffres de maux le plongent à toute heure.*
*Voilà le précipice où l'ont enfin jeté*
*Les attraits enchanteurs de la prospérité !*
*Dans les palais des rois cette plainte est commune,*
*On n'y connaît que trop les jeux de la Fortune,*
*Ses trompeuses faveurs, ses appas inconstants ;*
*Mais on ne les connaît que quand il n'est plus temps.*

Dans le parc, le vent joue encore avec les feuillages déjà

touchés par l'automne. Le château, pour l'instant, est vide et solitaire. Sur les portes et les fenêtres brillent les cachets de la justice du roi. La fête est bien finie.

A Versailles, un jeune roi fait assécher des marais, enrichir la terre de ses jardins, et embellir le petit château de son père, afin que tout soit mieux qu'à Vaux. Déjà, l'architecte Le Vau, le peintre Le Brun, le jardinier Le Notre et leurs cohortes d'ouvriers sont au travail. Il n'y a pas bien longtemps, ils travaillaient pour messire Nicolas Fouquet. Maintenant, ils travaillent pour le roi et pour la plus grande gloire de Versailles. Ainsi va la vie... Ainsi vont les destins...

---

Achevé d'imprimer le 17 février 1982 par Maury-Imprimeur S.A. 45330 Malesherbes
N° d'éditeur : 82014 – N° d'imprimeur : L81/10818 – Dépôt légal : 1er trimestre 1982
*Imprimé en France.*